EDITION DE J. BRY AINÉ
— 1 FRANC LE VOLUME —

OEUVRES COMPLÈTES
DE
J.-J. ROUSSEAU

RÉIMPRIMÉES D'APRÈS LES MEILLEURS TEXTES

SOUS LA DIRECTION DE

LOUIS BARRÉ

illustrées par Tony Johannot, Baron et Célestin Nanteuil

TOME QUATRIÈME
SUITE DE LA NOUVELLE HÉLOISE
LE LÉVITE D'ÉPHRAIM. — MORCEAUX DIVERS

PARIS
J. BRY AINÉ, LIBRAIRE-ÉDITEUR
17, RUE GUÉNÉGAUD, 17
1856

ŒUVRES COMPLÈTES

DE

J.-J. ROUSSEAU

Paris. — Typ. Gaittet et Cie, 7, rue Gît-le-Cœur.

ŒUVRES COMPLÈTES

DE

J.-J. ROUSSEAU

RÉIMPRIMÉES D'APRÈS LES MEILLEURS TEXTES

SOUS LA DIRECTION DE

LOUIS BARRÉ

Illustrées par Tony Johannot, Baron et Célestin Nanteuil

ÉDITION J. BRY

TOME QUATRIÈME

SUITE DE LA NOUVELLE HÉLOÏSE

LE LÉVITE D'ÉPHRAÏM. — MORCEAUX DIVERS

PARIS

J. BRY AÎNÉ, LIBRAIRE-ÉDITEUR

17, RUE GUÉNÉGAUD, 17

1856

ŒUVRES COMPLÈTES

DE

J.-J. ROUSSEAU

Paris. — Typ. Gaittet et Cie, 7, rue Git-le-Cœur.

ŒUVRES COMPLÈTES

DE

J.-J. ROUSSEAU

RÉIMPRIMÉES D'APRÈS LES MEILLEURS TEXTES

SOUS LA DIRECTION DE
LOUIS BARRÉ

illustrées par Tony Johannot, Baron et Célestin Nanteuil

ÉDITION J. BRY

TOME QUATRIÈME

SUITE DE LA NOUVELLE HÉLOÏSE
LE LÉVITE D'ÉPHRAÏM. — MORCEAUX DIVERS

PARIS
J. BRY AÎNÉ, LIBRAIRE-ÉDITEUR
17, RUE GUÉNÉGAUD, 17
1856

JULIE
ou
LA NOUVELLE HÉLOÏSE

QUATRIÈME PARTIE (SUITE).

LETTRE XII.

DE MADAME DE WOLMAR A MADAME D'ORBE.

Il est écrit, chère amie, que tu dois être dans tous les temps ma sauvegarde contre moi-même, et qu'après m'avoir délivrée avec tant de peine des piéges de mon cœur, tu me garantiras encore de ceux de ma raison. Après tant d'épreuves cruelles, j'apprends à me défier des erreurs comme des passions dont elles sont si souvent l'ouvrage. Que n'ai-je eu toujours la même précaution! Si, dans les temps passés, j'avais moins compté sur mes lumières, j'aurais eu moins à rougir de mes sentiments.

Que ce préambule ne t'alarme pas. Je serais indigne de ton amitié si j'avais encore à la consulter sur des sujets graves. Le crime fut toujours étranger à mon cœur, et j'ose l'en croire plus éloigné que jamais. Écoute-moi donc pai-

siblement, ma cousine, et crois que je n'aurai jamais besoin de conseil sur de.
doutes que la seule honnêteté peut résoudre.

Depuis six ans que je vis avec M. de Wolmar dans la plus parfaite union qui puisse régner entre deux époux, tu sais qu'il ne m'a jamais parlé ni de sa famille ni de sa personne, et que, l'ayant reçu d'un père aussi jaloux du bonheur de sa fille que de l'honneur de sa maison, je n'ai point marqué d'empressement pour en savoir sur son compte plus qu'il ne jugeait à propos de m'en dire. Contente de lui devoir, avec la vie de celui qui me l'a donnée, mon honneur, mon repos, ma maison, mes enfants, et tout ce qui peut me rendre quelque prix à mes propres yeux, j'étais bien assurée que ce que j'ignorais de lui ne démentait point ce qui m'était connu; et je n'avais pas besoin d'en savoir davantage pour l'aimer, l'estimer, l'honorer autant qu'il était possible.

Ce matin, en déjeunant, il nous a proposé un tour de promenade avant la chaleur; puis, sous prétexte de ne pas courir, disait-il, la campagne en robe de chambre, il nous a menés dans les bosquets, et précisément, ma chère, dans ce même bosquet où commencèrent tous les malheurs de ma vie. En approchant de ce lieu fatal, je me suis senti un affreux battement de cœur; et j'aurais refusé d'entrer si la honte ne m'eût retenue, et si le souvenir d'un mot qui fut dit l'autre jour dans l'Élysée ne m'eût fait craindre les interprétations. Je ne sais si le philosophe était plus tranquille; mais, quelque temps après, ayant par hasard tourné les yeux sur lui, je l'ai trouvé pâle, changé, et je ne puis te dire quelle peine tout cela m'a fait.

En entrant dans le bosquet, j'ai vu mon mari me jeter un coup d'œil et sourire. Il s'est assis entre nous; et, après un moment de silence, nous prenant tous deux par la main : « Mes enfants, nous a-t-il dit, je commence à voir que mes projets ne seront point vains, et que nous pouvons être unis tous trois d'un attachement durable, propre à faire notre bonheur commun et ma consolation dans les ennuis d'une vieillesse qui s'approche : mais je vous connais tous deux mieux que vous ne me connaissez : il est juste de rendre les choses égales; et, quoique je n'aie rien de fort intéressant à vous apprendre, puisque vous n'avez plus de secret pour moi, je n'en veux plus avoir pour vous. »

Alors il nous a révélé le mystère de sa naissance, qui jusqu'ici n'avait été connue que de mon père. Quand tu le sauras, tu concevras jusqu'où vont le sang-froid et la modération d'un homme capable de taire six ans un pareil secret à sa femme; mais ce secret n'est rien pour lui, et il y pense trop peu pour se faire un grand effort de n'en pas parler.

« Je ne vous arrêterai point, nous a-t-il dit, sur les événements de ma vie : ce qui peut vous importer est moins de connaître mes aventures que mon caractère. Elles sont simples comme lui, et sachant bien ce que je suis, vous comprendrez aisément ce que j'ai pu faire. J'ai naturellement l'âme tranquille et le cœur froid. Je suis de ces hommes qu'on croit bien injurier en disant qu'ils ne sentent rien, c'est-à-dire qu'ils n'ont point de passion qui les détourne de suivre le vrai guide de l'homme. Peu sensible au plaisir et à la douleur, je n'éprouve même que très faiblement ce sentiment d'intérêt et d'humanité qui nous approprie les affections d'autrui. Si j'ai de la peine à voir souffrir les gens de bien, la pitié n'y entre pour rien, car je n'en ai point à voir souffrir les méchants. Mon seul principe actif est le goût naturel de l'ordre; et le concours bien combiné du jeu de la fortune et des actions des hommes me plaît exactement comme une belle symétrie dans un tableau, ou comme une pièce bien conduite au théâtre. Si j'ai quelque passion dominante, c'est celle de l'observation. J'aime à lire dans les cœurs des hommes; comme le mien me fait peu d'illusion, que j'observe de sang-froid et sans intérêt, et qu'une longue expérience m'a donné de la sagacité, je ne me trompe guère dans mes jugements; aussi c'est là toute la récompense de l'amour-propre dans mes études continuelles; car je n'aime point à faire un rôle, mais seulement à voir jouer les autres : la société m'est agréable pour la contempler, non pour en faire partie. Si je pouvais changer la nature de mon être et devenir un œil vivant, je ferais volontiers cet échange. Ainsi mon indifférence pour les hommes ne me rend point indépendant d'eux; sans me soucier d'en être vu j'ai besoin de les voir, et sans m'être chers ils me sont nécessaires.

« Les deux premiers états de la société que j'eus occasion d'observer furent les courtisans et les valets; deux ordres d'hommes moins différents en effet qu'en apparence, et si peu dignes d'être étudiés, si faciles à connaître, que je m'ennuyai d'eux au premier regard. En quittant la cour, où tout est si tôt vu, je me dérobai sans le savoir au péril qui m'y menaçait et dont je n'aurais point échappé. Je changeai de nom; et, voulant connaître les militaires, j'allai chercher du service chez un prince étranger; c'est là que j'eus le bonheur d'être utile à votre père que le désespoir d'avoir tué son ami forçait à s'exposer témérairement et contre son devoir. Le cœur sensible et reconnaissant de ce brave officier commença dès lors à me donner meilleure opinion de l'humanité. Il s'unit à moi d'une amitié à laquelle il m'était impossible de refuser la mienne; et nous ne cessâmes d'entretenir depuis ce temps-là des liaisons qui devinrent plus étroites de jour en jour. J'appris dans ma nouvelle condition que l'intérêt n'est pas, comme je l'avais cru, le seul mobile des actions humaines, et que parmi les foules de préjugés qui combattent la vertu il en est aussi qui la favorisent. Je conçus que le caractère général de l'homme est un amour-propre indifférent par lui-même, bon ou mauvais par les accidents qui le modifient, et qui dépendent des coutumes, des lois, des rangs, de la fortune, et de toute notre police humaine. Je me livrai donc à mon penchant; et, méprisant la vaine opinion des conditions, je me jetai successivement dans les divers états qui pouvaient m'aider à les comparer tous et à connaître les uns par les autres. Je sentis, comme vous l'avez remarqué dans quelque lettre, dit-il à Saint-Preux, qu'on ne voit rien quand on se contente de regarder, qu'il faut agir soi-même pour voir agir les hommes; et je me fis acteur pour être spectateur. Il est toujours aisé de descendre : j'essayai d'une multitude de conditions dont jamais homme de la mienne ne s'était avisé. Je devins même paysan; et quand Julie m'a fait garçon jardinier, elle ne m'a point trouvé si novice au métier qu'elle aurait pu croire.

« Avec la véritable connaissance des hommes, dont l'oisive philosophie ne donne que l'apparence, je trouvai un autre avantage auquel je ne m'étais point attendu : ce fut d'aiguiser par une vie active cet amour de l'ordre que j'ai reçu de la nature, et de prendre un nouveau goût pour le bien par le plaisir d'y contribuer. Ce sentiment me rendit un peu moins contemplatif, m'unit un peu plus à moi-même; et, par une suite assez naturelle de ce progrès, je m'aperçus que j'étais seul. La solitude, qui m'ennuya toujours, me devenait affreuse, et je ne pouvais plus espérer de l'éviter longtemps. Sans avoir perdu ma froideur, j'avais besoin d'un attachement; l'image de la caducité sans consolation m'affligeait avant le temps, et pour la première fois de ma vie je connus l'inquiétude et la tristesse. Je parlai de ma peine au baron d'Etange.—Il ne faut point, me dit-il, vieillir garçon. Moi-même, après avoir vécu presque indépendant dans les liens du mariage, je sens que j'ai besoin de redevenir époux et père, et je vais me retirer dans le sein de ma famille. Il ne tiendra qu'à vous d'en faire la vôtre et de me rendre le fils que j'ai perdu. J'ai une fille unique à marier : elle n'est pas sans mérite; elle a le cœur sensible, et l'amour de son devoir lui fait aimer tout ce qui s'y rapporte. Ce n'est ni une beauté ni un prodige d'esprit; mais venez la voir, et croyez que si vous ne sentez rien pour elle vous ne sentirez jamais rien pour personne au monde. — Je vins, je vous vis, Julie, et je trouvai que votre père m'avait parlé modestement de vous. Vos transports, vos larmes de joie en l'embrassant, me donnèrent la première ou plutôt la seule émotion que j'aie éprouvée de ma vie. Si cette impression fut légère, elle était unique; et les sentiments n'ont besoin de force pour agir qu'en proportion de ceux qui leur résistent. Trois ans d'absence ne changèrent point l'état de mon cœur. L'état du vôtre ne m'échappa pas à mon retour : et c'est ici qu'il faut que je vous venge d'un aveu qui vous a tant coûté. » Juge, ma chère, avec quelle étrange surprise j'appris alors que tous mes secrets lui avaient été révélés avant mon mariage, et qu'il m'avait épousée sans ignorer que j'appartenais à un autre.

« Cette conduite était inexcusable, a continué M. de Wolmar. J'offensais la délicatesse ; je péchais contre la prudence ; j'exposais votre honneur et le mien ; je devais craindre de nous précipiter tous deux dans des malheurs sans ressource : mais je vous aimais, et n'aimais que vous ; tout le reste m'était indifférent. Comment réprimer la passion même la plus faible quand elle est sans contre-poids ? Voilà l'inconvénient des caractères froids et tranquilles. Tout va bien tant que leur froideur les garantit des tentations ; mais s'il en survient une qui les atteigne, ils sont aussitôt vaincus qu'attaqués ; et la raison, qui gouverne tandis qu'elle est seule, n'a jamais de force pour résister au moindre effort. Je n'ai été tenté qu'une fois, et j'ai succombé. Si l'ivresse de quelque autre passion m'eût fait vaciller encore, j'aurais fait autant de chutes que de faux pas. Il n'y a que des âmes de feu qui sachent combattre et vaincre ; tous les grands efforts, toutes les actions sublimes, sont leur ouvrage : la froide raison n'a jamais rien fait d'illustre, et l'on ne triomphe des passions qu'en les opposant l'une à l'autre. Quand celle de la vertu vient à s'élever, elle domine seule et tient tout en équilibre. Voilà comment se forme le vrai sage, qui n'est pas plus qu'un autre à l'abri des passions, mais qui seul sait les vaincre par elles-mêmes, comme un pilote fait route par les mauvais vents.

« Vous voyez que je ne prétends pas atténuer ma faute : si c'en eût été une, je l'aurais faite infailliblement ; mais, Julie, je vous connaissais, et n'en fis point en vous épousant. Je sentis que de vous seule dépendait tout le bonheur dont je pouvais jouir, et que si quelqu'un était capable de vous rendre heureuse, c'était moi. Je savais que l'innocence et la paix étaient nécessaires à votre cœur, que l'amour dont il était préoccupé ne les lui donnerait jamais, et qu'il n'y avait que l'horreur du crime qui pût en chasser l'amour. Je vis que votre âme était dans un accablement dont elle ne sortirait que par un nouveau combat, et que ce serait en sentant combien vous pouviez encore être estimable que vous apprendriez à le devenir.

« Votre cœur était usé pour l'amour : je comptai donc pour rien une disproportion d'âge qui m'ôtait le droit de prétendre à un sentiment dont celui qui en était l'objet ne pouvait jouir, et impossible à obtenir pour tout autre. Au contraire, voyant dans une vie plus d'à moitié écoulée qu'un seul goût s'était fait sentir à moi, je jugeai qu'il serait durable, et je me plus à lui consacrer le reste de mes jours. Dans mes longues recherches, je n'avais rien trouvé qui vous valût ; je pensai que ce que vous ne feriez pas, nulle autre au monde ne pourrait le faire ; j'osai croire à la vertu, et vous épousai. Le mystère que vous me faisiez ne me surprit point ; j'en savais les raisons, et je vis dans votre sage conduite celle de sa durée. Par égard pour vous j'imitai votre réserve, et ne voulus point vous ôter l'honneur de me faire un jour de vous-même un aveu que je voyais à chaque instant sur le bord de vos lèvres. Je ne me suis trompé en rien ; vous avez tenu tout ce que je m'étais promis de vous. Quand je voulus me choisir une épouse, je désirai d'avoir en elle une compagne aimable, sage, heureuse. Les deux premières conditions sont remplies : mon enfant, j'espère que la troisième ne nous manquera pas. »

A ces mots, malgré tous mes efforts pour ne l'interrompre que par mes pleurs, je n'ai pu m'empêcher de lui sauter au cou en m'écriant : « Mon cher mari ! ô le meilleur et le plus aimé des hommes ! apprenez-moi ce qui manque à mon bonheur, si ce n'est le vôtre, et d'être mieux mérité... — Vous êtes heureuse autant qu'il se peut, a-t-il dit en m'interrompant ; vous méritez de l'être, mais il est temps de jouir en paix d'un bonheur qui vous a jusqu'ici coûté bien des soins. Si votre fidélité m'eût suffi, tout était fait du moment que vous me la promîtes; j'ai voulu de plus qu'elle vous fût facile et douce, et c'est à la rendre telle que nous nous sommes tous deux occupés de concert sans nous en parler. Julie, nous avons réussi mieux que vous ne pensez peut-être. Le seul tort que je vous trouve, est de n'avoir pu reprendre en vous la confiance que vous vous devez, et de vous estimer moins que votre prix. La modestie extrême a ses dangers ainsi que l'orgueil. Comme une témérité qui nous porte au-delà de nos forces les rend impuissantes, un effroi qui nous

empêche d'y compter les rend inutiles. La véritable prudence consiste à les bien connaître et à s'y tenir. Vous en avez acquis de nouvelles en changeant d'état. Vous n'êtes plus cette fille infortunée qui déplorait sa faiblesse en s'y livrant; vous êtes la plus vertueuse des femmes, qui ne connaît d'autres lois que celles du devoir et de l'honneur, et à qui le trop vif souvenir de ses fautes est la seule faute qui reste à reprocher. Loin de prendre encore contre vous-même des précautions injurieuses, apprenez donc à compter sur vous pour pouvoir y compter davantage. Ecartez d'injustes défiances, capables de réveiller quelquefois les sentiments qui les ont produites. Félicitez-vous plutôt d'avoir su choisir un honnête homme dans un âge où il est si facile de s'y tromper, et d'avoir pris autrefois un amant que vous pouvez avoir aujourd'hui pour ami sous les yeux de votre mari même. A peine vos liaisons me furent-elles connues, que je vous estimai l'un par l'autre. Je vis quel trompeur enthousiasme vous avait tous deux égarés : il n'agit que sur les belles âmes; il les perd quelquefois, mais c'est par un attrait qui ne séduit qu'elles. Je jugeai que le même goût qui avait formé votre union la relâcherait sitôt qu'elle deviendrait criminelle, et que le vice pouvait entrer dans des cœurs comme les vôtres, mais non pas y prendre racine.

« Dès lors je compris qu'il régnait entre vous des liens qu'il ne fallait point rompre; que votre mutuel attachement tenait à tant de choses louables, qu'il fallait plutôt le régler que l'anéantir, et qu'aucun des deux ne pouvait oublier l'autre sans perdre beaucoup de son prix. Je savais que les grands combats ne font qu'irriter les grandes passions, et que si les violents efforts exercent l'âme, ils lui coûtent des tourments dont la durée est capable de l'abattre. J'employai la douceur de Julie pour tempérer sa sévérité. Je nourris son amitié pour vous, dit-il à Saint-Preux; j'en ôtai ce qui pouvait y rester de trop; et je crois vous avoir conservé de son propre cœur plus peut-être qu'elle ne vous en eût laissé si je l'eusse abandonné à lui-même.

« Mes succès m'encouragèrent, et je voulus tenter votre guérison comme j'avais obtenu la sienne; car je vous estimais, et, malgré les préjugés du vice, j'ai toujours reconnu qu'il n'y avait rien de bien qu'on n'obtînt des belles âmes avec de la confiance et de la franchise. Je vous ai vu, vous ne m'avez point trompé; vous ne me tromperez point; et quoique vous ne soyez pas encore ce que vous devez être, je vous vois mieux que vous ne pensez, et suis plus content de vous que vous ne l'êtes vous-même. Je sais bien que ma conduite a l'air bizarre, et choque toutes les maximes communes; mais les maximes deviennent moins générales à mesure qu'on lit mieux dans les cœurs; et le mari de Julie ne doit pas se conduire comme un autre homme. Mes enfants, nous dit-il d'un ton d'autant plus touchant qu'il partait d'un homme tranquille, soyez ce que vous êtes, et nous serons tous contents. Le danger n'est que dans l'opinion : n'ayez pas peur de vous, et vous n'aurez rien à craindre; ne songez qu'au présent, et je vous réponds de l'avenir. Je ne puis vous en dire aujourd'hui davantage; mais si mes projets s'accomplissent, et que mon espoir ne m'abuse pas, nos destinées seront mieux remplies, et vous serez tous deux plus heureux que si vous aviez été l'un à l'autre. »

En se levant il nous embrassa, et voulut que nous nous embrassions aussi, dans ce lieu... dans ce lieu même où jadis... Claire, ô bonne Claire, combien tu m'as toujours aimée ! Je n'en fis aucune difficulté : hélas ! que j'aurais eu tort d'en faire ! ce baiser n'eut rien de celui qui m'avait rendu le bosquet redoutable : je m'en félicitai tristement, et je connus que mon cœur était plus changé que jusque-là je n'avais osé le croire.

Comme nous reprenions le chemin du logis, mon mari m'arrêta par la main, et me montrant ce bosquet dont nous sortions, il me dit en riant : « Julie, ne craignez plus cet asile, il vient d'être profané. » Tu ne veux pas me croire, cousine, mais je te jure qu'il a quelque don surnaturel pour lire au fond des cœurs : que le ciel le lui laisse toujours ! Avec tant de sujet de me mépriser, c'est sans doute à cet art que je dois son indulgence.

Tu ne vois point encore ici de conseil à donner : patience, mon ange, nous y voici; mais la conversation que je viens de te rendre était nécessaire à l'éclaircissement du reste.

En nous en retournant, mon mari, qui depuis longtemps est attendu à Etange, m'a dit qu'il comptait partir demain pour s'y rendre, qu'il te verrait en passant, et qu'il y resterait cinq ou six jours. Sans dire tout ce que je pensais d'un départ aussi déplacé, j'ai représenté qu'il ne me paraissait pas assez indispensable pour obliger M. de Wolmar à quitter un hôte qu'il avait lui-même appelé dans sa maison. « Voulez-vous, a-t-il répliqué, que je lui fasse mes honneurs pour l'avertir qu'il n'est pas chez lui? Je suis pour l'hospitalité des Valaisans. J'espère qu'il trouve ici leur franchise et qu'il nous laisse leur liberté. » Voyant qu'il ne voulait pas m'entendre, j'ai pris un autre tour et tâché d'engager notre hôte à faire ce voyage avec lui. « Vous trouverez, lui ai-je dit, un séjour qui a ses beautés, et même de celles que vous aimez; vous visiterez le patrimoine de mes pères et le mien : l'intérêt que vous prenez à moi ne me permet pas de croire que cette vue vous soit indifférente. » J'avais la bouche ouverte pour ajouter que ce château ressemblait à celui de mylord Edouard, qui... mais heureusement j'ai eu le temps de me mordre la langue. Il m'a répondu tout simplement que j'avais raison et qu'il ferait ce qui me plairait. Mais M. de Wolmar, qui semblait vouloir me pousser à bout, a répliqué qu'il devait faire ce qui lui plaisait à lui-même. « Lequel aimez-vous mieux, venir ou rester? — Rester, a-t-il dit sans balancer. — Hé bien! restez, a repris mon mari en lui serrant la main. Homme honnête et vrai, je suis très content de ce mot-là. » Il n'y avait pas moyen d'alterquer beaucoup là-dessus devant le tiers qui nous écoutait. J'ai gardé le silence, et n'ai pu cacher si bien mon chagrin que mon mari ne s'en soit aperçu. « Quoi donc! a-t-il repris d'un air mécontent dans un moment où Saint-Preux était loin de nous, aurais-je inutilement plaidé votre cause contre vous-même? et Mme de Wolmar se contenterait-elle d'une vertu qui eût besoin de choisir ses occasions? Pour moi, je suis plus difficile; je veux devoir la fidélité de ma femme à son cœur, et non pas au hasard; et il ne me suffit pas qu'elle garde sa foi, je suis offensé qu'elle en doute. »

Ensuite il nous a menés dans son cabinet, où j'ai failli tomber de mon haut en lui voyant sortir d'un tiroir, avec les copies de quelques relations de notre ami que je lui avais données, les originaux mêmes de toutes les lettres que je croyais avoir vu brûler autrefois par Babi dans la chambre de ma mère. « Voilà, m'a-t-il dit en nous les montrant, les fondements de ma sécurité; s'ils me trompaient, ce serait une folie de compter sur rien de ce que respectent les hommes. Je remets ma femme et mon honneur en dépôt à celle qui, fille et séduite, préférait un acte de bienfaisance à un rendez-vous unique et sûr : je confie Julie, épouse et mère, à celui qui, maître de contenter ses désirs, sut respecter Julie amante et fille. Que celui de vous deux qui se méprise assez pour penser que j'ai tort, le dise, et je me rétracte à l'instant. » Cousine, crois-tu qu'il fût aisé d'oser répondre à ce langage?

J'ai pourtant cherché un moment dans l'après-midi pour prendre en particulier mon mari, et, sans entrer dans des raisonnements qu'il ne m'était pas permis de pousser fort loin, je me suis bornée à lui demander deux jours de délai : ils m'ont été accordés sur-le-champ. Je les emploie à t'envoyer cet exprès et à attendre ta réponse pour savoir ce que je dois faire.

Je sais bien que je n'ai qu'à prier mon mari de ne point partir du tout, et celui qui ne me refusa jamais rien ne me refusera pas une si légère grâce. Mais, ma chère, je vois qu'il prend plaisir à la confiance qu'il me témoigne; et je crains de perdre une partie de son estime, s'il croit que j'ai besoin de plus de réserve qu'il ne m'en permet. Je sais bien encore que je n'ai qu'à dire un mot à Saint-Preux et qu'il n'hésitera pas à l'accompagner; mais mon mari prendra-t-il ainsi le change? et puis-je faire cette démarche sans conserver sur Saint-Preux un air d'autorité qui semblerait lui laisser à son tour quelque sorte de droits? Je crains d'ailleurs qu'il n'infère de cette précaution que je la sens nécessaire; et ce moyen, qui semble d'abord le plus facile, est peut-être au fond le plus dangereux. Enfin, je n'ignore pas que nulle considération ne peut être mise en balance avec un danger réel, mais ce danger existe-t-il en effet? Voilà précisément le doute que tu dois résoudre.

Plus je veux sonder l'état présent de mon âme, plus j'y trouve de quoi me rassurer. Mon cœur est pur, ma conscience est tranquille, je ne sens ni trouble ni crainte; et dans tout ce qui se passe en moi, ma sincérité vis-à-vis de mon mari ne me coûte aucun effort. Ce n'est pas que certains souvenirs involontaires ne me donnent quelquefois un attendrissement dont il vaudrait mieux être exempte; mais, bien loin que ces désirs soient produits par la vue de celui qui les a causés, ils me semblent plus rares depuis son retour, et, quelque doux qu'il me soit de le voir, je ne sais par quelle bizarrerie il m'est plus doux de penser à lui : en un mot, je trouve que je n'ai pas même besoin du secours de la vertu pour être paisible en sa présence, et que, quand l'horreur du crime n'existerait pas, les sentiments qu'elle a détruits auraient bien de la peine à renaître.

Mais, mon ange, est-ce assez que mon cœur me rassure quand la raison doit m'alarmer? J'ai perdu le droit de compter sur moi. Qui me répondra que ma confiance n'est pas encore une illusion du vice? Comment me fier à des sentiments qui m'ont tant de fois abusée? Le crime ne commence-t-il pas toujours par l'orgueil qui fait mépriser la tentation? et braver des périls où l'on a succombé, n'est-ce pas vouloir succomber encore?

Pèse toutes ces considérations, ma cousine; tu verras que quand elles seraient vaines par elles-mêmes, elles sont assez graves par leur objet pour mériter qu'on y songe. Tire-moi donc de l'incertitude où elles m'ont mise. Marque-moi comment je dois me comporter dans cette occasion délicate; car mes erreurs passées ont altéré mon jugement et me rendent timide à me déterminer sur toutes choses. Quoi que tu penses de toi-même, ton âme est calme et tranquille, j'en suis sûre; les objets s'y peignent tels qu'ils sont; mais la mienne, toujours émue comme une onde agitée, les confond et les défigure. Je n'ose plus me fier à rien de ce que je vois ni de ce que je sens; et, malgré de si longs repentirs, j'éprouve avec douleur que le poids d'une ancienne faute est un fardeau qu'il faut porter toute sa vie.

LETTRE XIII.

RÉPONSE DE MADAME D'ORBE A MADAME DE WOLMAR.

Pauvre cousine, que de tourments tu te donnes sans cesse avec tant de sujets de vivre en paix! Tout ton mal vient de toi, ô Israël! Si tu suivais tes propres règles, que dans les choses de sentiment tu n'écoutasses que la voix intérieure, et que ton cœur fît taire ta raison, tu te livrerais sans scrupule à la sécurité qu'il t'inspire, et tu ne t'efforcerais point, contre son témoignage, de craindre un péril qui ne peut venir que de lui.

Je t'entends, je t'entends bien, ma Julie : plus sûre de toi que tu ne feins de l'être, tu veux t'humilier de tes fautes passées sous prétexte d'en prévenir de nouvelles, et tes scrupules sont bien moins des précautions pour l'avenir qu'une peine imposée à la témérité qui t'a perdue autrefois. Tu compares les temps! y penses-tu? compare aussi les conditions, et souviens-toi que je te reprochais alors ta confiance comme je te reproche aujourd'hui ta frayeur.

Tu t'abuses, ma chère enfant : on ne se donne point ainsi le change à soi-même; si l'on peut s'étourdir sur son état en n'y pensant point, on le voit tel qu'il est sitôt qu'on veut s'en occuper, et l'on ne se déguise pas plus ses vertus que ses vices. Ta douceur, ta dévotion, t'ont donné du penchant à l'humilité. Défie-toi de cette dangereuse vertu qui ne fait qu'animer l'amour-propre en le concentrant, et crois que la noble franchise d'une âme droite est préférable à l'orgueil des humbles. S'il faut de la tempérance dans la sagesse, il en faut aussi dans les précautions qu'elle inspire, de peur que des soins ignominieux à la vertu n'avilissent l'âme et n'y réalisent un danger chimérique à force de nous en alarmer. Ne vois-tu pas qu'après s'être relevé d'une chute il faut se tenir debout, et que s'incliner du côté opposé à celui où on est tombé, c'est le moyen de tomber encore? Cousine, tu fus amante comme Héloïse; te voilà dévote comme elle; plaise à Dieu que ce soit avec plus de succès! En vérité, si je connaissais moins ta timidité naturelle, tes terreurs seraient capables de m'effrayer à mon tour, et si j'étais aussi scrupuleuse, à force de craindre pour toi, tu me ferais trembler pour moi-même.

Penses-y mieux, mon aimable amie; toi dont la morale est aussi facile et douce qu'elle est honnête et pure, ne mets-tu point une âpreté trop rude, et qui sort de ton caractère, dans tes maximes sur la séparation des sexes? Je conviens avec toi qu'ils ne doivent pas vivre ensemble ni d'une même manière; mais regarde si cette importante règle n'aurait pas besoin de plusieurs distinctions dans la pratique; s'il faut l'appliquer indifféremment et sans exception aux femmes et aux filles, à la société générale et aux entretiens particuliers, aux affaires et aux amusements, et si la décence et l'honnêteté qui l'inspire ne la doivent pas quelquefois tempérer. Tu veux qu'en un pays de bonnes mœurs, où l'on cherche dans le mariage des convenances naturelles, il y ait des assemblées où les jeunes gens des deux sexes puissent se voir, se connaître et s'assortir; mais tu leur interdis avec grande raison toute entrevue particulière. Ne serait-ce pas tout le contraire pour les femmes et les mères de famille, qui ne peuvent avoir aucun intérêt légitime à se montrer en public, que les soins domestiques retiennent dans l'intérieur de leur maison, et qui ne doivent s'y refuser à rien de convenable à la maîtresse du logis? Je n'aimerais pas à te voir dans tes caves aller faire goûter les vins aux marchands, ni quitter tes enfants pour aller régler des comptes avec un banquier; mais s'il survient un honnête homme qui vienne voir ton mari, ou traiter avec lui de quelque affaire, refuseras-tu de recevoir son hôte en son absence et de lui faire les honneurs de ta maison, de peur de te trouver tête à tête avec lui? Remonte au principe, et toutes les règles s'expliqueront. Pourquoi pensons-nous que les femmes doivent vivre retirées et séparées des hommes? Ferons-nous cette injure à notre sexe, de croire que ce soit par des raisons tirées de sa faiblesse, et seulement pour éviter le danger des tentations? Non, ma chère, ces indignes craintes ne conviennent point à une femme de bien, à une mère de famille sans cesse environnée d'objets qui nourrissent en elle des sentiments d'honneur, et livrée aux plus respectables devoirs de la nature. Ce qui nous sépare des hommes, c'est la nature elle-même, qui nous prescrit des occupations différentes; c'est cette douce et timide modestie qui, sans songer précisément à la chasteté, en est la plus sûre gardienne; c'est cette réserve attentive et piquante qui, nourrissant à la fois dans les cœurs des hommes et les désirs et le respect, sert pour ainsi dire de coquetterie à la vertu. Voilà pourquoi les époux mêmes ne sont pas exceptés de la règle; voilà pourquoi les femmes les plus honnêtes conservent en général le plus d'ascendant sur leurs maris, parce qu'à l'aide de cette sage et discrète réserve, sans caprice et sans refus, elles savent, au sein de l'union la plus tendre, les maintenir à une certaine distance, et les empêchent de jamais se rassasier d'elles. Tu conviendras avec moi que ton précepte est trop général pour ne pas comporter des exceptions; et que, n'étant point fondé sur un devoir rigoureux, la même bienséance qui l'établit peut quelquefois en dispenser.

La circonspection que tu fondes sur tes fautes passées est injurieuse à ton état présent : je ne la pardonnerais jamais à ton cœur, et j'ai bien de la peine à la pardonner à ta raison. Comment le rempart qui défend ta personne n'a-t-il pu te garantir d'une crainte ignominieuse? Comment se peut-il que ma cousine, ma sœur, mon amie, ma Julie, confonde les faiblesses d'une fille trop sensible avec les infidélités d'une femme coupable? Regarde tout autour de toi, tu n'y verras rien qui ne doive élever et soutenir ton âme. Ton mari, qui en présume tant, et dont tu as l'estime à justifier; tes enfants, que tu veux former au bien et qui s'honoreront un jour de t'avoir eue pour mère; ton vénérable père, qui t'est si cher, qui jouit de ton bonheur et s'illustre de sa fille plus même que de ses aïeux; ton amie, dont le sort dépend du tien et à qui tu dois compte d'un retour auquel elle a contribué; sa fille, à qui tu dois l'exemple des vertus que tu lui veux inspirer; ton ami, cent fois plus idolâtre des tiennes que de ta personne, et qui te respecte encore plus que tu ne le redoutes; toi-même enfin, qui trouves dans la sagesse le prix des efforts qu'elle t'a coûtés, et qui ne voudras jamais perdre en un moment le fruit de tant de peines; combien de motifs capables d'animer ton courage te font honte de t'oser défier de toi! Mais, pour répondre de ma Julie, qu'ai-je besoin de considérer ce qu'elle est? Il me suffit de savoir ce qu'elle fut durant les erreurs qu'elle déplore. Ah! si jamais ton cœur eût été capable d'infidélité, je te permettrais de la craindre toujours; mais, dans l'instant même où tu croyais l'envisager dans l'éloignement, conçois l'horreur qu'elle t'eût faite présente, par celle qu'elle t'inspira dès qu'y penser eût été la commettre.

Je me souviens de l'étonnement avec lequel nous apprenions autrefois qu'il y a des pays où la faiblesse d'une jeune amante est un crime irrémissible, quoique l'adultère d'une femme y porte le doux nom de galanterie, et où l'on se dédommage ouvertement étant mariée de la courte gêne où l'on vivait étant fille. Je sais quelles maximes règnent là-dessus dans le grand monde, où la vertu n'est rien, où tout n'est que vaine apparence, où les crimes s'effacent par la difficulté de les prouver, où la preuve même en est ridicule contre l'usage qui les autorise. Mais toi, Julie, ô toi qui, brûlant d'une flamme pure et fidèle, n'étais coupable qu'aux yeux des hommes, et n'avais rien à te reprocher entre le ciel et toi, toi qui te faisais respecter au milieu de tes fautes, toi qui, livrée à d'impuissants regrets, nous forçais d'adorer encore les vertus que tu n'avais plus, toi qui t'indignais de supporter ton propre mépris quand tout semblait te rendre excusable, oses-tu redouter le crime après avoir payé si cher ta faiblesse? oses-tu craindre de valoir moins aujourd'hui que dans les temps qui t'ont tant coûté de larmes? Non, ma chère: loin que tes anciens égarements doivent t'alarmer, ils doivent animer ton courage; un repentir si cuisant ne mène point au remords, et quiconque est si sensible à la honte ne sait point braver l'infamie.

Si jamais une âme faible eut des soutiens contre sa faiblesse, ce sont ceux qui s'offrent à toi; si jamais une âme forte a pu se soutenir elle-même, la tienne a-t-elle besoin d'appui? Dis-moi donc quels sont les raisonnables motifs de crainte. Toute ta vie n'a été qu'un combat continuel où, même après ta défaite, l'honneur, le devoir, n'ont cessé de résister, et ont fini par vaincre. Ah! Julie, croirai-je qu'après tant de tourments et de peines, douze ans de pleurs et six ans de gloire te laissent redouter une épreuve de huit jours? En deux mots, sois sincère avec toi-même: si le péril existe, sauve ta personne et rougis de ton cœur; s'il n'existe pas, c'est outrager ta raison, c'est flétrir ta vertu que de craindre un danger qui ne peut l'atteindre. Ignores-tu qu'il est des tentations déshonorantes qui n'approchèrent jamais d'une âme honnête, qu'il est même honteux de les vaincre, et que se précautionner contre elles est moins s'humilier que s'avilir?

Je ne prétends pas te donner mes raisons pour invincibles, mais te montrer seulement qu'il y en a qui combattent les tiennes; et cela suffit pour autoriser mon avis. Ne t'en rapporte ni à toi qui ne sais pas te rendre justice, ni à moi qui, dans tes défauts, n'ai jamais su voir que ton cœur, et t'ai toujours adorée; mais à ton mari, qui te voit telle que tu es, et te juge exactement selon ton mérite. Prompte comme tous les gens sensibles à mal juger de ceux qui ne le sont pas, je me défiais de sa pénétration dans les secrets des cœurs tendres; mais, depuis l'arrivée de notre voyageur, je vois par ce qu'il m'écrit qu'il lit très bien dans les vôtres, et que pas un des mouvements qui s'y passent n'échappe à ses observations: je les trouve même si fines et si justes, que j'ai rebroussé presque à l'autre extrémité de mon premier sentiment; et je croirais volontiers que les hommes froids, qui consultent plus leurs yeux que leur cœur, jugent mieux des passions d'autrui que les gens turbulents et vifs, ou vains comme moi, qui commencent toujours par se mettre à la place des autres, et ne savent jamais voir que ce qu'ils sentent. Quoi qu'il en soit, M. de Wolmar te connaît bien; il t'estime, il t'aime, et son sort est lié au tien: que lui manque-t-il pour que tu lui laisses l'entière direction de ta conduite sur laquelle tu crains de t'abuser? Peut-être, sentant approcher la vieillesse, veut-il, par des épreuves propres à le rassurer, prévenir les inquiétudes jalouses qu'une jeune femme inspire ordinairement à un vieux mari ; peut-être le dessein qu'il a demande-t-il que tu puisses vivre familièrement avec ton ami sans alarmer ni ton époux ni toi-même ; peut-être veut-il seulement te donner un témoignage de confiance et d'estime digne de celle qu'il a pour toi. Il ne faut jamais se refuser à de pareils sentiments, comme si l'on n'en pouvait soutenir le poids ; et pour moi, je pense en un mot que tu ne peux mieux satisfaire à la prudence et à la modestie qu'en te rapportant de tout à sa tendresse et à ses lumières.

Veux-tu, sans désobliger M. de Wolmar, te punir d'un orgueil que tu n'eus jamais, et prévenir un danger qui n'existe plus ? Restée seule avec le philosophe, prends contre lui toutes les précautions superflues qui t'auraient été jadis si nécessaires ; impose-toi la même réserve que si, avec ta vertu, tu pouvais te défier encore de ton cœur et du sien ; évite les conversations trop affectueuses, les tendres souvenirs du passé ; interromps ou préviens les trop longs tête-à-tête ; entoure-toi sans cesse de tes enfants ; reste peu seule avec lui dans la chambre, dans l'Elysée, dans le bosquet, malgré la profanation. Surtout prends ces mesures d'une manière si naturelle qu'elles semblent un effet du hasard, et qu'il ne puisse imaginer un moment que tu le redoutes. Tu aimes les promenades en bateau ; tu t'en prives pour ton mari qui craint l'eau, pour tes enfants que tu n'y veux pas exposer : prends le temps de cette absence pour te donner cet amusement en laissant tes enfants sous la garde de la Fanchon. C'est le moyen de te livrer sans risque aux doux épanchements de l'amitié, et de jouir paisiblement d'un long tête-à-tête sous la protection des bateliers, qui voient sans entendre, et dont on ne peut s'éloigner avant de penser à ce qu'on fait.

Il me vient encore une idée qui ferait rire beaucoup de gens, mais qui te plaira, j'en suis sûre : c'est de faire, en l'absence de ton mari, un journal fidèle pour lui être montré à son retour, et de songer au journal dans tous les entretiens qui doivent y entrer. A la vérité, je ne crois pas qu'un pareil expédient fût utile à beaucoup de femmes ; mais une âme franche et incapable de mauvaise foi a contre le vice bien des ressources qui manqueront toujours aux autres. Rien n'est méprisable de ce qui tend à garder la pureté ; et ce sont les petites précautions qui conservent les grandes vertus.

Au reste, puisque ton mari doit me voir en passant, il me dira, j'espère, les véritables raisons de son voyage ; et si je ne les trouve pas solides, ou je le détournerai de l'achever, ou, quoi qu'il arrive, je ferai ce qu'il n'aura pas voulu faire ; c'est sur quoi tu peux compter. En attendant, en voilà, je pense, plus qu'il n'en faut pour te rassurer contre une épreuve de huit jours. Va, ma Julie, je te connais trop bien pour ne pas répondre de toi autant et plus que de moi-même. Tu seras toujours ce que tu dois et que tu veux être. Quand tu te livrerais à la seule honnêteté de ton âme, tu ne risquerais rien encore ; car je n'ai point de foi aux défaites imprévues : on a beau couvrir du vain nom de faiblesse des fautes toujours volontaires, jamais femme ne succombe qu'elle n'ait voulu succomber ; et si je pensais qu'un pareil sort pût t'attendre, crois-moi, crois-en ma tendre amitié, crois-en tous les sentiments qui peuvent naître dans le cœur de ta pauvre Claire, j'aurais un intérêt trop sensible à t'en garantir pour t'abandonner à toi seule.

Ce que M. de Wolmar t'a déclaré des connaissances qu'il avait avant ton mariage me surprend peu : tu sais que je m'en suis toujours doutée ; et je te dirai de plus que mes soupçons ne se sont pas bornés aux indiscrétions de Babi. Je n'ai jamais pu croire qu'un homme droit et vrai comme ton père, et qui avait tout au moins des soupçons lui-même, pût se résoudre à tromper son gendre et son ami ; que s'il t'engageait si fortement au secret, c'est que la manière de le révéler devenait fort différente de sa part ou de la tienne, et qu'il voulait sans doute y donner un tour moins propre à rebuter M. de Wolmar que celui qu'il savait bien que tu ne manquerais pas d'y donner toi-même. Mais il faut te renvoyer ton exprès; nous causerons de tout cela plus à loisir dans un mois d'ici.

Adieu, petite cousine; c'est assez prêcher la prêcheuse : reprends ton ancien métier, et pour cause. Je me sens tout inquiète de n'être pas encore avec toi. Je brouille toutes mes affaires en me hâtant de les finir, et ne sais guère ce que je fais. Ah! Chaillot, Chaillot!... si j'étais moins folle!... mais j'espère de l'être toujours.

P. S. A propos, j'oubliais de faire compliment à ton altesse. Dis-moi, je t'en prie, monseigneur ton mari est-il atteman, knès, ou boyard (1)? Pour moi, je croirai jurer s'il faut t'appeler madame la boyarde (2). O pauvre enfant! toi qui as tant gémi d'être née demoiselle, te voilà bien chanceuse d'être la femme d'un prince! Entre nous, cependant, pour une dame de si grande qualité, je te trouve des frayeurs un peu roturières. Ne sais-tu pas que les petits scrupules ne conviennent qu'aux petites gens, et qu'on rit d'un enfant de bonne maison qui prétend être fils de son père?

LETTRE XIV.

DE M. DE WOLMAR A MADAME D'ORBE.

Je pars pour Etange, petite cousine : je m'étais proposé de vous voir en allant; mais un retard dont vous êtes cause me force à plus de diligence, et j'aime mieux coucher à Lausanne en revenant, pour y passer quelques heures de plus avec vous. Aussi bien j'ai à vous consulter sur plusieurs choses dont il est bon de vous parler d'avance, afin que vous ayez le temps d'y réfléchir avant de m'en dire votre avis.

Je n'ai point voulu vous expliquer mon projet au sujet du jeune homme avant que sa présence eût confirmé la bonne opinion que j'en avais conçue. Je crois déjà m'être assez assuré de lui pour vous confier entre nous que ce projet est de le charger de l'éducation de mes enfants. Je n'ignore pas que ces soins importants sont le principal devoir d'un père : mais quand il sera temps de les prendre, je serai trop âgé pour les remplir; et, tranquille et contemplatif par tempérament, j'eus toujours trop peu d'activité pour pouvoir régler celle de la jeunesse. D'ailleurs, par la raison qui vous est connue (3), Julie ne me verrait point sans inquiétude prendre une fonction dont j'aurais peine à m'acquitter à son gré. Comme par mille autres raisons votre sexe n'est pas propre à ces mêmes soins, leur mère s'occupera tout entière à bien élever son Henriette : je vous destine pour votre part le gouvernement du ménage sur le plan que vous trouverez établi et que vous avez approuvé; la mienne sera de voir trois honnêtes gens concourir au bonheur de la maison, et de goûter dans ma vieillesse un repos qui sera leur ouvrage.

J'ai toujours vu que ma femme aurait une extrême répugnance à confier ses enfants à des mains mercenaires, et je n'ai pu blâmer ses scrupules. Le respectable état de précepteur exige tant de talents qu'on ne saurait payer, tant de vertus qui ne sont point à prix, qu'il est inutile d'en chercher un avec de l'argent. Il n'y a qu'un homme de génie en qui l'on puisse espérer de trouver les lumières d'un maître; il n'y a qu'un ami très tendre à qui son cœur puisse inspirer le zèle d'un père; et le génie n'est guère à vendre, encore moins l'attachement.

Votre ami m'a paru réunir en lui toutes les qualités convenables; et, si j'ai bien connu son âme, je n'imagine pas pour lui de plus grande félicité que de

---

(1) *Atteman* ou *hetman*, chef de cosaques. — *Knès*, prince tartare. — *Boyard*, noble russe.

(2) Madame d'Orbe ignorait apparemment que les deux premiers noms sont en effet des titres distingués, mais qu'un boyard n'est qu'un simple gentilhomme.

(3) Cette raison n'est pas connue encore du lecteur, mais il est prié de ne pas s'impatienter.

faire dans ces enfants chéris celle de leur mère. Le seul obstacle que je puisse prévoir est dans son affection pour mylord Edouard, qui lui permettra difficilement de se détacher d'un ami si cher et auquel il a de si grandes obligations, à moins qu'Edouard ne l'exige lui-même. Nous attendons bientôt cet homme extraordinaire ; et comme vous avez beaucoup d'empire sur son esprit, s'il ne dément pas l'idée que vous m'en avez donnée, je pourrais bien vous charger de cette négociation près de lui.

Vous avez à présent, petite cousine, la clef de toute ma conduite, qui ne peut que paraître fort bizarre sans cette explication, et qui, j'espère, aura désormais l'approbation de Julie et la vôtre. L'avantage d'avoir une femme comme la mienne m'a fait tenter des moyens qui seraient impraticables avec une autre. Si je la laisse en toute confiance avec son ancien amant, sous la seule garde de sa vertu, je serais insensé d'établir dans ma maison cet amant avant de m'assurer qu'il eût pour jamais cessé de l'être : et comment pouvoir m'en assurer, si j'avais une épouse sur laquelle je comptasse moins ?

Je vous ai vue quelquefois sourire à mes observations sur l'amour : mais pour le coup je tiens de quoi vous humilier. J'ai fait une découverte, que ni vous ni femme au monde, avec toute la subtilité qu'on prête à votre sexe, n'eussiez jamais faite, dont pourtant vous sentirez peut-être l'évidence au premier instant, et que vous tiendrez au moins pour démontrée quand j'aurai pu vous expliquer sur quoi je la fonde. De vous dire que mes jeunes gens sont plus amoureux que jamais, ce n'est pas sans doute une merveille à vous apprendre. De vous assurer au contraire qu'ils sont parfaitement guéris, vous savez ce que peuvent la raison, la vertu, ce n'est pas là non plus un grand miracle. Mais que ces deux opposés soient vrais en même temps ; qu'ils brûlent plus ardemment que jamais l'un pour l'autre, et qu'il ne règne plus entre eux qu'un honnête attachement, qu'ils soient toujours amants et ne soient plus qu'amis : c'est, je pense, à quoi vous vous attendez moins, ce que vous aurez plus de peine à comprendre, et ce qui est pourtant selon l'exacte vérité.

Telle est l'énigme que forment les contradictions fréquentes que vous avez dû remarquer en eux, soit dans leurs discours, soit dans leurs lettres. Ce que vous avez écrit à Julie, au sujet du portrait, a servi plus que tout le reste à m'en éclaircir le mystère ; et je vois qu'ils sont toujours de bonne foi, même en se démentant sans cesse. Quand je dis eux, c'est surtout le jeune homme que j'entends ; car, pour votre amie, on n'en peut parler que par conjecture : un voile de sagesse et d'honnêteté fait tant de replis autour de son cœur, qu'il n'est plus possible à l'œil humain d'y pénétrer, pas même au sien propre. La seule chose qui me fait soupçonner qu'il lui reste quelque défiance à vaincre, est qu'elle ne cesse de chercher en elle-même ce qu'elle ferait si elle était tout-à-fait guérie, et le fait avec tant d'exactitude, que si elle était vraiment guérie elle ne le ferait pas si bien.

Pour votre ami, qui, bien que vertueux, s'effraie moins des sentiments qui lui restent, je lui vois encore tous ceux qu'il eut dans sa première jeunesse ; mais je les vois sans avoir droit de m'en offenser. Ce n'est pas de Julie de Wolmar qu'il est amoureux, c'est de Julie d'Etange ; il ne me hait point comme le possesseur de la personne qu'il aime, mais comme le ravisseur de celle qu'il a aimée. La femme d'un autre n'est point sa maîtresse ; la mère de deux enfants n'est plus son ancienne écolière. Il est vrai qu'elle lui ressemble beaucoup et qu'elle lui en rappelle souvent le souvenir. Il aime dans le temps passé ; voilà le vrai mot de l'énigme : ôtez-lui la mémoire, il n'aura plus d'amour.

Ceci n'est point une vaine subtilité, petite cousine ; c'est une observation très solide, qui, étendue à d'autres amours, aurait peut-être une application bien plus générale qu'il ne paraît. Je pense même qu'elle ne serait pas difficile à expliquer en cette occasion par vos propres idées. Le temps où vous séparâtes ces deux amants fut celui où leur passion était à son plus haut point de véhémence. Peut-être, s'ils fussent restés plus longtemps ensemble, se seraient-ils peu à peu refroidis; mais leur imagination, vivement émue, les a sans cesse offerts l'un à l'autre tels qu'ils étaient à l'instant de leur séparation. Le jeune homme, ne voyant point dans sa maîtresse les changements qu'y faisaient les progrès du temps, l'aimait telle qu'il l'avait vue, et non plus telle qu'elle était (1). Pour le rendre heureux il n'était pas question seulement de la lui donner, mais de la lui rendre au même âge et dans les mêmes circonstances où elle s'était trouvée au temps de leurs premiers amours; la moindre altération à tout cela était autant d'ôté du bonheur qu'il s'était promis. Elle est devenue plus belle, mais elle a changé; ce qu'elle a gagné tourne en ce sens à son préjudice; car c'est de l'ancienne et non pas d'une autre qu'il est amoureux.

L'erreur qui l'abuse et le trouble est de confondre les temps et de se reprocher souvent comme un sentiment actuel ce qui n'est que l'effet d'un souvenir trop tendre : mais je ne sais s'il ne vaut pas mieux achever de le guérir que le désabuser. On tirera peut-être meilleur parti pour cela de son erreur que de ses lumières. Lui découvrir le véritable état de son cœur, serait lui apprendre la mort de ce qu'il aime; ce serait lui donner une affliction dangereuse en ce que l'état de tristesse est toujours favorable à l'amour.

Délivré des scrupules qui le gênent, il nourrirait peut-être avec plus de complaisance des souvenirs qui doivent s'éteindre; il en parlerait avec moins de réserve; et les traits de sa Julie ne sont pas tellement effacés en Mme de Wolmar, qu'à force de les y chercher il ne les y pût retrouver encore. J'ai pensé qu'au lieu de lui ôter l'opinion des progrès qu'il croit avoir faits, et qui sert d'encouragement pour achever, il fallait lui faire perdre la mémoire des temps qu'il doit oublier, en substituant adroitement d'autres idées à celles qui lui sont si chères. Vous, qui contribuâtes à les faire naître, pouvez contribuer plus que personne à les effacer : mais c'est seulement quand vous serez tout-à-fait avec nous que je veux vous dire à l'oreille ce qu'il faut faire pour cela; charge qui, si je ne me trompe, ne vous sera pas fort onéreuse. En attendant, je cherche à le familiariser avec les objets qui l'effarouchent, en les lui présentant de manière qu'ils ne soient plus dangereux pour lui. Il est ardent, mais faible et facile à subjuguer. Je profite de cet avantage en donnant le change à son imagination. A la place de sa maîtresse, je le force de voir toujours l'épouse d'un honnête homme et la mère de mes enfants : j'efface un tableau par un autre, et couvre le passé du présent. On mène un coursier ombrageux à l'objet qui l'effraie, afin qu'il n'en soit plus effrayé. C'est ainsi qu'il en faut user avec ces jeunes gens, dont l'imagination brûle encore quand le cœur est déjà refroidi, et leur offre dans l'éloignement des monstres qui disparaissent à leur approche.

Je crois bien connaître les forces de l'un et de l'autre; je ne les expose qu'à des épreuves qu'ils peuvent soutenir : car la sagesse ne consiste pas à prendre indifféremment toutes sortes de précautions, mais à choisir celles qui sont utiles, et à négliger les superflues. Les huit jours pendant lesquels je les vais laisser ensemble suffiront peut-être pour leur apprendre à démêler leurs vrais sentiments et connaître ce qu'ils sont réellement l'un à l'autre. Plus ils se verront seul à seul, plus ils comprendront aisément leur erreur en comparant ce qu'ils sentiront avec ce qu'ils auraient autrefois senti dans une situation

---

(1) Vous êtes bien folles, vous autres femmes, de vouloir donner de la consistance à un sentiment aussi frivole et aussi passager que l'amour. Tout change dans la nature, tout est dans un flux continuel; et vous voulez inspirer des feux constants ! Et de quel droit prétendez-vous être aimée aujourd'hui parce que vous l'étiez hier? Gardez donc le même visage, le même âge, la même humeur, soyez toujours la même, et l'on vous aimera toujours, si l'on peut. Mais changer sans cesse, et vouloir toujours qu'on vous aime, c'est vouloir qu'à chaque instant on cesse de vous aimer; ce n'est pas chercher des cœurs constants, c'est en chercher d'aussi changeants que vous.

pareille. Ajoutez qu'il leur importe de s'accoutumer sans risque à la familiarité dans laquelle ils vivront nécessairement si mes vues sont remplies. Je vois par la conduite de Julie qu'elle a reçu de vous des conseils qu'elle ne pouvait refuser de suivre sans se faire tort. Quel plaisir je prendrais à lui donner cette preuve que je sens tout ce qu'elle vaut, si c'était une femme auprès de laquelle un mari pût se faire un mérite de sa confiance! Mais quand elle n'aurait rien gagné sur son cœur, sa vertu resterait la même : elle lui coûterait davantage, et ne triompherait pas moins. Au lieu que s'il lui reste aujourd'hui quelque peine intérieure à souffrir, ce ne peut être que dans l'attendrissement d'une conversation de réminiscence, qu'elle ne saura que trop pressentir, et qu'elle évitera toujours. Ainsi, vous voyez qu'il ne faut point juger ici de ma conduite par les règles ordinaires, mais par les vues qui me l'inspirent, et par le caractère unique de celle envers qui je la tiens.

Adieu, petite cousine, jusqu'à mon retour. Quoique je n'aie pas donné toutes ces explications à Julie, je n'exige pas que vous lui en fassiez un mystère. J'ai pour maxime de ne point interposer de secrets entre les amis : ainsi je remets ceux-ci à votre discrétion; faites-en l'usage que la prudence et l'amitié vous inspireront : je sais que vous ne ferez rien que pour le mieux et le plus honnête.

LETTRE XV.

DE SAINT-PREUX A MYLORD ÉDOUARD.

M. de Wolmar partit hier pour Étange, et j'ai peine à concevoir l'état de tristesse où m'a laissé son départ. Je crois que l'éloignement de sa femme m'affligerait moins que le sien. Je me sens plus contraint qu'en sa présence même; un morne silence règne au fond de mon cœur; un effroi secret en étouffe le murmure, et moins troublé de désirs que de craintes, j'éprouve les terreurs du crime sans en avoir les tentations.

Savez-vous, mylord, où mon âme se rassure et perd ses indignes frayeurs? auprès de Mme de Wolmar. Sitôt que j'approche d'elle, sa vue apaise mon trouble, ses regards épurent mon cœur. Tel est l'ascendant du sien, qu'il semble toujours inspirer aux autres le sentiment de son innocence et le repos qui en est l'effet. Malheureusement pour moi sa règle de vie ne la livre pas toute la journée à la société de ses amis, et dans les moments que je suis forcé de passer sans la voir je souffrirais moins d'être plus loin d'elle.

Ce qui contribue encore à nourrir la mélancolie dont je me sens accablé, c'est un mot qu'elle me dit hier après le départ de son mari. Quoique jusqu'à cet instant elle eût fait assez bonne contenance, elle le suivit longtemps des yeux avec un air attendri, que j'attribuai d'abord au seul éloignement de cet heureux époux; mais je conçus à son discours que cet attendrissement avait encore une autre cause qui ne m'était pas connue : « Vous voyez comme nous vivons, me dit-elle, et vous savez s'il m'est cher. Ne croyez pas pourtant que le sentiment qui m'unit à lui, aussi tendre et plus puissant que l'amour, en ait aussi les faiblesses. S'il nous en coûte quand la douce habitude de vivre ensemble est interrompue, l'espoir assuré de la reprendre bientôt nous console. Un état aussi permanent laisse peu de vicissitudes à craindre; et dans une absence de quelques jours, nous sentons moins la peine d'un si court intervalle que le plaisir d'en envisager la fin. L'affliction que vous lisez dans mes yeux vient d'un sujet plus grave, et quoiqu'elle soit relative à M. de Wolmar, ce n'est point son éloignement qui la cause.

« Mon cher ami, ajouta-t-elle d'un ton pénétré, il n'y a point de vrai bonheur sur la terre. J'ai pour mari le plus honnête et le plus doux des hommes, un penchant mutuel se joint au devoir qui nous lie, il n'a point d'autres désirs que les miens; j'ai des enfants qui ne donnent et promettent que plus plaisirs à leur mère; il n'y eut jamais d'amie plus tendre, plus vertueuse, des aimable que celle dont mon cœur est idolâtre, et je vais passer mes jours avec elle; vous-même contribuez à me les rendre chers en justifiant si bien mon estime et mes sentiments pour vous; un long et fâcheux procès prêt à finir va ramener dans nos bras le meilleur des pères; tout nous prospère; l'ordre et la paix règnent dans notre maison; nos domestiques sont zélés et fidèles; nos voisins nous marquent toute sorte d'attachement, nous jouissons de la bienveillance publique. Favorisée en toutes choses du ciel, de la fortune et des hommes, je vois tout concourir à mon bonheur. Un chagrin secret, un seul chagrin l'empoisonne, et je ne suis pas heureuse. » Elle dit ces derniers mots avec un soupir qui me perça l'âme, et auquel je vis trop que je n'avais aucune part. Elle n'est pas heureuse, me dis-je en soupirant à mon tour, et ce n'est plus moi qui l'empêche de l'être!

Cette funeste idée bouleversa dans un instant toutes les miennes, et troubla le repos dont je commençais à jouir. Impatient du doute insupportable où ce discours m'avait jeté, je la pressai tellement d'achever de m'ouvrir son cœur, qu'enfin elle versa dans le mien son fatal secret et me permit de vous le révéler. Mais voici l'heure de la promenade. Mme de Wolmar sort actuellement du gynécée pour aller se promener avec ses enfants; elle vient de me le faire dire. J'y cours, mylord : je vous quitte pour cette fois, et remets à reprendre dans une autre lettre le sujet interrompu dans celle-ci.

LETTRE XVI.

DE MADAME DE WOLMAR A SON MARI.

Je vous attends mardi, comme vous me le marquez, et vous trouverez tout arrangé selon vos intentions. Voyez en revenant Mme d'Orbe; elle vous dira ce qui s'est passé durant votre absence : j'aime mieux que vous l'appreniez d'elle que de moi.

Wolmar, il est vrai, je crois mériter votre estime; mais votre conduite n'en est pas plus convenable, et vous jouissez durement de la vertu de votre femme.

LETTRE XVII.

DE SAINT-PREUX A MYLORD ÉDOUARD.

Je veux, mylord, vous rendre compte d'un danger que nous courûmes ces jours passés, et dont heureusement nous avons été quittes pour la peur et un peu de fatigue. Ceci vaut bien une lettre à part : en la lisant vous sentirez ce qui m'engage à vous l'écrire.

Vous savez que la maison de Mme de Wolmar n'est pas loin du lac, et qu'elle aime les promenades sur l'eau. Il y a trois jours que le désœuvrement où l'absence de son mari nous laisse et la beauté de la soirée nous firent projeter une de ces promenades pour le lendemain. Au lever du soleil nous nous rendîmes au rivage : nous prîmes un bateau avec des filets pour pêcher, trois rameurs, un domestique, et nous nous embarquâmes avec quelques provisions pour le dîner. J'avais pris un fusil pour tirer des besolets (1); mais elle me fit honte de tuer des oiseaux à pure perte et pour le seul plaisir de faire du mal. Je m'amusais donc à rappeler de temps en temps des gros-sifflets, des tioutious, des crenets, des sifflassons (2), et je ne tirai qu'un seul coup de fort loin sur une grèbe que je manquai.

Nous passâmes une heure ou deux à pêcher à cinq cents pas du rivage. La pêche fut bonne; mais, à l'exception d'une truite qui avait reçu un coup

---

(1) Oiseau de passage sur le lac de Genève. Le besolet n'est pas bon à manger.
(2) Diverses sortes d'oiseaux du lac de Genève, tous très bons à manger.

d'aviron, Julie fit tout rejeter à l'eau. « Ce sont, dit-elle, des animaux qui souffrent ; délivrons-les ; jouissons du plaisir qu'ils auront d'être échappés au péril. » Cette opération se fit lentement, à contre-cœur, non sans quelques représentations ; et je vis que nos gens auraient mieux goûté le poisson qu'ils avaient pris que la morale qui lui sauvait la vie.

Nous avançâmes ensuite en pleine eau ; puis, par une vivacité de jeune homme dont il serait temps de guérir, m'étant mis à *nager* (1), je dirigeai tellement au milieu du lac, que nous nous trouvâmes bientôt à plus d'une lieue du rivage (2). Là j'expliquais à Julie toutes les parties du superbe horizon qui nous entourait. Je lui montrais de loin les embouchures du Rhône, dont l'im-

pétueux cours s'arrête tout-à-coup au bout d'un quart de lieue, et semble craindre de souiller de ses eaux bourbeuses le cristal azuré du lac. Je lui faisais observer les redans des montagnes, dont les angles correspondants et parallèles forment dans l'espace qui les sépare un lit digne du fleuve qui le remplit. En l'écartant de nos côtes, j'aimais à lui faire admirer les riches et charmantes rives du pays de Vaud, où la quantité des villes, l'innombrable foule du peuple, les coteaux verdoyants et parés de toutes parts, forment un tableau ravissant ; où la terre, partout cultivée et partout féconde, offre au laboureur, au pâtre, au vigneron, le fruit assuré de leurs peines, que ne dévore point l'avide publicain. Puis lui montrant le Chablais (3) sur la côte opposée, pays non moins favorisé de la nature, et qui n'offre pourtant qu'un spectacle de misère, je lui faisais sensiblement distinguer les différents effets des deux gouvernements pour la richesse, le nombre et le bonheur des hommes. « C'est ainsi, lui disais-je, que la terre ouvre son sein fertile et prodigue ses trésors aux heureux peuples qui la cultivent pour eux-mêmes : elle semble

(1) Terme des bateliers du lac de Genève ; c'est tenir la rame qui gouverne les autres.
(2) Comment cela ? Il s'en faut bien que vis-à-vis de Clarens le lac ait deux lieues de large.
(3) Province du duché de Savoie, appartenant aujourd'hui à l'état sarde.

sourire et s'animer au doux spectacle de la liberté; elle aime à nourrir des hommes. Au contraire, les tristes masures, la bruyère et les ronces qui couvrent une terre à demi déserte, annoncent de loin qu'un maître absent y domine, et qu'elle donne à regret à des esclaves quelques maigres productions dont ils ne profitent pas. »

Tandis que nous nous amusions agréablement à parcourir ainsi des yeux les côtes voisines, un séchard, qui nous poussait de biais vers la rive opposée, s'éleva, fraîchit considérablement; et quand nous songeâmes à revirer, la résistance se trouva si forte qu'il ne fut pas possible à notre frêle bateau de la vaincre. Bientôt les ondes devinrent terribles; il fallut regagner la rive de Savoie, et tâcher d'y prendre terre au village de Meillerie, qui était vis-à-vis de nous, et qui est presque le seul lieu de cette côte où la grève offre un abord commode. Mais le vent ayant changé se renforçait, rendait inutiles les efforts de nos bateliers, et nous faisait dériver plus bas le long d'une file de rochers escarpés où l'on ne trouve plus d'asile.

Nous nous mîmes tous aux rames, et presque au même instant j'eus là douleur de voir Julie saisie du mal de cœur, faible et défaillante au bord du bateau. Heureusement elle était faite à l'eau, et cet état ne dura pas. Cependant nos efforts croissaient avec le danger; le soleil, la fatigue et la sueur, nous mirent tous hors d'haleine et dans un épuisement excessif : c'est alors que, retrouvant tout son courage, Julie animait le nôtre par ses caresses compatissantes; elle nous essuyait indistinctement à tous le visage, et mêlant dans un vase du vin avec de l'eau de peur d'ivresse, elle en offrait alternativement aux plus épuisés. Non, jamais votre adorable amie ne brilla d'un si vif éclat que dans ce moment où la chaleur et l'agitation avaient animé son teint d'un plus grand feu; et ce qui ajoutait le plus à ses charmes était qu'on voyait si bien à son air attendri que tous ses soins venaient moins de frayeur pour elle que de compassion pour nous. Un instant seulement deux planches s'étant entr'ouvertes, dans un choc qui nous inonda tous, elle crut le bateau brisé; et dans une exclamation de cette tendre mère j'entendis distinctement ces mots : « O mes enfants! faut-il ne vous voir plus! » Pour moi, dont l'imagination va toujours plus loin que le mal, quoique je connusse au vrai l'état du péril, je croyais voir de moment en moment le bateau englouti, cette beauté si touchante se débattre au milieu des flots, et la pâleur de la mort ternir les roses de son visage.

Enfin, à force de travail, nous remontâmes à Meillerie, et, après avoir lutté plus d'une heure à dix pas du rivage, nous parvînmes à prendre terre. En abordant, toutes les fatigues furent oubliées : Julie prit sur soi la reconnaissance de tous les soins que chacun s'était donnés; et comme au fort du danger elle n'avait songé qu'à nous, à terre il lui semblait qu'on n'avait sauvé qu'elle.

Nous dînâmes avec l'appétit qu'on gagne dans un violent travail. La truite fut apprêtée. Julie, qui l'aime extrêmement, en mangea peu; et je compris que, pour ôter aux bateliers le regret de leur sacrifice, elle ne se souciait pas que j'en mangeasse beaucoup moi-même. Mylord, vous l'avez dit mille fois, dans les petites choses comme dans les grandes, cette âme aimante se peint toujours.

Après le dîner, l'eau continuant d'être forte et le bateau ayant besoin d'être raccommodé, je proposai un tour de promenade. Julie m'opposa le vent, le soleil, et songeait à ma lassitude. J'avais mes vues; ainsi je répondis à tout. « Je suis, lui dis-je, accoutumé dès l'enfance aux exercices pénibles; loin de nuire à ma santé, ils l'affermissent, et mon dernier voyage m'a rendu bien plus robuste encore. A l'égard du soleil et du vent, vous avez votre chapeau de paille; nous gagnerons des abris et des bois; il n'est question que de monter entre quelques rochers; et vous, qui n'aimez pas la plaine, en supporterez volontiers la fatigue. » Elle fit ce que je voulais, et nous partîmes pendant le dîner de nos gens.

Vous savez qu'après mon exil du Valais, je revins, il y a dix ans, à Meillerie attendre la permission de mon retour. C'est là que je passai des jours si tristes et si délicieux, uniquement occupé d'elle, et c'est de là que je lui écrivis une lettre dont elle fut si touchée. J'avais toujours désiré de revoir la retraite isolée qui me servit d'asile au milieu des glaces, et où mon cœur se plaisait à converser en lui-même avec ce qu'il eut de plus cher au monde. L'occasion de visiter ce lieu si chéri dans une saison plus agréable, et avec celle dont l'image l'habitait jadis avec moi, fut le motif secret de ma promenade. Je me faisais un plaisir de lui montrer d'anciens monuments d'une passion si constante et si malheureuse.

Nous y parvînmes, après une heure de marche, par des sentiers tortueux et frais, qui, montant insensiblement entre les arbres et les rochers, n'avaient rien de plus incommode que la longueur du chemin. En approchant, et reconnaissant mes anciens renseignements, je fus prêt à me trouver mal; mais je me surmontai, je cachai mon trouble, et nous arrivâmes. Ce lieu solitaire formait un réduit sauvage et désert, mais plein de ces sortes de beautés qui ne plaisent qu'aux âmes sensibles, et paraissent horribles aux autres. Un torrent formé par la fonte des neiges roulait à vingt pas de nous une eau bourbeuse, et charriait avec bruit du limon, du sable et des pierres. Derrière nous une chaîne de roches inaccessibles séparait l'esplanade où nous étions de cette partie des Alpes qu'on nomme les Glacières, parce que d'énormes sommets de glaces qui s'accroissent incessamment les couvrent depuis le commencement du monde (1). Des forêts de noirs sapins nous ombrageaient tristement à droite. Un grand bois de chênes était à gauche au-delà du torrent; et au-dessous de nous cette immense plaine d'eau que le lac forme au sein des Alpes nous séparait des riches côtes du pays de Vaud, dont la cime du majestueux Jura couronnait le tableau.

Au milieu de ces grands et superbes objets, le petit terrain où nous étions étalait les charmes d'un séjour riant et champêtre; quelques ruisseaux filtraient à travers les rochers, et roulaient sur la verdure en filets de cristal; quelques arbres fruitiers sauvages penchaient leurs têtes sur les nôtres; la terre humide et fraîche était couverte d'herbes et de fleurs. En comparant un si doux séjour aux objets qui l'environnaient, il semblait que ce lieu désert dût être l'asile de deux amants échappés seuls au bouleversement de la nature.

Quand nous eûmes atteint ce réduit et que je l'eus quelque temps contemplé : « Quoi! dis-je à Julie en la regardant avec un œil humide, votre cœur ne vous dit-il rien ici, et ne sentez-vous point quelque émotion secrète à l'aspect d'un lieu si plein de vous? » Alors, sans attendre sa réponse, je la conduisis vers le rocher, et lui montrai son chiffre gravé dans mille endroits, et plusieurs vers de Pétrarque et du Tasse relatifs à la situation où j'étais en les traçant. En les revoyant moi-même après si longtemps, j'éprouvai combien la présence des objets peut ranimer puissamment les sentiments violents dont on fut agité près d'eux. Je lui dis, avec un peu de véhémence : « O Julie, éternel charme de mon cœur! voici les lieux où soupira jadis pour toi le plus fidèle amant du monde; voici le séjour où ta chère image faisait son bonheur, et préparait celui qu'il reçut enfin de toi-même. On n'y voyait alors ni ces fruits ni ces ombrages, la verdure et les fleurs ne tapissaient point ces compartiments, le cours de ces ruisseaux n'en formait point les divisions, ces oiseaux n'y faisaient point entendre leur ramage; le vorace épervier, le

(1) Ces montagnes sont si hautes, qu'une demi-heure après le soleil couché leurs sommets sont encore éclairés de ses rayons, dont le rouge forme sur ces cimes blanches une belle couleur de rose qu'on aperçoit de fort loin.

corbeau funèbre, et l'aigle terrible des Alpes, faisaient seuls retentir de leurs cris ces cavernes; d'immenses glaces pendaient à tous ces rochers, des festons de neige étaient le seul ornement de ces arbres : tout respirait ici les rigueurs de l'hiver et l'horreur des frimas; les feux seuls de mon cœur me rendaient ce lieu supportable, et les jours entiers s'y passaient à penser à toi. Voilà la pierre où je m'asseyais pour contempler au loin ton heureux séjour; sur celle-ci fut écrite la lettre qui toucha ton cœur; ces cailloux tranchants me servaient de burin pour graver ton chiffre; ici je passai le torrent glacé pour reprendre une de tes lettres qu'emportait un tourbillon; là je vins relire et baiser mille fois la dernière que tu m'écrivis; voilà le bord où d'un œil avide et sombre je mesurais la profondeur de ces abîmes; enfin, ce fut ici qu'avant mon triste départ je vins te pleurer mourante et jurer de ne te pas survivre. Fille trop constamment aimée, ô toi pour qui j'étais né, faut-il me retrouver avec toi dans les mêmes lieux, et regretter le temps que j'y passais à gémir de ton absence !... » J'allais continuer; mais Julie, qui, me voyant approcher du bord, s'était effrayée et m'avait saisi la main, la serra sans mot dire en me regardant avec tendresse, et retenant avec peine un soupir; puis tout-à-coup détournant la vue et me tirant par le bras : « Allons-nous-en, mon ami, me dit-elle d'une voix émue; l'air de ce lieu n'est pas bon pour moi. » Je partis avec elle en gémissant, mais sans lui répondre, et je quittai pour jamais ce triste réduit comme j'aurais quitté Julie elle-même.

Revenus lentement au port après quelques détours, nous nous séparâmes. Elle voulut rester seule, et je continuai de me promener sans trop savoir où j'allais. A mon retour, le bateau n'étant pas encore prêt ni l'eau tranquille, nous soupâmes tristement, les yeux baissés, l'air rêveur, mangeant peu et parlant encore moins. Après le souper, nous fûmes nous asseoir sur la grève en attendant le moment du départ. Insensiblement la lune se leva, l'eau devint plus calme, et Julie me proposa de partir. Je lui donnai la main pour entrer dans le bateau, et en m'asseyant à côté d'elle, je ne songeai plus à quitter sa main. Nous gardions un profond silence. Le bruit égal et mesuré des rames m'excitait à rêver. Le chant assez gai des bécassines (1), me retraçant les plaisirs d'un autre âge, au lieu de m'égayer m'attristait. Peu à peu je sentis augmenter la mélancolie dont j'étais accablé. Un ciel serein, la fraîcheur de l'air, les doux rayons de la lune, le frémissement argenté dont l'eau brillait autour de nous, le concours des plus agréables sensations, la présence même de cet objet chéri, rien ne put détourner de mon cœur mille réflexions douloureuses.

Je commençai par me rappeler une promenade semblable faite autrefois avec elle durant le charme de nos premières amours. Tous les sentiments délicieux qui remplissaient alors mon âme s'y retracèrent pour l'affliger; tous les événements de notre jeunesse, nos études, nos entretiens, nos lettres, nos rendez-vous, nos plaisirs,

> E tanta fede, e si dolce memorie,
> E si lungo costume (2) !

ces foules de petits objets qui m'offraient l'image de mon bonheur passé, tout revenait, pour augmenter ma misère présente, prendre place en mon souvenir. C'en est fait, disais-je en moi-même, ces temps, ces temps heureux ne sont plus; ils ont disparu pour jamais. Hélas ! ils ne reviendront plus; et nous vivons, et nous sommes ensemble, et nos cœurs sont toujours unis ! Il me semblait que j'aurais porté plus patiemment sa mort ou son absence, et que j'avais moins souffert tout le temps que j'avais passé loin d'elle. Quand je

---

(1) La bécassine du lac de Genève n'est point l'oiseau qu'on appelle en France du même nom. Le chant plus vif et plus animé de la nôtre donne au lac, durant les nuits d'été, un air de vie et de fraîcheur qui rend ses rives encore plus charmantes.

(2) Et cette foi si pure, et ces doux souvenirs, et cette longue familiarité! — Métast.

gémissais dans l'éloignement, l'espoir de la revoir soulageait mon cœur; je me flattais qu'un instant de sa présence effacerait toutes mes peines; j'envisageais au moins dans les possibles un état moins cruel que le mien; mais

se trouver auprès d'elle, mais la voir, la toucher, lui parler, l'aimer, l'adorer, et, presque en la possédant encore, la sentir perdue à jamais pour moi : voilà ce qui me jetait dans des accès de fureur et de rage qui m'agitèrent par degrés jusqu'au désespoir. Bientôt je commençai de rouler dans mon esprit des projets funestes, et, dans un transport dont je frémis en y pensant, je fus violemment tenté de la précipiter avec moi dans les flots, et d'y finir dans ses bras ma vie et mes longs tourments. Cette horrible tentation devint à la fin si forte que je fus obligé de quitter brusquement sa main pour passer à la pointe du bateau.

Là mes vives agitations commencèrent à prendre un autre cours; un sentiment plus doux s'insinua peu à peu dans mon âme, l'attendrissement surmonta le désespoir, je me mis à verser des torrents de larmes; et cet état, comparé à celui dont je sortais, n'était pas sans quelque plaisir; je pleurai fortement, longtemps, et fus soulagé. Quand je me trouvai bien remis je revins auprès de Julie; je repris sa main. Elle tenait son mouchoir; je le sentis fort mouillé : « Ah ! lui dis-je tout bas, je vois que nos cœurs n'ont jamais cessé de s'entendre ! — Il est vrai, dit-elle d'une voix altérée; mais que ce soit la dernière fois qu'ils auront parlé sur ce ton. » Nous recommençâmes alors à causer tranquillement, et au bout d'une heure de navigation nous arrivâmes sans autre accident. Quand nous fûmes rentrés, j'aperçus à la lumière qu'elle avait les yeux rouges et fort gonflés : elle ne dut pas trouver les miens en meilleur état. Après les fatigues de cette journée, elle avait grand besoin de repos; elle se retira, et je fus me coucher.

Voilà, mon ami, le détail du jour de ma vie où, sans exception, j'ai senti les émotions les plus vives. J'espère qu'elles seront la crise qui me rendra tout-à-fait à moi. Au reste, je vous dirai que cette aventure m'a plus convaincu que tous les arguments de la liberté de l'homme et du mérite de la vertu. Combien de gens sont faiblement tentés et succombent ! Pour Julie, mes yeux le virent et mon cœur le sentit, elle soutint ce jour-là le plus grand combat qu'âme humaine ait pu soutenir; elle vainquit pourtant. Mais qu'ai-je fait pour rester si loin d'elle ? O Édouard ! quand, séduit par ta maîtresse, tu sus triompher à la fois de tes désirs et des siens, n'étais-tu qu'un homme ? Sans toi j'étais perdu peut-être. Cent fois dans ce jour périlleux le souvenir de ta vertu m'a rendu la mienne.

CINQUIÈME PARTIE

LETTRE PREMIÈRE.

DE MYLORD ÉDOUARD A SAINT-PREUX (1).

Sors de l'enfance, ami, réveille-toi. Ne livre point ta vie entière au long sommeil de la raison. L'âge s'écoule, il ne t'en reste plus que pour être sage. A trente ans passés il est temps de songer à soi; commence donc à rentrer en toi-même, et sois homme une fois avant la mort.

Mon cher, votre cœur vous en a longtemps imposé sur vos lumières. Vous avez voulu philosopher avant d'en être capable; vous avez pris le sentiment pour de la raison, et content d'estimer les choses par l'impression qu'elles vous ont faite, vous avez toujours ignoré leur véritable prix. Un cœur droit est, je l'avoue, le premier organe de la vérité; celui qui n'a rien senti ne sait rien apprendre; il ne fait que flotter d'erreurs en erreurs; il n'acquiert qu'un vain savoir et de stériles connaissances, parce que le vrai rapport des choses à l'homme, qui est sa principale science, lui demeure toujours caché. Mais c'est se borner à la première moitié de cette science que de ne pas étudier encore les rapports qu'ont les choses entre elles pour mieux juger de ceux qu'elles ont avec nous. C'est peu de connaître les passions humaines, si l'on n'en sait apprécier les objets; et cette seconde étude ne peut se faire que dans le calme de la méditation.

La jeunesse du sage est le temps de ses expériences; ses passions en sont les instruments; mais après avoir appliqué son âme aux objets extérieurs pour les sentir, il la retire au dedans de lui pour les considérer, les comparer, les connaître. Voilà le cas où vous devez être plus que personne au monde. Tout ce qu'un cœur sensible peut éprouver de plaisirs et de peines a rempli le vôtre; tout ce qu'un homme peut voir, vos yeux l'ont vu. Dans un espace de douze ans, vous avez épuisé tous les sentiments qui peuvent être épars dans une longue vie, et vous avez acquis, jeune encore, l'expérience d'un vieillard. Vos premières observations se sont portées sur des gens simples et sortant presque des mains de la nature, comme pour vous servir de pièce de comparaison. Exilé dans la capitale du plus célèbre peuple de l'univers, vous êtes sauté pour ainsi dire à l'autre extrémité : le génie supplée aux intermédiaires. Passé chez la seule nation d'hommes qui reste parmi les troupeaux divers dont la terre est couverte, si vous n'avez pas vu régner les lois, vous les avez vues du moins exister encore; vous avez appris à quels signes on reconnaît cet organe sacré de la volonté d'un peuple, et comment l'empire de la raison publique est le vrai fondement de la liberté. Vous avez parcouru tous les climats, vous avez vu toutes les régions que le soleil éclaire. Un spectacle plus rare et plus digne de l'œil du sage, le spectacle d'une âme sublime et pure, triomphant de ses passions et régnant sur elle-même, est celui dont vous jouissez. Le premier objet qui frappa vos regards est celui qui les frappe encore, et votre

---

(1) Cette lettre paraît avoir été écrite avant la réception de la précédente.

admiration pour lui n'est que mieux fondée après en avoir contemplé tant d'autres. Vous n'avez plus rien à sentir ni à voir qui mérite de vous occuper. Il ne vous reste plus d'objet à regarder que vous-même, ni de jouissance à goûter que celle de la sagesse. Vous avez vécu de cette courte vie, songez à vivre pour celle qui doit durer.

Vos passions, dont vous fûtes longtemps l'esclave, vous ont laissé vertueux. Voilà toute votre gloire : elle est grande, sans doute; mais soyez-en moins fier : votre force même est l'ouvrage de votre faiblesse. Savez-vous ce qui vous a fait aimer toujours la vertu ? Elle a pris à vos yeux la figure de cette femme adorable qui la représente si bien, et il serait difficile qu'une si chère image vous en laissât perdre le goût. Mais ne l'aimerez-vous jamais pour elle seule, et n'irez-vous point au bien par vos propres forces, comme Julie a fait par les siennes? Enthousiaste oisif de ses vertus, vous bornerez-vous sans cesse à les admirer sans les imiter jamais ? Vous parlez avec chaleur de la manière dont elle remplit ses devoirs d'épouse et de mère; mais vous, quand remplirez-vous vos devoirs d'homme et d'ami à son exemple ? Une femme a triomphé d'elle-même, et un philosophe a peine à se vaincre ! Voulez-vous donc n'être toujours qu'un discoureur comme les autres, et vous borner à faire de bons livres au lieu de bonnes actions (1) ? Prenez-y garde, mon cher; il règne encore dans vos lettres un ton de mollesse et de langueur qui me déplaît, et qui est bien plus un reste de votre passion qu'un effet de votre caractère. Je hais partout la faiblesse, et n'en veux point dans mon ami. Il n'y a point de vertu sans force, et le chemin du vice est la lâcheté. Osez-vous bien compter sur vous avec un cœur sans courage ! Malheureux ! si Julie était faible, tu succomberais demain et ne serais qu'un vil adultère. Mais te voilà resté seul avec elle : apprends à la connaître, et rougis de toi.

J'espère pouvoir bientôt vous aller joindre. Vous savez à quoi ce voyage est destiné. Douze ans d'erreurs et de troubles me rendent suspect à moi-même : pour résister j'ai pu me suffire; pour choisir il me faut les yeux d'un ami; et je me fais un plaisir de rendre tout commun entre nous, la reconnaissance aussi bien que l'attachement. Cependant, ne vous y trompez pas, avant de vous accorder ma confiance, j'examinerai si vous en êtes digne, et si vous méritez de me rendre les soins que j'ai pris de vous. Je connais votre cœur, j'en suis content : ce n'est pas assez; c'est de votre jugement que j'ai besoin dans un choix où doit présider la raison seule, et où la mienne peut m'abuser. Je ne crains pas les passions qui, nous faisant une guerre ouverte, nous avertissent de nous mettre en défense, nous laissent, quoi qu'elles fassent, la conscience de toutes nos fautes, et auxquelles on ne cède qu'autant qu'on leur veut céder. Je crains leur illusion qui trompe au lieu de contraindre, et nous fait faire sans le savoir autre chose que ce que nous voulons. On n'a besoin

---

(1) Non, ce siècle de la philosophie ne passera point sans avoir produit un vrai philosophe. J'en connais un, un seul, j'en conviens; mais c'est beaucoup encore; et, pour comble de bonheur, c'est dans mon pays qu'il existe. L'oserai-je nommer ici, lui dont la véritable gloire est d'avoir su rester peu connu ? Savant et modeste Abauzit, que votre sublime simplicité pardonne à mon cœur un zèle qui n'a point votre nom pour objet. Non, ce n'est pas vous que je veux faire connaître à ce siècle indigne de vous admirer; c'est Genève que je veux illustrer de votre séjour; ce sont mes concitoyens que je veux honorer de l'honneur qu'ils vous rendent. Heureux le pays où le mérite qui se cache est d'autant plus estimé ! Heureux le peuple où la jeunesse altière vient abaisser son ton dogmatique et rougit de son vain savoir devant la docte ignorance du sage ! Vénérable et vertueux vieillard, vous n'aurez point été prôné par les beaux esprits, leurs bruyantes académies n'auront point retenti de vos éloges; au lieu de déposer comme eux votre sagesse dans des livres, vous l'aurez mise dans votre vie, pour l'exemple de la patrie que vous avez daigné vous choisir, que vous aimez, et qui vous respecte. Vous avez vécu comme Socrate : mais il mourut par la main de ses concitoyens, et vous êtes chéri des vôtres.

— Abauzit, Français de naissance, se réfugia très jeune encore à Genève, à la révocation de l'édit de Nantes. Ses ouvrages philosophiques et moraux sont peu connus au-delà du petit cercle de ses coreligionnaires et de ses compatriotes adoptifs; mais Rousseau a popularisé le souvenir de ses vertus. Il mourut presque nonagénaire, en 1767.

que de soi pour réprimer ses penchants, on a quelquefois besoin d'autrui pour discerner ceux qu'il est permis de suivre; et c'est à quoi sert l'amitié d'un homme sage, qui voit pour nous sous un autre point de vue les objets que nous avons intérêt à bien connaître. Songez donc à vous examiner, et dites-vous si, toujours en proie à de vains regrets, vous serez à jamais inutile à vous et aux autres, ou si, reprenant enfin l'empire de vous-même, vous voulez mettre une fois votre âme en état d'éclairer celle de votre ami.

Mes affaires ne me retiennent plus à Londres que pour une quinzaine de jours : je passerai par notre armée de Flandre, où je compte rester encore autant; de sorte que vous ne devez guère m'attendre avant la fin du mois prochain ou le commencement d'octobre. Ne m'écrivez plus à Londres, mais à l'armée, sous l'adresse ci-jointe. Continuez vos descriptions : malgré le mauvais ton de vos lettres, elles me touchent et m'instruisent; elles m'inspirent des projets de retraite et de repos convenables à mes maximes et à mon âge. Calmez surtout l'inquiétude que vous m'avez donnée sur Mme de Wolmar : si son sort n'est pas heureux, qui doit oser aspirer à l'être? Après le détail qu'elle vous a fait, je ne puis concevoir ce qui manque à son bonheur (1).

LETTRE II.

DE SAINT-PREUX A MYLORD ÉDOUARD.

Oui, mylord, je vous le confirme avec des transports de joie, la scène de Meillerie a été la crise de ma folie et de mes maux. Les explications de M. de Wolmar m'ont entièrement rassuré sur le véritable état de mon cœur. Ce cœur trop faible est guéri tout autant qu'il peut l'être; et je préfère la tristesse d'un regret imaginaire à l'effroi d'être sans cesse assiégé par le crime. Depuis le retour de ce digne ami, je ne balance plus à lui donner un nom si cher et dont vous m'avez si bien fait sentir tout le prix. C'est le moindre titre que je doive à quiconque aide à me rendre à la vertu. La paix est au fond de mon âme comme dans le séjour que j'habite. Je commence à m'y voir sans inquiétude, à y vivre comme chez moi; et si je n'y prends pas tout-à-fait l'autorité d'un maître, je sens plus de plaisir encore à me regarder comme l'enfant de la maison. La simplicité, l'égalité que j'y vois régner, ont un attrait qui me touche et me porte au respect. Je passe des jours sereins entre la raison vivante et la vertu sensible. En fréquentant ces heureux époux, leur ascendant me gagne et me touche insensiblement, et mon cœur se met par degrés à l'unisson des leurs, comme la voix prend sans qu'on y songe le ton des gens avec qui l'on parle.

Quelle retraite délicieuse! quelle charmante habitation! que la douce habitude d'y vivre en augmente le prix! et que, si l'aspect en paraît d'abord peu brillant, il est difficile de ne pas l'aimer aussitôt qu'on la connaît! Le goût que prend Mme de Wolmar à remplir ses nobles devoirs, à rendre heureux et bons ceux qui l'approchent, se communique à tout ce qui en est l'objet, à son mari, à ses enfants, à ses hôtes, à ses domestiques. Le tumulte, les jeux bruyants, les longs éclats de rire, ne retentissent point dans ce paisible séjour; mais on y trouve partout des cœurs contents et des visages gais. Si quelquefois on y verse des larmes, elles sont d'attendrissement et de joie. Les noirs soucis, l'ennui, la tristesse, n'approchent pas plus d'ici que le vice et les remords dont ils sont le fruit.

Pour elle, il est certain qu'excepté la peine secrète qui la tourmente, et dont je vous ai dit la cause dans ma précédente lettre (2), tout concourt à la rendre

---

(1) Le galimatias de cette lettre me plaît, en ce qu'il est tout-à-fait dans le caractère du bon Édouard, qui n'est jamais si philosophe que quand il fait des sottises, et ne raisonne jamais tant que quand il ne sait ce qu'il dit.

(2) Cette précédente lettre ne se trouve point. On en verra ci-après la raison.

heureuse. Cependant, avec tant de raisons de l'être, mille autres se désoleraient à sa place : sa vie uniforme et retirée leur serait insupportable; elles s'impatienteraient du tracas des enfants; elles s'ennuieraient des soins domestiques; elles ne pourraient souffrir la campagne; la sagesse et l'estime d'un mari peu caressant ne les dédommageraient ni de sa froideur ni de son âge; sa présence et son attachement même leur seraient à charge. Ou elles trouveraient l'art de l'écarter de chez lui pour y vivre à leur liberté, ou, s'en éloignant elles-mêmes, elles mépriseraient les plaisirs de leur état; elles en chercheraient au loin de plus dangereux, et ne seraient à leur aise dans leur propre maison que quand elles y seraient étrangères. Il faut une âme saine pour sentir les charmes de la retraite : on ne voit guère que des gens de bien se plaire au sein de leur famille et s'y renfermer volontairement; s'il est au monde une vie heureuse, c'est sans doute celle qu'ils y passent. Mais les instruments du bonheur ne sont rien pour qui ne sait pas les mettre en œuvre, et l'on ne sent en quoi le vrai bonheur consiste qu'autant qu'on est propre à le goûter.

S'il fallait dire avec précision ce qu'on fait dans cette maison pour être heureux, je croirais avoir bien répondu en disant : « On y sait vivre; » non dans le sens qu'on donne en France à ce mot, qui est d'avoir avec autrui certaines manières établies par la mode; mais de la vie de l'homme et pour laquelle il est né; de cette vie dont vous me parlez, dont vous m'avez donné l'exemple, qui dure au-delà d'elle-même, et qu'on ne tient pas pour perdue au jour de la mort.

Julie a un père qui s'inquiète du bien-être de sa famille : elle a des enfants à la subsistance desquels il faut pourvoir convenablement. Ce doit être le principal soin de l'homme sociable, et c'est aussi le premier dont elle et son mari se sont conjointement occupés. En entrant en ménage ils ont examiné l'état de leurs biens : ils n'ont pas tant regardé s'ils étaient proportionnés à leur condition qu'à leurs besoins; et voyant qu'il n'y avait point de famille honnête qui ne dût s'en contenter, ils n'ont pas eu assez mauvaise opinion de leurs enfants pour craindre que le patrimoine qu'ils ont à leur laisser ne leur pût suffire. Ils se sont donc appliqués à l'améliorer plutôt qu'à l'étendre; ils ont placé leur argent plus sûrement qu'avantageusement; au lieu d'acheter de nouvelles terres, ils ont donné un nouveau prix à celles qu'ils avaient déjà, et l'exemple de leur conduite est le seul trésor dont ils veuillent accroître leur héritage.

Il est vrai qu'un bien qui n'augmente point est sujet à diminuer par mille accidents; mais si cette raison est un motif pour l'augmenter une fois, quand cessera-t-elle d'être un prétexte pour l'augmenter toujours? Il faudra le partager à plusieurs enfants. Mais doivent-ils rester oisifs? le travail de chacun n'est-il pas un supplément à son partage? et son industrie ne doit-elle pas entrer dans le calcul de son bien? L'insatiable avidité fait ainsi son chemin sous le masque de la prudence, et mène au vice à force de chercher la sûreté. « C'est en vain, dit M. de Wolmar, qu'on prétend donner aux choses humaines une solidité qui n'est pas dans leur nature : la raison même veut que nous laissions beaucoup de choses au hasard; et si notre vie et notre fortune en dépendent toujours malgré nous, quelle folie de se donner sans cesse un tourment réel pour prévenir des maux douteux et des dangers inévitables! » La seule précaution qu'il ait prise à ce sujet a été de vivre un an sur son capital, pour se laisser autant d'avance sur son revenu; de sorte que le produit anticipe toujours d'une année sur la dépense. Il a mieux aimé diminuer un peu son fonds que d'avoir sans cesse à courir après ses rentes. L'avantage de n'être point réduit à des expédients ruineux au moindre accident imprévu l'a déjà remboursé bien des fois de cette avance. Ainsi, l'ordre et la règle lui tiennent lieu d'épargne, et il s'enrichit de ce qu'il a dépensé.

Les maîtres de cette maison jouissent d'un bien médiocre selon les idées de fortune qu'on a dans le monde; mais au fond je ne connais personne de plus opulent qu'eux. Il n'y a point de richesse absolue. Ce mot ne signifie qu'un rapport de surabondance entre les désirs et les facultés de l'homme riche. Tel est riche avec un arpent de terre; tel est gueux au milieu de ses monceaux d'or. Le désordre et les fantaisies n'ont point de bornes, et font plus de pauvres que les vrais besoins. Ici la proportion est établie sur un fondement qui la rend inébranlable, savoir, le parfait accord des deux époux. Le mari s'est chargé du recouvrement des rentes, la femme en dirige l'emploi, et c'est dans l'harmonie qui règne entre eux qu'est la source de leur richesse..

Ce qui m'a d'abord le plus frappé dans cette maison, c'est d'y trouver l'aisance, la liberté, la gaîté, au milieu de l'ordre et de l'exactitude. Le grand défaut des maisons bien réglées est d'avoir un air triste et contraint. L'extrême sollicitude des chefs sent toujours un peu l'avarice; tout respire la gêne autour d'eux : la rigueur de l'ordre a quelque chose de servile qu'on ne supporte point sans peine. Les domestiques font leur devoir, mais ils le font d'un air mécontent et craintif. Les hôtes sont bien reçus, mais ils n'usent qu'avec défiance de la liberté qu'on leur donne; et comme on s'y voit toujours hors de la règle, on n'y fait rien qu'en tremblant de se rendre indiscret. On sent que ces pères esclaves ne vivent point pour eux, mais pour leurs enfants; sans songer qu'ils ne sont pas seulement pères, mais hommes, et qu'ils doivent à leurs enfants l'exemple de la vie de l'homme et du bonheur attaché à la sagesse. On suit ici des règles plus judicieuses : on y pense qu'un des principaux devoirs d'un bon père de famille n'est pas seulement de rendre son séjour riant afin que ses enfants s'y plaisent, mais d'y mener lui-même une vie agréable et douce, afin qu'ils sentent qu'on est heureux en vivant comme lui, et ne soient jamais tentés de prendre pour l'être une conduite opposée à la sienne. Une des maximes que M. de Wolmar répète le plus souvent au sujet des amusements des deux cousines, est que la vie triste et mesquine des pères et mères est presque toujours la première source du désordre des enfants.

Pour Julie, qui n'eut jamais d'autre règle que son cœur, et n'en saurait avoir de plus sûre, elle s'y livre sans scrupule, et, pour bien faire, elle fait tout ce qu'il lui demande. Il ne laisse pas de lui demander beaucoup, et personne ne sait mieux qu'elle mettre un prix aux douceurs de la vie. Comment cette âme si sensible serait-elle insensible aux plaisirs? Au contraire, elle les aime, elle les recherche, elle ne s'en refuse aucun de ceux qui la flattent; on voit qu'elle sait les goûter : mais ces plaisirs sont les plaisirs de Julie. Elle ne néglige ni ses propres commodités ni celles des gens qui lui sont chers, c'est-à-dire de tous ceux qui l'environnent. Elle ne compte pour superflu rien de ce qui peut contribuer au bien-être d'une personne sensée; mais elle appelle ainsi tout ce qui ne sert qu'à briller aux yeux d'autrui; de sorte qu'on trouve dans sa maison le luxe de plaisir et de sensualité sans raffinement ni mollesse. Quant au luxe de magnificence et de vanité, on n'y en voit que ce qu'elle n'a pu refuser au goût de son père; encore y reconnaît-on toujours le sien, qui consiste à donner moins de lustre et d'éclat que d'élégance et de grâce aux choses. Quand je lui parle des moyens qu'on invente journellement à Paris ou à Londres pour suspendre plus doucement les carrosses, elle approuve assez cela; mais quand je lui dis jusqu'à quel prix on a poussé les vernis, elle ne me comprend plus, et me demande toujours si ces beaux vernis rendent les carrosses plus commodes. Elle ne doute pas que je n'exagère beaucoup sur les peintures scandaleuses dont on orne à grands frais ces voitures, au lieu des armes qu'on y mettait autrefois; comme s'il était plus beau de s'annoncer aux passants pour un homme de mauvaises mœurs que pour un homme de qualité! Ce qui l'a surtout révoltée, a été d'apprendre que les femmes avaient introduit ou soutenu cet usage, et que leurs carrosses ne se distinguaient de ceux des hommes que par des tableaux un peu plus lascifs. J'ai été forcé de lui citer là-dessus un mot de votre illustre ami, qu'elle a bien de la peine à digérer. J'étais chez lui un jour qu'on lui montrait un vis-à-vis de cette espèce. A peine eut-il jeté les yeux sur les panneaux, qu'il partit en disant au maître : « Montrez ce carrosse à des femmes de la cour; un honnête homme n'oserait s'en servir. »

Comme le premier pas vers le bien est de ne point faire de mal, le premier pas vers le bonheur est de ne point souffrir. Ces deux maximes, qui, bien entendues, épargneraient beaucoup de préceptes de morale, sont chères à Mme de Wolmar. Le mal-être lui est extrêmement sensible et pour elle et pour les autres; et il ne lui serait pas plus aisé d'être heureuse en voyant des misérables, qu'à l'homme droit de conserver sa vertu toujours pure en vivant sans cesse au milieu des méchants. Elle n'a point cette pitié barbare qui se contente de détourner les yeux des maux qu'elle pourrait soulager; elle les va chercher pour les guérir : c'est l'existence et non la vue des malheureux qui la tourmente; il ne lui suffit pas de ne point savoir qu'il y en a, il faut, pour son repos, qu'elle sache qu'il n'y en a pas, du moins autour d'elle; car ce serait sortir des termes de la raison que de faire dépendre son bonheur de celui de tous les hommes. Elle s'informe des besoins de son voisinage avec la chaleur qu'on met à son propre intérêt; elle en connaît tous les habitants; elle y étend pour ainsi dire l'enceinte de sa famille, et n'épargne aucun soin pour en écarter tous les sentiments de douleur et de peine auxquels la vie humaine est assujettie.

Mylord, je veux profiter de vos leçons : mais pardonnez-moi un enthousiasme que je ne me reproche plus et que vous partagez. Il n'y aura jamais qu'une Julie au monde. La Providence a veillé sur elle, et rien de ce qui la regarde n'est un effet du hasard. Le ciel semble l'avoir donnée à la terre pour y montrer à la fois l'excellence dont une âme humaine est susceptible, et le bonheur dont elle peut jouir dans l'obscurité de la vie privée, sans le secours des vertus éclatantes qui peuvent l'élever au-dessus d'elle-même, ni de la gloire qui les peut honorer. Sa faute, si c'en est une, n'a servi qu'à déployer sa force et son courage. Ses parents, ses amis, ses domestiques, tous heureusement nés, étaient faits pour l'aimer et pour en être aimés. Son pays était le seul où il lui convînt de naître; la simplicité qui la rend sublime devait régner autour d'elle; il lui fallait, pour être heureuse, vivre parmi des gens heureux. Si, pour son malheur, elle fût née chez des peuples infortunés qui gémissent sous le poids de l'oppression, et luttent sans espoir et sans fruit contre la misère qui les consume, chaque plainte des opprimés eût empoisonné sa vie; la désolation commune l'eût accablée; et son cœur bienfaisant, épuisé de peines et d'ennuis, lui eût fait éprouver sans cesse les maux qu'elle n'eût pu soulager.

Au lieu de cela, tout anime et soutient ici sa bonté naturelle. Elle n'a point à pleurer les calamités publiques; elle n'a point sous les yeux l'image affreuse de la misère et du désespoir. Le villageois à son aise (1) a plus besoin de ses avis que de ses dons. S'il se trouve quelque orphelin trop jeune pour gagner sa vie, quelque veuve oubliée qui souffre en secret, quelque vieillard sans enfants dont les bras affaiblis par l'âge ne fournissent plus à son entretien, elle ne craint pas que ses bienfaits leur deviennent onéreux, et fassent aggraver sur eux les charges publiques pour en exempter des coquins accrédités. Elle jouit du bien qu'elle fait, et le voit profiter. Le bonheur qu'elle goûte se multiplie et s'étend autour d'elle. Toutes les maisons où elle entre offrent bientôt un tableau de la sienne; l'aisance et le bien-être y sont une de ses moindres influences; la concorde et les mœurs la suivent de ménage en ménage. En

---

(1) Il y a près de Clarens un village appelé Moutru, dont la commune seule est assez riche pour entretenir tous les communiers, n'eussent-ils pas un pouce de terre en propre. Aussi la bourgeoisie de ce village est-elle presque aussi difficile à acquérir que celle de Berne. Quel dommage qu'il n'y ait pas là quelque honnête homme de subdélégué, pour rendre messieurs de Moutru plus sociables, et leur bourgeoisie un peu moins chère.

sortant de chez elle, ses yeux ne sont frappés que d'objets agréables; en y rentrant, elle en retrouve de plus doux encore : elle voit partout ce qui plaît à son cœur; et cette âme si peu sensible à l'amour-propre apprend à s'aimer dans ses bienfaits. Non, mylord, je le répète, rien de ce qui touche à Julie n'est indifférent pour la vertu. Ses charmes, ses talents, ses goûts, ses combats, ses fautes, ses regrets, son séjour, ses amis, sa famille, ses peines, ses plaisirs, et toute sa destinée, font de sa vie un exemple unique, que peu de femmes voudront imiter, mais qu'elles aimeront en dépit d'elles.

Ce qui me plaît le plus dans les soins qu'on prend ici du bonheur d'autrui, c'est qu'ils sont tous dirigés par la sagesse, et qu'il n'en résulte jamais d'abus. N'est pas toujours bienfaisant qui veut; et souvent tel croit rendre de grands services, qui fait de grands maux qu'il ne voit pas, pour un petit bien qu'il aperçoit. Une qualité rare dans les femmes du meilleur caractère, et qui brille éminemment dans celui de Mme de Wolmar, c'est un discernement exquis dans la distribution de ses bienfaits, soit par le choix des moyens de les rendre utiles, soit par le choix des gens sur qui elle les répand. Elle s'est fait des règles dont elle ne se départ point. Elle sait accorder et refuser ce qu'on lui demande, sans qu'il y ait ni faiblesse dans sa bonté, ni caprice dans son refus. Quiconque a commis en sa vie une méchante action n'a rien à espérer d'elle que justice, et pardon s'il l'a offensée; jamais faveur ni protection qu'elle puisse placer sur un meilleur sujet. Je l'ai vue refuser assez sèchement à un homme de cette espèce une grâce qui dépendait d'elle seule. « Je vous souhaite du bonheur, lui dit-elle, mais je n'y veux pas contribuer, de peur de faire du mal à d'autres en vous mettant en état d'en faire. Le monde n'est pas assez épuisé de gens de bien qui souffrent pour qu'on soit réduit à songer à vous. » Il est vrai que cette dureté lui coûte extrêmement, et qu'il lui est rare de l'exercer. Sa maxime est de compter pour bons tous ceux dont la méchanceté ne lui est pas prouvée; et il y a bien peu de méchants qui n'aient l'adresse de se mettre à l'abri des preuves. Elle n'a point cette charité paresseuse des riches qui paient en argent aux malheureux le droit de rejeter leurs prières, et pour un bienfait imploré ne savent jamais donner que l'aumône. Sa bourse n'est pas inépuisable; et depuis qu'elle est mère de famille, elle en sait mieux régler l'usage. De tous les secours dont on peut soulager les malheureux, l'aumône est à la vérité celui qui coûte le moins de peine; mais il est aussi le plus passager et le moins solide; et Julie ne cherche pas à se délivrer d'eux, mais à leur être utile.

Elle n'accorde pas non plus indistinctement des recommandations et des services sans bien savoir si l'usage qu'on en veut faire est raisonnable et juste. Sa protection n'est jamais refusée à quiconque en a un véritable besoin et mérite de l'obtenir; mais pour ceux que l'inquiétude ou l'ambition porte à vouloir s'élever et quitter un état où ils sont bien, rarement peuvent-ils l'engager à se mêler de leurs affaires. La condition naturelle à l'homme est de cultiver la terre et de vivre de ses fruits. Le paisible habitant des champs n'a besoin pour sentir son bonheur que de le connaître. Tous les vrais plaisirs de l'homme sont à sa portée; il n'a que les peines inséparables de l'humanité, des peines que celui qui croit s'en délivrer ne fait qu'échanger contre d'autres plus cruelles (1). Cet état est le seul nécessaire et le plus utile : il n'est malheureux que quand les autres le tyrannisent par leur violence, ou le séduisent par l'exemple de leurs vices. C'est en lui que consiste la véritable prospérité d'un pays, la force et la grandeur qu'un peuple tire de lui-même, qui ne dépend en rien des autres nations, qui ne contraint jamais d'attaquer pour se soutenir, et donne les plus sûrs moyens de se défendre. Quand il est question d'estimer la puissance publique, le bel esprit visite les palais du prince, ses

---

(1) L'homme sorti de sa première simplicité devient si stupide qu'il ne sait pas même désirer. Ses souhaits exaucés le mèneraient tous à la fortune, jamais à la félicité.

ports, ses troupes, ses arsenaux, ses villes : le vrai politique parcourt les terres et va dans la chaumière du laboureur. Le premier voit ce qu'on a fait, et le second ce qu'on peut faire.

Sur ce principe on s'attache ici, et plus encore à Etange, à contribuer autant qu'on peut à rendre aux paysans leur condition douce, sans jamais leur aider à en sortir. Les plus aisés et les plus pauvres ont également la fureur d'envoyer leurs enfants dans les villes, les uns pour étudier et devenir un jour des messieurs, les autres pour entrer en condition et décharger leurs parents de leur entretien. Les jeunes gens de leur côté aiment souvent à courir; les filles aspirent à la parure bourgeoise; les garçons s'engagent dans un service étranger; ils croient valoir mieux en rapportant dans leur village, au lieu de l'amour de la patrie et de la liberté, l'air à la fois rogue et rampant des soldats mercenaires, et le ridicule mépris de leur ancien état. On leur montre à tous l'erreur de ces préjugés, la corruption des enfants, l'abandon des pères, et les risques continuels de la vie, de la fortune et des mœurs, où cent périssent pour un qui réussit. S'ils s'obstinent, on ne favorise point leur fantaisie insensée, on les laisse courir au vice et à la misère, et l'on s'applique à dédommager ceux qu'on a persuadés des sacrifices qu'ils font à la raison. On leur apprend à honorer leur condition naturelle en l'honorant soi-même; on n'a point avec les paysans les façons des villes, mais on use avec eux d'une honnête et grave familiarité, qui, maintenant chacun dans son état, leur apprend pourtant à faire cas du leur. Il n'y a point de bon paysan qu'on ne porte à se considérer lui-même, en lui montrant la différence qu'on fait de lui à ces petits parvenus qui viennent briller un moment dans leur village et ternir leurs parents de leur éclat. M. de Wolmar et le baron, quand il est ici, manquent rarement d'assister aux exercices, aux prix, aux revues du village et des environs. Cette jeunesse, déjà naturellement ardente et guerrière, voyant de vieux officiers se plaire à ses assemblées, s'en estime davantage, et prend plus de confiance en elle-même. On lui en donne encore plus en lui montrant des soldats retirés du service étranger en savoir moins qu'elle à tous égards; car, quoi qu'on fasse, jamais cinq sous de paie et la peur des coups de canne ne produiront une émulation pareille à celle que donnent à un homme libre et sous les armes la présence de ses parents, de ses voisins, de ses amis, de sa maîtresse, et la gloire de son pays.

La grande maxime de Mme de Wolmar est donc de ne point favoriser les changements de condition, mais de contribuer à rendre heureux chacun dans la sienne, et surtout d'empêcher que la plus heureuse de toutes, qui est celle du villageois dans un état libre, ne se dépeuple en faveur des autres.

Je lui faisais là-dessus l'objection des talents divers que la nature semble avoir partagés aux hommes pour leur donner à chacun leur emploi, sans égard à la condition dans laquelle ils sont nés. A cela elle me répondit qu'il y avait deux choses à considérer avant le talent : savoir, les mœurs et la félicité. « L'homme, dit-elle, est un être trop noble pour devoir servir simplement d'instrument à d'autres, et l'on ne doit point l'employer à ce qui leur convient sans consulter aussi ce qui lui convient à lui-même; car les hommes ne sont pas faits pour les places, mais les places sont faites pour eux; et, pour distribuer convenablement les choses, il ne faut pas tant chercher dans leur partage l'emploi auquel chaque homme est le plus propre, que celui qui est le plus propre à chaque homme pour le rendre bon et heureux autant qu'il est possible. Il n'est jamais permis de détériorer une âme humaine pour l'avantage des autres, ni de faire un scélérat pour le service des honnêtes gens.

« Or, de mille sujets qui sortent du village, il n'y en a pas dix qui n'aillent se perdre à la ville, ou qui n'en portent les vices plus loin que les gens dont ils les ont appris. Ceux qui réussissent et font fortune, la font presque tous par les voies déshonnêtes qui y mènent. Les malheureux qu'elle n'a point favorisés ne reprennent plus leur ancien état, et se font mendiants ou voleurs plutôt que de redevenir paysans. De ces mille s'il s'en trouve un seul qui résiste à l'exemple et se conserve honnête homme, pensez-vous qu'à tout prendre celui-là passe une vie aussi heureuse qu'il l'eût passée à l'abri des passions violentes, dans la tranquille obscurité de sa première condition ?

« Pour suivre son talent il le faut connaître. Est-ce une chose aisée de discerner toujours les talents des hommes? et à l'âge où l'on prend un parti, si l'on a tant de peine à bien connaître ceux des enfants qu'on a le mieux observés, comment un petit paysan saura-t-il de lui-même distinguer les siens? Rien n'est plus équivoque que les signes d'inclination qu'on donne dès l'enfance, l'esprit imitateur y a souvent plus de part que le talent : ils dépendront plutôt d'une rencontre fortuite que d'un penchant décidé, et le penchant même n'annonce pas toujours la disposition. Le vrai talent, le vrai génie a une certaine simplicité qui le rend moins inquiet, moins remuant, moins prompt à se montrer, qu'un apparent et faux talent, qu'on prend pour véritable, et qui n'est qu'une vaine ardeur de briller, sans moyens pour y réussir. Tel entend un tambour et veut être général; un autre voit bâtir, et se croit architecte. Gustin, mon jardinier, prit le goût du dessin pour m'avoir vue dessiner ; je l'envoyai apprendre à Lausanne; il se croyait déjà peintre, et n'est qu'un jardinier. L'occasion, le désir de s'avancer, décident de l'état qu'on choisit. Ce n'est pas assez de sentir son génie, il faut aussi vouloir s'y livrer. Un prince ira-t-il se faire cocher parce qu'il mène bien son carrosse? un duc se fera-t-il cuisinier parce qu'il invente de bons ragoûts? On n'a des talents que pour s'élever, personne n'en a pour descendre : pensez-vous que ce soit là l'ordre de la nature ? Quand chacun connaîtrait son talent et voudrait le suivre, combien le pourraient? combien surmonteraient d'injustes obstacles? combien vaincraient d'indignes concurrents ? Celui qui sent sa faiblesse appelle à son secours le manége et la brigue, que l'autre, plus sûr de lui, dédaigne. Ne m'avez-vous pas cent fois dit vous-même que tant d'établissements en faveur des arts ne font que leur nuire? En multipliant indiscrètement les sujets, on les confond ; le vrai mérite reste étouffé dans la foule, et les honneurs dus au plus habile sont tous pour le plus intrigant. S'il existait une société où les emplois et les rangs fussent exactement mesurés sur les talents et le mérite personnel, chacun pourrait aspirer à la place qu'il saurait le mieux remplir; mais il faut se conduire par des règles plus sûres, et renoncer au prix des talents, quand le plus vil de tous est le seul qui mène à la fortune.

« Je vous dirai plus, continua-t-elle : j'ai peine à croire que tant de talents divers doivent être tous développés ; car il faudrait pour cela que le nombre de ceux qui les possèdent fût exactement proportionné au besoin de la société; et si l'on ne laissait au travail de la terre que ceux qui ont éminemment le talent de l'agriculture, ou qu'on enlevât à ce travail tous ceux qui sont plus propres à un autre, il ne resterait pas assez de laboureurs pour la cultiver et nous faire vivre. Je penserais que les talents des hommes sont comme les vertus des drogues, que la nature nous donne pour guérir nos maux, quoique son intention soit que nous n'en ayons pas besoin. Il y a des plantes qui nous empoisonnent, des animaux qui nous dévorent, des talents qui nous sont pernicieux. S'il fallait toujours employer chaque chose selon ses principales propriétés, peut-être ferait-on moins de bien que de mal aux hommes. Les peuples bons et simples n'ont pas besoin de tant de talents; ils se soutiennent mieux par leur seule simplicité que les autres par toute leur industrie : mais à mesure qu'ils se corrompent, leurs talents se développent comme pour servir de supplément aux vertus qu'ils perdent, et pour forcer les méchants eux-mêmes d'être utiles en dépit d'eux. »

Une autre chose sur laquelle j'avais peine à tomber d'accord avec elle était l'assistance des mendiants. Comme c'est ici une grande route, il en passe beaucoup, et l'on ne refuse l'aumône à aucun. Je lui représentai que ce n'était pas seulement un bien jeté à pure perte, et dont on privait ainsi le vrai pauvre, mais que cet usage contribuait à multiplier les gueux et les vagabonds qui se plaisent à ce lâche métier, et, se rendant à charge à la société, la privent encore du travail qu'ils pourraient faire.

« Je vois bien, me dit-elle, que vous avez pris dans les grandes villes les maximes dont de complaisants raisonneurs aiment à flatter la dureté des riches; vous en avez même pris les termes. Croyez-vous dégrader un pauvre de sa qualité d'homme en lui donnant le nom méprisable de gueux? Compa-

tissant comme vous l'êtes, comment avez-vous pu vous résoudre à l'employer? Renoncez-y, mon ami, ce mot ne va point dans votre bouche; il est plus déshonorant pour l'homme dur qui s'en sert que pour le malheureux qui le porte. Je ne déciderai point si ces détracteurs de l'aumône ont tort ou raison; ce que je sais, c'est que mon mari, qui ne cède point en bon sens à vos philosophes, et qui m'a souvent rapporté tout ce qu'ils disent là-dessus pour étouffer dans le cœur la pitié naturelle et l'exercer à l'insensibilité, m'a toujours paru mépriser ces discours et n'a point désapprouvé ma conduite. Son raisonnement est simple : — « On souffre, dit-il, et l'on entretient à grands frais des multitudes de professions inutiles dont plusieurs ne servent qu'à corrompre et gâter les mœurs. A ne regarder l'état de mendiant que comme un métier, loin qu'on en ait rien de pareil à craindre, on n'y trouve que de quoi nourrir en nous les sentiments d'intérêt et d'humanité qui devraient unir tous les hommes. Si l'on veut le considérer par le talent, pourquoi ne récompenserais-je pas l'éloquence de ce mendiant qui me remue le cœur et me porte à le secourir, comme je paie un comédien qui me fait verser quelques larmes stériles? Si l'un me fait aimer les bonnes actions d'autrui, l'autre me porte à en faire moi-même. Tout ce qu'on sent à la tragédie s'oublie à l'instant qu'on en sort; mais la mémoire des malheureux qu'on a soulagés donne un plaisir qui renaît sans cesse. Si le grand nombre des mendiants est onéreux à l'état, de combien d'autres professions qu'on encourage et qu'on tolère n'en peut-on pas dire autant! C'est au souverain de faire en sorte qu'il n'y ait point de mendiants; mais, pour les rebuter de leur profession (1), faut-il rendre les citoyens inhumains et dénaturés? » — Pour moi, continua Julie, sans savoir ce que les pauvres sont à l'état, je sais qu'ils sont tous mes frères, et que je ne puis, sans une inexcusable dureté, leur refuser le faible secours qu'ils me demandent. La plupart sont des vagabonds, j'en conviens; mais je connais trop les peines de la vie pour ignorer par combien de malheurs un honnête homme peut se trouver réduit à leur sort; et comment puis-je être sûre que l'inconnu qui vient implorer au nom de Dieu mon assistance et mendier un pauvre morceau de pain, n'est pas peut-être cet honnête homme prêt à périr de misère, et que mon refus va réduire au désespoir? L'aumône que je fais donner à la porte est légère: un demi-crutz (2) et un morceau de pain sont ce qu'on ne refuse à personne; on donne une ration double à ceux qui sont évidemment estropiés: s'ils en trouvent autant sur leur route dans chaque maison aisée, cela suffit pour les faire vivre en chemin; et c'est tout ce qu'on doit au mendiant étranger qui passe. Quand ce ne serait pas pour eux un secours réel, c'est au moins un témoignage qu'on prend part à leur peine, un adoucissement à la dureté du refus, une sorte de salutation qu'on leur rend. Un demi-crutz et un morceau de pain ne coûtent guère plus à donner, et sont une réponse plus honnête qu'un *Dieu vous assiste!* comme si les dons de Dieu n'étaient pas dans la main des hommes, et qu'il eût d'autres greniers sur la terre que les magasins des riches! Enfin, quoi qu'on puisse penser de ces infortunés, si l'on ne doit rien au gueux qui mendie, au moins se doit-on à soi-même de rendre honneur à l'humanité souffrante ou à son image, et de ne point s'endurcir le cœur à l'aspect de ses misères.

« Voilà comment j'en use avec ceux qui mendient pour ainsi dire sans prétexte et de bonne foi: à l'égard de ceux qui se disent ouvriers et se plaignent de manquer d'ouvrage, il y a toujours ici pour eux des outils et du travail qui les attendent. Par cette méthode on les aide, on met leur bonne volonté à l'épreuve; et les menteurs le savent si bien qu'il ne s'en présente plus chez nous. »

C'est ainsi, mylord, que cette âme angélique trouve toujours dans ses vertus de quoi combattre les vaines subtilités dont les gens cruels pallient leurs vices.

(1) Nourrir les mendiants, c'est, disent-ils, former des pépinières de voleurs; et, tout au contraire, c'est empêcher qu'ils ne le deviennent. Je conviens qu'il ne faut pas encourager les pauvres à se faire mendiants; mais quand une fois ils le sont, il faut les nourrir, de peur qu'ils ne se fassent voleurs. Rien n'engage tant à changer de profession que de ne pouvoir vivre dans la sienne: or tous ceux qui ont une fois goûté de ce métier oiseux prennent tellement le travail en aversion, qu'ils aiment mieux voler et se faire pendre que de reprendre l'usage de leurs bras. Un liard est bientôt demandé et refusé; mais vingt liards auraient payé le souper d'un pauvre que vingt refus peuvent impatienter. Qui est-ce qui voudrait jamais refuser une si légère aumône, s'il songeait qu'elle peut sauver deux hommes, l'un du crime, et l'autre de la mort? J'ai lu quelque part que les mendiants sont une vermine qui s'attache aux riches. Il est naturel que les enfants s'attachent aux pères; mais ces pères opulents et durs les méconnaissent, et laissent aux pauvres le soin de les nourrir.

(2) *Crutz* ou *kreutzer*, petite monnaie du pays qui vaut environ trois liards de l'ancienne monnaie de France.

Tous ces soins et d'autres semblables sont mis par elle au rang de ses plaisirs, et remplissent une partie du temps que lui laissent ses devoirs les plus chéris. Quand, après s'être acquittée de tout ce qu'elle doit aux autres, elle songe ensuite à elle-même, ce qu'elle fait pour se rendre la vie agréable peut encore être compté parmi ses vertus ; tant son motif est toujours louable et honnête, et tant il y a de tempérance et de raison dans tout ce qu'elle accorde à ses désirs ! Elle veut plaire à son mari qui aime à la voir contente et gaie ; elle veut inspirer à ses enfants le goût des innocents plaisirs que la modération, l'ordre et la simplicité font valoir, et qui détournent le cœur des passions impétueuses. Elle s'amuse pour les amuser, comme la colombe amollit dans son estomac le grain dont elle veut nourrir ses petits.

Julie a l'âme et le corps également sensibles. La même délicatesse règne dans ses sentiments et dans ses organes. Elle était faite pour connaître et goûter tous les plaisirs, et longtemps elle n'aima si chèrement la vertu même que comme la plus douce des voluptés. Aujourd'hui qu'elle sent en paix cette volupté suprême, elle ne se refuse aucune de celles qui peuvent s'associer avec celle-là : mais sa manière de les goûter ressemble à l'austérité de ceux qui s'y refusent, et l'art de jouir est pour elle celui des privations ; non de ces privations pénibles et douloureuses qui blessent la nature, et dont son auteur dédaigne l'hommage insensé, mais des privations passagères et modérées, qui conservent à la raison son empire, et, servant d'assaisonnement au plaisir, en préviennent le dégoût et l'abus. Elle prétend que tout ce qui tient aux sens et n'est pas nécessaire à la vie change de nature aussitôt qu'il tourne en habitude, qu'il cesse d'être un plaisir en devenant un besoin, que c'est à la fois une chaîne qu'on se donne et une jouissance dont on se prive, et que prévenir toujours les désirs n'est pas l'art de les contenter, mais de les éteindre. Tout celui qu'elle emploie à donner du prix aux moindres choses est de se les refuser vingt fois pour une. Cette âme simple se conserve ainsi son premier ressort : son goût ne s'use point ; elle n'a jamais besoin de le ranimer par des excès, et je la vois souvent savourer avec délices un plaisir d'enfant qui serait insipide à tout autre.

Un objet plus noble qu'elle se propose encore en cela, est de rester maîtresse d'elle-même, d'accoutumer ses passions à l'obéissance, et de plier tous ses désirs à la règle. C'est un nouveau moyen d'être heureuse ; car on ne jouit sans inquiétude que de ce qu'on peut perdre sans peine ; et si le vrai bonheur appartient au sage, c'est parce qu'il est de tous les hommes celui à qui la fortune peut le moins ôter.

Ce qui me paraît le plus singulier dans sa tempérance, c'est qu'elle la suit sur les mêmes raisons qui jettent les voluptueux dans l'excès. « La vie est courte, il est vrai, dit-elle ; c'est une raison d'en user jusqu'au bout, et de dispenser avec art sa durée afin d'en tirer le meilleur parti qu'il est possible. Si un jour de satiété nous ôte un an de jouissance, c'est une mauvaise philosophie d'aller toujours jusqu'où le désir nous mène, sans considérer si nous ne serons point plus tôt au bout de nos facultés que de notre carrière, et si notre cœur épuisé ne mourra point avant nous. Je vois que ces vulgaires épicuriens, pour ne vouloir jamais perdre une occasion, les perdent toutes, et, toujours ennuyés au sein des plaisirs, n'en savent jamais trouver aucun. Ils prodiguent le temps qu'ils pensent économiser, et se ruinent comme les avares pour ne savoir rien perdre à propos. Je me trouve bien de la maxime opposée, et je crois que j'aimerais encore mieux sur le point trop de sévérité que de relâchement. Il m'arrive quelquefois de rompre une partie de plaisir par la seule raison qu'elle m'en fait trop ; en la renouant j'en jouis deux fois. Cependant je m'exerce à conserver sur moi l'empire de ma volonté, et j'aime mieux être taxée de caprice que de me laisser dominer par mes fantaisies. »

Voilà sur quel principe on fonde ici les douceurs de la vie et les choses de pur agrément. Julie a du penchant à la gourmandise, et dans les soins qu'elle donne à toutes les parties du ménage, la cuisine surtout n'est pas négligée. La table se sent de l'abondance générale; mais cette abondance n'est point ruineuse; il y règne une sensualité sans raffinement; tous les mets sont communs, mais excellents dans leurs espèces; l'apprêt en est simple et pourtant exquis. Tout ce qui n'est que d'appareil, tout ce qui tient à l'opinion, tous les plats fins et recherchés, dont la rareté fait tout le prix, et qu'il faut nommer pour les trouver bons, en sont bannis à jamais; et même, dans la délicatesse et le choix de ceux qu'on se permet, on s'abstient journellement de certaines choses qu'on réserve pour donner à quelques repas un air de fête qui les rend plus agréables sans être plus dispendieux. Que croiriez-vous que sont ces mets si sobrement ménagés? du gibier rare? du poisson de mer? des productions étrangères? Mieux que tout cela; quelque excellent légume du pays, quelqu'un des savoureux herbages qui croissent dans nos jardins, certains poissons du lac apprêtés d'une certaine manière, certains laitages de nos montagnes, quelque pâtisserie à l'allemande, à quoi l'on joint quelque pièce de la chasse des gens de la maison: voilà tout l'extraordinaire qu'on y remarque; voilà ce qui couvre et orne la table, ce qui excite et contente notre appétit les jours de réjouissance. Le service est modeste et champêtre, mais propre et riant; la grâce et le plaisir y sont, la joie et l'appétit l'assaisonnent. Des surtouts dorés autour desquels on meurt de faim, des cristaux pompeux chargés de fleurs pour tout dessert, ne remplissent point la place des mets; on n'y sait point l'art de nourrir l'estomac par les yeux, mais on y sait celui d'ajouter du charme à la bonne chère, de manger beaucoup sans s'incommoder, de s'égayer à boire sans altérer sa raison, de tenir table longtemps sans ennui, et d'en sortir toujours sans dégoût.

Il y a au premier étage une petite salle à manger différente de celle où l'on mange ordinairement, laquelle est au rez-de-chaussée: cette salle particulière est à l'angle de la maison et éclairée de deux côtés; elle donne par l'un sur le jardin, au-delà duquel on voit le lac à travers les arbres; par l'autre on aperçoit ce grand coteau de vignes qui commencent d'étaler aux yeux les richesses qu'on y recueillera dans deux mois. Cette pièce est petite, mais ornée de tout ce qui peut la rendre agréable et riante. C'est là que Julie donne ses petits festins à son père, à son mari, à sa cousine, à moi, à elle-même, et quelquefois à ses enfants. Quand elle ordonne d'y mettre le couvert, on sait d'avance ce que cela veut dire; et M. de Wolmar l'appelle en riant le salon d'Apollon: mais ce salon ne diffère pas moins de celui de Lucullus par le choix des convives que par celui des mets. Les simples hôtes n'y sont point admis, jamais on n'y mange quand on a des étrangers; c'est l'asile inviolable de la confiance, de l'amitié, de la liberté; c'est la société des cœurs qui lie en ce lieu celle de la table; elle est une sorte d'initiation à l'intimité, et jamais il ne s'y rassemble que des gens qui voudraient n'être plus séparés. Mylord, la fête vous attend, et c'est dans cette salle que vous ferez ici votre premier repas.

Je n'eus pas d'abord le même honneur; ce ne fut qu'à mon retour de chez Mme d'Orbe, que je fus traité dans le salon d'Apollon. Je n'imaginais pas qu'on pût rien ajouter d'obligeant à la réception qu'on m'avait faite: mais ce souper me donna d'autres idées; j'y trouvai je ne sais quel délicieux mélange de familiarité, de plaisir, d'union, d'aisance que je n'avais point encore éprouvé. Je me sentais plus libre sans qu'on m'eût averti de l'être; il me semblait que nous nous entendions mieux qu'auparavant. L'éloignement des domestiques m'invitait à n'avoir plus de réserve au fond de mon cœur; et c'est là qu'à l'instance de Julie je repris l'usage, quitté depuis tant d'années, de boire avec mes hôtes du vin pur à la fin du repas.

Ce souper m'enchanta: j'aurais voulu que tous nos repas se fussent passés de même. « Je ne connaissais point cette charmante salle, dis-je à Mme de Wolmar; pourquoi n'y mangez-vous pas toujours? — Voyez, dit-elle, elle est si jolie! ne serait-ce pas dommage de la gâter? » Cette réponse me parut trop loin de son caractère pour n'y pas soupçonner quelque sens caché. « Pourquoi du moins, repris-je, ne rassemblez-vous pas toujours autour de vous les mêmes commodités qu'on trouve ici, afin de pouvoir éloigner vos domestiques et causer plus en liberté? — C'est, me répondit-elle encore, que cela me serait trop agréable, et que l'ennui d'être toujours à son aise est enfin le pire de tous. » Il ne m'en fallut pas davantage pour concevoir son système; et je jugeai qu'en effet l'art d'assaisonner les plaisirs n'est que celui d'en être avare.

Je trouve qu'elle se met avec plus de soin qu'elle ne faisait autrefois. La seule vanité qu'on lui ait jamais reprochée était de négliger son ajustement. L'orgueilleuse avait ses raisons, et ne me laissait point de prétexte pour méconnaître son empire. Mais elle avait beau faire, l'enchantement était trop fort pour me sembler naturel; je m'opiniâtrais à trouver de l'art dans sa négligence; elle se serait coiffée d'un sac que je l'aurais accusée de coquetterie. Elle n'aurait pas moins de pouvoir aujourd'hui; mais elle dédaigne de l'employer; et je dirais qu'elle affecte une parure plus recherchée pour ne sembler plus qu'une jolie femme, si je n'avais découvert la cause de ce nouveau soin. J'y fus trompé les premiers jours; et, sans songer qu'elle n'était pas mise autrement qu'à mon arrivée où je n'étais point attendu, j'osai m'attribuer l'honneur de cette recherche. Je me désabusai durant l'absence de M. de Wolmar. Dès le lendemain ce n'était plus cette élégance de la veille dont l'œil ne pouvait se lasser, ni cette simplicité touchante et voluptueuse qui m'enivrait autrefois; c'était une certaine modestie qui parle au cœur par les yeux, qui n'inspire que du respect, et que la beauté rend plus imposante. La dignité d'épouse et de mère régnait sur tous ses charmes; ce regard timide et tendre était devenu plus grave; et l'on eût dit qu'un air plus grand et plus noble avait voilé la douceur de ses traits. Ce n'était pas qu'il y eût la moindre altération dans son maintien ni dans ses manières; son égalité, sa candeur, ne connurent jamais les simagrées; elle usait seulement du talent naturel aux femmes de changer quelquefois nos sentiments et nos idées par un ajustement différent, par une coiffure d'une autre forme, par une robe d'une autre couleur, et d'exercer sur les cœurs l'empire du goût en faisant de rien quelque chose. Le jour qu'elle attendait son mari de retour, elle retrouva l'art d'animer ses grâces naturelles sans les couvrir; elle était éblouissante en sortant de sa toilette; je trouvai qu'elle ne savait pas moins effacer la plus brillante parure qu'orner la plus simple; et je me dis avec dépit, en pénétrant l'objet de ses soins : En fit-elle jamais autant pour l'amour?

Ce goût de parure s'étend de la maîtresse de la maison à tout ce qui la compose. Le maître, les enfants, les domestiques, les chevaux, les bâtiments, les meubles, tout est tenu avec un soin qui marque qu'on n'est pas au-dessous de la magnificence, mais qu'on la dédaigne; ou plutôt la magnificence y est en effet, s'il est vrai qu'elle consiste moins dans la richesse de certaines choses que dans un bel ordre du tout qui marque le concert des parties et l'unité d'intention de l'ordonnateur (1). Pour moi, je trouve au moins que c'est une idée plus grande et plus noble de voir dans une maison simple et modeste un petit nombre de gens heureux d'un bonheur commun, que de voir régner dans un palais la discorde et le trouble, et chacun de ceux qui l'habitent chercher sa fortune et son bonheur dans la ruine d'un autre et dans le désordre général. La maison bien réglée est une, et forme un tout agréable à voir : dans le palais on ne trouve qu'un assemblage confus de divers objets dont la liaison

---

(1) Cela me paraît incontestable. Il y a de la magnificence dans la symétrie d'un grand palais; il n'y en a point dans une foule de maisons confusément entassées. Il y a de la magnificence dans l'uniforme d'un régiment en bataille; il n'y en a point dans le peuple qui le regarde, quoiqu'il ne s'y trouve peut-être pas un seul homme dont l'habit en particulier ne vaille mieux que celui d'un soldat. En un mot, la véritable magnificence n'est que l'ordre rendu sensible dans le grand; ce qui fait que, de tous les spectacles imaginables, le plus magnifique est celui de la nature.

n'est qu'apparente. Au premier coup d'œil on croit voir une fin commune; en y regardant mieux, on est bientôt détrompé.

A ne consulter que l'impression la plus naturelle, il semblerait que pour dédaigner l'éclat et le luxe on a moins besoin de modération que de goût. La symétrie et la régularité plaisent à tous les yeux. L'image du bien-être et de la félicité touche le cœur humain qui en est avide : mais un vain appareil qui ne se rapporte ni à l'ordre ni au bonheur, et n'a pour objet que de frapper les yeux, quelle idée favorable à celui qui l'étale peut-il exciter dans l'esprit du spectateur? L'idée du goût? le goût ne paraît-il pas cent fois mieux dans les choses simples que dans celles qui sont offusquées de richesse? L'idée de la

commodité? y a-t-il rien de plus incommode que le faste (1)? L'idée de la grandeur? c'est précisément le contraire. Quand je vois qu'on a voulu faire un grand palais, je me demande aussitôt : Pourquoi ce palais n'est-il pas plus grand? pourquoi celui qui a cinquante domestiques n'en a-t-il pas cent? cette belle vaisselle d'argent, pourquoi n'est-elle pas d'or? cet homme qui dore son carrosse, pourquoi ne dore-t-il pas ses lambris? si ses lambris sont dorés, pourquoi son toit ne l'est-il pas? Celui qui voulut bâtir une haute tour faisait bien de la vouloir porter jusqu'au ciel; autrement il eût eu beau l'élever, le point où il se fût arrêté n'eût servi qu'à donner de plus loin la preuve de son

(1) Le bruit des gens d'une maison trouble incessamment le repos du maître; il ne peut rien cacher à tant d'Argus. La foule de ses créanciers lui fait payer cher celle de ses admirateurs. Ses appartements sont si superbes qu'il est forcé de coucher dans un bouge pour être à son aise, et son singe est quelquefois mieux logé que lui. S'il veut dîner, il dépend de son cuisinier, et jamais de sa faim; s'il veut sortir, il est à la merci de ses chevaux; mille embarras l'arrêtent dans les rues; il brûle d'arriver et ne sait plus qu'il a des jambes. Chloé l'attend, les boues le retiennent, le poids de l'or de son habit l'accable, et il ne peut faire vingt pas à pied : mais s'il perd un rendez-vous avec sa maîtresse, il en est bien dédommagé par les passants; chacun remarque sa livrée, l'admire, et dit tout haut que c'est monsieur un tel.

impuissance. O homme petit et vain ! montre-moi ton pouvoir, je te montrerai ta misère.

Au contraire un ordre de choses où rien n'est donné à l'opinion, où tout a son utilité réelle, et qui se borne aux vrais besoins de la nature, n'offre pas seulement un spectacle approuvé par la raison, mais qui contente les yeux et le cœur, en ce que l'homme ne s'y voit que sous des rapports agréables, comme se suffisant à lui-même, que l'image de sa faiblesse n'y paraît point, et que ce riant tableau n'excite jamais de réflexions attristantes. Je défie aucun homme sensé de contempler une heure durant le palais d'un prince et le faste qu'on y voit briller sans tomber dans la mélancolie et déplorer le sort de l'humanité. Mais l'aspect de cette maison et de la vie uniforme et simple de ses habitants répand dans l'âme des spectateurs un charme secret qui ne fait qu'augmenter sans cesse. Un petit nombre de gens doux et paisibles, unis par des besoins mutuels et par une réciproque bienveillance, y concourt par divers soins à une fin commune : chacun trouvant dans son état tout ce qu'il faut pour en être content et ne point désirer d'en sortir, on s'y attache comme y devant rester toute la vie, et la seule ambition qu'on garde est celle d'en bien remplir les devoirs. Il y a tant de modération dans ceux qui commandent et tant de zèle dans ceux qui obéissent, que des égaux eussent pu distribuer entre eux les mêmes emplois sans qu'aucun se fût plaint de son partage. Ainsi nul n'envie celui d'un autre ; nul ne croit pouvoir augmenter sa fortune que par l'augmentation du bien commun ; les maîtres mêmes ne jugent de leur bonheur que par celui des gens qui les environnent. On ne saurait qu'ajouter ni que retrancher ici, parce qu'on n'y trouve que des choses utiles et qu'elles y sont toutes ; en sorte qu'on n'y souhaite rien de ce qu'on n'y voit pas, et qu'il n'y a rien de ce qu'on y voit dont on puisse dire : Pourquoi n'y en a-t-il pas davantage ? Ajoutez-y du galon, des tableaux, un lustre, de la dorure, à l'instant vous appauvrirez tout. En voyant tant d'abondance dans le nécessaire, et nulle trace de superflu, on est porté à croire que s'il n'y est pas, c'est qu'on n'a pas voulu qu'il y fût, et que si on le voulait il y régnerait avec la même profusion ; en voyant continuellement les biens refluer au dehors par l'assistance du pauvre, on est porté à dire : Cette maison ne peut contenir toutes ses richesses. Voilà, ce me semble, la véritable magnificence.

Cet air d'opulence m'effraya moi-même quand je fus instruit de ce qui servait à l'entretenir. « Vous vous ruinez, dis-je à M. et Mᵐᵉ de Wolmar, il n'est pas possible qu'un si modique revenu suffise à tant de dépenses. » Ils se mirent à rire, et me firent voir que, sans rien retrancher dans leur maison, il ne tiendrait qu'à eux d'épargner beaucoup et d'augmenter leur revenu plutôt que de se ruiner. « Notre grand secret pour être riches, me dirent-ils, est d'avoir peu d'argent, et d'éviter, autant qu'il se peut, dans l'usage de nos biens, les échanges intermédiaires entre le produit et l'emploi. Aucun de ces échanges ne se fait sans perte, et ces pertes multipliées réduisent presqu'à rien d'assez grands moyens, comme à force d'être brocantée une belle boîte d'or devient un mince colifichet. Le transport de nos revenus s'évite en les employant sur le lieu, l'échange s'en évite encore en les consommant en nature ; et dans l'indispensable conversion de ce que nous avons de trop en ce qui nous manque, au lieu des ventes et des achats pécuniaires qui doublent le préjudice, nous cherchons des échanges réels où la commodité de chaque contractant tienne lieu de profit à tous deux.

— Je conçois, leur dis-je, les avantages de cette méthode ; mais elle ne me paraît pas sans inconvénient. Outre les soins importuns auxquels elle assujettit, le profit doit être plus apparent que réel ; et ce que vous perdez dans le détail de la régie de vos biens l'emporte probablement sur le gain que feraient avec vous vos fermiers, car le travail se fera toujours avec plus d'économie, et la récolte avec plus de soin par un paysan que par vous. — C'est une erreur, me répondit M. de Wolmar; le paysan se soucie moins d'augmenter le produit que d'épargner sur les frais, parce que les avances lui sont plus pénibles que les profits ne lui sont utiles : comme son objet n'est pas tant de mettre un fonds en valeur que d'y faire peu de dépense, s'il s'assure un gain actuel, c'est bien moins en améliorant la terre qu'en l'épuisant, et le mieux qui puisse arriver, est qu'au lieu de l'épuiser il la néglige. Ainsi, pour un peu d'argent comptant recueilli sans embarras, un propriétaire oisif prépare à lui ou à ses enfants de grandes pertes, de grands travaux, et quelquefois la ruine de son patrimoine.

« D'ailleurs, poursuivit M. de Wolmar, je ne disconviens pas que je ne fasse la culture de mes terres à plus grands frais que ne ferait un fermier; mais aussi le profit du fermier, c'est moi qui le fais; et cette culture étant beaucoup meilleure, le produit est beaucoup plus grand; de sorte qu'en dépensant davantage, je ne laisse pas de gagner encore. Il y a plus; cet excès de dépense n'est qu'apparent, et produit réellement une très grande économie : car si d'autres cultivaient nos terres, nous serions oisifs; il faudrait demeurer à la ville; la vie y serait plus chère; il nous faudrait des amusements qui nous coûteraient beaucoup plus que ceux que nous trouvons ici, et nous seraient moins sensibles. Ces soins que vous appelez importuns font à la fois nos devoirs et nos plaisirs : grâce à la prévoyance avec laquelle on les ordonne, ils ne sont jamais pénibles; ils nous tiennent lieu d'une foule de fantaisies ruineuses dont la vie champêtre prévient ou détruit le goût, et tout ce qui contribue à notre bien-être devient pour nous un amusement.

« Jetez les yeux tout autour de vous, ajoutait ce judicieux père de famille, vous n'y verrez que des choses utiles, qui ne nous coûtent presque rien, et nous épargnent mille vaines dépenses. Les seules denrées du crû couvrent notre table, les seules étoffes du pays composent presque nos meubles et nos habits : rien n'est méprisé parce qu'il est commun, rien n'est estimé parce qu'il est rare. Comme tout ce qui vient de loin est sujet à être déguisé ou falsifié, nous nous bornons, par délicatesse autant que par modération, au choix de ce qu'il y a de meilleur auprès de nous et dont la qualité n'est pas suspecte. Nos mets sont simples, mais choisis. Il ne manque à notre table, pour être somptueuse, que d'être servie loin d'ici; car tout y est bon, tout y serait rare; et tel gourmand trouverait les truites du lac bien meilleures s'il les mangeait à Paris.

« La même règle a lieu dans le choix de la parure, qui, comme vous voyez, n'est pas négligée; mais l'élégance y préside seule, la richesse ne s'y montre jamais, encore moins la mode. Il y a une grande différence entre le prix que l'opinion donne aux choses et celui qu'elles ont réellement. C'est à ce dernier seul que Julie s'attache; et quand il est question d'une étoffe, elle ne cherche pas tant si elle est ancienne ou nouvelle que si elle est bonne et si elle lui sied. Souvent même la nouveauté seule est pour elle un motif d'exclusion, quand cette nouveauté donne aux choses un prix qu'elles n'ont pas, ou qu'elles ne sauraient garder.

« Considérez encore qu'ici l'effet de chaque chose vient moins d'elle-même que de son usage et de son accord avec le reste; de sorte qu'avec des parties de peu de valeur Julie a fait un tout d'un grand prix. Le goût aime à créer, à donner seul la valeur aux choses. Autant la loi de la mode est inconstante et ruineuse, autant la sienne est économe et durable. Ce que le bon goût approuve une fois est toujours bien; s'il est rarement à la mode, en revanche il n'est jamais ridicule; et, dans sa modeste simplicité, il tire de la convenance des choses des règles inaltérables et sûres, qui restent quand les modes ne sont plus.

« Ajoutez enfin que l'abondance du seul nécessaire ne peut dégénérer en abus, parce que le nécessaire a sa mesure naturelle, et que les vrais besoins n'ont jamais d'excès. On peut mettre la dépense de vingt habits en un seul, et manger en un repas le revenu d'une année, mais on ne saurait porter deux habits en même temps ni dîner deux fois en un jour. Ainsi l'opinion est illimitée, au lieu que la nature nous arrête de tous côtés ; et celui qui, dans un état médiocre, se borne au bien-être, ne risque point de se ruiner.

« Voilà, mon cher, continuait le sage Wolmar, comment avec de l'économie et des soins on peut se mettre au-dessus de sa fortune. Il ne tiendrait qu'à nous d'augmenter la nôtre sans changer notre manière de vivre ; car il ne se fait ici presqu'aucune avance qui n'ait un produit pour objet, et tout ce que nous dépensons nous rend de quoi dépenser beaucoup plus. »

Hé bien ! mylord, rien de tout cela ne paraît au premier coup d'œil. Partout un air de profusion couvre l'ordre qui le donne. Il faut du temps pour apercevoir des lois somptuaires qui mènent à l'aisance et au plaisir, et l'on a d'abord peine à comprendre comment on jouit de ce qu'on épargne. En y réfléchissant, le contentement augmente, parce qu'on voit que la source en est intarissable, et que l'art de goûter le bonheur de la vie sert encore à le prolonger. Comment se lasserait-on d'un état si conforme à la nature, comment épuiserait-on son héritage en l'améliorant tous les jours ? Comment ruinerait-on sa fortune en ne consommant que ses revenus ? Quand chaque année on est sûr de la suivante, qui peut troubler la paix de celle qui court ? ici le fruit du labeur passé soutient l'abondance présente ; et le fruit du labeur présent annonce l'abondance à venir : on jouit à la fois de ce qu'on dépense et de ce qu'on recueille, et les divers temps se rassemblent pour affermir la sécurité du présent.

Je suis entré dans tous les détails du ménage, et j'ai partout vu régner le même esprit. Toute la broderie et la dentelle sortent du gynécée ; toute la toile est filée dans la basse-cour, ou par de pauvres femmes que l'on nourrit. La laine s'envoie à des manufactures dont on tire en échange des draps pour habiller les gens ; le vin, l'huile et le pain se font dans la maison ; on a des bois en coupe réglée, autant qu'on en peut consommer ; le boucher se paye en bétail ; l'épicier reçoit du blé pour ses fournitures ; le salaire des ouvriers et des domestiques se prend sur le produit des terres qu'ils font valoir ; le loyer des maisons de la ville suffit pour l'ameublement de celles que l'on habite ; les rentes sur les fonds publics fournissent à l'entretien des maîtres et au peu de vaisselle qu'on se permet ; la vente des vins et des blés qui restent donne un fonds qu'on laisse en réserve pour les dépenses extraordinaires, fonds que la prudence de Julie ne laisse jamais tarir, et que sa charité laisse encore moins augmenter. Elle n'accorde aux choses de pur agrément que le profit du travail qui se fait dans sa maison, celui des terres qu'ils ont défrichées, celui des arbres qu'ils ont fait planter, etc. Ainsi le produit et l'emploi se trouvant toujours compensés par la nature des choses, la balance ne peut être rompue, et il est impossible de se déranger.

Bien plus, les privations qu'elle s'impose par cette volupté tempérante dont j'ai parlé, sont à la fois de nouveaux moyens de plaisir et de nouvelles ressources d'économie. Par exemple, elle aime beaucoup le café ; chez sa mère elle en prenait tous les jours : elle a quitté l'habitude pour en augmenter le goût ; elle s'est bornée à n'en prendre que quand elle a des hôtes, et dans le salon d'Apollon, afin d'ajouter cet air de fête à tous les autres. C'est une petite sensualité qui la flatte plus, qui lui coûte moins, et par laquelle elle aiguise et règle à la fois sa gourmandise. Au contraire, elle met à deviner et satisfaire les goûts de son père et de son mari une attention sans relâche, une prodigalité naturelle et pleine de grâces, qui leur fait mieux goûter ce qu'elle leur offre par le plaisir qu'elle trouve à le leur offrir. Ils aiment tous deux à prolonger un peu la fin du repas, à la suisse : elle ne manque jamais après le souper de faire servir une bouteille de vin plus délicat, plus vieux que celui de l'ordinaire. Je fus d'abord la dupe des noms pompeux qu'on donnait à ces vins, qu'en effet je trouve excellents ; et les buvant comme étant des lieux dont ils portaient les noms, je fis la guerre à Julie d'une infraction si manifeste à ses maximes; mais elle me rappela en riant un passage de Plutarque, où Flaminius compare les troupes asiatiques d'Antiochus, sous mille noms barbares, aux ragoûts divers sous lesquels un ami lui avait déguisé la même viande (1). « Il en est de même, dit-elle, de ces vins étrangers que vous me reprochez. Le Rancio, le Cherez (2), le Malaga, le Chassaigne, le Syracuse, dont vous buvez avec tant de plaisir, ne sont en effet que des vins de Lavaux diversement préparés, et vous pouvez voir d'ici le vignoble qui produit toutes ces boissons lointaines. Si elles sont inférieures en qualité aux vins fameux dont elles portent les noms, elles n'en ont pas les inconvénients; et comme on est sûr de ce qui les compose, on peut au moins les boire sans risque. J'ai lieu de croire, continua-t-elle, que mon père et mon mari les aiment autant que les vins les plus rares. — Les siens, me dit alors M. de Wolmar, ont pour nous un goût dont manquent tous les autres; c'est le plaisir qu'elle a pris à les préparer. — Ah! reprit-elle, ils seront toujours exquis. »

Vous jugez bien qu'au milieu de tant de soins divers le désœuvrement et l'oisiveté qui rendent nécessaires la compagnie, les visites et les sociétés extérieures, ne trouvent guère ici de place. On fréquente les voisins assez pour entretenir un commerce agréable, trop peu pour s'y assujettir. Les hôtes sont toujours bien venus et ne sont jamais désirés. On ne voit précisément qu'autant de monde qu'il faut pour se conserver le goût de la retraite; les occupations champêtres tiennent lieu d'amusements; et pour qui trouve au sein de sa famille une douce société, toutes les autres sont bien insipides. La manière dont on passe ici le temps est trop simple et trop uniforme pour tenter beaucoup de gens (3); mais c'est par la disposition du cœur de ceux qui l'ont adoptée qu'elle leur est intéressante. Avec une âme saine, peut-on s'ennuyer à remplir les plus chers et les plus charmants devoirs de l'humanité, et à se rendre mutuellement la vie heureuse? Tous les soirs, Julie, contente de sa journée, n'en désire point une différente pour le lendemain, et tous les matins elle demande au ciel un jour semblable à celui de la veille : elle fait toujours les mêmes choses, parce qu'elles sont bien et qu'elle ne connaît rien de mieux à faire. Sans doute elle jouit ainsi de toute la félicité permise à l'homme. Se plaire dans la durée de son état, n'est-ce pas un signe assuré qu'on y vit heureux?

Si l'on voit rarement ici de ces tas de désœuvrés qu'on appelle bonne compagnie, tout ce qui s'y rassemble intéresse le cœur par quelque endroit avantageux, et rachète quelques ridicules par mille vertus. De paisibles campagnards, sans monde et sans politesse, mais bons, simples, honnêtes et contents de leur sort; d'anciens officiers retirés du service; des commerçants ennuyés de s'enrichir; de sages mères de famille qui amènent leurs filles à l'école de la modestie et des bonnes mœurs : voilà le cortège que Julie aime à rassembler autour d'elle. Son mari n'est pas fâché d'y joindre quelquefois de ces aventuriers corrigés par l'âge et l'expérience, qui, devenus sages à leurs dépens, reviennent sans chagrin cultiver le champ de leur père qu'ils voudraient n'avoir point quitté. Si quelqu'un récite à table les événements de sa vie, ce ne sont

(1) Plutarque, *Dits notables des Romains*, § 5. Voyez aussi Tite-Live, xxxv, 49, et Montaigne III, 5.

(2) *Rancio*, vin vieux d'Espagne; *Cherez* ou *Xérés* (prononcez *Kérés*), vin des environs de Cadix.

(3) Je crois qu'un de nos beaux esprits voyageant dans ce pays-là, reçu et caressé dans cette maison à son passage, ferait ensuite à ses amis une relation bien plaisante de la vie de manants qu'on y mène. Au reste, je vois par les *Lettres de mylady Catesby* que ce goût n'est pas particulier à la France, et que c'est apparemment aussi l'usage en Angleterre de tourner ses hôtes en ridicule pour prix de leur hospitalité.

— Cette note de Rousseau doit renfermer une inadvertance : on ne trouve rien, dans l'ouvrage cité par lui, à quoi puisse s'appliquer ce reproche; et il serait difficile de reconnaître quel autre livre du même genre il a eu en vue.

point les aventures merveilleuses du riche Sindbad (1) racontant, au sein de la mollesse orientale, comment il a gagné ses trésors : ce sont les relations plus simples de gens sensés que les caprices du sort et les injustices des hommes ont rebutés des faux biens vainement poursuivis, pour leur rendre le goût des véritables.

Croiriez-vous que l'entretien même des paysans a des charmes pour ces âmes élevées avec qui le sage aimerait à s'instruire ? Le judicieux Wolmar trouve dans la naïveté villageoise des caractères plus marqués, plus d'hommes pensant par eux-mêmes, que sous le masque uniforme des habitants des villes, où chacun se montre comme sont les autres plutôt que comme il est lui-même. La tendre Julie trouve en eux des cœurs sensibles aux moindres caresses, et qui s'estiment heureux de l'intérêt qu'elle prend à leur bonheur. Leur cœur ni leur esprit ne sont point façonnés par l'art ; ils n'ont point appris à se former sur nos modèles, et l'on n'a pas peur de trouver en eux l'homme de l'homme au lieu de celui de la nature.

Souvent, dans ses tournées, M. de Wolmar rencontre quelque bon vieillard dont le sens et la raison le frappent, et qu'il se plaît à faire causer. Il l'amène à sa femme ; elle lui fait un accueil charmant, qui marque non la politesse et les airs de son état, mais la bienveillance et l'humanité de son caractère. On retient le bonhomme à dîner : Julie le place à côté d'elle, le sert, le caresse, lui parle avec intérêt, s'informe de sa famille, de ses affaires, ne sourit point de son embarras, ne donne point une attention gênante à ses manières rustiques, mais le met à son aise par la facilité des siennes, et ne sort point avec lui de ce tendre et touchant respect dû à la vieillesse infirme qu'honore une longue vie passée sans reproche. Le vieillard enchanté se livre à l'épanchement de son cœur ; il semble reprendre un moment la vivacité de sa jeunesse. Le vin bu à la santé d'une jeune dame en réchauffe mieux son sang à demi glacé. Il se ranime à parler de son ancien temps, de ses amours, de ses campagnes, des combats où il s'est trouvé, du courage de ses compatriotes, de son retour au pays, de sa femme, de ses enfants, des travaux champêtres, des abus qu'il a remarqués, des remèdes qu'il imagine. Souvent des longs discours de son âge sortent d'excellents préceptes moraux ou des leçons d'agriculture ; et quand il n'y aurait dans les choses qu'il dit que le plaisir qu'il prend à les dire, Julie en prendrait à les écouter.

Elle passe après le dîner dans sa chambre et en rapporte un petit présent de quelque nippe convenable à la femme ou aux filles du vieux bonhomme. Elle le lui fait offrir par les enfants, et réciproquement il rend aux enfants quelque don simple et de leur goût, dont elle l'a secrètement chargé pour eux. Ainsi se forme de bonne heure l'étroite et douce bienveillance qui fait la liaison des états divers. Les enfants s'accoutument à honorer la vieillesse, à estimer la simplicité et à distinguer le mérite dans tous les rangs. Les paysans, voyant leurs vieux pères fêtés dans une maison respectable et admis à la table des maîtres, ne se tiennent point offensés d'en être exclus ; ils ne s'en prennent point à leur rang, mais à leur âge ; ils ne disent point : Nous sommes trop pauvres, mais : Nous sommes trop jeunes pour être ainsi traités ; l'honneur qu'on rend à leurs vieillards et l'espoir de le partager un jour les consolent d'en être privés et les excitent à s'en rendre dignes.

Cependant le vieux bonhomme, encore attendri des caresses qu'il a reçues, revient dans sa chaumière, empressé de montrer à sa femme et à ses enfants les dons qu'il leur apporte. Ces bagatelles répandent la joie dans toute une famille qui voit qu'on a daigné s'occuper d'elle. Il leur raconte avec emphase la réception qu'on lui a faite, les mets dont on l'a servi, les vins dont il a goûté, les discours obligeants qu'on lui a tenus, combien on s'est informé d'eux, l'affabilité des maîtres, l'attention des serviteurs, et généralement ce

---

(1) Personnage des *Mille et une Nuits*.

qui peut donner du prix aux marques d'estime et de bonté qu'il a reçues : en le racontant il en jouit une seconde fois, et toute la maison croit jouir aussi des honneurs rendus à son chef. Tous bénissent de concert cette famille illustre et généreuse qui donne exemple aux grands et refuge aux petits, qui ne dédaigne point le pauvre et rend honneur aux cheveux blancs. Voilà l'encens qui plaît aux âmes bienfaisantes. S'il est des bénédictions humaines que le ciel daigne exaucer, ce ne sont point celles qu'arrachent la flatterie et la bassesse en présence des gens qu'on loue, mais celles que dicte en secret un cœur simple et reconnaissant au coin d'un foyer rustique.

C'est ainsi qu'un sentiment agréable et doux peut couvrir de son charme une vie insipide à des cœurs indifférents; c'est ainsi que les soins, les travaux, la retraite, peuvent devenir des amusements par l'art de les diriger. Une âme saine peut donner du goût à des occupations communes, comme la santé du corps fait trouver bons les aliments les plus simples. Tous ces gens ennuyés qu'on amuse avec tant de peine doivent leur dégoût à leurs vices, et ne perdent le sentiment du plaisir qu'avec celui du devoir. Pour Julie, il lui est arrivé précisément le contraire; et des soins qu'une certaine langueur d'âme lui eût laissé négliger autrefois lui deviennent intéressants par le motif qui les inspire. Il faudrait être insensible pour être toujours sans vivacité. La sienne s'est développée par les mêmes causes qui la réprimaient autrefois. Son cœur cherchait la retraite et la solitude pour se livrer en paix aux affections dont il était pénétré; maintenant elle a pris une activité nouvelle en formant de nouveaux liens. Elle n'est point de ces indolentes mères de famille, contentes d'étudier quand il faut agir, qui perdent à s'instruire des devoirs d'autrui le temps qu'elles devraient mettre à remplir les leurs. Elle pratique aujourd'hui ce qu'elle apprenait autrefois. Elle n'étudie plus, elle ne lit plus; elle agit. Comme elle se lève une heure plus tard que son mari, elle se couche aussi plus tard d'une heure. Cette heure est le seul temps qu'elle donne encore à l'étude, et la journée ne lui paraît jamais assez longue pour tous les soins dont elle aime à la remplir.

Voilà, mylord, ce que j'avais à vous dire sur l'économie de cette maison et sur la vie privée des maîtres qui la gouvernent. Contents de leur sort, ils en jouissent paisiblement; contents de leur fortune, ils ne travaillent pas à l'augmenter pour leurs enfants, mais à leur laisser, avec l'héritage qu'ils ont reçu, des terres en bon état, des domestiques affectionnés, le goût du travail, de l'ordre, de la modération, et tout ce qui peut rendre douce et charmante à des gens sensés la jouissance d'un bien médiocre, aussi sagement conservé qu'il fut honnêtement acquis.

LETTRE III (1).

DE SAINT-PREUX A MYLORD ÉDOUARD.

Nous avons eu des hôtes ces jours derniers : ils sont repartis hier; et nous recommençons entre nous trois une société d'autant plus charmante qu'il n'est rien resté dans le fond des cœurs qu'on veuille se cacher l'un à l'autre. Quel plaisir je goûte à reprendre un nouvel être qui me rend digne de votre confiance! Je ne reçois pas une marque d'estime de Julie et de son mari que je ne me dise avec une certaine fierté d'âme : Enfin, j'oserai me montrer à lui! C'est par vos soins, c'est sous vos yeux, que j'espère honorer mon état présent de mes fautes passées. Si l'amour éteint jette l'âme dans l'épuisement, l'amour subjugué lui donne, avec la conscience de sa victoire, une élévation nouvelle

---

(1) Deux lettres écrites en différents temps roulaient sur le sujet de celle-ci, ce qui occasionnait bien des répétitions inutiles. Pour les retrancher, j'ai réuni ces deux lettres en une seule. Au reste, sans prétendre justifier l'excessive longueur de plusieurs des lettres dont ce recueil est composé, je remarquerai que les lettres des solitaires sont longues et rares, celles des gens du monde fréquentes et courtes. Il ne faut qu'observer cette différence pour en sentir à l'instant la raison.

et un attrait plus vif pour tout ce qui est grand et beau. Voudrait-on perdre le fruit d'un sacrifice qui nous a coûté si cher? Non, mylord; je sens qu'à votre exemple mon cœur va mettre à profit tous les ardents sentiments qu'il a vaincus; je sens qu'il faut avoir été ce que je fus pour devenir ce que je veux être.

Après six jours perdus aux entretiens frivoles des gens indifférents, nous avons passé aujourd'hui une matinée à l'anglaise, réunis et dans le silence, goûtant à la fois le plaisir d'être ensemble et la douceur du recueillement. Que les délices de cet état sont connues de peu de gens! Je n'ai vu personne en France en avoir la moindre idée. « La conversation des amis ne tarit jamais, » disent-ils. Il est vrai, la langue fournit un babil facile aux attachements médiocres; mais l'amitié, mylord, l'amitié! Sentiment vif et céleste, quels discours sont dignes de toi? quelle langue ose être ton interprète? Jamais ce qu'on dit à son ami peut-il valoir ce qu'on sent à ses côtés? Mon Dieu! qu'une main serrée, qu'un regard animé, qu'une étreinte contre la poitrine, que le soupir qui la suit, disent de choses! et que le premier mot qu'on prononce est froid après tout cela! O veillées de Besançon! moments consacrés au silence et recueillis par l'amitié! O Bomston, âme grande, ami sublime! non je n'ai point avili ce que tu fis pour moi, et ma bouche ne t'en a jamais rien dit.

Il est sûr que cet état de contemplation fait un des grands charmes des hommes sensibles. Mais j'ai toujours trouvé que les importuns empêchaient de le goûter, et que les amis ont besoin d'être sans témoin pour pouvoir ne se rien dire qu'à leur aise. On veut être recueillis, pour ainsi dire, l'un dans l'autre : les moindres distractions sont désolantes, la moindre contrainte est insupportable. Si quelquefois le cœur porte un mot à la bouche, il est si doux de pouvoir le prononcer sans gêne! Il semble qu'on n'ose penser librement ce qu'on n'ose dire de même : il semble que la présence d'un seul étranger retienne le sentiment et comprime des âmes qui s'entendraient si bien sans lui.

Deux heures se sont ainsi écoulées entre nous dans cette immobilité d'extase, plus douce mille fois que le froid repos des dieux d'Épicure. Après le déjeuner, les enfants sont entrés comme à l'ordinaire dans la chambre de leur mère; mais, au lieu d'aller ensuite s'enfermer avec eux dans le gynécée selon sa coutume, pour nous dédommager en quelque sorte du temps perdu sans nous voir, elle les a fait rester avec elle, et nous ne nous sommes point quittés jusqu'au dîner. Henriette, qui commence à savoir tenir l'aiguille, travaillait assise devant la Fanchon, qui faisait de la dentelle, et dont l'oreiller posait sur le dossier de sa petite chaise. Les deux garçons feuilletaient sur une table un recueil d'images dont l'aîné expliquait les sujets au cadet. Quand il se trompait, Henriette attentive, et qui sait le recueil par cœur, avait soin de le corriger. Souvent, feignant d'ignorer à quelle estampe ils étaient, elle en tirait un prétexte de se lever, d'aller et venir de sa chaise à la table et de la table à sa chaise. Ces promenades ne lui déplaisaient pas, et lui attiraient toujours quelque agacerie de la part du petit mali; quelquefois même il s'y joignait un baiser que sa bouche enfantine sait mal appliquer encore, mais dont Henriette, déjà plus savante, lui épargne volontiers la façon. Pendant ces petites leçons, qui se prenaient et se donnaient sans beaucoup de soin, mais aussi sans la moindre gêne, le cadet comptait furtivement des onchets de buis qu'il avait cachés sous le livre.

Mme de Wolmar brodait près de la fenêtre vis-à-vis des enfants; nous étions son mari et moi encore autour de la table à thé, lisant la gazette, à laquelle elle prêtait assez peu d'attention. Mais à l'article de la maladie du roi de France et de l'attachement singulier de son peuple, qui n'eut jamais d'égal que celui des Romains pour Germanicus, elle a fait quelques réflexions sur le bon naturel de cette nation douce et bienveillante, que toutes haïssent, et qui n'en hait aucune, ajoutant qu'elle n'enviait du rang suprême que le plaisir de s'y faire aimer. « N'enviez rien, lui a dit son mari d'un ton qu'il m'eût dû laisser prendre; il y a longtemps que nous sommes tous vos sujets. » A ce mot son ouvrage est tombé de ses mains; elle a tourné la tête, et jeté sur son digne époux un regard si touchant, si tendre, que j'en ai tressailli moi-même. Elle

n'a rien dit : qu'eût-elle dit qui valût ce regard? Nos yeux se sont aussi rencontrés. J'ai senti, à la manière dont son mari m'a serré la main, que la même émotion nous gagnait tous trois, et que la douce influence de cette âme expansive agissait autour d'elle et triomphait de l'insensibilité même.

C'est dans ces dispositions qu'a commencé le silence dont je vous parlais : vous pouvez juger qu'il n'était pas de froideur et d'ennui. Il n'était interrompu que par le petit manége des enfants ; encore, aussitôt que nous avons cessé de parler, ont-ils modéré, par imitation, leur caquet, comme craignant de troubler le recueillement universel. C'est la petite surintendante qui la première s'est mise à baisser la voix, à faire signe aux autres, à courir sur la pointe du pied ; et leurs jeux sont devenus d'autant plus amusants que cette légère contrainte y ajoutait un nouvel intérêt. Ce spectacle, qui semblait être mis sous nos yeux pour prolonger notre attendrissement, a produit son effet naturel.

Ammutiscon le lingue, e parlan l'alme (1).

Que de choses se sont dites sans ouvrir la bouche ! que d'ardents sentiments se sont communiqués sans la froide entremise de la parole ! Insensiblement Julie s'est laissé absorber à celui qui dominait tous les autres. Ses yeux se sont tout-à-fait fixés sur ses trois enfants ; et son cœur, ravi dans une si délicieuse extase, animait son charmant visage de tout ce que la tendresse maternelle eut jamais de plus touchant.

Livrés nous-mêmes à cette double contemplation, nous nous laissions entraîner Wolmar et moi à nos rêveries, quand les enfants qui les causaient les ont fait finir. L'aîné, qui s'amusait aux images, voyant que les onchets empêchaient son frère d'être attentif, a pris le temps qu'il les avait rassemblés, et, lui donnant un coup sur la main, les a fait sauter par la chambre. Marcellin s'est mis à pleurer ; et sans s'agiter pour le faire taire, Mme de Wolmar a dit à Fanchon d'emporter les onchets. L'enfant s'est tu sur-le-champ ; mais les onchets n'ont pas moins été emportés sans qu'il ait recommencé de pleurer comme je m'y étais attendu. Cette circonstance, qui n'était rien, m'en a rappelé beaucoup d'autres auxquelles je n'avais fait nulle attention ; et je ne me souviens pas, en y pensant, d'avoir vu d'enfants à qui l'on parlât si peu et qui fussent moins incommodes. Ils ne quittent presque jamais leur mère, et à peine s'aperçoit-on qu'ils soient là. Ils sont vifs, étourdis, sémillants, comme il convient à leur âge, jamais importuns ni criards, et l'on voit qu'ils sont discrets avant de savoir ce que c'est que discrétion. Ce qui m'étonnait le plus dans les réflexions où ce sujet m'a conduit, c'était que cela se fît comme de soi-même, et qu'avec une si vive tendresse pour ses enfants, Julie se tourmentât si peu autour d'eux. En effet, on ne la voit jamais s'empresser à les faire parler ou taire, ni à leur prescrire ou défendre ceci ou cela. Elle ne dispute point avec eux, elle ne les contrarie point dans leurs amusements ; on dirait qu'elle se contente de les voir et de les aimer, et que, quand ils ont passé leur journée avec elle, tout son devoir de mère est rempli.

Quoique cette paisible tranquillité me parût plus douce à considérer que l'inquiète sollicitude des autres mères, je n'en étais pas moins frappé d'une indolence qui s'accordait mal avec mes idées. J'aurais voulu qu'elle n'eût pas encore été contente avec tant de sujets de l'être : une activité superflue sied si bien à l'amour maternel ! tout ce que je voyais de bon dans ses enfants, j'aurais voulu l'attribuer à ses soins ; j'aurais voulu qu'ils dussent moins à la nature et davantage à leur mère ; je leur aurais presque désiré des défauts, pour la voir plus empressée à les corriger.

Après m'être occupé longtemps de ces réflexions en silence, je l'ai rompu pour les lui communiquer. « Je vois, lui ai-je dit, que le ciel récompense la vertu des mères par le bon naturel des enfants ; mais ce bon naturel veut être cultivé. C'est dès leur naissance que doit commencer leur éducation. Est-il un temps plus propre à les former que celui où ils n'ont encore aucune forme à détruire ? Si vous les livrez à eux-mêmes dès leur enfance, à quel âge attendrez-

---

(1) Les langues se taisent, mais les cœurs parlent. — MARINI.

vous d'eux de la docilité? Quand vous n'auriez rien à leur apprendre, il faudrait leur apprendre à vous obéir. — Vous apercevez-vous, a-t-elle répondu, qu'ils me désobéissent? — Cela serait difficile, ai-je dit, quand vous ne leur commandez rien. » Elle s'est mise à sourire en regardant son mari; et, me prenant par la main, elle m'a mené dans le cabinet, où nous pouvions causer tous trois sans être entendus des enfants.

C'est là que, m'expliquant à loisir ses maximes, elle m'a fait voir sous cet air de négligence la plus vigilante attention qu'ait jamais donnée la tendresse maternelle. « Longtemps, m'a-t-elle dit, j'ai pensé comme vous sur les instructions prématurées; et durant ma première grossesse, effrayée de tous mes devoirs et des soins que j'aurais bientôt à remplir, j'en parlais souvent à M. de Wolmar avec inquiétude. Quel meilleur guide pouvais-je prendre en cela qu'un observateur éclairé qui joignait à l'intérêt d'un père le sang-froid d'un philosophe? Il remplit et passa mon attente; il dissipa mes préjugés, et m'apprit à m'assurer avec moins de peine un succès beaucoup plus étendu. Il me fit sentir que la première et plus importante éducation, celle précisément que tout le monde oublie (1), est de rendre un enfant propre à être élevé. Une erreur commune à tous les parents qui se piquent de lumières est de supposer leurs enfants raisonnables dès leur naissance, et de leur parler comme à des hommes avant même qu'ils sachent parler. La raison est l'instrument qu'on pense employer à les instruire; au lieu que les autres instruments doivent servir à former celui-là, et que de toutes les instructions propres à l'homme celle qu'il acquiert le plus tard et le plus difficilement est la raison même. En leur parlant dès leur bas âge une langue qu'ils n'entendent point, on les accoutume à se payer de mots, à en payer les autres, à contrôler tout ce qu'on leur dit, à se croire aussi sages que leurs maîtres, à devenir disputeurs et mutins; et tout ce qu'on pense obtenir d'eux par des motifs raisonnables, on ne l'obtient en effet que par ceux de crainte ou de vanité qu'on est toujours forcé d'y joindre.

« Il n'y a point de patience que ne lasse enfin l'enfant que l'on veut élever ainsi; et voilà comment, ennuyés, rebutés, excédés de l'éternelle importunité dont ils leur ont donné l'habitude eux-mêmes, les parents, ne pouvant plus supporter le tracas des enfants, sont forcés de les éloigner d'eux en les livrant à des maîtres; comme si l'on pouvait jamais espérer d'un précepteur plus de patience et de douceur que n'en peut avoir un père!

« La nature, a continué Julie, veut que les enfants soient enfants avant que d'être hommes. Si nous voulons pervertir cet ordre, nous produirons des fruits précoces qui n'auront ni maturité ni saveur, et ne tarderont pas à se corrompre; nous aurons de jeunes docteurs et de vieux enfants. L'enfance a des manières de voir, de penser, de sentir, qui lui sont propres. Rien n'est moins sensé que d'y vouloir substituer les nôtres; et j'aimerais autant exiger qu'un enfant eût cinq pieds de haut que du jugement à dix ans.

« La raison ne commence à se former qu'au bout de plusieurs années, et quand le corps a pris une certaine consistance. L'intention de la nature est donc que le corps se fortifie avant que l'esprit s'exerce. Les enfants sont toujours en mouvement; le repos et la réflexion sont l'aversion de leur âge; une vie appliquée et sédentaire les empêche de croître et de profiter; leur esprit ni leur corps ne peuvent supporter la contrainte. Sans cesse enfermés dans une chambre avec des livres, ils perdent toute leur vigueur; ils deviennent delicats, faibles, malsains, plutôt hébétés que raisonnables; et l'âme se sent toute la vie du dépérissement du corps.

« Quand toutes ces instructions prématurées profiteraient à leur jugement autant qu'elles y nuisent, encore y aurait-il un très grand inconvénient à les

---

(1) Locke lui-même, le sage Locke l'a oubliée; il dit bien plus ce qu'on doit exiger des enfants que ce qu'il faut faire pour l'obtenir.

leur donner indistinctement et sans égard à celles qui conviennent par préférence au génie de chaque enfant. Outre la constitution commune à l'espèce, chacun apporte en naissant un tempérament particulier qui détermine son génie et son caractère, et qu'il ne s'agit ni de changer ni de contraindre, mais de former et de perfectionner. Tous les caractères sont bons et sains en eux-mêmes, selon M. de Wolmar. « Il n'y a point, dit-il, d'erreurs dans la nature (1); tous les vices qu'on impute au naturel sont l'effet des mauvaises formes qu'il a reçues. Il n'y a point de scélérat dont les penchants mieux dirigés n'eussent produit de grandes vertus. Il n'y a point d'esprit faux dont on n'eût tiré des talents utiles en le prenant d'un certain biais, comme ces figures difformes et monstrueuses qu'on rend belles et bien proportionnées en les mettant à leur point de vue. Tout concourt au bien commun dans le système universel. Tout homme a sa place assignée dans le meilleur ordre des choses; il s'agit de trouver cette place et de ne pas pervertir cet ordre. Qu'arrive-t-il d'une éducation commencée dès le berceau et toujours sous une même formule, sans égard à la prodigieuse diversité des esprits? Qu'on donne à la plupart des instructions nuisibles ou déplacées, qu'on les prive de celles qui leur conviendraient, qu'on gêne de toutes parts la nature, qu'on efface les grandes qualités de l'âme pour en substituer de petites et d'apparentes qui n'ont aucune réalité; qu'en exerçant indistinctement aux mêmes choses tant de talents divers, on efface les uns par les autres, on les confond tous; qu'après bien des soins perdus à gâter dans les enfants les vrais dons de la nature, on voit bientôt ternir cet éclat passager et frivole qu'on leur préfère, sans que le naturel étouffé revienne jamais; qu'on perd à la fois ce qu'on a détruit et ce qu'on a fait; qu'enfin, pour le prix de tant de peine indiscrètement prise, tous ces petits prodiges deviennent des esprits sans force et des hommes sans mérite, uniquement remarquables par leur faiblesse et par leur inutilité. »

— J'entends ces maximes, ai-je dit à Julie; mais j'ai peine à les accorder avec vos propres sentiments sur le peu d'avantage qu'il y a de développer le génie et les talents naturels de chaque individu, soit pour son propre bonheur, soit pour le vrai bien de la société. Ne vaut-il pas infiniment mieux former un parfait modèle de l'homme raisonnable et de l'honnête homme, puis approcher chaque enfant de ce modèle par la force de l'éducation, en excitant l'un, en retenant l'autre, en réprimant les passions, en perfectionnant la raison, en corrigeant la nature..... — Corriger la nature! a dit Wolmar en m'interrompant; ce mot est beau, mais avant que de l'employer il fallait répondre à ce que Julie vient de vous dire. »

Une réponse très péremptoire, à ce qu'il me semblait, était de nier le principe; c'est ce que j'ai fait. « Vous supposez toujours que cette diversité d'esprits et de génies qui distingue les individus est l'ouvrage de la nature; et cela n'est rien moins qu'évident. Car enfin, si les esprits sont différents, ils sont inégaux; et si la nature les a rendus inégaux, c'est en douant les uns préférablement aux autres d'un peu plus de finesse de sens, d'étendue de mémoire, ou de capacité d'attention. Or, quant aux sens et à la mémoire, il est prouvé par l'expérience que leurs divers degrés d'étendue et de perfection ne sont point la mesure de l'esprit des hommes; et quant à la capacité d'attention, elle dépend uniquement de la force des passions qui nous animent; et il est encore prouvé que tous les hommes sont par leur nature susceptibles de passions assez fortes pour les douer du degré d'attention auquel est attachée la supériorité de l'esprit.

« Que si la diversité des esprits, au lieu de venir de la nature, était un effet de l'éducation, c'est-à-dire des diverses idées, des divers sentiments qu'excitent en nous dès l'enfance les objets qui nous frappent, les circonstances où nous nous trouvons, et toutes les impressions que nous recevons, bien loin

---

(1) Cette doctrine si vraie me surprend dans M. de Wolmar; on verra bientôt pourquoi.

d tendre pour élever les enfants qu'on connût le caractère de leur esprit, il faudrait au contraire se hâter de déterminer convenablement ce caractère par une éducation propre à celui qu'on veut leur donner. »

A cela, il m'a répondu que ce n'était pas sa méthode de nier ce qu'il voyait, lorsqu'il ne pouvait l'expliquer. « Regardez, m'a-t-il dit, ces deux chiens qui sont dans la cour : ils sont de la même portée, ils ont été nourris et traités de même, ils ne se sont jamais quittés; cependant l'un des deux est vif, gai, caressant, plein d'intelligence; l'autre lourd, pesant, hargneux, et jamais on n'a pu lui rien apprendre. La seule différence des tempéraments a produit en eux celle des caractères, comme la seule différence de l'organisation intérieure produit en nous celle des esprits; tout le reste a été semblable.... — Semblable? ai-je interrompu; quelle différence! Combien de petits objets ont agi sur l'un et non pas sur l'autre! combien de petites circonstances les ont frappés diversement sans que vous vous en soyez aperçu! — Bon! a-t-il repris, vous voilà raisonnant comme les astrologues. Quand on leur opposait que deux hommes nés sous le même aspect avaient des fortunes si diverses, ils rejetaient bien loin cette identité. Ils soutenaient que, vu la rapidité des cieux, il y avait une distance immense du thème de l'un de ces hommes à celui de l'autre, et que si l'on eût pu marquer les deux instants précis de leurs naissances, l'objection se fût tournée en preuve,

« Laissons, je vous prie, toutes ces subtilités, et nous en tenons à l'observation. Elle nous apprend qu'il y a des caractères qui s'annoncent presque en naissant, et des enfants qu'on peut étudier sur le sein de leur nourrice. Ceux-là font une classe à part et s'élèvent en commençant de vivre; mais, quant aux autres qui se développent moins vite, vouloir former leur esprit avant de le connaître, c'est s'exposer à gâter le bien que la nature a fait, et à faire plus mal à sa place. Platon, votre maître, ne soutenait-il pas que tout le savoir humain, toute la philosophie ne pouvait tirer d'une âme humaine que ce que la nature y avait mis, comme toutes les opérations chimiques n'ont jamais tiré d'aucun mixte qu'autant d'or qu'il en contenait déjà? Cela n'est vrai ni de nos sentiments ni de nos idées; mais cela est vrai de nos dispositions à les acquérir. Pour changer un esprit, il faudrait changer l'organisation intérieure; pour changer un caractère, il faudrait changer le tempérament dont il dépend. Avez-vous jamais ouï dire qu'un emporté soit devenu flegmatique, et qu'un esprit méthodique et froid ait acquis de l'imagination? Pour moi, je trouve qu'il serait tout aussi aisé de faire un blond d'un brun, et d'un sot un homme d'esprit. C'est donc en vain qu'on prétendrait refondre les divers esprits sur un modèle commun. On peut les contraindre et non les changer : on peut empêcher les hommes de se montrer tels qu'ils sont, mais non les faire devenir autres; et s'ils se déguisent dans le cours ordinaire de la vie, vous les verrez dans toutes les occasions importantes reprendre leur caractère originel, et s'y livrer avec d'autant moins de règle, qu'ils n'en connaissent plus en s'y livrant. Encore une fois, il ne s'agit point de changer le caractère et de plier le naturel, mais au contraire de le pousser aussi loin qu'il peut aller, de le cultiver, et d'empêcher qu'il ne dégénère; car c'est ainsi qu'un homme devient tout ce qu'il peut être, et que l'ouvrage de la nature s'achève en lui par l'éducation. Or, avant de cultiver le caractère, il faut l'étudier, attendre paisiblement qu'il se montre, lui fournir les occasions de se montrer, et toujours s'abstenir de rien faire plutôt que d'agir mal à propos. A tel génie il faut donner des ailes, à d'autres des entraves; l'un veut être pressé, l'autre retenu; l'un veut qu'on le flatte, et l'autre qu'on l'intimide : il faudrait tantôt éclairer, tantôt abrutir. Tel homme est fait pour porter la connaissance humaine jusqu'à son dernier terme; à tel autre il est même funeste de savoir lire. Attendons la première étincelle de la raison, c'est elle qui fait sortir le caractère et lui donne sa véritable forme; c'est par elle aussi qu'on le cultive, et il n'y a point avant la raison de véritable éducation pour l'homme.

« Quant aux maximes de Julie, que vous mettez en opposition, je ne sais ce que vous y voyez de contradictoire : pour moi je les trouve parfaitement d'accord ; chaque homme apporte en naissant un caractère, un génie et des talents qui lui sont propres. Ceux qui sont destinés à vivre dans la simplicité champêtre n'ont pas besoin, pour être heureux, du développement de leurs facultés, et leurs talents enfouis sont comme les mines d'or du Valais que le bien public ne permet pas qu'on exploite. Mais dans l'état civil, où l'on a moins besoin de bras que de têtes, et où chacun doit compte à soi-même et aux autres de tout son prix, il importe d'apprendre à tirer des hommes tout ce que la nature leur a donné, à les diriger du côté où ils peuvent aller le plus loin, et surtout à nourrir leurs inclinations de tout ce qui peut les rendre utiles. Dans le premier cas, on n'a d'égard qu'à l'espèce, chacun fait ce que font tous les autres ; l'exemple est la seule règle, l'habitude est le seul talent ; et nul n'exerce de son âme que la partie commune à tous. Dans le second, on s'applique à l'individu, à l'homme en général ; on ajoute en lui tout ce qu'il peut avoir de plus qu'un autre ; on le suit aussi loin que la nature le mène, et l'on en fera le plus grand des hommes, s'il a ce qu'il faut pour le devenir. Ces maximes se contredisent si peu, que la pratique en est la même pour le premier âge. N'instruisez point l'enfant du villageois, car il ne lui convient pas d'être instruit. N'instruisez pas l'enfant du citadin, car vous ne savez encore quelle instruction lui convient. En tout état de cause, laissez former le corps jusqu'à ce que la raison commence à poindre : alors c'est le moment de la cultiver.

— Tout cela me paraîtrait fort bien, ai-je dit, si je n'y voyais un inconvénient qui nuit fort aux avantages que vous attendez de cette méthode : c'est de laisser prendre aux enfants mille mauvaises habitudes qu'on ne prévient que par les bonnes. Voyez ceux qu'on abandonne à eux-mêmes : ils contractent bientôt tous les défauts dont l'exemple frappe leurs yeux, parce que cet exemple est commode à suivre, et n'imitent jamais le bien, qui coûte plus à pratiquer. Accoutumés à tout obtenir, à faire en toute occasion leur indiscrète volonté, ils deviennent mutins, têtus, indomptables... — Mais, a repris M. de Wolmar, il me semble que vous avez remarqué le contraire dans les nôtres, et que c'est ce qui a donné lieu à cet entretien. — Je l'avoue, ai-je dit, et c'est précisément ce qui m'étonne. Qu'a-t-elle fait pour les rendre dociles ? comment s'y est-elle prise ? qu'a-t-elle substitué au joug de la discipline ? — Un joug bien plus inflexible, a-t-il dit à l'instant, celui de la nécessité. Mais, en vous détaillant sa conduite, elle vous fera mieux entendre ses vues. »

Alors il l'a engagée à m'expliquer sa méthode ; et, après une courte pause, voici à peu près comme elle m'a parlé :

« Heureux les enfants bien nés, mon aimable ami ! Je ne présume pas autant de nos soins que M. de Wolmar. Malgré ses maximes, je doute qu'on puisse jamais tirer un bon parti d'un mauvais caractère, et que tout naturel puisse être tourné à bien ; mais, au surplus, convaincue de la bonté de sa méthode, je tâche d'y conformer en tout ma conduite dans le gouvernement de la famille. Ma première espérance est que des méchants ne seront pas sortis de mon sein ; la seconde est d'élever assez bien les enfants que Dieu m'a donnés, sous la direction de leur père, pour qu'ils aient un jour le bonheur de lui ressembler. J'ai tâché pour cela de m'approprier les règles qu'il m'a prescrites, en leur donnant un principe moins philosophique et plus convenable à l'amour maternel : c'est de voir mes enfants heureux. Ce fut le premier vœu de mon cœur en portant le doux nom de mère, et tous les soins de mes jours sont destinés à l'accomplir. La première fois que je tins mon fils aîné dans mes bras, je songeai que l'enfance est presque un quart des plus longues vies, qu'on parvient rarement aux trois autres quarts, et que c'est

PARTIE V, LETTRE III.

une bien cruelle prudence de rendre cette première portion malheureuse pour assurer le bonheur du reste, qui peut-être ne viendra jamais. Je songeai que, durant la faiblesse du premier âge, la nature assujettit les enfants de tant de manières, qu'il est barbare d'ajouter à cet assujettissement l'empire de nos caprices, en leur ôtant une liberté si bornée, et dont ils peuvent si peu abuser. Je résolus d'épargner au mien toute contrainte autant qu'il serait possible, de lui laisser tout l'usage de ses petites forces, et de ne gêner en lui nul des mouvements de la nature. J'ai déjà gagné à cela deux grands avantages : l'un, d'écarter de son âme naissante le mensonge, la vanité, la colère, l'envie, en un mot tous les vices qui naissent de l'esclavage, et qu'on est contraint de fomenter dans les enfants pour obtenir d'eux ce qu'on en exige ; l'autre, de laisser fortifier librement son corps par l'exercice continuel que l'instinct lui demande. Accoutumé tout comme les paysans à courir tête nue au soleil, au froid, à s'essouffler, à se mettre en sueur, il s'endurcit comme eux aux injures de l'air, et se rend plus robuste en vivant plus content. C'est le cas de songer à l'âge d'homme et aux accidents de l'humanité. Je vous l'ai déjà dit, je crains cette pusillanimité meurtrière qui, à force de délicatesse et de soins, affaiblit, efféminé un enfant, le tourmente par une éternelle contrainte, l'entraîne par mille vaines précautions, enfin l'expose pour toute sa vie aux périls inévitables dont elle veut le préserver un moment, et, pour lui sauver quelques rhumes dans son enfance, lui prépare de loin des fluxions de poitrine, des pleurésies, des coups de soleil, et la mort étant grand.

« Ce qui donne aux enfants livrés à eux-mêmes la plupart des défauts dont vous parliez, c'est lorsque, non contents de faire leur propre volonté, ils la font encore faire aux autres, et cela par l'insensée indulgence des mères à qui l'on ne complaît qu'en servant toutes les fantaisies de leurs enfants. Mon ami, je me flatte que vous n'avez rien vu dans les miens qui sentît l'empire et l'autorité, même avec le dernier domestique, et que vous ne m'avez pas vue non plus applaudir en secret aux fausses complaisances qu'on a pour eux. C'est ici que je crois suivre une route nouvelle et sûre pour rendre à la fois un enfant libre, paisible, caressant, docile, et cela par un moyen fort simple, c'est de le convaincre qu'il n'est qu'un enfant.

« A considérer l'enfance en elle-même, y a-t-il au monde un être plus faible, plus misérable, plus à la merci de tout ce qui l'environne, qui ait si grand besoin de pitié, d'amour, de protection, qu'un enfant ? Ne semble-t-il pas que c'est pour cela que les premières voix qui lui sont suggérées par la nature sont les cris et les plaintes ; qu'elle lui a donné une figure si douce et un air si touchant, afin que tout ce qui l'approche s'intéresse à sa faiblesse et s'empresse à le secourir ? Qu'y a-t-il donc de plus choquant, de plus contraire à l'ordre, que de voir un enfant, impérieux et mutin, commander à tout ce qui l'entoure, prendre impudemment un ton de maître avec ceux qui n'ont qu'à l'abandonner pour le faire périr, et d'aveugles parents, approuvant cette audace, l'exercer à devenir le tyran de sa nourrice, en attendant qu'il devienne le leur ?

« Quant à moi, je n'ai rien épargné pour éloigner de mon fils la dangereuse image de l'empire et de la servitude, et pour ne jamais lui donner lieu de penser qu'il fût plutôt servi par devoir que par pitié. Ce point est peut-être le plus difficile et le plus important de toute l'éducation ; et c'est un détail qui ne finirait point que celui de toutes les précautions qu'il m'a fallu prendre pour prévenir en lui cet instinct si prompt à distinguer les services mercenaires des domestiques de la tendresse et des soins maternels.

« L'un des principaux moyens que j'aie employés a été, comme je vous l'ai dit, de le bien convaincre de l'impossibilité où le tient son âge de vivre sans notre assistance. Après quoi je n'ai pas eu peine à lui montrer que tous les secours qu'on est forcé de recevoir d'autrui sont des actes de dépendance ; que les domestiques ont une véritable supériorité sur lui, en ce qu'il ne saurait se passer d'eux, tandis qu'il ne leur est bon à rien ; de sorte que, bien loin de tirer vanité de leurs services, il les reçoit avec une sorte d'humiliation, comme un témoignage de sa faiblesse, et il aspire ardemment au temps où il sera assez grand et assez fort pour avoir l'honneur de se servir lui-même.

— Ces idées, ai-je dit, seraient difficiles à établir dans des maisons où le père et la mère se font servir comme des enfants ; mais dans celle-ci, où chacun, à commencer par vous, a ses fonctions à remplir, et où le rapport des valets aux maîtres n'est qu'un échange perpétuel de services et de soins, je ne crois pas cet établissement impossible. Cependant il me reste à concevoir comment des enfants accoutumés à voir prévenir leurs besoins n'étendent pas ce droit à leurs fantaisies, ou comment ils ne souffrent pas quelquefois de l'humeur d'un domestique qui traitera de fantaisie un véritable besoin.

— Mon ami, a repris Mme de Wolmar, une mère peu éclairée se fait des monstres de tout. Les vrais besoins sont très bornés dans les enfants comme dans les hommes, et l'on doit plus regarder à la durée du bien-être qu'au bien-être d'un seul moment. Pensez-vous qu'un enfant qui n'est point gêné puisse assez souffrir de l'humeur de sa gouvernante, sous les yeux d'une mère, pour en être incommodé ? Vous supposez des inconvénients qui naissent de vices déjà contractés, sans songer que tous mes soins ont été d'empêcher ces vices de naître. Naturellement les femmes aiment les enfants. La mésintelligence ne s'élève entre eux que quand l'un veut assujettir l'autre à ses caprices. Or cela ne peut arriver ici, ni sur l'enfant dont on n'exige rien, ni sur la gouvernante à qui l'enfant n'a rien à commander. J'ai suivi en cela tout le contre-pied des autres mères, qui font semblant de vouloir que l'enfant obéisse au domestique, et veulent en effet que le domestique obéisse à l'enfant. Personne ici ne commande ni n'obéit ; mais l'enfant n'obtient jamais de ceux qui l'approchent qu'autant de complaisance qu'il en a pour eux. Par là, sentant qu'il n'a sur tout ce qui l'environne d'autre autorité que celle de la bienveillance, il se rend docile et complaisant ; en cherchant à s'attacher les cœurs des autres, le sien s'attache à eux à son tour : car on aime en se faisant aimer, c'est l'infaillible effet de l'amour-propre ; et de cette affection réciproque, née de l'égalité, résultent sans effort les bonnes qualités qu'on prêche sans cesse à tous les enfants, sans jamais en obtenir aucune.

« J'ai pensé que la partie la plus essentielle de l'éducation d'un enfant, celle dont il n'est jamais question dans les éducations les plus soignées, c'est de lui bien faire sentir sa misère, sa faiblesse, sa dépendance, et, comme vous a dit mon mari, le pesant joug de la nécessité que la nature impose à l'homme ; et cela, non-seulement afin qu'il soit sensible à ce qu'on fait pour lui alléger ce joug, mais surtout afin qu'il connaisse de bonne heure en quel rang l'a placé la Providence, qu'il ne s'élève point au-dessus de sa portée, et que rien d'humain ne lui semble étranger à lui.

« Induits dès leur naissance par la mollesse dans laquelle ils sont nourris, par les égards que tout le monde a pour eux, par la facilité d'obtenir tout ce qu'ils désirent, à penser que tout doit céder à leurs fantaisies, les jeunes gens entrent dans le monde avec cet impertinent préjugé, et souvent ils ne s'en corrigent qu'à force d'humiliations, d'affronts et de déplaisirs. Or, je voudrais bien sauver à mon fils cette seconde et mortifiante éducation, en lui donnant par la première une plus juste opinion des choses. J'avais d'abord résolu de lui accorder tout ce qu'il demanderait, persuadée que les premiers mouvements de la nature sont toujours bons et salutaires. Mais je n'ai pas tardé de connaître qu'en se faisant un droit d'être obéis, les enfants sortaient de l'état de nature presqu'en naissant, et contractaient nos vices par notre exemple, les leurs par notre indiscrétion. J'ai vu que, si je voulais contenter toutes ses fantaisies, elles croîtraient avec ma complaisance ; qu'il y aurait toujours un point où il faudrait s'arrêter, et où le refus lui deviendrait d'autant plus sensible qu'il y serait moins accoutumé. Ne pouvant donc, en attendant la raison, lui sauver tout chagrin, j'ai préféré le moindre et le plus tôt passé. Pour qu'un refus lui fût moins cruel, je l'ai plié d'abord au refus; et, pour lui épargner de longs déplaisirs, des lamentations, des mutineries, j'ai rendu tout refus irrévocable. Il est vrai que j'en fais le moins que je puis, et que j'y regarde à deux fois avant que d'en venir là. Tout ce qu'on lui accorde est accordé sans condition dès la première demande, et l'on est très indulgent là-dessus : mais il n'obtient jamais rien par importunité; les pleurs et les flatteries sont également inutiles. Il en est si convaincu, qu'il a cessé de les employer; du premier mot il prend son parti, et ne se tourmente pas plus de voir fermer un

cornet de bonbons qu'il voudrait manger, qu'envoler un oiseau qu'il voudrait tenir; car il sent la même impossibilité d'avoir l'un et l'autre. Il ne voit rien dans ce qu'on lui ôte, sinon qu'il ne l'a pu garder, ni dans ce qu'on lui refuse, sinon qu'il n'a pu l'obtenir; et, loin de battre la table contre laquelle il se blesse, il ne battrait pas la personne qui lui résiste. Dans tout ce qui le chagrine il sent l'empire de la nécessité, l'effet de sa propre faiblesse, jamais l'ouvrage du mauvais vouloir d'autrui..... Un moment, dit-elle un peu vivement, voyant que j'allais répondre, je pressens votre objection; j'y vais venir à l'instant.

« Ce qui nourrit les criailleries des enfants, c'est l'attention qu'on y fait, soit pour leur céder, soit pour les contrarier. Il ne leur faut quelquefois pour pleurer tout un jour que s'apercevoir qu'on ne veut pas qu'ils pleurent. Qu'on les flatte ou qu'on les menace, les moyens qu'on prend pour les faire taire sont tous pernicieux et presque toujours sans effet. Tant qu'on s'occupe de leurs pleurs, c'est une raison pour eux de les continuer; mais ils s'en corrigent bientôt quand ils voient qu'on n'y prend pas garde; car, grands et petits, nul n'aime à prendre une peine inutile. Voilà précisément ce qui est arrivé à mon aîné. C'était d'abord un petit criard qui étourdissait tout le monde; et vous êtes témoin qu'on ne l'entend pas plus à présent dans la maison que s'il n'y avait point d'enfant. Il pleure quand il souffre; c'est la voix de la nature qu'il ne faut jamais contraindre; mais il se tait à l'instant qu'il ne souffre plus. Aussi fais-je une très grande attention à ses pleurs, bien sûre qu'il n'en verse jamais en vain. Je gagne à cela de savoir à point nommé quand il sent de la douleur et quand il n'en sent pas, quand il se porte bien et quand il est malade; avantage qu'on perd avec ceux qui pleurent par fantaisie et seulement pour se faire apaiser. Au reste, j'avoue que ce point n'est pas facile à obtenir des nourrices et des gouvernantes : car comme rien n'est plus ennuyeux que d'entendre toujours lamenter un enfant, et que ces femmes ne voient jamais que l'instant présent, elles ne songent pas qu'à faire taire l'enfant aujourd'hui, il en pleurera demain davantage. Le pis est que l'obstination qu'il contracte tire à conséquence dans un âge avancé. La même cause qui le rend criard à trois ans le rend mutin à douze, querelleur à vingt, impérieux à trente, et insupportable toute sa vie.

« Je viens maintenant à vous, me dit-elle en souriant. Dans tout ce qu'on accorde aux enfants, ils voient aisément le désir de leur complaire; dans tout ce qu'on en exige ou qu'on leur refuse, ils doivent supposer des raisons sans les demander. C'est un autre avantage qu'on gagne à user avec eux d'autorité plutôt que de persuasion dans les occasions nécessaires : car, comme il n'est pas possible qu'ils n'aperçoivent quelquefois la raison qu'on a d'en user ainsi, il est naturel qu'ils la supposent encore quand ils sont hors d'état de la voir. Au contraire, dès qu'on a soumis quelque chose à leur jugement, ils prétendent juger de tout, ils deviennent sophistes, subtils, de mauvaise foi, féconds en chicanes, cherchant toujours à réduire au silence ceux qui ont la faiblesse de s'exposer à leurs petites lumières. Quand on est contraint de leur rendre compte des choses qu'ils ne sont point en état d'entendre, ils attribuent au caprice la conduite la plus prudente, sitôt qu'elle est au-dessus de leur portée. En un mot, le seul moyen de les rendre dociles à la raison n'est pas de raisonner avec eux, mais de les bien convaincre que la raison est au-dessus de leur âge; car alors ils la supposent du côté où elle doit être, à moins qu'on ne leur donne un juste sujet de penser autrement. Ils savent bien qu'on ne veut pas les tourmenter quand ils sont sûrs qu'on les aime; et les enfants se trompent rarement là-dessus. Quand donc je refuse quelque chose aux miens, je n'argumente point avec eux, je ne leur dis point pourquoi je ne veux pas, mais je fais en sorte qu'ils le voient, autant qu'il est possible, et quelquefois après coup. De cette manière ils s'accoutument à comprendre que jamais je ne les refuse sans en avoir une bonne raison, quoiqu'ils ne l'aperçoivent pas toujours.

« Fondée sur le même principe, je ne souffrirai pas non plus que mes enfants se mêlent dans la conversation des gens raisonnables, et s'imaginent sottement y tenir leur rang comme les autres, quand on y souffre leur babil indiscret. Je veux qu'il répondent modestement et en peu de mots quand on les interroge, sans jamais parler de leur chef, et surtout sans qu'ils s'ingèrent à questionner hors de propos les gens plus âgés qu'eux, auxquels ils doivent du respect.

— En vérité, Julie, dis-je en l'interrompant, voilà bien de la rigueur pour une mère aussi tendre! Pythagore n'était pas plus sévère à ses disciples que vous l'êtes aux vôtres. Non-seulement vous ne les traitez pas en hommes, mais on dirait que vous craignez de les voir cesser trop tôt d'être enfants. Quel moyen plus agréable et plus sûr peuvent-ils avoir de s'instruire que d'interroger sur les choses qu'ils ignorent les gens plus éclairés qu'eux? Que penseraient de vos maximes les dames de Paris, qui trouvent que leurs enfants ne jasent jamais assez tôt ni assez longtemps, et qui jugent de l'esprit qu'ils auront étant grands par les sottises qu'ils débitent étant jeunes? Wolmar me dira que cela peut être bon dans un pays où le premier mérite est de bien babiller, et où l'on est dispensé de penser pourvu qu'on parle. Mais vous qui voulez faire à vos enfants un sort si doux, comment accordez-vous tant de bonheur avec tant de contrainte? et que devient parmi toute cette gêne la liberté que vous prétendez leur laisser?

— Quoi donc! a-t-elle repris à l'instant, est-ce gêner leur liberté que de les empêcher d'attenter à la nôtre? et ne sauraient-ils être heureux à moins que toute une compagnie en silence n'admire leurs puérilités? Empêchons leur vanité de naître, ou du moins arrêtons-en les progrès; c'est là vraiment travailler à leur félicité : car la vanité de l'homme est la source de ses plus grandes peines, et il n'y a personne de si parfait et de si fêté à qui elle ne donne encore plus de chagrins que de plaisirs (1).

« Que peut penser un enfant de lui-même, quand il voit autour de lui tout un cercle de gens sensés l'écouter, l'agacer, l'admirer, attendre avec un lâche empressement les oracles qui sortent de sa bouche, et se récrier avec des retentissements de joie à chaque impertinence qu'il dit? La tête d'un homme aurait bien de la peine à tenir à tous ces faux applaudissements; jugez de ce que deviendra la sienne! Il en est du babil des enfants comme des prédictions des almanachs : ce serait un prodige si, sur tant de vaines paroles, le hasard ne fournissait jamais une rencontre heureuse. Imaginez ce que font alors les exclamations de la flatterie sur une pauvre mère déjà trop abusée par son propre cœur, et sur un enfant qui ne sait ce qu'il dit et se voit célébrer! Ne pensez pas que pour démêler l'erreur je m'en garantisse; non, je vois la faute et j'y tombe; mais si j'admire les reparties de mon fils, au moins je les admire en secret; il n'apprend point, en me les voyant applaudir, à devenir babillard et vain; et les flatteurs, en me les faisant répéter, n'ont pas le plaisir de ma faiblesse.

« Un jour qu'il nous était venu du monde, étant allée donner quelques ordres, je vis en rentrant quatre ou cinq grands nigauds occupés à jouer avec lui, et s'apprêtant à me raconter d'un air d'emphase je ne sais combien de gentillesses qu'ils venaient d'entendre, et dont ils semblaient tout émerveillés. — Messieurs, leur dis-je assez froidement, je ne doute pas que vous ne sachiez faire dire à des marionnettes de fort jolies choses; mais j'espère qu'un jour mes enfants seront hommes, qu'ils agiront et parleront d'eux-mêmes, et alors j'apprendrai toujours dans la joie de mon cœur tout ce qu'ils auront dit et fait de bien. — Depuis qu'on a vu que cette manière de faire sa cour ne prenait pas, on joue avec mes enfants comme avec des enfants, non comme avec Polichinelle; il ne leur vient plus de compère, et ils en valent sensiblement mieux depuis qu'on ne les admire plus.

« A l'égard des questions, on ne les leur défend pas indistinctement : je suis la première à leur dire de demander doucement en particulier à leur père ou à moi tout ce qu'ils ont besoin de savoir; mais je ne souffre pas qu'ils coupent un entretien sérieux pour occuper tout le monde de la première impertinence qui leur passe par la tête. L'art d'interroger n'est pas si facile qu'on pense : c'est bien plus l'art des maîtres que des disciples; il faut avoir déjà beaucoup appris de choses pour savoir demander ce qu'on ne sait pas. Le savant sait et s'enquiert, dit un proverbe indien; mais l'ignorant ne sait pas même de quoi s'enquérir (2). Faute de cette science préliminaire, les enfants en liberté ne font presque jamais que des questions ineptes qui ne servent à rien, ou profondes et scabreuses, dont la solution passe leur portée; et puisqu'il ne faut pas qu'ils sachent tout, il importe qu'ils n'aient pas le droit de tout demander. Voilà pourquoi, généralement parlant, ils s'instruisent mieux par les interrogations qu'on leur fait que par celles qu'ils font eux-mêmes.

« Quand cette méthode leur serait aussi utile qu'on croit, la première et la

---

(1) Si jamais la vanité fit quelque heureux sur la terre, à coup sûr cet heureux-là n'était qu'un sot.
(2) Voyez Chardin, tome V.

plus importante science qui leur convient n'est-elle pas d'être discrets et modestes? et y en a-t-il quelque autre qu'ils doivent apprendre au préjudice de celle-là? Que produit donc dans les enfants cette émancipation de parole avant l'âge de parler, et ce droit de soumettre effrontément les hommes à leur interrogatoire? de petits questionneurs babillards, qui questionnent moins pour s'instruire que pour importuner, pour occuper d'eux tout le monde, et qui prennent encore plus de goût à ce babil par l'embarras où ils s'aperçoivent que jettent quelquefois leurs questions indiscrètes, en sorte que chacun est inquiet aussitôt qu'ils ouvrent la bouche. Ce n'est pas tant un moyen de les instruire que de les rendre étourdis et vains; inconvénient plus grand, à mon avis, que l'avantage qu'ils acquièrent par là n'est utile; car par degrés l'ignorance diminue, mais la vanité ne fait jamais qu'augmenter.

« Le pis qui pût arriver de cette réserve trop prolongée serait que mon fils en âge de raison eût la conversation moins légère, le propos moins vif et moins abondant; et en considérant combien cette habitude de passer sa vie à dire des riens rétrécit l'esprit, je regarderais plutôt cette heureuse stérilité comme un bien que comme un mal. Les gens oisifs, toujours ennuyés d'eux-mêmes, s'efforcent de donner un grand prix à l'art de les amuser; et l'on dirait que le savoir-vivre consiste à ne dire que de vaines paroles, comme à ne faire que des dons inutiles: mais la société humaine a un objet plus noble, et ses vrais plaisirs ont plus de solidité. L'organe de la vérité, le plus digne organe de l'homme, le seul dont l'usage le distingue des animaux, ne lui a point été donné pour n'en pas tirer un meilleur parti qu'ils ne font de leurs cris. Il se dégrade au-dessous d'eux quand il parle pour ne rien dire; et l'homme doit être homme jusque dans ses délassements. S'il y a de la politesse à étourdir tout le monde d'un vain caquet, j'en trouve une bien plus véritable à laisser parler les autres par préférence, à faire plus grand cas de ce qu'ils disent que de ce qu'on dirait soi-même, et à montrer qu'on les estime trop pour croire les amuser par des niaiseries. Le bon usage du monde, celui qui nous y fait le plus rechercher et chérir, n'est pas tant d'y briller que d'y faire briller les autres, et de mettre, à force de modestie, leur orgueil plus en liberté. Ne craignons pas qu'un homme d'esprit qui ne s'abstient de parler que par retenue et discrétion puisse jamais passer pour un sot. Dans quelque pays que ce puisse être, il n'est pas possible qu'on juge un homme sur ce qu'il n'a pas dit, et qu'on le méprise pour s'être tu. Au contraire, on remarque en général que les gens silencieux en imposent, qu'on s'écoute devant eux, et qu'on leur donne beaucoup d'attention quand ils parlent; ce qui, leur laissant le choix des occasions et faisant qu'on ne perd rien de ce qu'ils disent, met tout l'avantage de leur côté. Il est si difficile à l'homme le plus sage de garder toute sa présence d'esprit dans un long flux de paroles, il est si rare qu'il ne lui échappe des choses dont il se repent à loisir, qu'il aime mieux retenir le bon que risquer le mauvais. Enfin, quand ce n'est pas faute d'esprit qu'il se tait, s'il ne parle pas, quelque discret qu'il puisse être, le tort en est à ceux qui sont avec lui.

« Mais il y a bien loin de six ans à vingt: mon fils ne sera pas toujours enfant, et, à mesure que sa raison commencera de naître, l'intention de son père est bien de la laisser exercer. Quant à moi, ma mission ne va pas jusque-là. Je nourris des enfants, et n'ai pas la présomption de vouloir former des hommes. J'espère, dit-elle en regardant son mari, que de plus dignes mains se chargeront de ce noble emploi. Je suis femme et mère, je sais me tenir à mon rang. Encore une fois, la fonction dont je suis chargée n'est pas d'élever mes fils, mais de les préparer pour être élevés.

« Je ne fais même en cela que suivre de point en point le système de M. de Wolmar; et plus j'avance, plus j'éprouve combien il est excellent et juste, et combien il s'accorde avec le mien. Considérez mes enfants, et surtout l'aîné; en connaissez-vous de plus heureux sur la terre, de plus gais, de moins importuns? Vous les voyez sauter, rire, courir toute la journée, sans jamais incommoder personne. De quels plaisirs, de quelle indépendance leur âge est-il susceptible, dont ils ne jouissent pas ou dont ils abusent? Ils se contraignent aussi peu devant moi qu'en mon absence. Au contraire, sous les yeux de leur mère, ils ont toujours un peu plus de confiance; et, quoique je sois l'auteur de toute la sévérité qu'ils éprouvent, ils me trouvent toujours la moins sévère : car je ne pourrais supporter de n'être pas ce qu'ils aiment le plus au monde.

« Les seules lois qu'on leur impose auprès de nous sont celles de la liberté même, savoir, de ne pas plus gêner la compagnie qu'elle ne les gêne, de ne pas crier plus haut qu'on ne parle; et, comme on ne les oblige point de s'occuper de nous, je ne veux pas non plus qu'ils prétendent nous occuper d'eux. Quand ils manquent à de si justes lois, toute leur peine est d'être à l'instant renvoyés, et tout mon art, pour que c'en soit une, de faire qu'ils ne se trouvent nulle part aussi bien qu'ici. A cela près, on ne les assujettit à rien; on ne les force jamais de rien apprendre; on ne les ennuie point de vaines corrections; jamais on ne les reprend; les seules leçons qu'ils reçoivent sont des leçons de pratique prises dans la simplicité de la nature. Chacun, bien instruit là-dessus, se conforme à mes intentions avec une intelligence et un soin qui ne me laissent rien à désirer; et, si quelque faute est à craindre, mon assiduité la prévient ou la répare aisément.

« Hier, par exemple, l'aîné, ayant ôté un tambour au cadet, l'avait fait pleurer. Fanchon ne dit rien; mais une heure après, au moment que le ravisseur du tambour en était le plus occupé, elle le lui reprit : il la suivait en le redemandant, et pleurant à son tour. Elle lui dit : —Vous l'avez pris par force à votre frère, je vous le reprends de même; qu'avez-vous à dire? ne suis-je pas la plus forte?—Puis elle se mit à battre la caisse à son imitation, comme si elle y eût pris beaucoup de plaisir. Jusque-là tout était à merveille; mais quelque temps après, elle voulut rendre le tambour au cadet; alors je l'arrêtai; car ce n'était plus la leçon de la nature, et de là pouvait naître un premier germe d'envie entre les deux frères. En perdant le tambour, le cadet supporta la dure loi de la nécessité; l'aîné sentit son injustice, tous deux connurent leur faiblesse et furent consolés le moment d'après. »

Un plan si nouveau et si contraire aux idées reçues m'avait d'abord effarouché. A force de me l'expliquer, ils m'en rendirent enfin l'admirateur; et je sentis que pour guider l'homme, la marche de la nature est toujours la meilleure. Le seul inconvénient que je trouvais à cette méthode, et cet inconvénient me parut fort grand, c'était de négliger dans les enfants la seule faculté qu'ils aient dans toute sa vigueur, et qui ne fait que s'affaiblir en avançant en âge. Il me semblait que, selon leur propre système, plus les opérations de l'entendement étaient faibles, insuffisantes, plus on devait exercer et fortifier la mémoire, si propre alors à soutenir le travail. « C'est elle, disais-je, qui doit suppléer à la raison jusqu'à sa naissance, et l'enrichir quand elle est née. Un esprit qu'on n'exerce à rien devient lourd et pesant dans l'inaction. La semence ne prend point dans un champ mal préparé, et c'est une étrange préparation pour apprendre à devenir raisonnable que de commencer par être stupide. — Comment stupide! s'est écriée aussitôt Mme de Wolmar. Confondriez-vous deux qualités aussi différentes et presque aussi contraires que la mémoire et le jugement (1)? comme si la quantité des choses mal digérées et sans liaison dont on remplit une tête encore faible n'y faisait pas plus de tort que de profit à la raison! J'avoue que de toutes les facultés de l'homme la mémoire est la première qui se développe et la plus commode à cultiver dans les enfants : mais, à votre avis, lequel est à préférer de ce

---

(1) Cela ne me parait pas bien vu. Rien n'est si nécessaire au jugement que la mémoire ; il est vrai que ce n'est pas la mémoire des mots.

qu'il leur est le plus aisé d'apprendre, ou de ce qu'il leur importe le plus de savoir?

« Regardez à l'usage qu'on fait en eux de cette facilité, à la violence qu'il faut leur faire, à l'éternelle contrainte où il les faut assujettir pour mettre en étalage leur mémoire, et comparez l'utilité qu'ils en retirent au mal qu'on leur fait souffrir pour cela. Quoi! forcer un enfant d'étudier des langues qu'il ne parlera jamais, même avant qu'il ait bien appris la sienne; lui faire incessamment répéter et construire des vers qu'il n'entend point, et dont toute l'harmonie n'est pour lui qu'au bout de ses doigts; embrouiller son esprit de cercles et de sphères dont il n'a point la moindre idée, l'accabler de mille noms de villes et de rivières qu'il confond sans cesse et qu'il rapprend tous les jours, est-ce cultiver sa mémoire au profit de son jugement? et tout ce frivole acquis vaut-il une seule des larmes qu'il lui coûte?

« Si tout cela n'était qu'inutile, je m'en plaindrais moins; mais n'est-ce rien que d'instruire un enfant à se payer de mots, et à croire savoir ce qu'il ne peut comprendre? Se pourrait-il qu'un tel amas ne nuisît point aux premières idées dont on doit meubler une tête humaine? et ne vaudrait-il pas mieux n'avoir point de mémoire que de la remplir de tout ce fatras, au préjudice des connaissances nécessaires dont il tient la place?

« Non, si la nature a donné au cerveau des enfants cette souplesse qui le rend propre à recevoir toutes sortes d'impressions, ce n'est pas pour qu'on y grave des noms de rois, des dates, des termes de blason, de sphère, de géographie, et tous ces mots sans aucun sens pour leur âge, et sans aucune utilité pour quelque âge que ce soit, dont on accable leur triste et stérile enfance; mais c'est pour que toutes les idées relatives à l'état de l'homme, toutes celles qui se rapportent à son bonheur et l'éclairent sur ses devoirs, s'y tracent de bonne heure en caractères ineffaçables, et lui servent à se conduire pendant sa vie d'une manière convenable à son être et à ses facultés.

« Sans étudier dans les livres, la mémoire d'un enfant ne reste pas pour cela oisive : tout ce qu'il voit, tout ce qu'il entend le frappe, et il s'en souvient; il tient registre en lui-même des actions, des discours des hommes; et tout ce qui l'environne est le livre dans lequel, sans y songer, il enrichit continuellement sa mémoire, en attendant que son jugement puisse en profiter. C'est dans le choix de ces objets, c'est dans le soin de lui présenter sans cesse ceux qu'il doit connaître, et de lui cacher ceux qu'il doit ignorer, que consiste le véritable art de cultiver la première de ses facultés; et c'est par là qu'il faut tâcher de lui former un magasin de connaissances qui servent à son éducation durant la jeunesse, et à sa conduite dans tous les temps. Cette méthode, il est vrai, ne forme point de petits prodiges, et ne fait pas briller les gouvernantes et les précepteurs; mais elle forme des hommes judicieux, robustes, sains de corps et d'entendement, qui, sans s'être fait admirer étant jeunes, se font honorer étant grands.

« Ne pensez pas pourtant, continua Julie, qu'on néglige ici tout-à-fait ces soins dont vous faites un si grand cas. Une mère un peu vigilante tient dans ses mains les passions de ses enfants. Il y a des moyens pour exciter et nourrir en eux le désir d'apprendre ou de faire telle ou telle chose; et autant que ces moyens peuvent se concilier avec la plus entière liberté de l'enfant, et n'engendrent en lui nulle semence de vice, je les emploie assez volontiers, sans m'opiniâtrer quand le succès n'y répond pas; car il aura toujours le temps d'apprendre, mais il n'y a pas un moment à perdre pour lui former un bon naturel; et M. de Wolmar a une telle idée du premier développement de la raison, qu'il soutient que, quand son fils ne saurait rien à douze ans, il n'en serait pas moins instruit à quinze, sans compter que rien n'est moins nécessaire que d'être savant, et rien plus que d'être sage et bon.

« Vous savez que notre aîné lit déjà passablement. Voici comment lui est venu le goût d'apprendre à lire. J'avais dessein de lui lire de temps en temps quelque fable de La Fontaine pour l'amuser, et j'avais déjà commencé, quand il me demanda si les corbeaux parlaient. A l'instant je vis la difficulté de lui faire sentir bien nettement la différence de l'apologue au mensonge : je me tirai d'affaire comme je pus ; et, convaincue que les fables sont faites pour les hommes, mais qu'il faut toujours dire la vérité nue aux enfants, je supprimai La Fontaine. Je lui substituai un recueil de petites histoires intéressantes et instructives, la plupart tirées de la Bible ; puis, voyant que l'enfant prenait goût à mes contes, j'imaginai de les lui rendre encore plus utiles, en essayant d'en composer moi-même d'aussi amusants qu'il me fut possible, et les appropriant toujours au besoin du moment. Je les écrivais à mesure dans un beau livre orné d'images, que je tenais bien enfermé, et dont je lui lisais de temps en temps quelques contes, rarement, peu longtemps, et répétant souvent les mêmes avec des commentaires, avant de passer à de nouveaux. Un enfant oisif est sujet à l'ennui ; les petits contes servaient de ressources : mais, quand je le voyais le plus avidement attentif, je me souvenais quelquefois d'un ordre à donner, et je le quittais à l'endroit le plus intéressant, en laissant négligemment le livre. Aussitôt il allait prier sa bonne, ou Fanchon, ou quelqu'un d'achever la lecture : mais comme il n'a rien à commander à personne, et qu'on était prévenu, l'on n'obéissait pas toujours. L'un refusait, l'autre avait affaire, l'autre balbutiait lentement et mal, l'autre laissait, à mon exemple, un conte à moitié. Quand on le vit bien ennuyé de tant de dépendance, quelqu'un lui suggéra secrètement d'apprendre à lire, pour s'en délivrer et feuilleter le livre à son aise. Il goûta ce projet. Il fallut trouver des gens assez complaisants pour vouloir lui donner leçon : nouvelle difficulté qu'on n'a poussée qu'aussi loin qu'il fallait. Malgré toutes ces précautions, il s'est lassé trois ou quatre fois : on l'a laissé faire. Seulement je me suis efforcée de rendre les contes encore plus amusants ; et il est revenu à la charge avec tant d'ardeur, que, quoiqu'il n'y ait pas six mois qu'il a tout de bon commencé d'apprendre, il sera bientôt en état de lire seul le recueil.

« C'est à peu près ainsi que je tâcherai d'exciter son zèle et sa bonne volonté pour acquérir les connaissances qui demandent de la suite et de l'application, et qui peuvent convenir à son âge : mais quoiqu'il apprenne à lire, ce n'est point des livres qu'il tirera ces connaissances : car elles ne s'y trouvent point, et la lecture ne convient en aucune manière aux enfants. Je veux aussi l'habituer de bonne heure à nourrir sa tête d'idées et non de mots : c'est pourquoi je ne lui fais jamais rien apprendre par cœur.

— Jamais ! interrompis-je : c'est beaucoup dire ; car encore faut-il bien qu'il sache son catéchisme et ses prières. — C'est ce qui vous trompe, reprit-elle. A l'égard de la prière, tous les matins et tous les soirs je fais la mienne à haute voix dans la chambre de mes enfants, et c'est assez pour qu'ils l'apprennent sans qu'on les y oblige ; quant au catéchisme, ils ne savent ce que c'est. — Quoi ! Julie, vos enfants n'apprennent pas leur catéchisme ? — Non, mon ami, mes enfants n'apprennent pas leur catéchisme. — Comment ! ai-je dit tout étonné, une mère si pieuse !... Je ne vous comprends point. Et pourquoi vos enfants n'apprennent-ils pas leur catéchisme ? — Afin qu'ils le croient un jour, dit-elle : j'en veux faire un jour des chrétiens. — Ah ! j'y suis, m'écriai-je ; vous ne voulez pas que leur foi ne soit qu'en paroles, ni qu'ils sachent seulement leur religion, mais qu'ils la croient ; et vous pensez avec raison qu'il est impossible à l'homme de croire ce qu'il n'entend point. — Vous êtes bien difficile, me dit en souriant M. de Wolmar : seriez-vous chrétien, par hasard ? — Je m'efforce de l'être, lui dis-je avec fermeté. Je crois de la religion tout ce que j'en puis comprendre, et respecte le reste sans le rejeter. » Julie me fit un signe d'approbation, et nous reprîmes le sujet de notre entretien.

Après être entrée dans d'autres détails qui m'ont fait concevoir combien le èle maternel est actif, infatigable et prévoyant, elle a conclu en observant que sa méthode se rapportait exactement aux deux objets qu'elle s'était proposés, savoir, de laisser développer le naturel des enfants, et de l'étudier. « Les miens ne sont gênés en rien, dit-elle, et ne sauraient abuser de leur liberté ; leur caractère ne peut ni se dépraver ni se contraindre : on laisse en paix renforcer leur corps et germer leur jugement ; l'esclavage n'avilit point leur âme ; les regards d'autrui ne font point fermenter leur amour-propre ; ils ne se croient ni des hommes puissants ni des animaux enchaînés, mais des enfants heureux et libres. Pour les garantir des vices qui ne sont pas en eux, ils ont, ce me semble, un préservatif plus fort que des discours qu'ils n'entendraient point, ou dont ils seraient bientôt ennuyés : c'est l'exemple des mœurs de tout ce qui les environne ; ce sont les entretiens qu'ils entendent, qui sont ici naturels à tout le monde, et qu'on n'a pas besoin de composer exprès pour eux ; c'est la paix et l'union dont ils sont témoins ; c'est l'accord qu'ils voient régner sans cesse et dans la conduite respective de tous, et dans la conduite et les discours de chacun.

« Nourris encore dans leur première simplicité, d'où leur viendraient des vices dont ils n'ont point vu d'exemple, des passions qu'ils n'ont nulle occasion de sentir, des préjugés que rien ne leur inspire ? Vous voyez qu'aucune erreur ne les gagne, qu'aucun mauvais penchant ne se montre en eux. Leur ignorance n'est point entêtée, leurs désirs ne sont point obstinés ; les inclinations au mal sont prévenues ; la nature est justifiée ; et tout me prouve que les défauts dont nous l'accusons ne sont point son ouvrage, mais le nôtre.

« C'est ainsi que, livrés au penchant de leur cœur sans que rien le déguise ou l'altère, nos enfants ne reçoivent point une forme extérieure et artificielle, mais conservent exactement celle de leur caractère originel ; c'est ainsi que ce caractère se développe journellement à nos yeux sans réserve, et que nous pouvons étudier les mouvements de la nature jusque dans leurs principes les plus secrets. Sûrs de n'être jamais ni grondés ni punis, ils ne savent ni mentir ni se cacher ; et, dans tout ce qu'ils disent, soit entre eux, soit à nous, ils laissent voir sans contrainte tout ce qu'ils ont au fond de l'âme. Libres de babiller entre eux toute la journée, ils ne songent pas même à se gêner un moment devant moi. Je ne les reprends jamais, ni ne les fais taire, ni ne feins de les écouter, et ils diraient les choses du monde les plus blâmables que je ne ferais pas semblant d'en rien savoir : mais en effet je les écoute avec la plus grande attention sans qu'ils s'en doutent ; je tiens un registre exact de ce qu'ils font et de ce qu'ils disent ; ce sont les productions naturelles du fonds qu'il faut cultiver. Un propos vicieux dans leur bouche est une herbe étrangère dont le vent apporta la graine : si je la coupe par une réprimande, bientôt elle repoussera ; au lieu de cela, j'en cherche en secret la racine, et j'ai soin de l'arracher. Je ne suis, m'a-t-elle dit en riant, que la servante du jardinier ; je sarcle le jardin, j'en ôte la mauvaise herbe ; c'est à lui de cultiver la bonne.

« Convenons aussi qu'avec toute la peine que j'aurais pu prendre il fallait être aussi bien secondée pour espérer de réussir, et que le succès de mes soins dépendait d'un concours de circonstances qui ne s'est peut-être jamais trouvé qu'ici ; il fallait les lumières d'un père éclairé pour démêler, à travers les préjugés établis, le véritable art de gouverner les enfants dès leur naissance ; il fallait toute sa patience pour se prêter à l'exécution, sans jamais démentir ses leçons par sa conduite ; il fallait des enfants bien nés en qui la nature eût assez fait pour qu'on pût aimer son seul ouvrage ; il fallait n'avoir autour de soi que des domestiques intelligents et bien intentionnés, qui ne se lassassent point d'entrer dans les vues des maîtres : un seul valet brutal ou flatteur eût suffi pour tout gâter. En vérité, quand on songe combien de causes étrangères peuvent nuire aux meilleurs desseins, et renverser les projets les mieux concertés, on doit remercier la fortune de tout ce qu'on fait de bien dans la vie, et dire que la sagesse dépend beaucoup du bonheur.

— Dites, me suis-je écrié, que le bonheur dépend encore plus de la sagesse. Ne voyez-vous pas que ce concours dont vous vous félicitez est votre ouvrage, et que tout ce qui vous approche est contraint de vous ressembler ? Mères de famille, quand vous vous plaignez de n'être pas secondées, que vous connaissez mal votre pouvoir ! Soyez tout ce que vous devez être, vous surmonterez tous les obstacles ; vous forcerez chacun de remplir ses devoirs, si vous remplissez bien tous les vôtres. Vos droits ne sont-ils pas ceux de la nature ? Malgré les maximes du vice, ils seront toujours chers au cœur humain. Ah ! veuillez être femmes et mères, et le plus doux empire qui soit sur la terre sera aussi le plus respecté. »

En achevant cette conversation, Julie a remarqué que tout prenait une nouvelle facilité depuis l'arrivée d'Henriette. « Il est certain, dit-elle, que j'aurais besoin de beaucoup moins de soins et d'adresse si je voulais introduire l'émulation entre les deux frères ; mais ce moyen me paraît trop dangereux ; j'aime mieux avoir plus de peine et ne rien risquer. Henriette supplée à cela : comme elle est d'un autre sexe, leur aînée, qu'ils l'aiment tous deux à la folie, et qu'elle a du sens au-dessus de son âge, j'en fais en quelque sorte leur première gouvernante, et avec d'autant plus de succès que ses leçons leur sont moins suspectes.

« Quant à elle, son éducation me regarde ; mais les principes en sont si différents qu'ils méritent un entretien à part. Au moins puis-je bien dire d'avance qu'il sera difficile d'ajouter en elle aux dons de la nature, et qu'elle vaudra sa mère elle-même, si quelqu'un au monde la peut valoir. »

Mylord, on vous attend de jour en jour, et ce devrait être ici ma dernière lettre. Mais je comprends ce qui prolonge votre séjour à l'armée, et j'en frémis. Julie n'en est pas moins inquiète : elle vous prie de nous donner plus souvent de vos nouvelles, et vous conjure de songer, en exposant votre personne, combien vous prodiguez le repos de vos amis. Pour moi je n'ai rien à vous dire. Faites votre devoir ; un conseil timide ne peut non plus sortir de mon cœur qu'approcher du vôtre. Cher Bomston, je le sais trop, la seule mort digne de ta vie serait de verser ton sang pour la gloire de ton pays ; mais ne dois-tu nul compte de tes jours à celui qui n'a conservé les siens que pour toi !

LETTRE IV.

DE MYLORD ÉDOUARD A SAINT-PREUX.

Je vois par vos deux dernières lettres qu'il m'en manque une antérieure à ces deux-là, apparemment la première que vous m'aviez écrite à l'armée, et dans laquelle était l'explication des chagrins secrets de Mme de Wolmar. Je n'ai point reçu cette lettre, et je conjecture qu'elle pouvait être dans la malle d'un courrier qui nous a été enlevé. Répétez-moi donc, mon ami, ce qu'elle contenait ; ma raison s'y perd et mon cœur s'en inquiète : car, encore une fois, si le bonheur et la paix ne sont pas dans l'âme de Julie, où sera leur asile ici-bas ?

Rassurez-la sur les risques auxquels elle me croit exposé. Nous avons affaire à un ennemi trop habile pour nous en laisser courir ; avec une poignée de monde, il rend toutes nos forces inutiles, et nous ôte partout les moyens de l'attaquer. Cependant, comme nous sommes confiants, nous pourrions bien lever des difficultés insurmontables pour de meilleurs généraux, et forcer à la fin les Français de nous battre. J'augure que nous paierons cher nos premiers succès, et que la bataille gagnée à Dettingue nous en fera perdre une en Flandre. Nous avons en tête un grand capitaine : ce n'est pas tout, il a la confiance de ses troupes ; et le soldat français qui compté sur son général est invincible ; au contraire, on en a si bon marché quand il est commandé par des courtisans qu'il méprise, et cela arrive si souvent, qu'il ne faut qu'attendre les intrigues de cour et l'occasion pour vaincre à coup sûr la plus brave nation du continent. Ils le savent fort bien eux-mêmes. Mylord Marlborough, voyant la bonne mine et l'air guerrier d'un soldat pris à Blenheim (1), lui dit: « S'il y eût eu cinquante mille hommes comme toi à l'armée française, elle ne se fût pas ainsi laissé battre. — Eh morbleu! repartit le grenadier, nous avions assez d'hommes comme moi; il ne nous en manquait qu'un comme vous. » Or cet homme comme lui commande à présent l'armée de France, et manque à la nôtre; mais nous ne songeons guère à cela.

Quoi qu'il en soit, je veux voir les manœuvres du reste de cette campagne, et j'ai résolu de rester à l'armée jusqu'à ce qu'elle entre en quartiers. Nous gagnerons tous à ce délai. La saison étant trop avancée pour traverser les monts, nous passerons l'hiver où vous êtes, et n'irons en Italie qu'au commencement du printemps. Dites à M. et Mme de Wolmar que je fais ce nouvel arrangement pour jouir à mon aise du touchant spectacle que vous décrivez si bien, et pour voir Mme d'Orbe établie avec eux. Continuez, mon cher, à m'écrire avec le même soin, et vous me ferez plus de plaisir que jamais. Mon équipage a été pris, et je suis sans livres; mais je lis vos lettres.

LETTRE V.

DE SAINT-PREUX A MYLORD EDOUARD.

Quelle joie vous me donnez en m'annonçant que nous passerons l'hiver à Clarens! mais que vous me la faites payer cher en prolongeant votre séjour à l'armée! Ce qui me déplaît surtout, c'est de voir clairement qu'avant notre séparation le parti de faire la campagne était déjà pris, et que vous ne m'en voulûtes rien dire. Mylord, je sens la raison de ce mystère et ne puis vous en savoir bon gré. Me mépriseriez-vous assez pour croire qu'il me fût bon de vous survivre, ou m'avez-vous connu des attachements si bas que je les préfère à l'honneur de mourir avec mon ami? Si je ne méritais pas de vous suivre, il fallait me laisser à Londres, vous m'auriez moins offensé que de m'envoyer ici.

Il est clair par la dernière de vos lettres qu'en effet une des miennes s'est perdue, et cette perte a dû vous rendre les deux lettres suivantes fort obscures à bien des égards; mais les éclaircissements nécessaires pour les bien entendre viendront à loisir. Ce qui presse le plus à présent est de vous tirer de l'inquiétude où vous êtes sur le chagrin secret de Mme de Wolmar.

Je ne vous redirai point la suite de la conversation que j'eus avec elle après le départ de son mari. Il s'est passé depuis bien des choses qui m'en ont fait oublier une partie; et nous la reprîmes tant de fois durant son absence, que je m'en tiens au sommaire pour épargner des répétitions.

Elle m'apprit donc que ce même époux qui faisait tout pour la rendre heureuse était l'unique auteur de toute sa peine, et que plus leur attachement mutuel était sincère, plus il lui donnait à souffrir. Le diriez-vous, mylord? cet homme si sage, si raisonnable, si loin de toute espèce de vice, si peu soumis aux passions humaines, ne croit rien de ce qui donne un prix aux vertus, et, dans l'innocence d'une vie irréprochable, il porte au fond de son cœur l'affreuse paix des méchants. La réflexion qui naît de ce contraste augmente la douleur de Julie; et il semble qu'elle lui pardonnerait plutôt de méconnaître l'auteur de son être, s'il avait plus de motifs pour le craindre ou plus d'orgueil pour le braver. « Qu'un coupable apaise sa conscience aux dépens de sa raison, que l'honneur de penser autrement que le vulgaire anime celui qui dogmatise, cette erreur au moins se conçoit; mais, poursuit-elle en soupirant, pour un si honnête homme et si peu vain de son savoir, c'était bien la peine d'être incrédule! »

---

(1) C'est le nom que les Anglais donnent à la bataille d'Hochstedt.

Il faut être instruit du caractère des deux époux; il faut les imaginer concentrés dans le sein de leur famille, et se tenant l'un à l'autre lieu du reste de l'univers; il faut connaître l'union qui règne entre eux dans tout le reste, pour concevoir combien leur différend sur ce seul point est capable d'en troubler les charmes. M. de Wolmar, élevé dans le rit grec, n'était pas fait pour supporter l'absurdité d'un culte aussi ridicule. Sa raison, trop supérieure à l'imbécille joug qu'on lui voulait imposer, le secoua bientôt avec mépris; et rejetant à la fois tout ce qui lui venait d'une autorité si suspecte, forcé d'être impie, il se fit athée.

Dans la suite, ayant toujours vécu dans des pays catholiques, il n'apprit pas à concevoir une meilleure opinion de la foi chrétienne par celle qu'on y professe. Il n'y vit d'autre religion que l'intérêt de ses ministres. Il vit que tout y consistait encore en vaines simagrées, plâtrées un peu plus subtilement par des mots qui ne signifient rien; il s'aperçut que tous les *honnêtes gens* y étaient unanimement de son avis, et ne s'en cachaient guère; que le clergé même, un peu plus discrètement, se moquait en secret de ce qu'il enseignait en public; et il m'a protesté souvent qu'après bien du temps et des recherches, il n'avait trouvé de sa vie que trois prêtres qui crussent en Dieu (1). En voulant s'éclaircir de bonne foi sur ces matières, il s'était enfoncé dans les ténèbres de la métaphysique, où l'homme n'a d'autres guides que les systèmes qu'il y porte; et ne voyant partout que doutes et contradictions, quand enfin il est venu parmi des chrétiens, il y est venu trop tard; sa foi s'était déjà fermée à la vérité, sa raison n'était plus accessible à la certitude; tout ce qu'on lui prouvait détruisant plus un sentiment qu'il n'en établissait un autre, il a fini par combattre également les dogmes de toute espèce, et n'a cessé d'être athée que pour devenir sceptique.

Voilà le mari que le ciel destinait à cette Julie en qui vous connaissez une foi si simple et une piété si douce. Mais il faut avoir vécu aussi familièrement avec elle que sa cousine et moi, pour savoir combien cette âme tendre est naturellement portée à la dévotion. On dirait que rien de terrestre ne pouvant suffire au besoin d'aimer dont elle est dévorée, cet excès de sensibilité soit forcé de remonter à sa source. Ce n'est point comme sainte Thérèse un cœur amoureux qui se donne le change et veut se tromper d'objet, c'est un cœur vraiment intarissable que l'amour ni l'amitié n'ont pu épuiser, et qui porte ses affections surabondantes au seul être digne de les absorber (2). L'amour de Dieu ne la détache point des créatures; il ne lui donne ni dureté ni aigreur. Tous ses attachements produits par la même cause, en s'animant l'un par l'autre, en deviennent plus charmants et plus doux; et, pour moi, je crois qu'elle serait moins dévote si elle aimait moins tendrement son père, son mari, ses enfants, sa cousine et moi-même.

Ce qu'il y a de singulier, c'est que plus elle l'est, moins elle croit l'être, et qu'elle se plaint de sentir en elle-même une âme aride qui ne sait point aimer Dieu. « On a beau faire, dit-elle souvent, le cœur ne s'attache que par l'entremise des sens ou de l'imagination qui les représente : et le moyen de voir ou d'imaginer l'immensité du grand Être (3) ? Quand je veux m'élever à lui, je

---

(1) A Dieu ne plaise que je veuille approuver ces assertions dures et téméraires! j'affirme seulement qu'il y a des gens qui les font, et dont la conduite du clergé de tous les pays et de toutes les sectes n'autorise que trop souvent l'indiscrétion. Mais, loin que mon dessein dans cette note soit de me mettre lâchement à couvert, voici bien nettement mon propre sentiment sur ce point : c'est que nul vrai croyant ne saurait être intolérant ni persécuteur. Si j'étais magistrat et que la loi portât peine de mort contre les athées, je commencerais par faire brûler comme tel quiconque en viendrait dénoncer un autre.

(2) Comment! Dieu n'aura donc que les restes des créatures? Au contraire, ce que les créatures peuvent occuper du cœur humain est si peu de chose, que, quand on croit l'avoir rempli d'elles, il est encore vide. Il faut un objet infini pour le remplir.

(3) Il est certain qu'il faut se fatiguer l'âme pour l'élever aux sublimes idées de la Divinité. Un culte plus sensible repose l'esprit du peuple : il aime qu'on lui offre des objets de piété qui le

ne sais où je suis; n'apercevant aucun rapport entre lui et moi, je ne sais par où l'atteindre, je ne vois ni ne sens plus rien, je me trouve dans une espèce d'anéantissement; et si j'osais juger d'autrui par moi-même, je craindrais que les extases des mystiques ne vinssent moins d'un cœur plein que d'un cerveau vide.

« Que faire donc, continua-t-elle, pour me dérober aux fantômes d'une raison qui s'égare? Je substitue un culte grossier, mais à ma portée, à ces sublimes contemplations qui passent mes facultés. Je rabaisse à regret la majesté divine, j'interpose entre elle et moi des objets sensibles; ne la pouvant

contempler dans son essence, je la contemple au moins dans ses œuvres, je l'aime dans ses bienfaits; mais, de quelque manière que je m'y prenne, au lieu de l'amour pur qu'elle exige, je n'ai qu'une reconnaissance intéressée à lui présenter. »

C'est ainsi que tout devient sentiment dans un cœur sensible. Julie ne trouve dans l'univers entier que des sujets d'attendrissement et de gratitude : partout elle aperçoit la bienfaisante main de la Providence; ses enfants sont le cher dépôt qu'elle en a reçu; elle recueille ses dons dans les productions de la terre; elle voit sa table couverte par ses soins; elle s'endort sous sa protection; son paisible réveil lui vient d'elle; elle sent ses leçons dans les disgrâces, et ses faveurs dans les plaisirs; les biens dont jouit tout ce qui lui est cher sont autant de nouveaux sujets d'hommages; si le Dieu de l'univers

dispensent de penser à Dieu. Sur ces maximes, les catholiques ont-ils mal fait de remplir leurs légendes, leurs calendriers, leurs églises, de petits anges, de beaux garçons, et de jolies saintes? L'enfant Jésus entre les bras d'une mère charmante et modeste est en même temps un des plus touchants et des plus agréables spectacles que la dévotion chrétienne puisse offrir aux yeux des fidèles.

échappe à ses faibles yeux, elle voit partout le père commun des hommes. Honorer ainsi ses bienfaits suprêmes, n'est-ce pas servir autant qu'on peut l'Être infini?

Concevez, mylord, quel tourment c'est de vivre dans la retraite avec celui qui partage notre existence et ne peut partager l'espoir qui nous la rend chère; de ne pouvoir avec lui ni bénir les œuvres de Dieu, ni parler de l'heureux avenir que nous promet sa bonté; de le voir insensible, en faisant le bien, à tout ce qui le rend agréable à faire, et, par la plus bizarre inconséquence, penser en impie et vivre en chrétien! Imaginez Julie à la promenade avec son mari : l'une, admirant, dans la riche et brillante parure que la terre étale, l'ouvrage et les dons de l'auteur de l'univers; l'autre, ne voyant en tout cela qu'une combinaison fortuite, où rien n'est lié que par une force aveugle. Imaginez deux époux sincèrement unis, n'osant, de peur de s'importuner mutuellement, se livrer, l'un aux réflexions, l'autre aux sentiments que leur inspirent les objets qui les entourent, et tirer de leur attachement même le devoir de se contraindre incessamment. Nous ne nous promenons presque jamais, Julie et moi, que quelque vue frappante et pittoresque ne lui rappelle ces idées douloureuses. « Hélas! dit-elle avec attendrissement, le spectacle de la nature, si vivant, si animé pour nous, est mort aux yeux de l'infortuné Wolmar, et, dans cette grande harmonie des êtres où tout parle de Dieu d'une voix si douce, il n'aperçoit qu'un silence éternel! »

Vous qui connaissez Julie, vous qui savez combien cette âme communicative aime à se répandre, concevez ce qu'elle souffrirait de ces réserves, quand elles n'auraient d'autre inconvénient qu'un si triste partage entre ceux à qui tout doit être commun. Mais des idées plus funestes s'élèvent, malgré qu'elle en ait, à la suite de celle-là. Elle a beau vouloir rejeter ces terreurs involontaires, elles reviennent la troubler à chaque instant. Quelle horreur pour une tendre épouse d'imaginer l'Être suprême vengeur de sa divinité méconnue, de songer que le bonheur de celui qui fait le sien doit finir avec sa vie, et de ne voir qu'un réprouvé dans le père de ses enfants! A cette affreuse image, toute sa douceur la garantit à peine du désespoir; et la religion, qui lui rend amère l'incrédulité de son mari, lui donne seule la force de la supporter. « Si le ciel, dit-elle souvent, me refuse la conversion de cet honnête homme, je n'ai plus qu'une grâce à lui demander, c'est de mourir la première. »

Telle est, mylord, la trop juste cause de ses chagrins secrets; telle est la peine intérieure qui semble charger sa conscience de l'endurcissement d'autrui, et ne lui devient que plus cruelle par le soin qu'elle prend de la dissimuler. L'athéisme, qui marche à visage découvert chez les papistes, est obligé de se cacher dans tout pays où, la raison permettant de croire en Dieu, la seule excuse des incrédules leur est ôtée. Ce système est naturellement désolant : s'il trouve des partisans chez les grands et les riches qu'il favorise, il est partout en horreur au peuple opprimé et misérable, qui, voyant délivrer ses tyrans du seul frein propre à les contenir, se voit encore enlever, dans l'espoir d'une autre vie, la seule consolation qu'on lui laisse en celle-ci. Mme de Wolmar, sentant donc le mauvais effet que ferait ici le pyrrhonisme de son mari, et voulant surtout garantir ses enfants d'un si dangereux exemple, n'a pas eu de peine à engager au secret un homme sincère et vrai, mais discret, simple, sans vanité, et fort éloigné de vouloir ôter aux autres un bien dont il est fâché d'être privé lui-même. Il ne dogmatise jamais, il vient au temple avec nous, il se conforme aux usages établis : sans professer de bouche une foi qu'il n'a pas, il évite le scandale, et fait sur le culte réglé par les lois tout ce que l'état peut exiger d'un citoyen.

Depuis près de huit ans qu'ils sont unis, la seule Mme d'Orbe est du secret, parce qu'on le lui a confié. Au surplus, les apparences sont si bien sauvées, et avec si peu d'affectation, qu'au bout de six semaines passées ensemble dans la plus grande intimité, je n'avais pas même conçu le moindre soupçon, et n'aurais peut-être jamais pénétré la vérité sur ce point, si Julie elle-même ne me l'eût apprise.

Plusieurs motifs l'ont déterminée à cette confidence. Premièrement, quelle réserve est compatible avec l'amitié qui règne entre nous? N'est-ce pas aggraver ses chagrins à pure perte que s'ôter la douceur de les partager avec un ami? De plus, elle n'a pas voulu que ma présence fût plus longtemps un obstacle aux entretiens qu'ils ont souvent ensemble sur un sujet qui lui tient si fort au cœur. Enfin, sachant que vous deviez bientôt venir nous joindre, elle a désiré, du consentement de son mari, que vous fussiez d'avance instruit de ses sentiments; car elle attend de votre sagesse un supplément à nos vains efforts, et des effets dignes de vous.

Le temps qu'elle choisit pour me confier sa peine m'a fait soupçonner une autre raison dont elle n'a eu garde de me parler. Son mari nous quittait, nous restions seuls : nos cœurs s'étaient aimés, ils s'en souvenaient encore; s'ils s'étaient un instant oubliés, tout nous livrait à l'opprobre. Je voyais clairement qu'elle avait craint ce tête-à-tête et tâché de s'en garantir; et la scène de Meillerie m'a trop appris que celui des deux qui se défiait le moins de lui-même devait seul s'en défier.

Dans l'injuste crainte que lui inspirait sa timidité naturelle, elle n'imagina point de précaution plus sûre que de se donner incessamment un témoin qu'il fallût respecter, d'appeler en tiers le juge intègre et redoutable qui voit les actions secrètes et sait lire au fond des cœurs. Elle s'environnait de la majesté suprême; je voyais Dieu sans cesse entre elle et moi. Quel coupable désir eût pu franchir une telle sauvegarde? Mon cœur s'épurait au feu de son zèle, et je partageais sa vertu.

Ces graves entretiens remplirent presque tous nos tête-à-tête durant l'absence de son mari; et depuis son retour nous les reprenons fréquemment en sa présence. Il s'y prête comme s'il était question d'un autre, et, sans mépriser nos soins, il nous donne souvent de bons conseils sur la manière dont nous devons raisonner avec lui. C'est cela même qui me fait désespérer du succès; car, s'il avait moins de bonne foi, l'on pourrait attaquer le vice de l'âme qui nourrirait son incrédulité; mais, s'il n'est question que de convaincre, où chercherons-nous des lumières qu'il n'ait point eues et des raisons qui lui aient échappé? Quand j'ai voulu disputer avec lui, j'ai vu que tout ce que je pouvais employer d'arguments avait été déjà vainement épuisé par Julie, et que ma sécheresse était bien loin de cette éloquence du cœur, et de cette douce persuasion qui coule de sa bouche. Mylord, nous ne ramènerons jamais cet homme; il est trop froid et n'est point méchant : il ne s'agit pas de le toucher; la preuve intérieure ou de sentiment lui manque, et celle-là seule peut rendre invincibles toutes les autres.

Quelque soin que prenne sa femme de lui déguiser sa tristesse, il la sent et la partage : ce n'est pas un œil aussi clairvoyant qu'on abuse. Ce chagrin dévoré ne lui en est que plus sensible. Il m'a dit avoir été tenté plusieurs fois de céder en apparence, et de feindre, pour la tranquilliser, des sentiments qu'il n'avait pas; mais une telle bassesse d'âme est trop loin de lui. Sans en imposer à Julie, cette dissimulation n'eût été qu'un nouveau tourment pour elle. La bonne foi, la franchise, l'union des cœurs qui console de tant de maux, se fût éclipsée entre eux. Était-ce en se faisant moins estimer de sa femme qu'il pouvait la rassurer sur ses craintes? Au lieu d'user de déguisement avec elle, il lui dit sincèrement ce qu'il pense; mais il le dit d'un ton si simple, avec si peu de mépris des opinions vulgaires, si peu de cette ironique fierté des esprits forts, que ces tristes aveux donnent bien plus d'affliction que de colère à Julie, et que, ne pouvant transmettre à son mari ses sentiments et ses espérances, elle en cherche avec plus de soin à rassembler autour de lui ces douceurs passagères auxquelles il borne sa félicité. « Ah!

dit-elle avec douleur, si l'infortuné fait son paradis en ce monde, rendons-le-lui du moins aussi doux qu'il est possible (1). »

Le voile de tristesse dont cette opposition de sentiments couvre leur union prouve mieux que toute autre chose l'invincible ascendant de Julie, par les consolations dont cette tristesse est mêlée, et qu'elle seule au monde était peut-être capable d'y joindre. Tous leurs démêlés, toutes leurs disputes sur ce point important, loin de se tourner en aigreur, en mépris, en querelles, finissent toujours par quelque scène attendrissante, qui ne fait que les rendre plus chers l'un à l'autre.

Hier, l'entretien s'étant fixé sur ce texte, qui revient souvent quand nous ne sommes que nous trois, nous tombâmes sur l'origine du mal; et je m'efforçais de montrer que non-seulement il n'y avait point de mal absolu et général dans le système des êtres, mais que même les maux particuliers étaient beaucoup moindres qu'ils ne le semblent au premier coup d'œil, et qu'à tout prendre ils étaient surpassés de beaucoup par les biens particuliers et individuels. Je citais à M. de Wolmar son propre exemple; et, pénétré du bonheur de sa situation, je la peignis avec des traits si vrais qu'il en parut ému lui-même. « Voilà, dit-il en m'interrompant, les séductions de Julie. Elle met toujours le sentiment à la place des raisons, et le rend si touchant qu'il faut toujours l'embrasser pour toute réponse : ne serait-ce point de son maître de philosophie, ajouta-t-il en riant, qu'elle aurait appris cette manière d'argumenter ? »

Deux mois plus tôt la plaisanterie m'eût déconcerté cruellement; mais le temps de l'embarras est passé : je n'en fis que rire à mon tour, et, quoique Julie eût un peu rougi, elle ne parut pas plus embarrassée que moi. Nous continuâmes. Sans disputer sur la quantité du mal, Wolmar se contentait de l'aveu qu'il fallut bien faire, que, peu ou beaucoup, enfin le mal existe; et de cette seule existence il déduisait défaut de puissance, d'intelligence ou de bonté dans la première cause. Moi, de mon côté, je tâchais de montrer l'origine du mal physique dans la nature de la matière, et du mal moral dans la liberté de l'homme. Je lui soutenais que Dieu pouvait tout faire, hors de créer d'autres substances aussi parfaites que la sienne, et qui ne laissassent aucune prise au mal. Nous étions dans la chaleur de la dispute quand je m'aperçus que Julie avait disparu. « Devinez où elle est, me dit son mari voyant que je la cherchais des yeux. — Mais, dis-je, elle est allée donner quelque ordre dans le ménage. — Non, dit-il, elle n'aurait point pris pour d'autres affaires le temps de celle-ci : tout se fait sans qu'elle me quitte, et je ne la vois jamais rien faire. — Elle est donc dans la chambre des enfants ? — Tout aussi peu : ses enfants ne lui sont pas plus chers que mon salut. — Hé bien, repris-je, ce qu'elle fait, je n'en sais rien; mais je suis très sûr qu'elle ne s'occupe qu'à des soins utiles. — Encore moins, dit-il froidement; venez, venez, vous verrez si j'ai bien deviné. »

Il se mit à marcher doucement : je le suivis sur la pointe du pied. Nous arrivâmes à la porte du cabinet : elle était fermée; il l'ouvrit brusquement. Mylord, quel spectacle! Je vis Julie à genoux, les mains jointes, et tout en larmes. Elle se lève avec précipitation, s'essuyant les yeux, se cachant le visage et cherchant à s'échapper. On ne vit jamais une honte pareille. Son mari ne lui laissa pas le temps de fuir; il courut à elle dans une espèce de transport. « Chère épouse, lui dit-il en l'embrassant, l'ardeur même de tes vœux trahit ta cause; que leur manque-t-il pour être efficaces? Va, s'ils étaient entendus, ils seraient bientôt exaucés. — Ils le seront, lui dit-elle d'un

(1) Combien ce sentiment plein d'humanité n'est-il pas plus naturel que le zèle affreux des persécuteurs, toujours occupés à tourmenter les incrédules, comme pour les damner dès cette vie, et se faire les précurseurs des démons! je ne cesserai jamais de le redire, c'est que ces persécuteurs-là ne sont point des croyants ; ce sont des fourbes.

ton ferme et persuadé ; j'en ignore l'heure et l'occasion. Puissé-je l'acheter aux dépens de ma vie ! mon dernier jour serait le mieux employé. »

Venez, mylord, quittez vos malheureux combats, venez remplir un devoir plus noble : le sage préfère-t-il l'honneur de tuer des hommes aux soins qui peuvent en sauver un (1) ?

LETTRE VI.

DE SAINT-PREUX A MYLORD ÉDOUARD.

Quoi ! même après la séparation de l'armée, encore un voyage à Paris ! Oubliez-vous donc tout-à-fait Clarens et celle qui l'habite ? Nous êtes-vous moins cher qu'à mylord Hyde ? êtes-vous plus nécessaire à cet ami qu'à ceux qui vous attendent ici ? Vous nous forcez à faire des vœux opposés aux vôtres, et vous me faites souhaiter d'avoir du crédit à la cour de France pour vous empêcher d'obtenir les passeports que vous attendez. Contentez-vous toutefois ; allez voir votre digne compatriote. Malgré lui, malgré vous, nous serons vengés de cette préférence ; et, quelque plaisir que vous goûtiez à vivre avec lui, je sais que, quand vous serez avec nous, vous regretterez le temps que vous ne nous aurez pas donné.

En recevant votre lettre, j'avais d'abord soupçonné qu'une commission secrète... Quel plus digne médiateur de paix !... Mais les rois donnent-ils leur confiance à des hommes vertueux ? osent-ils écouter la vérité ? savent-ils même honorer le vrai mérite ?... Non, non, cher Edouard, vous n'êtes pas fait pour le ministère ; et je pense trop bien de vous pour croire que, si vous n'étiez pas né pair d'Angleterre, vous le fussiez jamais devenu.

Viens, ami ; tu seras mieux à Clarens qu'à la cour. Oh ! quel hiver nous allons passer tous ensemble, si l'espoir de notre réunion ne m'abuse pas ! Chaque jour la prépare, en ramenant ici quelqu'une de ces âmes privilégiées qui sont si chères l'une à l'autre, qui sont si dignes de s'aimer, et qui semblent n'attendre que vous pour se passer du reste de l'univers. En apprenant quel heureux hasard a fait passer ici la partie adverse du baron d'Etange, vous avez prévu tout ce qui devait arriver de cette rencontre, et ce qui est arrivé réellement (2). Ce vieux plaideur, quoique inflexible et entier presque autant que son adversaire, n'a pu résister à l'ascendant qui nous a tous subjugués. Après avoir vu Julie, après l'avoir entendue, après avoir conversé avec elle, il a eu honte de plaider contre son père. Il est parti pour Berne si bien disposé, et l'accommodement est actuellement en si bon train, que, sur la dernière lettre du baron, nous l'attendons de retour dans peu de jours.

Voilà ce que vous aurez déjà su par M. de Wolmar ; mais ce que probablement vous ne savez point encore, c'est que Mme d'Orbe, ayant enfin terminé ses affaires, est ici depuis jeudi, et n'aura plus d'autre demeure que celle de son amie. Comme j'étais prévenu du jour de son arrivée, j'allai au-devant d'elle à l'insu de Mme de Wolmar qu'elle voulait surprendre, et l'ayant rencontrée au-deçà de Lutri, je revins sur mes pas avec elle.

Je la trouvai plus vive et plus charmante que jamais, mais inégale, distraite, n'écoutant point, répondant encore moins, parlant sans suite et par saillies, enfin livrée à cette inquiétude dont on ne peut se défendre sur le point d'obtenir ce qu'on a fortement désiré. On eût dit à chaque instant qu'elle tremblait de retourner en arrière. Ce départ, quoique longtemps différé, s'était fait si à la hâte que la tête en tournait à la maîtresse et aux do-

---

(1) Il y avait ici une grande lettre de mylord Edouard à Julie. Dans la suite il sera parlé de cette lettre ; mais, pour de bonnes raisons, j'ai été forcé de la supprimer.

(2) On voit qu'il manque ici plusieurs lettres intermédiaires, ainsi qu'en beaucoup d'autres endroits. Le lecteur dira qu'on se tire fort commodément d'affaire avec de pareilles omissions, et je suis tout-à-fait de son avis.

mestiques. Il régnait un désordre risible dans le menu bagage qu'on amenait. A mesure que la femme de chambre craignait d'avoir oublié quelque chose, Claire assurait toujours l'avoir fait mettre dans le coffre du carrosse; et le plaisant, quand on y regarda, fut qu'il ne s'y trouva rien du tout.

Comme elle ne voulait pas que Julie entendît sa voiture, elle descendit dans l'avenue, traversa la cour en courant comme une folle, et monta si précipitamment qu'il fallut respirer après la première rampe avant d'achever de monter. M. de Wolmar vint au-devant d'elle : elle ne put lui dire un seul mot.

En ouvrant la porte de la chambre, je vis Julie assise vers la fenêtre et tenant sur ses genoux la petite Henriette, comme elle faisait souvent. Claire avait médité un beau discours à sa manière, mêlé de sentiment et de gaîté; mais, en mettant le pied sur le seuil de la porte, le discours, la gaîté, tout fut oublié; elle vole à son amie en s'écriant avec un emportement impossible à peindre : « Cousine, toujours, pour toujours, jusqu'à la mort! » Henriette, apercevant sa mère, saute et court au-devant d'elle en criant aussi: « *Maman! maman!* » de toute sa force, et la rencontre si rudement que la pauvre petite tomba du coup. Cette subite apparition, cette chute, la joie, le trouble, saisirent Julie à tel point, que, s'étant levée en étendant les bras avec un cri très aigu, elle se laissa retomber et se trouva mal. Claire, voulant relever sa fille, voit pâlir son amie : elle hésite, elle ne sait à laquelle courir. Enfin, me voyant relever Henriette, elle s'élance pour secourir Julie défaillante, et tombe sur elle dans le même état.

Henriette, les apercevant toutes deux sans mouvement, se mit à pleurer et pousser des cris qui firent accourir la Fanchon : l'une court à sa mère, l'autre à sa maîtresse. Pour moi, saisi, transporté, hors de sens, j'errais à grands pas par la chambre sans savoir ce que je faisais, avec des exclamations interrompues, et dans un mouvement convulsif dont je n'étais pas le maître. Wolmar lui-même, le froid Wolmar se sentit ému. O sentiment! sentiment! douce vie de l'âme! quel est le cœur de fer que tu n'as jamais touché? quel est l'infortuné mortel à qui tu n'arrachas jamais de larmes? Au lieu de courir à Julie, cet heureux époux se jeta sur un fauteuil pour contempler avidement ce ravissant spectacle. « Ne craignez rien, dit-il en voyant notre empressement; ces scènes de plaisir et de joie n'épuisent un instant la nature que pour la ranimer d'une vigueur nouvelle; elles ne sont jamais dangereuses. Laissez-moi jouir du bonheur que je goûte et que vous partagez. Que doit-il être pour vous! Je n'en connus jamais de semblable, et je suis le moins heureux des six. »

Mylord, sur ce premier moment vous pouvez juger du reste. Cette réunion excita dans toute la maison un retentissement d'allégresse, et une fermentation qui n'est pas encore calmée. Julie, hors d'elle-même, était dans une agitation où je ne l'avais jamais vue; il fut impossible de songer à rien de toute la journée qu'à se voir et s'embrasser sans cesse avec de nouveaux transports. On ne s'avisa pas même du salon d'Apollon; le plaisir était partout, on n'avait pas besoin d'y songer. A peine le lendemain eut-on assez de sangfroid pour préparer une fête. Sans Wolmar, tout serait allé de travers. Chacun se para de son mieux. Il n'y eut de travail permis que ce qu'il en fallait pour les amusements. La fête fut célébrée, non pas avec pompe, mais avec délire; il y régnait une confusion qui la rendait touchante, et le désordre en faisait le plus bel ornement.

La matinée se passa à mettre Mme d'Orbe en possession de son emploi d'intendante ou de maîtresse d'hôtel; et elle se hâtait d'en faire les fonctions avec un empressement d'enfant qui nous fit rire. En entrant pour dîner dans le beau salon, les deux cousines virent de tous côtés leurs chiffres unis et formés avec des fleurs. Julie devina dans l'instant d'où venait ce soin : elle m'embrassa dans un saisissement de joie. Claire, contre son ancienne coutume, hésita d'en faire autant. Wolmar lui en fit la guerre; elle prit en rougissant le parti d'imiter sa cousine. Cette rougeur, que je remarquai trop, me fit un effet que je ne saurais dire ; mais je ne me sentis pas dans ses bras sans émotion.

L'après-midi il y eut une belle collation dans le gynécée, où pour le coup le maître et moi fûmes admis. Les hommes tirèrent au blanc une mise donnée par M⁽ᵐᵉ⁾ d'Orbe. Le nouveau venu l'emporta, quoique moins exercé que les autres. Claire ne fut pas la dupe de son adresse ; Hanz lui-même ne s'y trompa pas, et refusa d'accepter le prix ; mais tous ses camarades l'y forcèrent, et vous pouvez juger que cette honnêteté de leur part ne fut pas perdue.

Le soir, toute la maison, augmentée de trois personnes, se rassembla pour danser. Claire semblait parée par la main des Grâces ; elle n'avait jamais été si brillante que ce jour-là. Elle dansait, elle causait, elle riait, elle donnait ses ordres, elle suffisait à tout. Elle avait juré de m'excéder de fatigue ; et, après cinq ou six contredanses très vives, tout d'une haleine, elle n'oublia pas le reproche ordinaire, que je dansais comme un philosophe. Je lui dis, moi, qu'elle dansait comme un lutin, qu'elle ne faisait pas moins de ravage, et que j'avais peur qu'elle ne me laissât reposer ni jour ni nuit. « Au contraire, dit-elle, voici de quoi vous faire dormir tout d'une pièce ; » et à l'instant elle me reprit pour danser.

Elle était infatigable : mais il n'en était pas ainsi de Julie ; elle avait peine à se tenir, les genoux lui tremblaient en dansant ; elle était trop touchée pour pouvoir être gaie : souvent on voyait des larmes de joie couler de ses yeux ; elle contemplait sa cousine avec une sorte de ravissement ; elle aimait à se croire l'étrangère à qui l'on donnait la fête, et à regarder Claire comme la maîtresse de la maison qui l'ordonnait. Après le souper, je tirai des fusées que j'avais apportées de la Chine, et qui firent beaucoup d'effet. Nous veillâmes fort avant dans la nuit. Il fallut enfin se quitter : M⁽ᵐᵉ⁾ d'Orbe était lasse, ou devait l'être, et Julie voulut qu'on se couchât de bonne heure.

Insensiblement le calme renaît, et l'ordre avec lui. Claire, toute folâtre qu'elle est, sait prendre quand il lui plaît un ton d'autorité qui en impose. Elle a d'ailleurs du sens, un discernement exquis, la pénétration de Wolmar, la bonté de Julie ; et quoique extrêmement libérale, elle ne laisse pas d'avoir aussi beaucoup de prudence ; en sorte que, restée veuve si jeune, et chargée de la garde-noble de sa fille, les biens de l'une et de l'autre n'ont fait que prospérer dans ses mains : ainsi l'on n'a pas lieu de craindre que, sous ses ordres, la maison soit moins bien gouvernée qu'auparavant. Cela donne à Julie le plaisir de se livrer tout entière à l'occupation qui est le plus de son goût, savoir, l'éducation des enfants ; et je ne doute pas qu'Henriette ne profite extrêmement de tous les soins dont une de ses mères aura soulagé l'autre. Je dis ses mères ; car, à voir la manière dont elles vivent avec elle, il est difficile de distinguer la véritable ; et des étrangers qui nous sont venus aujourd'hui sont ou paraissent là-dessus encore en doute. En effet, toutes deux l'appellent Henriette, ou ma fille, indifféremment. Elle appelle *maman* l'une, et l'autre *petite maman* ; la même tendresse règne de part et d'autre ; elle obéit également à toutes deux. S'ils demandent aux dames à laquelle elle appartient, chacune répond : « A moi. » S'ils interrogent Henriette, il se trouve qu'elle a deux mères. On serait embarrassé à moins. Les plus clairvoyants se décident pourtant à la fin pour Julie. Henriette, dont le père était blond, est blonde comme elle ; et lui ressemble beaucoup. Une certaine tendresse de mère se peint encore mieux dans ses yeux si doux que dans les regards plus enjoués de Claire. La petite prend auprès de Julie un air plus respectueux, plus attentif sur elle-même. Machinalement elle se met plus souvent à ses côtés, parce que Julie a plus souvent quelque chose à lui dire. Il faut avouer que toutes les apparences sont en faveur de la petite maman ; et je me suis aperçu que cette erreur est si agréable aux deux cousines, qu'elle pourrait bien être quelquefois volontaire, et devenir un moyen de leur faire sa cour.

Mylord, dans quinze jours il ne manquera plus ici que vous. Quand vous y serez, il faudra mal penser de tout homme dont le cœur cherchera sur le reste de la terre des vertus, des plaisirs qu'il n'aura pas trouvés dans cette maison.

LETTRE VII.

DE SAINT-PREUX A MYLORD ÉDOUARD.

Il y a trois jours que j'essaie chaque soir de vous écrire. Mais, après une journée laborieuse, le sommeil me gagne en rentrant : le matin, dès le point du jour il faut retourner à l'ouvrage. Une ivresse plus douce que celle du vin me jette au fond de l'âme un trouble délicieux, et je ne puis dérober un moment à des plaisirs devenus tout nouveaux pour moi.

Je ne conçois pas quel séjour pourrait me déplaire avec la société que je trouve dans celui-ci. Mais savez-vous en quoi Clarens me plaît pour lui-même? c'est que je m'y sens vraiment à la campagne, et que c'est presque la première fois que j'en ai pu dire autant. Les gens de ville ne savent point aimer la campagne; ils ne savent pas même y être : à peine quand ils y sont savent-ils ce qu'on y fait. Ils en dédaignent les travaux, les plaisirs; ils les ignorent : ils sont chez eux comme en pays étranger; je ne m'étonne pas qu'ils s'y déplaisent. Il faut être villageois au village, ou n'y point aller; car qu'y va-t-on faire? Les habitants de Paris qui croient aller à la campagne n'y vont point; ils portent Paris avec eux. Les chanteurs, les beaux esprits, les auteurs, les parasites, sont le cortège qui les suit. Le jeu, la musique, la comédie, y sont leur seule occupation (1). Leur table est couverte comme à Paris; ils y mangent aux mêmes heures; on leur y sert les mêmes mets avec le même appareil; ils n'y font que les mêmes choses : autant valait y rester; car, quelque riche qu'on puisse être et quelque soin qu'on ait pris, on sent toujours quelque privation, et l'on ne saurait apporter avec soi Paris tout entier. Ainsi cette variété qui leur est si chère, ils la fuient; ils ne connaissent jamais qu'une manière de vivre, et s'en ennuient toujours.

Le travail de la campagne est agréable à considérer, et n'a rien d'assez pénible en lui-même pour émouvoir la compassion. L'objet de l'utilité publique et privée le rend intéressant : et puis, c'est la première vocation de l'homme; il rappelle à l'esprit une idée agréable, et au cœur tous les charmes de l'âge d'or. L'imagination ne reste point froide à l'aspect du labourage et des moissons. La simplicité de la vie pastorale et champêtre a toujours quelque chose qui touche. Qu'on regarde les prés couverts de gens qui fanent et chantent, et des troupeaux épars dans l'éloignement; insensiblement on se sent attendrir sans savoir pourquoi. Ainsi quelquefois encore la voix de la nature amollit nos cœurs farouches; et, quoiqu'on l'entende avec un regret inutile, elle est si douce qu'on ne l'entend jamais sans plaisir.

J'avoue que la misère qui couvre les champs en certains pays où le publicain dévore les fruits de la terre, l'âpre avidité d'un fermier, l'inflexible rigueur d'un maître inhumain, ôtent beaucoup d'attrait à ces tableaux. Des chevaux étiques près d'expirer sous les coups, de malheureux paysans exténués de jeûnes, excédés de fatigue et couverts de haillons, des hameaux de masures, offrent un triste spectacle à la vue : on a presque regret d'être homme, quand on songe aux malheureux dont il faut manger le sang. Mais quel charme de voir de bons et sages régisseurs faire de la culture de leurs terres l'instrument de leurs bienfaits, leurs amusements, leurs plaisirs; verser à pleines

---

(1) Il y faut ajouter la chasse; encore la font-ils si commodément, qu'ils n'en ont pas la moitié de la fatigue ni du plaisir. Mais je n'entame point ici cet article de la chasse : il fournit trop pour être traité dans une note. J'aurai peut-être occasion d'en parler ailleurs.

mains les dons de la Providence; engraisser tout ce qui les entoure, hommes et bestiaux, des biens dont regorgent leurs granges, leurs caves, leurs greniers; accumuler l'abondance et la joie autour d'eux, et faire du travail qui les enrichit une fête continuelle! Comment se dérober à la douce illusion que ces objets font naître? On oublie son siècle et ses contemporains; on se transporte au temps des patriarches; on veut mettre soi-même la main à l'œuvre, partager les travaux rustiques et le bonheur qu'on y voit attaché. O temps de l'amour et de l'innocence, où les femmes étaient tendres et modestes, où les hommes étaient simples et vivaient contents! O Rachel! fille charmante et si constamment aimée, heureux celui qui, pour t'obtenir, ne regretta pas quatorze ans d'esclavage (1)! O douce élève de Noëmi! heureux le bon vieillard dont tu réchauffais les pieds et le cœur (2)! Non, jamais la beauté ne règne avec plus d'empire qu'au milieu des soins champêtres. C'est là que les grâces sont sur leur trône, que la simplicité les pare, que la gaîté les anime, et qu'il faut les adorer malgré soi. Pardon, mylord; je reviens à nous.

Depuis un mois les chaleurs de l'automne apprêtaient d'heureuses vendanges; les premières gelées en ont amené l'ouverture (3); le pampre grillé, laissant la grappe à découvert, étale aux yeux les dons du père Lyée (4), et semble inviter les mortels à s'en emparer. Toutes les vignes chargées de ce fruit bienfaisant que le ciel offre aux infortunés pour leur faire oublier leur misère; le bruit des tonneaux, des cuves, des légrefass (5) qu'on relie de toutes parts; le chant des vendangeuses dont ces coteaux retentissent; la marche continuelle de ceux qui portent la vendange au pressoir; le rauque son des instruments rustiques qui les anime au travail, l'aimable et touchant tableau d'une allégresse générale qui semble en ce moment étendue sur la face de la terre; enfin le voile de brouillard que le soleil élève au matin comme une toile de théâtre pour découvrir à l'œil un si charmant spectacle: tout conspire à lui donner un air de fête; et cette fête n'en devient que plus belle à la réflexion, quand on songe qu'elle est la seule où les hommes aient su joindre l'agréable à l'utile.

M. de Wolmar, dont ici le meilleur terrain consiste en vignobles, a fait d'avance tous les préparatifs nécessaires. Les cuves, le pressoir, le cellier, les futailles, n'attendaient que la douce liqueur pour laquelle ils sont destinés. Mme de Wolmar s'est chargée de la récolte; le choix des ouvriers, l'ordre et la distribution du travail, la regardent. Mme d'Orbe préside aux festins de vendange et au salaire des journaliers selon la police établie, dont les lois ne s'enfreignent jamais ici. Mon inspection à moi est de faire observer au pressoir les directions de Julie, dont la tête ne supporte pas la vapeur des cuves; et Claire n'a pas manqué d'applaudir à cet emploi, comme étant tout-à-fait du ressort d'un buveur.

Les tâches ainsi partagées, le métier commun pour remplir les vides est celui de vendangeur. Tout le monde est sur pied de grand matin: on se rassemble pour aller à la vigne. Mme d'Orbe, qui n'est jamais assez occupée au gré de son activité, se charge, pour surcroît, de faire avertir et tancer les paresseux, et je puis me vanter qu'elle s'acquitte envers moi de ce soin avec une maligne vigilance. Quant au vieux baron, tandis que nous travaillons tous, il se promène avec un fusil, et vient de temps en temps m'ôter aux vendangeuses pour aller avec lui tirer des grives, à quoi l'on ne manque pas de dire que je l'ai secrètement engagé; si bien que j'en perds peu à peu le nom de

---

(1) *Genèse*, chap. XXIX.
(2) *Ruth*, chap. II, III, IV.
(3) On vendange fort tard dans le pays de Vaud, parce que la principale récolte est en vins blancs, et que la gelée leur est salutaire.
(4) *Lyæus*, qui délie; un des noms de Bacchus.
(5) Sorte de foudre ou de grand tonneau du pays.

philosophe pour gagner celui de fainéant, qui dans le fond n'en diffère pas de beaucoup.

Vous voyez, par ce que je viens de vous marquer du baron, que notre réconciliation est sincère, et que Wolmar a lieu d'être content de sa seconde épreuve (1). Moi, de la haine pour le père de mon amie ! Non, quand j'aurais

été son fils, je ne l'aurais pas plus parfaitement honoré. En vérité, je ne connais point d'homme plus droit, plus franc, plus généreux, plus respectable à tous égards que ce bon gentilhomme. Mais la bizarrerie de ses préjugés est étrange. Depuis qu'il est sûr que je ne saurais lui appartenir, il n'y a sorte

(1) Ceci s'entendra mieux par l'extrait suivant d'une lettre de Julie qui n'est pas dans ce recueil :
« Voilà, me dit M. de Wolmar en me tirant à part, la seconde épreuve que je lui destinais. S'il n'eût pas caressé votre père, je me serais défié de lui.—Mais, dis-je, comment concilier ces caresses et votre épreuve avec l'antipathie que vous avez vous-même trouvée entre eux ?—Elle n'existe plus, reprit-il ; les préjugés de votre père ont fait à Saint-Preux tout le mal qu'ils pouvaient lui faire : il n'en a plus rien à craindre, il ne les hait plus, il les plaint. Le baron, de son côté, ne le craint plus ; il a le cœur bon : il sent qu'il lui a fait bien du mal, il en a pitié. Je vois qu'ils seront fort bien ensemble, et se verront avec plaisir ; aussi, dès cet instant, je compte sur lui tout-à-fait. »

d'honneur qu'il ne me fasse; et pourvu que je ne sois pas son gendre, il se mettrait volontiers au-dessous de moi. La seule chose que je ne puis lui pardonner, c'est quand nous sommes seuls, de railler quelquefois le prétendu philosophe sur ses anciennes leçons. Ces plaisanteries me sont amères, et je les reçois toujours fort mal ; mais il rit de ma colère, et dit : « Allons tirer des grives, c'est assez pousser d'arguments. » Puis il crie en passant : « Claire, Claire, un bon souper à ton maître, car je vais lui faire gagner de l'appétit. » En effet, à son âge il court les vignes avec son fusil tout aussi vigoureusement que moi, et tire incomparablement mieux. Ce qui me venge un peu de ses railleries, c'est que devant sa fille il n'ose plus souffler; et la petite écolière n'en impose guère moins à son père même qu'à son précepteur. Je reviens à nos vendanges.

Depuis huit jours que cet agréable travail nous occupe, on est à peine à la moitié de l'ouvrage. Outre les vins destinés pour la vente et pour les provisions ordinaires, lesquels n'ont d'autre façon que d'être recueillis avec soin, la bienfaisante fée en prépare d'autres plus fins pour nos buveurs; et j'aide aux opérations magiques dont je vous ai parlé, pour tirer d'un même vignoble des vins de tous les pays. Pour l'un, elle fait tordre la grappe quand elle est mûre et la laisse flétrir au soleil sur sa souche; pour l'autre, elle fait égrapper le raisin et trier les grains avant de les jeter dans la cuve; pour un autre, elle fait cueillir, avant le lever du soleil, du raisin rouge, et le porter doucement sur le pressoir, couvert encore de sa fleur et de sa rosée, pour en exprimer du vin blanc. Elle prépare un vin de liqueur en mêlant dans les tonneaux du moût réduit en sirop sur le feu; un vin sec, en l'empêchant de cuver; un vin d'absinthe pour l'estomac (1), un vin muscat avec des simples. Tous ces vins différents ont leur apprêt particulier; toutes ces préparations sont saines et naturelles : c'est ainsi qu'une économie industrie supplée à la diversité des terrains, et rassemble vingt climats en un seul.

Vous ne sauriez concevoir avec quel zèle, avec quelle gaîté tout cela se fait. On chante, on rit toute la journée, et le travail n'en va que mieux. Tout vit dans la plus grande familiarité; tout le monde est égal, et personne ne s'oublie. Les dames sont sans airs, les paysannes sont décentes, les hommes badins et non grossiers. C'est à qui trouvera les meilleures chansons, à qui fera les meilleurs contes, à qui dira les meilleurs traits. L'union même engendre les folâtres querelles; et l'on ne s'agace mutuellement que pour montrer combien on est sûr les uns des autres. On ne revient point ensuite faire chez soi les messieurs; on passe aux vignes toute la journée : Julie y a fait faire une loge où l'on va se chauffer quand on a froid, et dans laquelle on se réfugie en cas de pluie. On dîne avec les paysans et à leur heure, aussi bien qu'on travaille avec eux. On mange avec appétit leur soupe un peu grossière, mais bonne, saine et chargée d'excellents légumes. On ne ricane point orgueilleusement de leur air gauche et de leurs compliments rustauds; pour les mettre à leur aise, on s'y prête sans affectation. Ces complaisances ne leur échappent pas, ils y sont sensibles; et, voyant qu'on veut bien sortir pour eux de sa place, ils s'en tiennent d'autant plus volontiers dans la leur. A dîner, on amène les enfants, et ils passent le reste de la journée à la vigne. Avec quelle joie ces bons villageois les voient arriver ! « O bienheureux enfants ! disent-ils en les pressant dans leurs bras robustes; que le bon Dieu prolonge vos jours aux dépens des nôtres ! ressemblez à vos père et mère, et soyez comme eux la bénédiction du pays ! » Souvent, en songeant que la plupart de ces hommes ont porté les armes, et savent manier l'épée et le mousquet aussi bien que la serpette et la houe, en voyant Julie au milieu d'eux si charmante et si respectée recevoir, elle et ses enfants, leurs touchantes acclamations, je me rappelle

(1) En Suisse on boit beaucoup de vin d'absinthe ; et en général, comme les herbes des Alpes ont plus de vertu que dans les plaines, on y fait plus d'usage des infusions.

l'illustre et vertueuse Agrippine montrant son fils aux troupes de Germanicus. Julie ! femme incomparable ! vous exercez dans la simplicité de la vie privée le despotique empire de la sagesse et des bienfaits : vous êtes pour tout le pays un dépôt cher et sacré que chacun voudrait défendre et conserver au prix de son sang; et vous vivez plus sûrement, plus honorablement au milieu d'un peuple entier qui vous aime, que les rois entourés de tous leurs soldats.

Le soir, on revient gaîment tous ensemble. On nourrit et loge les ouvriers tout le temps de la vendange : et même le dimanche, après le prêche du soir, on se rassemble avec eux et l'on danse jusqu'au souper. Les autres jours on ne se sépare point non plus en rentrant au logis, hors le baron qui ne soupe jamais et se couche de fort bonne heure, et Julie, qui monte avec ses enfants chez lui jusqu'à ce qu'il s'aille coucher. A cela près, depuis le moment qu'on prend le métier de vendangeur jusqu'à celui qu'on le quitte, on ne mêle plus la vie citadine à la vie rustique. Ces saturnales sont bien plus agréables et plus sages que celles des Romains. Le renversement qu'ils affectaient était trop vain pour instruire le maître ni l'esclave : mais la douce égalité qui règne ici rétablit l'ordre de la nature, forme une instruction pour les uns, une consolation pour les autres, et un lien d'amitié pour tous (1).

Le lieu d'assemblée est une salle à l'antique avec une grande cheminée où l'on fait bon feu. La pièce est éclairée de trois lampes, auxquelles M. de Wolmar a seulement fait ajouter des capuchons de fer-blanc pour intercepter la fumée et réfléchir la lumière. Pour prévenir l'envie et les regrets, on tâche de ne rien étaler aux yeux de ces bonnes gens qu'ils ne puissent retrouver chez eux, de ne leur montrer d'autre opulence que le choix du bon dans les choses communes, et un peu plus de largesse dans la distribution. Le souper est servi sur deux longues tables. Le luxe et l'appareil des festins n'y sont pas, mais l'abondance et la joie y sont. Tout le monde se met à table, maîtres, journaliers, domestiques; chacun se lève indifféremment pour servir, sans exclusion, sans préférence, et le service se fait toujours avec grâce et avec plaisir. On boit à discrétion; la liberté n'a point d'autres bornes que l'honnêteté. La présence de maîtres si respectés contient tout le monde, et n'empêche pas qu'on ne soit à son aise et gai. Que s'il arrive à quelqu'un de s'oublier, on ne trouble point la fête par des réprimandes, mais il est congédié sans rémission dès le lendemain.

Je me prévaux aussi des plaisirs du pays et de la saison. Je reprends la liberté de vivre à la valaisanne, et de boire assez souvent du vin pur; mais je n'en bois point qui n'ait été versé de la main d'une des deux cousines. Elles se chargent de mesurer ma soif à mes forces, et de ménager ma raison. Qui sait mieux qu'elles comment il la faut gouverner, et l'art de me l'ôter et de me la rendre? Si le travail de la journée, la durée et la gaîté du repas donnent plus de force au vin versé de ces mains chéries, je laisse exhaler mes transports sans contrainte; ils n'ont plus rien que je doive taire, rien que gêne la présence du sage Wolmar. Je ne crains point que son œil éclairé lise au fond de mon cœur; et quand un tendre souvenir y veut renaître, un regard de Claire lui donne le change, un regard de Julie m'en fait rougir.

Après le souper on veille encore une heure ou deux en teillant du chanvre : chacun dit sa chanson à son tour. Quelquefois les vendangeuses chantent en chœur toutes ensemble, ou bien alternativement à voix seule et en refrain. La

(1) Si de là naît un commun état de fête, non moins doux à ceux qui descendent qu'à ceux qui montent, ne s'ensuit-il pas que tous les états sont presque indifférents par eux-mêmes, pourvu qu'on puisse et qu'on veuille en sortir quelquefois? Les gueux sont malheureux parce qu'ils sont toujours gueux; les rois sont malheureux parce qu'ils sont toujours rois. Les états moyens, dont on sort plus aisément, offrent des plaisirs au-dessous et au-dessus de soi; ils étendent ainsi les lumières de ceux qui les remplissent en leur donnant plus de préjugés à connaître, et plus de degrés à comparer. Voilà, ce me semble, la principale raison pourquoi c'est généralement dans les conditions médiocres qu'on trouve les hommes les plus heureux et du meilleur sens.

plupart de ces chansons sont de vieilles romances dont les airs ne sont pas piquants, mais ils ont je ne sais quoi d'antique et de doux qui touche à la longue. Les paroles sont simples, naïves, souvent tristes ; elles plaisent pourtant. Nous ne pouvons nous empêcher, Claire de sourire, Julie de rougir, moi de soupirer, quand nous retrouvons dans ces chansons des tours et des expressions dont nous nous sommes servis autrefois. Alors, en jetant les yeux sur elles et me rappelant les temps éloignés, un tressaillement me prend, un poids insupportable me tombe tout à coup sur le cœur, et me laisse une impression funeste qui ne s'efface qu'avec peine. Cependant je trouve à ces veillées une sorte de charme que je ne puis vous expliquer, et qui m'est pourtant fort sensible. Cette réunion des différents états, la simplicité de cette occupation, l'idée de délassement, d'accord, de tranquillité, le sentiment de paix qu'elle porte à l'âme, a quelque chose d'attendrissant qui dispose à trouver ces chansons plus intéressantes. Ce concert des voix de femmes n'est pas non plus sans douceur. Pour moi, je suis convaincu que de toutes les harmonies il n'y en a point d'aussi agréable que le chant à l'unisson, et que s'il nous faut des accords, c'est parce que nous avons le goût dépravé. En effet, toute l'harmonie ne se trouve-t-elle pas dans un son quelconque ? et qu'y pouvons-nous ajouter sans altérer les proportions que la nature a établies dans la force relative des sons harmonieux ? En doublant les uns et non pas les autres, en ne les renforçant pas en même rapport, n'ôtons-nous pas à l'instant ces proportions ? La nature a tout fait le mieux qu'il était possible ; mais nous voulons mieux faire encore, et nous gâtons tout.

Il y a une grande émulation pour ce travail du soir aussi bien que pour celui de la journée ; et la filouterie que j'y voulais employer m'attira hier un petit affront. Comme je ne suis pas des plus adroits à teiller et que j'ai souvent des distractions, ennuyé d'être toujours noté pour avoir fait le moins d'ouvrage, je tirais doucement avec le pied des chenevottes de mes voisins pour grossir mon tas : mais cette impitoyable Mme d'Orbe, s'en étant aperçue, fit signe à Julie, qui, m'ayant pris sur le fait, me tança sévèrement. « Monsieur le fripon, me dit-elle tout haut, point d'injustice, même en plaisantant ; c'est ainsi qu'on s'accoutume à devenir méchant tout de bon, et, qui pis est, à plaisanter encore (1). »

Voilà comment se passe la soirée. Quand l'heure de la retraite approche, Mme de Wolmar dit : « Allons tirer le feu d'artifice. » A l'instant chacun prend son paquet de chenevottes, signe honorable de son travail ; on les porte en triomphe au milieu de la cour, on les rassemble en un tas, on en fait un trophée ; on y met le feu ; mais n'a pas cet honneur qui veut : Julie l'adjuge en présentant le flambeau à celui ou celle qui a fait ce soir-là le plus d'ouvrage ; fût-ce elle-même, elle se l'attribue sans façon. L'auguste cérémonie est accompagnée d'acclamations et de battements de mains. Les chenevottes font un feu clair et brillant qui s'élève jusqu'aux nues, un vrai feu de joie, autour duquel on saute, on rit. Ensuite on offre à boire à toute l'assemblée : chacun boit à la santé du vainqueur, et va se coucher content d'une journée passée dans le travail, la gaîté, l'innocence, et qu'on ne serait pas fâché de recommencer le lendemain, le surlendemain, et toute sa vie.

LETTRE VIII.

DE SAINT-PREUX A M. DE WOLMAR.

Jouissez, cher Wolmar, du fruit de vos soins. Recevez les hommages d'un cœur épuré, qu'avec tant de peine vous avez rendu digne de vous être offert.

---

(1) L'homme au beurre, il me semble que cet avis vous irait bien.
— *L'homme au beurre* était le comte de Lastic. Voyez dans la *Correspondance* les lettres à la marquise de Mesnars, au comte de Lastic et à madame d'Epinay, 20 décembre 1754.

Jamais homme n'entreprit ce que vous avez entrepris; jamais homme ne tenta ce que vous avez exécuté; jamais âme reconnaissante et sensible ne sentit ce que vous m'avez inspiré. La mienne avait perdu son ressort, sa vigueur, son être; vous m'avez tout rendu. J'étais mort aux vertus ainsi qu'au bonheur; je vous dois cette vie morale à laquelle je me sens renaître. O mon bienfaiteur! ô mon père! en me donnant à vous tout entier, je ne puis vous offrir, comme à Dieu même, que les dons que je tiens de vous.

Faut-il vous avouer ma faiblesse et mes craintes? Jusqu'à présent je me suis toujours défié de moi. Il n'y a pas huit jours que j'ai rougi de mon cœur et cru toutes vos bontés perdues. Ce moment fut cruel et décourageant pour la vertu : grâce au ciel, grâce à vous, il est passé pour ne plus revenir. Je ne me crois plus guéri seulement parce que vous me le dites, mais parce que je le sens. Je n'ai plus besoin que vous me répondiez de moi; vous m'avez mis en état d'en répondre moi-même. Il m'a fallu séparer de vous et d'elle pour savoir ce que je pourrais être sans votre appui. C'est loin des lieux qu'elle habite que j'apprends à ne plus craindre d'en approcher.

J'écris à Mme d'Orbe le détail de notre voyage. Je ne vous le répéterai point ici. Je veux bien que vous connaissiez toutes mes faiblesses, mais je n'ai pas la force de vous les dire. Cher Wolmar, c'est ma dernière faute : je m'en sens déjà si loin que je n'y songe point sans fierté; mais l'instant en est si près encore que je ne puis l'avouer sans peine. Vous qui sûtes pardonner mes égarements, comment ne pardonneriez-vous pas la honte qu'a produite leur repentir?

Rien ne manque plus à mon bonheur; mylord m'a tout dit. Cher ami, je serai donc à vous, j'élèverai donc vos enfants. L'aîné des trois élèvera les deux autres. Avec quelle ardeur je l'ai désiré! combien l'espoir d'être trouvé digne d'un si cher emploi redoublait mes soins pour répondre aux vôtres! combien de fois j'osai montrer là-dessus mon empressement à Julie! Qu'avec plaisir j'interprétais souvent en ma faveur vos discours et les siens! Mais, quoiqu'elle fût sensible à mon zèle et qu'elle en parût approuver l'objet, je ne la vis point entrer assez précisément dans mes vues pour oser en parler plus ouvertement. Je sentis qu'il fallait mériter cet honneur et ne pas le demander. J'attendais de vous et d'elle ce gage de votre confiance et de votre estime. Je n'ai point été trompé dans mon espoir : mes amis, croyez-moi, vous ne serez point trompés dans le vôtre.

Vous savez qu'à la suite de nos conversations sur l'éducation de vos enfants j'avais jeté sur le papier quelques idées qu'elles m'avaient fournies et que vous approuvâtes. Depuis mon départ il m'est venu de nouvelles réflexions sur le même sujet, et j'ai réduit le tout en une espèce de système que je vous communiquerai quand je l'aurai mieux digéré, afin que vous l'examiniez à votre tour. Ce n'est qu'après notre arrivée à Rome, que j'espère pouvoir le mettre en état de vous être montré. Ce système commence où finit celui de Julie; ou plutôt il n'en est que la suite et le développement; car tout consiste à ne pas gâter l'homme de la nature en l'appropriant à la société.

J'ai recouvré ma raison par vos soins; redevenu libre et sain de cœur, je me sens aimé de tout ce qui m'est cher, l'avenir le plus charmant se présente à moi : ma situation devrait être délicieuse; mais il est dit que je n'aurai jamais l'âme en paix. En approchant du terme de notre voyage, j'y vois l'époque du sort de mon illustre ami, c'est moi qui dois pour ainsi dire en décider. Saurai-je faire au moins une fois pour lui ce qu'il a fait si souvent pour moi? Saurai-je remplir dignement le plus grand, le plus important devoir de ma vie? Cher Wolmar, j'emporte au fond de mon cœur toutes vos leçons; mais, pour savoir les rendre utiles, que ne puis-je de même emporter votre sagesse! Ah! si je puis voir un jour Édouard heureux; si, selon son projet et le vôtre, nous nous rassemblons tous pour ne nous plus séparer, quel vœu me restera-t-il à faire? Un seul, dont l'accomplissement ne dépend ni de vous, ni de moi, ni de personne au monde, mais de celui qui doit un prix aux vertus de votre épouse et compte en secret vos bienfaits.

LETTRE IX.

DE SAINT-PREUX A MADAME D'ORBE.

Où êtes-vous, charmante cousine? où êtes-vous, aimable confidente de ce faible cœur que vous partagez à tant de titres et que vous avez consolé tant de fois? Venez; qu'il verse aujourd'hui dans le vôtre l'aveu de sa dernière erreur. N'est-ce pas à vous qu'il appartient toujours de le purifier? et sait-il se reprocher encore les torts qu'il vous a confessés? Non, je ne suis plus le même, et ce changement vous est dû : c'est un nouveau cœur que vous m'avez fait et qui vous offre ses prémices; mais je ne me croirai délivré de celui que je quitte qu'après l'avoir déposé dans vos mains. O vous qui l'avez vu naître, recevez ses derniers soupirs!

L'eussiez-vous jamais pensé? le moment de ma vie où je fus le plus content de moi-même fut celui où je me séparai de vous. Revenu de mes longs égarements, je fixais à cet instant la tardive époque de mon retour à mes devoirs; je commençais à payer enfin les immenses dettes de l'amitié, en m'arrachant d'un séjour si cher pour suivre un bienfaiteur, un sage, qui, feignant d'avoir besoin de mes soins, mettait le succès des siens à l'épreuve. Plus ce départ m'était douloureux, plus je m'honorais d'un pareil sacrifice. Après avoir perdu la moitié de ma vie à nourrir une passion malheureuse, je consacrais l'autre à la justifier, à rendre par mes vertus un plus digne hommage à celle qui reçut si longtemps tous ceux de mon cœur. Je manquais hautement le premier de mes jours où je ne faisais rougir de moi ni vous ni elle, ni rien de tout ce qui m'était cher.

Mylord Edouard avait craint l'attendrissement des adieux, et nous voulions partir sans être aperçus; mais, tandis que tout dormait encore, nous ne pûmes tromper votre vigilante amitié. En apercevant votre porte entr'ouverte, et votre femme de chambre au guet, en vous voyant venir au-devant de nous, en entrant et trouvant une table à thé préparée, le rapport des circonstances me fit songer à d'autres temps; et, comparant ce départ à celui dont il me rappelait l'idée, je me sentis si différent de ce que j'étais alors, que, me félicitant d'avoir Edouard pour témoin de ces différences, j'espérai bien lui faire oublier à Milan l'indigne scène de Besançon. Jamais je ne m'étais senti tant de courage : je me faisais une gloire de vous le montrer; je me parais auprès de vous de cette fermeté que vous ne m'aviez jamais vue, et je me glorifiais en vous quittant de paraître un moment à vos yeux tel que j'allais être. Cette idée ajoutait à mon courage; je me fortifiais de votre estime; et peut-être vous eussé-je dit adieu d'un œil sec, si vos larmes coulant sur ma joue n'eussent forcé les miennes de s'y confondre.

Je partis le cœur plein de tous mes devoirs, pénétré surtout de ceux que votre amitié m'impose, et bien résolu d'employer le reste de ma vie à la mériter. Edouard, passant en revue toutes mes fautes, me remit devant les yeux un tableau qui n'était pas flatté; et je connus par sa juste rigueur à blâmer tant de faiblesses, qu'il craignait peu de les imiter. Cependant il feignait d'avoir cette crainte; il me parlait avec inquiétude de son voyage de Rome et des indignes attachements qui l'y rappelaient malgré lui : mais je jugeai facilement qu'il augmentait ses propres dangers pour m'en occuper davantage et m'éloigner d'autant plus de ceux auxquels j'étais exposé.

Comme nous approchions de Villeneuve, un laquais qui montait un mauvais cheval se laissa tomber et se fit une légère contusion à la tête. Son maître le fit saigner, et voulut coucher là cette nuit. Ayant dîné de bonne heure, nous prîmes des chevaux pour aller à Bex voir la saline, et mylord ayant des raisons particulières qui lui rendaient cet examen intéressant, je pris les mesures et le dessin du bâtiment de graduation : nous ne rentrâmes à Villeneuve qu'à la nuit. Après le souper, nous causâmes en buvant du punch et veillâmes assez tard. Ce fut alors qu'il m'apprit quels soins m'étaient confiés, et ce qui avait été fait pour rendre cet arrangement praticable. Vous pouvez juger de l'effet que fit sur moi cette nouvelle : une telle conversation n'amenait pas le sommeil. Il fallut pourtant enfin se coucher.

En entrant dans la chambre qui m'était destinée, je la reconnus pour la même que j'avais occupée autrefois en allant à Sion (1). A cet aspect je sentis une impression que j'aurais peine à vous rendre. J'en fus si vivement frappé, que je crus redevenir à l'instant tout ce que j'étais alors ; dix années s'effacèrent de ma vie, et tous mes malheurs furent oubliés. Hélas ! cette erreur fut courte, et le second instant me rendit plus accablant le poids de toutes mes anciennes peines. Quelles tristes réflexions succédèrent à ce premier enchantement ! Quelles comparaisons douloureuses s'offrirent à mon esprit ! Charmes de la première jeunesse, délices des premières amours, pourquoi vous retracer encore à ce cœur accablé d'ennuis et surchargé de lui-même ? O temps, temps heureux, tu n'es plus ! J'aimais, j'étais aimé. Je me livrais dans la paix de l'innocence aux transports d'un amour partagé ; je savourais à longs traits le délicieux sentiment qui me faisait vivre. La douce vapeur de l'espérance enivrait mon cœur ; une extase, un ravissement, un délire, absorbait toutes mes facultés. Ah ! sur les rochers de Meillerie, au milieu de l'hiver et des glaces, d'affreux abîmes devant les yeux, quel être au monde jouissait d'un sort comparable au mien ?... Et je pleurais ! et je me trouvais à plaindre ! et la tristesse osait approcher de moi !... Que ferai-je donc aujourd'hui que j'ai tout possédé, tout perdu ?... J'ai bien mérité ma misère, puisque j'ai si peu senti mon bonheur... Je pleurais alors... Tu pleurais... Infortuné, tu ne pleures plus... Tu n'as pas même le droit de pleurer... Que n'est-elle morte ! osai-je m'écrier dans un transport de rage ; oui, je serais moins malheureux ; j'oserais me livrer à mes douleurs ; j'embrasserais sans remords sa froide tombe ; mes regrets seraient dignes d'elle ; je dirais : Elle entend mes cris, elle voit mes pleurs, mes gémissements la touchent, elle approuve et reçoit mon pur hommage... J'aurais au moins l'espoir de la rejoindre... Mais elle vit, elle est heureuse... Elle vit, et sa vie est ma mort, et son bonheur est mon supplice ; et le ciel, après me l'avoir arrachée, m'ôte jusqu'à la douceur de la regretter !... Elle vit, mais non pas pour moi ; elle vit pour mon désespoir. Je suis cent fois plus loin d'elle que si elle n'était plus.

Je me couchai dans ces tristes idées ; elles me suivirent durant mon sommeil, et le remplirent d'images funèbres. Les amères douleurs, les regrets, la mort, se peignirent dans mes songes, et tous les maux que j'avais soufferts reprenaient à mes yeux cent formes nouvelles pour me tourmenter une seconde fois. Un rêve surtout, le plus cruel de tous, s'obstinait à me poursuivre ; et de fantôme en fantôme, toutes leurs apparitions confuses finissaient toujours par celui-là.

Je crus voir la digne mère de votre amie dans son lit, expirante, et sa fille à genoux devant elle, fondant en larmes, baisant ses mains et recueillant ses derniers soupirs. Je revis cette scène que vous m'avez autrefois dépeinte et qui ne sortira jamais de mon souvenir. « O ma mère ! disait Julie d'un ton à me navrer l'âme, celle qui vous doit le jour vous l'ôte ! Ah ! reprenez votre bienfait ! sans vous il n'est pour moi qu'un don funeste. — Mon enfant, répondit sa tendre mère... il faut remplir son sort... Dieu est juste... tu seras mère à ton tour... » Elle ne put achever. Je voulus lever les yeux sur elle, je ne la vis plus. Je vis Julie à sa place ; je la vis, je la reconnus, quoique son visage fût couvert d'un voile. Je fais un cri ; je m'élance pour écarter le voile, je ne

---

(1) Voyez la première partie, lettres XLIV et XLV.

pus l'atteindre; j'étendais les bras, je me tourmentais, et ne touchais rien. « Ami, calme toi, me dit-elle d'une voix faible : le voile redoutable me couvre, nulle main ne peut l'écarter. » A ce mot je m'agite et fais un nouvel effort : cet effort me réveille; je me trouve dans mon lit, accablé de fatigue, et trempé de sueur et de larmes.

Bientôt ma frayeur se dissipe, l'épuisement me rendort : le même songe me

rend les mêmes agitations; je m'éveille, et me rendors une troisième fois. Toujours ce spectacle lugubre, toujours ce même appareil de mort, toujours ce voile impénétrable échappe à mes mains, et dérobe à mes yeux l'objet expirant qu'il couvre.

A ce dernier réveil ma terreur fut si forte, que je ne la pus vaincre étant éveillé. Je me jette à bas de mon lit sans savoir ce que je faisais. Je me mets à errer par la chambre, effrayé comme un enfant des ombres de la nuit, croyant me voir environné de fantômes, et l'oreille encore frappée de cette voix plaintive dont je n'entendis jamais le son sans émotion. Le crépuscule, en commençant d'éclairer les objets, ne fit que les transformer au gré de mon imagination troublée. Mon effroi redouble et m'ôte le jugement : après avoir trouvé ma porte avec peine, je m'enfuis de ma chambre, j'entre brusquement dans celle d'Edouard : j'ouvre son rideau, et me laisse tomber sur son lit en m'écriant hors d'haleine : « C'en est fait, je ne la verrai plus ! » Il s'éveille en sursaut, il saute à ses armes, se croyant surpris par un voleur. A l'instant il me reconnaît, je me reconnais moi-même; et pour la seconde fois de ma vie je me vois devant lui dans la confusion que vous pouvez concevoir.

Il me fit asseoir, me remettre, et parler. Sitôt qu'il sut de quoi il s'agissait, il voulut tourner la chose en plaisanterie; mais voyant que j'étais vivement frappé et que cette impression ne serait pas facile à détruire, il changea de ton. « Vous ne méritez ni mon amitié ni mon estime, me dit-il assez durement : si j'avais pris pour mon laquais le quart des soins que j'ai pris pour vous, j'en aurais fait un homme; mais vous n'êtes rien. — Ah! lui dis-je, il est trop vrai. Tout ce que j'avais de bon me venait d'elle : je ne la reverrai jamais; je ne suis plus rien. » Il sourit, et m'embrassa. « Tranquillisez-vous aujourd'hui, me dit-il; demain vous serez raisonnable : je me charge de l'événement. » Après cela, changeant de conversation, il me proposa de partir. J'y consentis. On fit mettre les chevaux, nous nous habillâmes. En entrant dans la chaise, mylord dit un mot à l'oreille au postillon, et nous partîmes.

Nous marchions sans rien dire. J'étais si occupé de mon funeste rêve, que je n'entendais et ne voyais rien : je ne fis pas même attention que le lac, qui la veille était à ma droite, était maintenant à ma gauche. Il n'y eut qu'un bruit de pavé qui me tira de ma léthargie, et me fit apercevoir avec un étonnement facile à comprendre que nous rentrions dans Clarens. A trois cents pas de la grille, mylord fit arrêter, et me tirant à l'écart : « Vous voyez, me dit-il, mon projet; il n'a pas besoin d'explication. Allez, visionnaire, ajouta-t-il en me serrant la main, allez la revoir. Heureux de ne montrer vos folies qu'à des gens qui vous aiment! Hâtez-vous, je vous attends; mais surtout ne revenez qu'après avoir déchiré ce fatal voile tissu dans votre cerveau. »

Qu'aurais-je dit? Je partis sans répondre. Je marchais d'un pas précipité que la réflexion ralentit en approchant de la maison. Quel personnage allais-je faire? comment oser me montrer? de quel prétexte couvrir ce retour imprévu? avec quel front irais-je alléguer mes ridicules terreurs et supporter le regard méprisant du généreux Wolmar? Plus j'approchais, plus ma frayeur me paraissait puérile, et mon extravagance me faisait pitié. Cependant un noir pressentiment m'agitait encore, et je ne me sentais point rassuré. J'avançais toujours, quoique lentement, et j'étais déjà près de la cour, quand j'entendis ouvrir et refermer la porte de l'Élysée. N'en voyant sortir personne, je fis le tour en dehors, et j'allai par le rivage côtoyer la volière autant qu'il me fut possible. Je ne tardai pas de juger qu'on en approchait. Alors, prêtant l'oreille, je vous entendis parler toutes deux; et, sans qu'il me fût possible de distinguer un seul mot, je trouvai dans le son de votre voix je ne sais quoi de languissant et de tendre qui me donna de l'émotion; et dans la sienne un accent affectueux et doux à son ordinaire, mais paisible et serein, qui me remit à l'instant, et qui fit le vrai réveil de mon rêve.

Sur-le-champ je me sentis tellement changé que je me moquai de moi-même et de mes vaines alarmes. En songeant que je n'avais qu'une haie et quelques buissons à franchir pour voir pleine de vie et de santé celle que j'avais cru ne revoir jamais, j'abjurai pour toujours mes craintes, mon effroi, mes chimères, et je me déterminai sans peine à repartir, même sans la voir. Claire, je vous le jure, non-seulement je ne la vis point, mais je m'en retournai fier de ne l'avoir point vue, de n'avoir pas été faible et crédule jusqu'au bout, et d'avoir au moins rendu cet honneur à l'ami d'Edouard de le mettre au-dessus d'un songe.

Voilà, chère cousine, ce que j'avais à vous dire et le dernier aveu qui me restait à vous faire. Le détail du reste de notre voyage n'a plus rien d'intéressant : il me suffit de vous protester que depuis lors non-seulement mylord est content de moi, mais que je le suis encore plus moi-même qui sens mon entière guérison bien mieux qu'il ne la peut voir. De peur de lui laisser une défiance inutile, je lui ai caché que je ne vous avais point vues. Quand il me demanda si le voile était levé, je l'affirmai sans balancer, et nous n'en avons plus parlé. Oui, cousine, il est levé pour jamais ce voile dont ma raison fut longtemps offusquée. Tous mes transports inquiets sont éteints : je vois tous mes devoirs, et je les aime. Vous m'êtes toutes deux plus chères que jamais; mais mon cœur ne distingue plus l'une de l'autre et ne sépare point les inséparables.

Nous arrivâmes avant-hier à Milan : nous en repartons après-demain. Dans huit jours nous comptons être à Rome, et j'espère y trouver de vos nouvelles en arrivant. Qu'il me tarde de voir ces deux étonnantes personnes qui troublent depuis si longtemps le repos du plus grand des hommes ! O Julie ! ô Claire ! il faudrait votre égale pour mériter de le rendre heureux.

LETTRE X.

DE MADAME D'ORBE A SAINT-PREUX.

Nous attendions tous de vos nouvelles avec impatience, et je n'ai pas besoin de vous dire combien vos lettres ont fait de plaisir à la petite communauté : mais ce que vous ne devinerez pas de même, c'est que de toute la maison je suis peut-être celle qu'elles ont le moins réjouie. Ils ont tous appris que vous aviez heureusement passé les Alpes; moi, j'ai songé que vous étiez au-delà.

A l'égard du détail que vous m'avez fait, nous n'en avons rien dit au baron, et j'en ai passé à tout le monde quelques soliloques fort inutiles. M. de Wolmar a eu l'honnêteté de ne faire que se moquer de vous; mais Julie n'a pu se rappeler les derniers moments de sa mère sans de nouveaux regrets et de nouvelles larmes. Elle n'a remarqué de votre rêve que ce qui ranimait ses douleurs.

Quant à moi, je vous dirai, mon cher maître, que je ne suis plus surprise de vous voir en continuelle admiration de vous-même, toujours achevant quelque folie, et toujours commençant d'être sage; car il y a longtemps que vous passez votre vie à vous reprocher le jour de la veille et à vous applaudir pour le lendemain.

Je vous avoue aussi que ce grand effort de courage, qui, si près de nous, vous a fait retourner comme vous étiez venu, ne me paraît pas aussi merveilleux qu'à vous. Je le trouve plus vain que sensé, et je crois qu'à tout prendre j'aimerais autant moins de force avec un peu plus de raison. Sur cette manière de vous en aller, pourrait-on vous demander ce que vous êtes venu faire? Vous avez eu honte de vous montrer, et c'était de n'oser vous montrer qu'il fallait avoir honte; comme si la douceur de voir ses amis n'effaçait pas cent fois le petit chagrin de leur raillerie ! N'étiez-vous pas trop heureux de venir nous offrir votre air effaré pour nous faire rire? Hé bien donc ! je ne me suis pas moquée de vous alors; mais je m'en moque tant plus aujourd'hui, quoique, n'ayant pas le plaisir de vous mettre en colère, je ne puisse pas rire de si bon cœur.

Malheureusement il y a pis encore; c'est que j'ai gagné toutes vos terreurs sans me rassurer comme vous. Ce rêve a quelque chose d'effrayant qui m'inquiète et m'attriste malgré que j'en aie. En lisant votre lettre je blâmais vos agitations; en la finissant j'ai blâmé votre sécurité. L'on ne saurait voir à la fois pourquoi vous étiez ému, et pourquoi vous êtes devenu si tranquille. Par quelle bizarrerie avez-vous gardé les plus tristes pressentiments jusqu'au moment où vous avez pu les détruire et ne l'avez pas voulu ? Un pas, un geste, un mot, tout était fini. Vous vous étiez alarmé sans raison, vous vous êtes rassuré de même : mais vous m'avez transmis la frayeur que vous n'avez plus;

et il se trouve qu'ayant eu de la force une seule fois en votre vie, vous l'avez eue à mes dépens. Depuis votre fatale lettre un serrement de cœur ne m'a pas quittée : je n'approche point de Julie sans trembler de la perdre; à chaque instant je crois voir sur son visage la pâleur de la mort; et ce matin la pressant dans mes bras, je me suis sentie en pleurs sans savoir pourquoi. Ce voile! ce voile!... il a je ne sais quoi de sinistre qui me trouble chaque fois que j'y pense. Non, je ne puis vous pardonner d'avoir pu l'écarter sans l'avoir fait, et j'ai bien peur de n'avoir plus désormais un moment de contentement que je ne vous revoie auprès d'elle. Convenez aussi qu'après avoir si longtemps parlé de philosophie, vous vous êtes montré philosophe à la fin bien mal à propos. Ah! rêvez, et voyez vos amis; cela vaut mieux que de les fuir et d'être un sage.

Il paraît, par la lettre de mylord à M. de Wolmar, qu'il songe sérieusement à venir s'établir avec nous. Sitôt qu'il aura pris son parti là-bas et que son cœur sera décidé, revenez tous deux heureux et fixés : c'est le vœu de la petite communauté, et surtout celui de votre amie

CLAIRE D'ORBE.

P. S. Au reste, s'il est vrai que vous n'avez rien entendu de notre conversation dans l'Elysée, c'est peut-être tant mieux pour vous; car vous me savez assez alerte pour voir les gens sans qu'ils m'aperçoivent, et assez maligne pour persifler les écouteurs.

LETTRE XI.

DE M. DE WOLMAR A SAINT-PREUX.

J'écris à mylord Edouard, et je lui parle de vous si au long qu'il ne me reste en vous écrivant à vous-même qu'à vous renvoyer à sa lettre. La vôtre exigerait peut-être de ma part un retour d'honnêtetés : mais vous appeler dans ma famille, vous traiter en frère, en ami, faire votre sœur de celle qui fut votre amante, vous remettre l'autorité paternelle sur mes enfants, vous confier mes droits après avoir usurpé les vôtres, voilà les compliments dont je vous ai cru digne. De votre part, si vous justifiez ma conduite et mes soins, vous m'aurez assez loué. J'ai tâché de vous honorer par mon estime; honorez-moi par vos vertus. Tout autre éloge doit être banni d'entre nous.

Loin d'être surpris de vous voir frappé d'un songe, je ne vois pas trop pourquoi vous vous reprochez de l'avoir été. Il me semble que pour un homme à système ce n'est pas une si grande affaire qu'un rêve de plus.

Mais ce que je vous reprocherais volontiers, c'est moins l'effet de votre songe que son espèce, et cela, par une raison fort différente de celle que vous pourriez penser. Un tyran fit autrefois mourir un homme qui, dans un songe, avait cru le poignarder (1). Rappelez-vous la raison qu'il donna de ce meurtre, et faites-vous-en l'application. Quoi! vous allez décider du sort de votre ami, et vous songez à vos anciennes amours! Sans les conversations du soir précédent, je ne vous pardonnerais jamais ce rêve-là. Pensez le jour à ce que vous allez faire à Rome, vous songerez moins la nuit à ce qui s'est fait à Vevai.

La Fanchon est malade; cela tient ma femme occupée et lui ôte le temps de vous écrire. Il y a ici quelqu'un qui supplée volontiers à ce soin. Heureux jeune homme! tout conspire à votre bonheur; tous les prix de la vertu vous recherchent pour vous forcer à les mériter. Quant à celui de mes bienfaits, n'en chargez personne que vous-même; c'est de vous seul que je l'attends.

(1) Plutarque. « Il n'y aurait pas songé la nuit s'il n'y eût pensé le jour. »

LETTRE XII.

DE SAINT-PREUX A M. DE WOLMAR.

Que cette lettre demeure entre vous et moi; qu'un profond secret cache à jamais les erreurs du plus vertueux des hommes. Dans quel pas dangereux je me trouve engagé! O mon sage et bienfaisant ami, que n'ai-je tous vos conseils dans la mémoire comme j'ai vos bontés dans le cœur! Jamais je n'eus si grand besoin de prudence, et jamais la peur d'en manquer ne nuisit tant au peu que j'en ai. Ah! où sont vos soins paternels; où sont vos leçons, vos lumières? que deviendrai-je sans vous? Dans ce moment de crise, je donnerais tout l'espoir de ma vie pour vous avoir ici durant huit jours.

Je me suis trompé dans toutes mes conjectures; je n'ai fait que des fautes jusqu'à ce moment. Je ne redoutais que la marquise : après l'avoir vue, effrayé de sa beauté, de son adresse, je m'efforçais d'en détacher tout-à-fait l'âme noble de son ancien amant. Charmé de le ramener du côté où je ne voyais rien à craindre, je lui parlais de Laure avec l'estime et l'admiration qu'elle m'avait inspirées; en relâchant son plus fort attachement par l'autre, j'espérais les rompre enfin tous les deux.

Il se prêta d'abord à mon projet, il outra même la complaisance; et voulant peut-être punir mes importunités par un peu d'alarmes, il affecta pour Laure encore plus d'empressement qu'il ne croyait en avoir. Que vous dirai-je aujourd'hui? Son empressement est toujours le même, mais il n'affecte plus rien. Son cœur, épuisé par tant de combats, s'est trouvé dans un état de faiblesse dont elle a profité. Il serait difficile à tout autre de feindre longtemps de l'amour auprès d'elle; jugez pour l'objet même de la passion qui la consume. En vérité, l'on ne peut voir cette infortunée sans être touché de son air et de sa figure; une impression de langueur et d'abattement qui ne quitte point son charmant visage, en éteignant la vivacité de sa physionomie, la rend plus intéressante; et comme les rayons du soleil échappés à travers les nuages, ses yeux ternis par la douleur lancent des feux plus piquants. Son humiliation même a toutes les grâces de la modestie : en la voyant on la plaint, en l'écoutant on l'honore; enfin je dois dire, à la justification de mon ami, que je ne connais que deux hommes au monde qui puissent rester sans risque auprès d'elle.

Il s'égare, ô Wolmar! je le vois, je le sens, je vous l'avoue dans l'amertume de mon cœur. Je frémis en songeant jusqu'où son égarement peut lui faire oublier ce qu'il est et ce qu'il se doit. Je tremble que cet intrépide amour de la vertu, qui lui fait mépriser l'opinion publique, ne le porte à l'autre extrémité, et ne lui fasse braver encore les lois sacrées de la décence et de l'honnêteté. Edouard Bomston faire un tel mariage!... vous concevez!... sous les yeux de son ami!... qui le permet!... qui le souffre!... et qui lui doit tout!... Il faudra qu'il m'arrache le cœur de sa main avant de la profaner ainsi.

Cependant que faire? comment me comporter? Vous connaissez sa violence: on ne gagne rien avec lui par les discours, et les siens depuis quelque temps ne sont pas propres à calmer mes craintes. J'ai feint d'abord de ne pas l'entendre; j'ai fait indirectement parler la raison en maximes générales : à son tour il ne m'entend point. Si j'essaie de le toucher un peu plus au vif, il répond des sentences, et croit m'avoir réfuté; si j'insiste, il s'emporte, il prend un ton qu'un ami devrait ignorer et auquel l'amitié ne sait point répondre. Croyez que je ne suis en cette occasion ni craintif ni timide; quand on est dans son devoir, on n'est que trop tenté d'être fier : mais il ne s'agit pas ici de fierté, il s'agit de réussir, et de fausses tentatives peuvent nuire aux meilleurs moyens. Je n'ose presque entrer avec lui dans aucune discussion; car je sens tous les jours la vérité de l'avertissement que vous m'avez donné, qu'il est plus fort que moi de raisonnement, et qu'il ne faut point l'enflammer par la dispute.

Il paraît d'ailleurs un peu refroidi pour moi; on dirait que je l'inquiète. Combien, avec tant de supériorité à tous égards, un homme est rabaissé par un moment de faiblesse! Le grand, le sublime Edouard a peur de son ami, de sa créature, de son élève! il semble même, par quelques mots jetés sur le choix de son séjour s'il ne se marie pas, vouloir tenter ma fidélité par mon intérêt. Il sait bien que je ne dois ni ne veux le quitter. O Wolmar! je ferai mon devoir et suivrai partout mon bienfaiteur. Si j'étais lâche et vil, que gagnerais-je à ma perfidie? Julie et son digne époux confieraient-ils leurs enfants à un traître?

Vous m'avez dit souvent que les petites passions ne prennent jamais le change et vont toujours à leur fin, mais qu'on peut armer les grandes contre elles-mêmes. J'ai cru pouvoir ici faire usage de cette maxime. En effet, la compassion, le mépris des préjugés, l'habitude, tout ce qui détermine Edouard en cette occasion échappe à force de petitesse, et devient presque inattaquable; au lieu que le véritable amour est inséparable de la générosité, et que par elle on a toujours sur lui quelque prise. J'ai tenté cette voie indirecte, et je ne désespère pas du succès. Ce moyen paraît cruel; je ne l'ai pris qu'avec répugnance. Cependant, tout bien pesé, je crois rendre service à Laure elle-même. Que ferait-elle dans l'état auquel elle peut monter, qu'y montrer son ancienne ignominie? mais qu'elle peut être grande en demeurant ce qu'elle est! Si je connais bien cette étrange fille, elle est faite pour jouir de son sacrifice plus que du rang qu'elle doit refuser.

Si cette ressource me manque, il m'en reste une de la part du gouvernement à cause de la religion; mais ce moyen ne doit être employé qu'à la dernière extrémité et au défaut de tout autre: quoi qu'il en soit, je n'en veux épargner aucun pour prévenir une alliance indigne et déshonnête. O respectable Wolmar! je suis jaloux de votre estime durant tous les moments de ma vie. Quoi que puisse vous écrire Edouard, quoi que vous puissiez entendre dire, souvenez-vous qu'à quelque prix que ce puisse être, tant que mon cœur battra dans ma poitrine, jamais Lauretta Pisana ne sera lady Bomston.

Si vous approuvez mes mesures, cette lettre n'a pas besoin de réponse. Si je me trompe, instruisez-moi; mais hâtez-vous, car il n'y a pas un moment à perdre. Je ferai mettre l'adresse par une main étrangère. Faites de même en me répondant. Après avoir examiné ce qu'il faut faire, brûlez ma lettre et oubliez ce qu'elle contient. Voici le premier et le seul secret que j'aurai eu de ma vie à cacher aux deux cousines: si j'osais me fier davantage à mes lumières, vous-même n'en sauriez jamais rien (1).

LETTRE XIII.

DE MADAME DE WOLMAR A MADAME D'ORBE.

Le courrier d'Italie semblait n'attendre pour arriver que le moment de ton départ, comme pour te punir de ne l'avoir différé qu'à cause de lui. Ce n'est pas moi qui ai fait cette jolie découverte, c'est mon mari qui a remarqué qu'ayant fait mettre les chevaux à huit heures, tu tardas de partir jusqu'à onze, non pour l'amour de nous, mais après avoir demandé vingt fois s'il en était dix, parce que c'est ordinairement l'heure où la poste passe.

Tu es prise, pauvre cousine; tu ne peux plus t'en dédire. Malgré l'augure de la Chaillot, cette Claire si folle, ou plutôt si sage, n'a pu l'être jusqu'au

---

(1) Pour bien entendre cette lettre et la troisième de la sixième partie, il faudrait savoir les aventures de mylord Edouard, et j'avais d'abord résolu de les ajouter à ce recueil. En y repensant, je n'ai pu me résoudre à gâter la simplicité de l'histoire de deux amants par le romanesque de la sienne. Il vaut mieux laisser quelque chose à deviner au lecteur.

— Les aventures de mylord Edouard se trouvent à la fin de cet ouvrage.

bout : te voilà dans les mêmes las (1) dont tu pris tant de peine à me dégager, et tu n'as pu conserver pour toi la liberté que tu m'as rendue. Mon tour de rire est-il donc venu? Chère amie, il faudrait avoir ton charme et tes grâces pour savoir plaisanter comme toi, et donner à la raillerie elle-même l'accent tendre et touchant des caresses. Et puis quelle différence entre nous! De quel front pourrais-je me jouer d'un mal dont je suis la cause, et que tu t'es fait pour me l'ôter? Il n'y a pas un sentiment dans ton cœur qui n'offre au mien quelque sujet de reconnaissance; et tout, jusqu'à ta faiblesse, est en toi l'ouvrage de ta vertu. C'est cela même qui me console et m'égaie. Il fallait me plaindre et pleurer de mes fautes; mais on peut se moquer de la mauvaise honte qui te fait rougir d'un attachement aussi pur que toi.

Revenons au courrier d'Italie; et laissons un moment les moralités : ce serait trop abuser de mes anciens titres; car il est permis d'endormir son auditoire, mais non pas de l'impatienter. Hé bien donc! ce courrier que je fais si lentement arriver, qu'a-t-il apporté? Rien que de bien sur la santé de nos amis, et de plus une grande lettre pour toi. Ah! bon! je te vois déjà sourire et reprendre haleine; la lettre venue te fait attendre plus patiemment ce qu'elle contient.

Elle a pourtant bien son prix encore, même après s'être fait désirer; car elle respire une si... Mais je ne veux te parler que de nouvelles, et sûrement ce que j'allais dire n'en est pas une.

Après cette lettre, il en est venu une autre de mylord Edouard pour mon mari, et beaucoup d'amitiés pour nous. Celle-ci contient véritablement des nouvelles, et d'autant moins attendues que la première n'en dit rien. Ils devaient le lendemain partir pour Naples, où mylord a quelques affaires, et d'où ils iront voir le Vésuve... Conçois-tu, ma chère, ce que cette vue a de si attrayant? Revenus à Rome, Claire, pense, imagine..... Edouard est sur le point d'épouser... non, grâce au ciel, cette indigne marquise; il marque, au contraire, qu'elle est fort mal. Qui donc?..... Laure, l'aimable Laure, qui... Mais pourtant... quel mariage!... Notre ami n'en dit pas un mot. Aussitôt après ils partiront tous trois, et viendront ici prendre leurs derniers arrangements. Mon mari ne m'a pas dit quels; mais il compte toujours que Saint-Preux nous restera.

Je t'avoue que son silence m'inquiète un peu. J'ai peine à voir clair dans tout cela; j'y trouve des situations bizarres, et des jeux du cœur humain qu'on n'entend guère. Comment un homme aussi vertueux a-t-il pu se prendre d'une passion si durable pour une aussi méchante femme que cette marquise? comment elle-même, avec un caractère violent et cruel, a-t-elle pu concevoir et nourrir un amour aussi vif pour un homme qui lui ressemblait si peu, si tant est cependant qu'on puisse honorer du nom d'amour une fureur capable d'inspirer des crimes? Comment un jeune cœur aussi généreux, aussi tendre, aussi désintéressé que celui de Laure, a-t-il pu supporter ses premiers désordres? Comment s'en est-il retiré par ce penchant trompeur fait pour égarer son sexe? et comment l'amour, qui perd tant d'honnêtes femmes, a-t-il pu venir à bout d'en faire une? Dis-moi, ma Claire : désunir deux cœurs qui s'aimaient sans se convenir; joindre ceux qui se convenaient sans s'entendre; faire triompher l'amour de l'amour même; du sein du vice et de l'opprobre tirer le bonheur et la vertu; délivrer son ami d'un monstre en lui créant pour ainsi dire une compagne... infortunée, il est vrai, mais aimable, honnête même, au moins si, comme je l'ose croire, on peut le redevenir : dis, celui qui aurait fait tout cela serait-il coupable; celui qui l'aurait souffert serait-il à blâmer?

Lady Bomston viendra donc ici! ici, mon ange! Qu'en penses-tu? Après tout, quel prodige ne doit pas être cette étonnante fille que son éducation

---

(2) Je n'ai pas voulu laisser *lacs*, à cause de la prononciation genevoise remarquée par madame d'Orbe dans la lettre cinquième de la sixième partie.

perdit, que son cœur a sauvée, et pour qui l'amour fut la route de la vertu! Qui doit plus l'admirer que moi qui fis tout le contraire, et que mon penchant seul égara quand tout concourait à me bien conduire? Je m'avilis moins, il est vrai; mais me suis-je élevée comme elle? ai-je évité tant de piéges et fait tant de sacrifices? Du dernier degré de la honte elle a su remonter au premier degré de l'honneur : elle est plus respectable cent fois que si jamais elle n'eût été coupable. Elle est sensible et vertueuse; que lui faut-il de plus pour nous ressembler? S'il n'y a point de retour aux fautes de la jeunesse, quel droit ai-je à plus d'indulgence? devant qui dois-je espérer de trouver grâce? et à quel honneur pourrais-je prétendre en refusant de l'honorer?

Hé bien! cousine, quand ma raison me dit cela, mon cœur en murmure; et, sans que je puisse expliquer pourquoi, j'ai peine à trouver bon qu'Édouard ait fait ce mariage et que son ami s'en soit mêlé. Oh! l'opinion! l'opinion! qu'on a de peine à secouer son joug! toujours elle nous porte à l'injustice : le bien passé s'efface par le mal présent; le mal passé ne s'effacera-t-il jamais par aucun bien?

J'ai laissé voir à mon mari mon inquiétude sur la conduite de Saint-Preux dans cette affaire. « Il semble, ai-je dit, avoir honte d'en parler à ma cousine. Il est incapable de lâcheté, mais il est faible... trop d'indulgence pour les fautes d'un ami... — Non, m'a-t-il dit, il a fait son devoir; il le fera, je le sais; je ne puis rien vous dire de plus : mais Saint-Preux est un honnête garçon; je réponds de lui, vous en serez contente... » Claire, il est impossible que Wolmar me trompe et qu'il se trompe. Un discours si positif m'a fait rentrer en moi-même; j'ai compris que tous mes scrupules ne venaient que de fausse délicatesse, et que, si j'étais moins vaine et plus équitable, je trouverais lady Bomston plus digne de son rang.

Mais laissons un peu lady Bomston, et revenons à nous. Ne sens-tu point trop en lisant cette lettre que nos amis reviendront plus tôt qu'ils n'étaient attendus; et le cœur ne te dit-il rien? ne bat-il point à présent plus fort que qu'à l'ordinaire, ce cœur trop tendre et trop semblable au mien? ne songe-t-il point au danger de vivre familièrement avec un objet chéri, de le voir tous les jours, de loger sous le même toit? Et si mes erreurs ne m'ôtèrent point ton estime, mon exemple ne te fait-il rien craindre pour toi? Combien dans nos jeunes ans la raison, l'amitié, l'honneur, t'inspirèrent pour moi de craintes que l'aveugle amour me fit mépriser! C'est mon tour maintenant, ma douce amie; et j'ai de plus, pour me faire écouter, la triste autorité de l'expérience. Écoute-moi donc tandis qu'il est temps, de peur qu'après avoir passé la moitié de ta vie à déplorer mes fautes, tu ne passes l'autre à déplorer les tiennes. Surtout ne te fie plus à cette gaîté folâtre qui garde celles qui n'ont rien à craindre et perd celles qui sont en danger. Claire! Claire! tu te moquais de l'amour une fois, mais c'est parce que tu ne le connaissais pas; et pour n'en avoir pas senti les traits, tu te croyais au-dessus de ses atteintes. Il se venge et rit à son tour. Apprends à te défier de sa traîtresse joie, où crains qu'elle ne te coûte un jour bien des pleurs. Chère amie, il est temps de te montrer à toi-même; car jusqu'ici tu ne t'es pas bien vue; tu t'es trompée sur ton caractère; et n'as pas su t'estimer ce que tu valais. Tu t'es fiée aux discours de la Chaillot : sur ta vivacité badine, elle te jugea peu sensible; mais un cœur comme le tien était au-dessus de sa portée. La Chaillot n'était pas faite pour te connaître; personne au monde ne t'a bien connue, excepté moi seule. Notre ami même a plutôt senti que vu ton prix. Je t'ai laissé ton erreur tant qu'elle a pu t'être utile; à présent qu'elle te perdrait, il faut te l'ôter.

Tu es vive, et te crois peu sensible. Pauvre enfant, que tu t'abuses! ta vivacité même prouve le contraire : n'est-ce pas toujours sur des choses de sentiment qu'elle s'exerce? n'est-ce pas de ton cœur que viennent les grâces de ton enjouement? Tes railleries sont des signes d'intérêt plus touchants que les compliments d'un autre : tu caresses quand tu folâtres; tu ris, mais ton rire pénètre l'âme; tu ris, mais tu fais pleurer de tendresse, et je te vois presque toujours sérieuse avec les indifférents.

Si tu n'étais que ce que tu prétends être, dis-moi ce qui nous unirait si fort l'une à l'autre; où serait entre nous le lien d'une amitié sans exemple? par quel prodige un tel attachement serait-il venu chercher par préférence un cœur si peu capable d'attachement? Quoi! celle qui n'a vécu que pour son amie ne sait pas aimer! celle qui voulut quitter père, époux, parents et son pays, pour la suivre, ne sait préférer l'amitié à rien! Et qu'ai-je donc fait, moi, qui porte un cœur sensible? Cousine, je me suis laissé aimer; et j'ai beaucoup fait, avec toute ma sensibilité, de te rendre une amitié qui valût la tienne.

Ces contradictions t'ont donné de ton caractère l'idée la plus bizarre qu'une folle comme toi pût jamais concevoir, c'est de te croire à la fois ardente amie et froide amante. Ne pouvant disconvenir du tendre attachement dont tu te sentais pénétrée, tu crus n'être capable que de celui-là. Hors ta Julie, tu ne pensais pas que rien pût t'émouvoir au monde; comme si les cœurs naturellement sensibles pouvaient ne l'être que pour un objet, et que, ne sachant aimer que moi, tu m'eusses pu bien aimer moi-même! Tu demandais plaisamment si l'âme avait un sexe. Non, mon enfant, l'âme n'a point de sexe; mais ses affections les distinguent, et tu commences trop à le sentir. Parce que le premier amant qui s'offrit ne t'avait pas émue, tu crus aussitôt ne pouvoir l'être; parce que tu manquais d'amour pour ton soupirant, tu crus n'en pouvoir sentir pour personne. Quand il fut ton mari, tu l'aimas pourtant, et si fort que notre intimité même en souffrit : cette âme si peu sensible sut trouver à l'amour un supplément encore assez tendre pour satisfaire un honnête homme.

Pauvre cousine, c'est à toi désormais de résoudre tes propres doutes; et s'il est vrai,

Ch'un freddo amante é mal sicuro amico (1),

j'ai grand'peur d'avoir maintenant une raison de trop pour compter sur toi. Mais il faut que j'achève de te dire là-dessus tout ce que je pense.

Je soupçonne que tu as aimé, sans le savoir, bien plus tôt que tu ne crois, ou du moins que le même penchant qui me perdit t'eût séduite si je ne t'avais prévenue. Conçois-tu qu'un sentiment si naturel et si doux puisse tarder si longtemps à naître? conçois-tu qu'à l'âge où nous étions on puisse impunément se familiariser avec un jeune homme aimable, ou qu'avec tant de conformité dans tous nos goûts celui-ci seul ne nous eût pas été commun? Non, mon ange; tu l'aurais aimé, j'en suis sûre, si je ne l'eusse aimé la première. Moins faible et non moins sensible, tu aurais été plus sage que moi sans être plus heureuse. Mais quel penchant eût pu vaincre dans ton âme honnête l'horreur de la trahison et de l'infidélité? L'amitié te sauva des pièges de l'amour; tu ne vis plus qu'un ami dans l'amant de ton amie, et tu rachetas ainsi ton cœur aux dépens du mien.

Ces conjectures ne sont pas même si conjectures que tu penses; et, si je voulais rappeler des temps qu'il faut oublier, il me serait aisé de trouver dans l'intérêt que tu croyais ne prendre qu'à moi seule, un intérêt non moins vif pour ce qui m'était cher. N'osant l'aimer, tu voulais que je l'aimasse : tu jugeas chacun de nous nécessaire au bonheur de l'autre; et ce cœur, qui n'a point d'égal au monde, nous en chérit plus tendrement tous les deux. Sois sûre que, sans ta propre faiblesse, tu m'aurais été moins indulgente; mais tu te serais reproché sous le nom de jalousie une juste sévérité. Tu ne te sentais pas en droit de combattre en moi le penchant qu'il eût fallu vaincre; et,

---

(1) Qu'un froid amant est un peu sûr ami. Métast. — Ce vers est renversé de l'original; et, n'en déplaise aux belles dames, le sens de l'auteur est plus véritable et plus beau.

— Le vers de Métastase, qui se trouve dans son théâtre, est ainsi :

Ch'un vero amante é ben sicuro amico.

craignant d'être perfide plutôt que sage, en immolant ton bonheur au nôtre, tu crus avoir assez fait pour la vertu.

Ma Claire, voilà ton histoire ; voilà comment ta tyrannique amitié me force à te savoir gré de ma honte, et à te remercier de mes torts. Ne crois pas pourtant que je veuille t'imiter en cela : je ne suis pas plus disposée à suivre ton exemple que toi le mien ; et comme tu n'as pas à craindre mes fautes, je n'ai plus, grâce au ciel, tes raisons d'indulgence. Quel plus digne usage ai-je à faire de la vertu que tu m'as rendue que de t'aider à la conserver ?

Il faut donc te dire encore mon avis sur ton état présent. La longue absence de notre maître n'a pas changé tes dispositions pour lui : ta liberté recouvrée et son retour ont produit une nouvelle époque dont l'amour a su profiter. Un nouveau sentiment n'est pas né dans ton cœur ; celui qui s'y cacha si longtemps n'a fait que se mettre plus à l'aise. Fière d'oser te l'avouer à toi-même, tu t'es pressée de me le dire. Cet aveu te semblait presque nécessaire pour le rendre tout-à-fait innocent : en devenant un crime pour ton amie, il cessait d'en être un pour toi ; et peut-être ne t'es-tu livrée au mal que tu combattais depuis tant d'années que pour mieux achever de m'en guérir.

J'ai senti tout cela, ma chère ; je me suis peu alarmée d'un penchant qui me servait de sauvegarde, et que tu n'avais point à te reprocher. Cet hiver, que nous avons passé tous ensemble au sein de la paix et de l'amitié, m'a donné plus de confiance encore en voyant que, loin de rien perdre de ta gaîté, tu semblais l'avoir augmentée. Je t'ai vue tendre, empressée, attentive, mais franche dans tes caresses, naïve dans tes jeux, sans mystère, sans ruse en toutes choses ; et dans tes plus vives agaceries la joie de l'innocence réparait tout.

Depuis notre entretien de l'Élysée, je ne suis plus si contente de toi ; je te trouve triste et rêveuse ; tu te plais seule autant qu'avec ton amie ; tu n'as pas changé de langage, mais d'accent ; tes plaisanteries sont plus timides : tu n'oses plus parler de lui si souvent, on dirait que tu crains toujours qu'il ne t'écoute ; et l'on voit à ton inquiétude que tu attends de ses nouvelles plutôt que tu n'en demandes.

Je tremble, bonne cousine, que tu ne sentes pas tout ton mal, et que le trait ne soit enfoncé plus avant que tu n'as paru le craindre. Crois-moi, sonde bien ton cœur malade ; dis-toi bien, je le répète, si, quelque sage qu'on puisse être, on peut sans risque demeurer longtemps avec ce qu'on aime, et si la confiance qui me perdit est tout-à-fait sans danger pour toi. Vous êtes libres tous deux ; c'est précisément ce qui rend les occasions plus suspectes. Il n'y a point dans un cœur vertueux de faiblesse qui cède aux remords ; et je conviens avec toi qu'on est toujours assez forte contre le crime : mais, hélas ! qui peut se garantir d'être faible ? Cependant regarde les suites, songe aux effets de la honte. Il faut s'honorer pour être honorée. Comment peut-on mériter le respect d'autrui sans en avoir pour soi-même ? et où s'arrêtera dans la route du vice celle qui fait le premier pas sans effroi ? Voilà ce que je dirais à ces femmes du monde pour qui la morale et la religion ne sont rien, et qui n'ont de loi que l'opinion d'autrui. Mais toi, femme vertueuse et chrétienne, toi qui vois ton devoir et qui l'aimes, toi qui connais et suis d'autres règles que les jugements publics, ton premier honneur est celui que te rend ta conscience ; et c'est celui-là qu'il s'agit de conserver.

Veux-tu savoir quel est ton tort en toute cette affaire ? c'est, je te le redis, de rougir d'un sentiment honnête que tu n'as qu'à déclarer pour le rendre innocent (1). Mais avec toute ton humeur folâtre rien n'est si timide que toi : tu plaisantes pour faire la brave, et je vois ton pauvre cœur tout tremblant ;

---

(1) Pourquoi l'éditeur laisse-t-il les continuelles répétitions dont cette lettre est pleine, ainsi que beaucoup d'autres ? Par une raison fort simple ; c'est qu'il ne se soucie point du tout que ces lettres plaisent à ceux qui feront cette question.

tu fais avec l'amour, dont tu feins de rire, comme ces enfants qui chantent la nuit quand ils ont peur. O chère amie! souviens-toi de l'avoir dit mille fois, c'est la fausse honte qui mène à la véritable, et la vertu ne sait rougir que de ce qui est mal. L'amour en lui-même est-il un crime? n'est-il pas le plus pur ainsi que le plus doux penchant de la nature? n'a-t-il pas une fin bonne et louable? ne dédaigne-t-il pas les âmes basses et rampantes? n'anime-t-il pas les âmes grandes et fortes? n'ennoblit-il pas tous leurs sentiments? ne double-t-il pas leur être? ne les élève-t-il pas au-dessus d'elles-mêmes? Ah! si pour être honnête et sage il faut être inaccessible à ses traits, dis, que reste-t-il pour la vertu sur la terre? Le rebut de la nature et les plus vils des mortels.

Qu'as-tu donc fait que tu puisses te reprocher? N'as-tu pas fait choix d'un honnête homme? N'est-il pas libre? ne l'es-tu pas? Ne mérite-t-il pas toute ton estime? n'as-tu pas toute la sienne? Ne seras-tu pas trop heureuse de faire le bonheur d'un ami si digne de ce nom, de payer de ton cœur et de ta personne les anciennes dettes de ton amie, et d'honorer en l'élevant à toi le mérite outragé par la fortune?

Je vois les petits scrupules qui t'arrêtent : démentir une résolution prise et déclarée, donner un successeur au défunt, montrer sa faiblesse au public, épouser un aventurier, car les âmes basses, toujours prodigues de titres flétrissants, sauront bien trouver celui-ci; voilà donc les raisons sur lesquelles tu aimes mieux te reprocher ton penchant que le justifier, et couver tes feux au fond de ton cœur que les rendre légitimes! Mais, je te prie, la honte est-elle d'épouser celui qu'on aime, ou de l'aimer sans l'épouser? Voilà le choix qui te reste à faire. L'honneur que tu dois au défunt est de respecter assez sa veuve pour lui donner un mari plutôt qu'un amant; et si ta jeunesse te force à remplir sa place, n'est-ce pas rendre encore hommage à sa mémoire de choisir un homme qui lui fut cher?

Quant à l'inégalité, je croirais t'offenser de combattre une objection si frivole lorsqu'il s'agit de sagesse et de bonnes mœurs. Je ne connais d'inégalité déshonorante que celle qui vient du caractère ou de l'éducation. A quelque état que parvienne un homme imbu de maximes basses, il est toujours honteux de s'allier à lui : mais un homme élevé dans des sentiments d'honneur est l'égal de tout le monde; il n'y a point de rang où il ne soit à sa place. Tu sais quel était l'avis de ton père même quand il fut question de moi pour notre ami. Sa famille est honnête quoique obscure; il jouit de l'estime publique, il la mérite. Avec cela fût-il le dernier des hommes, encore ne faudrait-il pas balancer; car il vaut mieux déroger à la noblesse qu'à la vertu, et la femme d'un charbonnier est plus respectable que la maîtresse d'un prince (1).

J'entrevois bien encore une autre espèce d'embarras dans la nécessité de te déclarer la première; car, comme tu dois le sentir, pour qu'il ose aspirer à toi il faut que tu le lui permettes; et c'est un des justes retours de l'inégalité, qu'elle coûte souvent au plus élevé des avances mortifiantes. Quant à cette difficulté, je te la pardonne; et j'avoue même qu'elle me paraîtrait fort grave si je ne prenais soin de la lever. J'espère que tu comptes assez sur ton amie pour croire que ce sera sans te compromettre : de mon côté, je compte assez sur le succès pour m'en charger avec confiance; car, quoi que vous m'ayez dit autrefois tous deux sur la difficulté de transformer une amie en maîtresse, si je connais bien un cœur dans lequel j'ai trop appris à lire, je ne crois pas qu'en cette occasion l'entreprise exige une grande habileté de ma part. Je te propose donc de me laisser charger de cette négociation, afin que tu puisses te livrer au plaisir que te fera son retour, sans mystère, sans regrets, sans danger, sans honte. Ah! cousine, quel charme pour moi de réunir à jamais deux cœurs si bien faits l'un pour l'autre, et qui se confondent depuis si

---

(1) Voyez sur ce passage, et l'application que la malignité ne manqua pas d'en faire lors de l'apparition de l'*Héloïse*, le livre x des *Confessions*.

longtemps dans le mien ! Qu'ils s'y confondent mieux encore s'il est possible, ne soyez plus qu'un pour vous et pour moi. Oui, ma Claire, tu serviras encore ton amie en couronnant ton amour; et j'en serai plus sûre de mes propres sentiments quand je ne pourrai plus les distinguer entre vous.

Que si malgré mes raisons ce projet ne te convient pas, mon avis est qu'à quelque prix que ce soit nous écartions de nous cet homme dangereux, toujours redoutable à l'une ou à l'autre; car, quoi qu'il arrive, l'éducation de nos enfants nous importe encore moins que la vertu de leurs mères. Je te laisse le temps de réfléchir sur tout ceci durant ton voyage : nous en parlerons après ton retour.

Je prends le parti de t'envoyer cette lettre en droiture à Genève, parce que tu n'as dû coucher qu'une nuit à Lausanne, et qu'elle ne t'y trouverait plus. Apporte-moi bien des détails de la petite république. Sur tout le bien qu'on dit de cette ville charmante, je t'estimerais heureuse de l'aller voir si je pouvais faire cas des plaisirs qu'on achète aux dépens de ses amis. Je n'ai jamais aimé le luxe, et je le hais maintenant de l'avoir ôtée à moi pour je ne sais combien d'années. Mon enfant, nous n'allâmes ni l'une ni l'autre faire nos emplettes de noce à Genève; mais, quelque mérite que puisse avoir ton frère, je doute que ta belle-sœur soit plus heureuse avec sa dentelle de Flandre et ses étoffes des Indes, que nous dans notre simplicité. Je te charge pourtant, malgré ma rancune, de l'engager à venir faire la noce à Clarens. Mon père écrit au tien, et mon mari à la mère de l'épouse, pour les en prier. Voilà les lettres; donne-les, et soutiens l'invitation de ton crédit renaissant : c'est tout ce que je puis faire pour que la fête ne se fasse pas sans moi; car je te déclare qu'à quelque prix que ce soit je ne veux pas quitter ma famille. Adieu, cousine : un mot de tes nouvelles, et que je sache au moins quand je dois l'attendre. Voici le deuxième jour depuis ton départ, et je ne sais plus vivre si longtemps sans toi.

P. S. Tandis que j'achevais cette lettre interrompue, Mlle Henriette se donnait les airs d'écrire aussi de son côté. Comme je veux que les enfants disent toujours ce qu'ils pensent et non ce qu'on leur fait dire, j'ai laissé la petite curieuse écrire tout ce qu'elle a voulu sans y changer un seul mot. Troisième lettre ajoutée à la mienne. Je me doute bien que ce n'est pas encore celle que tu cherchais du coin de l'œil en furetant ce paquet. Pour celle-là dispense-toi de l'y chercher plus longtemps, car tu ne la trouveras pas. Elle est adressée à Clarens; c'est à Clarens qu'elle doit être lue; arrange-toi là-dessus.

LETTRE XIV.

D'HENRIETTE A SA MÈRE.

Où êtes-vous donc, maman? On dit que vous êtes à Genève, et que c'est si loin, si loin, qu'il faudrait marcher deux jours tout le jour pour vous atteindre: voulez-vous donc faire aussi le tour du monde? Mon petit papa est parti ce matin pour Etange; mon petit grand-papa est à la chasse; ma petite maman vient de s'enfermer pour écrire; il ne reste que ma mie Pernette et ma mie Fanchon. Mon Dieu! je ne sais plus comment tout va; mais depuis le départ de notre bon ami, tout le monde s'éparpille. Maman, vous avez commencé la première. On s'ennuyait déjà bien quand vous n'aviez plus personne à faire endêver. Oh! c'est encore pis depuis que vous êtes partie; car la petite maman n'est pas non plus de si bonne humeur que quand vous y êtes. Maman, mon petit mali se porte bien; mais il ne vous aime plus, parce que vous ne l'avez pas fait sauter hier comme à l'ordinaire. Moi, je crois que je vous aimerais encore un peu si vous reveniez bien vite, afin qu'on ne s'ennuyât pas tant. Si vous voulez m'apaiser tout-à-fait, apportez à mon petit mali quelque chose qui lui fasse plaisir. Pour l'apaiser, lui, vous aurez bien l'esprit de trouver aussi ce qu'il faut faire. Ah! mon Dieu! si notre bon ami était ici, comme il l'aurait déjà deviné! Mon bel éventail est tout brisé; mon ajustement bleu n'est plus qu'un chiffon; ma pièce de blonde est en loques; mes mitaines à jour ne valent plus rien. Bonjour, maman. Il faut finir ma lettre, car la petite maman vient de finir la sienne et sort de son cabinet. Je crois qu'elle a les yeux rouges, mais je n'ose le lui dire; mais en lisant ceci elle verra bien que je l'ai vu. Ma bonne maman, que vous êtes méchante si vous faites pleurer ma petite maman!

P. S. J'embrasse mon grand-papa, j'embrasse mes oncles, j'embrasse ma nouvelle tante et sa maman; j'embrasse tout le monde excepté vous. Maman, vous m'entendez bien; je n'ai pas pour vous de si longs bras.

LETTRE XV.
DE MADAME D'ORBE A SA FILLE (1).

Tu fais bien, mignonne, de m'aimer encore un peu : pour moi, je t'aime à la folie. Mais je trouve que tu te plains de mon absence, de manière à la faire durer longtemps; car ta lettre m'en fait désirer beaucoup de semblables, et tu grondes de trop bonne grâce pour me donner envie de t'apaiser. Quant au petit mali, qu'il ne faut point tant appeler le tien, je veux l'apaiser, lui, de peur qu'il ne boude, et l'on n'a jamais bonne grâce à bouder. Tu dis que j'aurai bien l'esprit de savoir pour cela ce qu'il faut faire; ah! je le crois. J'emporterai d'ici tout plein d'ajustements avec lesquels je me ferai si jolie, qu'aussitôt qu'il m'aura vue il n'aura plus le courage d'être en colère et ne songera plus à toi. N'est-ce pas cela, ma mignonne?

Ne parlons point de ton bon ami, je t'en prie. Depuis qu'il t'a promis des coquilles, je sais qu'il t'a mise dans son parti. Mais patience : Genève a ses coquilles aussi bien que Rome, et tu verras que si je ne vends pas les miennes, je ne les donne pas légèrement.

Ne m'accuse point de faire pleurer ta petite maman, de peur que je ne t'en accuse la première. A ton avis, de laquelle de nous deux est-elle plus souvent mécontente? Elle est si enfant, ta petite maman! elle aura pleuré de ce que sa poupée n'était pas sage. Tu m'entends. Prends donc soin de la faire taire. Embrasse-la, caresse-la, traite-la en enfant gâté. Tu dois savoir comme il faut s'y prendre. Enfin dis-lui que je la connais bien, sa poupée, et qu'elle ne veut point que ta petite maman pleure.

(1) Cette quinzième lettre se trouve dans les brouillons de Jean-Jacques Rousseau déposés à la bibliothèque du Corps législatif. Peu d'éditeurs l'ont fait entrer dans le texte. Elle est censée incluse dans la lettre 11 de la sixième partie.

SIXIÈME PARTIE

LETTRE PREMIÈRE.

DE MADAME D'ORBE A MADAME DE WOLMAR.

Avant de partir de Lausanne il faut t'écrire un petit mot pour t'apprendre que j'y suis arrivée, non pas pourtant aussi joyeuse que j'espérais. Je me faisais une fête de ce petit voyage qui t'a toi-même si souvent tentée ; mais en refusant d'en être, tu me l'as rendu presque importun ; car quelle ressource y trouverai-je ? S'il est ennuyeux, j'aurai l'ennui pour mon compte ; et s'il est agréable, j'aurai le regret de m'amuser sans toi. Si je n'ai rien à dire contre tes raisons, crois-tu pour cela que je m'en contente ? Ma foi, cousine, tu te trompes bien fort ; et c'est encore ce qui me fâche de n'être pas même en droit de me fâcher. Dis, mauvaise, n'as-tu pas honte d'avoir toujours raison avec ton amie, et de résister à ce qui lui fait plaisir, sans lui laisser même celui de gronder ? Quand tu aurais planté là pour huit jours ton mari, ton ménage et tes marmots, ne dirait-on pas que tout eût été perdu ? Tu aurais fait une étourderie, il est vrai, mais tu en vaudrais cent fois mieux ; au lieu qu'en te mêlant d'être parfaite, tu ne seras plus bonne à rien, et tu n'auras qu'à te chercher des amis parmi les anges.

Malgré les mécontentements passés, je n'ai pu sans attendrissement me retrouver au milieu de ma famille : j'y ai été reçue avec plaisir ou du moins avec beaucoup de caresses. J'attends, pour te parler de mon frère, que j'aie fait connaissance avec lui. Avec une assez belle figure il a l'air empesé du pays d'où il vient. Il est sérieux et froid ; je lui trouve même un peu de morgue : j'ai grand'peur pour la petite personne qu'au lieu d'être un aussi bon mari que les nôtres, il ne tranche un peu du seigneur et maître.

Mon père a été si charmé de me voir, qu'il a quitté pour m'embrasser la relation d'une grande bataille que les Français viennent de gagner en Flandre, comme pour vérifier la prédiction de l'ami de notre ami. Quel bonheur qu'il n'ait pas été là ! Imagines-tu le brave Edouard voyant fuir les Anglais, et fuyant lui-même ?... Jamais, jamais !... il se fût fait tuer cent fois.

Mais à propos de nos amis, il y a longtemps qu'ils ne nous ont écrit. N'était-ce pas hier, je crois, jour de courrier ? Si tu reçois de leurs lettres, j'espère que tu n'oublieras pas l'intérêt que j'y prends.

Adieu, cousine ; il faut partir. J'attends de tes nouvelles à Genève, où nous comptons arriver demain pour dîner. Au reste, je t'avertis que de manière ou d'autre la noce ne se fera pas sans toi, et que si tu ne veux pas venir à Lausanne, moi je viens avec tout mon monde mettre Clarens au pillage, et boire les vins de tout l'univers.

LETTRE II.

DE MADAME D'ORBE A MADAME DE WOLMAR.

A merveille, sœur prêcheuse ! mais tu comptes un peu trop, ce me semble, sur l'effet salutaire de tes sermons. Sans juger s'ils endormaient beaucoup autrefois ton ami, je t'avertis qu'ils n'endorment point aujourd'hui ton amie; et celui que j'ai reçu hier au soir, loin de m'exciter au sommeil, me l'a ôté durant la nuit entière. Gare la paraphrase de mon Argus s'il voit cette lettre! mais j'y mettrai bon ordre, et je te jure que tu te brûleras les doigts plutôt que de la lui montrer.

Si j'allais te récapituler point par point, j'empiéterais sur tes droits; il vaut mieux suivre ma tête : et puis, pour avoir l'air plus modeste et ne pas te donner trop beau jeu, je ne veux pas d'abord parler de nos voyageurs et du courrier d'Italie. Le pis-aller, si cela m'arrive, sera de récrire ma lettre, et de mettre le commencement à la fin. Parlons de la prétendue lady Bomston.

Je m'indigne à ce seul titre. Je ne pardonnerais pas plus à Saint-Preux de le laisser prendre à cette fille, qu'à Edouard de le lui donner, et à toi de le reconnaître. Julie de Wolmar recevoir Lauretta Pisana dans sa maison! la souffrir auprès d'elle! eh! mon enfant, y penses-tu? Quelle douceur cruelle est-ce là? Ne sais-tu pas que l'air qui t'entoure est mortel à l'infamie? La pauvre malheureuse oserait-elle mêler son haleine à la tienne? oserait-elle respirer près de toi? Elle y serait plus mal à son aise qu'un possédé touché par des reliques; ton seul regard la ferait rentrer en terre; ton ombre seule la tuerait.

Je ne méprise point Laure, à Dieu ne plaise! au contraire, je l'admire et la respecte d'autant plus qu'un pareil retour est héroïque et rare. En est-ce assez pour autoriser les comparaisons basses avec lesquelles tu t'oses profaner toi-même? comme si, dans ses plus grandes faiblesses, le véritable amour ne gardait pas la personne, et ne rendait pas l'honneur plus jaloux! Mais je t'entends, et je t'excuse. Les objets éloignés et bas se confondent maintenant à ta vue; dans ta sublime élévation, tu regardes la terre et n'en vois plus les inégalités : ta dévote humilité sait mettre à profit jusqu'à ta vertu.

Hé bien! que sert tout cela? Les sentiments naturels en reviennent-ils moins? l'amour-propre en fait-il moins son jeu? Malgré toi tu sens ta répugnance; tu la taxes d'orgueil, tu la voudrais combattre, tu l'imputes à l'opinion. Bonne fille! et depuis quand l'opprobre du vice n'est-il que dans l'opinion? Quelle société conçois-tu possible avec une femme devant qui l'on ne saurait nommer la chasteté, l'honnêteté, la vertu, sans lui faire verser des larmes de honte, sans ranimer ses douleurs, sans insulter presque à son repentir? Crois-moi, mon ange, il faut respecter Laure et ne la point voir. La fuir est un égard que lui doivent d'honnêtes femmes; elle aurait trop à souffrir avec nous.

Ecoute. Ton cœur te dit que ce mariage ne se doit point faire : n'est-ce pas te dire qu'il ne se fera point?... Notre ami, dis-tu, n'en parle pas dans sa lettre... dans la lettre que tu dis qu'il m'écrit?... et tu dis que cette lettre est fort longue?... et puis vient le discours de ton mari... Il est mystérieux, ton mari!... Vous êtes un couple de fripons qui me jouez d'intelligence; mais... Son sentiment, au reste, n'était pas ici fort nécessaire... surtout pour toi qui as vu la lettre... ni pour moi qui ne l'ai pas vue... car je suis plus sûre de ton ami, du mien, que de toute la philosophie.

Ah çà! ne voilà-t-il pas déjà cet importun qui revient on ne sait comment! Ma foi, de peur qu'il ne revienne encore, puisque je suis sur son chapitre, il faut que je l'épuise, afin de n'en pas faire à deux fois.

N'allons point nous perdre dans le pays des chimères. Si tu n'avais pas été Julie, si ton ami n'eût pas été ton amant, j'ignore ce qu'il eût été pour moi; je ne sais ce que j'aurais été moi-même : tout ce que je sais bien, c'est que, si sa mauvaise étoile me l'eût adressé d'abord, c'était fait de sa pauvre tête; et, que je sois folle ou non, je l'aurais infailliblement rendu fou. Mais qu'importe ce que je pouvais être? parlons de ce que je suis. La première chose que j'ai faite a été de l'aimer. Dès nos premiers ans mon cœur s'absorba dans le tien : toute tendre et sensible que j'eusse été, je ne sus plus aimer ni sentir par moi-même; tous mes sentiments me vinrent de toi; toi seule me tins lieu de tout, et je ne vécus que pour être ton amie. Voilà ce que vit la Chaillot; voilà sur quoi elle me jugea. Réponds, cousine, se trompa-t-elle?

Je fis mon frère de ton ami, tu le sais. L'amant de mon amie me fut comme le fils de ma mère. Ce ne fut point ma raison, mais mon cœur qui fit ce choix. J'eusse été plus sensible encore, que je ne l'aurais pas autrement aimé. Je l'embrassais en embrassant la plus chère moitié de toi-même, j'avais pour garant de la pureté de mes caresses leur propre vivacité. Une fille traite-t-elle ainsi ce qu'elle aime? le traitais-tu toi-même ainsi? Non, Julie; l'amour chez nous est craintif et timide; la réserve et la honte sont ses avances; il s'annonce par ses refus, et, sitôt qu'il transforme en faveurs les caresses, il en sait bien distinguer le prix. L'amitié est prodigue, mais l'amour est avare.

J'avoue que de trop étroites liaisons sont toujours périlleuses à l'âge où nous étions lui et moi; mais, tous deux le cœur plein du même objet, nous nous accoutumâmes tellement à le placer entre nous, qu'à moins de t'anéantir nous ne pouvions plus arriver l'un à l'autre; la familiarité même dont nous avions pris la douce habitude, cette familiarité dans tout autre cas si dangereuse, fut alors ma sauvegarde. Nos sentiments dépendent de nos idées; et, quand elles ont pris un certain cours, elles en changent difficilement. Nous en avions trop dit sur un ton pour recommencer sur un autre; nous étions déjà trop loin pour revenir sur nos pas. L'amour veut faire tout son progrès lui-même; il n'aime point que l'amitié lui épargne la moitié du chemin. Enfin, je l'ai dit autrefois, et j'ai lieu de le croire encore, on ne prend guère de baisers coupables sur la même bouche où l'on en prit d'innocents.

A l'appui de tout cela vint celui que le ciel destinait à faire le court bonheur de ma vie. Tu le sais, cousine, il était jeune, bien fait, honnête, attentif, complaisant : il ne savait pas aimer comme ton ami; mais c'était moi qu'il aimait; et quand on a le cœur libre, la passion qui s'adresse à nous a toujours quelque chose de contagieux. Je lui rendis donc du mien tout ce qu'il en restait à prendre, et sa part fut encore assez bonne pour ne lui pas laisser de regret à son choix. Avec cela qu'avais-je à redouter? J'avoue même que les droits du sexe, joints à ceux du devoir, portèrent un moment préjudice aux tiens, et que, livrée à mon nouvel état, je fus d'abord plus épouse qu'amie; mais en revenant à toi je te rapportai deux cœurs au lieu d'un, et je n'ai pas oublié depuis que je suis restée seule chargée de cette double dette.

Que te dirai-je encore, ma douce amie? Au retour de notre ancien maître, c'était pour ainsi dire une nouvelle connaissance à faire. Je crus le voir avec d'autres yeux; je crus sentir en l'embrassant un frémissement qui jusque-là m'avait été inconnu. Plus cette émotion me fut délicieuse, plus elle me fit de peur. Je m'alarmai comme d'un crime d'un sentiment qui n'existait peut-être que parce qu'il n'était plus criminel. Je pensai trop que ton amant ne l'était plus et qu'il ne pouvait plus l'être; je sentis trop qu'il était libre et que je l'étais aussi. Tu sais le reste, aimable cousine; mes frayeurs, mes scrupules te furent connus aussitôt qu'à moi. Mon cœur sans expérience s'intimidait tellement d'un état si nouveau pour lui, que je me reprochais mon empressement de te rejoindre, comme s'il n'eût pas précédé le retour de cet ami. Je n'aimais point qu'il fût précisément où je désirais si fort d'être, et je crois que j'aurais moins souffert de sentir ce désir plus tiède que d'imaginer qu'il ne fût pas tout pour toi.

Enfin, je te rejoignis, et je fus presque rassurée. Je m'étais moins reproché ma faiblesse après t'en avoir fait l'aveu; près de toi je me la reprochais moins encore : je crus m'être mise à mon tour sous ta garde, et je cessai de craindre pour moi. Je résolus, par ton conseil même, de ne point changer de conduite avec lui. Il est constant qu'une plus grande réserve eût été une espèce de déclaration; et ce n'était que trop de celles qui pouvaient m'échapper malgré moi, sans en faire une volontaire. Je continuai donc d'être badine par honte, et familière par modestie. Mais peut-être tout cela, se faisant moins naturellement, ne se faisait-il plus avec la même mesure. De folâtre que j'étais, je

devins tout-à-fait folle; et ce qui m'en accrut la confiance fut de sentir que je pouvais l'être impunément. Soit que l'exemple de ton retour à toi-même me donnât plus de force pour l'imiter, soit que ma Julie épure tout ce qui l'approche, je me trouvai tout-à-fait tranquille, et il ne me resta de mes premières émotions qu'un sentiment très doux, il est vrai, mais calme et paisible, et qui ne demandait rien de plus à mon cœur que la durée de l'état où j'étais.

Oui, chère amie, je suis tendre et sensible aussi bien que toi; mais je le suis d'une autre manière : mes affections sont plus vives, les tiennes sont plus pénétrantes. Peut-être avec des sens plus animés ai-je plus de ressources pour leur donner le change; et cette même gaîté qui coûte l'innocence à tant d'autres me l'a toujours conservée. Ce n'a pas toujours été sans peine, il faut l'avouer. Le moyen de rester veuve à mon âge, et de ne pas sentir quelquefois que les jours ne sont que la moitié de la vie? Mais, comme tu l'as dit et comme tu l'éprouves, la sagesse est un grand moyen d'être sage; car, avec toute ta bonne contenance, je ne te crois pas dans un cas fort différent du mien. C'est alors que l'enjouement vient à mon secours, et fait plus peut-être pour la vertu que n'eussent fait les graves leçons de la raison. Combien de fois, dans le silence de la nuit, où l'on ne peut s'échapper à soi-même, j'ai chassé des idées importunes en méditant des tours pour le lendemain! combien de fois j'ai sauvé les dangers d'un tête-à-tête par une saillie extravagante! Tiens, ma chère, il y a toujours, quand on est faible, un moment où la gaîté devient sérieuse, et ce moment ne viendra point pour moi : voilà ce que je crois sentir et de quoi je t'ose répondre.

Après cela, je te confirme librement tout ce que je t'ai dit dans l'Elysée sur l'attachement que j'ai senti naître, et sur tout le bonheur dont j'ai joui cet hiver. Je m'en livrais de meilleur cœur au charme de vivre avec ce que j'aime en sentant que je ne désirais rien de plus. Si ce temps eût duré toujours, je n'en aurais jamais souhaité un autre. Ma gaîté venait de contentement, et non d'artifice. Je tournais en espièglerie le plaisir de m'occuper de lui sans cesse : je sentais qu'en me bornant à rire je ne m'apprêtais point de pleurs.

Ma foi, cousine, j'ai cru m'apercevoir quelquefois que le jeu ne lui déplaisait pas trop à lui-même. Le rusé n'était pas fâché d'être fâché; et il ne s'apaisait avec tant de peine que pour se faire apaiser plus longtemps. J'en tirais occasion de lui tenir des propos assez tendres en paraissant me moquer de lui; c'était à qui des deux serait le plus enfant. Un jour qu'en ton absence il jouait aux échecs avec ton mari, et que je jouais au volant avec la Fanchon dans la même salle, elle avait le mot, et j'observais notre philosophe. A son air humblement fier et à la promptitude de ses coups, je vis qu'il avait beau jeu. La table était petite, et l'échiquier débordait. J'attendis le moment; et, sans paraître y tâcher, d'un revers de raquette je renversai l'échec et mat. Tu ne vis de tes jours pareille colère : il était si furieux, que, lui ayant laissé le choix d'un soufflet ou d'un baiser pour ma pénitence, il se détourna quand je lui présentai la joue. Je lui demandai pardon, il fut inflexible. Il m'aurait laissée à genoux si je m'y étais mise. Je finis par lui faire une autre pièce qui lui fît oublier la première, et nous fûmes meilleurs amis que jamais.

Avec une autre méthode, infailliblement je m'en serais moins bien tirée; et je m'aperçus une fois que, si le jeu fût devenu sérieux, il eût pu trop l'être. C'était un soir qu'il nous accompagnait ce duo si simple et si touchant de Leo, *Vado a morir, ben mio*. Tu chantais avec assez de négligence; je n'en faisais pas de même; et comme j'avais une main appuyée sur le clavecin, au moment le plus pathétique et où j'étais moi-même émue, il appliqua sur cette main un baiser que je sentis sur mon cœur. Je ne connais pas bien les baisers de l'amour; mais ce que je peux te dire, c'est que jamais l'amitié, pas même la nôtre, n'en a donné ni reçu de semblable à celui-là. Hé bien! mon enfant, après de pareils moments que devient-on quand on s'en va rêver seule et qu'on emporte avec soi leur souvenir? Moi je troublai la musique : il fallut danser; je fis danser le philosophe. On soupa presque en l'air; on veilla fort avant dans la nuit; je fus me coucher bien lasse, et je ne fis qu'un sommeil.

J'ai donc de fort bonnes raisons pour ne point gêner mon humeur ni

changer de manières. Le moment qui rendra ce changement nécessaire est si près, que ce n'est pas la peine d'anticiper. Le temps ne viendra que trop tôt d'être prude et réservée. Tandis que je compte encore par vingt, je me dépêche d'user de mes droits; car, passé la trentaine, on n'est plus folle, mais ridicule. Et ton épilogueur d'homme ose bien me dire qu'il ne me reste que six mois encore à retourner la salade avec les doigts. Patience! pour payer ce sarcasme je prétends la lui retourner dans six ans; et je te jure qu'il faudra qu'il la mange. Mais revenons.

Si l'on n'est pas maître de ses sentiments, au moins on l'est de sa conduite. Sans doute je demanderais au ciel un cœur plus tranquille; mais puissé-je à mon dernier jour offrir au souverain juge une vie aussi peu criminelle que celle que j'ai passée cet hiver! En vérité, je ne me reprochais rien auprès du seul homme qui pouvait me rendre coupable. Ma chère, il n'en est pas de même depuis qu'il est parti: en m'accoutumant à penser à lui dans son absence, j'y pense à tous les instants du jour; et je trouve son image plus dangereuse que sa personne. S'il est loin, je suis amoureuse; s'il est près, je ne suis que folle : qu'il revienne, et je ne le crains plus.

Au chagrin de son éloignement s'est jointe l'inquiétude de son rêve. Si tu as tout mis sur le compte de l'amour, tu t'es trompée; l'amitié avait part à ma tristesse. Depuis leur départ je te voyais pâle et changée : à chaque instant je pensais te voir tomber malade. Je ne suis pas crédule, mais craintive. Je sais bien qu'un songe n'amène pas un événement, mais j'ai toujours peur que l'événement n'arrive à sa suite. A peine ce maudit rêve m'a-t-il laissé une nuit tranquille, jusqu'à ce que t'ai vue bien remise et reprendre tes couleurs. Dussé-je avoir mis sans le savoir un intérêt suspect à cet empressement, il est sûr que j'aurais donné tout au monde pour qu'il se fût montré quand il s'en retourna comme un imbécille. Enfin, ma vaine terreur s'en est allée avec ton mauvais visage. Ta santé, ton appétit, ont plus fait que tes plaisanteries; et je t'ai vue si bien argumenter à table contre mes frayeurs, qu'elles se sont tout-à-fait dissipées. Pour surcroît de bonheur il revient; et j'en suis charmée à tous égards. Son retour ne m'alarme point, il me rassure; et sitôt que nous le verrons, je ne craindrai plus rien pour tes jours ni pour mon repos. Cousine, conserve-moi mon amie, et ne sois point en peine de la tienne; je réponds d'elle tant qu'elle t'aura... Mais, mon Dieu! qu'ai-je donc qui m'inquiète encore et me serre le cœur sans savoir pourquoi? Ah! mon enfant, faudra-t-il un jour qu'une des deux survive à l'autre? Malheur à celle sur qui doit tomber un sort si cruel! elle restera peu digne de vivre, ou sera morte avant sa mort.

Pourrais-tu me dire à propos de quoi je m'épuise en sottes lamentations? Foin de ces terreurs paniques qui n'ont pas le sens commun! au lieu de parler de mort, parlons de mariage; cela sera plus amusant. Il y a longtemps que cette idée est venue à ton mari; et s'il ne m'en eût jamais parlé, peut-être ne me fût-elle point venue à moi-même. Depuis lors j'y ai pensé quelquefois, et toujours avec dédain. Fi! cela vieillit une jeune veuve. Si j'avais des enfants d'un second lit, je me croirais la grand'mère de ceux du premier. Je te trouve aussi fort bonne de faire avec légèreté les honneurs de ton amie, et de regarder cet arrangement comme un soin de ta bénigne charité. Oh bien! je t'apprends, moi, que toutes les raisons fondées sur tes soucis obligeants ne valent pas la moindre des miennes contre un second mariage.

Parlons sérieusement. Je n'ai pas l'âme assez basse pour faire entrer dans ces raisons la honte de me rétracter d'un engagement téméraire pris avec moi seule, ni la crainte du blâme en faisant mon devoir, ni l'inégalité des fortunes dans un cas où tout l'honneur est pour celui des deux à qui l'autre veut bien devoir la sienne : mais, sans répéter ce que je t'ai dit tant de fois sur mon humeur indépendante et sur mon éloignement naturel pour le joug du mariage, je me tiens à une seule objection, et je la tire de cette voix si sacrée que personne au monde ne respecte autant que toi. Lève cette objection, cousine, et je me rends. Dans tous ces jeux qui te donnent tant d'effroi, ma conscience est tranquille. Le souvenir de mon mari ne me fait point rougir; j'aime à l'appeler à témoin de mon innocence : et pourquoi craindrais-je de faire devant son image tout ce que je faisais autrefois devant lui? En serait-il de même, ô Julie! si je violais les saints engagements qui nous unirent; que j'osasse jurer à un autre l'amour éternel que je lui jurai tant de fois; que mon cœur indignement partagé dérobât à sa mémoire ce qu'il donnerait à son successeur, et ne pût, sans offenser l'un des deux, remplir ce qu'il doit à l'autre? Cette même image, qui m'est si chère, ne me donnerait qu'épouvante et qu'effroi; sans cesse elle viendrait empoisonner mon bonheur, et son souvenir, qui fait la douceur de ma vie, en ferait le tourment. Comment oses-tu me parler de donner un successeur à mon mari, après avoir juré de n'en jamais donner au tien? comme si les raisons que tu m'allègues t'étaient moins applicables en pareil cas! Ils s'aimèrent... C'est pis encore. Avec quelle indignation verrait-il un homme qui lui fut cher usurper ses droits et rendre sa femme infidèle! Enfin, quand il serait vrai que je ne lui dois plus rien à lui-même, ne dois-je rien au cher gage de son amour? et puis-je croire qu'il eût jamais voulu de moi s'il eût prévu que j'eusse un jour exposé sa fille unique à se voir confondue avec les enfants d'un autre?

Encore un mot, et j'ai fini. Qui t'a dit que tous les obstacles viendraient de moi seule? En répondant de celui que cet engagement regarde, n'as-tu point plutôt consulté ton désir que ton pouvoir? Quand tu serais sûre de son aveu, n'aurais-tu donc aucun scrupule de m'offrir un cœur usé par une autre passion? Crois-tu que le mien dût s'en contenter, et que je pusse être heureuse avec un homme que je ne rendrais pas heureux? Cousine, penses-y mieux; sans exiger plus d'amour que je n'en puis ressentir moi-même, tous les sentiments que j'accorde, je veux qu'ils me soient rendus; et je suis trop honnête femme pour pouvoir me passer de plaire à mon mari. Quel garant as-tu donc de tes espérances? Un certain plaisir à se voir, qui peut être l'effet de la seule amitié; un transport passager, qui peut naître à notre âge de la seule différence du sexe; tout cela suffit-il pour les fonder? Si ce transport eût produit quelque sentiment durable, est-il croyable qu'il s'en fût, tu nonseulement à moi, mais à toi, mais à ton mari, de qui ce propos n'eût pu qu'être favorablement reçu? En a-t-il jamais dit un mot à personne? Dans nos tête-à-tête a-t-il jamais été question que de toi? a-t-il jamais été question de moi dans les vôtres? Puis-je penser que s'il avait eu là-dessus quelque secret pénible à garder, je n'aurais jamais aperçu sa contrainte, ou qu'il ne lui serait jamais échappé d'indiscrétion? Enfin, même depuis son départ, de laquelle de nous deux parle-t-il le plus dans ses lettres, de laquelle est-il occupé dans ses songes? Je l'admire de me croire sensible et tendre, et de ne pas imaginer que je me dirai tout cela! Mais j'aperçois vos ruses, ma mignonne; c'est pour vous donner droit de représailles que vous m'accusez d'avoir jadis sauvé mon cœur aux dépens du vôtre. Je ne suis pas la dupe de ce tour-là.

Voilà toute ma confession, cousine; je l'ai faite pour t'éclairer et non pour te contredire. Il me reste à te déclarer ma résolution sur cette affaire. Tu connais à présent mon intérieur aussi bien et peut-être mieux que moi-même : mon honneur, mon bonheur, te sont chers autant qu'à moi; et dans le calme des passions, ta raison te fera mieux voir où je dois trouver l'un et l'autre. Charge-toi donc de ma conduite; je t'en remets l'entière direction. Rentrons dans notre état naturel, et changeons entre nous de métier; nous nous en tirerons mieux toutes deux. Gouverne; je serai docile : c'est à toi de vouloir ce que je dois faire, à moi de faire ce que tu voudras. Tiens mon âme à couvert dans la tienne : que sert aux inséparables d'en avoir deux?

Ah çà! revenons à présent à nos voyageurs. Mais j'ai déjà tant parlé de l'un que je n'ose plus parler de l'autre, de peur que la différence du style ne se fit un peu trop sentir, et que l'amitié même que j'ai pour l'Anglais ne dît trop en faveur du Suisse. Et puis, que dire sur des lettres qu'on n'a pas vues? Tu devais bien au moins m'envoyer celle de mylord Édouard : mais tu n'as

osé l'envoyer sans l'autre, et tu as fort bien fait... Tu pouvais pourtant faire mieux encore... Ah! vivent les duègnes de vingt ans! elles sont plus traitables qu'à trente.

Il faut au moins que je me venge en t'apprenant ce que tu as opéré par cette belle réserve ; c'est de me faire imaginer la lettre en question.... cette lettre si.... cent fois plus si, qu'elle ne l'est réellement. De dépit je me plais à la remplir de choses qui n'y sauraient être. Va, si je n'y suis pas adorée, c'est à toi que je ferai payer tout ce qu'il en faudra rabattre.

En vérité, je ne sais après tout cela comment tu m'oses parler du courrier d'Italie. Tu prouves que mon tort ne fut pas de l'attendre, mais de ne pas l'attendre assez longtemps. Un pauvre petit quart d'heure de plus, j'allais au-devant du paquet, je m'en emparais la première, je lisais le tout à mon aise ; et c'était mon tour de me faire valoir. Les raisins sont trop verts. On me retient deux lettres ; mais j'en ai deux autres que, quoi que tu puisses croire, je ne changerais sûrement pas contre celles-là, quand tous les *si* du monde y seraient. Je te jure que si celle d'Henriette ne tient pas sa place à côté de la tienne, c'est qu'elle la passe, et que ni toi ni moi n'écrirons de la vie rien d'aussi joli. Et puis on se donnera les airs de traiter ce prodige de petite impertinente ! ah ! c'est assurément pure jalousie. En effet, te voit-on jamais à genoux devant elle lui baiser humblement les deux mains l'une après l'autre ? Grâce à toi, la voilà modeste comme une vierge, et grave comme un Caton ; respectant tout le monde, jusqu'à sa mère : il n'y a plus le mot pour rire à ce qu'elle dit ; à ce qu'elle écrit, passe encore. Aussi, depuis que j'ai découvert ce nouveau talent, avant que tu gâtes ses lettres comme ses propos, je compte établir de sa chambre à la mienne un courrier d'Italie dont on n'escamotera point les paquets.

Adieu, petite cousine. Voilà des réponses qui t'apprendront à respecter mon crédit renaissant. Je voulais te parler de ce pays et de ses habitants : mais il faut mettre fin à ce volume ; et puis tu m'as toute brouillée avec tes fantaisies ; et le mari m'a presque fait oublier les hôtes. Comme nous avons encore cinq ou six jours à rester ici, et que j'aurai le temps de mieux revoir le peu que j'ai vu, tu ne perdras rien pour attendre, et tu peux compter sur un second tome avant mon départ.

LETTRE III.

DE MYLORD ÉDOUARD A M. DE WOLMAR.

Non, cher Wolmar, vous ne vous êtes point trompé : le jeune homme est sûr ; mais moi je ne le suis guère, et j'ai failli payer cher l'expérience qui m'en a convaincu. Sans lui je succombais moi-même à l'épreuve que je lui avais destinée. Vous savez que, pour contenter sa reconnaissance et remplir son cœur de nouveaux objets, j'affectais de donner à ce voyage plus d'importance qu'il n'en avait réellement. D'anciens penchants à flatter, une vieille habitude à suivre encore une fois, voilà, avec ce qui se rapportait à Saint-Preux, tout ce qui m'engageait à l'entreprendre. Dire les derniers adieux aux attachements de ma jeunesse, ramener un ami parfaitement guéri, voilà tout le fruit que j'en voulais recueillir.

Je vous ai marqué que le songe de Villeneuve m'avait laissé des inquiétudes : ce songe me rendit suspects les transports de joie auxquels il s'était livré quand je lui avais annoncé qu'il était le maître d'élever vos enfants et de passer sa vie avec vous. Pour mieux l'observer dans les effusions de son cœur, j'avais d'abord prévenu ses difficultés ; en lui déclarant que je m'établirais moi-même avec vous, je ne laissais plus à son amitié d'objections à me faire : mais de nouvelles résolutions me firent changer de langage.

Il n'eut pas vu trois fois la marquise, que nous fûmes d'accord sur son compte. Malheureusement pour elle, elle voulut le gagner, et ne fit que lui montrer ses artifices. L'infortunée ! que de grandes qualités sans vertu ! que d'amour sans honneur ! Cet amour ardent et vrai me touchait, m'attachait, nourrissait le mien ; mais il prit la teinte de son âme noire, et finit par me faire horreur. Il ne fut plus question d'elle.

Quand il eut vu Laure, qu'il connut son cœur, sa beauté, son esprit, et cet attachement sans exemple, trop fait pour me rendre heureux, je résolus de me servir d'elle pour bien éclaircir l'état de Saint-Preux. « Si j'épouse Laure, lui dis-je, mon dessein n'est point de la mener à Londres, où quelqu'un pourrait la reconnaître, mais dans les lieux où l'on sait honorer la vertu partout où elle est ; vous remplirez votre emploi, et nous ne cesserons point de vivre ensemble. Si je ne l'épouse pas, il est temps de me recueillir. Vous connaissez ma maison d'Oxfordshire, et vous choisirez d'élever les enfants d'un de vos amis, ou d'accompagner l'autre dans sa solitude. » Il me fit la réponse à laquelle je pouvais m'attendre : mais je voulais l'observer par sa conduite. Car si pour vivre à Clarens il favorisait un mariage qu'il eût dû blâmer, ou si, dans cette occasion délicate, il préférait à son bonheur la gloire de son ami, dans l'un et dans l'autre cas l'épreuve était faite, et son cœur était jugé.

Je le trouvai d'abord tel que je le désirais, ferme contre le projet que je feignais d'avoir, et armé de toutes les raisons qui devaient m'empêcher d'épouser Laure. Je sentais ces raisons mieux que lui ; mais je la voyais sans cesse, et je la voyais affligée et tendre. Mon cœur, tout-à-fait détaché de la marquise, se fixa par ce commerce assidu. Je trouvai dans les sentiments de Laure de quoi redoubler l'attachement qu'elle m'avait inspiré. J'eus honte de sacrifier à l'opinion, que je méprisais, l'estime que je devais à son mérite : ne devais-je rien aussi à l'espérance que je lui avais donnée, sinon par mes discours, au moins par mes soins ? Sans avoir rien promis, ne rien tenir, c'était la tromper ; cette tromperie était barbare. Enfin, joignant à mon penchant une espèce de devoir, et songeant plus à mon bonheur qu'à ma gloire, j'achevai de l'aimer par raison, je résolus de pousser la feinte aussi loin qu'elle pouvait aller, et jusqu'à la réalité même si je ne pouvais m'en tirer autrement sans injustice.

Cependant je sentis augmenter mon inquiétude sur le compte du jeune homme, voyant qu'il ne remplissait pas dans toute sa force le rôle dont il s'était chargé. Il s'opposait à mes vues, il improuvait le nœud que je voulais former ; mais il combattait mal mon inclination naissante, et me parlait de Laure avec tant d'éloges, qu'en paraissant me détourner de l'épouser, il augmentait mon penchant pour elle. Ces contradictions m'alarmèrent. Je ne le trouvais point aussi ferme qu'il aurait dû l'être : il semblait n'oser heurter de front mon sentiment, il mollissait contre ma résistance, il craignait de me fâcher, il n'avait point à mon gré pour son devoir l'intrépidité qu'il inspire à ceux qui l'aiment.

D'autres observations augmentèrent ma défiance ; je sus qu'il voyait Laure en secret ; je remarquais entre eux des signes d'intelligence. L'espoir de s'unir à celui qu'elle avait tant aimé ne la rendait point gaie. Je lisais bien la même tendresse dans ses regards ; mais cette tendresse n'était plus mêlée de joie à mon abord, la tristesse y dominait toujours. Souvent, dans les plus doux épanchements de son cœur, je la voyais jeter sur le jeune homme un coup d'œil à la dérobée, et ce coup d'œil était suivi de quelques larmes qu'on cherchait à me cacher. Enfin le mystère fut poussé au point que j'en fus alarmé. Jugez de ma surprise. Que pouvais-je penser ? N'avais-je réchauffé qu'un serpent dans mon sein ? Jusqu'où n'osais-je point porter mes soupçons et lui rendre son ancienne injustice ! Faibles et malheureux que nous sommes ! c'est nous qui faisons nos propres maux. Pourquoi nous plaindre que les méchants nous tourmentent, si les bons se tourmentent encore entre eux ?

Tout cela ne fit qu'achever de me déterminer. Quoique j'ignorasse le fond de cette intrigue, je voyais que le cœur de Laure était toujours le même ; et cette épreuve ne me la rendait que plus chère. Je me proposais d'avoir une explication avec elle avant la conclusion ; mais je voulais attendre jusqu'au dernier moment, pour prendre auparavant par moi-même tous les éclaircissements possibles. Pour lui, j'étais résolu de me convaincre, de le convaincre, enfin d'aller jusqu'au bout avant que de lui rien dire ni de prendre un parti par rapport à lui, prévoyant une rupture infaillible, et ne voulant pas mettre un bon naturel et vingt ans d'honneur en balance avec des soupçons.

La marquise n'ignorait rien de ce qui se passait entre nous. Elle avait des épies dans le couvent de Laure, et parvint à savoir qu'il était question de mariage. Il n'en fallut pas davantage pour réveiller ses fureurs : elle m'écrivit des lettres menaçantes. Elle fit plus que d'écrire; mais comme ce n'était pas la première fois, et que nous étions sur nos gardes, ses tentatives furent vaines. J'eus seulement le plaisir de voir dans l'occasion que Saint-Preux savait payer de sa personne, et ne marchandait pas sa vie pour sauver celle d'un ami.

Vaincue par les transports de sa rage, la marquise tomba malade et ne se releva plus. Ce fut là le terme de ses tourments (1) et de ses crimes. Je ne pus apprendre son état sans en être affligé. Je lui envoyai le docteur Eswin; Saint-Preux y fut de ma part : elle ne voulut voir ni l'un ni l'autre; elle ne voulut pas même entendre parler de moi, et m'accabla d'imprécations horribles chaque fois qu'elle entendit prononcer mon nom. Je gémis sur elle, et sentis mes blessures prêtes à se rouvrir. La raison vainquit encore; mais j'eusse été le dernier des hommes de songer au mariage, tandis qu'une femme qui me fut si chère était à l'extrémité. Saint-Preux, craignant qu'enfin je ne pusse résister au désir de la voir, me proposa le voyage de Naples, et j'y consentis.

Le surlendemain de notre arrivée, je le vis entrer dans ma chambre avec une contenance ferme et grave, et tenant une lettre à la main. Je m'écriai : « La marquise est morte?—Plût à Dieu! reprit-il froidement; il vaut mieux n'être plus que d'exister pour mal faire. Mais ce n'est pas d'elle que je viens vous parler; écoutez-moi. » J'attendis en silence.

« Mylord, me dit-il, en me donnant le saint nom d'ami vous m'apprîtes à le porter. J'ai rempli la fonction dont vous m'avez chargé; et, vous voyant prêt à vous oublier, j'ai dû vous rappeler à vous-même. Vous n'avez pu rompre une chaîne que par une autre. Toutes deux étaient indignes de vous. S'il n'eût été question que d'un mariage inégal, je vous aurais dit : —Songez que vous êtes pair d'Angleterre, et renoncez aux honneurs du monde, ou respectez l'opinion.—Mais un mariage abject!...vous!... Choisissez mieux votre épouse. Ce n'est pas assez qu'elle soit vertueuse, elle doit être sans tache.... la femme d'Edouard Bomston n'est pas facile à trouver. Voyez ce que j'ai fait. »

Alors il me remit la lettre. Elle était de Laure. Je ne l'ouvris pas sans émotion. « L'amour a vaincu, me disait-elle : vous avez voulu m'épouser; je suis contente. Votre ami m'a dicté mon devoir; je le remplis sans regret. En vous déshonorant, j'aurais vécu malheureuse; en vous laissant votre gloire, je crois la partager. Le sacrifice de tout mon bonheur à un devoir si cruel me fait oublier la honte de ma jeunesse. Adieu; dès cet instant je cesse d'être en votre pouvoir et au mien. Adieu pour jamais. O Edouard! ne portez pas le désespoir dans ma retraite; écoutez mon dernier vœu. Ne donnez à nulle autre une place que je n'ai pu remplir. Il fut au monde un cœur fait pour vous, et c'était celui de Laure. »

L'agitation m'empêchait de parler. Il profita de mon silence pour me dire qu'après mon départ elle avait pris le voile dans le couvent où elle était pensionnaire; que la cour de Rome, informée qu'elle devait épouser un luthérien, avait donné des ordres pour m'empêcher de la revoir; et il m'avoua franchement qu'il avait pris tous ces soins de concert avec elle. « Je ne m'opposai point à vos projets, continua-t-il, aussi vivement que je l'aurais pu, craignant

---

(1) Par la lettre de mylord Edouard ci-devant supprimée, on voit qu'il pensait qu'à la mort des méchants leurs âmes étaient anéanties.

un retour à la marquise, et voulant donner le change à cette ancienne passion par celle de Laure. En vous voyant aller plus loin qu'il ne fallait, je fis d'abord parler la raison; mais, ayant trop acquis par mes propres fautes le droit de me défier d'elle, je sondai le cœur de Laure, et y trouvant toute la générosité qui est inséparable du véritable amour, je m'en prévalus pour la porter au sacrifice qu'elle vient de faire. L'assurance de n'être plus l'objet de votre mépris lui releva le courage et la rendit plus digne de votre estime. Elle a fait son devoir; il faut faire le vôtre. »

Alors s'approchant avec transport, il me dit en me serrant contre sa poitrine : « Ami, je lis, dans le sort commun que le ciel nous envoie, la loi commune qu'il nous prescrit. Le règne de l'amour est passé, que celui de l'amitié commence; mon cœur n'entend plus que sa voix sacrée, il ne connaît plus d'autre chaîne que celle qui me lie à toi. Choisis le séjour que tu veux habiter : Clarens, Oxford, Londres, Paris ou Rome; tout me convient, pourvu que nous y vivions ensemble. Va, viens où tu voudras, cherche un asile en quelque lieu que ce puisse être, je te suivrai partout : j'en fais le serment solennel à la face du Dieu vivant, je ne te quitte plus qu'à la mort. »

Je fus touché. Le zèle et le feu de cet ardent jeune homme éclataient dans ses yeux. J'oubliai la marquise et Laure. Que peut-on regretter au monde quand on y conserve un ami? Je vis aussi, par le parti qu'il prit sans hésiter dans cette occasion, qu'il était guéri véritablement, et que vous n'aviez pas perdu vos peines; enfin j'osai croire, par le vœu qu'il fit de si bon cœur de rester attaché à moi, qu'il l'était plus à la vertu qu'à ses anciens penchants. Je puis donc vous le ramener en toute confiance. Oui, cher Wolmar, il est digne d'élever des hommes, et, qui plus est, d'habiter votre maison.

Peu de jours après, j'appris la mort de la marquise. Il y avait longtemps pour moi qu'elle était morte; cette perte ne me toucha plus. Jusqu'ici j'avais regardé le mariage comme une dette que chacun contracte à sa naissance envers son espèce, envers son pays, et j'avais résolu de me marier moins par inclination que par devoir. J'ai changé de sentiment. L'obligation de se marier n'est pas commune à tous; elle dépend pour chaque homme de l'état où le sort l'a placé : c'est pour le peuple, pour l'artisan, pour le villageois, pour les hommes vraiment utiles, que le célibat est illicite; pour les ordres qui dominent les autres, auxquels tout tend sans cesse, et qui ne sont toujours que trop remplis, il est permis et même convenable. Sans cela, l'état ne fait que se dépeupler par la multiplication des sujets qui lui sont à charge. Les hommes auront toujours assez de maîtres, et l'Angleterre manquera plutôt de laboureurs que de pairs.

Je me crois donc libre et maître de moi dans la condition où le ciel m'a fait naître. A l'âge où je suis, on ne répare plus les pertes que mon cœur a faites. Je le dévoue à cultiver ce qui me reste, et ne puis mieux le rassembler qu'à Clarens. J'accepte donc toutes vos offres, sous les conditions que ma fortune y doit mettre, afin qu'elle ne me soit pas inutile. Après l'engagement qu'a pris Saint-Preux, je n'ai plus d'autre moyen de le tenir auprès de vous que d'y demeurer moi-même; et si jamais il y est de trop, il me suffira d'en partir. Le seul embarras qui me reste est pour mes voyages d'Angleterre; car, quoique je n'aie plus aucun crédit dans le parlement, il me suffit d'en être membre pour faire mon devoir jusqu'à la fin. Mais j'ai un collègue et un ami sûr que je puis charger de ma voix dans les affaires courantes. Dans les occasions où je croirai devoir m'y trouver moi-même, notre élève pourra m'accompagner, même avec les siens quand ils seront un peu plus grands, et que vous voudrez bien nous les confier. Ces voyages ne sauraient que leur être utiles et ne seront pas assez longs pour affliger beaucoup leur mère.

Je n'ai point montré cette lettre à Saint-Preux; ne la montrez pas entière à vos dames : il convient que le projet de cette épreuve ne soit jamais connu que de vous et de moi. Au surplus, ne leur cachez rien de ce qui fait honneur à mon digne ami, même à mes dépens. Adieu, cher Wolmar. Je vous envoie les dessins de mon pavillon; réformez, changez comme il vous plaira; mais faites-y travailler dès à présent, s'il se peut. J'en voulais ôter le salon de musique; car tous mes goûts sont éteints, et je ne me soucie plus de rien. Je le laisse, à la prière de Saint-Preux, qui se propose d'exercer dans ce salon vos enfants. Vous recevrez aussi quelques livres pour l'augmentation de votre bibliothèque; mais que trouverez-vous de nouveau dans des livres? O Wolmar! il ne vous manque que d'apprendre à lire dans celui de la nature pour être le plus sage des mortels.

LETTRE IV.

DE M. DE WOLMAR A MYLORD ÉDOUARD.

Je me suis attendu, cher Bomston, au dénoûment de vos longues aventures. Il eût paru bien étrange qu'ayant résisté si longtemps à vos penchants, vous eussiez attendu, pour vous laisser vaincre, qu'un ami vînt vous soutenir, quoiqu'à vrai dire on soit souvent plus faible en s'appuyant sur un autre que quand on ne compte que sur soi. J'avoue pourtant que je fus alarmé de votre dernière lettre, où vous m'annonciez votre mariage avec Laure comme une affaire absolument décidée. Je doutai de l'événement malgré votre assurance; et, si mon attente eût été trompée, de mes jours je n'aurais revu Saint-Preux. Vous avez fait tous deux ce que j'avais espéré de l'un et de l'autre, et vous avez trop bien justifié le jugement que j'avais porté de vous, pour que je ne sois pas charmé de vous voir reprendre nos premiers arrangements. Venez, hommes rares, augmenter et partager le bonheur de cette maison. Quoi qu'il en soit de l'espoir des croyants dans l'autre vie, j'aime à passer avec eux celle-ci, et je sens que vous me convenez tous mieux tels que vous êtes, que si vous aviez le malheur de penser comme moi.

Au reste, vous savez ce que je vous dis sur son sujet à votre départ. Je n'avais pas besoin pour le juger de votre épreuve, car la mienne était faite, et je crois le connaître autant qu'un homme en peut connaître un autre. J'ai d'ailleurs plus d'une raison de compter sur son cœur, et de bien meilleures cautions de lui que lui-même. Quoique dans votre renoncement au mariage il paraisse vouloir vous imiter, peut-être trouverez-vous ici de quoi l'engager à changer de système. Je m'expliquerai mieux après votre retour.

Quant à vous, je trouve vos distinctions sur le célibat toutes nouvelles et fort subtiles. Je les crois même judicieuses pour le politique qui balance les forces respectives de l'état afin d'en maintenir l'équilibre. Mais je ne sais si dans vos principes ces raisons sont assez solides pour dispenser les particuliers de leur devoir envers la nature. Il semblerait que la vie est un bien qu'on ne reçoit qu'à la charge de le transmettre, une sorte de substitution qui doit passer de race en race, et que quiconque eut un père est obligé de le devenir. C'était votre sentiment jusqu'ici, c'était une des raisons de votre voyage; mais je ne sais d'où vous vient cette nouvelle philosophie, et j'ai vu dans le billet de Laure un argument auquel votre cœur n'a point de réplique.

La petite cousine est depuis huit ou dix jours à Genève avec sa famille, pour des emplettes et d'autres affaires. Nous l'attendons de retour de jour en jour. J'ai dit à ma femme de votre lettre tout ce qu'elle en devait savoir. Nous avions appris par M. Miol que le mariage était rompu; mais elle ignorait la part qu'avait Saint-Preux à cet événement. Soyez sûr qu'elle n'apprendra jamais qu'avec la plus vive joie tout ce qu'il fera pour mériter vos bienfaits et justifier votre estime. Je lui ai montré les dessins de votre pavillon; elle les trouve de très bon goût : nous y ferons pourtant quelques changements que le local exige, et qui rendront votre logement plus commode; vous les approuverez sûrement. Nous attendons l'avis de Claire avant d'y toucher; car vous savez qu'on ne peut rien faire sans elle. En attendant j'ai déjà mis du monde en œuvre, et j'espère qu'avant l'hiver la maçonnerie sera fort avancée.

Je vous remercie de vos livres, mais je ne lis plus ceux que j'entends, et il est trop tard pour apprendre à lire ceux que je n'entends pas. Je suis pourtant moins ignorant que vous ne m'accusez de l'être. Le vrai livre de la nature est pour moi le cœur des hommes, et la preuve que j'y sais lire est dans mon amitié pour vous.

LETTRE V.

DE MADAME D'ORBE A MADAME DE WOLMAR.

J'ai bien des griefs, cousine, à la charge de ce séjour. Le plus grave est qu'il me donne envie d'y rester. La ville est charmante, les habitants sont hospitaliers, les mœurs sont honnêtes; et la liberté, que j'aime sur toutes choses, semble s'y être réfugiée. Plus je contemple ce petit état, plus je trouve qu'il est beau d'avoir une patrie; et Dieu garde de mal tous ceux qui pensent en avoir une, et n'ont pourtant qu'un pays! Pour moi, je sens que si j'étais née dans celui-ci, j'aurais l'âme toute romaine. Je n'oserais pourtant pas trop dire à présent :

> Rome n'est plus à Rome; elle est toute où je suis;

car j'aurais peur que dans ta malice tu n'allasses penser le contraire. Mais pourquoi donc Rome, et toujours Rome? restons à Genève.

Je ne te dirai rien de l'aspect du pays. Il ressemble au nôtre, excepté qu'il est moins montueux, plus champêtre, et qu'il n'a pas des chalets si voisins (1). Je ne te dirai rien non plus du gouvernement. Si Dieu ne t'aide, mon père t'en parlera de reste : il passe toute la journée à politiquer avec les magistrats dans la joie de son cœur; et je le vois déjà très mal édifié que la gazette parle si peu de Genève. Tu peux juger de leurs conférences par mes lettres. Quand ils m'excèdent, je me dérobe, et je t'ennuie pour me désennuyer.

Tout ce qui m'est resté de leurs longs entretiens, c'est beaucoup d'estime pour le grand sens qui règne en cette ville. A voir l'action et réaction mutuelles de toutes les parties de l'état qui le tiennent en équilibre, on ne peut douter qu'il n'y ait plus d'art et de vrai talent employés au gouvernement de cette petite république qu'à celui des plus vastes empires, où tout se soutient par sa propre masse, et où les rênes de l'état peuvent tomber entre les mains d'un sot sans que les affaires cessent d'aller. Je te réponds qu'il n'en serait pas de même ici. Je n'entends jamais parler à mon père de tous ces grands ministres des grandes cours sans songer à ce pauvre musicien qui barbouillait si fièrement sur notre grand orgue (2) à Lausanne, et qui se croyait un fort habile homme parce qu'il faisait beaucoup de bruit. Ces gens-ci n'ont qu'une petite épinette; mais ils en savent tirer une bonne harmonie, quoiqu'elle soit souvent assez mal d'accord.

Je ne te dirai rien non plus... Mais à force de ne te rien dire je ne finirais pas. Parlons de quelque chose pour avoir plus tôt fait. Le Genevois est de tous les peuples du monde celui qui cache le moins son caractère et qu'on connaît le plus promptement. Ses mœurs, ses vices mêmes, sont mêlés de franchise. Il se sent naturellement bon; et cela lui suffit pour ne pas craindre de se montrer tel qu'il est. Il a de la générosité, du sens, de la pénétration; mais il aime trop l'argent : défaut que j'attribue à sa situation qui le lui rend nécessaire; car le territoire ne suffirait pas pour nourrir les habitants.

Il arrive de là que les Genevois, épars dans l'Europe pour s'enrichir, imi-

---

(1) L'éditeur les croit un peu rapprochés.
(2) Il y avait *grande orgue*. Je remarquerai, pour ceux de nos Suisses et Genevois qui se piquent de parler correctement, que le mot *orgue* est masculin au singulier, féminin au pluriel, et s'emploie également dans les deux nombres; mais le singulier est plus élégant.

tent les grands airs des étrangers, et, après avoir pris les vices des pays où ils ont vécu (1), les rapportent chez eux en triomphe avec leurs trésors. Ainsi le luxe des autres peuples leur fait mépriser leur antique simplicité : la fière liberté leur paraît ignoble ; ils se forgent des fers d'argent, non comme une chaîne, mais comme un ornement.

Hé bien ! ne me voilà-t-il pas encore dans cette maudite politique ? Je m'y perds, je m'y noie, j'en ai par-dessus la tête, je ne sais plus par où m'en tirer. Je n'entends parler ici d'autre chose, si ce n'est quand mon père n'est pas avec nous, ce qui n'arrive qu'aux heures des courriers. C'est nous, mon enfant, qui portons partout notre influence ; car, d'ailleurs, les entretiens du pays sont utiles et variés, et l'on n'apprend rien de bon dans les livres qu'on ne puisse apprendre ici dans la conversation. Comme autrefois les mœurs anglaises ont pénétré jusqu'en ce pays, les hommes, y vivant encore un peu plus séparés des femmes que dans le nôtre, contractent entre eux un ton plus grave, et généralement plus de solidité dans leurs discours. Mais aussi cet avantage a son inconvénient qui se fait bientôt sentir. Des longueurs toujours excédantes, des arguments, des exordes, un peu d'apprêt, quelquefois des phrases, rarement de la légèreté, jamais de cette simplicité naïve qui dit le sentiment avant la pensée, et fait si bien valoir ce qu'elle dit. Au lieu que le Français écrit comme il parle, ceux-ci parlent comme ils écrivent ; ils dissertent, au lieu de causer ; on les croirait toujours prêts à soutenir thèse. Ils distinguent, ils divisent, ils traitent la conversation par points ; ils mettent dans leurs propos la même méthode que dans leurs livres ; ils sont auteurs, et toujours auteurs. Ils semblent lire en parlant, tant ils observent bien les étymologies, tant ils font sonner toutes les lettres avec soin. Ils articulent le *marc* du raisin comme *Marc* nom d'homme ; ils disent exactement du *taba-k* et non pas du *taba*, un *pare-sol* et non pas un *parasol*, *avan-t-hier* et non pas *avan-hier*, *secrétaire* et non pas *segrétaire*, un *lac-d'amour* où l'on se noie, et non pas où l'on s'étrangle ; partout les *s* finales, partout les *r* des infinitifs ; enfin leur parler est toujours soutenu, leurs discours sont des harangues, et ils jasent comme s'ils prêchaient.

Ce qu'il y a de singulier, c'est qu'avec ce ton dogmatique et froid ils sont vifs, impétueux, et ont les passions très ardentes : ils diraient même assez bien les choses de sentiment s'ils ne disaient pas tout, ou s'ils ne parlaient qu'à des oreilles : mais leurs points, leurs virgules, sont tellement insupportables, ils peignent si posément des émotions si vives, que, quand ils ont achevé leur dire, on chercherait volontiers autour d'eux où est l'homme qui sent ce qu'ils ont décrit.

Au reste, il faut t'avouer que je suis un peu payée pour bien penser de leurs cœurs, et croire qu'ils ne sont pas de mauvais goût. Tu sauras en confidence qu'un joli monsieur à marier, et, dit-on, fort riche, m'honore de ses attentions, et qu'avec des propos assez tendres il ne m'a point fait chercher ailleurs l'auteur de ce qu'il me disait. Ah ! s'il était venu il y a dix-huit mois, quel plaisir j'aurais pris à me donner un souverain pour esclave, et à faire tourner la tête à un magnifique seigneur (2). Mais à présent la mienne n'est plus assez droite pour que le jeu me soit agréable, et je sens que toutes mes folies s'en vont avec ma raison.

Je reviens à ce goût de lecture qui porte les Genevois à penser. Il s'étend à tous les états, et se fait sentir dans tous avec avantage. Le Français lit beaucoup ; mais il ne lit que les livres nouveaux, ou plutôt il les parcourt, moins pour les lire que pour dire qu'il les a lus. Le Genevois ne lit que de bons livres ; il les lit, il les digère : il ne les juge pas, mais il les sait. Le jugement

---

(1) Maintenant on ne leur donne plus la peine de les aller chercher, on les leur porte.

(2) Les membres du petit-conseil ou sénat de Genève sont appelés *magnifiques et souverains seigneurs*.

et le choix se font à Paris; les livres choisis sont presque les seuls qui vont à Genève. Cela fait que la lecture y est moins mêlée et s'y fait avec plus de profit. Les femmes, dans leur retraite (1), lisent de leur côté; et leur ton s'en ressent aussi, mais d'une autre manière. Les belles madames y sont petites-maîtresses et beaux-esprits tout comme chez nous. Les petites citadines elles-mêmes prennent dans les livres un babil plus arrangé, et certains choix d'expressions qu'on est étonné d'entendre sortir de leur bouche, comme quelquefois de celle des enfants. Il faut tout le bon sens des hommes, toute la gaîté des femmes, et tout l'esprit qui leur est commun, pour qu'on ne trouve pas les premiers un peu pédants et les autres un peu précieuses.

Hier, vis-à-vis de ma fenêtre, deux filles d'ouvriers, fort jolies, causaient devant leur boutique d'un air assez enjoué pour me donner de la curiosité. Je prêtai l'oreille, et j'entendis qu'une des deux proposait en riant d'écrire leur journal. « Oui, reprit l'autre à l'instant; le journal tous les matins, et tous les soirs le commentaire. » Qu'en dis-tu, cousine? Je ne sais si c'est là le ton des filles d'artisans; mais je sais qu'il faut faire un furieux emploi du temps pour ne tirer du cours des journées que le commentaire de son journal. Assurément la petite personne avait lu les aventures des *Mille et une Nuits*.

Avec ce style un peu guindé, les Genevoises ne laissent pas d'être vives et piquantes, et l'on voit autant de grandes passions ici qu'en ville du monde. Dans la simplicité de leur parure elles ont de la grâce et du goût; elles en ont dans leur entretien, dans leurs manières. Comme les hommes sont moins galants que tendres, les femmes sont moins coquettes que sensibles; et cette sensibilité donne même aux plus honnêtes un tour d'esprit agréable et fin qui va au cœur et qui en tire toute sa finesse. Tant que les Genevoises seront Genevoises, elles seront les plus aimables femmes de l'Europe; mais bientôt elles voudront être Françaises, et alors les Françaises vaudront mieux qu'elles.

Ainsi tout dépérit avec les mœurs. Le meilleur goût tient à la vertu même; il disparaît avec elle, et fait place à un goût factice et guindé qui n'est plus que l'ouvrage de la mode. Le véritable esprit est presque dans le même cas. N'est-ce pas la modestie de notre sexe qui nous oblige d'user d'adresse pour repousser les agaceries des hommes? et s'ils ont besoin d'art pour se faire écouter, nous en faut-il moins pour savoir ne les pas entendre? N'est-ce pas eux qui nous délient l'esprit et la langue, qui nous rendent plus vives à la riposte (2), et nous forcent de nous moquer d'eux? Car enfin, tu as beau dire, une certaine coquetterie maligne et railleuse désoriente encore plus les soupirants que le silence ou le mépris. Quel plaisir de voir un beau Céladon, tout déconcerté, se confondre, se troubler, se perdre à chaque repartie; de s'environner contre lui de traits moins brûlants, mais plus aigus que ceux de l'Amour; de le cribler de pointes de glace qui piquent à l'aide du froid! Toi-même, qui ne fais semblant de rien, crois-tu que tes manières naïves et tendres, ton air timide et doux, cachent moins de ruse et d'habileté que toutes mes étourderies? Ma foi, mignonne, s'il fallait compter les galants que chacune de nous a persiflés, je doute fort qu'avec ta mine hypocrite ce fût toi qui serais en reste. Je ne puis m'empêcher de rire encore en songeant à ce pauvre Conflans, qui venait tout en furie me reprocher que tu l'aimais trop. « Elle est si caressante, me disait-il, que je ne sais de quoi me plaindre; elle me parle avec tant de raison que j'ai honte d'en manquer devant elle; et je la trouve si fort mon amie, que je n'ose être son amant. »

Je ne crois pas qu'il y ait nulle part au monde des époux plus unis et de meilleurs ménages que dans cette ville. La vie domestique y est agréable et

---

(1) On se souviendra que cette lettre est de vieille date, et je crains bien que cela ne soit trop facile à voir.

(2) Il fallait *risposte*, de l'italien *risposta*; toutefois *riposte* se dit aussi, et je le laisse. Ce n'est, au pis-aller, qu'une faute de langue.

— Rousseau se trompe, *riposte* est seul français depuis bien longtemps.

douce : on y voit des maris complaisants, et presque d'autres Julies. Ton système se vérifie très bien ici. Les deux sexes gagnent de toutes manières à se donner des travaux et des amusements différents qui les empêchent de se rassasier l'un de l'autre, et font qu'ils se retrouvent avec plus de plaisir. Ainsi s'aiguise la volupté du sage : s'abstenir pour jouir, c'est ta philosophie ; c'est l'épicuréisme de la raison.

Malheureusement cette antique modestie commence à décliner. On se rapproche, et les cœurs s'éloignent. Ici, comme chez nous, tout est mêlé de bien et de mal, mais à différentes mesures. Le Genevois tire ses vertus de lui-même ;

ses vices lui viennent d'ailleurs. Non-seulement il voyage beaucoup, mais il adopte aisément les mœurs et les manières des autres peuples; il parle avec facilité toutes les langues; il prend sans peine leurs divers accents, quoiqu'il ait lui-même un accent traînant très sensible, surtout dans les femmes, qui voyagent moins. Plus humble de sa petitesse que fier de sa liberté, il se fait chez les nations étrangères une honte de sa patrie; il se hâte, pour ainsi dire, de se naturaliser dans le pays où il vit, comme pour faire oublier le sien : peut-être la réputation qu'il a d'être âpre au gain contribue-t-elle à cette coupable honte. Il vaudrait mieux sans doute effacer par son désintéressement l'opprobre du nom genevois, que de l'avilir encore en craignant de le porter : mais le Genevois le méprise même en le rendant estimable; et il a plus de tort encore de ne pas honorer son pays de son propre mérite.

Quelque avide qu'il puisse être, on ne le voit guère aller à la fortune par des moyens serviles et bas; il n'aime point s'attacher aux grands et ramper dans les cours. L'esclavage personnel ne lui est pas moins odieux que l'esclavage civil. Flexible et liant comme Alcibiade, il supporte aussi peu la servitude; et quand il se plie aux usages des autres, il les imite sans s'y assujettir. Le commerce, étant de tous les moyens de s'enrichir le plus compatible avec la liberté, est aussi celui que les Genevois préfèrent. Ils sont presque tous marchands ou banquiers; et ce grand objet de leurs désirs leur fait souvent enfouir de rares talents que leur prodigua la nature. Ceci me ramène au commencement de ma lettre. Ils ont du génie et du courage ; ils sont vifs et pénétrants ; il n'y a rien d'honnête et de grand au-dessus de leur portée : mais plus passionnés d'argent que de gloire, pour vivre dans l'abondance ils meurent dans l'obscurité, et laissent à leurs enfants, pour tout exemple, l'amour des trésors qu'ils leur ont acquis.

Je tiens tout cela des Genevois mêmes ; car ils parlent d'eux fort impartialement. Pour moi, je ne sais comment ils sont chez les autres, mais je les trouve aimables chez eux, et je ne connais qu'un moyen de quitter sans regret Genève. Quel est ce moyen, cousine? Oh ! ma foi, tu as beau prendre ton air humble ; si tu dis ne l'avoir pas déjà deviné, tu mens. C'est après-demain que s'embarque la bande joyeuse dans un joli brigantin appareillé de fête ; car nous avons choisi l'eau à cause de la saison, et pour demeurer tous rassemblés. Nous comptons coucher le même soir à Morgues, le lendemain à Lausanne (1), pour la cérémonie, et le surlendemain... tu m'entends. Quand tu verras de loin briller des flammes, flotter des banderoles, quand tu entendras ronfler le canon, cours par toute la maison comme une folle, en criant : Armes ! armes ! voici les ennemis ! voici les ennemis !

P. S. Quoique la distribution des logements entre incontestablement dans les droits de ma charge, je veux bien m'en désister en cette occasion. J'entends seulement que mon père soit logé chez mylord Édouard à cause des cartes de géographie, et qu'on achève d'en tapisser du haut en bas tout l'appartement.

LETTRE VI.

DE MADAME DE WOLMAR A SAINT-PREUX.

Quel sentiment délicieux j'éprouve en commençant cette lettre! Voici la première fois de ma vie où j'ai pu vous écrire sans crainte et sans honte. Je m'honore de l'amitié qui nous joint comme d'un retour sans exemple. On étouffe de grandes passions, rarement on les épure. Oublier ce qui nous fut cher quand l'honneur le veut, c'est l'effort d'une âme honnête et commune ; mais, après avoir été ce que nous fûmes, être ce que nous sommes aujourd'hui, voilà le vrai triomphe de la vertu. La cause qui fait cesser d'aimer peut être un vice ; celle qui change un tendre amour en une amitié non moins vive ne saurait être équivoque.

Aurions-nous jamais fait ce progrès par nos seules forces? Jamais, jamais, mon bon ami ; le tenter même était une témérité. Nous fuir était pour nous la première loi du devoir, que rien ne nous eût permis d'enfreindre. Nous nous serions toujours estimés, sans doute : mais nous aurions cessé de nous voir, de nous écrire ; nous nous serions efforcés de ne plus penser l'un à l'autre ; et le plus grand honneur que nous pouvions nous rendre mutuellement était de rompre tout commerce entre nous.

Voyez, au lieu de cela, quelle est notre situation présente. En est-il au monde une plus agréable? et ne goûtons-nous pas mille fois le jour le prix des combats qu'elle nous a coûtés? Se voir, s'aimer, le sentir, s'en féliciter, passer les jours ensemble dans la familiarité fraternelle et dans la paix de l'innocence ; s'occuper l'un de l'autre, y penser sans remords, en parler sans rougir et s'honorer à ses propres yeux du même attachement qu'on s'est si longtemps reproché : voilà le point où nous en sommes. O ami! quelle carrière d'honneur nous avons déjà parcourue! Osons nous en glorifier pour savoir nous y maintenir, et l'achever comme nous l'avons commencée.

A qui devons-nous un bonheur si rare? vous le savez. J'ai vu votre cœur

---

(1) Comment cela? Lausanne n'est pas au bord du lac : il y a du port à la ville une demi-lieue de fort mauvais chemin ; et puis il faut un peu supposer que tous ces jolis arrangements ne seront point contrariés par le vent.

sensible, plein des bienfaits du meilleur des hommes, aimer à s'en pénétrer. Et comment nous seraient-ils à charge, à vous et à moi ? Ils ne nous imposent point de nouveaux devoirs ; ils ne font que nous rendre plus chers ceux qui nous étaient déjà si sacrés. Le seul moyen de reconnaître ces soins est d'en être dignes, et tout leur prix est dans leur succès. Tenons-nous-en donc là dans l'effusion de notre zèle; payons de nos vertus celles de notre bienfaiteur : voilà tout ce que nous lui devons. Il a fait assez pour nous et pour lui s'il nous a rendus à nous-mêmes. Absents ou présents, vivants ou morts, nous porterons partout un témoignage qui ne sera perdu pour aucun des trois.

Je faisais ces réflexions en moi-même quand mon mari vous destinait l'éducation de ses enfants. Quand mylord Edouard m'annonça son prochain retour et le vôtre, ces mêmes réflexions revinrent, et d'autres encore, qu'il importe de vous communiquer tandis qu'il est temps de les faire.

Ce n'est point de moi qu'il est question, c'est de vous : je me crois plus en droit de vous donner des conseils depuis qu'ils sont tout-à-fait désintéressés, et que n'ayant plus ma sûreté pour objet, ils ne se rapportent qu'à vous-même. Ma tendre amitié ne vous est pas suspecte, et je n'ai que trop acquis de lumières pour faire écouter mes avis.

Permettez-moi de vous offrir le tableau de l'état où vous allez être, afin que vous examiniez vous-même s'il n'a rien qui vous doive effrayer. O bon jeune homme! si vous aimez la vertu, écoutez d'une oreille chaste les conseils de votre amie. Elle commence en tremblant un discours qu'elle voudrait taire : mais comment le taire sans vous trahir? Sera-t-il temps de voir les objets que vous devez craindre, quand ils vous auront égaré ? Non, mon ami; je suis la seule personne au monde assez familière avec vous pour vous les présenter. N'ai-je pas le droit de vous parler, au besoin, comme une sœur, comme une mère? Ah ! si les leçons d'un cœur honnête étaient capables de souiller le vôtre, il y a longtemps que je n'en aurais plus à vous donner.

Votre carrière, dites-vous, est finie; mais convenez qu'elle est finie avant l'âge. L'amour est éteint, les sens lui survivent, et leur délire est d'autant plus à craindre, que, le seul sentiment qui le bornait n'existant plus, tout est occasion de chute à qui ne tient plus à rien. Un homme ardent et sensible, jeune et garçon, veut être continent et chaste; il sait, il sent, il l'a dit mille fois, que la force de l'âme qui produit toutes les vertus tient à la pureté qui les nourrit toutes. Si l'amour le préserva des mauvaises mœurs dans sa jeunesse, il veut que la raison l'en préserve dans tous les temps : il connaît pour les devoirs pénibles un prix qui console de leur rigueur ; et, s'il en coûte des combats quand on veut se vaincre, fera-t-il moins aujourd'hui pour le Dieu qu'il adore, qu'il ne fît pour la maîtresse qu'il servit autrefois? Ce sont là, ce me semble, des maximes de votre morale, ce sont donc aussi des règles de votre conduite; car vous avez toujours méprisé ceux qui, contents de l'apparence, parlent autrement qu'ils n'agissent, et chargent les autres de lourds fardeaux auxquels ils ne veulent pas toucher eux-mêmes.

Quel genre de vie a choisi cet homme sage pour suivre les lois qu'il se prescrit? Moins philosophe encore qu'il n'est vertueux et chrétien, sans doute il n'a point pris son orgueil pour guide. Il sait que l'homme est plus libre d'éviter les tentations que de les vaincre, et qu'il n'est pas question de réprimer les passions irritées, mais de les empêcher de naître. Se dérobe-t-il donc aux occasions dangereuses? fuit-il les objets capables de l'émouvoir? fait-il d'une humble défiance de lui-même la sauvegarde de sa vertu? Tout au contraire, il n'hésite pas à s'offrir aux plus téméraires combats. A trente ans, il va s'enfermer dans une solitude avec des femmes de son âge, dont une lui fut trop chère pour qu'un si dangereux souvenir se puisse effacer, dont l'autre vit avec lui dans une étroite familiarité, et dont une troisième lui tient encore par les droits qu'ont les bienfaits sur les âmes reconnaissantes. Il va s'exposer à tout ce qui peut réveiller en lui des passions mal éteintes; il va s'enlacer dans les piéges qu'il devrait le plus redouter. Il n'y a pas un rapport dans sa situation qui ne dût le faire défier de sa force, et pas un qui ne l'avilît à jamais s'il était faible un moment. Où est-elle donc cette grande force d'âme à laquelle il ose tant se fier? Qu'a-t-elle fait jusqu'ici qui lui réponde de l'avenir? Le tira-t-elle à Paris de la maison du colonel? Est-ce elle qui lui dicta l'été dernier la scène de Meillerie? L'a-t-elle bien sauvé cet hiver des charmes d'un autre objet, et ce printemps des frayeurs d'un rêve? S'est-il vaincu pour elle au moins une fois, pour espérer de se vaincre sans cesse? Il sait, quand le devoir l'exige, combattre les passions d'un ami; mais les siennes?... Hélas! sur la plus belle moitié de sa vie, qu'il doit penser modestement de l'autre!

On supporte un état violent quand il passe. Six mois, un an ne sont rien; on envisage un terme, et l'on prend courage. Mais, quand cet état doit durer toujours, qui est-ce qui le supporte? qui est-ce qui sait triompher de lui-même jusqu'à la mort! O mon ami! si la vie est courte pour le plaisir, qu'elle est longue pour la vertu! Il faut être incessamment sur ses gardes. L'instant de jouir passe et ne revient plus; celui de mal faire passe et revient sans cesse: on s'oublie un moment, et l'on est perdu. Est-ce dans cet état effrayant qu'on peut couler des jours tranquilles? et ceux même qu'on a sauvés du péril n'offrent-ils pas une raison de n'y plus exposer les autres?

Que d'occasions peuvent renaître, aussi dangereuses que celles dont vous avez échappé, et, qui pis est, non moins imprévues! Croyez-vous que les monuments à craindre n'existent qu'à Meillerie? Ils existent partout où nous sommes; car nous les portons avec nous. Eh! vous savez trop qu'une âme attendrie intéresse l'univers entier à sa passion, et que, même après la guérison, tous les objets de la nature nous rappellent encore ce qu'on sentit autrefois en les voyant. Je crois pourtant, oui, j'ose le croire, que ces périls ne reviendront plus, et mon cœur me répond du vôtre. Mais, pour être au-dessus d'une lâcheté, ce cœur facile est-il au-dessus d'une faiblesse? et suis-je la seule ici qu'il lui en coûtera peut-être de respecter? Songez, Saint-Preux, que tout ce qui m'est cher doit être couvert de ce même respect que vous me devez; songez que vous aurez sans cesse à porter innocemment les jeux innocents d'une femme charmante; songez aux mépris éternels que vous auriez mérités si jamais votre cœur osait s'oublier un moment et profaner ce qu'il doit honorer à tant de titres.

Je veux que le devoir, la foi, l'ancienne amitié, vous arrêtent, que l'obstacle opposé par la vertu vous ôte un vain espoir, et qu'au moins par raison vous étouffiez des vœux inutiles : serez-vous pour cela délivré de l'empire des sens et des piéges de l'imagination? Forcé de nous respecter toutes deux et d'oublier en nous notre sexe, vous le verrez dans celles qui nous servent, et en vous abaissant vous croirez vous justifier : mais serez-vous moins coupable, en effet, et la différence des rangs change-t-elle ainsi la nature des fautes? au contraire, vous vous avilirez d'autant plus que les moyens de réussir seront moins honnêtes. Quels moyens! Quoi! vous!... Ah! périsse l'homme indigne qui marchande un cœur et rend l'amour mercenaire! c'est lui qui couvre la terre des crimes que la débauche y fait commettre. Comment ne serait pas toujours à vendre celle qui se laisse acheter une fois? Et, dans l'opprobre où bientôt elle tombe, lequel est l'auteur de sa misère, du brutal qui la maltraite en un mauvais lieu, ou du séducteur qui l'y traîne en mettant le premier ses faveurs à prix?

Oserai-je ajouter une considération qui vous touchera, si je ne me trompe! Vous avez vu quels soins j'ai pris pour établir ici la règle et les bonnes mœurs; la modestie et la paix y règnent, tout y respire le bonheur et l'innocence. Mon ami, songez à vous, à moi, à ce que nous fûmes, à ce que nous sommes, à ce que nous devons être. Faudra-t-il que je dise un jour, en regrettant mes peines perdues : C'est de lui que vient le désordre de ma maison ?

Disons tout, s'il est nécessaire, et sacrifions la modestie elle-même au véritable amour de la vertu. L'homme n'est pas fait pour le célibat, et il est bien difficile qu'un état si contraire à la nature n'amène pas quelque désordre public ou caché. Le moyen d'échapper toujours à l'ennemi qu'on porte sans cesse avec soi ? Voyez en d'autres pays ces téméraires qui font vœu de n'être pas hommes. Pour les punir d'avoir tenté Dieu, Dieu les abandonne ; ils se disent saints, et sont déshonnêtes ; leur feinte continence n'est que souillure ; et, pour avoir dédaigné l'humanité, ils s'abaissent au-dessous d'elle. Je comprends qu'il en coûte peu de se rendre difficile sur des lois qu'on n'observe qu'en apparence (1) ; mais celui qui veut être sincèrement vertueux se sent assez chargé des devoirs de l'homme sans s'en imposer de nouveaux. Voilà, cher Saint-Preux, la véritable humilité du chrétien, c'est de trouver toujours sa tâche au-dessus de ses forces, bien loin d'avoir l'orgueil de la doubler. Faites-vous l'application de cette règle, et vous sentirez qu'un état qui devrait seulement alarmer un autre homme doit, par mille raisons, vous faire trembler. Moins vous craignez, plus vous avez à craindre : et, si vous n'êtes point effrayé de vos devoirs, n'espérez pas de les remplir.

Tels sont les dangers qui vous attendent ici. Pensez-y tandis qu'il en est temps. Je sais que jamais de propos délibéré vous ne vous exposerez à mal faire, et le seul mal que je crains de vous est celui que vous n'aurez pas prévu. Je ne vous dis donc pas de vous déterminer sur mes raisons, mais de les peser. Trouvez-y quelque réponse dont vous soyez content, et je m'en contente ; osez compter sur vous, et j'y compte. Dites-moi : Je suis un ange, et je vous reçois à bras ouverts.

Quoi ! toujours des privations et des peines ! toujours des devoirs cruels à remplir ! toujours fuir des gens qui nous sont chers ! Non, mon aimable ami. Heureux qui peut dès cette vie offrir un prix à la vertu ! J'en vois un digne d'un homme qui sut combattre et souffrir pour elle. Si je ne présume pas trop de moi, ce prix que j'ose vous destiner acquittera tout ce que mon cœur redoit au vôtre ; et vous aurez plus que vous n'eussiez obtenu si le ciel eût béni nos premières inclinations. Ne pouvant vous faire ange vous-même, je vous en veux donner un qui garde votre âme, qui l'épure, qui la ranime, et sous les auspices duquel vous puissiez vivre avec nous dans la paix du séjour céleste. Vous n'aurez pas, je crois, beaucoup de peine à deviner qui je veux dire ; c'est l'objet qui se trouve à peu près établi d'avance dans le cœur qu'il doit remplir un jour, si mon projet réussit.

Je vois toutes les difficultés de ce projet sans en être rebutée, car il est honnête. Je connais tout l'empire que j'ai sur mon amie, et ne crains point d'en abuser en l'exerçant en votre faveur. Mais ses résolutions vous sont connues, et, avant de les ébranler, je dois m'assurer de vos dispositions, afin qu'en l'exhortant de vous permettre d'aspirer à elle je puisse répondre de vous et de vos sentiments ; car, si l'inégalité que le sort a mise entre l'un et l'autre vous ôte le droit de vous proposer vous-même, elle permet encore moins que ce droit vous soit accordé sans savoir quel usage vous en pourrez faire.

Je connais toute votre délicatesse ; et si vous avez des objections à m'opposer, je sais qu'elles seront pour elle bien plus que pour vous. Laissez ces vains scrupules. Serez-vous plus jaloux que moi de l'honneur de mon amie ? Non, quelque cher que vous me puissiez être, ne craignez point que je préfère

---

(1). Quelques hommes sont continents sans mérite, d'autres le sont par vertu, et je ne doute point que plusieurs prêtres catholiques ne soient dans ce dernier cas : mais imposer le célibat à un corps aussi nombreux que le clergé de l'église romaine, ce n'est pas tant lui défendre de n'avoir point de femmes, que lui ordonner de se contenter de celles d'autrui. Je suis surpris que, dans tout pays où les bonnes mœurs sont encore en estime, les lois et les magistrats tolèrent un vœu si scandaleux.

votre intérêt à sa gloire. Mais autant je mets de prix à l'estime des gens sensés, autant je méprise les jugements téméraires de la multitude, qui se laisse éblouir par un faux éclat, et ne voit rien de ce qui est honnête. La différence fût-elle cent fois plus grande, il n'est point de rang auquel les talents et les mœurs n'aient droit d'atteindre : et à quel titre une femme oserait-elle dédaigner pour époux celui qu'elle s'honore d'avoir pour ami ? Vous savez quels sont là-dessus nos principes à toutes deux. La fausse honte et la crainte du blâme inspirent plus de mauvaises actions que de bonnes, et la vertu ne sait rougir que de ce qui est mal.

A votre égard, la fierté que je vous ai quelquefois connue ne saurait être plus déplacée que dans cette occasion, et ce serait à vous une ingratitude de craindre d'elle un bienfait de plus. Et puis, quelque difficile que vous puissiez être, convenez qu'il est plus doux et mieux séant de devoir sa fortune à son épouse qu'à son ami; car on devient le protecteur de l'une et le protégé de l'autre; et, quoi que l'on puisse dire, un honnête homme n'aura jamais de meilleur ami que sa femme.

Que s'il reste au fond de votre âme quelque répugnance à former de nouveaux engagements, vous ne pouvez trop vous hâter de la détruire pour votre bonheur et pour mon repos; car je ne serai jamais contente de vous et de moi que quand vous serez en effet tel que vous devez être, et que vous aimerez les devoirs que vous avez à remplir. Eh ! mon ami, je devrais moins craindre cette répugnance qu'un empressement trop relatif à vos anciens penchants. Que ne fais-je point pour m'acquitter auprès de vous ! Je tiens plus que je n'avais promis. N'est-ce pas aussi Julie que je vous donne ? n'aurez-vous pas la meilleure partie de moi-même, et n'en serez-vous pas plus cher à l'autre ? Avec quel charme alors je me livrerai sans contrainte à tout mon attachement pour vous ! Oui, portez-lui la foi que vous m'avez jurée; que votre cœur remplisse avec elle tous les engagements qu'il prit avec moi; qu'il lui rende, s'il est possible, tout ce que vous redevez au mien. O Saint-Preux ! je lui transmets cette ancienne dette. Souvenez-vous qu'elle n'est pas facile à payer.

Voilà, mon ami, le moyen que j'imagine de nous réunir sans danger, en vous donnant dans notre famille la même place que vous tenez dans nos cœurs. Dans le nœud cher et sacré qui nous unira tous, nous ne serons plus entre nous que des sœurs et des frères; vous ne serez plus votre propre ennemi ni le nôtre; les plus doux sentiments, devenus légitimes, ne seront plus dangereux; quand il ne faudra plus les étouffer, on n'aura plus à les craindre. Loin de résister à des sentiments si charmants, nous en ferons à la fois nos devoirs et nos plaisirs : c'est alors que nous nous aimerons tous plus parfaitement, et que nous goûterons véritablement réunis les charmes de l'amitié, de l'amour et de l'innocence. Que si, dans l'emploi dont vous vous chargez, le ciel récompense du bonheur d'être père le soin que vous prendrez de nos enfants, alors vous connaîtrez par vous-même le prix de ce que vous aurez fait pour nous. Comblé des vrais biens de l'humanité, vous apprendrez à porter avec plaisir le doux fardeau d'une vie utile à vos proches, vous sentirez enfin ce que la vaine sagesse des méchants n'a jamais pu croire, qu'il est un bonheur réservé dès ce monde aux seuls amis de la vertu.

Réfléchissez à loisir sur le parti que je vous propose, non pour savoir s'il vous convient, je n'ai pas besoin là-dessus de votre réponse, mais s'il convient à Mme d'Orbe, et si vous pouvez faire son bonheur comme elle doit faire le vôtre. Vous savez comme elle a rempli son devoir dans tous les états de son sexe : sur ce qu'elle est, jugez de ce qu'elle a le droit d'exiger. Elle aime comme Julie, elle doit être aimée comme elle. Si vous sentez pouvoir la mériter, parlez; mon amitié tentera le reste, et se promet tout de la sienne : mais si j'ai trop espéré de vous, au moins vous êtes honnête homme, et vous connaissez sa délicatesse; vous ne voudriez pas d'un bonheur qui lui coûterait le sien : que votre cœur soit digne d'elle, ou qu'il ne lui soit jamais offert.

Encore une fois, consultez-vous bien. Pesez votre réponse avant de la faire. Quand il s'agit du sort de la vie, la prudence ne permet pas de se déterminer légèrement; mais toute délibération légère est un crime quand il s'agit du destin de l'âme et du choix de la vertu. Fortifiez la vôtre, ô mon bon ami, de tous les secours de la sagesse. La mauvaise honte n'empêcherait-elle de vous rappeler le plus nécessaire? Vous avez de la religion; mais j'ai peur que vous n'en tiriez pas tout l'avantage qu'elle offre dans la conduite de la vie, et que la hauteur philosophique ne dédaigne la simplicité du chrétien. Je vous ai vu sur la prière des maximes que je ne saurais goûter. Selon vous, cet acte d'humilité ne nous est d'aucun fruit; et Dieu, nous ayant donné dans la conscience tout ce qui peut nous porter au bien, nous abandonne ensuite à nous-mêmes, et laisse agir notre liberté. Ce n'est pas là, vous le savez, la doctrine de saint Paul, ni celle qu'on professe dans notre église. Nous sommes libres, il est vrai; mais nous sommes ignorants, faibles, portés au mal. Et d'où nous viendraient la lumière et la force, si ce n'est de celui qui en est la source? et pourquoi les obtiendrions-nous si nous ne daignions pas les demander? Prenez garde, mon ami, qu'aux idées sublimes que vous vous faites du grand Être l'orgueil humain ne mêle des idées basses qui se rapportent à l'homme; comme si les moyens qui soulagent notre faiblesse convenaient à la puissance divine, et qu'elle eût besoin d'art comme nous pour généraliser les choses, afin de les traiter plus facilement! Il semble, à vous entendre, que ce soit un embarras pour elle de veiller sur chaque individu; vous craignez qu'une attention partagée et continuelle ne la fatigue, et vous trouvez bien plus beau qu'elle fasse tout par des lois générales, sans doute parce qu'elles lui coûtent moins de soin. O grands philosophes! que Dieu vous est obligé de lui fournir ainsi des méthodes commodes et de lui abréger le travail!

A quoi bon lui rien demander? dites-vous encore: ne connaît-il pas tous nos besoins? n'est-il pas notre père pour y pourvoir? savons-nous mieux que lui ce qu'il nous faut? et voulons-nous notre bonheur plus véritablement qu'il ne le veut lui-même? Cher Saint-Preux, que de vains sophismes! Le plus grand de nos besoins, le seul auquel nous pouvons pourvoir, est celui de sentir nos besoins; et le premier pas pour sortir de notre misère est de la connaître. Soyons humbles pour être sages; voyons notre faiblesse, et nous serons forts. Ainsi s'accorde la justice avec la clémence; ainsi règnent à la fois la grâce et la liberté. Esclaves par notre faiblesse, nous sommes libres par la prière; car il dépend de nous de demander et d'obtenir la force qu'il ne dépend pas de nous d'avoir par nous-mêmes.

Apprenez donc à ne pas prendre toujours conseil de vous seul dans les occasions difficiles, mais de celui qui joint le pouvoir à la prudence, et sait faire le meilleur parti du parti qu'il nous fait préférer. Le grand défaut de la sagesse humaine, même de celle qui n'a que la vertu pour objet, est un excès de confiance qui nous fait juger de l'avenir par le présent, et, par un moment, de la vie entière. On se sent ferme un instant, et l'on compte n'être jamais ébranlé. Plein d'un orgueil que l'expérience confond tous les jours, on croit n'avoir plus à craindre un piège une fois évité. Le modeste langage de la vaillance est: Je fus brave un tel jour; mais celui qui dit: Je suis brave, ne sait ce qu'il sera demain; et tenant pour sienne une valeur qu'il ne s'est pas donnée, il mérite de la perdre au moment de s'en servir.

Que tous nos projets doivent être ridicules, que tous nos raisonnements doivent être insensés devant l'Être pour qui les temps n'ont point de succession ni les lieux de distance! Nous comptons pour rien ce qui est loin de nous, nous ne voyons que ce qui nous touche: quand nous aurons changé de lieu, nos jugements seront tout contraires, et ne seront pas mieux fondés. Nous réglons l'avenir sur ce qui nous convient aujourd'hui, sans savoir s'il nous conviendra demain; nous jugeons de nous comme étant toujours les mêmes, et nous changeons tous les jours. Qui sait si nous aimerons ce que nous aimons, si nous voudrons ce que nous voulons, si nous serons ce que nous sommes, si les objets étrangers et les altérations de nos corps n'auront pas autrement modifié nos âmes, et si nous ne trouverons pas notre misère dans ce que nous aurons arrangé pour notre bonheur? Montrez-moi la règle de la sagesse humaine, et je vais la prendre pour guide. Mais si sa meilleure leçon est de nous apprendre à nous défier d'elle, recourons à celle qui ne trompe point, et faisons ce qu'elle nous inspire. Je lui demande d'éclairer mes conseils; demandez-lui d'éclairer vos résolutions. Quelque parti que vous preniez, vous ne voudrez que ce qui est bon et honnête, je le sais bien : mais ce n'est pas assez encore; il faut vouloir ce qui le sera toujours; et ni vous ni moi n'en sommes les juges.

LETTRE VII.

DE SAINT-PREUX A MADAME DE WOLMAR.

Julie! une lettre de vous!... après sept ans de silence!... Oui, c'est elle; je le vois, je le sens : mes yeux méconnaîtraient-ils des traits que mon cœur ne peut oublier? Quoi! vous vous souvenez de mon nom! vous le savez encore écrire!... En formant ce nom (1), votre main n'a-t-elle point tremblé?... Je m'égare, et c'est votre faute. La forme, le pli, le cachet, l'adresse, tout dans cette lettre m'en rappelle de trop différentes. Le cœur et la main semblent se contredire. Ah! deviez-vous employer la même écriture pour tracer d'autres sentiments?

Vous trouverez peut-être que songer si fort à vos anciennes lettres, c'est trop justifier la dernière. Vous vous trompez. Je me sens bien; je ne suis plus le même, ou vous n'êtes plus la même; et ce qui me le prouve, est qu'excepté les charmes et la bonté, tout ce que je retrouve en vous de ce que j'y trouvais autrefois m'est un nouveau sujet de surprise. Cette observation répond d'avance à vos craintes. Je ne me fie point à mes forces, mais au sentiment qui me dispense d'y recourir. Plein de tout ce qu'il faut que j'honore en celle que j'ai cessé d'adorer, je sais à quels respects doivent s'élever mes anciens hommages. Pénétré de la plus tendre reconnaissance, je vous aime autant que jamais, il est vrai; mais ce qui m'attache le plus à vous est le retour de ma raison. Elle vous montre à moi telle que vous êtes; elle vous sert mieux que l'amour même. Non, si j'étais resté coupable, vous ne me seriez pas aussi chère.

Depuis que j'ai cessé de prendre le change, et que le pénétrant Wolmar m'a éclairé sur mes vrais sentiments, j'ai mieux appris à me connaître, et je m'alarme moins de ma faiblesse. Qu'elle abuse mon imagination, que cette erreur me soit douce encore; il suffit, pour mon repos, qu'elle ne puisse plus vous offenser, et la chimère qui m'égare à sa poursuite me sauve d'un danger réel.

O Julie! il est des impressions éternelles que le temps ni les soins n'effacent point. La blessure guérit, mais la marque reste; et cette marque est un sceau respecté qui préserve le cœur d'une autre atteinte. L'inconstance et l'amour sont incompatibles : l'amant qui change ne change pas; il commence ou finit d'aimer. Pour moi, j'ai fini; mais, en cessant d'être à vous, je suis resté sous votre garde. Je ne vous crains plus; mais vous m'empêchez d'en craindre une autre. Non, Julie, non, femme respectable, vous ne verrez jamais en moi que l'ami de votre personne et l'amant de vos vertus; mais nos amours, nos premières et uniques amours, ne sortiront jamais de mon cœur. La fleur de mes ans ne se flétrira point dans ma mémoire. Dussé-je vivre des siècles entiers, le doux temps de ma jeunesse ne peut ni renaître pour moi, ni s'effacer de mon

---

(1) On a dit que *Saint-Preux* était un nom controuvé ; peut-être le véritable était-il sur l'adresse.

souvenir. Nous avons beau n'être plus les mêmes, je ne puis oublier ce que nous avons été. Mais parlons de votre cousine.

Chère amie, il faut l'avouer, depuis que je n'ose plus contempler vos charmes je deviens plus sensible aux siens. Quels yeux peuvent errer toujours de beautés en beautés sans jamais se fixer sur aucune? Les miens l'ont revue avec trop de plaisir peut-être; et depuis mon éloignement, ses traits, déjà gravés dans mon cœur, y font une impression plus profonde. Le sanctuaire est fermé, mais son image est dans le temple. Insensiblement je deviens pour elle ce que j'aurais été si je ne vous avais jamais vue; et il n'appartenait qu'à vous seule de me faire sentir la différence de ce qu'elle m'inspire à l'amour. Les sens, libres de cette passion terrible, se joignent au doux sentiment de

l'amitié. Devient-elle amour pour cela? Julie, ah! quelle différence! Où est l'enthousiasme? où est l'idolâtrie? où sont ces divins égarements de la raison, plus brillants, plus sublimes, plus forts, meilleurs cent fois que la raison même? Un feu passager m'embrase, un délire d'un moment me saisit, me trouble, et me quitte. Je retrouve entre elle et moi deux amis qui s'aiment tendrement et qui se le disent. Mais deux amants s'aiment-ils l'un l'autre? Non, *vous* et *moi* sont des mots proscrits de leur langue : ils ne sont plus deux, ils sont un.

Suis-je donc tranquille en effet? Comment puis-je l'être? Elle est charmante; elle est votre amie et la mienne : la reconnaissance m'attache à elle; elle entre dans mes souvenirs les plus doux. Que de droits sur une âme sensible! et comment écarter un sentiment plus tendre de tant de sentiments si bien dus? Hélas! il est dit qu'entre elle et vous je ne serai jamais un moment paisible.

Femmes! femmes! objets chers et funestes, que la nature orna pour notre supplice, qui punissez quand on vous brave, qui poursuivez quand on vous craint, dont la haine et l'amour sont également nuisibles, et qu'on ne peut ni rechercher ni fuir impunément!... Beauté, charme, attrait, sympathie, être ou chimère inconcevable, abîme de douleurs et de voluptés! beauté, plus terrible aux mortels que l'élément où l'on t'a fait naître, malheureux qui se livre à ton calme trompeur! c'est toi qui produis les tempêtes qui tourmentent le genre humain. O Julie! ô Claire! que vous me vendez cher cette amitié cruelle dont vous osez vous vanter à moi!... J'ai vécu dans l'orage, et c'est toujours vous qui l'avez excité. Mais quelles agitations diverses vous avez fait éprouver à mon cœur! Celles du lac de Genève ne ressemblent pas plus aux flots du vaste Océan. L'un n'a que des ondes vives et courtes dont le perpétuel tranchant agite, émeut, submerge quelquefois, sans jamais former de long cours. Mais sur la mer, tranquille en apparence, on se sent élevé, porté doucement et loin par un flot lent et presque insensible; on croit ne pas sortir de la place, et l'on arrive au bout du monde.

Telle est la différence de l'effet qu'ont produit sur moi vos attraits et les siens. Ce premier, cet unique amour qui fit le destin de ma vie, et que rien n'a pu vaincre que lui-même, était né sans que je m'en fusse aperçu; il m'entraînait que je l'ignorais encore : je me perdis sans croire m'être égaré. Durant le vent, j'étais au ciel ou dans les abîmes; le calme vient, je ne sais plus où je suis. Au contraire, je vois, je sens mon trouble auprès d'elle, et me le figure plus grand qu'il n'est; j'éprouve des transports passagers et sans suite; je m'emporte un moment, et suis paisible un moment après : l'onde tourmente en vain le vaisseau, le vent n'enfle point les voiles; mon cœur, content de ses charmes, ne leur prête point son illusion; je la vois plus belle que je ne l'imagine, et je la redoute plus de près que de loin : c'est presque l'effet contraire à celui qui me vient de vous, et j'éprouvais constamment l'un et l'autre à Clarens.

Depuis mon départ, il est vrai qu'elle se présente à moi quelquefois avec plus d'empire. Malheureusement il m'est difficile de la voir seule. Enfin je la vois, et c'est bien assez; elle ne m'a pas laissé de l'amour, mais de l'inquiétude.

Voilà fidèlement ce que je suis pour l'une et pour l'autre. Tout le reste de votre sexe ne m'est plus rien; mes longues peines me l'ont fait oublier :

> È fornito il mio tempo a mezzo gli anni (1).

Le malheur m'a tenu lieu de force pour vaincre la nature et triompher des tentations. On a peu de désirs quand on souffre; et vous m'avez appris à les éteindre en leur résistant. Une grande passion malheureuse est un grand moyen de sagesse. Mon cœur est devenu, pour ainsi dire, l'organe de tous mes besoins; je n'en ai point quand il est tranquille. Laissez-le en paix l'une et l'autre; et désormais il l'est pour toujours.

Dans cet état, qu'ai-je à craindre de moi-même, et par quelle précaution cruelle voulez-vous m'ôter mon bonheur pour ne pas m'exposer à le perdre? Quel caprice de m'avoir fait combattre et vaincre pour m'enlever le prix après la victoire! N'est-ce pas vous qui rendez blâmable un danger bravé sans raison? Pourquoi m'avoir appelé près de vous avec tant de risques? ou pourquoi m'en bannir quand je suis digne d'y rester? Deviez-vous laisser prendre à votre mari tant de peine à pure perte? Que ne le faisiez-vous renoncer à des soins que vous aviez résolu de rendre inutiles? Que ne lui disiez-vous : Laissez-le au bout du monde, puisque aussi bien je l'y veux renvoyer? Hélas! plus vous craignez pour moi, plus il faudrait vous hâter de me rappeler. Non, ce n'est pas près de vous qu'est le danger, c'est en votre absence, et je ne vous crains qu'où vous n'êtes pas. Quand cette redoutable Julie me poursuit, je me réfugie auprès de Mme de Wolmar, et je suis tranquille : où fuirai-je si cet asile m'est ôté? Tous les temps, tous les lieux me sont dangereux loin d'elle; partout je trouve Claire ou Julie. Dans le passé, dans le pré-

---

(1) Ma carrière est finie au milieu de mes ans.

sent, l'une et l'autre m'agite à son tour : ainsi mon imagination toujours troublée ne se calme qu'à votre vue, et ce n'est qu'auprès de vous que je suis en sûreté contre moi. Comment vous expliquer le changement que j'éprouve en vous abordant? Toujours vous exercez le même empire, mais son effet est tout opposé; en réprimant les transports que vous causiez autrefois, cet empire est plus grand, plus sublime encore; la paix, la sérénité, succèdent au trouble des passions; mon cœur, toujours formé sur le vôtre, aima comme lui, et devient paisible à son exemple. Mais ce repos passager n'est qu'une trêve; et j'ai beau m'élever jusqu'à vous en votre présence, je retombe en moi-même en vous quittant. Julie, en vérité je crois avoir deux âmes, dont la bonne est en dépôt dans vos mains. Ah! voulez-vous me séparer d'elle?

Mais les erreurs des sens vous alarment; vous craignez les restes d'une jeunesse éteinte par les ennuis; vous craignez pour les jeunes personnes qui sont sous votre garde; vous craignez de moi ce que le sage Wolmar n'a pas craint! O Dieu! que toutes ces frayeurs m'humilient! Estimez-vous donc votre ami moins que le dernier de vos gens? Je puis vous pardonner de mal penser de moi, jamais de ne vous pas rendre à vous-même l'honneur que vous vous devez. Non, non; les feux dont j'ai brûlé m'ont purifié; je n'ai plus rien d'un homme ordinaire. Après ce que je fus, si je pouvais être vil un moment, j'irais me cacher au bout du monde, et ne me croirais jamais assez loin de vous.

Quoi! je troublerais cet ordre aimable que j'admirais avec tant de plaisir! Je souillerais ce séjour d'innocence et de paix que j'habitais avec tant de respect! Je pourrais être assez lâche!..... Eh! comment le plus corrompu des hommes ne serait-il pas touché d'un si charmant tableau? comment ne reprendrait-il pas dans cet asile l'amour de l'honnêteté? Loin d'y porter ses mauvaises mœurs, c'est là qu'il irait s'en défaire..... Qui? moi, Julie, moi?... si tard?... sous vos yeux?... Chère amie, ouvrez-moi votre maison sans crainte; elle est pour moi le temple de la vertu; partout j'y vois son simulacre auguste, et ne puis servir qu'elle auprès de vous. Je ne suis pas un ange, il est vrai; mais j'habiterai leur demeure, j'imiterai leurs exemples : on les fuit quand on ne leur veut pas ressembler.

Vous le voyez, j'ai peine à venir au point principal de votre lettre, le premier auquel il fallait songer, le seul dont je m'occuperais si j'osais prétendre au bien qu'il m'annonce. O Julie! âme bienfaisante! amie incomparable! en m'offrant la digne moitié de vous-même, et le plus précieux trésor qui soit au monde après vous, vous faites plus, s'il est possible, que vous ne fîtes jamais pour moi. L'amour, l'aveugle amour, put vous forcer à vous donner; mais donner votre amie est une preuve d'estime non suspecte. Dès cet instant je crois vraiment être homme de mérite, car je suis honoré de vous. Mais que le témoignage de cet honneur m'est cruel! En l'acceptant je le démentirais, et pour le mériter il faut que j'y renonce. Vous me connaissez, jugez-moi. Ce n'est pas assez que votre adorable cousine soit aimée; elle doit l'être comme vous, je le sais : le sera-t-elle? le peut-elle être? et dépend-il de moi de lui rendre sur ce point ce qui lui est dû? Ah! si vous vouliez m'unir avec elle, que ne me laissiez-vous un cœur à lui donner, un cœur auquel elle inspirât des sentiments nouveaux dont il lui pût offrir les prémices? En est-il un moins digne d'elle que celui qui sut vous aimer? Il faudrait avoir l'âme libre et paisible du bon et sage d'Orbe pour s'occuper d'elle seule à son exemple; il faudrait le valoir pour lui succéder : autrement la comparaison de son ancien état lui rendrait le dernier plus insupportable; et l'amour faible et distrait d'un second époux, loin de la consoler du premier, le lui ferait regretter davantage. D'un ami tendre et reconnaissant elle aurait fait un mari vulgaire. Gagnerait-elle à cet échange? Elle y perdrait doublement. Son cœur délicat et sensible sentirait trop cette perte; et moi, comment supporterais-je le spectacle continuel d'une tristesse dont je serais cause, et dont je ne pourrais la guérir?

Hélas! j'en mourrais de douleur même avant elle. Non, Julie, je ne ferai point mon bonheur aux dépens du sien. Je l'aime trop pour l'épouser.

Mon bonheur? Non. Serais-je heureux moi-même en ne la rendant pas heureuse? L'un des deux peut-il se faire un sort exclusif dans le mariage? Les biens, les maux n'y sont-ils pas communs, malgré qu'on en ait? et les chagrins qu'on se donne l'un à l'autre ne retombent-ils pas toujours sur celui qui les cause? Je serais malheureux par ses peines, sans être heureux par ses bienfaits. Grâces, beauté, mérite, attachement, fortune, tout concourrait à ma félicité; mon cœur, mon cœur seul empoisonnerait tout cela, et me rendrait misérable au sein du bonheur.

Si mon état présent est plein de charme auprès d'elle, loin que ce charme pût augmenter par une union plus étroite, les plus doux plaisirs que j'y goûte me seraient ôtés. Son humeur badine peut laisser un aimable essor à son amitié, mais c'est quand elle a des témoins de ses caresses. Je puis avoir quelque émotion trop vive auprès d'elle, mais c'est quand votre présence me distrait de vous. Toujours entre elle et moi dans nos tête-à-tête, c'est vous qui nous les rendez délicieux. Plus notre attachement augmente, plus nous songeons aux chaînes qui l'ont formé; le doux lien de notre amitié se resserre, et nous nous aimons pour parler de vous. Ainsi mille souvenirs chers à votre amie, plus chers à votre ami, les réunissent : unis par d'autres nœuds, il y faudra renoncer. Ces souvenirs trop charmants ne seraient-ils pas autant d'infidélités envers elle? Et de quel front prendrais-je une épouse respectée et chérie pour confidente des outrages que mon cœur lui ferait malgré lui? Ce cœur n'oserait donc plus s'épancher dans le sien, il se fermerait à son abord. N'osant plus lui parler de vous, bientôt je ne lui parlerais plus de moi. Le devoir, l'honneur, en m'imposant pour elle une réserve nouvelle, me rendraient ma femme étrangère, et je n'aurais plus ni guide ni conseil pour éclairer mon âme et corriger mes erreurs. Est-ce là l'hommage qu'elle doit attendre? Est-ce là le tribut de tendresse et de reconnaissance que j'irais lui porter? Est-ce ainsi que je ferais son bonheur et le mien?

Julie, oubliâtes-vous mes serments avec les vôtres? Pour moi, je ne les ai point oubliés. J'ai tout perdu; ma foi seule m'est restée; elle me restera jusqu'au tombeau. Je n'ai pu vivre à vous; je mourrai libre. Si l'engagement en était à prendre, je le prendrais aujourd'hui : car c'est un devoir de se marier, un devoir plus indispensable encore de ne faire le malheur de personne; et tout ce qui me reste à sentir en d'autres nœuds, c'est l'éternel regret de ceux auxquels j'osai prétendre. Je porterais dans ce lien sacré l'idée de ce que j'espérais y trouver une fois. Cette idée ferait mon supplice et celui d'une infortunée. Je lui demanderais compte des jours heureux que j'attendis de vous. Quelles comparaisons j'aurais à faire! quelle femme au monde les pourrait soutenir? Ah! comment me consolerais-je à la fois de n'être pas à vous, et d'être à une autre?

Chère amie, n'ébranlez point des résolutions dont dépend le repos de mes jours; ne cherchez point à me tirer de l'anéantissement où je suis tombé, de peur qu'avec le sentiment de mon existence je ne reprenne celui de mes maux, et qu'un état violent ne rouvre toutes mes blessures. Depuis mon retour j'ai senti, sans m'en alarmer, l'intérêt plus vif que je prenais à votre amie; car je savais bien que l'état de mon cœur ne lui permettrait jamais d'aller trop loin; et voyant ce nouveau goût ajouter à l'attachement déjà si tendre que j'eus pour elle dans tous les temps, je me suis félicité d'une émotion qui m'aidait à prendre le change, et me faisait supporter votre image avec moins de peine. Cette émotion a quelque chose des douceurs de l'amour, et n'en a pas les tourments (1). Le plaisir de la voir n'est point troublé par le désir de

---

(1) Il a dit précisément le contraire quelques pages auparavant. Le pauvre philosophe, entre deux jolies femmes, me paraît dans un plaisant embarras : on dirait qu'il veut n'aimer ni l'une ni l'autre, afin de les aimer toutes deux.

la posséder; content de passer ma vie entière comme j'ai passé cet hiver, je trouve entre vous deux cette situation paisible et douce qui tempère l'austérité de la vertu et rend ses leçons aimables. Si quelque vain transport m'agite un moment, tout le réprime et le fait taire : j'en ai trop vaincu de plus dangereux pour qu'il ne m'en reste aucun à craindre. J'honore votre amie comme je l'aime, et c'est tout dire. Quand je ne songerais qu'à mon intérêt, tous les droits de la tendre amitié me sont trop chers auprès d'elle pour que je m'expose à les perdre en cherchant à les étendre; et je n'ai pas même eu besoin de songer au respect que je lui dois pour ne jamais lui dire un seul mot dans le tête-à-tête qu'elle eût besoin d'interpréter ou de ne pas entendre. Que si peut-être elle a trouvé quelquefois un peu trop d'empressement dans mes manières, sûrement elle n'a point vu dans mon cœur la volonté de le témoigner. Tel que je fus six mois auprès d'elle, tel je serai toute ma vie. Je ne connais rien après vous de si parfait qu'elle; mais, fût-elle plus parfaite que vous encore, je sens qu'il faudrait n'avoir jamais été votre amant pour pouvoir devenir le sien.

Avant d'achever cette lettre, il faut vous dire ce que je pense de la vôtre. J'y trouve, avec toute la prudence de la vertu, les scrupules d'une âme craintive, qui se fait un devoir de s'épouvanter, et croit qu'il faut tout craindre pour se garantir de tout. Cette extrême timidité a son danger ainsi qu'une confiance excessive. En nous montrant sans cesse des monstres où il n'y en a point, elle nous épuise à combattre des chimères, et, à force de nous effaroucher sans sujet, elle nous tient moins en garde contre les périls véritables; et nous les laisse moins discerner. Relisez quelquefois la lettre que mylord Edouard vous écrivit l'année dernière au sujet de votre mari : vous y trouverez de bons avis à votre usage à plus d'un égard. Je ne blâme point votre dévotion; elle est touchante, aimable et douce comme vous; elle doit plaire à votre mari même. Mais prenez garde qu'à force de vous rendre timide et prévoyante, elle ne vous mène au quiétisme par une route opposée, et que, vous montrant partout du risque à courir, elle ne vous empêche enfin d'acquiescer à rien. Chère amie, ne savez-vous pas que la vertu est un état de guerre, et que pour y vivre on a toujours quelque combat à rendre contre soi? Occupons-nous moins des dangers que de nous, afin de tenir notre âme prête à tout événement. Si chercher les occasions c'est mériter d'y succomber, les fuir avec trop de soin c'est souvent nous refuser à de grands devoirs; et il n'est pas bon de songer sans cesse aux tentations, même pour les éviter. On ne me verra jamais rechercher des moments dangereux ni des tête-à-tête avec des femmes, mais, dans quelque situation que me place désormais la Providence, j'ai pour sûreté de moi les huit mois que j'ai passés à Clarens, et ne crains plus que personne m'ôte le prix que vous m'avez fait mériter. Je ne serai pas plus faible que je ne l'ai été; je n'aurai pas de plus grands combats à rendre : j'ai senti l'amertume des remords; j'ai goûté les douceurs de la victoire. Après de telles comparaisons, on n'hésite plus sur le choix; tout, jusqu'à mes fautes passées, m'est garant de l'avenir.

Sans vouloir entrer avec vous dans de nouvelles discussions sur l'ordre de l'univers et sur la direction des êtres qui le composent, je me contenterai de vous dire que, sur des questions si fort au-dessus de l'homme, il ne peut juger des choses qu'il ne voit pas que par induction sur celles qu'il voit, et que toutes les analogies sont pour ces lois générales que vous semblez rejeter. La raison même, et les plus saines idées que nous pouvons nous former de l'Etre suprême, sont très favorables à cette opinion; car, bien que sa puissance n'ait pas besoin de méthode pour abréger le travail, il est digne de sa sagesse de préférer pourtant les voies les plus simples, afin qu'il n'y ait rien d'inutile dans les moyens non plus que dans les effets. En créant l'homme, il l'a doué de toutes les facultés nécessaires pour accomplir ce qu'il exigeait de lui; et quand nous lui demandons le pouvoir de bien faire, nous ne lui demandons rien qu'il ne nous ait déjà donné. Il nous a donné la raison pour connaître ce qui est bien, la conscience pour l'aimer (1), et la liberté pour le choisir. C'est dans ces dons sublimes que consiste la grâce divine; et comme nous les avons tous reçus, nous en sommes tous comptables.

J'entends beaucoup raisonner contre la liberté de l'homme, et je méprise tous ces sophismes, parce qu'un raisonneur a beau me prouver que je ne suis pas libre, le sentiment intérieur, plus fort que tous ces arguments, les dément sans cesse; et, quelque parti que je prenne, dans quelque délibération que ce soit, je sens parfaitement qu'il ne tient qu'à moi de prendre le parti contraire. Toutes ces subtilités de l'école sont vaines précisément parce qu'elles prouvent trop, qu'elles combattent tout aussi bien la vérité que le mensonge, et que, soit que la liberté existe ou non, elles peuvent servir également à prouver qu'elle n'existe pas. A entendre ces gens-là, Dieu même ne serait pas libre, et ce mot de liberté n'aurait aucun sens. Ils triomphent, non d'avoir résolu la question, mais d'avoir mis à sa place une chimère. Ils commencent par supposer que tout être intelligent est purement passif, et puis ils déduisent de cette supposition des conséquences pour prouver qu'il n'est pas actif. La commode méthode qu'ils ont trouvée là! S'ils accusent leurs adversaires de raisonner de même, ils ont tort. Nous ne nous supposons point actifs et libres, nous sentons que nous le sommes. C'est à eux de prouver non-seulement que ce sentiment pourrait nous tromper, mais qu'il nous trompe en effet (2). L'évêque de Cloyne a démontré que, sans rien changer aux apparences, la matière et les corps pourraient ne pas exister; est-ce assez pour affirmer qu'ils n'existent pas? En tout ceci, la seule apparence coûte plus que la réalité : je m'en tiens à ce qui est plus simple.

Je ne crois donc pas qu'après avoir pourvu de toute manière aux besoins de l'homme, Dieu accorde à l'un plutôt qu'à l'autre des secours extraordinaires, dont celui qui abuse des secours communs à tous est indigne, et dont celui qui en use bien n'a pas besoin. Cette acception de personnes est injurieuse à la justice divine. Quand cette dure et décourageante doctrine se déduirait de l'Écriture elle-même, mon premier devoir n'est-il pas d'honorer Dieu? Quelque respect que je doive au texte sacré, j'en dois plus encore à son auteur; et j'aimerais mieux croire la Bible falsifiée, ou inintelligible, que Dieu injuste ou malfaisant. Saint Paul ne veut pas que le vase dise au potier: « Pourquoi m'as-tu fait ainsi? » Cela est fort bien, si le potier n'exige du vase que des services qu'il l'a mis en état de lui rendre; mais, s'il s'en prenait au vase de n'être pas propre à un usage pour lequel il ne l'aurait pas fait, le vase aurait-il tort de lui dire : « Pourquoi m'as-tu fait ainsi? »

S'ensuit-il de là que la prière soit inutile? A Dieu ne plaise que je m'ôte cette ressource contre mes faiblesses! Tous les actes de l'entendement qui nous élèvent à Dieu nous portent au-dessus de nous-mêmes; en implorant son secours, nous apprenons à le trouver. Ce n'est pas lui qui nous change, c'est nous qui nous changeons en nous élevant à lui (3). Tout ce qu'on lui demande comme il faut, on se le donne, et, comme vous l'avez dit, on augmente sa force en reconnaissant sa faiblesse. Mais, si l'on abuse de l'oraison

---

(1) Saint-Preux fait de la conscience morale un sentiment, et non pas un jugement; ce qui est contre les définitions des philosophes. Je crois pourtant qu'en ceci leur prétendu confrère a raison.

(2) Ce n'est pas de tout cela qu'il s'agit. Il s'agit de savoir si la volonté se détermine sans cause, ou quelle est la cause qui détermine la volonté.

(3) Notre galant philosophe, après avoir imité la conduite d'Abélard, semble en vouloir prendre aussi la doctrine. Leurs sentiments sur la prière ont beaucoup de rapports. Bien des gens, relevant cette hérésie, trouveront qu'il eût mieux valu persister dans l'égarement que de tomber dans l'erreur. Je ne pense pas ainsi. C'est un petit mal de se tromper; c'en est un grand de se mal conduire. Ceci ne contredit point, à mon avis, ce que j'ai dit ci-devant sur le danger des fausses maximes de morale. Mais il faut laisser quelque chose à faire au lecteur.

— Voyez la quatrième lettre d'Abélard à Héloïse, dans laquelle il implore sa protection auprès de Jésus-Christ pour obtenir par ses prières ce qu'il demanderait en vain lui-même.

et qu'on devienne mystique, on se perd à force de s'élever; en cherchant la grâce, on renonce à la raison; pour obtenir un don du ciel, on en foule aux pieds un autre; en s'obstinant à vouloir qu'il nous éclaire, on s'ôte les lumières qu'il nous a données. Qui sommes-nous pour vouloir forcer Dieu de faire un miracle?

Vous le savez, il n'y a rien de bien qui n'ait un excès blâmable, même la dévotion qui tourne en délire. La vôtre est trop pure pour arriver jamais à ce point; mais l'excès qui produit l'égarement commence avant lui, et c'est de ce premier terme que vous avez à vous défier. Je vous ai souvent entendue blâmer les extases des ascétiques; savez-vous comment elles viennent? en prolongeant le temps qu'on donne à la prière plus que ne le permet la faiblesse humaine. Alors l'esprit s'épuise, l'imagination s'allume et donne des visions; on devient inspiré, prophète, et il n'y a plus ni sens ni génie qui garantisse du fanatisme. Vous vous enfermez fréquemment dans votre cabinet, vous vous recueillez, vous priez sans cesse; vous ne voyez pas encore les piétistes (1), mais vous lisez leurs livres. Je n'ai jamais blâmé votre goût pour les écrits du bon Fénelon; mais que faites-vous de ceux de sa disciple? Vous lisez Muralt : je le lis aussi; mais je choisis ses lettres, et vous choisissez son instinct divin (2). Voyez comment il a fini, déplorez les égarements de cet homme sage, et songez à vous. Femme pieuse et chrétienne, allez-vous n'être plus qu'une dévote?

Chère et respectable amie, je reçois vos avis avec la docilité d'un enfant, et vous donne les miens avec le zèle d'un père. Depuis que la vertu, loin de rompre nos liens, les a rendus indissolubles, ses devoirs se confondent avec les droits de l'amitié. Les mêmes leçons nous conviennent, le même intérêt nous conduit. Jamais nos cœurs ne se parlent, jamais nos yeux ne se rencontrent, sans offrir à tous deux un objet d'honneur et de gloire qui nous élève conjointement; et la perfection de chacun de nous importera toujours à l'autre. Mais si les délibérations sont communes, la décision ne l'est pas; elle appartient à vous seule. O vous qui fîtes toujours mon sort, ne cessez point d'en être l'arbitre; pesez mes réflexions, prononcez : quoi que vous ordonniez de moi, je me soumets; je serai digne au moins que vous ne cessiez pas de me conduire. Dussé-je ne vous plus revoir, vous me serez toujours présente, vous présiderez toujours à mes actions; dussiez-vous m'ôter l'honneur d'élever vos enfants, vous ne m'ôterez point les vertus que je tiens de vous : ce sont les enfants de votre âme, la mienne les adopte, et rien ne les lui peut ravir.

Parlez-moi sans détour, Julie. A présent que je vous ai bien expliqué ce que je sens et ce que je pense, dites-moi ce qu'il faut que je fasse. Vous savez à quel point mon sort est lié à celui de mon illustre ami. Je ne l'ai point consulté dans cette occasion, je ne lui ai montré ni cette lettre ni la vôtre. S'il apprend que vous désapprouviez son projet, ou plutôt celui de votre époux, il le désapprouvera lui-même; et je suis bien éloigné d'en vouloir tirer une objection contre vos scrupules; il convient seulement qu'il les ignore jusqu'à votre entière décision. En attendant, je trouverai, pour différer notre départ, des prétextes qui pourront le surprendre, mais auxquels il acquiescera sûrement. Pour moi, j'aime mieux ne vous plus voir que de vous revoir pour vous dire un nouvel adieu. Apprendre à vivre chez vous en étranger est une humiliation que je n'ai pas méritée.

(1) Sorte de fous qui avaient la fantaisie d'être chrétiens et de suivre l'Evangile à la lettre; à peu près comme sont aujourd'hui les méthodistes en Angleterre, les moraves en Allemagne, les jansénistes en France; excepté pourtant qu'il ne manque à ces derniers que d'être les maîtres, pour être plus durs et plus intolérants que leurs ennemis.

(2) Indépendamment des *Lettres sur les Français et les Anglais*, Muralt est aussi auteur des *Lettres fanatiques* réimprimées à Paris en 1790.

LETTRE VIII.

DE MADAME DE WOLMAR A SAINT-PREUX.

Hé bien ! ne voilà-t-il pas encore votre imagination effarouchée ? et sur quoi, je vous prie ? sur les plus vrais témoignages d'estime et d'amitié que vous ayez jamais reçus de moi ; sur les paisibles réflexions que le soin de votre vrai bonheur m'inspire ; sur la proposition la plus obligeante, la plus avantageuse, la plus honorable qui vous ait jamais été faite ; sur l'empressement, indiscret peut-être, de vous unir à ma famille par des nœuds indissolubles; sur le désir de faire mon allié, mon parent, d'un ingrat qui croit ou qui feint de croire que je ne veux plus de lui pour ami. Pour vous tirer de l'inquiétude où vous paraissez être, il ne fallait que prendre ce que je vous écris dans son sens le plus naturel. Mais il y a longtemps que vous aimez à vous tourmenter par vos injustices. Votre lettre est, comme votre vie, sublime et rampante, pleine de force et de puérilités. Mon cher philosophe, ne cesserez-vous jamais d'être enfant ?

Où avez-vous donc pris que je songeasse à vous imposer des lois, à rompre avec vous, et, pour me servir de vos termes, à vous renvoyer au bout du monde ? De bonne foi, trouvez-vous là l'esprit de ma lettre ? Tout au contraire : en jouissant d'avance du plaisir de vivre avec vous, j'ai craint les inconvénients qui pouvaient le troubler ; je me suis occupée des moyens de prévenir ces inconvénients d'une manière agréable et douce, en vous faisant un sort digne de votre mérite et de mon attachement pour vous. Voilà tout mon crime : il n'y avait pas là, ce me semble, de quoi vous alarmer si fort.

Vous avez tort, mon ami ; car vous n'ignorez pas combien vous m'êtes cher; mais vous aimez à vous le faire redire ; et comme je n'aime guère moins à le répéter, il vous est aisé d'obtenir ce que vous voulez sans que la plainte et l'humeur s'en mêlent.

Soyez donc bien sûr que si votre séjour ici vous est agréable, il me l'est tout autant qu'à vous, et que, de tout ce que M. de Wolmar a fait pour moi, rien ne m'est plus sensible que le soin qu'il a pris de vous appeler dans sa maison, et de vous mettre en état d'y rester. J'en conviens avec plaisir, nous sommes utiles l'un à l'autre. Plus propres à recevoir de bons avis qu'à les prendre de nous-mêmes, nous avons tous deux besoin de guides. Et qui saura mieux ce qui convient à l'un, que l'autre qui le connaît si bien ? Qui sentira mieux le danger de s'égarer par tout ce que coûte un retour pénible ? Quel objet peut mieux nous rappeler ce danger ? Devant qui rougirions-nous autant d'avilir un si grand sacrifice ? Après avoir rompu de tels liens, ne devons-nous pas à leur mémoire de ne rien faire d'indigne du motif qui nous les fit rompre ? Oui, c'est une fidélité que je veux vous garder toujours de vous prendre à témoin de toutes les actions de ma vie, et de vous dire, à chaque sentiment qui m'anime : Voilà ce que je vous ai préféré. Ah ! mon ami, je sais rendre honneur à ce que mon cœur a si bien senti. Je puis être faible devant toute la terre, mais je réponds de moi devant vous.

C'est dans cette délicatesse qui survit toujours au véritable amour, plutôt que dans les subtiles distinctions de M. de Wolmar, qu'il faut chercher la raison de cette élévation d'âme et de cette force intérieure que nous éprouvons l'un près de l'autre, et que je crois sentir comme vous. Cette explication du moins est plus naturelle, plus honorable à nos cœurs que la sienne, et vaut mieux pour s'encourager à bien faire, ce qui suffit pour la préférer. Ainsi croyez que, loin d'être dans la disposition bizarre où vous me supposez, celle où je suis est directement contraire ; que s'il fallait renoncer au projet de nous réunir, je regarderais ce changement comme un grand malheur pour vous, pour moi, pour mes enfants, et pour mon mari même, qui, vous le savez, entre pour beaucoup dans les raisons que j'ai de vous désirer ici. Mais, pour ne parler que de mon inclination particulière, souvenez-vous du moment de votre arrivée : marquai-je moins de joie à vous voir que vous n'en eûtes en m'abordant? vous a-t-il paru que votre séjour à Clarens me fût ennuyeux ou pénible? avez-vous jugé que je vous en visse partir avec plaisir? Faut-il aller jusqu'au bout et vous parler avec ma franchise ordinaire? Je vous avouerai sans détour que les six derniers mois que nous avons passés ensemble ont été le temps le plus doux de ma vie, et que j'ai goûté dans ce court espace tous les biens dont ma sensibilité m'ait fourni l'idée.

Je n'oublierai jamais un jour de cet hiver, où, après avoir fait en commun la lecture de vos voyages et celle des aventures de votre ami, nous soupâmes dans la salle d'Apollon, et où, songeant à la félicité que Dieu m'envoyait en

ce monde, je vis tout autour de moi mon père, mon mari, mes enfants, ma cousine, mylord Edouard, vous, sans compter la Fanchon, qui ne gâtait rien au tableau, et tout cela rassemblé pour l'heureuse Julie. Je me disais : « Cette petite chambre contient tout ce qui est cher à mon cœur, et peut-être tout ce qu'il y a de meilleur sur la terre; je suis environnée de tout ce qui m'intéresse; tout l'univers est ici pour moi; je jouis à la fois de l'attachement que j'ai pour mes amis, de celui qu'ils me rendent, de celui qu'ils ont l'un pour l'autre; leur bienveillance mutuelle ou vient de moi ou s'y rapporte; je ne vois rien qui n'étende mon être, et rien qui le divise; il est dans tout ce qui m'environne, il n'en reste aucune portion loin de moi; mon imagination n'a plus rien à faire, je n'ai rien à désirer; sentir et jouir sont pour moi la même chose; je vis à la fois dans tout ce que j'aime, je me rassasie de bonheur et de vie. O mort! viens quand tu voudras, je ne te crains plus, j'ai vécu, je t'ai prévenue; je n'ai plus de nouveaux sentiments à connaître, tu n'as plus rien à me dérober. »

Plus j'ai senti le plaisir de vivre avec vous, plus il m'était doux d'y compter, et plus aussi tout ce qui pouvait troubler ce plaisir m'a donné d'inquiétude. Laissons un moment à part cette morale craintive et cette prétendue dévotion que vous me reprochez; convenez du moins que tout le charme de la société qui régnait entre nous est dans cette ouverture de cœur qui met en commun tous les sentiments, toutes les pensées, et qui fait que chacun, se sentant tel qu'il doit être, se montre à nous tel qu'il est. Supposez un moment quelque intrigue secrète, quelque liaison qu'il fallût cacher, quelque raison de réserve et de mystère; à l'instant tout le plaisir de se voir s'évanouit, on est contraint l'un devant l'autre, on cherche à se dérober; quand on se rassemble on voudrait se fuir : la circonspection, la bienséance, amènent la défiance et le dégoût. Le moyen d'aimer longtemps ceux qu'on craint ! On se devient importun l'un à l'autre... Julie importune !... importune à son ami ! non, non; cela ne saurait être; on n'a jamais de maux à craindre que ceux qu'on peut supporter.

En vous exposant naïvement mes scrupules, je n'ai point prétendu changer vos résolutions, mais les éclairer, de peur que, prenant un parti dont vous n'auriez pas prévu toutes les suites, vous n'eussiez peut-être à vous en repentir quand vous n'oseriez plus vous en dédire. A l'égard des craintes que M. de Wolmar n'a pas eues, ce n'est pas à lui de les avoir, c'est à vous : nul n'est juge du danger qui vient de vous que vous-même. Réfléchissez-y bien, puis dites-moi qu'il n'existe pas, et je n'y pense plus : car je connais votre droiture, et ce n'est pas de vos intentions que je me défie. Si votre cœur est capable d'une faute imprévue, très sûrement le mal prémédité n'en approcha jamais. C'est ce qui distingue l'homme fragile du méchant homme.

D'ailleurs, quand mes objections auraient plus de solidité que je n'aime à le croire, pourquoi mettre d'abord la chose au pis comme vous faites ? Je n'envisage point les précautions à prendre aussi sévèrement que vous. S'agit-il pour cela de rompre aussitôt tous vos projets, et de nous fuir pour toujours ? Non, mon aimable ami, de si tristes ressources ne sont point nécessaires. Encore enfant par la tête, vous êtes déjà vieux par le cœur. Les grandes passions usées dégoûtent des autres; la paix de l'âme qui leur succède est le seul sentiment qui s'accroît par la jouissance. Un cœur sensible craint le repos qu'il ne connaît pas : qu'il le sente une fois, il ne voudra plus le perdre. En comparant deux états si contraires, on apprend à préférer le meilleur; mais pour les comparer il les faut connaître. Pour moi, je vois le moment de votre sûreté plus près peut-être que vous ne le voyez vous-même. Vous avez trop senti pour sentir longtemps; vous avez trop aimé pour ne pas devenir indifférent : on ne rallume plus la cendre qui sort de la fournaise, mais il faut attendre que tout soit consumé. Encore quelques années d'attention sur vous-même, et vous n'avez plus de risque à courir.

Le sort que je voulais vous faire eût anéanti ce risque; mais, indépendamment de cette considération, ce sort était assez doux pour devoir être envié pour lui-même; et si votre délicatesse vous empêche d'oser y prétendre, je n'ai pas besoin que vous me disiez ce qu'une telle retenue a pu vous coûter : mais j'ai peur qu'il ne se mêle à vos raisons des prétextes plus spécieux que solides; j'ai peur qu'en vous piquant de tenir des engagements dont tout vous dispense et qui n'intéressent plus personne, vous ne vous fassiez une fausse vertu de je ne sais quelle vaine constance plus à blâmer qu'à louer, et désormais tout-à-fait déplacée. Je vous l'ai déjà dit autrefois, c'est un second crime de tenir un serment criminel : si le vôtre ne l'était pas, il l'est devenu; c'en est assez pour l'annuler. La promesse qu'il faut tenir sans cesse est celle d'être honnête homme et toujours ferme dans son devoir; changer quand il change, ce n'est pas légèreté, c'est constance. Vous fîtes bien peut-être alors de promettre ce que vous feriez mal aujourd'hui de tenir. Faites dans tous les temps ce que la vertu demande, vous ne vous démentirez jamais.

Que s'il y a parmi vos scrupules quelque objection solide, c'est ce que nous pourrons examiner à loisir : en attendant, je ne suis pas trop fâchée que vous n'ayez pas saisi mon idée avec la même avidité que moi, afin que mon étourderie vous soit moins cruelle, si j'en ai fait une. J'avais médité ce projet durant l'absence de ma cousine. Depuis son retour et le départ de ma lettre, ayant eu avec elle quelques conversations générales sur un second mariage, elle m'en a paru si éloignée, que, malgré tout le penchant que je lui connais pour vous, je craindrais qu'il ne fallût user de plus d'autorité qu'il ne me convient pour vaincre sa répugnance, même en votre faveur; car il est un point où l'empire de l'amitié doit respecter celui des inclinations et les principes que chacun se fait sur des devoirs arbitraires en eux-mêmes, mais relatifs à l'état du cœur qui se les impose.

Je vous avoue pourtant que je tiens encore à mon projet : il nous convient si bien à tous, il vous tirerait si honorablement de l'état précaire où vous vivez dans le monde, il confondrait tellement nos intérêts, il nous ferait un devoir si naturel de cette amitié qui nous est si douce, que je n'y puis renoncer tout-à-fait. Non, mon ami, vous ne m'appartiendrez jamais de trop près: ce n'est pas même assez que vous soyez mon cousin; ah! je voudrais que vous fussiez mon frère.

Quoi qu'il en soit de toutes ces idées, rendez plus de justice à mes sentiments pour vous; jouissez sans réserve de mon amitié, de ma confiance, de mon estime; souvenez-vous que je n'ai plus rien à vous prescrire, et que je ne crois point en avoir besoin. Ne m'ôtez pas le droit de vous donner des conseils, mais n'imaginez jamais que j'en fasse des ordres. Si vous sentez pouvoir habiter Clarens sans danger, venez-y, demeurez-y; j'en serai charmée. Si vous croyez devoir donner encore quelques années d'absence aux restes toujours suspects d'une jeunesse impétueuse, écrivez-moi souvent, venez nous voir quand vous voudrez, entretenons la correspondance la plus intime. Quelle peine n'est pas adoucie par cette consolation? quel éloignement ne supporte-t-on pas par l'espoir de finir ses jours ensemble? Je ferai plus; je suis prête à vous confier un de mes enfants; je le croirai mieux dans vos mains que dans les miennes : quand vous me le ramènerez, je ne sais duquel des deux le retour me touchera le plus. Si, tout-à-fait devenu raisonnable, vous bannissez enfin vos chimères et voulez mériter ma cousine, venez, aimez-la, servez-la, achevez de lui plaire; en vérité, je crois que vous avez déjà commencé; triomphez de son cœur et des obstacles qu'il vous oppose, je vous aiderai de tout mon pouvoir : faites enfin le bonheur l'un de l'autre, et rien ne manquera plus au mien. Mais, quelque parti que vous puissiez prendre, après y avoir sérieusement pensé, prenez-le en toute assurance, et n'outragez plus votre amie en l'accusant de se défier de vous.

A force de songer à vous je m'oublie. Il faut pourtant que mon tour vienne; car vous faites avec vos amis dans la dispute comme avec votre adversaire aux échecs, vous attaquez en vous défendant. Vous vous excusez d'être philosophe en m'accusant d'être dévote; c'est comme si j'avais renoncé au vin lorsqu'il vous eut enivré. Je suis donc dévote à votre compte, ou prête à le devenir! Soit; les dénominations méprisantes changent-elles la nature des choses? Si la dévotion est bonne, où est le tort d'en avoir? Mais peut-être ce mot est-il trop bas pour vous. La dignité philosophique dédaigne un culte vulgaire; elle veut servir Dieu plus noblement; elle porte jusqu'au ciel même ses prétentions et sa fierté. O mes pauvres philosophes!... Revenons à moi.

J'aimai la vertu dès mon enfance, et cultivai ma raison dans tous les temps. Avec du sentiment et des lumières, j'ai voulu me gouverner, et je me suis mal conduite. Avant de m'ôter le guide que j'ai choisi, donnez-m'en quelque autre sur lequel je puisse compter. Mon bon ami, toujours de l'orgueil, quoi qu'on fasse ! c'est lui qui vous élève, et c'est lui qui m'humilie. Je crois valoir autant qu'une autre, et mille autres ont vécu plus sagement que moi : elles avaient donc des ressources que je n'avais pas. Pourquoi me sentant bien née ai-je eu besoin de cacher ma vie? Pourquoi haïssais-je le mal que j'ai fait malgré moi? Je ne connaissais que ma force, elle n'a pu me suffire. Toute la résistance qu'on peut tirer de soi, je crois l'avoir faite, et toutefois j'ai succombé. Comment font celles qui résistent? Elles ont un meilleur appui.

Après l'avoir pris à leur exemple, j'ai trouvé dans ce choix un autre avantage auquel je n'avais pas pensé. Dans le règne des passions, elles aident à supporter les tourments qu'elles donnent; elles tiennent l'espérance à côté du désir. Tant qu'on désire, on peut se passer d'être heureux; on s'attend à le devenir : si le bonheur ne vient point, l'espoir se prolonge, et le charme de l'illusion dure autant que la passion qui le cause. Ainsi cet état se suffit à lui-même, et l'inquiétude qu'il donne est une sorte de jouissance qui supplée à la réalité, qui vaut mieux, peut-être. Malheur à qui n'a plus rien à désirer! il perd pour ainsi dire tout ce qu'il possède. On jouit moins de ce qu'on obtient que de ce qu'on espère, et l'on n'est heureux qu'avant d'être heureux. En effet, l'homme, avide et borné, fait pour tout vouloir et peu obtenir, a reçu du ciel une force consolante qui rapproche de lui tout ce qu'il désire, qui le soumet à son imagination, qui le lui rend présent et sensible, qui le lui livre en quelque sorte, et, pour lui rendre cette imaginaire propriété plus douce, le modifie au gré de sa passion. Mais tout ce prestige disparaît devant l'objet même; rien n'embellit plus cet objet aux yeux du possesseur; on ne se figure point ce qu'on voit; l'imagination ne pare plus rien de ce qu'on possède; l'illusion cesse où commence la jouissance. Le pays des chimères est en ce monde le seul digne d'être habité; et tel est le néant des choses humaines, qu'hors (1) l'être existant par lui-même, il n'y a rien de beau que ce qui n'est pas.

Si cet effet n'a pas toujours lieu sur les objets particuliers de nos passions, il est infaillible dans le sentiment commun qui les comprend toutes. Vivre sans peine n'est pas un état d'homme; vivre ainsi c'est être mort. Celui qui pourrait tout sans être Dieu serait une misérable créature; il serait privé du plaisir de désirer; toute autre privation serait plus supportable (2).

Voilà ce que j'éprouve en partie depuis mon mariage et depuis votre retour. Je ne vois partout que sujet de contentement, et je ne suis pas contente; une langueur secrète s'insinue au fond de mon cœur; je le sens vide et gonflé, comme vous disiez autrefois du vôtre; l'attachement que j'ai pour tout ce qui m'est cher ne suffit pas pour l'occuper; il lui reste une force inutile dont il ne sait que faire. Cette peine est bizarre, j'en conviens; mais elle n'est pas moins réelle. Mon ami, je suis trop heureuse, le bonheur m'ennuie (3).

Concevez-vous quelque remède à ce dégoût du bien-être? Pour moi, je vous avoue qu'un sentiment si peu raisonnable et si peu volontaire a beaucoup ôté du prix que je donnais à la vie; et je n'imagine pas quelle sorte de charme on y peut trouver qui me manque ou qui me suffise. Une autre sera-t-elle plus sensible que moi? aimera-t-elle mieux son père, son mari, ses enfants, ses amis, ses proches? en sera-t-elle mieux aimée? mènera-t-elle une vie plus de son goût? sera-t-elle plus libre d'en choisir une autre? jouira-t-elle d'une meilleure santé? aura-t-elle plus de ressources contre l'ennui, plus de liens qui l'attachent au monde? Et toutefois j'y vis inquiète; mon cœur ignore ce qui lui manque; il désire sans savoir quoi.

Ne trouvant donc rien ici-bas qui lui suffise, mon âme avide cherche ail-

---

(1) Il fallait *que hors*, et sûrement madame de Wolmar ne l'ignorait pas. Mais, outre les fautes qui lui échappaient par ignorance ou par inadvertance, il paraît qu'elle avait l'oreille trop délicate pour s'asservir toujours aux règles mêmes qu'elle savait. On peut employer un style plus pur, mais non pas plus doux ni plus harmonieux que le sien.

(2) D'où il suit que tout prince qui aspire au despotisme aspire à l'honneur de mourir d'ennui. Dans tous les royaumes du monde, cherchez-vous l'homme le plus ennuyé du pays, allez toujours directement au souverain, surtout s'il est très absolu. C'est bien la peine de faire tant de misérables! ne saurait-il s'ennuyer à moindres frais?

(3) Quoi, Julie! aussi des contradictions! Ah! je crains bien, charmante dévote, que vous ne soyez pas non plus trop d'accord avec vous-même. Au reste, j'avoue que cette lettre me paraît le chant du cygne.

leurs de quoi la remplir : en s'élevant à la source du sentiment et de l'être, elle y perd sa sécheresse et sa langueur; elle y renaît, elle s'y ranime, elle y trouve un nouveau ressort, elle y puise une nouvelle vie, elle y prend une autre existence qui ne tient point aux passions du corps; ou plutôt elle n'est plus en moi-même, elle est toute dans l'être immense qu'elle contemple, et, dégagée un moment de ses entraves, elle se console d'y rentrer par cet essai d'un état plus sublime qu'elle espère être un jour le sien.

Vous souriez; je vous entends, mon bon ami; j'ai prononcé mon propre jugement en blâmant autrefois cet état d'oraison que je confesse aimer aujourd'hui. A cela je n'ai qu'un mot à vous dire, c'est que je ne l'avais pas éprouvé. Je ne prétends pas même le justifier de toutes manières : je ne dis pas que ce goût soit sage, je dis seulement qu'il est doux, qu'il supplée au sentiment du bonheur qui s'épuise, qu'il remplit le vide de l'âme, et qu'il jette un nouvel intérêt sur la vie passée à le mériter. S'il produit quelque mal, il faut le rejeter sans doute; s'il abuse le cœur par une fausse jouissance, il faut encore le rejeter. Mais enfin, lequel tient le mieux à la vertu, du philosophe avec ses grands principes, ou du chrétien dans sa simplicité? Lequel est le plus heureux dès ce monde, du sage avec sa raison, ou du dévot dans son délire? Qu'ai-je besoin de penser, d'imaginer, dans un moment où toutes mes facultés sont aliénées? L'ivresse a ses plaisirs, disiez-vous; eh bien! ce délire en est une. Ou laissez-moi dans un état qui m'est agréable, ou montrez-moi comment je puis être mieux.

J'ai blâmé les extases des mystiques; je les blâme encore quand elles nous détachent de nos devoirs, et que, nous dégoûtant de la vie active par les charmes de la contemplation, elles nous mènent à ce quiétisme dont vous me croyez si proche, et dont je crois être aussi loin que vous.

Servir Dieu, ce n'est point passer sa vie à genoux dans un oratoire, je le sais bien; c'est remplir sur la terre les devoirs qu'il nous impose; c'est faire en vue de lui plaire tout ce qui convient à l'état où il nous a mis :

. . . . Il cor gradisce;
E serve a lui chi 'l suo dover compisce (1).

Il faut premièrement faire ce qu'on doit, et puis prier quand on le peut; voilà la règle que je tâche de suivre. Je ne prends point le recueillement que vous me reprochez comme une occupation, mais comme une récréation; et je ne vois pas pourquoi, parmi les plaisirs qui sont à ma portée, je m'interdirais le plus sensible et le plus innocent de tous.

Je me suis examinée avec plus de soin depuis votre lettre : j'ai étudié les effets que produit sur mon âme ce penchant qui semble si fort vous déplaire; et je n'y sais rien voir jusqu'ici qui me fasse craindre, au moins si tôt, l'abus d'une dévotion mal entendue.

Premièrement, je n'ai point pour cet exercice un goût trop vif qui me fasse souffrir quand j'en suis privée, ni qui me donne de l'humeur quand on m'en distrait. Il ne me donne point non plus de distractions dans la journée, et ne jette ni dégoût ni impatience sur la pratique de mes devoirs. Si quelquefois mon cabinet m'est nécessaire, c'est quand quelque émotion m'agite, et que je serais moins bien partout ailleurs : c'est là que, rentrant en moi-même, j'y retrouve le calme de la raison. Si quelque souci me trouble, si quelque peine m'afflige, c'est là que je les vais déposer. Toutes ces misères s'évanouissent devant un plus grand objet. En songeant à tous les bienfaits de la Providence, j'ai honte d'être sensible à de si faibles chagrins et d'oublier de si grandes grâces. Il ne me faut des séances ni fréquentes ni longues. Quand la tristesse m'y suit malgré moi, quelques pleurs versés devant celui qui console soulagent mon cœur à l'instant. Mes réflexions ne sont jamais amères ni douloureuses; mon repentir même est exempt d'alarmes. Mes fautes me donnent moins

(1) Le cœur lui suffit, et qui fait son devoir le prie. MÉTAST.

d'effroi que de honte : j'ai des regrets et non des remords. Le Dieu que je sers est un Dieu clément, un père : ce qui me touche est sa bonté ; elle efface à mes yeux tous ses autres attributs ; elle est le seul que je conçois. Sa puissance m'étonne, son immensité me confond, sa justice... Il a fait l'homme faible ; puisqu'il est juste, il est clément. Le Dieu vengeur est le Dieu des méchants ; je ne puis ni le craindre pour moi ni l'implorer contre un autre. O Dieu de paix, Dieu de bonté, c'est toi que j'adore ! c'est de toi, je le sens, que je suis l'ouvrage ; et j'espère te retrouver au dernier jugement tel que tu parles à mon cœur durant ma vie.

Je ne saurais vous dire combien ces idées jettent de douceur sur mes jours et de joie au fond de mon cœur. En sortant de mon cabinet ainsi disposée, je me sens plus légère et plus gaie ; toute la peine s'évanouit, tous les embarras disparaissent ; rien de rude, rien d'anguleux ; tout devient facile et coulant, tout prend à mes yeux une face plus riante ; la complaisance ne me coûte plus rien ; j'en aime encore mieux ceux que j'aime et leur en suis plus agréable : mon mari même en est plus content de mon humeur. La dévotion, prétend-il, est un opium pour l'âme ; elle égaie, anime et soutient quand on en prend peu ; une trop forte dose endort, ou rend furieux, ou tue. J'espère ne pas aller jusque-là.

Vous voyez que je ne m'offense pas de ce titre de dévote autant peut-être que vous l'auriez voulu ; mais je ne lui donne pas non plus tout le prix que vous pourriez croire. Je n'aime point, par exemple, qu'on affiche cet état par un extérieur affecté et comme une espèce d'emploi qui dispense de tout autre. Ainsi, cette Mme Guyon, dont vous me parlez, eût mieux fait, ce me semble, de remplir avec soin ses devoirs de mère de famille, d'élever chrétiennement ses enfants, de gouverner sagement sa maison, que d'aller composer des livres de dévotion, disputer avec des évêques, et se faire mettre à la Bastille pour des rêveries où l'on ne comprend rien. Je n'aime pas non plus ce langage mystique et figuré qui nourrit le cœur des chimères de l'imagination, et substitue au véritable amour de Dieu des sentiments imités de l'amour terrestre, et trop propres à le réveiller. Plus on a le cœur tendre et l'imagination vive, plus on doit éviter ce qui tend à les émouvoir ; car enfin, comment voir les rapports de l'objet mystique si l'on ne voit aussi l'objet sensuel ? et comment une honnête femme ose-t-elle imaginer avec assurance des objets qu'elle n'oserait regarder (1).

Mais ce qui m'a donné le plus d'éloignement pour les dévots de profession, c'est cette âpreté de mœurs qui les rend insensibles à l'humanité, c'est cet orgueil excessif qui leur fait regarder en pitié le reste du monde. Dans leur élévation sublime, s'ils daignent s'abaisser à quelque acte de bonté, c'est d'une manière si humiliante ; ils plaignent les autres d'un ton si cruel, leur justice est si rigoureuse, leur charité est si dure, leur zèle est si amer, leur mépris ressemble si fort à la haine, que l'insensibilité même des gens du monde est moins barbare que leur commisération. L'amour de Dieu leur sert d'excuse pour n'aimer personne ; ils ne s'aiment pas même l'un l'autre. Vit-on jamais d'amitié véritable entre les dévots ? Mais plus ils se détachent des hommes, plus ils en exigent ; et l'on dirait qu'ils ne s'élèvent à Dieu que pour exercer son autorité sur la terre.

Je me sens pour tous ces abus une aversion qui doit naturellement m'en garantir ; si j'y tombe, ce sera sûrement sans le vouloir, et j'espère de l'amitié de tous ceux qui m'environnent que ce ne sera pas sans être avertie. Je vous avoue que j'ai été longtemps sur le sort de mon mari d'une inquiétude qui m'eût peut-être altéré l'humeur à la longue. Heureusement la sage lettre de mylord Édouard à laquelle vous me renvoyez avec grande raison, ses en-

---

(1) Cette objection me paraît tellement solide et sans réplique, que si j'avais le moindre pouvoir dans l'église, je l'emploierais à faire retrancher de nos livres sacrés le Cantique des cantiques, et j'aurais bien du regret d'avoir attendu si tard.

tretiens consolants et sensés, les vôtres, ont tout-à-fait dissipé ma crainte et changé mes principes. Je vois qu'il est impossible que l'intolérance n'endurcisse l'âme. Comment chérir tendrement les gens qu'on réprouve? quelle charité peut-on conserver parmi des damnés? les aimer, ce serait haïr Dieu qui les punit. Voulons-nous donc être humains, jugeons les actions et non pas les hommes; n'empiétons point sur l'horrible fonction des démons; n'ouvrons point si légèrement l'enfer à nos frères. Eh! s'il était destiné pour ceux qui se trompent, quel mortel pourrait l'éviter?

O mes amis, de quel poids vous avez soulagé mon cœur! En m'apprenant que l'erreur n'est point un crime, vous m'avez délivrée de mille inquiétants scrupules. Je laisse la subtile interprétation des dogmes que je n'entends pas; je m'en tiens aux vérités lumineuses qui frappent mes yeux et convainquent ma raison, aux vérités de pratique qui m'instruisent de mes devoirs. Sur tout le reste j'ai pris pour règle votre ancienne réponse à M. de Wolmar (1). Est-on maître de croire ou de ne pas croire? est-ce un crime de n'avoir pas su bien argumenter? Non, la conscience ne nous dit point la vérité des choses, mais la règle de nos devoirs; elle ne nous dicte point ce qu'il faut penser, mais ce qu'il faut faire; elle ne nous apprend point à bien raisonner, mais à bien agir. En quoi mon mari peut-il être coupable devant Dieu? détourne-t-il les yeux de lui? Dieu lui-même a voilé sa face. Il ne fuit point la vérité, c'est la vérité qui le fuit. L'orgueil ne le guide point; il ne veut égarer personne, il est bien aise qu'on ne pense pas comme lui. Il aime nos sentiments, il voudrait les avoir, il ne peut: notre espoir, nos consolations, tout lui échappe. Il fait le bien sans attendre de récompense; il est plus vertueux, plus désintéressé que nous. Hélas! il est à plaindre; mais de quoi sera-t-il puni? Non, non; la bonté, la droiture, les mœurs, l'honnêteté, la vertu, voilà ce que le ciel exige et qu'il récompense; voilà le véritable culte que Dieu veut de nous et qu'il reçoit de lui tous les jours de sa vie. Si Dieu juge la foi par les œuvres, c'est croire en lui que d'être homme de bien. Le vrai chrétien c'est l'homme juste; les vrais incrédules sont les méchants.

Ne soyez donc pas étonné, mon aimable ami, si je ne dispute pas avec vous sur plusieurs points de votre lettre où nous ne sommes pas de même avis: je sais trop bien ce que vous êtes pour être en peine de ce que vous croyez. Que m'importent toutes ces questions oiseuses sur la liberté? Que je sois libre de vouloir le bien par moi-même, ou que j'obtienne en priant cette volonté, si je trouve enfin le moyen de bien faire, tout cela ne revient-il pas au même? Que je me donne ce qui me manque en le demandant, ou que Dieu l'accorde à ma prière, s'il faut toujours pour l'avoir que je le demande, ai-je besoin d'autre éclaircissement? Trop heureux de convenir sur les points principaux de notre croyance, que cherchons-nous au-delà? Voulons-nous pénétrer dans ces abîmes de métaphysique qui n'ont ni fond ni rive, et perdre à disputer sur l'essence divine ce temps si court qui nous est donné pour l'honorer? Nous ignorons ce qu'elle est, mais nous savons qu'elle est; que cela nous suffise: elle se fait voir dans ses œuvres, elle se fait sentir au dedans de nous. Nous pouvons bien disputer contre elle, mais non pas la méconnaître de bonne foi. Elle nous a donné ce degré de sensibilité qui l'aperçoit et la touche: plaignons ceux à qui elle ne l'a pas départi, sans nous flatter de les éclairer à son défaut. Qui de nous fera ce qu'elle n'a pas voulu faire? Respectons ses décrets en silence et faisons notre devoir; c'est le meilleur moyen d'apprendre le leur aux autres.

Connaissez-vous quelqu'un plus plein de sens et de raison que M. de Wolmar? quelqu'un plus sincère, plus droit, plus juste, plus vrai, moins livré à ses passions, qui ait plus à gagner à la justice divine et à l'immortalité de l'âme? Connaissez-vous un homme plus fort, plus élevé, plus grand, plus foudroyant dans la dispute, que mylord Edouard, plus digne par sa vertu de

(1) Voyez partie V, lettre III.

défendre la cause de Dieu, plus certain de son existence, plus pénétré de sa majesté suprême, plus zélé pour sa gloire et plus fait pour la soutenir? Vous avez vu ce qui s'est passé pendant trois mois à Clarens; vous avez vu deux hommes pleins d'estime et de respect l'un pour l'autre, éloignés par leur état et par leur goût des pointilleries de collège, passer un hiver entier à chercher dans des disputes sages et paisibles, mais vives et profondes, à s'éclairer mutuellement, s'attaquer, se défendre, se saisir par toutes les prises que peut avoir l'entendement humain, et sur une matière où tous deux, n'ayant que le même intérêt, ne demandaient pas mieux que d'être d'accord.

Qu'est-il arrivé? Ils ont redoublé d'estime l'un pour l'autre, mais chacun est resté dans son sentiment. Si cet exemple ne guérit pas à jamais un homme sage de la dispute, l'amour de la vérité ne le touche guère; il cherche à briller.

Pour moi, j'abandonne à jamais cette arme inutile, et j'ai résolu de ne plus dire à mon mari un seul mot de religion que quand il s'agira de rendre raison de la mienne. Non que l'idée de la tolérance divine m'ait rendue indifférente sur le besoin qu'il en a. Je vous avoue même que, tranquillisée sur son sort à venir, je ne sens point pour cela diminuer mon zèle pour sa conversion. Je voudrais au prix de mon sang le voir une fois convaincu; si ce n'est pas pour son bonheur dans l'autre monde, c'est pour son bonheur dans celui-ci. Car de combien de douceurs n'est-il point privé! Quel sentiment peut le consoler dans ses peines? quel spectateur anime les bonnes actions qu'il fait en secret? quelle voix peut parler au fond de son âme? quel prix peut-il attendre de sa vertu? Comment doit-il envisager la mort? Non, je l'espère, il ne l'attendra pas dans cet état horrible. Il me reste une ressource pour l'en tirer, et j'y consacre le reste de ma vie: ce n'est plus de le convaincre, mais de le toucher; c'est de lui montrer un exemple qui l'entraîne, et de lui rendre la religion si aimable, qu'il ne puisse lui résister. Ah! mon ami, quel argument contre l'incrédule que la vie du vrai chrétien! croyez-vous qu'il y ait quelque âme à l'épreuve de celui-là? Voilà désormais la tâche que je m'impose; aidez-moi tous à la remplir. Wolmar est froid, mais il n'est pas insensible. Quel tableau nous pouvons offrir à son cœur, quand ses amis, ses enfants, sa femme, concourront tous à l'instruire en l'édifiant! quand, sans lui prêcher Dieu dans leurs discours, ils le lui montreront dans les actions qu'il inspire, dans les vertus dont il est l'auteur, dans le charme qu'on trouve à lui plaire! quand il verra briller l'image du ciel dans sa maison! quand cent fois le jour il sera forcé de se dire: Non, l'homme n'est pas ainsi par lui-même, quelque chose de plus qu'humain règne ici!

Si cette entreprise est de votre goût, si vous vous sentez digne d'y concourir, venez; passons nos jours ensemble, et ne nous quittons plus qu'à la mort. Si le projet vous déplaît ou vous épouvante, écoutez votre conscience, elle vous dicte votre devoir. Je n'ai rien de plus à vous dire.

Selon ce que mylord Édouard nous marque, je vous attends tous deux vers la fin du mois prochain. Vous ne reconnaîtrez pas votre appartement; mais dans les changements qu'on y a faits, vous reconnaîtrez les soins et le cœur d'une bonne amie qui s'est fait un plaisir de l'orner. Vous y trouverez aussi un petit assortiment de livres qu'elle a choisis à Genève, meilleurs et de meilleur goût que l'*Adone*, quoiqu'il y soit aussi par plaisanterie. Au reste, soyez discret, car, comme elle ne veut pas que vous sachiez que tout cela vient d'elle, je me dépêche de vous l'écrire avant qu'elle me défende de vous en parler.

Adieu, mon ami. Cette partie du château de Chillon (1), que nous devions tous faire ensemble, se fera demain sans vous. Elle n'en vaudra pas mieux, quoiqu'on la fasse avec plaisir. M. le bailli nous a invités avec nos enfants, ce qui ne m'a point laissé d'excuse. Mais je ne sais pourquoi je voudrais être déjà de retour.

---

(1) Le château de Chillon, ancien séjour des baillis de Vevai, est situé dans le lac, sur un

LETTRE IX.

DE FANCHON ANET A SAINT-PREUX.

Ah! monsieur, ah! mon bienfaiteur, que me charge-t-on de vous ap-
rocher qui forme une presqu'île, et autour duquel j'ai vu sonder à plus de cent cinquante brasses,
qui font près de huit cents pieds, sans trouver le fond. On a trouvé dans ce rocher des caves et

prendre!... madame... ma pauvre maîtresse... O Dieu! je vois déjà votre frayeur... mais vous ne voyez pas notre désolation... Je n'ai pas un moment à perdre; il faut vous dire... il faut courir... je voudrais déjà vous avoir tout dit... Ah! que deviendrez-vous quand vous saurez notre malheur?

Toute la famille alla hier dîner à Chillon. M. le baron, qui allait en Savoie passer quelques jours au château de Blonay, partit après le dîner. On l'accompagna quelques pas; puis on se promena le long de la digue. Mme d'Orbe et Mme la baillive marchaient devant avec monsieur. Madame suivait, tenant d'une main Henriette et de l'autre Marcellin. J'étais derrière avec l'aîné. Monseigneur le bailli, qui s'était arrêté pour parler à quelqu'un, vint rejoindre la compagnie, et offrit le bras à madame. Pour le prendre, elle me renvoie Marcellin : il court à moi, j'accours à lui; en courant, l'enfant fait un faux pas, le pied lui manque, il tombe dans l'eau, je pousse un cri perçant : madame se retourne, voit tomber son fils, part comme un trait, et s'élance après lui...

Ah! misérable, que n'en fis-je autant! que n'y suis-je restée... Hélas! je retenais l'aîné, qui voulait sauter après sa mère... elle se débattait en serrant l'autre entre ses bras... On n'avait là ni gens ni bateau, il fallut du temps pour les retirer... L'enfant est remis; mais la mère.... le saisissement, la chute, l'état où elle était.... Qui sait mieux que moi combien cette chute est dangereuse?... Elle resta très longtemps sans connaissance. A peine l'eut-elle reprise qu'elle demanda son fils.... Avec quels transports de joie elle l'embrassa! Je la crus sauvée; mais sa vivacité ne dura qu'un moment. Elle voulut être ramenée ici; durant la route elle s'est trouvée mal plusieurs fois. Sur quelques ordres qu'elle m'a donnés, je vois qu'elle ne croit pas en revenir. Je suis trop malheureuse, elle n'en reviendra pas. Mme d'Orbe est plus changée qu'elle. Tout le monde est dans une agitation.... Je suis la plus tranquille de toute la maison... De quoi m'inquiéterais-je?... ma bonne maîtresse! ah! si je vous perds, je n'aurai plus besoin de personne.... O mon cher monsieur, que le bon Dieu vous soutienne dans cette épreuve!.... Adieu.... Le médecin sort de la chambre. Je cours au-devant de lui.... S'il nous donne quelque bonne espérance, je vous le marquerai. Si je ne dis rien....

LETTRE X.

A SAINT-PREUX.

Commencée par madame d'Orbe, et achevée par M. de Wolmar.

Mort de Julie.

C'en est fait, homme imprudent, homme infortuné! malheureux visionnaire! Jamais vous ne la reverrez.... le voile.... Julie n'est....

Elle vous a écrit. Attendez sa lettre : honorez ses dernières volontés. Il vous reste de grands devoirs à remplir sur la terre.

LETTRE XI.

DE M. DE WOLMAR A SAINT-PREUX.

J'ai laissé passer vos premières douleurs en silence; ma lettre n'eût fait que les aigrir : vous n'étiez pas plus en état de supporter ces détails que moi de

---

des cuisines au-dessous du niveau de l'eau, qu'on y introduit quand on veut par des robinets. C'est là que fut détenu six ans prisonnier François Bonnivard, prieur de Saint-Victor, homme d'un mérite rare, d'une droiture et d'une fermeté à toute épreuve, ami de la liberté, quoique Savoyard, et tolérant, quoique prêtre. Au reste, l'année où ces dernières lettres paraissent avoir été écrites, il y avait très longtemps que les baillis de Vevai n'habitaient plus le château de Chillon. On supposera, si l'on veut, que celui de ce temps-là y était allé passer quelques jours.

les faire. Aujourd'hui peut-être nous seront-ils doux à tous deux. Il ne me reste d'elle que des souvenirs; mon cœur se plaît à les recueillir. Vous n'avez plus que des pleurs à lui donner; vous aurez la consolation d'en verser pour elle. Ce plaisir des infortunés m'est refusé dans ma misère; je suis plus malheureux que vous.

Ce n'est point de sa maladie, c'est d'elle que je veux vous parler. D'autres mères peuvent se jeter après leur enfant; l'accident, la fièvre, la mort, sont de la nature, c'est le sort commun des mortels : mais l'emploi de ses derniers moments, ses discours, ses sentiments, son âme, tout cela n'appartient qu'à Julie. Elle n'a point vécu comme une autre; personne, que je sache, n'est mort comme elle. Voilà ce que j'ai pu seul observer, et que vous n'apprendrez que de moi.

Vous savez que l'effroi, l'émotion, la chute, l'évacuation de l'eau, lui laissèrent une longue faiblesse, dont elle ne revint tout-à-fait qu'ici. En arrivant, elle redemanda son fils; il vint : à peine le vit-elle marcher et répondre à ses caresses, qu'elle devint tout-à-fait tranquille et consentit à prendre un peu de repos. Son sommeil fut court : et comme le médecin n'arrivait point encore, en attendant elle nous fit asseoir autour de son lit, la Fanchon, sa cousine et moi. Elle nous parla de ses enfants, des soins assidus qu'exigeait auprès d'eux la forme d'éducation qu'elle avait prise, et du danger de les négliger un moment. Sans donner une grande importance à sa maladie, elle prévoyait qu'elle l'empêcherait quelque temps de remplir sa part des mêmes soins, et nous chargeait tous de répartir cette part sur les nôtres.

Elle s'étendit sur tous ses projets, sur les vôtres, sur les moyens les plus propres à les faire réussir, sur les observations qu'elle avait faites et qui pouvaient les favoriser ou leur nuire, enfin sur tout ce qui devait nous mettre en état de suppléer à ses fonctions de mère aussi longtemps qu'elle serait forcée à les suspendre. C'était, pensai-je, bien des précautions pour quelqu'un qui ne se croyait privé que durant quelques jours d'une occupation si chère : mais ce qui m'effraya tout-à-fait, ce fut de voir qu'elle entrait pour Henriette dans un bien plus grand détail encore. Elle s'était bornée à ce qui regardait la première enfance de ses fils, comme se déchargeant sur un autre du soin de leur jeunesse : pour sa fille, elle embrassa tous les temps ; et, sentant bien que personne ne suppléerait sur ce point aux réflexions que sa propre expérience lui avait fait faire, elle nous exposa en abrégé, mais avec force et clarté, le plan d'éducation qu'elle avait fait pour elle, employant près de la mère les raisons les plus vives et les plus touchantes exhortations pour l'engager à le suivre.

Toutes ces idées sur l'éducation des jeunes personnes et sur les devoirs des mères, mêlées de fréquents retours sur elle-même, ne pouvaient manquer de jeter de la chaleur dans l'entretien. Je vis qu'il s'animait trop. Claire tenait une des mains de sa cousine, et la pressait à chaque instant contre sa bouche, en sanglotant pour toute réponse; la Fanchon n'était pas plus tranquille; et pour Julie, je remarquai que les larmes lui roulaient aussi dans les yeux, mais qu'elle n'osait pleurer de peur de nous alarmer davantage. Aussitôt je me dis : Elle se voit morte. Le seul espoir qui me resta fut que la frayeur pouvait l'abuser sur son état, et lui montrer le danger plus grand qu'il n'était peut-être. Malheureusement je la connaissais trop pour compter beaucoup sur cette erreur. J'avais essayé plusieurs fois de la calmer; je la priai derechef de ne pas s'agiter hors de propos par des discours qu'on pouvait reprendre à loisir. « Ah! dit-elle, rien ne fait tant de mal aux femmes que le silence : et puis, je me sens un peu de fièvre; autant vaut employer le babil qu'elle donne à des sujets utiles, qu'à battre sans raison la campagne. »

L'arrivée du médecin causa dans la maison un trouble impossible à peindre. Tous les domestiques, l'un sur l'autre à la porte de la chambre, attendaient, l'œil inquiet et les mains jointes, son jugement sur l'état de leur maîtresse comme l'arrêt de leur sort. Ce spectacle jeta la pauvre Claire dans une agitation qui me fit craindre pour sa tête. Il fallut les éloigner sous différents prétextes, pour écarter de ses yeux cet objet d'effroi. Le médecin donna vaguement un peu d'espérance, mais d'un ton propre à me l'ôter. Julie ne dit pas non plus ce qu'elle pensait; la présence de sa cousine la tenait en respect. Quand il sortit, je le suivis : Claire en voulut faire autant; mais Julie la retint, et me fit de l'œil un signe que j'entendis. Je me hâtai d'avertir le médecin que, s'il y avait du danger, il fallait le cacher à Mme d'Orbe avec autant et plus de soin qu'à la malade, de peur que le désespoir n'achevât de la troubler et ne la mît hors d'état de servir son amie. Il déclara qu'il y avait en effet du danger; mais que vingt-quatre heures étant à peine écoulées depuis l'accident, il fallait plus de temps pour établir un pronostic assuré; que la nuit prochaine déciderait du sort de la maladie, et qu'il ne pouvait prononcer que le troisième jour. La Fanchon seule fut témoin de ce discours; et après l'avoir engagée, non sans peine, à se contenir, on convint de ce qui serait dit à Mme d'Orbe et au reste de la maison.

Vers le soir, Julie obligea sa cousine, qui avait passé la nuit précédente auprès d'elle, et qui voulait encore y passer la suivante, à s'aller reposer quelques heures. Durant ce temps, la malade ayant su qu'on allait la saigner du pied, et que le médecin préparait des ordonnances, elle le fit appeler et lui tint ce discours : « Monsieur Du Bosson, quand on croit devoir tromper un malade craintif sur son état, c'est une précaution d'humanité que j'approuve; mais c'est une cruauté de prodiguer également à tous des soins superflus et désagréables dont plusieurs n'ont aucun besoin. Prescrivez-moi tout ce que vous jugerez m'être véritablement utile, j'obéirai ponctuellement. Quant aux remèdes qui ne sont que pour l'imagination, faites-m'en grâce : c'est mon corps et non mon esprit qui souffre; et je n'ai pas peur de finir mes jours, mais d'en mal employer le reste. Les derniers moments de la vie sont trop précieux pour qu'il soit permis d'en abuser. Si vous ne pouvez prolonger la mienne, au moins ne l'abrégez pas, en m'ôtant l'emploi du peu d'instants qui me sont laissés par la nature. Moins il m'en reste, plus vous devez les respecter. Faites-moi vivre, ou laissez-moi : je saurai bien mourir seule. » Voilà comment cette femme si timide et si douce dans le commerce ordinaire savait trouver un ton ferme et sérieux dans les occasions importantes.

La nuit fut cruelle et décisive. Étouffement, oppression, syncope, la peau sèche et brûlante; une ardente fièvre, durant laquelle on l'entendait souvent appeler Marcellin comme pour le retenir, et prononcer aussi quelquefois un autre nom, jadis si répété dans une occasion pareille. Le lendemain, le médecin me déclara sans détour qu'il n'estimait pas qu'elle eût trois jours à vivre. Je fus seul dépositaire de cet affreux secret, et la plus terrible heure de ma vie fut celle où je le portai dans le fond de mon cœur sans savoir quel usage j'en devais faire. J'allai seul errer dans les bosquets, rêvant au parti que j'avais à prendre, non sans quelques tristes réflexions sur le sort qui me ramenait dans ma vieillesse à cet état solitaire dont je m'ennuyais même avant d'en connaître un plus doux.

La veille, j'avais promis à Julie de lui rapporter fidèlement le jugement du médecin; elle m'avait intéressé par tout ce qui pouvait toucher mon cœur à lui tenir parole. Je sentais cet engagement sur ma conscience. Mais quoi! pour un devoir chimérique et sans utilité, fallait-il contrister son âme, et lui faire à longs traits savourer la mort? Quel pouvait être à mes yeux l'objet d'une précaution si cruelle? Lui annoncer sa dernière heure, n'était-ce pas l'avancer? Dans un intervalle si court, que deviennent les désirs, l'espérance, éléments de la vie? Est-ce en jouir encore que de se voir si près du moment de la perdre? Était-ce à moi de lui donner la mort?

Je marchais à pas précipités avec une agitation que je n'avais jamais éprouvée. Cette longue et pénible anxiété me suivait partout; j'en traînais après moi l'insupportable poids. Une idée vint enfin me déterminer. Ne vous efforcez pas de la prévoir; il faut vous la dire.

Pour qui est-ce que je délibère? est-ce pour elle ou pour moi? sur quel principe est-ce que je raisonne? est-ce sur son système ou sur le mien? Qu'est-ce qui m'est démontré sur l'un ou sur l'autre? Je n'ai, pour croire ce que je crois, que mon opinion armée de quelques probabilités. Nulle démonstration ne la renverse, il est vrai; mais quelle démonstration l'établit? Elle a, pour croire ce qu'elle croit, son opinion de même; mais elle y voit l'évidence, cette opinion à ses yeux est une démonstration. Quel droit ai-je de préférer, quand il s'agit d'elle, ma simple opinion que je reconnais douteuse, à son opinion qu'elle tient pour démontrée? Comparons les conséquences des deux sentiments. Dans le sien, la disposition de sa dernière heure doit décider de son sort durant l'éternité. Dans le mien, les ménagements que je veux avoir pour elle lui seront indifférents dans trois jours. Dans trois jours, selon moi, elle ne sentira plus rien. Mais si peut-être elle avait raison, quelle différence! Des biens ou des maux éternels!... Peut-être!... Ce mot est terrible!... Malheureux! risque ton âme et non la sienne.

Voilà le premier doute qui m'ait rendu suspecte l'incertitude que vous avez si souvent attaquée. Ce n'est pas la dernière fois qu'il est revenu depuis ce temps-là. Quoi qu'il en soit, ce doute me délivra de celui qui me tourmentait. Je pris sur-le-champ mon parti; et, de peur d'en changer, je courus en hâte au lit de Julie, je fis sortir tout le monde, et je m'assis; vous pouvez juger avec quelle contenance. Je n'employai point auprès d'elle les précautions nécessaires pour les petites âmes. Je ne dis rien; mais elle me vit et me comprit à l'instant. « Croyez-vous me l'apprendre? dit-elle en me tendant la main. Non, mon ami, je me sens bien : la mort me presse, il faut nous quitter. »

Alors elle me tint un long discours dont j'aurai à vous parler quelque jour, et durant lequel elle écrivit son testament dans mon cœur. Si j'avais moins connu le sien, ses dernières dispositions auraient suffi pour me le faire connaître.

Elle me demanda si son état était connu dans la maison. Je lui dis que l'alarme y régnait, mais qu'on ne savait rien de positif, et que Du Bosson s'était ouvert à moi seul. Elle me conjura que le secret fût soigneusement gardé le reste de la journée. « Claire, ajouta-t-elle, ne supportera jamais ce coup que de ma main; elle en mourra s'il lui vient d'une autre. Je destine la nuit prochaine à ce triste devoir. C'est pour cela surtout que j'ai voulu avoir l'avis du médecin, afin de ne pas exposer sur mon seul sentiment cette infortunée à recevoir à faux une si cruelle atteinte. Faites qu'elle ne soupçonne rien avant le temps, ou vous risquez de rester sans amie, et de laisser vos enfants sans mère. »

Elle me parla de son père. J'avouai lui avoir envoyé un exprès; mais je me gardai d'ajouter que cet homme, au lieu de se contenter de donner ma lettre, comme je lui avais ordonné, s'était hâté de parler, et si lourdement que mon vieux ami, croyant sa fille noyée, était tombé d'effroi sur l'escalier, et s'était fait une blessure qui le retenait à Blonay dans son lit. L'espoir de revoir son père la toucha sensiblement; et la certitude que cette espérance était vaine ne fut pas le moindre des maux qu'il me fallut dévorer.

Le redoublement de la nuit précédente l'avait extrêmement affaiblie. Ce long entretien n'avait pas contribué à la fortifier. Dans l'accablement où elle était, elle essaya de prendre un peu de repos durant la journée : je n'appris que le surlendemain qu'elle ne l'avait pas passée tout entière à dormir.

Cependant la consternation régnait dans la maison. Chacun dans un morne silence attendait qu'on le tirât de peine, et n'osait interroger personne, crainte d'apprendre plus qu'il ne voulait savoir. On se disait : « S'il y a quelque bonne nouvelle, on s'empressera de la dire; s'il y en a de mauvaises, on ne les saura toujours que trop tôt. » Dans la frayeur dont ils étaient saisis, c'était assez pour eux qu'il n'arrivât rien qui fît nouvelle. Au milieu de ce morne repos, Mme d'Orbe était la seule active et parlante. Sitôt qu'elle était hors de la chambre de Julie, au lieu de s'aller reposer dans la sienne, elle parcourait toute la maison; elle arrêtait tout le monde, demandant ce qu'avait dit le médecin, ce qu'on disait. Elle avait été témoin de la nuit précédente, elle ne pouvait ignorer ce qu'elle avait vu; mais elle cherchait à se tromper elle-même et à récuser le témoignage de ses yeux. Ceux qu'elle questionnait ne lui répondant rien que de favorable, cela l'encourageait à questionner les autres, et toujours avec une inquiétude si vive, avec un air si effrayant, qu'on eût su la vérité mille fois sans être tenté de la lui dire.

Auprès de Julie elle se contraignait, et l'objet touchant qu'elle avait sous les yeux la disposait plus à l'affliction qu'à l'emportement. Elle craignait surtout de lui laisser voir ses alarmes; mais elle réussissait mal à les cacher, on apercevait son trouble dans son affectation même à paraître tranquille. Julie, de son côté, n'épargnait rien pour l'abuser. Sans atténuer son mal, elle en parlait presque comme d'une chose passée, et ne semblait en peine que du temps qu'il lui faudrait pour se remettre. C'était encore un de mes supplices de les voir chercher à se rassurer mutuellement, moi qui savais si bien qu'aucune des deux n'avait dans l'âme l'espoir qu'elle s'efforçait de donner à l'autre.

Mme d'Orbe avait veillé les deux nuits précédentes; il y avait trois jours qu'elle ne s'était déshabillée. Julie lui proposa de s'aller coucher; elle n'en voulut rien faire. « Hé bien donc, dit Julie, qu'on lui tende un petit lit dans ma chambre, à moins, ajouta-t-elle comme par réflexion, qu'elle ne veuille partager le mien. Qu'en dis-tu, cousine? Mon mal ne se gagne pas, tu ne te dégoûtes pas de moi, couche dans mon lit. » Le parti fut accepté. Pour moi, l'on me renvoya, et véritablement j'avais besoin de repos.

Je fus levé de bonne heure. Inquiet de ce qui s'était passé durant la nuit, au premier bruit que j'entendis j'entrai dans la chambre. Sur l'état où Mme d'Orbe était la veille, je jugeai du désespoir où j'allais la trouver, et des fureurs dont je serais le témoin. En entrant, je la vis assise dans un fauteuil, défaite et pâle, ou plutôt livide, les yeux plombés et presque éteints, mais douce, tranquille, parlant peu, et faisant tout ce qu'on lui disait sans répondre. Pour Julie, elle paraissait moins faible que la veille, sa voix était plus ferme, son geste plus animé; elle semblait avoir pris la vivacité de sa cousine. Je connus aisément à son teint que ce mieux apparent était l'effet de la fièvre; mais je vis aussi briller dans ses regards je ne sais quelle secrète joie qui pouvait y contribuer, et dont je ne démêlais pas la cause. Le médecin n'en confirma pas moins son jugement de la veille; la malade n'en continua pas moins de penser comme lui; il ne me resta plus aucune espérance.

Ayant été forcé de m'absenter pour quelque temps, je remarquai en rentrant que l'appartement était arrangé avec soin; il y régnait de l'ordre et de l'élégance; elle avait fait mettre des pots de fleurs sur sa cheminée, ses rideaux étaient entr'ouverts et rattachés; l'air avait été changé; on y sentait une odeur agréable; on n'eût jamais cru être dans la chambre d'un malade. Elle avait fait sa toilette avec le même soin : la grâce et le goût se montraient encore dans sa parure négligée. Tout cela lui donnait plutôt l'air d'une femme du monde qui attend compagnie, que d'une campagnarde qui attend sa dernière heure. Elle vit ma surprise, elle en sourit; et lisant dans ma pensée, elle allait me répondre, quand on amena les enfants. Alors il ne fut plus question que d'eux : et vous pouvez juger si, se sentant prête à les quitter, ses caresses furent tièdes et modérées. J'observai même qu'elle revenait plus souvent et avec des étreintes encore plus ardentes à celui qui lui coûtait la vie, comme s'il lui fût devenu plus cher à ce prix.

Tous ces embrassements, ces soupirs, ces transports, étaient des mystères pour ces pauvres enfants. Ils l'aimaient tendrement, mais c'était la tendresse de leur âge; ils ne comprenaient rien à son état, au redoublement de ses caresses, à ses regrets de ne les voir plus ; ils nous voyaient tristes, et ils pleuraient : ils n'en savaient pas davantage. Quoiqu'on apprenne aux enfants le nom de la mort, ils n'en ont aucune idée ; ils ne la craignent ni pour eux ni pour les autres ; ils craignent de souffrir et non de mourir. Quand la douleur arrachait quelque plainte à leur mère, ils perçaient l'air de leurs cris ; quand on parlait de la perdre, on les aurait crus stupides. La seule Henriette, un peu plus âgée, et d'un sexe où le sentiment et les lumières se développent plus tôt, paraissait troublée et alarmée de voir sa petite maman dans un lit, elle qu'on voyait toujours levée avant ses enfants. Je me souviens qu'à ce propos Julie fit une réflexion tout-à-fait dans son caractère, sur l'imbécille vanité de Vespasien qui resta couché tandis qu'il pouvait agir, et se leva lorsqu'il ne put plus rien faire (1). « Je ne sais pas, dit-elle, s'il faut qu'un empereur meure debout, mais je sais bien qu'une mère de famille ne doit s'aliter que pour mourir. »

Après avoir épanché son cœur sur ses enfants, après les avoir pris chacun à part, surtout Henriette, qu'elle tint fort longtemps, et qu'on entendait plaindre et sangloter en recevant ses baisers, elle les appela tous trois, leur donna sa bénédiction, et leur dit, en leur montrant Mme d'Orbe : « Allez, mes enfants, allez vous jeter aux pieds de votre mère : voilà celle que Dieu vous donne ; il ne vous a rien ôté. » A l'instant ils courent à elle, se mettent à ses genoux, lui prennent les mains, l'appellent leur bonne maman, leur seconde mère. Claire se pencha sur eux ; mais en les serrant dans ses bras elle s'efforça vainement de parler, elle ne trouva que des gémissements, elle ne put jamais prononcer un seul mot ; elle étouffait. Jugez si Julie était émue ! Cette scène commençait à devenir trop vive ; je la fis cesser.

Ce moment d'attendrissement passé, l'on se remit à causer autour du lit ; et quoique la vivacité de Julie se fût un peu éteinte avec le redoublement, on voyait le même air de contentement sur son visage : elle parlait de tout avec une attention et un intérêt qui montraient un esprit très libre de soins ; rien ne lui échappait ; elle était à la conversation comme si elle n'avait eu autre chose à faire. Elle nous proposa de dîner dans sa chambre, pour nous quitter le moins qu'il se pourrait : vous pouvez croire que cela ne fut pas refusé. On servit sans bruit, sans confusion, sans désordre, d'un air aussi rangé que si l'on eût été dans le salon d'Apollon. La Fanchon, les enfants, dînèrent à table. Julie, voyant qu'on manquait d'appétit, trouva le secret de faire manger de tout, tantôt prétextant l'instruction de sa cuisinière, tantôt voulant savoir si elle oserait en goûter, tantôt nous intéressant par notre santé même dont nous avions besoin pour la servir, toujours montrant le plaisir qu'on pouvait lui faire, de manière à ôter tout moyen de s'y refuser, et mêlant à tout cela un enjouement propre à nous distraire du triste objet qui nous occupait. Enfin une maîtresse de maison, attentive à faire ses honneurs, n'aurait pas en pleine santé, pour des étrangers, des soins plus marqués, plus obligeants, plus aimables, que ceux que Julie mourante avait pour sa famille. Rien de tout ce que j'avais cru prévoir n'arrivait, rien de ce que je voyais ne s'arrangeait dans ma tête. Je ne savais plus qu'imaginer, je n'y étais plus.

Après le dîner on annonça M. le ministre. Il venait comme ami de la maison ; ce qui lui arrivait fort souvent. Quoique je ne l'eusse point fait appeler, parce que Julie ne l'avait pas demandé, je vous avoue que je fus charmé de son arrivée ; et je ne crois pas qu'en pareille circonstance le plus zélé

---

(1) Ceci n'est pas bien exact. Suétone dit que Vespasien travaillait comme à l'ordinaire dans son lit de mort, et donnait même ses audiences ; mais peut-être en effet eût-il mieux valu se lever pour donner ses audiences, et se recoucher pour mourir. Je sais que Vespasien, sans être un grand homme, était au moins un grand prince. N'importe ; quelque rôle qu'on ait pu faire durant sa vie, on ne doit point jouer la comédie à sa mort. — *Vie de Vespasien*, chap. 24, et Montaigne, liv. II, chap. 21.

croyant l'eût pu voir avec plus de plaisir. Sa présence allait éclaircir bien des doutes et me tirer d'une étrange perplexité.

Rappelez-vous le motif qui m'avait porté à lui annoncer sa fin prochaine. Sur l'effet qu'aurait dû selon moi produire cette affreuse nouvelle, comment concevoir celui qu'elle avait produit réellement? Quoi! cette femme dévote qui dans l'état de santé ne passe pas un jour sans se recueillir, qui fait un de ses plaisirs de la prière, n'a plus que deux jours à vivre; elle se voit prête à paraître devant le juge redoutable; et au lieu de se préparer à ce moment terrible, au lieu de mettre ordre à sa conscience, elle s'amuse à parer sa chambre, à faire sa toilette, à causer avec ses amis, à égayer leur repas, et dans tous ses entretiens pas un seul mot de Dieu ni du salut! Que devais-je penser d'elle et de ses vrais sentiments? Comment arranger sa conduite avec les idées que j'avais de sa piété? Comment accorder l'usage qu'elle faisait des derniers moments de sa vie avec ce qu'elle avait dit au médecin de leur prix? Tout cela formait à mon sens une énigme inexplicable. Car enfin, quoique je ne m'attendisse pas à lui trouver toute la petite cagoterie des dévotes, il me semblait pourtant que c'était le temps de songer à ce qu'elle estimait d'une si grande importance, et qui ne souffrait aucun retard. Si l'on est dévot durant le tracas de cette vie, comment ne le sera-t-on pas au moment qu'il faut la quitter, et qu'il ne reste plus qu'à penser à l'autre?

Ces réflexions m'amenèrent à un point où je ne me serais guère attendu d'arriver. Je commençai presque d'être inquiet que mes opinions indiscrètement soutenues n'eussent enfin trop gagné sur elle. Je n'avais pas adopté les siennes, et pourtant je n'aurais pas voulu qu'elle y eût renoncé. Si j'eusse été malade, je serais certainement mort dans mon sentiment; mais je désirais qu'elle mourût dans le sien, et je trouvais pour ainsi dire qu'en elle je risquais plus qu'en moi. Ces contradictions vous paraîtront extravagantes, je ne les trouve pas raisonnables, et cependant elles ont existé. Je ne me charge pas de les justifier, je vous les rapporte.

Enfin le moment vint où mes doutes allaient être éclaircis. Car il était aisé de prévoir que tôt ou tard le pasteur amènerait la conversation sur ce qui fait l'objet de son ministère, et quand Julie eût été capable de déguisement dans ses réponses, il lui eût été bien difficile de se déguiser assez pour qu'attentif et prévenu, je n'eusse pas démêlé ses vrais sentiments.

Tout arriva comme je l'avais prévu. Je laisse à part les lieux communs mêlés d'éloges qui servirent de transitions au ministre pour venir à son sujet; je laisse encore ce qu'il lui dit de touchant sur le bonheur de couronner une bonne vie par une fin chrétienne. Il ajouta qu'à la vérité il lui avait quelquefois trouvé sur certains points des sentiments qui ne s'accordaient pas entièrement avec la doctrine de l'église, c'est-à-dire avec celle que la plus saine raison pouvait déduire de l'Ecriture; mais comme elle ne s'était jamais aheurtée à les défendre, il espérait qu'elle voulait mourir ainsi qu'elle avait vécu, dans la communion des fidèles, et acquiescer en tout à la commune profession de foi.

Comme la réponse de Julie était décisive sur mes doutes, et n'était pas, à l'égard des lieux communs, dans le cas de l'exhortation, je vais vous la rapporter presque mot à mot, car je l'avais bien écoutée, et j'allai l'écrire dans le moment.

« Permettez-moi, monsieur, de commencer par vous remercier de tous les soins que vous avez pris de me conduire dans la droite route de la morale et de la foi chrétienne, et de la douceur avec laquelle vous avez corrigé ou supporté mes erreurs quand je me suis égarée. Pénétrée de respect pour votre zèle et de reconnaissance pour vos bontés, je déclare avec plaisir que je vous dois toutes mes bonnes résolutions, et que vous m'avez toujours portée à faire ce qui était bien, et à croire ce qui était vrai.

« J'ai vécu et je meurs dans la communion protestante, qui tire son unique règle de l'Ecriture sainte et de la raison; mon cœur a toujours confirmé ce que prononçait ma bouche; et quand je n'ai pas eu pour vos lumières toute la docilité qu'il eût fallu peut-être, c'était un effet de mon aversion pour toute espèce de déguisement; ce qu'il m'était impossible de croire, je n'ai pu dire que je le croyais; j'ai toujours cherché sincèrement ce qui était conforme à la gloire de Dieu et à la vérité. J'ai pu me tromper dans ma recherche; je n'ai pas l'orgueil de penser avoir eu toujours raison : j'ai peut-être eu toujours tort; mais mon intention a toujours été pure, et j'ai toujours cru ce que je disais croire. C'était sur ce point tout ce qui dépendait de moi. Si Dieu n'a pas éclairé ma raison au-delà, il est clément et juste; pourrait-il me demander compte d'un don qu'il ne m'a pas fait?

« Voilà, monsieur, ce que j'avais d'essentiel à vous dire sur les sentiments que j'ai professés. Sur tout le reste mon état présent vous répond pour moi. Distraite par le mal, livrée au délire de la fièvre, est-il temps d'essayer de raisonner mieux que je n'ai fait jouissant d'un entendement aussi sain que je l'ai reçu? Si je me suis trompée alors, me tromperais-je moins aujourd'hui? et dans l'abattement où je suis, dépend-il de moi de croire autre chose que ce que j'ai cru étant en santé? C'est la raison qui décide du sentiment qu'on préfère; et la mienne ayant perdu ses meilleures fonctions, quelle autorité peut donner ce qui m'en reste aux opinions que j'adopterais sans elle? Que me reste-t-il donc désormais à faire? c'est de m'en rapporter à ce que j'ai cru ci-devant : car la droiture d'intention est la même, et j'ai le jugement de moins. Si je suis dans l'erreur, c'est sans l'aimer; cela suffit pour me tranquilliser sur ma croyance.

« Quant à la préparation à la mort, monsieur, elle est faite; mal, il est vrai, mais de mon mieux, et mieux du moins que je ne la pourrais faire à présent. J'ai tâché de ne pas attendre, pour remplir cet important devoir, que j'en fusse incapable. Je priais en santé, maintenant je me résigne. La prière du malade est la patience : la préparation à la mort est une bonne vie; je n'en connais point d'autre. Quand je conversais avec vous, quand je me recueillais seule, quand je m'efforçais de remplir les devoirs que Dieu m'impose, c'est alors que je me disposais à paraître devant lui, c'est alors que je l'adorais de toutes les forces qu'il m'a données : que ferais-je aujourd'hui, que je les ai perdues? mon âme aliénée est-elle en état de s'élever à lui? ces restes d'une vie à demi éteinte, absorbés par la souffrance, sont-ils dignes de lui être offerts? Non, monsieur; il me les laisse pour être donnés à ceux qu'il m'a fait aimer et qu'il veut que je quitte : je leur fais mes adieux pour aller à lui; c'est d'eux qu'il faut que je m'occupe : bientôt je m'occuperai de lui seul. Mes derniers plaisirs sur la terre sont aussi mes derniers devoirs : n'est-ce pas le servir encore et faire sa volonté, que de remplir les soins que l'humanité m'impose avant d'abandonner sa dépouille? Que faire pour apaiser des troubles que je n'ai pas? Ma conscience n'est point agitée : si quelquefois elle m'a donné des craintes, j'en avais plus en santé qu'aujourd'hui. Ma confiance les efface; elle me dit que Dieu est plus clément que je ne suis coupable, et ma sécurité redouble en me sentant approcher de lui. Je ne lui porte point un repentir imparfait, tardif et forcé, qui, dicté par la peur, ne saurait être sincère, et n'est qu'un piège pour le tromper : je ne lui porte pas le reste et le rebut de mes jours, pleins de peines et d'ennuis, en proie à la maladie, aux douleurs, aux angoisses de la mort, et que je ne lui donnerais que quand je n'en pourrais plus rien faire : je lui porte ma vie entière, pleine de péchés et de fautes, mais exempte des remords de l'impie et des crimes du méchant.

« A quels tourments Dieu pourrait-il condamner mon âme? Les réprouvés, dit-on, le haïssent : il faudrait donc qu'il m'empêchât de l'aimer? Je ne crains pas d'augmenter leur nombre. O grand Etre! Etre éternel, suprême intelligence, source de vie et de félicité, créateur, conservateur, père de l'homme, et roi de la nature, Dieu très puissant, très bon, dont je ne doutai jamais un moment, et sous les yeux duquel j'aimai toujours à vivre ! je le sais, je m'en réjouis, je vais paraître devant ton trône. Dans peu de jours mon âme, libre de sa dépouille, commencera de t'offrir plus dignement cet immortel hommage qui doit faire mon bonheur durant l'éternité. Je compte pour rien tout ce que je serai jusqu'à ce moment. Mon corps vit encore, mais ma vie morale est finie. Je suis au bout de ma carrière, et déjà jugée sur le passé. Souffrir et mourir est tout ce qui me reste à faire ; c'est l'affaire de la nature : mais moi, j'ai tâché de vivre de manière à n'avoir pas besoin de songer à la mort ; et maintenant qu'elle approche, je la vois venir sans effroi. Qui s'endort dans le sein d'un père n'est pas en souci du réveil. »

Ce discours, prononcé d'abord d'un ton grave et posé, puis avec plus d'accent et d'une voix plus élevée, fit sur tous les assistants, sans m'en excepter, une impression d'autant plus vive, que les yeux de celle qui le prononça brillaient d'un feu surnaturel ; un nouvel éclat animait son teint, elle paraissait rayonnante ; et s'il y a quelque chose au monde qui mérite le nom de céleste, c'était son visage tandis qu'elle parlait.

Le pasteur lui-même, saisi, transporté de ce qu'il venait d'entendre, s'écria en levant les yeux et les mains au ciel : « Grand Dieu ! voilà le culte qui t'honore ; daigne t'y rendre propice ; les humains t'en offrent peu de pareils.

« Madame, dit-il en s'approchant du lit, je croyais vous instruire, et c'est vous qui m'instruisez. Je n'ai plus rien à vous dire. Vous avez la véritable foi, celle qui fait aimer Dieu. Emportez ce précieux repos d'une bonne conscience, il ne vous trompera pas ; j'ai vu bien des chrétiens dans l'état où vous êtes, je ne l'ai trouvé qu'en vous seule. Quelle différence d'une fin si paisible à celle de ces pécheurs bourrelés qui n'accumulent tant de vaines et sèches prières que parce qu'ils sont indignes d'être exaucés ! Madame, votre mort est aussi belle que votre vie : vous avez vécu pour la charité ; vous mourez martyre de l'amour maternel. Soit que Dieu vous rende à nous pour nous servir d'exemple, soit qu'il vous appelle à lui pour couronner vos vertus, puissions-nous tous tant que nous sommes vivre et mourir comme vous ! nous serons bien sûrs du bonheur de l'autre vie. »

Il voulut s'en aller ; elle le retint : « Vous êtes de mes amis, lui dit-elle, et l'un de ceux que je vois avec le plus de plaisir ; c'est pour eux que mes derniers moments me sont précieux. Nous allons nous quitter pour si longtemps, qu'il ne faut pas nous quitter si vite. » Il fut charmé de rester, et je sortis là-dessus.

En rentrant, je vis que la conversation avait continué sur le même sujet, mais d'un autre ton et comme sur une matière indifférente. Le pasteur parlait de l'esprit faux qu'on donnait au christianisme en n'en faisant que la religion des mourants, et de ses ministres des hommes de mauvais augure. « On nous regarde, disait-il, comme des messagers de mort, parce que, dans l'opinion commode qu'un quart d'heure de repentir suffit pour effacer cinquante ans de crimes, on n'aime à nous voir que dans ce temps-là. Il faut nous vêtir d'une couleur lugubre ; il faut affecter un air sévère ; on n'épargne rien pour nous rendre effrayants. Dans les autres cultes c'est pis encore. Un catholique mourant n'est environné que d'objets qui l'épouvantent, et de cérémonies qui l'enterrent tout vivant. Au soin qu'on prend d'écarter de lui les démons, il croit en voir sa chambre pleine ; il meurt cent fois de terreur avant qu'on ne l'achève ; et c'est dans cet état d'effroi que l'église aime à le plonger pour avoir meilleur marché de sa bourse. — Rendons grâces au ciel, dit Julie, de n'être point nés dans ces religions vénales, qui tuent les gens pour en hériter, et qui, vendant le paradis aux riches, portent jusqu'en l'autre monde l'injuste inégalité qui règne dans celui-ci. Je ne doute point que toutes ces sombres idées ne fomentent l'incrédulité, et ne donnent une aversion naturelle pour le culte qui les nourrit. J'espère, dit-elle en me regardant, que celui qui doit élever nos enfants prendra des maximes tout opposées, et qu'il ne leur rendra point la religion lugubre et triste en y mêlant incessamment des pensées de mort. S'il leur apprend à bien vivre, ils sauront assez bien mourir. »

Dans la suite de cet entretien, qui fut moins serré et plus interrompu que je ne vous le rapporte, j'achevai de concevoir les maximes de Julie et la conduite qui m'avait scandalisé. Tout cela tenait à ce que, sentant son état parfaitement désespéré, elle ne songeait plus qu'à en écarter l'inutile et funèbre appareil dont l'effroi des mourants les environne, soit pour donner le change à notre affliction, soit pour s'ôter à elle-même un spectacle attristant à pure perte. « La mort, disait-elle, est déjà si pénible ! pourquoi la rendre encore hideuse ? Les soins que les autres perdent à vouloir prolonger leur vie, je les emploie à jouir de la mienne jusqu'au bout : il ne s'agit que de savoir prendre son parti; tout le reste va de lui-même. Ferai-je de ma chambre un hôpital, un objet de dégoût et d'ennui, tandis que mon dernier soin est d'y rassembler tout ce qui m'est cher ? Si j'y laisse croupir le mauvais air, il en faudra écarter mes enfants, ou exposer leur santé. Si je reste dans un équipage à faire peur, personne ne me reconnaîtra plus; je ne serai plus la même; vous vous souviendrez tous de m'avoir aimée, et ne pourrez plus me souffrir; j'aurai, moi vivante, l'affreux spectacle de l'horreur que je ferai, même à mes amis, comme si j'étais déjà morte. Au lieu de cela, j'ai trouvé l'art d'étendre ma vie sans la prolonger. J'existe, j'aime, je suis aimée, je vis jusqu'à mon dernier soupir. L'instant de la mort n'est rien; le mal de la nature est peu de chose; j'ai banni tous ceux de l'opinion. »

Tous ces entretiens et d'autres semblables se passaient entre la malade, le pasteur, quelquefois le médecin, la Fauchon et moi. Mme d'Orbe y était toujours présente, et ne s'y mêlait jamais. Attentive aux besoins de son amie, elle était prompte à la servir. Le reste du temps, immobile et presque inanimée, elle la regardait sans rien dire, et sans rien entendre de ce qu'on disait.

Pour moi, craignant que Julie ne parlât jusqu'à s'épuiser, je pris le moment que le ministre et le médecin s'étaient mis à causer ensemble; et m'approchant d'elle, je lui dis à l'oreille : « Voilà bien des discours pour une malade; voilà bien de la raison pour quelqu'un qui se croit hors d'état de raisonner !

— Oui, me dit-elle tout bas, je parle trop pour une malade, mais non pas pour une mourante; bientôt je ne dirai plus rien. A l'égard des raisonnements, je n'en fais plus, mais j'en ai fait. Je savais en santé qu'il fallait mourir. J'ai souvent réfléchi sur ma dernière maladie; je profite aujourd'hui de ma prévoyance. Je ne suis plus en état de penser ni de résoudre; je ne fais que dire ce que j'avais pensé, et pratiquer ce que j'avais résolu. »

Le reste de la journée, à quelques accidents près, se passa avec la même tranquillité, et presque de la même manière que quand tout le monde se portait bien. Julie était, comme en pleine santé, douce et caressante; elle parlait avec le même sens, avec la même liberté d'esprit, même d'un air serein qui allait quelquefois jusqu'à la gaîté : enfin, je continuais de démêler dans ses yeux un certain mouvement de joie qui m'inquiétait de plus en plus, et sur lequel je résolus de m'éclaircir avec elle.

Je n'attendis pas plus tard que le même soir. Comme elle vit que je m'étais ménagé un tête-à-tête, elle me dit : « Vous m'avez prévenue, j'avais à vous parler. — Fort bien, lui dis-je; mais puisque j'ai pris les devants, laissez-moi m'expliquer le premier. »

Alors, m'étant assis auprès d'elle, et la regardant fixement, je lui dis : « Julie, ma chère Julie ! vous avez navré mon cœur : hélas ! vous avez attendu bien tard ! Oui, continuai-je, voyant qu'elle me regardait avec surprise, je vous ai pénétrée, vous vous réjouissez de mourir; vous êtes bien aise de me quitter. Rappelez-vous la conduite de votre époux depuis que nous vivons ensemble; ai-je mérité de votre part un sentiment si cruel ? » A l'instant elle me prit les mains, et de ce ton qui savait aller chercher l'âme : « Qui ? moi ?

Je veux vous quitter? Est-ce ainsi que vous lisez dans mon cœur? Avez-vous si tôt oublié notre entretien d'hier? — Cependant, repris-je, vous mourez contente... je l'ai vu... je le vois... — Arrêtez, dit-elle : il est vrai, je meurs contente; mais c'est de mourir comme j'ai vécu, digne d'être votre épouse. Ne m'en demandez pas davantage, je ne vous dirai rien de plus; mais voici, continua-t-elle en tirant un papier de dessous son chevet, où vous achèverez d'éclaircir ce mystère. » Ce papier était une lettre; et je vis qu'elle vous était adressée. « Je vous la remets ouverte, ajouta-t-elle en me la donnant, afin qu'après l'avoir lue vous vous déterminiez à l'envoyer ou à la supprimer, selon ce que vous trouverez le plus convenable à votre sagesse et à mon honneur. Je vous prie de ne la lire que quand je ne serai plus; et je suis si sûre de ce que vous ferez à ma prière, que je ne veux pas même que vous me le promettiez. » Cette lettre, cher Saint-Preux, est celle que vous trouverez ci-jointe. J'ai beau savoir que celle qui l'a écrite est morte, j'ai peine à croire qu'elle n'est plus rien.

Elle me parla ensuite de son père avec inquiétude. « Quoi! dit-elle, il sait sa fille en danger, et je n'entends point parler de lui! Lui serait-il arrivé quelque malheur? Aurait-il cessé de m'aimer? Quoi! mon père!.... ce père si tendre.... m'abandonner ainsi!.... me laisser mourir sans le voir!.... sans recevoir sa bénédiction... ses derniers embrassements !... O Dieu ! quels reproches amers il se fera quand il ne me trouvera plus! » Cette réflexion lui était douloureuse. Je jugeai qu'elle supporterait plus aisément l'idée de son père malade, que celle de son père indifférent. Je pris le parti de lui avouer la vérité. En effet, l'alarme qu'elle en conçut se trouva moins cruelle que ses premiers soupçons. Cependant la pensée de ne plus le revoir l'affecta vivement. « Hélas! dit-elle, que deviendra-t-il après moi? à quoi tiendra-t-il? Survivre à toute sa famille!... quelle vie sera la sienne? Il sera seul, il ne vivra plus. » Ce moment fut un de ceux où l'horreur de la mort se faisait sentir, et où la nature reprenait son empire. Elle soupira, joignit les mains, leva les yeux; et je vis qu'en effet elle employait cette difficile prière qu'elle avait dit être celle du malade.

Elle revint à moi. « Je me sens faible, dit-elle; je prévois que cet entretien pourrait être le dernier que nous aurons ensemble. Au nom de notre union, au nom de nos chers enfants qui en sont le gage, ne soyez plus injuste envers votre épouse. Moi, me réjouir de vous quitter! vous qui n'avez vécu que pour me rendre heureuse et sage, vous de tous les hommes celui qui me convenait le plus ; le seul peut-être avec qui je pouvais faire un bon ménage et devenir une femme de bien! Ah! croyez que si je mettais un prix à la vie, c'était pour la passer avec vous. » Ces mots prononcés avec tendresse m'émurent au point qu'en portant fréquemment à ma bouche ses mains que je tenais dans les miennes, je les sentis se mouiller de mes pleurs. Je ne croyais pas mes yeux faits pour en répandre. Ce furent les premiers depuis ma naissance, ce seront les derniers jusqu'à ma mort. Après en avoir versé pour Julie, il n'en faut plus verser pour rien.

Ce jour fut pour elle un jour de fatigue. La préparation de Mme d'Orbe durant la nuit, la scène des enfants le matin, celle du ministre l'après-midi, l'entretien du soir avec moi, l'avaient jetée dans l'épuisement. Elle eut un peu plus de repos cette nuit-là que les précédentes, soit à cause de sa faiblesse, soit qu'en effet la fièvre et le redoublement fussent moindres.

Le lendemain, dans la matinée, on vint me dire qu'un homme très mal mis demandait avec beaucoup d'empressement à voir madame en particulier. On lui avait dit l'état où elle était : il avait insisté, disant qu'il s'agissait d'une bonne action, qu'il connaissait bien Mme de Wolmar, et qu'il savait que tant qu'elle respirerait elle aimerait à en faire de telles. Comme elle avait établi pour règle inviolable de ne jamais rebuter personne, et surtout les malheureux, on me parla de cet homme avant de le renvoyer. Je le fis venir. Il était resque en guenilles, il avait l'air et le ton de la misère; au reste, je n'aperçus rien dans sa physionomie et dans ses propos qui me fît mal augurer de lui. Il s'obstinait à ne vouloir parler qu'à Julie. Je lui dis que s'il ne s'agissait que de

quelques secours pour lui aider à vivre, sans importuner pour cela une femme à l'extrémité, je ferais ce qu'elle aurait pu faire. « Non, dit-il, je ne demande point d'argent, quoique j'en aie grand besoin; je demande un bien qui m'appartient, un bien que j'estime plus que tous les trésors de la terre, un bien que j'ai perdu par ma faute, et que madame seule, de qui je le tiens, peut me rendre une seconde fois. »

Ce discours, auquel je ne compris rien, me détermina pourtant. Un malhonnête homme eût pu dire la même chose, mais il ne l'eût jamais dite du même ton. Il exigeait du mystère, ni laquais ni femme de chambre. Ces précautions me semblaient bizarres; toutefois je les pris; enfin je le lui menai. Il m'avait dit être connu de Mme d'Orbe: il passa devant elle; elle ne le reconnut point, et j'en fus peu surpris. Pour Julie, elle le reconnut à l'instant, et le voyant dans ce triste équipage, elle me reprocha de l'y avoir laissé. Cette reconnaissance fut touchante. Claire, éveillée par le bruit, s'approche, et le reconnaît à la fin, non sans donner aussi quelques signes de joie; mais les témoignages de son bon cœur s'éteignaient dans sa profonde affliction : un seul sentiment absorbait tout; elle n'était plus sensible à rien.

Je n'ai pas besoin, je crois, de vous dire qui était cet homme. Sa présence rappela bien des souvenirs. Mais, tandis que Julie le consolait et lui donnait de bonnes espérances, elle fut saisie d'un violent étouffement, et se trouva si mal qu'on crut qu'elle allait expirer. Pour ne pas faire scène et prévenir les distractions dans un moment où il ne fallait songer qu'à la secourir, je fis passer l'homme dans le cabinet, l'avertissant de le fermer sur lui. La Fanchon fut appelée, et à force de temps et de soins la malade revint enfin de sa pâmoison. En nous voyant tous consternés autour d'elle, elle nous dit : « Mes enfants, ce n'est qu'un essai ; cela n'est pas si cruel qu'on pense. »

Le calme se rétablit; mais l'alarme avait été si chaude qu'elle me fit oublier l'homme dans le cabinet ; et quand Julie me demanda tout bas ce qu'il était devenu, le couvert était mis, tout le monde était là. Je voulus entrer pour lui parler; mais il avait fermé la porte en dedans comme je lui avais dit; il fallut attendre après le dîner pour le faire sortir.

Durant le repas, Du Bosson, qui s'y trouvait, parlant d'une jeune veuve qu'on disait se remarier, ajouta quelque chose sur le triste sort des veuves. « Il y en a, dis-je, de bien plus à plaindre encore ; ce sont les veuves dont les maris sont vivants. — Cela est vrai, reprit Fanchon, qui vit que ce discours s'adressait à elle, surtout quand ils leur sont chers. » Alors l'entretien tomba sur le sien ; et, comme elle en avait parlé avec affection dans tous les temps, il était naturel qu'elle en parlât de même au moment où la perte de sa bienfaitrice allait lui rendre la sienne encore plus rude. C'est aussi ce qu'elle fit en termes très touchants, louant son bon naturel, déplorant les mauvais exemples qui l'avaient séduit, et le regrettant si sincèrement, que, déjà disposée à la tristesse, elle s'émut jusqu'à pleurer. Tout-à-coup le cabinet s'ouvre, l'homme en guenilles en sort impétueusement, se précipite à ses genoux, les embrasse et fond en larmes. Elle tenait un verre; il lui échappe : « Ah ! malheureux ! d'où viens-tu ? » Elle se laisse aller sur lui, et serait tombée en faiblesse si l'on n'eût été prompt à la secourir.

Le reste est facile à imaginer. En un moment on sut par toute la maison que Claude Anet était arrivé. Le mari de la bonne Fanchon ! quelle fête ! A peine était-il hors de la chambre qu'il fut équipé. Si chacun n'avait eu que deux chemises, Anet en aurait autant eu lui tout seul qu'il en serait resté à tous les autres. Quand je sortis pour le faire habiller, je trouvai qu'on m'avait si bien prévenu qu'il fallut user d'autorité pour faire tout reprendre à ceux qui l'avaient fourni.

Cependant Fanchon ne voulait point quitter sa maîtresse. Pour lui faire donner quelques heures à son mari, on prétexta que les enfants avaient besoin de prendre l'air, et tous deux furent chargés de les conduire.

Cette scène n'incommoda point la malade comme les précédentes ; elle n'avait rien eu que d'agréable, et ne lui fit que du bien. Nous passâmes l'après-midi, Claire et moi, seuls auprès d'elle, et nous eûmes deux heures d'un entretien paisible, qu'elle rendit le plus intéressant, le plus charmant que nous eussions jamais eu.

Elle commença par quelques observations sur le touchant spectacle qui venait de nous frapper, et qui lui rappelait si vivement les premiers temps de sa jeunesse; puis, suivant le fil des événements, elle fit une courte récapitulation de sa vie entière pour montrer qu'à tout prendre elle avait été douce et fortunée, que de degrés en degrés elle était montée au comble du bonheur permis sur la terre, et que l'accident qui terminait ses jours au milieu de leur course marquait, selon toute apparence, dans sa carrière naturelle, le point de séparation des biens et des maux.

Elle remercia le ciel de lui avoir donné un cœur sensible et porté au bien, un entendement sain, une figure prévenante; de l'avoir fait naître dans un pays de liberté et non parmi des esclaves, d'une famille honorable et non d'une race de malfaiteurs, dans une honnête fortune et non dans les grandeurs du monde qui corrompent l'âme, ou dans l'indigence qui l'avilit. Elle se félicita d'être née d'un père et d'une mère tous deux vertueux et bons, pleins de droiture et d'honneur, et qui, tempérant les défauts l'un de l'autre, avaient formé sa raison sur la leur sans lui donner leur faiblesse ou leurs préjugés. Elle vanta l'avantage d'avoir été élevée dans une religion raisonnable et sainte, qui, loin d'abrutir l'homme, l'ennoblit et l'élève; qui, ne favorisant ni l'impiété ni le fanatisme, permet d'être sage et de croire, d'être humain et pieux tout à la fois.

Après cela, serrant la main de sa cousine qu'elle tenait dans la sienne, et la regardant de cet œil que vous devez connaître et que la langueur rendait encore plus touchant : « Tous ces biens, dit-elle, ont été donnés à mille autres; mais celui-ci!... le ciel ne l'a donné qu'à moi. J'étais femme, et j'eus une amie : il nous fit naître en même temps; il mit dans nos inclinations un accord qui ne s'est jamais démenti; il fit nos cœurs l'un pour l'autre; il nous unit dès le berceau : je l'ai conservée tout le temps de ma vie, et sa main me ferme les yeux. Trouvez un autre exemple pareil au monde, et je ne me vante plus de rien. Quels sages conseils ne m'a-t-elle pas donnés? de quels périls ne m'a-t-elle pas sauvée? de quels maux ne me consolait-elle pas? Qu'eussé-je été sans elle? que n'eût-elle pas fait de moi si je l'avais mieux écoutée? Je la vaudrais peut-être aujourd'hui! » Claire, pour toute réponse, baissa la tête sur le sein de son amie, et voulut soulager ses sanglots par des pleurs : il ne fut pas possible. Julie la pressa longtemps contre sa poitrine en silence. Ces moments n'ont ni mots ni larmes.

Elles se remirent, et Julie continua : « Ces biens étaient mêlés d'inconvénients; c'est le sort des choses humaines. Mon cœur était fait pour l'amour, difficile en mérite personnel, indifférent sur tous les biens de l'opinion. Il était presque impossible que les préjugés de mon père s'accordassent avec mon penchant. Il me fallait un amant que j'eusse choisi moi-même. Il s'offrit; je crus le choisir : sans doute le ciel le choisit pour moi, afin que, livrée aux erreurs de ma passion, je ne le fusse pas aux horreurs du crime, et que l'amour de la vertu restât au moins dans mon âme après elles. Il prit le langage honnête et insinuant avec lequel mille fourbes séduisent tous les jours autant de filles bien nées : mais seul parmi tant d'autres, il était honnête homme et pensait ce qu'il disait. Était-ce ma prudence qui l'avait discerné? Non; je ne connus d'abord de lui que son langage, et je fus séduite. Je fis par désespoir ce que d'autres font par effronterie : je me jetai, comme disait mon père, à sa tête : il me respecta. Ce fut alors seulement que je pus le connaître. Tout homme capable d'un pareil trait a l'âme belle; alors on y peut compter. Mais j'y comptais auparavant, ensuite j'osai compter sur moi-même; et voilà comment on se perd. »

Elle s'étendit avec complaisance sur le mérite de cet amant; elle lui rendait justice, mais on voyait combien son cœur se plaisait à la lui rendre. Elle le louait même à ses propres dépens. A force d'être équitable envers lui, elle était inique envers elle, et se faisait tort pour lui faire honneur. Elle alla jusqu'à soutenir qu'il eut plus d'horreur qu'elle de l'adultère, sans se souvenir qu'il avait lui-même réfuté cela.

Tous les détails du reste de sa vie furent suivis dans le même esprit. Mylord Edouard, son mari, ses enfants, votre retour, notre amitié, tout fut mis sous un jour avantageux. Ses malheurs mêmes lui en avaient épargné de plus grands. Elle avait perdu sa mère au moment que cette perte lui pouvait être la plus cruelle; mais si le ciel la lui eût conservée, bientôt il fût survenu du désordre dans sa famille. L'appui de sa mère, quelque faible qu'il fût, eût suffi pour la rendre plus courageuse à résister à son père; et de là seraient sortis la discorde et les scandales, peut-être les désastres et le déshonneur, peut-être pis encore si son frère avait vécu. Elle avait épousé malgré elle un homme qu'elle n'aimait point; mais elle soutint qu'elle n'aurait pu jamais être aussi heureuse avec un autre, pas même avec celui qu'elle avait aimé. La mort de M. d'Orbe lui avait ôté un ami, mais en lui rendant son amie. Il n'y avait pas jusqu'à ses chagrins et ses peines qu'elle ne comptât pour des avantages, en ce qu'ils avaient empêché son cœur de s'endurcir aux malheurs d'autrui. « On ne sait pas, disait-elle, quelle douceur c'est de s'attendrir sur ses propres maux et sur ceux des autres. La sensibilité porte toujours dans l'âme un certain contentement de soi-même indépendant de la fortune et des événements. Que j'ai gémi! que j'ai versé de larmes! Eh bien! s'il fallait renaître aux mêmes conditions, le mal que j'ai commis serait le seul que je voudrais retrancher; celui que j'ai souffert me serait agréable encore. » Saint-Preux, je vous rends ses propres mots; quand vous aurez lu sa lettre, vous les comprendrez peut-être mieux.

« Voyez donc, continuait-elle, à quelle félicité je suis parvenue. J'en avais beaucoup; j'en attendais davantage : la prospérité de ma famille, une bonne éducation pour mes enfants, tout ce qui m'était cher rassemblé autour de moi ou prêt à l'être. Le présent, l'avenir, me flattaient également : la jouissance et l'espoir se réunissaient pour me rendre heureuse : mon bonheur monté par degrés était au comble; il ne pouvait plus que déchoir; il était venu sans être attendu, il se fût enfui quand je l'aurais cru durable. Qu'eût fait le sort pour me soutenir à ce point? Un état permanent est-il fait pour l'homme! Non, quand on a tout acquis il faut perdre, ne fût-ce que le plaisir de la possession, qui s'use par elle. Mon père est déjà vieux; mes enfants sont dans l'âge tendre où la vie est encore mal assurée : que de pertes pouvaient m'affliger, sans qu'il me restât plus rien à pouvoir acquérir! L'affection maternelle augmente sans cesse, la tendresse filiale diminue, à mesure que les enfants vivent plus loin de leur mère. En avançant en âge les miens se seraient plus séparés de moi. Ils auraient vécu dans le monde; ils m'auraient pu négliger. Vous en voulez envoyer un en Russie; que de pleurs son départ m'aurait coûtés! Tout se serait détaché de moi peu à peu, et rien n'eût suppléé aux pertes que j'aurais faites. Combien de fois j'aurais pu me trouver dans l'état où je vous laisse! Enfin, n'eût-il pas fallu mourir? peut-être mourir la dernière de tous! peut-être seule et abandonnée! Plus on vit, plus on aime à vivre, même sans jouir de rien : j'aurais eu l'ennui de la vie et la terreur de la mort, suite ordinaire de la vieillesse. Au lieu de cela, mes derniers instants sont encore agréables, et j'ai de la vigueur pour mourir; si même on peut appeler mourir que laisser vivant ce qu'on aime. Non, mes amis, non, mes enfants, je ne vous quitte pas pour ainsi dire : je reste avec vous; en vous laissant tous unis, mon esprit, mon cœur, vous demeurent. Vous me verrez sans cesse entre vous; vous vous sentirez sans cesse environnés de moi... Et puis nous nous rejoindrons, j'en suis sûre; le bon Wolmar lui-même ne m'échappera pas. Mon retour à Dieu tranquillise mon âme et m'adoucit un moment pénible; il me promet pour vous le même destin qu'à moi.

Mon sort me suit et s'assure. Je fus heureuse, je le suis, je vais l'être : mon bonheur est fixé, je l'arrache à la fortune; il n'a plus de bornes que l'éternité. »

Elle en était là quand le ministre entra. Il l'honorait et l'estimait véritablement. Il savait mieux que personne combien sa foi était vive et sincère. Il n'en avait été que plus frappé de l'entretien de la veille, et en tout, de la contenance qu'il lui avait trouvée. Il avait vu souvent mourir avec ostentation, jamais avec sérénité. Peut-être à l'intérêt qu'il prenait à elle se joignit-il un désir secret de voir si ce calme se soutiendrait jusqu'au bout.

Elle n'eut pas besoin de changer beaucoup le sujet de l'entretien pour en amener un convenable au caractère du survenant. Comme ses conversations en pleine santé n'étaient jamais frivoles, elle ne faisait alors que continuer à traiter dans son lit avec la même tranquillité des sujets intéressants pour elle et pour ses amis; elle agitait indifféremment des questions qui n'étaient pas indifférentes.

En suivant le fil de ses idées sur ce qui pouvait rester d'elle avec nous, elle nous parlait de ses anciennes réflexions sur l'état des âmes séparées des corps; elle admirait la simplicité des gens qui promettaient à leurs amis de venir leur donner des nouvelles de l'autre monde. « Cela, disait-elle, est aussi raisonnable que les contes de revenants qui font mille désordres et tourmentent les bonnes femmes; comme si les esprits avaient des voix pour parler et des mains pour battre (1) ! Comment un pur esprit agirait-il sur une âme enfermée dans un corps, et qui, en vertu de cette union, ne peut rien apercevoir que par l'entremise de ses organes ? Il n'y a pas de sens à cela. Mais j'avoue que je ne vois point ce qu'il y a d'absurde à supposer qu'une âme libre d'un corps qui jadis habita la terre puisse y revenir encore, errer, demeurer peut-être autour de ce qui lui fut cher; non pas pour nous avertir de sa présence, elle n'a nul moyen pour cela; non pas pour agir sur nous et nous communiquer ses pensées, elle n'a point de prise pour ébranler les organes de notre cerveau; non pas pour apercevoir non plus ce que nous faisons, car il faudrait qu'elle eût des sens, mais pour connaître elle-même ce que nous pensons et ce que nous sentons, par une communication immédiate, semblable à celle par laquelle Dieu lit nos pensées dès cette vie, et par laquelle nous lirons réciproquement les siennes dans l'autre, puisque nous le verrons face à face (2). Car enfin, ajouta-t-elle en regardant le ministre, à quoi serviraient des sens lorsqu'ils n'auront plus rien à faire ? L'Etre éternel ne se voit ni ne s'entend; il se fait sentir; il ne parle ni aux yeux ni aux oreilles, mais au cœur. »

Je compris, à la réponse du pasteur et à quelques signes d'intelligence, qu'un des points ci-devant contestés entre eux était la résurrection des corps. Je m'aperçus aussi que je commençais à donner un peu plus d'attention aux articles de la religion de Julie où la foi se rapprochait de la raison.

Elle se complaisait tellement à ces idées, que quand elle n'eût pas pris son parti sur ses anciennes opinions, c'eût été une cruauté d'en détruire une qui lui semblait si douce dans l'état où elle se trouvait. « Cent fois, disait-elle, j'ai pris plus de plaisir à faire quelque bonne œuvre en imaginant ma mère présente qui lisait dans le cœur de sa fille et l'applaudissait. Il y a quelque

---

(1) Platon (*Phédon*, ch. 29 et 30) dit qu'à la mort les âmes des justes qui n'ont point contracté de souillure sur la terre se dégagent seules de la matière dans toute leur pureté. Quant à ceux qui se sont ici-bas asservis à leurs passions, il ajoute que leurs âmes ne reprennent point si tôt leur pureté primitive, mais qu'elles entraînent avec elles des parties terrestres qui les tiennent comme enchaînées autour des débris de leur corps. « Voilà, dit-il, ce qui produit ces simulacres sensibles qu'on voit quelquefois errants sur les cimetières, en attendant de nouvelles transmigrations. » C'est une manie commune aux philosophes de tous les âges de nier ce qui est, et d'expliquer ce qui n'est pas.

(2) Cela me paraît très bien dit : car qu'est-ce que voir Dieu face à face, si ce n'est lire dans la suprême intelligence ?

chose de si consolant à vivre encore sous les yeux de ce qui nous fut cher! Cela fait qu'il ne meurt qu'à moitié pour nous. » Vous pouvez juger si durant ces discours la main de Claire était souvent serrée.

Quoique le pasteur répondît à tout avec beaucoup de douceur et de modération, et qu'il affectât même de ne la contrarier en rien, de peur qu'on ne prît son silence sur d'autres points pour un aveu, il ne laissa pas d'être ecclésiastique un moment, et d'exposer sur l'autre vie une doctrine opposée. Il dit que l'immensité, la gloire et les attributs de Dieu seraient le seul objet dont l'âme des bienheureux serait occupée; que cette contemplation sublime effacerait tout autre souvenir; qu'on ne se verrait point, qu'on ne se reconnaîtrait point, même dans le ciel, et qu'à cet aspect ravissant on ne songerait plus à rien de terrestre.

« Cela peut être, reprit Julie : il y a si loin de la bassesse de nos pensées à l'essence divine, que nous ne pouvons juger des effets qu'elle produira sur nous quand nous serons en état de la contempler. Toutefois, ne pouvant maintenant raisonner que sur mes idées, j'avoue que je me sens des affections si chères, qu'il m'en coûterait de penser que je ne les aurai plus. Je me suis même fait une espèce d'argument qui flatte mon espoir. Je me dis qu'une partie de mon bonheur consistera dans le témoignage d'une bonne conscience. Je me souviendrai donc de ce que j'aurai fait sur la terre; je me souviendrai donc aussi des gens qui m'y ont été chers; ils me le seront donc encore : ne les voir plus (1) serait une peine, et le séjour des bienheureux n'en admet point. Au reste, ajouta-t-elle en regardant le ministre d'un air assez gai, si je me trompe, un jour ou deux d'erreur seront bientôt passés : dans peu j'en saurai là-dessus plus que vous-même. En attendant, ce qu'il y a pour moi de très sûr, c'est que tant que je me souviendrai d'avoir habité la terre, j'aimerai ceux que j'y ai aimés, et mon pasteur n'aura pas la dernière place. »

Ainsi se passèrent les entretiens de cette journée, où la sécurité, l'espérance, le repos de l'âme, brillèrent plus que jamais dans celle de Julie, et lui donnaient d'avance, au jugement du ministre, la paix des bienheureux dont elle allait augmenter le nombre. Jamais elle ne fut plus tendre, plus vraie, plus caressante, plus aimable, en un mot plus elle-même. Toujours du sens, toujours du sentiment, toujours la fermeté du sage, et toujours la douceur du chrétien. Point de prétention, point d'apprêt, point de sentence : partout la naïve expression de ce qu'elle sentait; partout la simplicité de son cœur. Si quelquefois elle contraignait les plaintes que la souffrance aurait dû lui arracher, ce n'était point pour jouer l'intrépidité stoïque, c'était de peur de navrer ceux qui étaient autour d'elle; et quand les horreurs de la mort faisaient quelque instant pâlir la nature, elle ne cachait point ses frayeurs : elle se laissait consoler; sitôt qu'elle était remise, elle consolait les autres : on voyait, on sentait son retour; son air caressant le disait à tout le monde. Sa gaîté n'était point contrainte, sa plaisanterie même était touchante; on avait le sourire à la bouche et les yeux en pleurs. Otez cet effroi qui ne permet pas de jouir de ce qu'on va perdre, elle plaisait plus, elle était plus aimable qu'en santé même, et le dernier jour de sa vie en fut aussi le plus charmant.

Vers le soir elle eut encore un accident qui, bien que moindre que celui du matin, ne lui permit pas de voir longtemps ses enfants. Cependant elle remarqua qu'Henriette était changée. On lui dit qu'elle pleurait beaucoup et ne mangeait point. « On ne la guérira pas de cela, dit-elle en regardant Claire; la maladie est dans le sang. »

Se sentant bien revenue, elle voulut qu'on soupât dans sa chambre. Le mé-

---

(1) Il est aisé de comprendre que par ce mot *voir* elle entend un pur acte de l'entendement, semblable à celui par lequel Dieu nous voit et par lequel nous verrons Dieu. Les sens ne peuvent imaginer l'immédiate communication des esprits, mais la raison la conçoit très bien, et mieux, ce me semble, que la communication du mouvement dans les corps.

decin s'y trouva comme le matin. La Fanchon, qu'il fallait toujours avertir quand elle devait venir manger à notre table, vint ce soir-là sans se faire appeler. Julie s'en aperçut et sourit : « Oui, mon enfant, lui dit-elle, soupe encore avec moi ce soir ; tu auras plus longtemps ton mari que ta maîtresse. » Puis elle me dit : « Je n'ai pas besoin de vous recommander Claude Anet. — Non, repris-je ; tout ce que vous avez honoré de votre bienveillance n'a pas besoin de m'être recommandé. »

Le souper fut encore plus agréable que je ne m'y étais attendu. Julie, voyant qu'elle pouvait soutenir la lumière, fit approcher la table, et, ce qui semblait inconcevable dans l'état où elle était, elle eut appétit. Le médecin, qui ne voyait plus d'inconvénient à le satisfaire, lui offrit un blanc de poulet. « Non, dit-elle ; mais je mangerais bien de cette ferra (1). » On lui en donna un petit morceau ; elle le mangea avec un peu de pain, et le trouva bon. Pendant qu'elle mangeait, il fallait voir Mme d'Orbe la regarder ; il fallait le voir, car cela ne peut se dire. Loin que ce qu'elle avait mangé lui fît mal, elle en parut mieux le reste du souper : elle se trouva même de si bonne humeur, qu'elle s'avisa de remarquer, par forme de reproche, qu'il y avait longtemps que je n'avais bu de vin étranger. « Donnez, dit-elle, une bouteille de vin d'Espagne à ces messieurs. » A la contenance du médecin, elle vit qu'il s'attendait à boire du vrai vin d'Espagne, et sourit encore en regardant sa cousine : j'aperçus aussi que, sans faire attention à tout cela, Claire, de son côté, commençait de temps à autre à lever les yeux, avec un peu d'agitation, tantôt sur Julie et tantôt sur Fanchon, à qui ces yeux semblaient dire ou demander quelque chose.

Le vin tardait à venir : on eut beau chercher la clef de la cave, on ne la trouva point ; et l'on jugea, comme il était vrai, que le valet de chambre du baron, qui en était chargé, l'avait emportée par mégarde. Après quelques autres informations, il fut clair que la provision d'un seul jour en avait duré cinq, et que le vin manquait sans que personne s'en fût aperçu, malgré plusieurs nuits de veille (2). Le médecin tombait des nues. Pour moi, soit qu'il fallût attribuer cet oubli à la tristesse ou à la sobriété des domestiques, j'eus honte d'user avec de telles gens des précautions ordinaires ; je fis enfoncer la porte de la cave, et j'ordonnai que désormais tout le monde eût du vin à discrétion.

La bouteille arrivée, on en but. Le vin fut trouvé excellent. La malade en eut envie ; elle en demanda une cuillerée avec de l'eau : le médecin le lui donna dans un verre, et voulut qu'elle le bût pur. Ici les coups d'œil devinrent plus fréquents entre Claire et la Fanchon, mais comme à la dérobée et craignant toujours d'en trop dire.

Le jeûne, la faiblesse, le régime ordinaire à Julie, donnèrent au vin une grande activité. « Ah ! dit-elle, vous m'avez enivrée ! après avoir attendu si tard, ce n'était pas la peine de commencer ; car c'est un objet bien odieux qu'une femme ivre. » En effet, elle se mit à babiller, très sensément pourtant à son ordinaire, mais avec plus de vivacité qu'auparavant. Ce qu'il y avait d'étonnant, c'est que son teint n'était point allumé ; ses yeux ne brillaient que d'un feu modéré par la langueur de la maladie ; à la pâleur près, on l'aurait crue en santé. Pour lors l'émotion de Claire devint tout-à-fait visible. Elle élevait un œil craintif alternativement sur Julie, sur moi, sur la Fanchon, mais principalement sur le médecin : tous ces regards étaient autant d'interrogations qu'elle voulait et n'osait faire ; on eût dit toujours qu'elle allait par-

---

(1) Excellent poisson particulier au lac de Genève, et qu'on n'y trouve qu'en certain temps.
(2) Lecteurs à beaux laquais, ne demandez point avec un ris moqueur où l'on avait pris ces gens-là. On vous a répondu d'avance : on ne les avait point pris, on les avait faits. Le problème entier dépend d'un point unique : trouvez seulement Julie, et tout le reste est trouvé. Les hommes en général ne sont point ceci ou cela, ils sont ce qu'on les fait être.

ler, mais que la peur d'une mauvaise réponse la retenait; son inquiétude était si vive qu'elle en paraissait oppressée.

Fanchon, enhardie par tous ces signes, hasarda de dire, mais en tremblant et à demi-voix, qu'il semblait que madame avait un peu moins souffert aujourd'hui... que la dernière convulsion avait été moins forte... que la soirée... Elle resta interdite. Et Claire, qui pendant qu'elle avait parlé tremblait comme la feuille, leva des yeux craintifs sur le médecin, les regards attachés aux siens, l'oreille attentive, et n'osant respirer de peur de ne pas bien entendre ce qu'il allait dire.

Il eût fallu être stupide pour ne pas concevoir tout cela. Du Bosson se lève, va tâter le pouls de la malade, et dit : « Il n'y a point là d'ivresse ni de fièvre; le pouls est fort bon. » A l'instant Claire s'écrie en tendant à demi les deux bras : « Hé bien ! monsieur !... le pouls ?... la fièvre ?... » La voix lui manquait, mais ses mains écartées restaient toujours en avant; ses yeux pétillaient d'impatience; il n'y avait pas un muscle à son visage qui ne fût en action. Le médecin ne répond rien, reprend le poignet, examine les yeux, la langue, reste un moment pensif, et dit : « Madame, je vous entends bien : il m'est impossible de dire à présent rien de positif; mais si demain matin, à pareille heure, elle est encore dans le même état, je réponds de sa vie. » A ce mot Claire part comme un éclair, renverse deux chaises et presque la table, saute au cou du médecin, l'embrasse, le baise mille fois en sanglotant et pleurant à chaudes larmes, et, toujours avec la même impétuosité, s'ôte du doigt une bague de prix, la met au sien malgré lui, et lui dit hors d'haleine : « Ah ! monsieur, si vous nous la rendez, vous ne la sauverez pas seule. »

Julie vit tout cela. Ce spectacle la déchira. Elle regarde son amie, et lui dit d'un ton tendre et douloureux : « Ah ! cruelle, que tu me fais regretter la vie! veux-tu me faire mourir désespérée? Faudra-t-il te préparer deux fois? » Ce peu de mots fut un coup de foudre; il amortit aussitôt les transports de joie, mais il ne put étouffer tout-à-fait l'espoir renaissant.

En un instant la réponse du médecin fut sue de toute la maison. Ces bonnes gens crurent déjà leur maîtresse guérie. Ils résolurent tout d'une voix de faire au médecin, si elle en revenait, un présent en commun pour lequel chacun donna trois mois de ses gages; et l'argent fut sur-le-champ consigné dans les mains de la Fanchon, les uns prêtant aux autres ce qui leur manquait pour cela. Cet accord se fit avec tant d'empressement, que Julie entendait de son lit le bruit de leurs acclamations. Jugez de l'effet dans le cœur d'une femme qui se sent mourir ! Elle me fit signe, et me dit à l'oreille : « On m'a fait boire jusqu'à la lie la coupe amère et douce de la sensibilité. »

Quand il fut question de se retirer, Mᵐᵉ d'Orbe, qui partagea le lit de sa cousine comme les deux nuits précédentes, fit appeler sa femme de chambre pour relayer cette nuit la Fanchon; mais celle-ci s'indigna de cette proposition, plus même, ce me sembla, qu'elle n'eût fait si son mari ne fût pas arrivé. Mᵐᵉ d'Orbe s'opiniâtra de son côté, et les deux femmes de chambre passèrent la nuit ensemble dans le cabinet : je la passai dans la chambre voisine; et l'espoir avait tellement ranimé le zèle, que ni par ordre ni par menaces je ne pus envoyer coucher un seul domestique : ainsi toute la maison resta sur pied cette nuit avec une telle impatience, qu'il y avait peu de ses habitants qui n'eussent donné beaucoup de leur vie pour être à neuf heures du matin.

J'entendis durant la nuit quelques allées et venues qui ne m'alarmèrent pas; mais sur le matin que tout était tranquille, un bruit sourd frappa mon oreille. J'écoute, je crois distinguer des gémissements. J'accours, j'entre, j'ouvre le rideau... Saint-Preux !... cher Saint-Preux !... je vois les deux amies sans mouvement et se tenant embrassées, l'une évanouie et l'autre expirante. Je m'écrie, je veux retarder ou recueillir son dernier soupir, je me précipite. Elle n'était plus.

Adorateur de Dieu, Julie n'était plus... Je ne vous dirai pas ce qui se fit durant quelques heures; j'ignore ce que je devins moi-même. Revenu du premier saisissement, je m'informai de Mme d'Orbe. J'appris qu'il avait fallu la porter dans sa chambre, et même l'y renfermer; car elle rentrait à chaque instant dans celle de Julie, se jetait sur son corps, le réchauffait du sien, s'efforçait de le ranimer, le pressait, s'y collait avec une espèce de rage, l'appelait à grands cris de mille noms passionnés, et nourrissait son désespoir de tous ses efforts inutiles.

En entrant je la trouvai tout-à-fait hors de sens, ne voyant rien, n'entendant rien, ne connaissant personne, se roulant par la chambre, se tordant les mains et mordant les pieds des chaises, murmurant d'une voix sourde quelques paroles extravagantes, puis poussant par longs intervalles des cris aigus qui faisaient tressaillir. Sa femme de chambre au pied de son lit, consternée, épouvantée, immobile, n'osant souffler, cherchait à se cacher d'elle, et tremblait de tout son corps. En effet, les convulsions dont elle était agitée avaient quelque chose d'effrayant. Je fis signe à la femme de chambre de se retirer, car je craignais qu'un seul mot de consolation lâché mal à propos ne la mît en fureur.

Je n'essayai pas de lui parler, elle ne m'eût point écouté ni même entendu; mais au bout de quelque temps, la voyant épuisée de fatigue, je la pris et la portai dans un fauteuil, je m'assis auprès d'elle en lui tenant les mains; j'ordonnai qu'on amenât les enfants, et les fis venir autour d'elle. Malheureusement le premier qu'elle aperçut fut précisément la cause innocente de la mort de son amie. Cet aspect la fit frémir. Je vis ses traits s'altérer, ses regards s'en détourner avec une espèce d'horreur, et ses bras en contraction se roidir pour le repousser. Je tirai l'enfant à moi : « Infortuné ! lui dis-je, pour avoir été trop cher à l'une, tu deviens odieux à l'autre : elles n'eurent pas en tout le même cœur. » Ces mots l'irritèrent violemment et m'en attirèrent de très piquants. Ils ne laissèrent pourtant pas de faire impression. Elle prit l'enfant dans ses bras et s'efforça de le caresser : ce fut en vain; elle le rendit presque au même instant; elle continue même à le voir avec moins de plaisir que l'autre, et je suis bien aise que ce ne soit pas celui-là qu'on a destiné à sa fille.

Gens sensibles, qu'eussiez-vous fait à ma place? ce que faisait Mme d'Orbe. Après avoir mis ordre aux enfants, à Mme d'Orbe, aux funérailles de la seule personne que j'aie aimée, il fallut monter à cheval, et partir, la mort dans le cœur, pour la porter au plus déplorable père. Je le trouvai souffrant de sa chute, agité, troublé de l'accident de sa fille : je le laissai accablé de douleur, de ces douleurs de vieillard, qu'on n'aperçoit pas au dehors, qui n'excitent ni gestes ni cris, mais qui tuent. Il n'y résistera jamais, j'en suis sûr, et je prévois de loin le dernier coup qui manque au malheur de son ami. Le lendemain je fis toute la diligence possible pour être de retour de bonne heure et rendre les derniers honneurs à la plus digne des femmes. Mais tout n'était pas dit encore. Il fallait qu'elle ressuscitât pour me donner l'horreur de la perdre une seconde fois.

En approchant du logis, je vois un de mes gens accourir à perte d'haleine, et s'écrier d'aussi loin que je pus l'entendre : « Monsieur, monsieur, hâtez-vous; madame n'est pas morte. » Je ne compris rien à ce propos insensé; j'accours toutefois. Je vois la cour pleine de gens qui versaient des larmes de joie, en donnant à grands cris des bénédictions à Mme de Wolmar. Je demande ce que c'est; tout le monde est dans le transport, personne ne peut me répondre : la tête avait tourné à mes propres gens. Je monte à pas précipités dans l'appartement de Julie; je trouve plus de vingt personnes à genoux autour de son lit et les yeux fixés sur elle. Je m'approche; je la vois sur ce lit habillée et parée; le cœur me bat : je l'examine... Hélas ! elle était morte! Ce moment de fausse joie si tôt et si cruellement éteinte fut le plus amer de ma vie. Je ne suis pas colère, je me sentis vivement irrité. Je voulus savoir le fond de cette extravagante scène. Tout était déguisé, altéré, changé, j'eus toute la peine du monde à démêler la vérité. Enfin, j'en vins à bout; et voici l'histoire du prodige.

Mon beau-père, alarmé de l'accident qu'il avait appris, et croyant pouvoir se passer de son valet de chambre, l'avait envoyé, un peu avant mon arrivée auprès de lui, savoir des nouvelles de sa fille. Le vieux domestique, fatigué du cheval, avait pris un bateau, et, traversant le lac pendant la nuit, était arrivé à Clarens le matin même de mon retour. En arrivant, il voit la consternation, il en apprend le sujet; il monte en gémissant à la chambre de Julie, il se met à genoux au pied de son lit, il la regarde, il pleure, il la contemple. « Ah ! ma bonne maîtresse ! ah ! que Dieu ne m'a-t-il pris au lieu de vous ! Moi qui suis vieux, qui ne tiens à rien, qui ne suis bon à rien, que fais-je sur la terre ? Et vous qui étiez jeune, qui faisiez la gloire de votre famille, le bonheur de votre maison, l'espoir des malheureux... Hélas ! quand je vous vis naître, était-ce pour vous voir mourir ?... »

Au milieu des exclamations que lui arrachaient son zèle et son bon cœur, les yeux toujours collés sur ce visage, il crut apercevoir un mouvement : son imagination se frappe; il voit Julie tourner les yeux, le regarder, lui faire un signe de tête. Il se lève avec transport, et court par toute la maison en criant que madame n'est pas morte, qu'elle l'a reconnu, qu'il en est sûr, qu'elle en reviendra. Il n'en fallut pas davantage; tout le monde accourt, les voisins, les pauvres, qui faisaient retentir l'air de leurs lamentations ; tous s'écrient: « Elle n'est pas morte ! » Le bruit s'en répand et s'augmente : le peuple, ami du merveilleux, se prête avidement à la nouvelle; on la croit comme on la désire; chacun cherche à se faire fête en appuyant la crédulité commune. Bientôt la défunte n'avait pas seulement fait signe, elle avait agi, elle avait parlé, et il y avait vingt témoins oculaires de faits circonstanciés qui n'arrivèrent jamais.

Sitôt qu'on crut qu'elle vivait encore, on fit mille efforts pour la ranimer; on s'empressait autour d'elle, on lui parlait, on l'inondait d'eaux spiritueuses, on touchait si le pouls ne revenait point. Ses femmes, indignées que le corps de leur maîtresse restât environné d'hommes dans un état si négligé, firent sortir tout le monde, et ne tardèrent pas à connaître combien on s'abusait. Toutefois ne pouvant se résoudre à détruire une erreur si chère, peut-être espérant encore elles-mêmes quelque événement miraculeux, elles vêtirent le corps avec soin, et, quoique sa garde-robe leur eût été laissée, elles lui prodiguèrent la parure; ensuite l'exposant sur un lit, et laissant les rideaux ouverts, elles se mirent à pleurer au milieu de la joie publique.

C'était au plus fort de cette fermentation que j'étais arrivé. Je reconnus bientôt qu'il était impossible de faire entendre raison à la multitude; que si je faisais fermer la porte et porter le corps à la sépulture il pourrait arriver du tumulte; que je passerais au moins pour un mari parricide qui faisait enterrer sa femme en vie, et que je serais en horreur dans tout le pays. Je résolus d'attendre. Cependant, après plus de trente-six heures, par l'extrême chaleur qu'il faisait, les chairs commençaient à se corrompre; et quoique le visage eût gardé ses traits et sa douceur, on y voyait déjà quelques signes d'altération. Je le dis à Mme d'Orbe qui restait demi-morte au chevet du lit. Elle n'avait pas le bonheur d'être la dupe d'une illusion si grossière; mais elle feignait de s'y prêter pour avoir un prétexte d'être incessamment dans la chambre, d'y navrer son cœur à plaisir, de l'y repaître de ce mortel spectacle, de s'y rassasier de douleur.

Elle m'entendit, et, prenant son parti sans rien dire, elle sortit de la chambre. Je la vis rentrer un moment après tenant un voile d'or brodé de perles que vous lui aviez apporté des Indes (1); puis, s'approchant du lit, elle baisa

---

(1) On voit assez que c'est le songe de Saint-Preux, dont madame d'Orbe avait l'imagination

le voile, en couvrit en pleurant la face de son amie, et s'écria d'une voix éclatante : « Maudite soit l'indigne main qui jamais lèvera ce voile ! maudit soit l'œil impie qui verra ce visage défiguré ! » Cette action, ces mots, frappèrent tellement les spectateurs, qu'aussitôt, comme par une inspiration soudaine, la même imprécation fut répétée par mille cris. Elle a fait tant d'impression sur tous nos gens et sur tout le peuple, que la défunte ayant été mise au cercueil dans ses habits et avec les plus grandes précautions, elle a été portée et inhumée dans cet état, sans qu'il se soit trouvé personne assez hardi pour toucher au voile (1).

Le sort du plus à plaindre est d'avoir à consoler les autres. C'est ce qui me reste à faire auprès de mon beau-père, de Mme d'Orbe, des amis, des parents, des voisins et de mes propres gens. Le reste n'est rien ; mais mon vieux ami ! mais Mme d'Orbe ! il faut voir l'affliction de celle-ci pour juger ce qu'elle ajoute à la mienne. Loin de me savoir gré de mes soins, elle me les reproche ; mes attentions l'irritent, ma froide tristesse l'aigrit ; il lui faut des regrets amers semblables aux siens, et sa douleur barbare voudrait voir tout le monde au désespoir. Ce qu'il y a de plus désolant est qu'on ne peut compter sur rien avec elle, et ce qui la soulage un moment la dépite un moment après. Tout ce qu'elle fait, tout ce qu'elle dit approche de la folie, et serait risible pour des gens de sang-froid. J'ai beaucoup à souffrir ; je ne me rebuterai jamais. En servant ce qu'aima Julie, je crois l'honorer mieux que par des pleurs.

Un seul trait vous fera juger des autres. Je croyais avoir tout fait en engageant Claire à se conserver pour remplir les soins dont la chargea son amie. Exténuée d'agitations, d'abstinences, de veilles, elle semblait enfin résolue à revenir sur elle-même, à recommencer sa vie ordinaire, à reprendre ses repas dans la salle à manger. La première fois qu'elle y vint, je fis dîner les enfants dans leur chambre, ne voulant pas courir le hasard de cet essai devant eux ; car le spectacle des passions violentes de toute espèce est un des plus dangereux qu'on puisse offrir aux enfants. Ces passions ont toujours dans leurs excès quelque chose de puéril qui les amuse, qui les séduit, et leur fait aimer ce qu'ils devraient craindre (2). Ils n'en avaient déjà que trop vu.

En entrant elle jeta un coup d'œil sur la table et vit deux couverts ; à l'instant elle s'assit sur la première chaise qu'elle trouva derrière elle, sans vouloir se mettre à table ni dire la raison de ce caprice. Je crus la deviner, et je fis mettre un troisième couvert à la place qu'occupait ordinairement sa cousine. Alors elle se laissa prendre par la main, et mener à table sans résistance, rangeant sa robe avec soin, comme si elle eût craint d'embarrasser cette place vide. A peine avait-elle porté la première cuillerée de potage à sa bouche, qu'elle la repose, et demande d'un ton brusque ce que faisait là ce couvert, puisqu'il n'était point occupé. Je lui dis qu'elle avait raison, et fis ôter le couvert. Elle essaya de manger, sans pouvoir en venir à bout. Peu à peu son cœur se gonflait, sa respiration devenait haute et ressemblait à des soupirs. Enfin elle se leva tout-à-coup de table, s'en retourna dans sa chambre sans dire un seul mot, ni rien écouter de tout ce que je voulus lui dire, et de toute la journée elle ne prit que du thé.

Le lendemain ce fut à recommencer. J'imaginai un moyen de la ramener à la raison par ses propres caprices, et d'amollir la dureté du désespoir par un sentiment plus doux. Vous savez que sa fille ressemble beaucoup à Mme de Wolmar. Elle se plaisait à marquer cette ressemblance par des robes de même étoffe, et elle leur avait apporté de Genève plusieurs ajustements semblables, dont elles se paraient les mêmes jours. Je fis donc habiller Henriette le plus

---

toujours pleine, qui lui suggère l'expédient de ce voile. Je crois que si l'on y regardait de bien près, on trouverait ce même rapport dans l'accomplissement de beaucoup de prédictions. L'événement n'est pas prédit parce qu'il arrivera, mais il arrive parce qu'il a été prédit.

(1) Le peuple du pays de Vaud, quoique protestant, ne laisse pas d'être extrêmement superstitieux.

(2) Voilà pourquoi nous aimons tous le théâtre, et plusieurs d'entre nous les romans.

à l'imitation de Julie qu'il fut possible, et, après l'avoir bien instruite, je lui fis occuper à table le troisième couvert qu'on avait mis comme la veille.

Claire, au premier coup d'œil, comprit mon intention; elle en fut touchée; elle me jeta un regard tendre et obligeant. Ce fut là le premier de mes soins auquel elle parut sensible, et j'augurai bien d'un expédient qui la disposait à l'attendrissement.

Henriette, fière de représenter sa petite maman, joua parfaitement son rôle, et si parfaitement que je vis pleurer les domestiques. Cependant elle donnait toujours à sa mère le nom de maman, et lui parlait avec le respect convenable; mais, enhardie par le succès, et par mon approbation qu'elle remarquait fort bien, elle s'avisa de porter la main sur une cuillère, et de dire dans une saillie : « Claire, veux-tu de cela? » Le geste et le ton de voix furent imités au point que sa mère en tressaillit. Un moment après, elle part d'un grand éclat de rire, tend son assiette en disant : « Oui, mon enfant, donne; tu es charmante. » Et puis elle se mit à manger avec une avidité qui me surprit. En la considérant avec attention, je vis de l'égarement dans ses yeux, et dans son geste un mouvement plus brusque et plus décidé qu'à l'ordinaire. Je l'empêchai de manger davantage; et je fis bien, car une heure après elle eut une violente indigestion qui l'eût infailliblement étouffée si elle eût continué de manger. Dès ce moment je résolus de supprimer tous ces jeux, qui pouvaient allumer son imagination au point qu'on n'en serait plus maître. Comme on guérit plus aisément de l'affliction que de la folie, il vaut mieux la laisser souffrir davantage, et ne pas exposer sa raison.

Voilà, mon cher, à peu près où nous en sommes. Depuis le retour du baron, Claire monte chez lui tous les matins, soit quand j'y suis, soit quand j'en sors; ils passent une heure ou deux ensemble, et les soins qu'elle lui rend facilitent un peu ceux qu'on prend d'elle. D'ailleurs elle commence à se rendre plus assidue auprès des enfants. Un des trois a été malade, précisément celui qu'elle aime le moins. Cet accident lui a fait sentir qu'il lui reste des pertes à faire, et lui a rendu le zèle de ses devoirs. Avec tout cela elle n'est pas encore au point de la tristesse; les larmes ne coulent pas encore : on vous attend pour en répandre; c'est à vous de les essuyer. Vous devez m'entendre. Pensez au dernier conseil de Julie : il est venu de moi le premier, et je le crois plus que jamais utile et sage. Venez vous réunir à tout ce qui reste d'elle. Son père, son amie, son mari, ses enfants, tout vous attend, tout vous désire, vous êtes nécessaire à tous. Enfin, sans m'expliquer davantage, venez partager et guérir mes ennuis : je vous devrai peut-être plus que personne.

LETTRE XII.

DE JULIE A SAINT-PREUX.

Cette Lettre était incluse dans la précédente.

Il faut renoncer à nos projets. Tout est changé, mon bon ami : souffrons ce changement sans murmure; il vient d'une main plus sage que nous. Nous songions à nous réunir : cette réunion n'était pas bonne. C'est un bienfait du ciel de l'avoir prévenue; sans doute il prévient des malheurs.

Je me suis longtemps fait illusion. Cette illusion me fut salutaire; elle se détruit au moment que je n'en ai plus besoin. Vous m'avez crue guérie, et j'ai cru l'être. Rendons grâces à celui qui fit durer cette erreur autant qu'elle était utile : qui sait si, me voyant si près de l'abîme, la tête ne m'eût point tourné? Oui, j'eus beau vouloir étouffer le premier sentiment qui m'a fait vivre, il s'est concentré dans mon cœur. Il s'y réveille au moment qu'il n'est plus à craindre; il me soutient quand mes forces m'abandonnent; il me ranime quand je me meurs. Mon ami, je fais cet aveu sans honte; ce sentiment resté malgré moi fut involontaire : il n'a rien coûté à mon innocence;

tout ce qui dépend de ma volonté fut pour mon devoir. Si le cœur, qui n'en dépend pas, fut pour vous, ce fut mon tourment et non pas mon crime. J'ai fait ce que j'ai dû faire; la vertu me reste sans tache, et l'amour m'est resté sans remords.

J'ose m'honorer du passé : mais qui m'eût pu répondre de l'avenir? Un jour de plus peut-être, et j'étais coupable! Qu'était-ce de la vie entière passée avec vous? Quels dangers j'ai courus sans le savoir! à quels dangers plus grands j'allais être exposée! Sans doute je sentais pour moi les craintes que je croyais sentir pour vous. Toutes les épreuves ont été faites; mais elles pouvaient trop revenir. N'ai-je pas assez vécu pour le bonheur et pour la vertu? Que me restait-il d'utile à tirer de la vie? En me l'ôtant, le ciel ne m'ôte plus rien de regrettable, et met mon honneur à couvert. Mon ami, je pars au moment favorable, contente de vous et de moi; je pars avec joie, et ce départ n'a rien de cruel. Après tant de sacrifices, je compte pour peu celui qui me reste à faire; ce n'est que mourir une fois de plus.

Je prévois vos douleurs; je les sens : vous restez à plaindre, je le sais trop; et le sentiment de votre affliction est la plus grande peine que j'emporte avec moi. Mais voyez aussi que de consolations je vous laisse! Que de soins à remplir envers celle qui vous fut chère vous font un devoir de vous conserver pour elle! Il vous reste à la servir dans la meilleure partie d'elle-même. Vous ne perdez de Julie que ce que vous en avez perdu depuis longtemps. Tout ce qu'elle eut de meilleur vous reste. Venez vous réunir à sa famille. Que son cœur demeure au milieu de vous. Que tout ce qu'elle aima se rassemble pour lui donner un nouvel être. Vos soins, vos plaisirs, votre amitié, tout sera son ouvrage. Le nœud de votre union formé par elle la fera revivre; elle ne mourra qu'avec le dernier de tous.

Songez qu'il vous reste une autre Julie, et n'oubliez pas ce que vous lui devez. Chacun de vous va perdre la moitié de sa vie, unissez-vous pour conserver l'autre; c'est le seul moyen qui vous reste à tous deux de me survivre, en servant ma famille et mes enfants. Que ne puis-je inventer des nœuds plus étroits encore pour unir tout ce qui m'est cher! Combien vous devez l'être l'un à l'autre! Combien cette idée doit renforcer votre attachement mutuel! Vos objections contre cet engagement vont être de nouvelles raisons pour le former. Comment pourrez-vous jamais vous parler de moi sans vous attendrir ensemble? Non, Claire et Julie seront si confondues, qu'il ne sera plus possible à votre cœur de les séparer. Le sien vous rendra tout ce que vous aurez senti pour son amie; elle en sera la confidente et l'objet : vous serez heureux par celle qui vous restera, sans cesser d'être fidèle à celle que vous aurez perdue; et après tant de regrets et de peines, avant que l'âge de vivre et d'aimer se passe, vous aurez brûlé d'un feu légitime et joui d'un bonheur innocent.

C'est dans ce chaste lien que vous pourrez, sans distractions et sans craintes, vous occuper des soins que je vous laisse, et après lesquels vous ne serez plus en peine de dire quel bien vous aurez fait ici-bas. Vous le savez, il existe un homme digne du bonheur auquel il ne sait pas aspirer. Cet homme est votre libérateur, le mari de l'amie qu'il vous a rendue. Seul, sans intérêt à la vie, sans attente de celle qui la suit, sans plaisir, sans consolation, sans espoir, il sera bientôt le plus infortuné des mortels. Vous lui devez les soins qu'il a pris de vous, et vous savez ce qui peut les rendre utiles. Souvenez-vous de ma lettre précédente. Passez vos jours avec lui. Que rien de ce qui m'aima ne le quitte. Il vous a rendu le goût de la vertu, montrez-lui-en l'objet et le prix. Soyez chrétien pour l'engager à l'être. Le succès est plus près que vous ne pensez : il a fait son devoir, je ferai le mien, faites le vôtre. Dieu est juste; ma confiance ne me trompera pas.

Je n'ai qu'un mot à vous dire sur mes enfants. Je sais quels soins va vous coûter leur éducation, mais je sais bien aussi que ces soins ne vous seront pas pénibles. Dans les moments de dégoût inséparables de cet emploi, dites-vous : Ils sont les enfants de Julie; il ne vous coûtera plus rien. M. de Wolmar vous remettra les observations que j'ai faites sur votre mémoire et sur le caractère de mes deux fils. Cet écrit n'est que commencé : je ne vous le donne pas pour règle, je le soumets à vos lumières. N'en faites point des savants, faites-en des hommes bienfaisants et justes. Parlez-leur quelquefois de leur mère.... vous savez s'ils lui étaient chers.... Dites à Marcellin qu'il ne m'en coûta pas de mourir pour lui. Dites à son frère que c'était pour lui que j'aimais la vie. Dites-leur.... Je me sens fatiguée. Il faut finir cette lettre. En vous laissant mes enfants je m'en sépare avec moins de peine; je crois rester avec eux.

Adieu, adieu, mon doux ami... Hélas! j'achève de vivre comme j'ai commencé. J'en dis trop peut-être en ce moment où le cœur ne déguise plus rien... Eh! pourquoi craindrais-je d'exprimer tout ce que je sens? Ce n'est plus moi qui te parle; je suis déjà dans les bras de la mort. Quand tu verras cette lettre, les vers rongeront le visage de ton amante, et son cœur où tu ne seras plus. Mais mon âme existerait-elle sans toi? sans toi, quelle félicité goûterais-je? Non, je ne te quitte pas, je vais t'attendre. La vertu qui nous sépara sur la terre nous unira dans le séjour éternel. Je meurs dans cette douce attente trop heureuse d'acheter au prix de ma vie le droit de t'aimer toujours sans crime, et de te le dire encore une fois.

LETTRE XIII.

DE MADAME D'ORBE A SAINT-PREUX.

J'apprends que vous commencez à vous remettre assez pour qu'on puisse espérer de vous voir bientôt ici. Il faut, mon ami, faire effort sur votre faiblesse; il faut tâcher de passer les monts avant que l'hiver achève de vous les fermer. Vous trouverez en ce pays l'air qui vous convient; vous n'y verrez que douleur et tristesse, et peut-être l'affliction commune sera-t-elle un soulagement pour la vôtre. La mienne, pour s'exhaler, a besoin de vous : moi seule je ne puis ni pleurer, ni parler, ni me faire entendre. Wolmar m'entend, et ne me répond pas. La douleur d'un père infortuné se concentre en lui-même; il n'en imagine pas une plus cruelle; il ne la sait ni voir ni sentir : il n'y a plus d'épanchement pour les vieillards. Mes enfants m'attendrissent, et ne savent pas s'attendrir. Je suis seule au milieu de tout le monde; un morne silence règne autour de moi. Dans mon stupide abattement je n'ai plus de commerce avec personne, je n'ai qu'assez de force et de vie pour sentir les horreurs de la mort. O! venez, vous qui partagez ma perte, venez partager mes douleurs! venez nourrir mon cœur de vos regrets, venez l'abreuver de vos larmes; c'est la seule consolation que je puisse attendre, c'est le seul plaisir qui me reste à goûter.

Mais avant que vous arriviez et que j'apprenne votre avis sur un projet dont je sais qu'on vous a parlé, il est bon que vous sachiez le mien d'avance. Je suis ingénue et franche, je ne veux rien vous dissimuler. J'ai eu de l'amour pour vous, je l'avoue; peut-être en ai-je encore, peut-être en aurai-je toujours; je ne le suis ni ne le veux savoir. On s'en doute, je ne l'ignore pas; je ne m'en fâche ni ne m'en soucie. Mais voici ce que j'ai à vous dire et que vous devez bien retenir : c'est qu'un homme qui fut aimé de Julie d'Étange, et pourrait se résoudre à en épouser une autre, n'est à mes yeux qu'un indigne et un lâche que je tiendrais à déshonneur d'avoir pour ami : et, quant à moi, je vous déclare que tout homme, quel qu'il puisse être, qui désormais m'osera parler d'amour, ne m'en reparlera de sa vie.

Songez aux soins qui vous attendent, aux devoirs qui vous sont imposés, à celle à qui vous les avez promis. Ses enfants se forment et grandissent, son père se consume insensiblement, son mari s'inquiète et s'agite. Il a beau faire, il ne peut la croire anéantie; son cœur, malgré qu'il en ait, se révolte contre sa vaine raison. Il parle d'elle, il lui parle, il soupire. Je crois déjà voir s'accomplir les vœux qu'elle a faits tant de fois; et c'est à vous d'achever ce grand ouvrage. Quels motifs pour vous attirer ici l'un et l'autre! Il est bien digne du généreux Edouard que nos malheurs ne lui aient pas fait changer de résolution.

Venez donc, chers et respectables amis, venez vous réunir à tout ce qui reste d'elle. Rassemblons tout ce qui lui fut cher. Que son esprit nous anime, que son cœur joigne tous les nôtres, vivons toujours sous ses yeux. J'aime à croire que du lieu qu'elle habite, du séjour de l'éternelle paix, cette âme encore aimante et sensible se plaît à revenir parmi nous, à retrouver ses amis pleins de sa mémoire, à les voir imiter ses vertus, à s'entendre honorer par eux, à les sentir embrasser sa tombe et gémir en prononçant son nom. Non, elle n'a point quitté ces lieux qu'elle nous rendit si charmants; ils sont encore tout remplis d'elle. Je la vois sur chaque objet, je la sens à chaque pas; à chaque instant du jour j'entends les accents de sa voix. C'est ici qu'elle a vécu; c'est ici que repose sa cendre.... la moitié de sa cendre. Deux fois la semaine, en allant au temple... j'aperçois... j'aperçois le lieu triste et respectable... Beauté, c'est donc là ton dernier asile!... Confiance, amitié, vertus, plaisirs, folâtres jeux, la terre a tout englouti... Je me sens entraînée... j'approche en frissonnant... je crains de fouler cette terre sacrée.... je crois la sentir palpiter et frémir sous mes pieds... j'entends murmurer une voix plaintive!...« Claire! ô ma Claire! où es-tu? que fais-tu loin de ton amie?....» Son cercueil ne la contient pas tout entière..... Il attend le reste de sa proie..... Il ne l'attendra pas longtemps (1).

(1) En achevant de relire ce recueil, je crois voir pourquoi l'intérêt, tout faible qu'il est, m'en est si agréable, et le sera, je pense, à tout lecteur d'un bon naturel : c'est qu'au moins ce faible intérêt est pur et sans mélange de peine ; qu'il n'est point excité par des noirceurs, par des crimes, ni mêlé du tourment de haïr. Je ne saurais concevoir quel plaisir on peut prendre à imaginer et composer le personnage d'un scélérat, à se mettre à sa place tandis qu'on le représente, à lui prêter l'éclat le plus imposant. Je plains beaucoup les auteurs de tant de tragédies pleines d'horreurs, lesquels passent leur vie à faire agir et parler des gens qu'on ne peut écouter ni voir sans souffrir. Il me semble qu'on devrait gémir d'être condamné à un travail si cruel : ceux qui s'en font un amusement doivent être bien dévorés du zèle de l'utilité publique. Pour moi, j'admire de bon cœur leurs talents et leurs beaux génies ; mais je remercie Dieu de ne me les avoir pas donnés.

FIN DE LA NOUVELLE HÉLOÏSE.

LES AMOURS

DE

MYLORD ÉDOUARD BOMSTON

Les bizarres aventures de mylord Édouard à Rome étaient trop romanesques pour pouvoir être mêlées avec celles de Julie sans en gâter la simplicité. Je me contenterai donc d'en extraire et abréger ici ce qui sert à l'intelligence de deux ou trois lettres où il en est question (1).

Mylord Edouard, dans ses tournées d'Italie, avait fait connaissance à Rome avec une femme de qualité, Napolitaine, dont il ne tarda pas à devenir fortement amoureux : elle, de son côté, conçut pour lui une passion violente qui la dévora le reste de sa vie, et finit par la mettre au tombeau. Cet homme, âpre et peu galant, mais ardent et sensible, extrême et grand en tout, ne pouvait guère inspirer ni sentir d'attachement médiocre.

Les principes stoïques de ce vertueux Anglais inquiétaient la marquise. Elle prit le parti de se faire passer pour veuve durant l'absence de son mari; ce qui lui fut aisé, parce qu'ils étaient tous deux étrangers à Rome, et que le marquis servait dans les troupes de l'empereur. L'amoureux Edouard ne tarda pas à parler de mariage. La marquise allégua la différence de religion et d'autres prétextes. Enfin, ils lièrent ensemble un commerce intime et libre, jusqu'à ce qu'Edouard, ayant découvert que le mari vivait, voulut rompre avec elle, après l'avoir accablée des plus vifs reproches, outré de se trouver coupable, sans le savoir, d'un crime qu'il avait en horreur.

La marquise, femme sans principes, mais adroite et pleine de charmes, n'épargna rien pour le retenir, et en vint à bout. Le commerce adultère fut supprimé, mais les liaisons continuèrent. Tout indigne qu'elle était d'aimer, elle aimait pourtant : il fallut consentir à voir sans fruit un homme adoré qu'elle ne pouvait conserver autrement; et cette barrière volontaire irritant l'amour des deux côtés, il en devint plus ardent par la contrainte. La marquise ne négligea pas les soins qui pouvaient faire oublier à son amant ses résolutions : elle était séduisante et belle. Tout fut inutile : l'Anglais resta ferme; sa grande âme était à l'épreuve. La première de ses passions était la vertu; il eût sacrifié sa vie à sa maîtresse, et sa maîtresse à son devoir. Une fois, la séduction devint trop pressante : le moyen qu'il allait prendre pour s'en délivrer retint la marquise et rendit vains tous ses piéges. Ce n'est point parce que nous sommes faibles, mais parce que nous sommes lâches, que nos sens nous subjuguent toujours. Quiconque craint moins la mort que le crime n'est jamais forcé d'être criminel.

Il y a peu de ces âmes fortes qui entraînent les autres et les élèvent à leur sphère; mais il y en a. Celle d'Edouard était de ce nombre. La marquise

(1) Voyez partie v, lettres 1, 9, 12, 13, et partie vi, lettre 3.

espérait le gagner; c'était lui qui la gagnait insensiblement. Quand les leçons de la vertu prenaient dans sa bouche les accents de l'amour, il la touchait, il la faisait pleurer; ses feux sacrés animaient cette âme rampante; un senti-

ment de justice et d'honneur y portait son charme étranger; le vrai beau commençait à lui plaire : si le méchant pouvait changer de nature, le cœur de la marquise en aurait changé.

L'amour seul profita de ces émotions légères; il en acquit plus de délicatesse. Elle commença d'aimer avec générosité : avec un tempérament ardent et dans un climat où les sens ont tant d'empire, elle oublia ses plaisirs pour songer à ceux de son amant, et, ne pouvant les partager, elle voulut au moins qu'il les tînt d'elle. Telle fut de sa part l'interprétation favorable d'une démarche où son caractère et celui d'Edouard, qu'elle connaissait bien, pouvaient faire trouver un raffinement de séduction.

Elle n'épargna ni soins ni dépense pour faire chercher dans tout Rome une jeune personne facile et sûre : on la trouva, non sans peine. Un soir, après un entretien fort tendre, elle la lui présenta : « Disposez-en, lui dit-elle avec un sourire; qu'elle jouisse du prix de mon amour; mais qu'elle soit la seule : c'est assez pour moi si quelquefois auprès d'elle vous songez à la main dont vous la tenez. » Elle voulut sortir, Edouard la retint. « Arrêtez, lui dit-il; si vous me croyez assez lâche pour profiter de votre offre dans votre propre maison, le sacrifice n'est pas d'un grand prix, et je ne vaux pas la peine d'être beaucoup regretté. — Puisque vous ne devez pas être à moi, je souhaite, dit la marquise, que vous ne soyez à personne; mais si l'amour doit perdre ses droits, souffrez au moins qu'il en dispose. Pourquoi mon bienfait vous est-il à charge? avez-vous peur d'être un ingrat? » Alors elle l'obligea d'accepter l'adresse de Laure (c'était le nom de la jeune personne), et lui fit jurer qu'il s'abstiendrait de tout autre commerce. Il dut être touché, il le fut. Sa reconnaissance lui donna plus de peine à contenir que son amour; et ce fut le piège le plus dangereux que la marquise lui ait tendu de sa vie.

Extrême en tout, ainsi que son amant, elle fit souper Laure avec elle, et lui prodigua ses caresses, comme pour jouir avec plus de pompe du plus grand sacrifice que l'amour ait jamais fait. Edouard pénétré se livrait à ses transports; son âme émue et sensible s'exhalait dans ses regards, dans ses gestes; il ne disait pas un mot qui ne fût l'expression de la passion la plus vive. Laure était charmante; à peine la regardait-il. Elle n'imita pas cette indifférence; elle regardait et voyait, dans le vrai tableau de l'amour, un objet tout nouveau pour elle.

Après le souper, la marquise renvoya Laure, et resta seule avec son amant. Elle avait compté sur les dangers de ce tête-à-tête; elle ne s'était pas trompée en cela : mais comptant qu'il y succomberait, elle se trompa : toute son adresse ne fit que rendre le triomphe de la vertu plus éclatant et plus douloureux à l'un et à l'autre. C'est à cette soirée que se rapporte, à la fin de la quatrième Partie de Julie, l'admiration de Saint-Preux pour la force de son ami.

Edouard était vertueux, mais homme : il avait toute la simplicité du véritable honneur, et rien de ces fausses bienséances qu'on lui substitue, et dont les gens du monde font si grand cas. Après plusieurs jours passés dans les mêmes transports près de la marquise, il sentit augmenter le péril; et prêt à se laisser vaincre, il aima mieux manquer de délicatesse que de vertu : il fut voir Laure.

Elle tressaillit à sa vue. Il la trouva triste; il entreprit de l'égayer, et ne crut pas avoir besoin de beaucoup de soins pour y réussir. Cela ne lui fut pas si facile qu'il l'avait cru. Ses caresses furent mal reçues, ses offres furent rejetées d'un air qu'on ne prend point en disputant ce qu'on veut accorder.

Un accueil aussi ridicule ne le rebuta pas, il l'irrita. Devait-il des égards d'enfant à une fille de cet ordre? Il usa sans ménagement de ses droits. Laure, malgré ses cris, ses pleurs, sa résistance, se sentant vaincre, fait un effort, s'élance à l'autre extrémité de la chambre, et lui crie d'une voix animée : « Tuez-moi si vous voulez, jamais vous ne me toucherez vivante. » Le geste, le regard, le ton, n'étaient pas équivoques. Edouard, dans un étonnement qu'on ne peut concevoir, se calme, la prend par la main, la fait rasseoir, s'assied à côté d'elle, et la regardant sans parler, attend froidement le dénoûment de cette comédie.

Elle ne disait rien; elle avait les yeux baissés; sa respiration était inégale, son cœur palpitait, et tout marquait en elle une agitation extraordinaire. Édouard rompit enfin le silence pour lui demander ce que signifiait cette étrange scène. « Me serais-je trompé? lui dit-il; ne seriez-vous point Lauretta Pisana? — Plût à Dieu! dit-elle d'une voix tremblante. — Quoi donc! reprit-il avec un sourire moqueur, auriez-vous par hasard changé de métier? — Non, dit Laure; je suis toujours la même : on ne revient plus de l'état où je suis. » Il trouva dans ce tour de phrase, et dans l'accent dont il fut prononcé, quelque chose de si extraordinaire, qu'il ne savait plus que penser, et qu'il crut que cette fille était devenue folle. Il continua : « Pourquoi donc, charmante Laure, ai-je seul l'exclusion? Dites-moi ce qui m'attire votre haine. — Ma haine! s'écria-t-elle d'un ton plus vif. Je n'ai point aimé ceux que j'ai reçus : je puis souffrir tout le monde hors vous seul. — Mais pourquoi cela? Laure, expliquez-vous mieux, je ne vous entends point. — Eh! m'entends-je moi-même? Tout ce que je sais, c'est que vous ne me toucherez jamais... Non, s'écria-t-elle encore avec emportement, jamais vous ne me toucherez. En me sentant dans vos bras, je songerais que vous n'y tenez qu'une fille publique, et je mourrais de rage. »

Elle s'animait en parlant. Édouard aperçut dans ses yeux des signes de douleur et de désespoir qui l'attendrirent. Il prit, avec des manières moins méprisantes, un ton plus honnête et plus caressant. Elle se cachait le visage, elle évitait ses regards. Il lui prit la main d'un air affectueux. A peine elle sentit cette main qu'elle y porta la bouche et la pressa de ses lèvres en poussant des sanglots et versant des torrents de larmes.

Ce langage, quoique assez clair, n'était pas précis. Édouard ne l'amena qu'avec peine à lui parler plus nettement. La pudeur éteinte était revenue avec l'amour, et Laure n'avait jamais prodigué sa personne avec tant de honte qu'elle en eut d'avouer qu'elle aimait.

A peine cet amour était-il né qu'il était déjà dans toute sa force. Laure était vive et sensible, assez belle pour faire une passion, assez tendre pour la partager; mais, vendue par d'indignes parents dès sa première jeunesse, ses charmes, souillés par la débauche, avaient perdu leur empire. Au sein des honteux plaisirs, l'amour fuyait devant elle; de malheureux corrupteurs ne pouvaient ni le sentir ni l'inspirer. Les corps combustibles ne brûlent point d'eux-mêmes; qu'une étincelle approche, et tout part. Ainsi prit feu le cœur de Laure aux transports de ceux d'Édouard et de la marquise. A ce nouveau langage elle sentit un frémissement délicieux : elle prêtait une oreille attentive; ses avides regards ne laissaient rien échapper. La flamme humide qui sortait des yeux de l'amant pénétrait par les siens jusqu'au fond du cœur; un sang plus brûlant coulait dans ses veines : la voix d'Édouard avait un accent qui l'agitait, le sentiment lui semblait peint dans tous ses gestes; tous ses traits animés par la passion la lui faisaient ressentir. Ainsi la première image de l'amour lui fit aimer l'objet qui la lui avait offerte. S'il n'eût rien senti pour une autre, peut-être n'eût-elle rien senti pour lui.

Toute cette agitation la suivit chez elle. Le trouble de l'amour naissant est toujours doux. Son premier mouvement fut de se livrer à ce nouveau charme, le second fut d'ouvrir les yeux sur elle. Pour la première fois de sa vie, elle vit son état; elle en eut horreur. Tout ce qui nourrit l'espérance et les désirs des amants se tournait en désespoir dans son âme. La possession de ce qu'elle aimait n'offrait à ses yeux que l'opprobre d'une abjecte et vile créature, à laquelle on prodigue son mépris avec ses caresses; dans le prix d'un amour heureux, elle ne vit que l'infâme prostitution. Ses tourments les plus insupportables lui venaient ainsi de ses propres désirs. Plus il lui était aisé de les satisfaire, plus son sort lui semblait affreux : sans honneur, sans espoir, sans ressources, elle ne connut l'amour que pour en regretter les délices. Ainsi commencèrent ses longues peines, et finit son bonheur d'un moment.

La passion naissante qui l'humiliait à ses propres yeux l'élevait à ceux d'Edouard. La voyant capable d'aimer, il ne la méprisa plus. Mais quelles consolations pouvait-elle attendre de lui? quel sentiment pouvait-il lui marquer, si ce n'est le faible intérêt qu'un cœur honnête, qui n'est pas libre, peut prendre à un objet de pitié qui n'a plus d'honneur qu'assez pour sentir sa honte?

Il la consola comme il put, et promit de la venir revoir. Il ne lui dit pas un mot de son état, pas même pour l'exhorter d'en sortir. Que servait d'augmenter l'effroi qu'elle en avait, puisque cet effroi même la faisait désespérer d'elle? Un seul mot sur un tel sujet tirait à conséquence, et semblait la rapprocher de lui : c'était ce qui ne pouvait jamais être. Le plus grand malheur des métiers infâmes est qu'on ne gagne rien à les quitter.

Après une seconde visite, Edouard, n'oubliant pas la magnificence anglaise, lui envoya un cabinet de laque et plusieurs bijoux d'Angleterre. Elle lui renvoya le tout avec ce billet :

« J'ai perdu le droit de refuser des présents; j'ose pourtant vous renvoyer le vôtre; car peut-être n'aviez-vous pas dessein d'en faire un signe de mépris. Si vous le renvoyez encore, il faudra que je l'accepte : mais vous avez une bien cruelle générosité. »

Edouard fut frappé de ce billet : il le trouvait à la fois humble et fier. Sans sortir de la bassesse de son état, Laure y montrait une sorte de dignité. C'était presque effacer son opprobre à force de s'en avilir. Il avait cessé d'avoir du mépris pour elle; il commença de l'estimer. Il continua de la voir sans plus parler du présent; et, s'il ne s'honora pas d'être aimé d'elle, il ne put s'empêcher de s'en applaudir.

Il ne cacha pas ses visites à la marquise : il n'avait nulle raison de les lui cacher; et c'eût été de sa part une ingratitude. Elle en voulut savoir davantage. Il jura qu'il n'avait point touché Laure.

Sa modération eut un effet tout contraire à celui qu'il en attendait. « Quoi! s'écria la marquise en fureur, vous la voyez et ne la touchez point! Qu'allez-vous donc faire chez elle? » Alors s'éveilla cette jalousie infernale qui la fit cent fois attenter à la vie de l'un et de l'autre, et la consuma de rage jusqu'au moment de sa mort.

D'autres circonstances achevèrent d'allumer cette passion furieuse, et rendirent cette femme à son vrai caractère. J'ai déjà remarqué que, dans son intègre probité, Edouard manquait de délicatesse. Il fit à la marquise le même présent que lui avait renvoyé Laure. Elle l'accepta, non par avarice, mais parce qu'ils étaient sur le pied de s'en faire l'un à l'autre : échange auquel à la vérité la marquise ne perdait pas. Malheureusement elle vint à savoir la première destination de ce présent, et comment il lui était revenu. Je n'ai pas besoin de dire qu'à l'instant tout fut brisé et jeté par les fenêtres. Qu'on juge de ce que dut sentir en pareil cas une maîtresse jalouse et une femme de qualité.

Cependant plus Laure sentait sa honte, moins elle tentait de s'en délivrer: elle y restait par désespoir; et le dédain qu'elle avait pour elle-même rejaillissait sur ses corrupteurs. Elle n'était pas fière : quel droit eût-elle eu de l'être? mais un profond sentiment d'ignominie qu'on voudrait en vain repousser, l'affreuse tristesse de l'opprobre qui se sent et ne peut se fuir, l'indignation d'un cœur qui s'honore encore et se sent à jamais déshonoré : tout versait le remords et l'ennui sur des plaisirs abhorrés par l'amour. Un respect étranger à ces âmes viles leur faisait oublier le ton de la débauche, un trouble involontaire empoisonnait leurs transports; et, touchés du sort de leur victime, ils s'en retournaient pleurant sur elle et rougissant d'eux.

La douleur la consumait. Edouard, qui peu à peu la prenait en amitié, vit qu'elle n'était que trop affligée, et qu'il fallait plutôt la ranimer que l'abattre. Il la voyait, c'était déjà beaucoup pour la consoler. Ses entretiens firent plus, ils l'encouragèrent; ses discours élevés et grands rendaient à son âme accablée le ressort qu'elle avait perdu. Quel effet ne faisaient-ils point, partant d'une bouche aimée et pénétrant dans un cœur bien né que le sort livrait à la honte, mais que la nature avait fait pour l'honnêteté! C'est dans ce cœur qu'ils trouvaient de la prise et qu'ils portaient avec fruit les leçons de la vertu.

Par ces soins bienfaisants, il la fit enfin mieux penser d'elle. « S'il n'y a de flétrissure éternelle que celle d'un cœur corrompu, je sens en moi de quoi pouvoir effacer ma honte : je serai toujours méprisée, mais je ne mériterai plus de l'être; je ne me mépriserai plus. Echappée à l'horreur du vice, celle du mépris m'en sera moins amère. Eh! que m'importent les dédains de toute la terre quand Edouard m'estimera? Qu'il voie son ouvrage et qu'il s'y complaise : seul, il me dédommagera de tout. Quand l'honneur n'y gagnerait rien, du moins l'amour y gagnera. Oui, donnons au cœur qu'il enflamme une habitation plus pure. Sentiment délicieux! je ne profanerai plus tes transports. Je ne puis être heureuse; je ne le serai jamais, je le sais. Hélas! je suis indigne des caresses de l'amour; mais je n'en souffrirai jamais d'autres. »

Son état était trop violent pour pouvoir durer, mais quand elle tenta d'en sortir, elle y trouva des difficultés qu'elle n'avait pas prévues. Elle éprouva que celle qui renonce au droit sur sa personne ne le recouvre pas comme il lui plaît, et que l'honneur est une sauvegarde civile qui laisse bien faibles ceux qui l'ont perdu. Elle ne trouva d'autre parti pour se retirer de l'oppression que d'aller brusquement se jeter dans un couvent, et d'abandonner sa maison presque au pillage; car elle vivait dans une opulence commune à ses pareilles, surtout en Italie, quand l'âge et la figure les font valoir. Elle n'avait rien dit à Bomston de son projet, trouvant une sorte de bassesse à en parler avant l'exécution. Quand elle fut dans son asile, elle le lui marqua par un billet, le priant de la protéger contre les gens puissants qui s'intéressaient à son désordre et que sa retraite allait offenser. Il courut chez elle assez tôt pour sauver ses effets. Quoique étranger dans Rome, un grand seigneur considéré, riche, et plaidant avec force la cause de l'honnêteté, y trouva bientôt assez de crédit pour la maintenir dans son couvent, et même l'y faire jouir d'une pension que lui avait laissée le cardinal auquel ses parents l'avaient vendue.

Il fut la voir. Elle était belle; elle aimait; elle était pénitente; elle lui devait tout ce qu'elle allait être : que de titres pour toucher un cœur comme le sien! Il vint plein de tous les sentiments qui peuvent porter au bien les cœurs sensibles; il n'y manquait que celui qui pouvait la rendre heureuse et qui ne dépendait pas de lui. Jamais elle n'en avait tant espéré; elle était transportée; elle se sentait déjà dans l'état auquel on remonte si rarement. Elle disait : « Je suis honnête; un homme vertueux s'intéresse à moi : amour, je ne regrette plus les pleurs, les soupirs que tu me coûtes; tu m'as déjà payée de tout. Tu fis ma force, et tu fais ma récompense; en me faisant aimer mes devoirs, tu deviens le premier de tous. Quel bonheur n'était réservé qu'à moi seule? C'est l'amour qui m'élève et m'honore; c'est lui qui m'arrache au crime, à l'opprobre; il ne peut plus sortir de mon cœur qu'avec la vertu. O Edouard! quand je redeviendrai méprisable, j'aurai cessé de t'aimer. »

Cette retraite fit du bruit. Les âmes basses, qui jugent des autres par elles-mêmes, ne purent imaginer qu'Edouard n'eût mis à cette affaire que de l'intérêt et de l'honnêteté. Laure était trop aimable pour que les soins qu'un homme prenait d'elle ne fussent pas toujours suspects. La marquise, qui avait ses espions, fut instruite de tout la première; et ses emportements, qu'elle ne put contenir, achevèrent de divulguer son intrigue. Le bruit en parvint au marquis jusqu'à Vienne; et l'hiver suivant il vint à Rome chercher un coup d'épée pour rétablir son honneur, qui n'y gagna rien.

Ainsi commencèrent ces doubles liaisons qui, dans un pays comme l'Italie, exposèrent Edouard à mille périls de toute espèce, tantôt de la part d'un militaire outragé, tantôt de la part d'une femme jalouse et vindicative, tantôt de la part de ceux qui s'étaient attachés à Laure, et que sa perte mit en fureur. Liaisons bizarres s'il en fut jamais, qui, l'environnant de périls sans utilité, le partageaient entre deux maîtresses passionnées sans en pouvoir posséder aucune : refusé de la courtisane qu'il n'aimait pas, refusant l'honnête femme qu'il adorait ; toujours vertueux, il est vrai, mais croyant toujours servir la sagesse en n'écoutant que ses passions.

Il n'est pas aisé de dire quelle espèce de sympathie pouvait unir deux caractères si opposés que ceux d'Edouard et de la marquise ; mais, malgré la différence de leurs principes, ils ne purent jamais se détacher parfaitement l'un de l'autre. On peut juger du désespoir de cette femme emportée quand elle crut s'être donné une rivale, et quelle rivale ! par son imprudente générosité. Les reproches, les dédains, les outrages, les menaces, les tendres caresses, tout fut employé tour à tour pour détacher Edouard de cet indigne commerce, où jamais elle ne put croire que son cœur n'eût point de part. Il demeura ferme ; il l'avait promis. Laure avait borné son espérance et son bonheur à le voir quelquefois. Sa vertu naissante avait besoin d'appui ; elle tenait à celui qui l'avait fait naître ; c'était à lui de la soutenir. Voilà ce qu'il disait à la marquise, à lui-même, et peut-être ne se disait-il pas tout. Où est l'homme assez sévère pour fuir les regards d'un objet charmant qui ne lui demande que de se laisser aimer ? où est celui dont les larmes de deux beaux yeux n'enflent pas un peu le cœur honnête ? où est l'homme bienfaisant dont l'utile amour-propre n'aime pas à jouir du fruit de ses soins ? Il avait rendu Laure trop estimable pour ne faire que l'estimer.

La marquise, n'ayant pu obtenir qu'il cessât de voir cette infortunée, devint furieuse. Sans avoir le courage de rompre avec lui, elle le prit dans une espèce d'horreur. Elle frémissait en voyant entrer son carrosse ; le bruit de ses pas, en montant l'escalier, la faisait palpiter d'effroi. Elle était prête à se trouver mal à sa vue. Elle avait le cœur serré tant qu'il restait auprès d'elle ; quand il partait, elle l'accablait d'imprécations : sitôt qu'elle ne le voyait plus, elle pleurait de rage ; elle ne parlait que de vengeance ; son dépit sanguinaire ne lui dictait que des projets dignes d'elle. Elle fit plusieurs fois attaquer Edouard sortant du couvent de Laure ; elle lui tendit des pièges à elle-même pour l'en faire sortir et l'enlever. Tout cela ne put le guérir. Il retournait le lendemain chez celle qui l'avait voulu faire assassiner la veille ; et toujours avec son chimérique projet de la rendre à la raison, il exposait la sienne, et nourrissait sa faiblesse du zèle de sa vertu.

Au bout de quelques mois, le marquis, mal guéri de sa blessure, mourut en Allemagne, peut-être de douleur de la mauvaise conduite de sa femme. Cet événement, qui devait rapprocher Edouard de la marquise, ne servit qu'à l'en éloigner encore plus. Il lui trouva tant d'empressement à mettre à profit sa liberté recouvrée, qu'il frémit de s'en prévaloir. Le seul doute si la blessure du marquis n'avait point contribué à sa mort effraya son cœur et fit taire ses désirs. Il se disait : « Les droits d'un époux meurent avec lui pour tout autre ; mais pour son meurtrier, ils lui survivent et deviennent inviolables. Quand l'humanité, la vertu, les lois, ne prescriraient rien sur ce point, la raison seule ne nous dit-elle pas que les plaisirs attachés à la reproduction des hommes ne doivent point être le prix de leur sang ? sans quoi les moyens destinés à nous donner la vie seraient des sources de mort, et le genre humain périrait par les soins qui doivent le conserver. »

Il passa plusieurs années ainsi partagé entre deux maîtresses, flottant sans cesse de l'une à l'autre, souvent voulant renoncer à toutes deux et n'en pouvant quitter aucune ; repoussé par cent raisons, rappelé par mille sentiments, et chaque jour plus serré dans ses liens par ses vains efforts pour les rompre ; cédant tantôt au penchant et tantôt au devoir ; allant de Londres à Rome et de Rome à Londres, sans pouvoir se fixer nulle part; toujours ardent, vif, passionné, jamais faible ni coupable, et fort de son âme grande et belle quand il pensait ne l'être que de sa raison; enfin, tous les jours méditant des folies, et tous les jours revenant à lui, prêt à briser ses indignes fers. C'est dans ces premiers moments de dégoût qu'il faillit s'attacher à Julie; et il paraît sûr qu'il l'eût fait s'il n'eût pas trouvé la place prise.

Cependant la marquise perdait toujours du terrain par ses vices; Laure en gagnait par ses vertus. Au surplus, la constance était égale des deux côtés; mais le mérite n'était pas le même; et la marquise, avilie, dégradée par tant de crimes, finit par donner à son amour sans espoir les suppléments que n'avait pu supporter celui de Laure. A chaque voyage, Bomston trouvait à celle-ci de nouvelles perfections : elle avait appris l'anglais, elle savait par cœur tout ce qu'il lui avait conseillé de lire; elle s'instruisait dans toutes les connaissances qu'il paraissait aimer; elle cherchait à mouler son âme sur la sienne, et ce qu'il y restait de son fonds ne la déparait pas. Elle était encore dans l'âge où la beauté croît avec les années. La marquise était dans celui où elle ne fait plus que décliner; et quoiqu'elle eût ce ton du sentiment qui plaît et qui touche, qu'elle parlât d'humanité, de fidélité, de vertus, avec grâce, tout cela devenait ridicule par sa conduite, et sa réputation démentait tous ces beaux discours. Edouard la connaissait trop pour en espérer plus rien : il s'en détachait insensiblement sans pouvoir s'en détacher tout-à-fait; il s'approchait toujours de l'indifférence sans pouvoir jamais y arriver; son cœur le rappelait sans cesse chez la marquise; ses pieds l'y portaient sans qu'il y songeât. Un homme sensible n'oublie jamais, quoi qu'il fasse, l'intimité dans laquelle il a vécu. A force d'intrigues, de ruses, de noirceurs, elle parvint enfin à s'en faire mépriser; mais il la méprisa sans cesser de la plaindre, sans pouvoir jamais oublier ce qu'elle avait fait pour lui ni ce qu'il avait senti pour elle.

Ainsi dominé par ses habitudes encore plus que par ses penchants, Edouard ne pouvait rompre les attachements qui l'attiraient à Rome. Les douceurs d'un ménage heureux lui firent désirer d'en établir un semblable avant de vieillir. Quelquefois il se taxait d'injustice, d'ingratitude même, envers la marquise, et n'imputait qu'à sa passion les vices de son caractère; quelquefois il oubliait le premier état de Laure, et son cœur franchissait sans y songer la barrière qui le séparait d'elle. Toujours cherchant dans sa raison des excuses à son penchant, il se fit de son dernier voyage un motif pour éprouver son ami, sans songer qu'il s'exposait lui-même à une épreuve dans laquelle il aurait succombé sans lui.

Le succès de cette entreprise et le dénoûment des scènes qui s'y rapportent sont détaillés dans la douzième Lettre de la cinquième Partie, et dans la troisième de la sixième, de manière à n'avoir plus rien d'obscur à la suite de l'abrégé précédent. Edouard, aimé de deux maîtresses sans en posséder aucune, paraît d'abord dans une situation risible : mais sa vertu lui donnait en lui-même une jouissance plus douce que celle de la beauté, et qui ne s'épuise pas comme elle. Plus heureux des plaisirs qu'il se refusait que le voluptueux n'est de ceux qu'il goûte, il aima plus longtemps, resta libre, et jouit mieux de la vie que ceux qui l'usent. Aveugles que nous sommes, nous la passons tous à courir après nos chimères. Eh ! ne saurons-nous jamais que de toutes les folies des hommes il n'y a que celles du juste qui le rendent heureux ?

OBSERVATIONS DE J.-J. ROUSSEAU

Sur les retranchements que M. de Malesherbes voulait que l'on fit à la Nouvelle Héloïse (1).

Je n'ai pu bien juger de l'effet des retranchements dont M. de Malesherbes a eu la bonté de m'envoyer la note et les raisons, parce que je n'ai pas l'édition de Paris sous les yeux; mais je pense que cette mutilation doit être bien choquante à la lecture, et produit bien des disparates.

Quelques-uns de ces retranchements me paraissent assez à propos et convenables, même dans ma façon de penser, mais le plus grand nombre et les plus importants sont ceux auxquels je ne puis acquiescer, parce qu'ils vont directement contre l'objet du livre, et que les images trop libres, mais nécessaires à l'effet du reste, n'étant plus rachetées par rien d'utile, un bon livre que j'ai cru donner ne devient plus qu'un roman libre et scandaleux que je supprimerais moi-même si j'en avais le pouvoir. Je me soucie peu qu'on me lise en France, s'il faut employer pour cela six volumes de fadeurs, uniquement à servir de secrétaire d'amour à la jeunesse.

Une dévote vulgaire humblement soumise à son directeur; une femme qui commence par le libertinage et finit par la dévotion, n'est pas un objet assez rare, assez instructif pour occuper un gros livre; mais une femme à la fois aimable, dévote, éclairée et raisonnable, est un objet plus nouveau, et selon moi plus utile : c'est pourtant cette nouveauté et cette utilité que les retranchements exigés font disparaître. Il est vrai que c'est précisément sur la supposition de cette piété éclairée que M. de Malesherbes ne veut pas qu'elle ait des sentiments différents de la doctrine de l'église; mais ce mot d'*église* a besoin d'explication. L'église romaine n'exige point une piété éclairée, elle exige une piété aveugle; et, quant à l'église protestante, c'est précisément parce qu'elle exige une piété éclairée qu'elle laisse à chacun l'usage de sa raison. Voit-on que ce livre, qui effarouche si fort les théologiens catholiques, effarouche aussi les nôtres? C'est une nouvelle sorte d'intolérance dont les prêtres ne s'étaient pas encore avisés, de vouloir qu'un protestant soit protestant à leur mode, plutôt qu'à la sienne.

(1) Ces observations furent adressées par l'auteur, le 20 février 1761, au libraire Guérin, qui, encouragé par M. de Malesherbes, devait publier une édition des OEuvres de J.-J. Rousseau.

M. de Malesherbes pense que la doctrine mise dans la bouche de Julie mourante est celle de l'auteur ou de l'éditeur du livre; cependant il veut qu'on tronque cette profession de foi. Or, il est clair que, dans une édition faite par mes soins, les suppressions seront de ma part un désaveu tacite. Quoi! M. de Malesherbes veut-il que je renie ma foi? Ou le courage que je crois sentir en moi me trompe, ou quand je verrais devant moi l'appareil des supplices, je n'ôterais pas un mot de ce discours.

Je n'entrerai point dans le détail des motifs qui ont déterminé M. de Malesherbes à ordonner ces retranchements. Ces motifs, étant tirés de principes que je n'adopte point, n'ont aucune autorité pour moi. Je n'imaginais pas qu'un roman genevois dût être approuvé en Sorbonne. Et comme je n'ai point désiré qu'il fût imprimé en France, rien ne m'oblige à souscrire aux conditions sous lesquelles il peut être imprimé. Je remarquerai seulement que ces retranchements sont faits avec tant de soin qu'il ne reste rien à mes calvinistes, en fait de doctrine, que le plus superstitieux catholique ne pût avouer: autant vaudrait exiger que tout protestant qui vient à Paris fît abjuration sur la frontière. Il s'en faut bien que les romans de l'abbé Prévost, surtout le *Cleveland*, ne soient traités avec tant de sévérité. Or, il me paraît assez étrange qu'un prêtre catholique puisse, dans ses romans, faire parler des protestants selon leurs idées, plus librement qu'un protestant dans les siens.

M. de Malesherbes m'élève des scrupules sur les sentiments de Julie et de Saint-Preux, qu'il n'a point élevés sur les miens propres dans mon *Discours sur l'Inégalité*, ni même dans ma *Lettre à M. d'Alembert*, dont les dix ou douze premières pages contiennent sans détour, directement et sous mon nom, des sentiments du moins aussi hardis et aussi durement énoncés. Au lieu que dans le roman, ceux contestés entre les interlocuteurs ne peuvent être imputés avec certitude ni à moi ni à personne.

J'ai pensé aux changements proposés, et j'ai vu que je ne pouvais rien substituer aux choses retranchées, sans changer aussi l'objet de ce livre et sans le gâter; ce que je ne veux pas faire. Que si je ne voulais qu'adoucir ces mêmes choses, je n'y réussirais jamais, n'ayant ni ce talent-là, ni le goût qui le rend utile. A la vérité, il y a beaucoup de mauvaises notes que je voudrais qui n'y fussent point; mais ce ne sont pas celles-là que M. de Malesherbes exige qu'on retranche. Je pourrais consentir qu'on les ôtât absolument toutes, pourvu que le texte entier restât tel qu'il est dans la première édition; encore ce sacrifice me coûterait-il beaucoup.

Je remercie très humblement M. de Malesherbes de sa bonne volonté; mais je ne sais ni ne veux apprendre comment il faut préparer un livre pour le mettre en état d'être imprimé à Paris.

SUJETS D'ESTAMPES

POUR LA NOUVELLE HÉLOÏSE (1).

La plupart de ces sujets sont détaillés, pour les faire entendre, beaucoup plus qu'ils ne peuvent l'être dans l'éxécution ; car, pour rendre heureusement un dessin, l'artiste ne doit pas le voir tel qu'il sera sur son papier, mais tel qu'il est dans la nature. Le crayon ne distingue pas une blonde d'une brune, mais l'imagination qui le guide doit les distinguer. Le burin marque mal les clairs et les ombres, si le graveur n'imagine aussi les couleurs. De même, dans les figures en mouvement, il faut voir ce qui précède et ce qui suit, et donner au temps de l'action une certaine latitude; sans quoi l'on ne saisira jamais bien l'unité du moment qu'il faut exprimer. L'habileté de l'artiste consiste à faire imaginer au spectateur beaucoup de choses qui ne sont pas sur la planche; et cela dépend d'un heureux choix de circonstances, dont celles qu'il rend font supposer celles qu'il ne rend pas. On ne saurait donc entrer dans un trop grand détail quand on veut exposer des sujets d'estampes, et qu'on est absolument ignorant dans l'art. Au reste, il est aisé de comprendre que ceci n'avait pas été écrit pour le public; mais, en donnant séparément les estampes, on a cru devoir y joindre l'explication.

Quatre ou cinq personnages reviennent dans toutes les planches, et en composent à peu près toutes les figures. Il faudrait tâcher de les distinguer par leur air et par le goût de leur vêtement, en sorte qu'on les reconnût toujours.

1. JULIE est la figure principale. Blonde, une physionomie douce, tendre, modeste, enchanteresse; des grâces naturelles sans la moindre affectation; une élégante simplicité, même un peu de négligence dans son vêtement, mais qui lui sied mieux qu'un air plus arrangé; peu d'ornements, toujours du goût; la gorge couverte, en fille modeste, et non pas en dévote.

2. CLAIRE, ou la cousine. Une brune piquante; l'air plus fin, plus éveillé, plus gai; d'une parure un peu plus ornée, et visant presque à la coquetterie, mais toujours pourtant de la modestie et de la bienséance. Jamais de panier ni à l'une ni à l'autre.

3. SAINT-PREUX, ou l'ami. Un jeune homme d'une figure ordinaire, rien de distingué; seulement une physionomie sensible et intéressante ; l'habillement très simple, une contenance assez timide, même un peu embarrassé de sa personne quand il est de sangfroid, mais bouillant et emporté dans la passion.

4. LE BARON D'ETANGE, ou le père. Il ne paraît qu'une fois, et l'on dira comment il doit être.

5. MYLORD EDOUARD, ou l'Anglais. Un air de grandeur qui vient de l'âme

---

(1) Toutes ces estampes ont été exécutées, et ornent les deux premières éditions de Paris et d'Amsterdam. Les dessins originaux, faits par Gravelot, sont dans le manuscrit que Rousseau avait fait pour madame de Luxembourg, et qui est maintenant à la bibliothèque du Corps législatif.

plus que du rang; l'empreinte du courage et de la vertu, mais un peu de rudesse et d'âpreté dans les traits. Un maintien grave et stoïque, sous lequel il cache avec peine une extrême sensibilité. La parure à l'anglaise et d'un grand seigneur sans faste. S'il était possible d'ajouter à tout cela le port un peu spadassin, il n'y aurait pas de mal.

6. M. DE WOLMAR, le mari de Julie. Un air froid et posé. Rien de faux ni de contraint; peu de geste, beaucoup d'esprit, l'œil assez fin; étudiant les gens sans affectation.

Tels doivent être à peu près les caractères des figures. Je passe au sujet des planches.

PREMIÈRE ESTAMPE.

Première Partie, Lettre XIV.

Le lieu de la scène est un bosquet. Julie vient de donner à son ami un baiser *cosi saporito*, qu'elle en tombe dans une espèce de défaillance. On la voit dans un état de langueur se pencher, se laisser couler sur les bras de sa cousine, et celle-ci la recevoir avec un empressement qui ne l'empêche pas de sourire en regardant du coin de l'œil son ami. Le jeune homme a les deux bras étendus vers Julie; de l'un il vient de l'embrasser, et l'autre s'avance pour la soutenir; son chapeau est à terre. Un ravissement, un transport très vif de plaisir et d'alarmes doit régner dans son geste et sur son visage. Julie doit se pâmer et non s'évanouir. Tout le tableau doit respirer une ivresse de volupté qu'une certaine modestie rende encore plus touchante.

Inscription de la première planche : LE PEMIER BAISER DE L'AMOUR.

DEUXIÈME ESTAMPE.

Première Partie, Lettre LX.

Le lieu de la scène est une chambre fort simple. Cinq personnages remplissent l'estampe. Mylord Edouard, sans épée et appuyé sur une canne, se met à genoux devant l'ami qui est assis à côté d'une table sur laquelle sont son épée et son chapeau, avec un livre plus près de lui. La posture humble de l'Anglais ne doit rien avoir de honteux ni de timide : au contraire, il règne sur son visage une fierté sans arrogance, une hauteur de courage, non pour braver celui devant lequel il s'humilie, mais à cause de l'honneur qu'il se rend à lui-même de faire une belle action par un motif de justice et non de crainte. L'ami, surpris, troublé de voir l'Anglais à ses pieds, cherche à le relever avec beaucoup d'inquiétude et un air très confus. Les trois spectateurs, tous en épée, marquent l'étonnement et l'admiration, chacun par une attitude différente. L'esprit de ce sujet est que le personnage qui est à genoux imprime du respect aux autres, et qu'ils semblent tous à genoux devant lui.

Inscription de la seconde planche : L'HÉROÏSME DE LA VALEUR.

TROISIÈME ESTAMPE.

Partie II, Lettre X.

Le lieu est une chambre de cabaret, dont la porte ouverte donne dans une autre chambre. Sur une table, auprès du feu, devant laquelle est assis mylord Edouard en robe de chambre, sont deux bougies, quelques lettres ouvertes, et un paquet encore fermé. Edouard tient de la main droite une lettre, qu'il baisse de surprise en voyant entrer le jeune homme. Celui-ci, encore habillé, a le chapeau enfoncé sur les yeux, tient son épée d'une main, et de l'autre montre à l'Anglais, d'un air emporté et menaçant, la sienne qui est sur un fauteuil à côté de lui. L'Anglais fait de la main gauche un geste de dédain froid et marqué. Il regarde en même temps l'étourdi d'un air de compassion propre à le faire rentrer en lui-même; et l'on doit remarquer en effet dans son attitude que ce regard commence à le décontenancer.

Inscription de la troisième planche : AH ! JEUNE HOMME ! A TON BIENFAITEUR !

QUATRIÈME ESTAMPE.
Partie II, Lettre XXVI.

La scène est dans la rue, devant une maison de mauvaise apparence. Près de la porte ouverte un laquais éclaire avec deux flambeaux de table. Un fiacre est à quelques pas de là; le cocher tient la portière ouverte, et un jeune homme s'avance pour y monter. Ce jeune homme est Saint-Preux, sortant d'un lieu de débauche, dans une attitude qui marque le remords, la tristesse et l'abattement. Une des habitantes de cette maison l'a reconduit jusque dans la rue; et dans ses adieux on voit la joie, l'impudence et l'air d'une personne qui se félicite d'avoir triomphé de lui. Accablé de douleur et de honte, il ne fait pas même attention à elle. Aux fenêtres sont de jeunes officiers avec deux ou trois compagnes de celle qui est en bas. Ils battent des mains et applaudissent d'un air railleur en voyant passer le jeune homme, qui ne les regarde ni ne les écoute. Il doit régner une immodestie dans le maintien des femmes, et un désordre dans leur ajustement, qui ne laisse pas douter un moment de ce qu'elles sont, et qui fasse mieux sortir la tristesse du principal personnage.

Inscription de la quatrième planche :
LA HONTE ET LES REMORDS VENGENT L'AMOUR OUTRAGÉ.

CINQUIÈME ESTAMPE.
Partie III, Lettre XIV.

La scène se passe de nuit, et représente la chambre de Julie dans le désordre où est ordinairement celle d'une personne malade. Julie est dans son lit avec la petite-vérole; elle a le transport. Ses rideaux fermés étaient entr'ouverts pour le passage de son bras qui est en dehors : mais sentant baiser sa main, de l'autre elle ouvre brusquement le rideau ; et, reconnaissant son ami, elle paraît surprise, agitée, transportée de joie, et prête à s'élancer vers lui. L'amant, à genoux, près du lit, tient la main de Julie qu'il vient de saisir, et la baise avec un emportement de douleur et d'amour, dans lequel on voit non-seulement qu'il ne craint pas la communication du venin, mais qu'il la désire. A l'instant, Claire, un bougeoir à la main, remarquant le mouvement de Julie, prend le jeune homme par le bras, et, l'arrachant du lieu où il est, l'entraîne hors de la chambre. Une femme de chambre un peu âgée s'avance en même temps au chevet de Julie pour la retenir. Il faut qu'on remarque dans tous les personnages une action très vive et bien prise dans l'unité du moment.

Inscription de la cinquième planche : L'INOCULATION DE L'AMOUR.

SIXIÈME ESTAMPE.
Partie III, Lettre XVIII.

La scène se passe dans la chambre du baron d'Etange, père de Julie. Julie est assise, et près de sa chaise est un fauteuil vide : son père, qui l'occupait, est à genoux devant elle, lui serrant les mains, versant des larmes, et dans une attitude suppliante et pathétique. Le trouble, l'agitation, la douleur, sont dans les yeux de Julie. On voit, à un certain air de lassitude, qu'elle a fait tous ses efforts pour relever son père ou se dégager ; mais, n'en pouvant venir à bout, elle laisse pencher sa tête sur le dos de sa chaise comme une personne prête à se trouver mal, tandis que ses deux mains en avant portent encore sur les bras de son père. Le baron doit avoir une physionomie vénérable, une chevelure blanche, le port militaire, et, quoique suppliant, quelque chose de noble et de fier dans le maintien.

Inscription de la sixième planche : LA FORCE PATERNELLE.

SEPTIÈME ESTAMPE.
Partie IV, Lettre VI.

La scène se passe dans l'avenue d'une maison de campagne, quelques pas au-delà de la grille, devant laquelle on voit au dehors une chaise arrêtée, une malle derrière, un postillon. Comme l'ordonnance de cette estampe est très simple et demande pourtant une grande expression, il la faut expliquer.

L'ami de Julie revient d'un voyage de long cours ; et, quoique le mari sache qu'avant son mariage cet ami a été amant favorisé, il prend une telle confiance dans la vertu de tous deux, qu'il invite lui-même le jeune homme à venir dans sa maison. Le moment de son arrivée est le sujet de l'estampe. Julie vient de l'embrasser, et, le prenant par la main, le présente à son mari, qui s'avance pour l'embrasser à son tour. M. de Wolmar, naturellement froid et posé, doit avoir l'air ouvert, presque riant, un regard serein qui invite à la confiance.

Le jeune homme, en habit de voyage, s'approche avec un air de respect, dans lequel on démêle à la vérité un peu de contrainte et de confusion, mais non pas une gêne pénible et un embarras suspect. Pour Julie, on voit sur son visage et dans son maintien un caractère d'innocence et de candeur, qui montre en cet instant toute la pureté de son âme. Elle doit regarder son mari avec une assurance modeste, où se peignent l'attendrissement et la reconnaissance que lui donne un si grand témoignage d'estime, et le sentiment qu'elle en est digne.

Inscription de la septième planche : LA CONFIANCE DES BELLES AMES.

HUITIÈME ESTAMPE.
Partie IV, Lettre XVII.

Le paysage est ici ce qui demande le plus d'exactitude. Je ne puis mieux le représenter qu'en transcrivant le passage où il est décrit :

« Nous y parvînmes après une heure de marche par des sentiers tortueux et frais, qui, montant insensiblement entre les arbres et les rochers, n'avaient rien de plus incommode que la longueur du chemin... Ce lieu solitaire formait un réduit sauvage et désert, mais plein de ces sortes de beautés qui ne plaisent qu'aux âmes sensibles, et paraissent horribles aux autres. Un torrent, formé par la fonte des neiges, roulait à vingt pas de nous une eau bourbeuse, et charriait avec bruit du limon, du sable et des pierres. Derrière nous une chaîne de roches inaccessibles séparait l'esplanade où nous étions de cette partie des Alpes qu'on nomme *les Glacières,* parce que d'énormes sommets de glaces, qui s'accroissent incessamment, les couvrent depuis le commencement du monde. Des forêts de noirs sapins nous ombrageaient tristement à droite; un grand bois de chênes était à gauche au-delà du torrent; et au-dessous de nous, cette immense plaine d'eau que le lac forme au sein des Alpes nous séparait des riches côtes du pays de Vaud, dont la cime du majestueux Jura couronnait le tableau.

« Au milieu de ces grands et superbes objets, le petit terrain où nous étions étalait les charmes d'un séjour riant et champêtre. Quelques ruisseaux filtraient à travers les rochers, et roulaient sur la verdure en filets de cristal. Quelques arbres fruitiers sauvages penchaient leurs têtes sur les nôtres. La terre humide et fraîche était couverte d'herbes et de fleurs. En comparant un si doux séjour aux objets qui l'environnaient, il semblait que ce lieu désert dût être l'asile de deux amants échappés seuls au bouleversement de la nature. »

Il faut ajouter à cette description que deux quartiers de rochers tombés du haut, et pouvant servir de table et de siège, doivent être presque au bord de l'esplanade; que, dans la perspective des côtes du pays de Vaud qu'on voit dans l'éloignement, on distingue sur le rivage des villes de distance en distance; et qu'il est nécessaire au moins qu'on en aperçoive une vis-à-vis de l'esplanade ci-dessus décrite.

C'est sur cette esplanade que sont Julie et son ami, les deux seuls personnages de l'estampe. L'ami, posant une main sur l'un des deux quartiers, lui montre de l'autre main et d'un peu loin des caractères gravés sur les rochers des environs. Il lui parle en même temps avec feu : on lit dans les yeux de Julie l'attendrissement que lui causent ses discours et les objets qu'il lui rappelle; mais on y lit aussi que la vertu préside, et ne craint rien de ces dangereux souvenirs.

Il y a un intervalle de dix ans entre la première estampe et celle-ci; et dans cet intervalle Julie est devenue femme et mère : mais il est dit qu'étant fille elle laissait dans son ajustement un peu de négligence qui la rendait plus touchante, et qu'étant femme elle se parait avec plus de soin. C'est ainsi qu'elle doit être dans la planche septième; mais dans celle-ci elle est sans parure et en robe du matin.

Inscription de la huitième planche : LES MONUMENTS DES ANCIENNES AMOURS.

NEUVIÈME ESTAMPE.

Partie V, Lettre III.

Un salon, sept figures. Au fond, vers la gauche, une table à thé couverte de trois tasses, la théière, le pot à sucre, etc. Autour de la table sont, dans le fond et en face, M. de Wolmar; à sa droite en tournant, l'ami tenant la gazette; en sorte que l'un et l'autre voient tout ce qui se passe dans la chambre.

A droite, aussi dans le fond, Mme de Wolmar assise, tenant de la broderie: sa femme de chambre assise à côté d'elle et faisant de la dentelle; son oreiller est appuyé sur une chaise plus petite. Cette femme de chambre, la même dont il est parlé ci-après planche onzième, est plus jeune que celle de la planche sixième.

Sur le devant, à sept ou huit pas des uns et des autres, est une autre petite table couverte d'un livre d'estampes que parcourent deux petits garçons. L'aîné, tout occupé des figures, les montre au cadet; mais celui-ci compte furtivement des onchets qu'il tient sous la table, cachés par un des côtés du livre. Une petite fille de huit ans, leur aînée, s'est levée de la chaise qui est devant la femme de chambre; et s'avance lestement sur la pointe des pieds vers les deux garçons. Elle parle d'un petit ton d'autorité, en montrant de loin la figure du livre, et tenant un ouvrage à l'aiguille de l'autre main.

Mme de Wolmar doit paraître avoir suspendu son travail pour contempler le manége des enfants : les hommes ont de même suspendu leur lecture pour contempler à la fois Mᵐᵉ de Wolmar et les trois enfants. La femme de chambre est à son ouvrage.

Un air fort occupé dans les enfants, un air de contemplation rêveuse et douce dans les trois spectateurs : la mère surtout doit paraître dans une extase délicieuse.

Inscription de la neuvième planche : LA MATINÉE A L'ANGLAISE.

DIXIÈME ESTAMPE.
Partie V, Lettre IX.

Une chambre de cabaret. Le moment vers la fin de la nuit. Le crépuscule commence à montrer quelques objets, mais l'obscurité permet à peine qu'on les distingue.

L'ami, qu'un rêve pénible vient d'agiter, s'est jeté à bas de son lit, et a pris sa robe de chambre à la hâte. Il erre avec un air d'effroi, cherchant à écarter de la main des objets fantastiques dont il paraît épouvanté. Il tâtonne pour trouver la porte. La noirceur de l'estampe, l'attitude expressive du personnage, son visage effaré, doivent faire un effet lugubre, et donner aux regardants une impression de terreur.

Inscription de la dixième planche :

OU VEUX-TU FUIR ? LE FANTÔME EST DANS TON COEUR.

ONZIÈME ESTAMPE.
Partie VI, Lettre II.

La scène est dans un salon. Vers la cheminée, où il y a du feu, est une table de jeu, à laquelle sont, contre le mur, M. de Wolmar qu'on voit en face, et, vis-à-vis, Saint-Preux, dont on voit le corps de profil, parce que sa chaise est un peu dérangée, mais dont on ne voit la tête que par derrière, parce qu'il la retourne vers M. de Wolmar.

Par terre est un échiquier renversé dont les pièces sont éparses. Claire, d'un air moitié suppliant, moitié railleur, présente au jeune homme la joue pour y appliquer un soufflet ou un baiser, à son choix, en punition du coup qu'elle vient de faire. Ce coup est indiqué par une raquette qu'elle tient pendante d'une main, tandis qu'elle avance l'autre main sur le bras du jeune homme pour lui faire retourner la tête, qu'il baisse et qu'il détourne d'un air boudeur. Pour que le coup ait pu se faire sans grand fracas, il faut un de ces petits échiquiers de maroquin qui se ferment comme des livres, et le représenter à moitié ouvert contre un des pieds de la table.

Sur le devant est une autre personne, qu'on reconnaît au tablier pour la femme de chambre ; à côté d'elle est sa raquette sur une chaise ; elle tient d'une main le volant élevé, et de l'autre elle fait semblant d'en raccommoder les plumes ; mais elle regarde à travers, en souriant, la scène qui se passe vers la cheminée.

M. de Wolmar, un bras passé sur le dos de la chaise, comme pour contempler plus commodément, fait signe du doigt à la femme de chambre de ne pas troubler la scène par un éclat de rire.

Inscription de la onzième planche :

CLAIRE ! CLAIRE ! LES ENFANTS CHANTENT LA NUIT QUAND ILS ONT PEUR !

DOUZIÈME ESTAMPE.

Partie VI, Lettre IX.

Cette dernière estampe marque le moment où Julie va se jeter dans le l[ac] pour en retirer un de ses enfants, qui malheureusement y était tombé en rev[e]nant du château de Chillon. La femme de chambre retient l'aîné des enfa[nts] qui veut se jeter dans l'eau après sa mère. Les autres personnages so[nt] Mme d'Orbe, Henriette sa fille, le bailli de Chillon, sa femme et M. de Wolma[r] qui, par leur attitude, témoignent de la frayeur.

Inscription de la douzième planche : L'AMOUR MATERNEL.

LETTRES A SARA [1]

Jam nec spes animi credula mutui.
Hor., lib. iv, od. 1.

AVERTISSEMENT.

On comprendra sans peine comment une espèce de défi a pu faire écrire ces quatre lettres. On demandait si un amant d'un demi-siècle pouvait ne pas faire rire. Il m'a semblé qu'on pouvait se laisser surprendre à tout âge; qu'un barbon pouvait même écrire jusqu'à quatre lettres d'amour, et intéresser encore les honnêtes gens, mais qu'il ne pouvait aller jusqu'à six sans se déshonorer. Je n'ai pas besoin de dire ici mes raisons; on peut les sentir en lisant ces lettres : après leur lecture, on en jugera.

PREMIÈRE LETTRE.

Tu lis dans mon cœur, jeune Sara; tu m'as pénétré, je le sais, je le sens. Cent fois le jour ton œil curieux vient épier l'effet de tes charmes. A ton air satisfait, à tes cruelles bontés, à tes méprisantes agaceries, je vois que tu jouis en secret de ma misère; tu t'applaudis avec un souris moqueur du désespoir où tu plonges un malheureux, pour qui l'amour n'est plus qu'un opprobre. Tu te trompes, Sara; je suis à plaindre, mais je ne suis point à railler : je ne suis point digne de mépris, mais de pitié, parce que je ne m'en impose ni sur ma figure ni sur mon âge, qu'en aimant je me sens indigne de plaire, et que la fatale illusion qui m'égare m'empêche de te voir telle que tu es, sans m'empêcher de me voir tel que je suis. Tu peux m'abuser sur tout, hormis sur moi-même : tu peux me persuader tout au monde, excepté que tu puisses partager mes feux insensés. C'est le pire de mes supplices de me voir comme tu me vois; tes trompeuses caresses ne sont pour moi qu'une humiliation de plus, et j'aime avec la certitude affreuse de ne pouvoir être aimé.

Sois donc contente. Hé bien! oui, je t'adore; oui, je brûle pour toi de la plus cruelle des passions. Mais tente, si tu l'oses, de m'enchaîner à ton char,

---

[1] Ces lettres ne paraissent point avoir été écrites pour madame d'Houdetot; car la liaison de Jean-Jacques avec cette dame date de 1752, et ce n'est qu'en 1762 qu'il atteignit le demi-siècle qu'il lui plaît de se donner ici. Il ne faut peut-être voir dans cette composition qu'un pur jeu d'esprit, comme l'indique l'avertissement. Rousseau les composa en 1757 ou 1762.

comme un soupirant à cheveux gris, comme un barbon qui veut faire l'agréable, et, dans son extravagant délire, s'imagine avoir des droits sur un jeune objet. Tu n'auras pas cette gloire, ô Sara! ne t'en flatte pas : tu ne me verras point à tes pieds vouloir t'amuser avec le jargon de la galanterie, ou t'attendrir avec des propos langoureux. Tu peux m'arracher des pleurs, mais ils sont moins d'amour que de rage. Ris, si tu veux, de ma faiblesse; tu ne riras pas au moins de ma crédulité.

Je te parle avec emportement de ma passion, parce que l'humiliation est toujours cruelle, et que le dédain est dur à supporter; mais ma passion, toute folle qu'elle est, n'est point emportée; elle est à la fois vive et douce comme toi. Privé de tout espoir, je suis mort au bonheur, et ne vis que de ta vie. Tes plaisirs sont mes seuls plaisirs; je ne puis avoir d'autres jouissances que les tiennes, ni former d'autres vœux que tes vœux. J'aimerais mon rival même si tu l'aimais : si tu ne l'aimais pas, je voudrais qu'il pût mériter ton amour, qu'il eût mon cœur pour t'aimer plus dignement, et te rendre plus heureuse. C'est le seul désir permis à quiconque ose aimer sans être aimable. Aime, et sois aimée, ô Sara! Vis contente, et je mourrai content.

SECONDE LETTRE.

Puisque je vous ai écrit, je veux vous écrire encore : ma première faute en attire une autre. Mais je saurai m'arrêter, soyez-en sûre; et c'est la manière dont vous m'aurez traité durant mon délire, qui décidera de mes sentiments à votre égard quand j'en serai revenu. Vous avez beau feindre de n'avoir pas lu ma lettre, vous mentez; je le sais, vous l'avez lue. Oui, vous mentez sans me rien dire, par l'air égal avec lequel vous croyez m'en imposer. Si vous êtes la même qu'auparavant, c'est parce que vous avez été toujours fausse, et la simplicité que vous affectez avec moi me prouve que vous n'en avez jamais eu. Vous ne dissimulez ma folie que pour l'augmenter; vous n'êtes pas contente que je vous écrive, si vous ne me voyez encore à vos pieds; vous voulez me rendre aussi ridicule que je peux l'être; vous voulez me donner en spectacle à vous-même, peut-être à d'autres; et vous ne vous croyez pas assez triomphante si je ne suis déshonoré.

Je vois tout cela, fille artificieuse, dans cette feinte modestie par laquelle vous espérez m'en imposer, dans cette feinte égalité par laquelle vous semblez vouloir me tenter d'oublier ma faute, en paraissant vous-même n'en rien savoir. Encore une fois, vous avez lu ma lettre; je le sais, je l'ai vu. Je vous ai vue, quand j'entrais dans votre chambre, poser précipitamment le livre où je l'avais mise; je vous ai vue rougir, et marquer un moment de trouble. Trouble séducteur et cruel, qui peut-être est encore un de vos pièges, et qui m'a fait plus de mal que tous vos regards. Que devins-je à cet aspect, qui m'agite encore? Cent fois, en un instant, prêt à me précipiter aux pieds de l'orgueilleuse, que de combats, que d'efforts pour me retenir! Je sortis pourtant, je sortis palpitant de joie d'échapper à l'indigne bassesse que j'allais faire. Ce seul moment me venge de tous les outrages. Sois moins fière, ô Sara! d'un penchant que je peux vaincre, puisqu'une fois en ma vie j'ai déjà triomphé de toi.

Infortuné! j'impute à ta vanité des fictions de mon amour-propre. Que n'ai-je le bonheur de pouvoir croire que tu t'occupes de moi, ne fût-ce que pour me tyranniser! Mais daigner tyranniser un amant grison serait lui faire trop d'honneur encore. Non, tu n'as point d'autre art que ton indifférence; ton dédain fait toute ta coquetterie, tu me désoles sans songer à moi. Je suis malheureux jusqu'à ne pouvoir t'occuper au moins de mes ridicules, et tu méprises ma folie jusqu'à ne daigner pas même t'en moquer. Tu as lu ma lettre, et tu l'as oubliée; tu ne m'as point parlé de mes maux, parce que tu n'y songeais plus. Quoi! je suis donc nul pour toi! Mes fureurs, mes tourments, loin d'exciter ta pitié, n'excitent pas même ton attention! Ah! où est cette douceur que tes yeux promettent? où est ce sentiment si tendre qui paraît les animer?... Barbare!... insensible à mon état, tu dois l'être à tout sentiment honnête. Ta figure promet une âme; elle ment : tu n'as que de la férocité... Ah, Sara! j'aurais attendu de ton bon cœur quelque consolation dans ma misère!

TROISIÈME LETTRE.

Enfin rien ne manque plus à ma honte, et je suis aussi humilié que tu l'as voulu. Voilà donc à quoi ont abouti mon dépit, mes combats, mes résolutions, ma constance! Je serais moins avili si j'avais moins résisté. Qui moi! j'ai fait l'amour en jeune homme? j'ai passé deux heures aux genoux d'un enfant? j'ai versé sur ses mains des torrents de larmes? j'ai souffert qu'elle me consolât, qu'elle me plaignît, qu'elle essuyât mes yeux ternis par les ans? j'ai reçu d'elle des leçons de raison, de courage? J'ai bien profité de ma longue expérience et de mes tristes réflexions! Combien de fois j'ai rougi d'avoir été à vingt ans ce que je redeviens à cinquante! Ah! je n'ai donc vécu que pour me déshonorer! Si du moins un vrai repentir me ramenait à des sentiments plus honnêtes! Mais non; je me complais, malgré moi, dans ceux que tu m'inspires, dans le délire où tu me plonges, dans l'abaissement où tu m'as réduit. Quand je m'imagine, à mon âge, à genoux devant toi, tout mon cœur se soulève et s'irrite; mais il s'oublie et se perd dans les ravissements que j'y ai sentis. Ah! je ne me voyais pas alors; je ne voyais que toi, fille adorée : tes charmes, tes sentiments, tes discours remplissaient, formaient tout mon être; j'étais jeune de ta jeunesse, sage de ta raison, vertueux de ta vertu. Pouvais-je mépriser celui que tu honorais de ton estime? pouvais-je haïr celui que tu daignais appeler ton ami? Hélas! cette tendresse de père que tu me demandais d'un ton si touchant, ce nom de fille que tu voulais recevoir de moi, me faisaient bientôt rentrer en moi-même : tes propos si tendres, tes caresses si pures, m'enchantaient et me déchiraient; des pleurs d'amour et de rage coulaient de mes yeux. Je sentais que je n'étais heureux que par ma misère, et que, si j'eusse été plus digne de plaire, je n'aurais pas été si bien traité.

N'importe. J'ai pu porter l'attendrissement dans ton cœur. La pitié le ferme à l'amour, je le sais; mais elle en a pour moi tous les charmes. Quoi! j'ai vu s'humecter pour moi tes beaux yeux! j'ai senti tomber sur ma joue une de tes larmes! Oh! cette larme, quel embrasement dévorant elle a causé! et je ne serais pas le plus heureux des hommes! Ah! combien je le suis, au-dessus de ma plus orgueilleuse attente!

Oui, que ces deux heures reviennent sans cesse, qu'elles remplissent de leur retour ou de leur souvenir le reste de ma vie. Eh! qu'a-t-elle eu de comparable à ce que j'ai senti dans cette attitude? J'étais humilié, j'étais insensé, j'étais ridicule; mais j'étais heureux, et j'ai goûté dans ce court espace plus de plaisirs que je n'en eus dans tout le cours de mes ans. Oui, Sara, oui, charmante Sara, j'ai perdu tout repentir, toute honte; je ne me souviens plus de moi, je ne sens que le feu qui me dévore; je puis dans tes fers braver les huées du monde entier. Que m'importe ce que je peux paraître aux autres? j'ai pour toi le cœur d'un jeune homme, et cela me suffit. L'hiver a beau couvrir l'Etna de ses glaces, son sein n'est pas moins embrasé.

QUATRIÈME LETTRE.

Quoi! c'était vous que je redoutais! c'était vous que je rougissais d'aimer! O Sara! fille adorable! âme plus belle que ta figure! si je m'estime désormais quelque chose, c'est d'avoir un cœur fait pour sentir tout ton prix. Oui, sans doute, je rougis de l'amour que j'avais pour toi; mais c'est parce qu'il était trop rampant, trop languissant, trop faible, trop peu digne de son objet. Il y a six mois que mes yeux et mon cœur dévorent tes charmes; il y a six mois que tu m'occupes seule, et que je ne vis que pour toi; mais ce n'est que d'hier que j'ai appris à t'aimer. Tandis que tu me parlais, et que des discours dignes du ciel sortaient de ta bouche, je croyais voir changer tes traits, ton air, ton port, ta figure; je ne sais quel feu surnaturel luisait dans tes yeux; des rayons de lumière semblaient t'entourer. Ah! Sara, si réellement tu n'es pas une mortelle, si tu es l'ange envoyé du ciel pour ramener un cœur qui s'égare, dis-le-moi, peut être il est temps encore. Ne laisse plus profaner ton image par des désirs formés malgré moi. Hélas! si je m'abuse dans mes vœux, dans mes transports, dans mes téméraires hommages, guéris-moi d'une erreur qui t'offense, apprends-moi comment il faut t'adorer.

Vous m'avez subjugué, Sara, de toutes les manières; et si vous me faites aimer ma folie, vous me la faites cruellement sentir. Quand je compare votre conduite à la mienne, je trouve un sage dans une jeune fille, et je ne sens en moi qu'un vieux enfant. Votre douceur, si pleine de dignité, de raison, de bienséance, m'a dit tout ce que ne m'eût pas dit un accueil plus sévère; elle m'a fait plus rougir de moi que n'eussent fait vos reproches; et l'accent un peu plus grave que vous avez mis hier dans vos discours m'a fait aisément connaître que je n'aurais pas dû vous exposer à me les tenir deux fois. Je vous entends, Sara; et j'espère vous prouver aussi que, si je ne suis pas digne de vous plaire par mon amour, je le suis par les sentiments qui l'accompagnent. Mon égarement sera aussi court qu'il a été grand; vous me l'avez montré, cela suffit, j'en saurai sortir, soyez-en sûre : quelque aliéné que je puisse être, si j'en avais vu toute l'étendue, jamais je n'aurais fait le premier pas. Quand je méritais des censures, vous ne m'avez donné que des avis, et vous avez bien voulu ne me voir que faible lorsque j'étais criminel. Ce que vous ne m'avez pas dit, je sais me le dire; je sais donner à ma conduite auprès de vous le nom que vous ne lui avez pas donné; et si j'ai pu faire une bassesse sans la connaître, je vous ferai voir que je ne porte point un cœur bas. Sans doute, c'est moins mon âge que le vôtre qui me rend coupable. Mon mépris pour moi m'empêchait de voir toute l'indignité de ma démarche. Trente ans de différence ne me montraient que ma honte, et me cachaient vos dangers. Hélas! quels dangers! Je n'étais pas assez vain pour en supposer : je n'imaginais pas pouvoir tendre un piège à votre innocence; et si vous eussiez été moins vertueuse, j'étais un suborneur sans en rien savoir.

O Sara! ta vertu est à des épreuves plus dangereuses, et tes charmes ont mieux à choisir. Mais mon devoir ne dépend ni de ta vertu ni de tes charmes; sa voix me parle et je le suivrai. Qu'un éternel oubli ne peut-il te cacher mes erreurs! Que ne les puis-je oublier moi-même! Mais non, je le sens, j'en ai pour la vie, et le trait s'enfonce pas mes efforts pour l'arracher. C'est mon sort de brûler, jusqu'à mon dernier soupir, d'un feu que rien ne peut éteindre, et auquel chaque jour ôte un degré d'espérance, et en ajoute un de déraison. Voilà ce qui ne dépend pas de moi; mais voici, Sara, ce qui en dépend. Je vous donne ma foi d'homme qui ne la faussa jamais, que je ne vous reparlerai de mes jours de cette passion ridicule et malheureuse que j'ai pu peut-être empêcher de naître, mais que je ne puis plus étouffer. Quand je dis que je ne vous en parlerai pas, j'entends que rien en moi ne vous dira ce que je dois taire. J'impose à mes yeux le même silence qu'à ma bouche : mais, de grâce, imposez aux vôtres de ne plus venir m'arracher ce triste secret. Je suis à l'épreuve de tout, hors de vos regards : vous savez trop combien il vous est aisé de me rendre parjure. Un triomphe si sûr pour vous, et si flétrissant pour moi, pourrait-il flatter votre belle âme? Non, divine Sara, ne profane pas le temple où tu es adorée, et laisse au moins quelque vertu dans ce cœur à qui tu as tout ôté.

Je ne puis ni ne veux reprendre le malheureux secret qui m'est échappé;

il est trop tard, il faut qu'il vous reste; et il est si peu intéressant pour vous, qu'il serait bientôt oublié si l'aveu ne s'en renouvelait sans cesse. Ah! je serais trop à plaindre dans ma misère, si jamais je ne pouvais me dire que vous la plaignez; et vous devez d'autant plus la plaindre, que vous n'aurez jamais à m'en consoler. Vous me verrez toujours tel que je dois être, mais connaissez-moi toujours tel que je suis. Vous n'aurez plus à censurer mes discours, mais souffrez mes lettres : c'est tout ce que je vous demande. Je n'approcherai de vous que comme d'une divinité devant laquelle on impose silence à ses passions. Vos vertus suspendront l'effet de vos charmes; votre présence purifiera mon cœur; je ne craindrai point d'être un séducteur en ne vous disant rien qu'il ne vous convienne d'entendre ; je cesserai de me croire ridicule quand vous ne me verrez jamais tel; et je voudrai n'être plus coupable, quand je ne pourrai l'être que loin de vous.

Mes lettres!... Non. Je ne dois pas même désirer de vous écrire, et vous ne devez le souffrir jamais. Je vous estimerais moins si vous en étiez capable. Sara, je te donne cette arme, pour t'en servir contre moi. Tu peux être dépositaire de mon fatal secret, tu n'en peux être la confidente. C'est assez pour moi que tu le saches, ce serait trop pour toi de l'entendre répéter. Je me tairai : qu'aurais-je de plus à te dire. Bannis-moi, méprise-moi désormais, si tu revois jamais ton amant dans l'ami que tu t'es choisi. Sans pouvoir te fuir, je te dis adieu pour la vie. Ce sacrifice était le dernier qui me restait à te faire; c'était le seul qui fût digne de tes vertus et de mon cœur.

LE LÉVITE D'ÉPHRAÏM [1]

CHANT PREMIER.

Sainte colère de la vertu, viens animer ma voix : je dirai les crimes de Benjamin et les vengeances d'Israël ; je dirai des forfaits inouïs, et des châtiments encore plus terribles. Mortels, respectez la beauté, les mœurs, l'hospitalité : soyez justes sans cruauté, miséricordieux sans faiblesse ; et sachez pardonner au coupable plutôt que de punir l'innocent.

O vous, hommes débonnaires, ennemis de toute inhumanité ; vous qui, de peur d'envisager les crimes de vos frères, aimez mieux les laisser impunis, quel tableau viens-je offrir à vos yeux ? Le corps d'une femme coupé par pièces, ses membres déchirés et palpitants envoyés aux douze tribus ; tout le peuple saisi d'horreur, élevant jusqu'au ciel une clameur unanime, et s'écriant de concert : « Non, jamais rien de pareil ne s'est fait en Israël depuis le jour où nos pères sortirent d'Egypte jusqu'à ce jour. » Peuple saint, rassemble-toi : prononce sur cet acte horrible, et décerne le prix qu'il a mérité. A de tels forfaits, celui qui détourne ses regards est un lâche, un déserteur de la justice ; la véritable humanité les envisage pour les connaître, pour les juger, pour les détester. Osons entrer dans ces détails, et remontons à la source des guerres civiles qui firent périr une des tribus, et coûtèrent tant de sang aux autres. Benjamin, triste enfant de douleur, qui donnas la mort à ta mère, c'est de ton sein qu'est sorti le crime qui t'a perdu ; c'est ta race impie qui put le commettre, et qui devait trop l'expier.

Dans les jours de liberté, où nul ne régnait sur le peuple du Seigneur, il fut un temps de licence où chacun, sans reconnaître ni magistrat ni juge, était seul son propre maître et faisait tout ce qui lui semblait bon. Israël, alors épars dans les champs, avait peu de grandes villes, et la simplicité de ses mœurs rendait superflu l'empire des lois. Mais tous les cœurs n'étaient pas également purs, et les méchants trouvaient l'impunité du vice dans la sécurité de la vertu.

Durant un de ces courts intervalles de calme et d'égalité qui restent dans l'oubli, parce que nul n'y commande aux autres et qu'on n'y fait point de mal, un Lévite des monts d'Ephraïm vit dans Bethléem une jeune fille qui lui plut. Il lui dit : « Fille de Juda, tu n'es pas de ma tribu, tu n'as point de frère ; tu es comme les filles de Salphaad, et je ne puis t'épouser selon la loi du Seigneur (2). Mais mon cœur est à toi ; viens avec moi, vivons ensemble ; nous serons unis et libres ; tu feras mon bonheur, et je ferai le tien. » Le Lé-

(1) Ce petit poëme fut composé au mois de juin 1762, pendant que Rousseau échappait à la prise de corps décrétée contre lui. Voyez les *Confessions*, tome II, liv. XI, pages 59 ; voyez aussi dans la Bible les chapitres 19, 20 et 21 du *Livre des Juges*.

(2) *Nombres*, chap. XXXVI, v. 8. Je sais que les enfants de Lévi pouvaient se marier dans toutes les tribus, mais non dans le cas supposé.

vite était jeune et beau : la jeune fille sourit; ils s'unirent, puis il l'emmena dans ses montagnes.

Là, coulant une douce vie, si chère aux cœurs tendres et simples, il goûtait dans sa retraite les charmes d'un amour partagé; là, sur un sistre d'or fait pour chanter les louanges du Très-Haut, il chantait souvent les charmes de sa jeune épouse. Combien de fois les coteaux du mont Hébal retentirent de ses aimables chansons ! Combien de fois il la mena sous l'ombrage, dans les vallons de Sichem, cueillir des roses champêtres et goûter le frais au bord des ruisseaux ! Tantôt il cherchait dans les creux des rochers des rayons d'un miel doré dont elle faisait ses délices; tantôt dans le feuillage des oliviers il tendait aux oiseaux des pièges trompeurs, et lui apportait une tourterelle craintive qu'elle baisait en la flattant; puis, l'enfermant dans son sein, elle tressaillait d'aise en la sentant se débattre et palpiter. « Fille de Bethléem, lui disait-il, pourquoi pleures-tu toujours ta famille et ton pays ? Les enfants d'Ephraïm n'ont-ils point aussi des fêtes ? Les filles de la riante Sichem sont-elles sans grâces et sans gaîté ? Les habitants de l'antique Atharot manquent-ils de force et d'adresse ? Viens voir leurs jeux et les embellir. Donne-moi des plaisirs, ô ma bien-aimée ! en est-il pour moi d'autres que les tiens ? »

Toutefois la jeune fille s'ennuya du Lévite, peut-être parce qu'il ne lui laissait rien à désirer. Elle se dérobe et s'enfuit vers son père, vers sa tendre mère, vers ses folâtres sœurs. Elle y croit retrouver les plaisirs innocents de son enfance, comme si elle y portait le même âge et le même cœur.

Mais le Lévite abandonné ne pouvait oublier sa volage épouse. Tout lui rappelait dans sa solitude les jours heureux qu'il avait passés auprès d'elle, leurs jeux, leurs plaisirs, leurs querelles et leurs tendres raccommodements. Soit que le soleil levant dorât la cime des montagnes de Gelboé, soit qu'au soir un vent de mer vînt rafraîchir leurs roches brûlantes, il errait en soupirant dans les lieux qu'avait aimés l'infidèle; et la nuit, seul dans sa couche nuptiale, il abreuvait son chevet de ses pleurs.

Après avoir flotté quatre mois entre le regret et le dépit, comme un enfant chassé du jeu par les autres feint n'en vouloir plus en brûlant de s'y remettre, puis enfin demande en pleurant d'y rentrer, le Lévite, entraîné par son amour, prend sa monture, et, suivi de son serviteur avec deux ânes d'Epha chargés de ses provisions et de dons pour les parents de la jeune fille, il retourne à Bethléem pour se réconcilier avec elle, et tâcher de la ramener.

La jeune femme, l'apercevant de loin, tressaille, court au devant de lui, et, l'accueillant avec caresses, l'introduit dans la maison de son père; lequel, apprenant son arrivée, accourt aussi plein de joie, l'embrasse, le reçoit, lui, son serviteur, son équipage, et s'empresse à le bien traiter. Mais le Lévite, ayant le cœur serré, ne pouvait parler; néanmoins, ému par le bon accueil de la famille, il leva les yeux sur sa jeune épouse, et lui dit : « Fille d'Israël, pourquoi me fuis-tu ? quel mal t'ai-je fait ? » La jeune fille se mit à pleurer en se couvrant le visage. Puis il dit au père : « Rendez-moi ma compagne; rendez-la-moi pour l'amour d'elle ; pourquoi vivrait-elle seule et délaissée ? Quel autre que moi peut honorer comme sa femme celle que j'ai reçue vierge ? »

Le père regarda sa fille, et la fille avait le cœur attendri du retour de son mari. Le père dit donc à son gendre : « Mon fils, donnez-moi trois jours ; passons ces trois jours dans la joie, et le quatrième jour, vous et ma fille partirez en paix. » Le Lévite resta donc trois jours avec son beau-père et toute sa famille, mangeant et buvant familièrement avec eux : et la nuit du quatrième jour, se levant avant le soleil, il voulut partir. Mais son beau-père, l'arrêtant par la main, lui dit : « Quoi ! voulez-vous partir à jeun ? Venez fortifier votre estomac, et puis vous partirez. » Ils se mirent donc à table ; et après avoir mangé et bu, le père lui dit : « Mon fils, je vous supplie de vous réjouir avec nous encore aujourd'hui. » Toutefois le Lévite se levant voulait partir; il croyait ravir à l'amour le temps qu'il passait loin de sa retraite, livré à d'autres qu'à sa bien-aimée. Mais le père, ne pouvant se résoudre à s'en séparer, engagea sa fille d'obtenir encore cette journée; et la fille, caressant son mari, le fit rester jusqu'au lendemain.

Dès le matin, comme il était prêt à partir, il fut encore arrêté par son beau-père, qui le força de se mettre à table en attendant le grand jour; et le temps s'écoulait sans qu'ils s'en aperçussent. Alors le jeune homme s'étant levé pour partir avec sa femme et son serviteur, et ayant préparé toute chose: « O mon fils, lui dit le père, vous voyez que le jour s'avance, et que le soleil est sur son déclin : ne vous mettez pas si tard en route; de grâce, réjouissez mon cœur encore le reste de cette journée; demain dès le point du jour vous partirez sans retard. » Et, en disant ainsi, le bon vieillard était tout saisi; ses yeux paternels se remplissaient de larmes. Mais le Lévite ne se rendit point et voulut partir à l'instant.

Que de regrets coûta cette séparation funeste! Que de touchants adieux furent dits et recommencés! Que de pleurs les sœurs de la jeune fille versèrent sur son visage! Combien de fois elles la reprirent tour à tour dans leurs bras! Combien de fois sa mère éplorée, en la serrant derechef dans les siens, sentit les douleurs d'une nouvelle séparation! Mais son père, en l'embrassant, ne pleurait pas : ses muettes étreintes étaient mornes et convulsives; des soupirs tranchants soulevaient sa poitrine. Hélas ! il semblait prévoir l'horrible sort de l'infortunée. Oh ! s'il eût su qu'elle ne reverrait jamais l'aurore !... s'il eût su que ce jour était le dernier de ses jours !... Ils partent enfin, suivis des tendres bénédictions de toute leur famille, et de vœux qui méritaient d'être exaucés. Heureuse famille, qui, dans l'union la plus pure, coule au sein de l'amitié ses paisibles jours, et semble n'avoir qu'un cœur à tous ses membres! O innocence des mœurs, douceur d'âme, antique simplicité, que vous êtes aimables! Comment la brutalité du vice a-t-elle pu trouver place au milieu de vous ? Comment les fureurs de la barbarie n'ont-elles pas respecté vos plaisirs ?

CHANT SECOND.

Le jeune Lévite suivait sa route avec sa femme, son serviteur et son bagage, transporté de joie de ramener l'amie de son cœur, et inquiet du soleil et de la poussière, comme une mère qui ramène son enfant chez la nourrice et craint pour lui les injures de l'air. Déjà l'on découvrait la ville de Jébus à main droite, et ses murs, aussi vieux que les siècles, leur offraient un asile aux approches de la nuit. Le serviteur dit donc à son maître : « Vous voyez le jour prêt à finir; avant que les ténèbres nous surprennent, entrons dans la ville des Jébuséens, nous y chercherons un asile; et demain, poursuivant notre voyage, nous pourrons arriver à Géba.

— A Dieu ne plaise, dit le Lévite, que je loge chez un peuple infidèle, et qu'un Cananéen donne le couvert au ministre du Seigneur ! Non; mais allons jusques à Gabaa chercher l'hospitalité chez nos frères. » Ils laissèrent donc Jérusalem derrière eux; ils arrivèrent après le coucher du soleil à la hauteur de Gabaa, qui est de la tribu de Benjamin. Ils se détournèrent pour y passer la nuit : et y étant entrés, ils allèrent s'asseoir dans la place publique; mais nul ne leur offrit un asile, et ils demeuraient à découvert.

Hommes de nos jours, ne calomniez pas les mœurs de vos pères. Ces premiers temps, il est vrai, n'abondaient pas comme les vôtres en commodités de la vie; de vils métaux n'y suffisaient pas à tout; mais l'homme avait des entrailles qui faisaient le reste : l'hospitalité n'était pas à vendre, et l'on n'y trafiquait pas des vertus. Les fils de Jémini n'étaient pas les seuls, sans doute, dont les cœurs de fer fussent endurcis; mais cette dureté n'était pas commune. Partout avec la patience on trouvait des frères; le voyageur dépourvu de tout ne manquait de rien.

Après avoir attendu longtemps inutilement, le Lévite allait détacher son bagage pour en faire à la jeune fille un lit moins dur que la terre nue, quand il aperçut un homme vieux revenant sur le tard de ses champs et de ses travaux rustiques. Cet homme était comme lui des monts d'Ephraïm, et il était venu s'établir autrefois dans cette ville parmi les enfants de Benjamin.

Le vieillard, élevant les yeux, vit un homme et une femme assis au milieu de la place, avec un serviteur, des bêtes de somme et du bagage. Alors, s'approchant, il dit au Lévite : « Etranger, d'où êtes-vous ? et où allez-vous ? » Lequel lui répondit : « Nous venons de Bethléem, ville de Juda; nous retournons dans notre demeure sur le penchant du mont d'Ephraïm, d'où nous étions venus : et maintenant nous cherchions l'hospice du Seigneur; mais nul n'a voulu nous loger. Nous avons du grain pour nos animaux, du pain, du vin pour moi, pour votre servante, et pour le garçon qui nous suit; nous avons tout ce qui nous est nécessaire, il nous manque seulement le couvert. » Le vieillard lui répondit : « Paix vous soit, mon frère ! vous ne resterez point dans la place : si quelque chose vous manque, que le crime en soit sur moi. » Ensuite il les mena dans sa maison, fit décharger leur équipage, garnir le râtelier pour leurs bêtes; et, ayant fait laver les pieds à ses hôtes, il leur fit un festin de patriarches, simple et sans faste, mais abondant.

Tandis qu'ils étaient à table avec leur hôte et sa fille (1), promise à un jeune homme du pays, et que, dans la gaîté d'un repas offert avec joie, ils se délassaient agréablement, les hommes de cette ville, enfants de Bélial, sans joug, sans frein, sans retenue, et bravant le ciel comme les Cyclopes du mont Etna, vinrent environner la maison, frappant rudement à la porte, et criant au vieillard d'un ton menaçant : « Livre-nous ce jeune étranger que sans congé tu reçois dans nos murs; que sa beauté nous paie le prix de cet asile, et qu'il expie ta témérité. » Car ils avaient vu le Lévite sur la place, et, par un reste de respect pour le plus sacré de tous les droits, n'avaient pas voulu le loger dans leurs maisons pour lui faire violence; mais ils avaient comploté de revenir le surprendre au milieu de la nuit; et ayant su que le vieillard lui avait donné retraite, ils accouraient sans justice et sans honte pour l'arracher de sa maison.

Le vieillard, entendant ces forcenés, se trouble, s'effraie, et dit au Lévite : « Nous sommes perdus : ces méchants ne sont pas des gens que la raison ramène, et qui reviennent jamais de ce qu'ils ont résolu. » Toutefois il sort au devant d'eux pour tâcher de les fléchir. Il se prosterne, et, levant au ciel ses mains pures de toute rapine, il leur dit : « O mes frères ! quels discours avez-vous prononcés ! Ah ! ne faites pas ce mal devant le Seigneur; n'outragez pas ainsi la nature, ne violez pas la sainte hospitalité. » Mais voyant qu'ils ne l'écoutaient point, et que, prêts à le maltraiter lui-même, ils allaient forcer la maison, le vieillard, au désespoir, prit à l'instant son parti; et faisant signe de la main pour se faire entendre au milieu du tumulte, il reprit d'une voix plus forte : « Non, moi vivant, un tel forfait ne déshonorera point mon hôte et ne souillera point ma maison : mais écoutez, hommes cruels, les supplications d'un malheureux père. J'ai une fille, encore vierge, promise à l'un d'entre vous; je vais l'amener pour vous être immolée; mais seulement que vos mains sacrilèges s'abstiennent de toucher au Lévite du Seigneur. » Alors, sans attendre leur réponse, il court chercher sa fille pour racheter son hôte aux dépens de son propre sang.

Mais le Lévite, que jusqu'à cet instant la terreur rendait immobile, se réveillant à ce déplorable aspect, prévient le généreux vieillard, s'élance au

---

(1) Dans l'usage antique, les femmes de la maison ne se mettaient pas à table avec leurs hôtes quand c'étaient des hommes; mais lorsqu'il y avait des femmes, elles s'y mettaient avec elles.

devant de lui, le force à rentrer avec sa fille, et prenant lui-même sa compagne bien-aimée sans lui dire un seul mot, sans lever les yeux sur elle, l'entraîne jusqu'à la porte, et la livre à ces maudits. Aussitôt ils entourent la jeune fille à demi morte, la saisissent, se l'arrachent sans pitié; tels, dans leur brutale furie, qu'au pied des Alpes glacées un troupeau de loups affamés surprend une faible génisse, se jette sur elle et la déchire, au retour de l'abreuvoir. O misérables! qui détruisez votre espèce par les plaisirs destinés à la reproduire, comment cette beauté mourante ne glace-t-elle point vos féroces désirs? Voyez ses yeux déjà fermés à la lumière, ses traits effacés, son visage éteint; la pâleur de la mort a couvert ses joues, les violettes livides en ont chassé les roses; elle n'a plus de voix pour gémir; ses mains n'ont plus de force pour repousser vos outrages. Hélas! elle est déjà morte! Barbares indignes du nom d'hommes, vos hurlements ressemblent aux cris de l'horrible hyène, et comme elle vous dévorez les cadavres.

Les approches du jour, qui rechasse les bêtes farouches dans leurs tanières, ayant dispersé ces brigands, l'infortunée use le reste de sa force à se traîner jusqu'au logis du vieillard : elle tombe à la porte la face contre terre et les bras étendus sur le seuil. Cependant, après avoir passé la nuit à remplir la maison de son hôte d'imprécations et de pleurs, le Lévite prêt à sortir ouvre la porte et trouve dans cet état celle qu'il a tant aimée. Quel spectacle pour son cœur déchiré! Il élève un cri plaintif vers le ciel vengeur du crime; puis adressant la parole à la jeune fille : « Lève-toi, lui dit-il, fuyons la malédiction qui couvre cette terre : viens, ô ma compagne! je suis cause de ta perte, je serai ta consolation; périsse l'homme injuste et vil qui jamais te reprochera ta misère! tu m'es plus respectable qu'avant nos malheurs. » La jeune fille ne répond point : il se trouble; son cœur saisi d'effroi commence à craindre de plus grands maux; il l'appelle derechef, il la regarde, il la touche... elle n'était plus. « O fille trop aimable et trop aimée! c'est donc pour cela que je l'ai tirée de la maison de ton père! Voilà donc le sort que te préparait mon amour! » Il acheva ces mots prêt à la suivre, et ne lui survécut que pour la venger.

Dès cet instant, occupé du seul projet dont son âme était remplie, il fut sourd à tout autre sentiment; l'amour, les regrets, la pitié, tout en lui se change en fureur; l'aspect même de ce corps, qui devrait le faire fondre en larmes, ne lui arrache plus ni plaintes ni pleurs : il le contemple d'un œil sec et sombre; il n'y voit plus qu'un objet de rage et de désespoir. Aidé de son serviteur, il le charge sur sa monture et l'emporte dans sa maison. Là sans hésiter, sans trembler, le barbare ose couper ce corps en douze pièces; d'une main ferme et sûre il frappe sans crainte, il coupe la chair et les os, il sépare la tête et les membres; et après avoir fait aux tribus ces envois effroyables, il les précède à Maspha, déchire ses vêtements, couvre sa tête de cendres, se prosterne à mesure qu'ils arrivent, et réclame à grands cris la justice du Dieu d'Israël.

CHANT TROISIÈME.

Cependant vous eussiez vu tout le peuple de Dieu s'émouvoir, s'assembler, sortir de ses demeures, accourir de toutes les tribus à Maspha devant le Seigneur, comme un nombreux essaim d'abeilles se rassemble en bourdonnant autour de leur roi. Ils vinrent tous, ils vinrent de toutes parts, de tous les cantons, tous d'accord comme un seul homme, depuis Dan jusqu'à Bersabée, et depuis Galaad jusqu'à Maspha.

Alors le Lévite, s'étant présenté dans un appareil lugubre, fut interrogé par les anciens devant l'assemblée sur le meurtre de la jeune fille, et il leur parla ainsi : « Je suis entré dans Gabaa, ville de Benjamin, avec ma femme pour y passer la nuit; et les gens du pays ont entouré la maison où j'étais logé, voulant m'outrager et me faire périr. J'ai été forcé de livrer ma femme à leur débauche, et elle est morte en sortant de leurs mains. Alors j'ai pris son corps, je l'ai mis en pièces, et je vous les ai envoyées à chacun dans vos limites. Peuple du Seigneur, j'ai dit la vérité; faites ce qui vous semblera juste devant le Très-Haut. »

A l'instant il s'éleva dans tout Israël un seul cri, mais éclatant, mais unanime : « Que le sang de la jeune femme retombe sur ses meurtriers! Vive l'Éternel! nous ne rentrerons point dans nos demeures, et nul de nous ne retournera sous son toit, que Gabaa ne soit exterminé. » Alors le Lévite s'écria d'une voix forte : « Béni soit Israël qui punit l'infamie et venge le sang innocent! Fille de Bethléem, je te porte une bonne nouvelle; ta mémoire ne restera point sans honneur. » En disant ces mots, il tomba sur sa face, et mourut. Son corps fut honoré de funérailles publiques. Les membres de la jeune femme furent rassemblés et mis dans le même sépulcre, et tout Israël pleura sur eux.

Les apprêts de la guerre qu'on allait entreprendre commencèrent par un serment solennel de mettre à mort quiconque négligerait de s'y trouver. Ensuite on fit le dénombrement de tous les Hébreux portant armes, et l'on choisit dix de cent, cent de mille, et mille de dix mille, la dixième partie du peuple entier, dont on fit une armée de quarante mille hommes qui devait agir contre Gabaa, tandis qu'un pareil nombre était chargé des convois de munitions et de vivres pour l'approvisionnement de l'armée. Ensuite le peuple vint à Silo devant l'arche du Seigneur, en disant : « Quelle tribu commandera les autres contre les enfants de Benjamin? » Et le Seigneur répondit : « C'est le sang de Juda qui crie vengeance; que Juda soit votre chef. »

Mais, avant de tirer le glaive contre leurs frères, ils envoyèrent à la tribu de Benjamin des hérauts, lesquels dirent aux Benjamites : « Pourquoi cette horreur se trouve-t-elle au milieu de vous? Livrez-nous ceux qui l'ont commise, afin qu'ils meurent, et que le mal soit ôté du sein d'Israël. »

Les farouches enfants de Jémini, qui n'avaient pas ignoré l'assemblée de Maspha, ni la résolution qu'on y avait prise, s'étant préparés de leur côté, crurent que leur valeur les dispensait d'être justes. Ils n'écoutèrent point l'exhortation de leurs frères; et, loin de leur accorder la satisfaction qu'ils leur devaient, ils sortirent en armes de toutes les villes de leur partage, et accoururent à la défense de Gabaa, sans se laisser effrayer par le nombre, et résolus de combattre seuls tout le peuple réuni. L'armée de Benjamin se trouva de vingt-cinq mille hommes tirant l'épée, outre les habitants de Gabaa, au nombre de sept cents hommes bien aguerris, maniant les armes des deux mains avec la même adresse, et tous si excellents tireurs de frondes qu'ils pouvaient atteindre un cheveu, sans que la pierre déclinât de côté ni d'autre.

L'armée d'Israël s'étant assemblée, et ayant élu ses chefs, vint camper devant Gabaa, comptant emporter aisément cette place. Mais les Benjamites, étant sortis en bon ordre, l'attaquent, la rompent, la poursuivent avec furie; la terreur les précède et la mort les suit. On voyait les forts d'Israël en déroute tomber par milliers sous leur épée, et les champs de Rama se couvrir de cadavres, comme les sables d'Elath se couvrent des nuées de sauterelles qu'un vent brûlant apporte et tue en un jour. Vingt-deux mille hommes de l'armée d'Israël périrent dans ce combat : mais leurs frères ne se découragèrent point; et se fiant à leur force et à leur grand nombre encore plus qu'à la justice de leur cause, ils vinrent le lendemain se ranger en bataille dans le même lieu.

Toutefois, avant que de risquer un nouveau combat, ils étaient montés la veille devant le Seigneur, et, pleurant jusqu'au soir en sa présence, ils l'avaient consulté sur le sort de cette guerre. Mais il leur dit : « Allez, et combattez; votre devoir dépend-il de l'événement? »

Comme ils marchaient donc vers Gabaa, les Benjamites firent une sortie par toutes les portes; et, tombant sur eux avec plus de fureur que la veille, ils les défirent et les poursuivirent avec un tel acharnement que dix-huit mille hommes de guerre périrent encore ce jour-là dans l'armée d'Israël. Alors tout le peuple vint derechef se prosterner et pleurer devant le Seigneur; et, jeûnant jusqu'au soir, ils offrirent des oblations et des sacrifices. « Dieu d'Abraham, disaient-ils en gémissant, ton peuple, épargné tant de fois dans ta juste colère, périra-t-il pour vouloir ôter le mal de son sein? » Puis, s'étant présentés devant l'arche redoutable, et consultant derechef le Seigneur par la bouche de Phinées, fils d'Éléazar, ils lui dirent : « Marcherons-nous encore contre nos frères, ou laisserons-nous en paix Benjamin? » La voix du Tout-Puissant daigna leur répondre : « Marchez, et ne vous fiez plus en votre nombre, mais au Seigneur, qui donne et ôte le courage comme il lui plaît; demain je livrerai Benjamin entre vos mains. »

A l'instant, ils sentent déjà dans leurs cœurs l'effet de cette promesse. Une valeur froide et sûre, succédant à leur brutale impétuosité, les éclaire et les conduit. Ils s'apprêtent posément au combat, et ne s'y présentent plus en forcenés, mais en hommes sages et braves qui savent vaincre sans fureur, et mourir sans désespoir. Ils cachent des troupes derrière le coteau de Gabaa, et se rangent en bataille avec le reste de leur armée; ils attirent loin de la ville les Benjamites, qui, sur leurs premiers succès, pleins d'une confiance trompeuse, sortent plutôt pour les tuer que pour les combattre; ils poursuivent avec impétuosité l'armée qui cède et recule à dessein devant eux; ils arrivent après elle jusqu'où se joignent les chemins de Béthel et de Gabaa, et crient en s'animant au carnage : « Ils tombent devant nous comme les premières fois.» Aveugles qui, dans l'éblouissement d'un vain succès, ne voient pas l'ange de la vengeance qui vole déjà sur leurs rangs, armé du glaive exterminateur!

Cependant le corps de troupes caché derrière le coteau sort de son embuscade en bon ordre au nombre de dix mille hommes, et, s'étendant autour de la ville, l'attaque, la force, en passe tous les habitants au fil de l'épée; puis, élevant une grande fumée, il donne à l'armée le signal convenu, tandis que le Benjamite acharné s'excite à poursuivre sa victoire.

Mais les forts d'Israël, ayant aperçu le signal, firent face à l'ennemi en Baal-Thamar. Les Benjamites, surpris de voir les bataillons d'Israël se former, se développer, s'étendre, fondre sur eux, commencèrent à perdre courage; et, tournant le dos, ils virent avec effroi les tourbillons de fumée qui leur annonçaient le désastre de Gabaa. Alors, frappés de terreur à leur tour, ils conçurent que le bras du Seigneur les avait atteints; et, fuyant en déroute vers le désert, ils furent environnés, poursuivis, tués, foulés aux pieds; tandis que divers détachements entrant dans les villes y mettaient à mort chacun dans son habitation.

En ce jour de colère et de meurtre, presque toute la tribu de Benjamin, au nombre de vingt-six mille hommes, périt sous l'épée d'Israël; savoir dix-huit mille hommes dans leur première retraite depuis Menuha jusqu'à l'est du coteau, cinq mille dans la déroute vers le désert, deux mille qu'on atteignit près de Guidhon, et le reste dans les places qui furent brûlées, et dont tous les habitants, hommes et femmes, jeunes et vieux, grands et petits, jusqu'aux bêtes, furent mis à mort, sans qu'on fît grâce à aucun; en sorte que ce beau pays, auparavant si vivant, si peuplé, si fertile, et maintenant moissonné par la flamme et par le fer, n'offrait plus qu'une affreuse solitude couverte de cendres et d'ossements.

Six cents hommes seulement, dernier reste de cette malheureuse tribu, échappèrent au glaive d'Israël, et se réfugièrent au rocher de Rhimmon, où ils restèrent cachés quatre mois, pleurant trop tard le forfait de leurs frères et la misère où il les avait réduits.

Mais les tribus victorieuses, voyant le sang qu'elles avaient versé, sentirent la plaie qu'elles s'étaient faite. Le peuple vint, et, se rassemblant devant la maison du Dieu fort, éleva un autel sur lequel il lui rendit ses hommages, lui offrant des holocaustes et des actions de grâces; puis, élevant sa voix, il pleura; il pleura sa victoire après avoir pleuré sa défaite. « Dieu d'Abraham, s'écriaient-ils dans leur affliction, ah! où sont tes promesses? et comment ce mal est-il arrivé à ton peuple, qu'une tribu soit éteinte en Israël?» Malheureux humains, qui ne savez ce qui vous est bon, vous avez beau vouloir sanctifier vos passions, elles vous punissent toujours des excès qu'elles vous font commettre; et c'est en exauçant vos vœux injustes que le ciel vous les fait expier.

CHANT QUATRIÈME.

Après avoir gémi du mal qu'ils avaient fait dans leur colère, les enfants d'Israël y cherchèrent quelque remède qui pût rétablir en son entier la race de Jacob mutilée. Emus de compassion pour les six cents hommes réfugiés au rocher de Rhimmon, ils dirent : « Que ferons-nous pour conserver ce dernier et précieux reste d'une de nos tribus presque éteinte? » Car ils avaient juré par le Seigneur, disant : « Si jamais aucun d'entre nous donne sa fille au fils d'un enfant de Jémini, et mêle son sang au sang de Benjamin! » Alors, pour éluder un serment si cruel, méditant de nouveaux carnages, ils firent le dénombrement de l'armée pour voir si, malgré l'engagement solennel, quelqu'un d'eux avait manqué de s'y rendre, et il ne s'y trouva nul des habitants de Jabès de Galaad. Cette branche des enfants de Manassès, regardant moins à la punition du crime qu'à l'effusion du sang fraternel, s'était refusée à des vengeances plus atroces que le forfait, sans considérer que le parjure et la désertion de la cause commune sont pires que la cruauté. Hélas! la mort, la mort barbare fut le prix de leur injuste pitié. Dix mille hommes détachés de l'armée d'Israël reçurent et exécutèrent cet ordre effroyable : « Allez, exterminez Jabès de Galaad, et tous ses habitants, hommes, femmes, enfants, excepté les seules filles vierges, que vous amènerez au camp, afin qu'elles soient données en mariage aux enfants de Benjamin. » Ainsi, pour réparer la désolation de tant de meurtres, ce peuple farouche en commit de plus grands; semblable en sa furie à ces globes de fer lancés par nos machines embrasées, lesquels, tombés à terre après leur premier effet, se relèvent avec une impétuosité nouvelle, et, dans leurs bonds inattendus, renversent et détruisent des rangs entiers.

Pendant cette exécution funeste, Israël envoya des paroles de paix aux six cents de Benjamin réfugiés au rocher de Rhimmon; et ils revinrent parmi leurs frères. Leur retour ne fut point un retour de joie : ils avaient la contenance abattue et les yeux baissés; la honte et le remords couvraient leurs visages; et tout Israël consterné poussa des lamentations en voyant ces tristes restes d'une de ses tribus bénites, de laquelle Jacob avait dit : « Benjamin est un loup dévorant; au matin il déchirera sa proie, et le soir il partagera le butin. »

Après que les dix mille hommes envoyés à Jabès furent de retour, et qu'on eut dénombré les filles qu'ils amenaient, il ne s'en trouva que quatre cents, et on les donna à autant de Benjamites, comme une proie qu'on venait de ravir pour eux. Quelles noces pour de jeunes vierges timides dont on vient d'égorger les frères, les pères, les mères, devant leurs yeux, et qui reçoivent des liens d'attachement et d'amour par des mains dégouttantes du sang de leurs proches! Sexe toujours esclave ou tyran, que l'homme opprime ou qu'il adore, et qu'il ne peut pourtant rendre heureux ni l'être, qu'en le laissant égal à lui.

Malgré ce terrible expédient, il restait deux cents hommes à pourvoir; et ce peuple cruel dans sa pitié même, et à qui le sang de ses frères coûtait si peu, songeait peut-être à faire pour eux de nouvelles veuves, lorsqu'un vieillard de Lébona, parlant aux anciens, leur dit : « Hommes israélites, écoutez l'avis d'un de vos frères. Quand vos mains se lasseront-elles du meurtre des innocents? Voici les jours de la solennité de l'Éternel en Silo. Dites ainsi aux enfants de Benjamin : « Allez, et mettez des embûches aux vignes; puis « quand vous verrez que les filles de Silo sortiront pour danser avec des flûtes, « alors vous les envelopperez, et, ravissant chacun sa femme, vous retour-« nerez vous établir avec elles au pays de Benjamin. »

« Et quand les pères ou les frères des jeunes filles viendront se plaindre à nous, nous leur dirons : « Ayez pitié d'eux pour l'amour de nous et de vous-« mêmes qui êtes leurs frères, puisque, n'ayant pu les pourvoir après cette « guerre et ne pouvant leur donner nos filles contre le serment, nous serons « coupables de leur perte si nous les laissons périr sans descendants. »

Les enfants donc de Benjamin firent ainsi qu'il leur fut dit; et, lorsque les jeunes filles sortirent de Silo pour danser, ils s'élancèrent et les environnèrent. La craintive troupe fuit, se disperse; la terreur succède à leur innocente gaîté; chacune appelle à grands cris ses compagnes, et court de toutes ses forces. Les ceps déchirent leurs voiles, la terre est jonchée de leurs parures. La course anime leur teint et l'ardeur des ravisseurs. Jeunes beautés, où courez-vous? En fuyant l'oppresseur qui vous poursuit, vous tombez dans des bras qui vous enchaînent. Chacun ravit la sienne, et s'efforçant de l'apaiser, l'affaite encore plus par ses caresses que par sa violence. Au tumulte qui s'élève, aux cris qui se font entendre au loin, tout le peuple accourt : les pères et les mères écartent la foule et veulent dégager leurs filles; les ravisseurs autorisés défendent leur proie; enfin les anciens font entendre leur voix, et le peuple, ému de compassion pour les Benjamites, s'intéresse en leur faveur.

Mais les pères, indignés de l'outrage fait à leurs filles, ne cessaient point leurs clameurs. « Quoi! s'écriaient-ils avec véhémence, des filles d'Israël seront-elles asservies et traitées en esclaves sous les yeux du Seigneur? Benjamin nous sera-t-il comme le Moabite et l'Iduméen? Où est la liberté du peuple de Dieu? » Partagée entre la justice et la pitié, l'assemblée prononce enfin que les captives seront remises en liberté et décideront elles-mêmes de leur sort. Les ravisseurs, forcés de céder à ce jugement, les relâchent à regret, et tâchent de substituer à la force des moyens plus puissants sur leurs jeunes cœurs. Aussitôt elles s'échappent et fuient toutes ensemble; ils les suivent, leur tendent les bras, et leur crient : « Filles de Silo, serez-vous plus heureuses avec d'autres? Les restes de Benjamin sont-ils indignes de vous fléchir? » Mais plusieurs d'entre elles, déjà liées par des attachements secrets, palpitaient d'aise d'échapper à leurs ravisseurs. Axa, la tendre Axa parmi les autres, en s'élançant dans les bras de sa mère qu'elle voit accourir, jette furtivement les yeux sur le jeune Elmacin auquel elle était promise, et qui venait plein de douleur et de rage la dégager au prix de son sang. Elmacin la revoit, tend les bras, s'écrie et ne peut parler; la course et l'émotion l'ont mis hors d'haleine. Le Benjamite aperçoit ce transport, ce coup d'œil; il devine tout, il gémit; et, prêt à se retirer, il voit arriver le père d'Axa.

C'était le même vieillard auteur du conseil donné aux Benjamites. Il avait choisi lui-même Elmacin pour son gendre; mais sa probité l'avait empêché d'avertir sa fille du risque auquel il exposait celles d'autrui.

Il arrive; et la prenant par la main : « Axa, lui dit-il, tu connais mon cœur : j'aime Elmacin; il eût été la consolation de mes vieux jours; mais le salut de ton peuple et l'honneur de ton père doivent l'emporter sur lui. Fais ton devoir, ma fille, et sauve-moi de l'opprobre parmi mes frères; car j'ai conseillé tout ce qui s'est fait. » Axa baisse la tête, et soupire sans répondre; mais enfin, levant les yeux, elle rencontre ceux de son vénérable père. Ils ont plus dit que sa bouche. Elle prend son parti. Sa voix faible et tremblante prononce à peine dans un faible et dernier adieu le nom d'Elmacin, qu'elle n'ose regarder; et, se retournant à l'instant demi-morte, elle tombe dans les bras du Benjamite.

Un bruit s'excite dans l'assemblée. Mais Elmacin s'avance et fait signe de la main. Puis élevant la voix : « Ecoute, ô Axa! lui dit-il, mon vœu solennel. Puisque je ne puis être à toi, je ne serai jamais à nulle autre : le seul souvenir de nos jeunes ans, que l'innocence et l'amour ont embellis, me suffit. Jamais le fer n'a passé sur ma tête, jamais le vin n'a mouillé mes lèvres; mon corps est aussi pur que mon cœur; prêtres du Dieu vivant, je me voue à son service; recevez le Nazaréen du Seigneur. »

Aussitôt, comme par une inspiration subite, toutes les filles, entraînées par l'exemple d'Axa, imitent son sacrifice; et, renonçant à leurs premières amours, se livrent aux Benjamites qui les suivaient. A ce touchant aspect il s'élève un cri de joie au milieu du peuple : « Vierges d'Ephraïm, par vous Benjamin va renaître. Béni soit le Dieu de nos pères! il est encore des vertus en Israël. »

LE PERSIFLEUR [1]

Dès qu'on m'a appris que les écrivains qui s'étaient chargés d'examiner les ouvrages nouveaux avaient, par divers accidents, successivement résigné leurs emplois, je me suis mis en tête que je pourrais fort bien les remplacer ; et, comme je n'ai pas la mauvaise vanité de vouloir être modeste avec le public, j'avoue franchement que je m'en suis trouvé très capable ; je soutiens même qu'on ne doit jamais parler autrement de soi, que quand on est bien sûr de n'en pas être la dupe. Si j'étais un auteur connu, j'affecterais peut-être de débiter des contre-vérités à mon désavantage, pour tâcher, à leur faveur, d'amener adroitement dans la même classe les défauts que je serais contraint d'avouer ; mais actuellement le stratagème serait trop dangereux ; le lecteur, par provision, me jouerait infailliblement le tour de tout prendre au pied de la lettre : or, je le demande à mes chers confrères, est-ce là le compte d'un auteur qui parle mal de soi ?

Je sens bien qu'il ne suffit pas tout-à-fait que je sois convaincu de ma grande capacité, et qu'il serait assez nécessaire que le public fût de moitié dans cette conviction ; mais il m'est aisé de montrer que cette réflexion, même prise comme il faut, tourne presque toute à mon profit. Car, remarquez, je vous prie, que, si le public n'a point de preuves que je sois pourvu des talents convenables pour réussir dans l'ouvrage que j'entreprends, on ne peut pas dire non plus qu'il en ait du contraire. Voilà donc déjà pour moi un avantage considérable sur la plupart de mes concurrents : j'ai réellement vis-à-vis d'eux une avance relative de tout le chemin qu'ils ont fait en arrière.

Je pars ainsi d'un préjugé favorable, et je le confirme par les raisons suivantes, très capables, à mon avis, de dissiper pour jamais toute espèce de doute désavantageux sur mon compte.

1° On a publié depuis un grand nombre d'années une infinité de journaux, feuilles et autres ouvrages périodiques, en tout pays et en toute langue, et j'ai apporté la plus scrupuleuse attention à ne jamais rien lire de tout cela. D'où je conclus que, n'ayant point la tête farcie de ce jargon, je suis en état d'en tirer des productions beaucoup meilleures en elles-mêmes, quoique peut-être en moindre quantité. Cette raison est bonne pour le public ; mais j'ai été contraint de la retourner pour mon libraire, en lui disant que le jugement engendre plus de choses à mesure que la mémoire en est moins chargée, et qu'ainsi les matériaux ne nous manqueraient pas.

2° Je n'ai pas trouvé non plus à propos, et à peu près par la même raison, de perdre beaucoup de temps à l'étude des sciences ni à celle des auteurs anciens. La physique systématique est depuis longtemps reléguée dans le pays des romans ; la physique expérimentale ne me paraît plus que l'art d'arranger agréablement de jolis brimborions, et la géométrie, celui de se passer du raisonnement à l'aide de quelques formules.

Quant aux anciens, il m'a semblé que, dans les jugements que j'aurais à

---

[1] Rousseau, dans ses *Confessions* (tome I, page 207), nous apprend que ce morceau devait être le début d'un écrit périodique qu'il allait publier en collaboration avec Diderot.

porter, la probité ne voulait pas que je donnasse le change à mes lecteurs, ainsi que faisaient jadis nos savants en substituant frauduleusement à mon avis, qu'ils attendraient, celui d'Aristote ou de Cicéron, dont ils n'ont que faire : grâce à l'esprit de nos modernes, il y a longtemps que ce scandale a cessé, et je me garderai bien d'en ramener la pénible mode. Je me suis seulement appliqué à la lecture des dictionnaires; et j'y ai fait un tel profit, qu'en moins de trois mois je me suis vu en état de décider de tout avec autant d'assurance et d'autorité que si j'avais eu deux ans d'étude. J'ai de plus acquis un petit recueil de passages latins tirés de divers poètes, où je trouverai de quoi broder et enjoliver mes feuilles, en les ménageant avec économie afin qu'ils durent longtemps. Je sais combien les vers latins, cités à propos, donnent de relief à un philosophe; et, par la même raison, je me suis fourni de quantité d'axiomes et de sentences philosophiques pour orner mes dissertations, quand il sera question de poésie. Car je n'ignore pas que c'est un devoir indispensable, pour quiconque aspire à la réputation d'auteur célèbre, de parler pertinemment de toutes les sciences, hors celle dont il se mêle. D'ailleurs, je ne sens point du tout la nécessité d'être fort savant pour juger les ouvrages qu'on nous donne aujourd'hui. Ne dirait-on pas qu'il faut avoir lu le père Pétau, Montfaucon, etc., et être profond dans les mathématiques, etc., pour juger *Tanzaï*, *Grigri*, *Angola*, *Misapouf*, et autres sublimes productions de ce siècle?

Ma dernière raison, et, dans le fond, la seule dont j'avais besoin, est tirée de mon objet même. Le but que je me propose dans le travail médité est de faire l'analyse des ouvrages nouveaux qui paraîtront, d'y joindre mon sentiment, et de communiquer l'un et l'autre au public; or, dans tout cela, je ne vois pas la moindre nécessité d'être savant. Juger sainement et impartialement, bien écrire, savoir sa langue; ce sont là, ce me semble, toutes les connaissances nécessaires en pareil cas : mais ces connaissances, qui est-ce qui se vante de les posséder mieux que moi et à un plus haut degré? A la vérité je ne saurais pas bien démontrer que cela soit réellement tout-à-fait comme je le dis, mais c'est justement à cause de cela que je le crois encore plus fort : on ne peut trop sentir soi-même ce qu'on veut persuader aux autres. Serais-je donc le premier qui, à force de se croire un fort habile homme, l'aurait aussi fait croire au public? et si je parviens à lui donner de moi une semblable opinion, qu'elle soit bien ou mal fondée, n'est-ce pas, pour ce qui me regarde, à peu près la même chose dans le cas dont il s'agit?

On ne peut donc nier que je ne sois très fondé à m'ériger en Aristarque, en juge souverain des ouvrages nouveaux, louant, blâmant, critiquant à ma fantaisie, sans que personne soit en droit de me taxer de témérité, sauf à tous et un chacun de se prévaloir contre moi du droit de représailles, que je leur accorde de très grand cœur, désirant seulement qu'il leur prenne en gré de dire du mal de moi de la même manière et dans le même sens que je m'avise d'en dire du bien.

C'est par une suite de ce principe d'équité que, n'étant point connu de ceux qui pourraient devenir mes adversaires, je déclare que toute critique ou observation personnelle sera pour toujours bannie de mon journal. Ce ne sont que des livres que je vais examiner; le mot d'auteur ne sera pour moi que l'esprit du livre même, il ne s'étendra point au-delà; et j'avertis positivement que je ne m'en servirai jamais dans un autre sens : de sorte que si, dans mes jours de mauvaise humeur, il m'arrive quelquefois de dire : Voilà un sot, un impertinent écrivain, c'est l'ouvrage seul qui sera taxé d'impertinence et de sottise, et je n'entends nullement que l'auteur en soit moins un génie du premier ordre, et peut-être même un digne académicien. Que sais-je, par exemple, si l'on ne s'avisera point de régaler mes feuilles des épithètes dont je viens de parler? or on voit bien d'abord que je ne cesserai pas pour cela d'être un homme de beaucoup de mérite.

J.-J. Rousseau, t. iv.

Comme tout ce que j'ai dit jusqu'à présent paraîtrait un peu vague, si je n'ajoutais rien pour exposer plus nettement mon projet et la manière dont je me propose de l'exécuter, je vais prévenir mon lecteur sur certaines particularités de mon caractère, qui le mettront au fait de ce qu'il peut s'attendre à trouver dans mes écrits.

Quand Boileau a dit de l'homme en général qu'il changeait du blanc au noir, il a croqué mon portrait en deux mots, en qualité d'individu. Il l'eût rendu plus précis, s'il y eût ajouté toutes les autres couleurs avec les nuances intermédiaires. Rien n'est si dissemblable à moi que moi-même; c'est pourquoi il serait inutile de tenter de me définir autrement que par cette variété singulière; elle est telle dans mon esprit, qu'elle influe de temps à autre jusque sur mes sentiments. Quelquefois je suis un dur et féroce misanthrope; en d'autres moments, j'entre en extase au milieu des charmes de la société et des délices de l'amour. Tantôt je suis austère et dévot, et, pour le bien de mon âme, je fais tous mes efforts pour rendre durables ces saintes dispositions: mais je deviens bientôt un franc libertin; et, comme je m'occupe alors beaucoup plus de mes sens que de ma raison, je m'abstiens constamment d'écrire dans ces moments-là. C'est sur quoi il est bon que mes lecteurs soient suffisamment prévenus, de peur qu'ils ne s'attendent à trouver dans mes feuilles des choses que certainement ils n'y verront jamais. En un mot, un protée, un caméléon, une femme, sont des êtres moins changeants que moi : ce qui doit dès l'abord ôter aux curieux toute espérance de me reconnaître quelque jour à mon caractère; car ils me trouveront toujours sous quelque forme particulière, qui ne sera la mienne que pendant ce moment-là. Et ils ne peuvent pas même espérer de me reconnaître à ces changements; car, comme ils n'ont point de période fixe, ils se feront quelquefois d'un instant à l'autre, et, d'autres fois, je demeurerai des mois entiers dans le même état. C'est cette irrégularité même qui fait le fond de ma constitution. Bien plus, le retour des mêmes objets renouvelle ordinairement en moi des dispositions semblables à celles où je me suis trouvé la première fois que je les ai vus; c'est pourquoi je suis assez constamment de la même humeur avec les mêmes personnes. De sorte qu'à entendre séparément tous ceux qui me connaissent, rien ne paraîtrait moins varié que mon caractère : mais allez aux derniers éclaircissements, l'un vous dira que je suis badin, l'autre grave; celui-ci me prendra pour un ignorant, l'autre pour un homme fort docte; en un mot, autant de têtes, autant d'avis. Je me trouve si bizarrement disposé à cet égard, qu'étant un jour abordé par deux personnes à la fois, avec l'une desquelles j'avais accoutumé d'être gai jusqu'à la folie, et plus ténébreux qu'Héraclite avec l'autre, je me sentis si puissamment agité, que je fus contraint de les quitter brusquement, de peur que le contraste des passions opposées ne me fît tomber en syncope.

Avec tout cela, à force de m'examiner je n'ai pas laissé que de démêler en moi certaines dispositions dominantes et certains retours presque périodiques qui seraient difficiles à remarquer à tout autre qu'à l'observateur le plus attentif, en un mot qu'à moi-même : c'est à peu près ainsi que toutes les vicissitudes et les irrégularités de l'air n'empêchent pas que les marins et les habitants de la campagne n'y aient remarqué quelques circonstances annuelles et quelques phénomènes, qu'ils ont réduits en règle pour prédire à peu près le temps qu'il fera dans certaines saisons. Je suis sujet, par exemple, à deux dispositions principales, qui changent assez constamment de huit jours en huit jours, et que j'appelle mes âmes hebdomadaires : par l'une, je me trouve sagement fou; par l'autre, follement sage; mais de telle manière pourtant que, la folie l'emportant sur la sagesse dans l'un et dans l'autre cas, elle a surtout manifestement le dessus dans la semaine où je m'appelle sage; car alors le fond de toutes les matières que je traite, quelque raisonnable qu'il puisse être en soi, se trouve presque entièrement absorbé par les futilités et les extravagances dont j'ai toujours soin de l'habiller. Pour mon âme folle, elle est bien plus sage que cela ; car, bien qu'elle tire toujours de son propre fonds le texte sur lequel elle argumente, elle met tant d'art, tant d'ordre, et tant de force dans ses raisonnements et dans ses preuves, qu'une folie ainsi déguisée ne diffère presque en rien de la sagesse. Sur ces idées, que je garantis justes, ou à peu près, je trouve un petit problème à proposer à mes lecteurs, et je les prie de vouloir bien décider laquelle c'est de mes deux âmes qui a dicté cette feuille.

Qu'on ne s'attende donc point à ne voir ici que de sages et graves dissertations. On y en verra sans doute ; et où serait la variété ? Mais je ne garantis point du tout qu'au milieu de la plus profonde métaphysique il ne me prenne tout d'un coup une saillie extravagante, et qu'emboîtant mon lecteur dans l'Icosaèdre de Bergerac, je ne le transporte tout d'un coup dans la lune, tout comme, à propos de l'Arioste et de l'Hippogriffe, je pourrais fort bien lui citer Platon, Locke, ou Malebranche.

Au reste, toutes matières seront de ma compétence : j'étends ma juridiction indistinctement sur tout ce qui sortira de la presse ; je m'arrogerai même, quand le cas y échera, le droit de révision sur les jugements de mes confrères ; et, non content de me soumettre toutes les imprimeries de France, je me propose aussi de faire, de temps en temps, de bonnes excursions hors du royaume, et de me rendre tributaires l'Italie, la Hollande, et même l'Angleterre, chacune à son tour, promettant, foi de voyageur, la véracité la plus exacte dans les actes que j'en rapporterai.

Quoique le lecteur se soucie sans doute assez peu des détails que je lui fais ici de moi et de mon caractère, j'ai résolu de ne pas lui en faire grâce d'une seule ligne ; c'est autant pour son profit que pour ma commodité que j'en agis ainsi. Après avoir commencé par me persifler moi-même, j'aurai tout le temps de persifler les autres ; j'ouvrirai les yeux, j'écrirai ce que je vois, et l'on trouvera que je me serai assez bien acquitté de ma tâche.

Il me reste à faire excuse d'avance aux auteurs que je pourrais maltraiter à tort, et au public, de tous les éloges injustes que je pourrais donner aux ouvrages qu'on lui présente ; ce ne sera jamais volontairement que je commettrai de pareilles erreurs. Je sais que l'impartialité dans un journaliste ne sert qu'à lui faire des ennemis de tous les auteurs, pour n'avoir pas dit, au gré de chacun d'eux, assez de bien de lui, ni assez de mal de ses confrères : c'est pour cela que je veux toujours rester inconnu. Ma grande folie est de vouloir ne consulter que la raison et de ne dire que la vérité : de sorte que, suivant l'étendue de mes lumières et la disposition de mon esprit, on pourra trouver en moi, tantôt un critique plaisant et badin, tantôt un censeur sévère et bourru, non pas un satirique amer ni un puéril adulateur. Les jugements peuvent être faux, mais le juge ne sera jamais inique.

LA REINE FANTASQUE

CONTE (1)

Il y avait une fois un roi qui aimait son peuple. — Cela commence comme un conte de fée, interrompit le druide. — C'en est un aussi, répondit Jalamir. Il y avait donc un roi qui aimait son peuple, et qui, par conséquent, en était adoré. Il avait fait tous ses efforts pour trouver des ministres aussi bien intentionnés que lui; mais, ayant enfin reconnu la folie d'une pareille recherche, il avait pris le parti de faire par lui-même toutes les choses qu'il pouvait dérober à leur malfaisante activité. Comme il était fort entêté du bizarre projet de rendre ses sujets heureux, il agissait en conséquence; et une conduite si singulière lui donnait parmi les grands un ridicule ineffaçable. Le peuple le bénissait; mais, à la cour, il passait pour un fou. A cela près, il ne manquait pas de mérite : aussi s'appelait-il Phénix.

Si ce prince était extraordinaire, il avait une femme qui l'était moins. Vive, étourdie, capricieuse, folle par la tête, sage par le cœur, bonne par tempérament, méchante par caprice, voilà, en quatre mots, le portrait de la reine. Fantasque était son nom : nom célèbre qu'elle avait reçu de ses ancêtres en ligne féminine, et dont elle soutenait dignement l'honneur. Cette personne si illustre et si raisonnable était le charme et le supplice de son cher époux; car elle l'aimait aussi fort sincèrement, peut-être à cause de la facilité qu'elle avait à le tourmenter. Malgré l'amour réciproque qui régnait entre eux, ils passèrent plusieurs années sans pouvoir obtenir aucun fruit de leur union. Le roi en était pénétré de chagrin, et la reine s'en mettait dans des impatiences dont ce bon prince ne se ressentait pas tout seul : elle s'en prenait à tout le monde de ce qu'elle n'avait point d'enfants. Il n'y avait pas un courtisan à qui elle ne demandât étourdiment quelque secret pour en avoir, et qu'elle ne rendît responsable du mauvais succès.

Les médecins ne furent point oubliés; car la reine avait pour eux une docilité peu commune, et ils n'ordonnaient pas une drogue qu'elle ne fît préparer très soigneusement, pour avoir le plaisir de la leur jeter au nez à l'instant qu'il la fallait prendre. Les derviches eurent leur tour; il fallut recourir aux neuvaines, aux vœux, surtout aux offrandes. Et malheur aux desservants des temples où sa majesté allait en pèlerinage ! elle fourrageait tout; et, sous prétexte d'aller respirer un air prolifique, elle ne manquait jamais de mettre sens dessus dessous toutes les cellules des moines. Elle portait aussi leurs reliques, et s'affublait alternativement de tous leurs différents équipages : tantôt c'était un cordon blanc, tantôt une ceinture de cuir, tantôt un capuchon, tantôt un scapulaire; il n'y avait sorte de mascarade monastique dont sa dévotion ne s'avisât; et comme elle avait un petit air éveillé qui la rendait charmante sous tous ces déguisements, elle n'en quittait aucun sans avoir eu soin de s'y faire peindre.

(1) Jean-Jacques avait parié qu'on pouvait faire un conte « supportable et même gai, sans intrigue, sans amour, sans mariage et sans polissonnerie. » La *Reine fantasque* fut le résultat de la gageure. Selon M. Musset-Pathay, elle fut faite pour la société du *Bout-du-Banc*, qui se rassemblait chez mademoiselle Quinault.

Enfin, à force de dévotions si bien faites, à force de médecines si sagement employées, le ciel et la terre exaucèrent les vœux de la reine : elle devint grosse au moment qu'on commençait à en désespérer. Je laisse à deviner la joie du roi et celle du peuple. Pour la sienne, elle alla, comme toutes ses passions, jusqu'à l'extravagance : dans ses transports, elle cassait et brisait tout; elle embrassait indifféremment tout ce qu'elle rencontrait, hommes, femmes, courtisans, valets : c'était risquer de se faire étouffer que se trouver sur son passage. Elle ne connaissait point, disait-elle, de ravissement pareil à celui d'avoir un enfant à qui elle pût donner le fouet tout à son aise dans ses moments de mauvaise humeur.

Comme la grossesse de la reine avait été longtemps inutilement attendue, elle passait pour un de ces événements extraordinaires dont tout le monde veut avoir l'honneur. Les médecins l'attribuaient à leurs drogues, les moines à leurs reliques, le peuple à ses prières, et le roi à son amour. Chacun s'intéressait à l'enfant qui devait naître, comme si c'eût été le sien; et tous faisaient des vœux sincères pour l'heureuse naissance du prince, car on en voulait un; et le peuple, les grands et le roi réunissaient leurs désirs sur ce point. La reine trouva fort mauvais qu'on s'avisât de lui prescrire de qui elle devait accoucher, et déclara qu'elle prétendait avoir une fille, ajoutant qu'il lui paraissait assez singulier que quelqu'un osât lui disputer le droit de disposer d'un bien qui n'appartenait incontestablement qu'à elle seule.

Phénix voulut en vain lui faire entendre raison : elle lui dit nettement que ce n'étaient point là ses affaires, et s'enferma dans son cabinet pour bouder, occupation chérie à laquelle elle employait régulièrement au moins six mois de l'année. Je dis six mois, non de suite, c'eût été autant de repos pour son mari, mais pris dans des intervalles propres à le chagriner.

Le roi comprenait fort bien que les caprices de la mère ne détermineraient pas le sexe de l'enfant; mais il était au désespoir qu'elle donnât ainsi ses travers en spectacle à toute la cour. Il eût sacrifié tout au monde pour que l'estime universelle eût justifié l'amour qu'il avait pour elle; et le bruit qu'il fit mal à propos en cette occasion ne fut pas la seule folie que lui eût fait faire le ridicule espoir de rendre sa femme raisonnable.

Ne sachant plus à quel saint se vouer, il eut recours à la fée Discrète son amie, et la protectrice de son royaume. La fée lui conseilla de prendre les voies de la douceur, c'est-à-dire, de demander excuse à la reine. « Le seul but, lui dit-elle, de toutes les fantaisies des femmes est de désorienter un peu la morgue masculine, et d'accoutumer les hommes à l'obéissance qui leur convient. Le meilleur moyen que vous ayez de guérir les extravagances de votre femme est d'extravaguer avec elle. Dès le moment que vous cesserez de contrarier ses caprices, assurez-vous qu'elle cessera d'en avoir, et qu'elle n'attend, pour devenir sage, que de vous avoir rendu bien complétement fou. Faites donc les choses de bonne grâce, et tâchez de céder en cette occasion, pour obtenir tout ce que vous voudrez dans une autre. » Le roi crut la fée, et, pour se conformer à son avis, s'étant rendu au cercle de la reine, il la prit à part, lui dit tout bas qu'il était fâché d'avoir contesté contre elle mal à propos, et qu'il tâcherait de la dédommager à l'avenir, par sa complaisance, de l'humeur qu'il pouvait avoir mise dans ses discours en disputant impoliment contre elle.

Fantasque, qui craignit que la douceur de Phénix ne la couvrît seule de tout le ridicule de cette affaire, se hâta de lui répondre que sous cette excuse ironique elle voyait encore plus d'orgueil que dans les disputes précédentes; mais que, puisque les torts d'un mari n'autorisaient point ceux d'une femme, elle se hâtait de céder en cette occasion comme elle avait toujours fait. « Mon prince et mon époux, ajouta-t-elle tout haut, m'ordonne d'accoucher d'un garçon, et je sais trop bien mon devoir pour manquer d'obéir. Je n'ignore pas que quand sa majesté m'honore des marques de sa tendresse, c'est moins pour l'amour de moi que pour celui de son peuple, dont l'intérêt ne l'occupe guère moins la nuit que le jour; je dois imiter un si noble désintéressement, et je vais demander au divan un mémoire instructif du nombre et du sexe des enfants qui conviennent à la famille royale; mémoire important au bonheur de l'état, et sur lequel toute reine doit apprendre à régler sa conduite pendant la nuit. »

Ce beau soliloque fut écouté de tout le cercle avec beaucoup d'attention, et je vous laisse à penser combien d'éclats de rire furent assez maladroitement étouffés. « Ah! dit tristement le roi en sortant et haussant les épaules, je vois bien que, quand on a une femme folle, on ne peut éviter d'être un sot. »

La fée Discrète, dont le sexe et le nom contrastaient quelquefois plaisamment dans son caractère, trouva cette querelle si réjouissante, qu'elle résolut de s'en amuser jusqu'au bout. Elle dit publiquement au roi qu'elle avait consulté les comètes qui président à la naissance des princes, et qu'elle pouvait lui répondre que l'enfant qui naîtrait de lui serait un garçon; mais en secret elle assura la reine qu'elle aurait une fille.

Cet avis rendit tout-à-coup Fantasque aussi raisonnable qu'elle avait été capricieuse jusque alors. Ce fut avec une douceur et une complaisance infinies qu'elle prit toutes les mesures possibles pour désoler le roi et toute la cour. Elle se hâta de faire faire une layette des plus superbes, affectant de la rendre si propre à un garçon, qu'elle devînt ridicule à une fille : il fallut, dans ce dessein, changer plusieurs modes; mais tout cela ne lui coûtait rien. Elle fit préparer un beau collier de l'ordre, tout brillant de pierreries, et voulut absolument que le roi nommât d'avance le gouverneur et le précepteur du jeune prince.

Sitôt qu'elle fut sûre d'avoir une fille, elle ne parla que de son fils, et n'omit aucune des précautions inutiles qui pouvaient faire oublier celles qu'on aurait dû prendre. Elle riait aux éclats en se peignant la contenance étonnée et bête qu'auraient les grands et les magistrats qui devaient orner ses couches de leur présence. « Il me semble, disait-elle à la fée, voir d'un côté notre vénérable chancelier arborer de grandes lunettes pour vérifier le sexe de l'enfant; et de l'autre, sa sacrée majesté baisser les yeux et dire en balbutiant : — Je croyais..... la fée m'avait pourtant dit..... Messieurs, ce n'est pas ma faute; — et d'autres apophthegmes aussi spirituels, recueillis par les savants de la cour, et bientôt portés jusqu'aux extrémités des Indes. »

Elle se représentait avec un plaisir malin le désordre et la confusion que ce merveilleux événement allait jeter dans toute l'assemblée. Elle se figurait d'avance les disputes, l'agitation de toutes les dames du palais, pour réclamer, ajuster, concilier en ce moment imprévu les droits de leurs importantes charges, et toute la cour en mouvement pour un béguin.

Ce fut aussi dans cette occasion qu'elle inventa le décent et spirituel usage de faire haranguer par les magistrats en robe le prince nouveau-né. Phénix voulut lui représenter que c'était avilir la magistrature à pure perte, et jeter un comique extravagant sur tout le cérémonial de la cour, que d'aller en grand appareil étaler du phébus à un petit marmot avant qu'il le pût entendre, ou du moins y répondre.

« Eh ! tant mieux ! reprit vivement la reine, tant mieux pour votre fils ! Ne serait-il pas trop heureux que toutes les bêtises qu'ils ont à lui dire fussent épuisées avant qu'il les entendît? et voudriez-vous qu'on lui gardât pour l'âge de raison des discours propres à le rendre fou ? Pour Dieu, laissez-les haranguer tout leur bien-aise, tandis qu'on est sûr qu'il n'y comprend rien, et qu'il en a l'ennui de moins : vous devez savoir de reste qu'on n'en est pas toujours quitte à si bon marché. » Il en fallut passer par là; et, de l'ordre exprès de sa majesté, les présidents du sénat et des académies commencèrent à composer, étudier, raturer, et feuilleter leur Vaumorière et leur Démosthène, pour apprendre à parler à un embryon.

Enfin le moment critique arriva. La reine sentit les premières douleurs avec des transports de joie dont on ne s'avise guère en pareille occasion. Elle se plaignait de si bonne grâce, et pleurait d'un air si riant, qu'on eût cru que le plus grand de ses plaisirs était celui d'accoucher.

Aussitôt ce fut dans tout le palais une rumeur épouvantable. Les uns couraient chercher le roi, d'autres les princes, d'autres les ministres, d'autres le sénat; le plus grand nombre et les plus pressés allaient pour aller, et, roulant leur tonneau comme Diogène, avaient pour toute affaire de se donner un air affairé. Dans l'empressement de rassembler tant de gens nécessaires, la dernière personne à qui l'on songea fut l'accoucheur, et le roi, que son trouble mettait hors de lui, ayant demandé par mégarde une sage-femme, cette inadvertance excita parmi les dames du palais des ris immodérés, qui, joints à la bonne humeur de la reine, firent l'accouchement le plus gai dont on eût jamais entendu parler.

Quoique Fantasque eût gardé de son mieux le secret de la fée, il n'avait pas laissé de transpirer parmi les femmes de sa maison; et celles-ci le gardèrent si soigneusement elles-mêmes, que le bruit fut plus de trois jours à s'en répandre par toute la ville : de sorte qu'il n'y avait depuis longtemps que le roi seul qui n'en sût rien. Chacun était donc attentif à la scène qui se préparait : l'intérêt public fournissant un prétexte à tous les curieux de s'amuser aux dépens de la famille royale, ils se faisaient une fête d'épier la contenance de leurs majestés, et de voir comment, avec deux promesses contradictoires, la fée pourrait se tirer d'affaire, et conserver son crédit.

— Oh çà, monseigneur, dit Jalamir au druide en s'interrompant, convenez qu'il ne tient qu'à moi de vous impatienter dans les règles; car vous sentez bien que voici le moment des digressions, des portraits, et de cette multitude de belles choses que tout auteur homme d'esprit ne manque jamais d'employer à propos dans l'endroit le plus intéressant pour amuser ses lecteurs. — Comment! par Dieu, dit le druide, t'imagines-tu qu'il y en ait d'assez sots pour lire tout cet esprit-là? Apprends qu'on a toujours celui de le passer, et qu'en dépit de M. l'auteur on a bientôt couvert son étalage des feuillets de son livre. Et toi, qui fais ici le raisonneur, penses-tu que tes propos vaillent mieux que l'esprit des autres, et que, pour éviter l'imputation d'une sottise, il suffise de dire qu'il ne tiendrait qu'à toi de la faire? Vraiment, il ne fallait que le dire pour le prouver; et malheureusement je n'ai pas, moi, la ressource de tourner les feuillets. — Consolez-vous, lui dit doucement Jalamir; d'autres les tourneront pour vous si jamais on écrit ceci. Cependant considérez que voilà toute la cour rassemblée dans la chambre de la reine; que c'est la plus belle occasion que j'aurai jamais de vous peindre tant d'illustres originaux, et la seule peut-être que vous aurez de les connaître. — Que Dieu t'entende! repartit plaisamment le druide; je ne les connaîtrai que trop par leurs actions : fais-les donc agir si ton histoire a besoin d'eux et n'en dis mot s'ils sont inutiles; je ne veux point d'autres portraits que les faits. — Puisqu'il n'y a pas moyen, dit Jalamir, d'égayer mon récit par un peu de métaphysique, j'en vais tout bêtement reprendre le fil. Mais conter pour conter est d'un ennui... Vous ne savez pas combien de belles choses vous allez perdre. Aidez-moi, je vous prie, à me retrouver; car l'essentiel m'a tellement emporté, que je ne sais plus à quoi j'en étais du conte.

— A cette reine, dit le druide impatienté, que tu as tant de peine à faire accoucher, et avec laquelle tu me tiens depuis une heure en travail. — Oh! oh! reprit Jalamir, croyez-vous que les enfants des rois se pondent comme des œufs de grives? Vous allez voir si ce n'était pas bien la peine de pérorer. La reine donc, après bien des cris et des ris, tira enfin les curieux de peine et la fée d'intrigue, en mettant au jour une fille et un garçon plus beaux que la lune et le soleil, et qui se ressemblaient si fort qu'on avait peine à les distinguer, ce qui fit que dans leur enfance on se plaisait à les habiller de même. Dans ce moment si désiré, le roi, sortant de la majesté pour se rendre à la nature, fit des extravagances qu'en d'autres temps il n'eût pas laissé faire à la reine; et le plaisir d'avoir des enfants le rendait si enfant lui-même, qu'il courut sur son balcon crier à pleine tête : « Mes amis, réjouissez-vous tous; il vient de me naître un fils, et à vous un père, et une fille à ma femme. » La reine, qui se trouvait pour la première fois de sa vie à pareille fête, ne s'aperçut pas de tout l'ouvrage qu'elle avait fait, et la fée, qui connaissait son esprit fantasque, se contenta, conformément à ce qu'elle avait désiré, de lui annoncer d'abord une fille. La reine se la fit apporter, et, ce qui surprit fort les spectateurs, elle l'embrassa tendrement à la vérité, mais les larmes aux yeux, et avec un air de tristesse qui cadrait mal avec celui qu'elle avait eu jusque alors. J'ai déjà dit qu'elle aimait sincèrement son époux : elle avait été touchée de l'inquiétude et de l'attendrissement qu'elle avait lu dans ses regards durant ses souffrances. Elle avait fait, dans un temps à la vérité singulièrement choisi, des réflexions sur la cruauté qu'il y avait à désoler un mari si bon; et quand on lui présenta sa fille, elle ne songea qu'au regret qu'aurait le roi de n'avoir pas un fils. Discrète, à qui l'esprit de son sexe et le don de féerie apprenaient à lire facilement dans les cœurs, pénétra sur-le-champ ce qui se passait dans celui de la reine; et, n'ayant plus de raison pour lui déguiser la vérité, elle fit apporter le jeune prince. La reine, revenue de sa surprise, trouva l'expédient si plaisant qu'elle en fit des éclats de rire dangereux dans l'état où elle était. Elle se trouva mal. On eut beaucoup de peine à la faire revenir ; et, si la fée n'eût répondu de sa vie, la douleur la plus vive allait succéder aux transports de joie dans le cœur du roi et sur les visages des courtisans.

Mais voici ce qu'il y eut de plus singulier dans toute cette aventure : le regret sincère qu'avait la reine d'avoir tourmenté son mari lui fit prendre une affection plus vive pour le jeune prince que pour sa sœur ; et le roi, de son côté, qui adorait la reine, marqua la même préférence à la fille qu'elle avait souhaitée. Les caresses indirectes que ces deux bizarres époux se faisaient ainsi l'un à l'autre devinrent bientôt un goût très décidé, et la reine ne pouvait non plus se passer de son fils que le roi de sa fille.

Ce double événement fit un grand plaisir à tout le peuple, et le rassura du moins pour un temps sur la frayeur de manquer de maîtres. Les esprits forts, qui s'étaient moqués des promesses de la fée, furent moqués à leur tour ; mais ils ne se tinrent pas pour battus, disant qu'ils n'accordaient pas même à la fée l'infaillibilité du mensonge, ni à ses prédictions la vertu de rendre impossibles les choses qu'elle annonçait ; d'autres, fondés sur la prédilection qui commençait à se déclarer, poussèrent l'imprudence jusqu'à soutenir qu'en donnant un fils à la reine et une fille au roi, l'événement avait de tout point démenti la prophétie.

Tandis que tout se disposait pour la pompe du baptême des deux nouveaunés, et que l'orgueil humain se préparait à briller humblement aux autels des dieux... — Un moment, interrompit le druide ; tu me brouilles d'une terrible façon. Apprends-moi, je te prie, en quel lieu nous sommes. D'abord, pour rendre la reine enceinte, tu la promenais parmi des reliques et des capuchons ; après cela tu nous as tout-à-coup fait passer aux Indes ; à présent tu viens me parler du baptême, et puis des autels des dieux. Par le grand Thamiris ! je ne sais plus si, dans la cérémonie que tu prépares, nous allons adorer Jupiter, la bonne Vierge ou Mahomet. Ce n'est pas qu'à moi, druide, il m'importe beaucoup que tes deux bambins soient baptisés ou circoncis ; mais encore faut-il observer le costume, et ne pas m'exposer à prendre un évêque pour le muphti, et le Missel pour l'Alcoran. — Le grand malheur ! lui dit Jalamir ; d'aussi fins que vous s'y tromperaient bien. Dieu garde de mal tous les prélats qui ont des sérails et prennent pour de l'arabe le latin du bréviaire ! Dieu fasse paix à tous les hommes cafards qui suivent l'intolérance du prophète de la Mecque, toujours prêts à massacrer saintement le genre humain pour la plus grande gloire du Créateur ! Mais vous devez vous ressouvenir que nous sommes dans un pays de fées, où l'on n'envoie personne en enfer pour le bien de son âme, où l'on ne s'avise point de regarder au prépuce des gens pour les damner ou les absoudre, et où la mitre et le turban vert couvrent également les têtes sacrées, pour servir de signalement aux yeux des sages et de parure à ceux des sots.

Je sais bien que les lois de la géographie, qui règlent toutes les religions du monde, veulent que les deux nouveau-nés soient musulmans ; mais on ne circoncit que les mâles, et j'ai besoin que mes jumeaux soient administrés tous deux ; ainsi trouvez bon que je les baptise. — Fais, fais, dit le druide ; voilà, foi de prêtre, un choix le mieux motivé dont j'aie entendu parler de ma vie.

— La reine, qui se plaisait à bouleverser toute étiquette, voulut se lever au bout de six jours, et sortir le septième, sous prétexte qu'elle se portait bien. En effet, elle nourrissait ses enfants : exemple odieux, dont toutes les femmes lui représentèrent très fortement les conséquences. Mais Fantasque, qui craignait les ravages du lait répandu, soutint qu'il n'y a point de temps plus perdu pour le plaisir de la vie que celui qui vient après la mort, que le sein d'une femme morte ne se flétrit pas moins que celui d'une nourrice, ajoutant d'un ton de duègne qu'il n'y a point de si belle gorge aux yeux d'un mari que celle d'une mère qui nourrit ses enfants. Cette intervention des maris dans des soins qui les regardent si peu fit beaucoup rire les dames; et la reine, trop jolie pour l'être impunément, leur parut dès lors, malgré ses caprices, presque aussi ridicule que son époux, qu'elles appelaient par dérision le bourgeois de Vaugirard.

— Je te vois venir, dit aussitôt le druide; tu voudrais me donner insensiblement le rôle de Schah-Bahan, et me faire demander s'il y a aussi un Vaugirard aux Indes comme un Madrid au bois de Boulogne, un Opéra dans Paris, et un philosophe à la cour. Mais poursuis ta rapsodie, et ne me tends plus de ces pièges; car n'étant ni marié, ni sultan, ce n'est pas la peine d'être un sot.

— Enfin, dit Jalamir sans répondre au druide, tout étant prêt, le jour fut pris pour ouvrir les portes du ciel aux deux nouveau-nés. La fée se rendit de bon matin au palais, et déclara aux augustes époux qu'elle allait faire à chacun de leurs enfants un présent digne de leur naissance et de son pouvoir. « Je veux, dit-elle, avant que l'eau magique les dérobe à ma protection, les enrichir de mes dons et leur donner des noms plus efficaces que ceux de tous les pieds-plats du calendrier, puisqu'ils exprimeront les perfections dont j'aurai soin de les douer en même temps; mais, comme vous devez connaître mieux que moi les qualités qui conviennent au bonheur de votre famille et de vos peuples, choisissez vous-mêmes, et faites ainsi d'un seul acte de volonté sur chacun de vos deux enfants ce que vingt ans d'éducation font rarement dans la jeunesse, et que la raison ne fait plus dans un âge avancé. »

Aussitôt grande altercation entre les deux époux. La reine prétendait seule régler à sa fantaisie le caractère de toute sa famille; et le bon prince, qui sentait toute l'importance d'un pareil choix, n'avait garde de l'abandonner au caprice d'une femme dont il adorait les folies sans les partager. Phénix voulait des enfants qui devinssent un jour des gens raisonnables : Fantasque aimait mieux avoir de jolis enfants; et, pourvu qu'ils brillassent à six ans, elle s'embarrassait fort peu qu'ils fussent des sots à trente. La fée eut beau s'efforcer de mettre leurs majestés d'accord, bientôt le caractère des nouveau-nés ne fut plus que le prétexte de la dispute; et il n'était pas question d'avoir raison, mais de se mettre l'un l'autre à la raison.

Enfin, Discrète imagina un moyen de tout ajuster sans donner le tort à personne : ce fut que chacun disposât à son gré de l'enfant de son sexe. Le roi approuva un expédient qui pourvoyait à l'essentiel, en mettant à couvert des bizarres souhaits de la reine l'héritier présomptif de la couronne; et voyant les deux enfants sur les genoux de leur gouvernante, il se hâta de s'emparer du prince, non sans regarder sa sœur d'un œil de commisération. Mais Fantasque, d'autant plus mutinée qu'elle avait moins raison de l'être, courut comme une emportée à la jeune princesse, et la prenant aussi dans ses bras: « Vous vous unissez tous, dit-elle, pour m'excéder; mais, afin que les caprices du roi tournent malgré lui-même au profit d'un de ses enfants, je déclare que je demande pour celui que je tiens tout le contraire de ce qu'il demandera pour l'autre. Choisissez maintenant, dit-elle au roi d'un air de triomphe; et puisque vous trouvez tant de charmes à tout diriger, décidez d'un seul mot le sort de votre famille entière. » La fée et le roi tâchèrent en vain de la dissuader d'une résolution qui mettait ce prince dans un étrange embarras; elle n'en voulut jamais démordre. « Ah! dit ce prince outré de dépit, vous n'avez jamais eu pour votre fille que de l'aversion, et vous le prouvez dans l'occasion la plus importante de sa vie; mais, ajouta-t-il dans un transport de colère dont il ne fut pas le maître, pour la rendre parfaite en dépit de vous, je demande que cet enfant-ci vous ressemble. — Tant mieux pour vous et pour lui, reprit vivement la reine; mais je serai vengée, et votre fille vous ressemblera. » A peine ces mots furent-ils lâchés de part et d'autre avec une impétuosité sans égale, que le roi, désespéré de son étourderie, les eût bien voulu retenir; mais c'en était fait, et les deux enfants étaient doués sans retour des caractères demandés. Le garçon reçut le nom de prince Caprice; et la fille s'appela la princesse Raison, nom bizarre qu'elle illustra si bien qu'aucune femme n'osa le porter depuis.

Voilà donc le futur successeur au trône orné de toutes les perfections d'une jolie femme, et la princesse sa sœur destinée à posséder un jour toutes les vertus d'un honnête homme et les qualités d'un bon roi; partage qui ne paraissait pas des mieux entendus, mais sur lequel on ne pouvait plus revenir. Le plaisant fut que l'amour mutuel des deux époux agissant en cet instant avec toute la force que lui rendaient toujours, mais souvent trop tard, les occasions essentielles, et la prédilection ne cessant d'agir, chacun trouva celui de ses enfants qui devait lui ressembler le plus mal partagé des deux, et songea moins à le féliciter qu'à le plaindre. Le roi prit sa fille dans ses bras, et la serrant tendrement : « Hélas ! lui dit-il, que te servirait la beauté même de ta mère sans son talent pour la faire valoir? Tu seras trop raisonnable pour faire tourner la tête à personne. » Fantasque, plus circonspecte sur ses propres vérités, ne dit pas tout ce qu'elle pensait de la sagesse du roi futur; mais il était aisé de douter, à l'air triste dont elle le caressait, qu'elle eût au fond du cœur une grande opinion de son partage. Cependant le roi, la regardant avec une sorte de confusion, lui fit quelques reproches sur ce qui s'était passé. « Je sens mes torts, lui dit-il, mais ils sont votre ouvrage; nos enfants auraient valu beaucoup mieux que nous, vous êtes cause qu'ils ne feront que nous ressembler. — Au moins, dit-elle aussitôt, en sautant au cou de son mari, je suis sûre qu'ils s'aimeront autant qu'il est possible. » Phénix, touché de ce qu'il y avait de tendre dans cette saillie, se consola par cette réflexion qu'il avait si souvent occasion de faire, qu'en effet la bonté naturelle et un cœur sensible suffisent pour tout réparer.

— Je devine si bien tout le reste, dit le druide à Jalamir en l'interrompant, que j'achèverais le conte pour toi. Ton prince Caprice fera tourner la tête à tout le monde, et sera trop bien l'imitateur de sa mère pour n'en pas être le tourment. Il bouleversera le royaume en voulant le réformer. Pour rendre ses sujets heureux, il les mettra au désespoir, s'en prenant toujours aux autres de ses propres torts : injuste pour avoir été imprudent, le regret de ses fautes lui en fera commettre de nouvelles. Comme la sagesse ne le conduira jamais, le bien qu'il voudra faire augmentera le mal qu'il aura fait. En un mot, quoiqu'au fond il soit bon, sensible et généreux, ses vertus mêmes lui tourneront à préjudice : et sa seule étourderie, unie à tout son pouvoir, le fera plus haïr que n'aurait fait une méchanceté raisonnée. D'un autre côté, ta princesse Raison, nouvelle héroïne du pays des fées, deviendra un prodige de sagesse et de prudence; et, sans avoir d'adorateurs, se fera tellement adorer du peuple, que chacun fera des vœux pour être gouverné par elle : sa bonne conduite, avantageuse à tout le monde et à elle-même, ne fera du tort qu'à son frère, dont on opposera sans cesse les travers à ses vertus, et à qui la prévention publique donnera tous les défauts qu'elle n'aura pas, quand même il ne les aurait pas lui-même. Il sera question d'intervertir l'ordre de la succession au trône, d'asservir la marotte à la quenouille, et la fortune à la raison. Les docteurs exposeront avec emphase les conséquences d'un tel exemple, et prouveront qu'il vaut mieux que le peuple obéisse aveuglément aux enragés que le hasard peut lui donner pour maîtres, que de se choisir lui-même des chefs raisonnables; que, quoiqu'on interdise à un fou le gouvernement de son propre bien, il est bon de lui laisser la suprême disposition de nos biens et de nos vies; que le plus insensé des hommes est encore préférable à la plus sage des femmes; et que le mâle ou le premier né, fût-il un singe ou un loup, il faudrait en bonne politique qu'une héroïne ou un ange, naissant après lui, obéît à ses volontés. Objections et répliques de la part des séditieux, dans lesquelles Dieu sait comme on verra briller ta sophistique éloquence; car je t connais, c'est surtout à médire de ce qui se fait que ta bile s'exhale avec volupté; et ton amère franchise semble se réjouir de la méchanceté des hommes par le plaisir qu'elle prend à la leur reprocher.

— Tubleu ! père druide, comme vous y allez ! dit Jalamir tout surpris; quel flux de paroles ! Où diable avez-vous pris de si belles tirades? Vous ne prêchâtes de votre vie aussi bien dans le bois sacré, quoique vous n'y parliez pas plus vrai. Si je vous laissais faire, vous changeriez bientôt un conte de fées en un traité de politique, et l'on trouverait quelque jour, dans les cabinets des princes, *Barbe-Bleue* ou *Peau-d'âne* au lieu de Machiavel. Mais ne vous mettez point tant en frais pour deviner la fin de mon conte.

Pour vous montrer que les dénoûments ne me manquent pas au besoin, j'en vais dans quatre mots expédier un, non pas aussi savant que le vôtre, mais peut-être aussi naturel, et à coup sûr plus imprévu.

Vous saurez donc que les deux enfants jumeaux étant, comme je l'ai remarqué, fort semblables de figure, et de plus habillés de même, le roi, croyant avoir pris son fils, tenait sa fille entre ses bras au moment de l'influence; et que la reine, trompée par le choix de son mari, ayant aussi pris son fils pour sa fille, la fée profita de cette erreur pour douer les deux enfants de la manière qui leur convenait le mieux. Caprice fut donc le nom de la princesse, Raison celui du prince son frère; et, en dépit des bizarreries de la reine, tout se trouva dans l'ordre naturel. Parvenu au trône après la mort du roi, Raison fit beaucoup de bien et fort peu de bruit, cherchant plutôt à remplir ses devoirs qu'à s'acquérir de la réputation; il ne fit ni guerre aux étrangers, ni violence à ses sujets, et reçut plus de bénédictions que d'éloges. Tous les projets formés sous le précédent règne furent exécutés sous celui-ci; et en passant de la domination du père sous celle du fils, les peuples, deux fois heureux, crurent n'avoir pas changé de maître. La princesse Caprice, après avoir fait perdre la vie ou la raison à des multitudes d'amants tendres et aimables, fut enfin mariée à un roi voisin, qu'elle préféra parce qu'il portait la plus longue moustache et sautait le mieux à cloche-pied. Pour Fantasque, elle mourut d'une indigestion de pieds de perdrix en ragoût qu'elle voulut manger avant de se mettre au lit, où le roi se morfondait à l'attendre, un soir qu'à force d'agaceries elle l'avait engagé à venir coucher avec elle.

OLINDE ET SOPHRONIE

ÉPISODE

Tiré du second chant de la Jérusalem délivrée, du Tasse (1).

Tandis que le tyran se prépare à la guerre, Ismène un jour se présente à lui; Ismène, qui de dessous la tombe peut faire sortir un corps mort, et lui rendre le sentiment et la parole; Ismène, qui peut, au son des paroles magiques, effrayer Pluton jusqu'en son palais, qui commande aux démons en maître, les emploie à ses œuvres impies, et les enchaîne ou délie à son gré.

Chrétien jadis, aujourd'hui mahométan, il n'a pu quitter tout-à-fait ses anciens rites, et, les profanant à de criminels usages, mêle et confond ainsi les deux lois qu'il connaît mal. Maintenant, du fond des antres où il exerce ses arts ténébreux, il vient à son seigneur dans le danger public : à mauvais roi, pire conseiller.

« Sire, dit-il, la formidable et victorieuse armée arrive. Mais nous, remplissons nos devoirs; le ciel et la terre seconderont notre courage. Doué de toutes les qualités d'un capitaine et d'un roi, vous avez de loin tout prévu, vous avez pourvu à tout; et, si chacun s'acquitte ainsi de sa charge, cette terre sera le tombeau de vos ennemis.

« Quant à moi, je viens de mon côté partager vos périls et vos travaux. J'y mettrai pour ma part les conseils de la vieillesse et les forces de l'art magique. Je contraindrai les anges bannis du ciel à concourir à mes soins. Je veux commencer mes enchantements par une opération dont il faut vous rendre compte.

« Dans le temple des chrétiens, sur un autel souterrain, est une image de celle qu'ils adorent, et que leur peuple ignorant fait la mère de leur dieu, né, mort, et enseveli. Le simulacre, devant lequel une lampe brûle sans cesse, est enveloppé d'un voile, et entouré d'un grand nombre de vœux suspendus en ordre et que les crédules dévots y portent de toutes parts.

« Il s'agit d'enlever de là cette effigie, et de la transporter de vos propres

---

(1) Rousseau traduisit ce morceau dans les dernières années de sa vie.

mains dans votre mosquée ; là j'y attacherai un charme si fort, qu'elle sera, tant qu'on l'y gardera, la sauvegarde de vos portes ; et, par l'effet du nouveau mystère, vous conserverez dans vos murs un empire inexpugnable. »

A ces mots, le roi persuadé court impatient à la maison de Dieu, force les prêtres, enlève sans respect le chaste simulacre, et le porte à ce temple impie où un culte insensé ne fait qu'irriter le ciel. C'est là, c'est dans ce lieu profane et sur cette sainte image, que le magicien murmure ses blasphèmes.

Mais, le matin du jour suivant, le gardien du temple immonde ne vit plus l'image où elle était la veille, et, l'ayant cherchée en vain de tous côtés, courut avertir le roi, qui, ne doutant pas que les chrétiens ne l'eussent enlevée, en fut transporté de colère.

Soit qu'en effet ce fût un coup d'adresse d'une main pieuse, ou un prodige du ciel indigné que l'image de sa souveraine soit prostituée en un lieu souillé, il est édifiant, il est juste de faire céder le zèle et la piété des hommes, et de croire que le coup est venu d'en haut.

Le roi fit faire dans chaque église et dans chaque maison la plus importune recherche, et décerna de grands prix et de grandes peines à qui révélerait ou recélerait le vol. Le magicien de son côté déploya sans succès toutes les forces de son art pour en découvrir l'auteur : le ciel, au mépris de ses enchantements et de lui, tint l'œuvre secrète, de quelque part qu'elle pût venir.

Mais le tyran, furieux de se voir cacher le délit qu'il attribue toujours aux fidèles, se livre contre eux à la plus ardente rage. Oubliant toute prudence, tout respect humain, il veut, à quelque prix que ce soit, assouvir sa vengeance. « Non, non, s'écriait-il, la menace ne sera pas vaine ; le coupable a beau se cacher, il faut qu'il meure ; ils mourront tous, et lui avec eux.

« Pourvu qu'il n'échappe pas, que le juste, que l'innocent périsse : qu'importe ? Mais qu'ai-je dit ? l'innocent ! Nul ne l'est ; et dans cette odieuse race en est-il un seul qui ne soit notre ennemi ? Oui, s'il en est d'exempts de ce délit, qu'ils portent la peine due à tous pour leur haine ; que tous périssent, l'un comme voleur, et les autres comme chrétiens. Venez, mes loyaux, apportez la flamme et le fer ; tuez et brûlez sans miséricorde. »

C'est ainsi qu'il parle à son peuple. Le bruit de ce danger parvient bientôt aux chrétiens. Saisis, glacés d'effroi par l'aspect de la mort prochaine, nul ne songe à fuir ni à se défendre ; nul n'ose tenter les excuses ni les prières. Timides, irrésolus, ils attendaient leur destinée, quand ils virent arriver leur salut d'où ils l'espéraient le moins.

Parmi eux était une vierge déjà nubile, d'une âme sublime, d'une beauté d'ange, qu'elle néglige, ou dont elle ne prend que les soins dont l'honnêteté se pare ; et ce qui ajoute au prix de ses charmes, dans les murs d'une étroite enceinte elle les soustrait aux yeux et aux vœux des amants.

Mais est-il des murs que ne perce quelque rayon d'une beauté digne de briller aux yeux et d'enflammer les cœurs ? Amour, le souffrirais-tu ? Non ; tu l'as révélée aux jeunes désirs d'un adolescent. Amour, qui, tantôt Argus et tantôt aveugle, éclaires les yeux de ton flambeau ou les voiles de ton bandeau, malgré tous les gardiens, toutes les clôtures, jusque dans les plus chastes asiles tu sus porter un regard étranger.

Elle s'appelle Sophronie, Olinde est le nom du jeune homme : tous deux ont la même patrie et la même foi. Comme il est modeste autant qu'elle est belle, il désire beaucoup, espère peu, ne demande rien, et ne sait ou n'ose se découvrir. Elle, de son côté, ne le voit pas, ou n'y pense pas, ou le dédaigne ; et le malheureux perd ainsi ses soins ignorés, mal connus, ou mal reçus.

Cependant on entend l'horrible proclamation, et le moment du massacre approche. Sophronie, aussi généreuse qu'honnête, forme le projet de sauver son peuple. Si sa modestie l'arrête, son courage l'anime et triomphe, ou plutôt ces deux vertus s'accordent et s'illustrent mutuellement.

La jeune vierge sort seule au milieu du peuple. Sans exposer ni cacher ses charmes, en marchant elle recueille ses yeux, resserre son voile, et en impose par la réserve de son maintien. Soit art ou hasard, soit négligence ou parure, tout concourt à rendre sa beauté touchante. Le ciel, la nature, et l'amour, qui la favorisent, donnent à ses négligences l'effet de l'art.

Sans daigner voir les regards qu'elle attire à son passage, et sans détourner les siens, elle se présente devant le roi, ne tremble point en voyant sa colère, et soutient avec fermeté son féroce aspect. « Seigneur, lui dit-elle, daignez suspendre votre vengeance et contenir votre peuple. Je viens vous découvrir et vous livrer le coupable que vous cherchez, et qui vous a si fort offensé. »

A l'honnête assurance de cet abord, à l'éclat subit de ces chastes et fières grâces, le roi, confus et subjugué, calme sa colère et adoucit son visage irrité. Avec moins de sévérité, lui dans l'âme, elle sur le visage, il en devenait amoureux. Mais une beauté revêche ne prend point un cœur farouche, et les douces manières sont les amorces de l'amour.

Soit surprise, attrait, ou volupté, plutôt qu'attendrissement, le barbare se sentit ému. « Déclare-moi tout, lui dit-il; voilà que j'ordonne qu'on épargne ton peuple. — Le coupable, reprit-elle, est devant vos yeux; voilà la main dont ce vol est l'œuvre. Ne cherchez personne autre; c'est moi qui ai ravi l'image, et je suis celle que vous devez punir. »

C'est ainsi que, se dévouant pour le salut de son peuple, elle détourne courageusement le malheur public sur elle seule. Le tyran, quelque temps irrésolu, ne se livre pas si tôt à sa furie accoutumée. Il l'interroge. « Il faut, dit-il, que tu me déclares qui t'a donné ce conseil, et qui t'a aidée à l'exécuter.

— Jalouse de ma gloire, je n'ai voulu, répond-elle, en faire part à personne. Le projet, l'exécution, tout vient de moi seule, et seule j'ai su mon secret. — C'est donc sur toi seule, lui dit le roi, que doit tomber ma vengeance. — Cela est juste, reprend-elle; je dois subir toute la peine, comme j'ai remporté tout l'honneur. »

Ici le courroux du tyran commence à se rallumer. Il lui demande où elle a caché l'image. Elle répond : « Je ne l'ai point cachée, je l'ai brûlée, et j'ai cru faire une œuvre louable de la garantir ainsi des outrages des mécréants. Seigneur, est-ce le voleur que vous cherchez? il est en votre présence. Est-ce le vol? vous ne le reverrez jamais...

« Quoiqu'au reste ces noms de voleur et de vol ne conviennent ni à moi ni à ce que j'ai fait : rien n'est plus juste que de reprendre ce qui fut pris injustement. » A ces mots, le tyran pousse un cri menaçant, sa colère n'a plus de frein. Vertu, beauté, courage, n'espérez plus trouver grâce devant lui. C'est en vain que, pour la défendre d'un barbare dépit, l'amour lui fait un bouclier de ses charmes.

On la saisit. Rendu à toute sa cruauté, le roi la condamne à périr sur un bûcher. Son voile, sa chaste mante, lui sont arrachés; ses bras délicats sont meurtris de rudes chaînes. Elle se tait; son âme forte, sans être abattue, n'est pas sans émotion; et les roses éteintes sur son visage y laissent la candeur de l'innocence plutôt que la pâleur de la mort.

Cet acte héroïque aussitôt se divulgue. Déjà le peuple accourt en foule. Olinde accourt aussi tout alarmé. Le fait était sûr, la personne encore douteuse : ce pouvait être la maîtresse de son cœur. Mais sitôt qu'il aperçoit la belle prisonnière en cet état, sitôt qu'il voit les ministres de sa mort occupés à leur dur office, il s'élance, il heurte la foule,

Et crie au roi : « Non, non, ce vol n'est point de son fait; c'est par folie qu'elle s'en ose vanter. Comment une jeune fille sans expérience pourrait-elle exécuter, tenter, concevoir même une pareille entreprise? comment a-t-elle trompé les gardes? comment s'y est-elle prise pour enlever la sainte image? Si elle l'a fait, qu'elle s'explique. C'est moi, sire, qui ai fait le coup. » Tel fut, tel fut l'amour dont même sans retour il brûla pour elle.

Il reprend ensuite : « Je suis monté de nuit jusqu'à l'ouverture par où l'air et le jour entrent dans votre mosquée; tentant des routes presque inaccessibles, j'y suis entré par un passage étroit. Que celle-ci cesse d'usurper la peine qui m'est due : j'ai seul mérité l'honneur de la mort; c'est à moi qu'appartiennent ces chaînes, ce bûcher, ces flammes : tout cela n'est destiné que pour moi. »

Sophronie lève sur lui les yeux : la douceur, la pitié, sont peintes dans ses regards. « Innocent infortuné, lui dit-elle, que viens-tu faire ici? Quel conseil t'y conduit? quelle fureur t'y traîne? Crains-tu que sans toi mon âme ne puisse supporter la colère d'un homme irrité? Non, pour une seule mort je me suffis à moi seule, et je n'ai pas besoin d'exemple pour apprendre à la souffrir. »

Ce discours qu'elle tient à son amant ne le fait point rétracter ni renoncer à son dessein. Digne et grand spectacle où l'amour entre en lice avec la vertu magnanime, où la mort est le prix du vainqueur, et la vie la peine du vaincu! Mais, loin d'être touché de ce combat de constance et de générosité, le roi s'en irrite,

Et s'en croit insulté, comme si ce mépris du supplice retombait sur lui. « Croyons-en, dit-il, à tous deux; qu'ils triomphent l'un et l'autre, et partagent la palme qui leur est due. » Puis il fait signe aux sergents, et dans l'instant Olinde est dans les fers. Tous deux, liés et adossés au même pieu, ne peuvent se voir en face.

On arrange autour d'eux le bûcher; et déjà l'on excite la flamme, quand le jeune homme, éclatant en gémissements, dit à celle avec laquelle il est attaché: « C'est donc là le lien duquel j'espérais m'unir à toi pour la vie! C'est donc là ce feu dont nos cœurs devaient brûler ensemble!

« O flammes! ô nœuds qu'un sort cruel nous destine! hélas! vous n'êtes pas ceux que l'amour m'avait promis! Sort cruel, qui nous sépara durant la vie, et nous joint plus durement encore à la mort! Ah! puisque tu dois la subir aussi funeste, je me console, en la partageant avec toi, de l'être uni sur ce bûcher, n'ayant pu l'être à la couche nuptiale. Je pleure, mais sur ta triste destinée, et non sur la mienne, puisque je meurs à tes côtés.

« Oh! que la mort me sera douce, que les tourments me seront délicieux, si j'obtiens qu'au dernier moment, tombant l'un sur l'autre, nos bouches se joignent pour exhaler et recevoir au même instant nos derniers soupirs! » Il parle, et ses pleurs étouffent ses paroles. Elle le tance avec douceur, et le remontre en ces termes :

« Ami, le moment où nous sommes exige d'autres soins et d'autres regrets! Ah! pense, pense à tes fautes et au digne prix que Dieu promet aux fidèles : souffre en son nom; les tourments te seront doux. Aspire avec joie au séjour céleste : vois le ciel, comme il est beau; vois le soleil, dont il semble que l'aspect riant nous appelle et nous console. »

A ces mots, tout le peuple païen éclate en sanglots, tandis que le fidèle ose à peine gémir à plus basse voix. Le roi même, le roi sent au fond de son âme dure je ne sais quelle émotion prête à l'attendrir ; mais, en la pressentant, il s'indigne, s'y refuse, détourne les yeux, et part sans vouloir se laisser fléchir. Toi seule, ô Sophronie! n'accompagnes point le deuil général ; et, quand tout pleure sur toi, toi seule ne pleures pas!

En ce péril pressant survient un guerrier, ou paraissant tel, d'une haute et belle apparence, dont l'armure et l'habillement étranger annonçaient qu'il venait de loin : le tigre, fameuse enseigne qui couvre son casque, attira tous les yeux, et fit juger avec raison que c'était Clorinde.

Dès l'âge le plus tendre elle méprisa les mignardises de son sexe : jamais ses courageuses mains ne daignèrent toucher le fuseau, l'aiguille et les travaux d'Arachné ; elle ne voulut ni s'amollir par des vêtements délicats, ni s'environner timidement de clôtures. Dans les camps mêmes, la vraie honnêteté se fait respecter, et partout sa force et sa vertu fut sa sauvegarde : elle arma de fierté son visage, et se plut à le rendre sévère ; mais il charme, tout sévère qu'il est.

D'une main encore enfantine elle apprit à gouverner le mors d'un coursier, à manier la pique et l'épée ; elle endurcit son corps sur l'arène, se rendit légère à la course ; sur les rochers, à travers les bois, suivit à la piste les bêtes féroces ; se fit guerrière enfin, et, après avoir fait la guerre en homme aux lions dans les forêts, combattit en lion dans les camps parmi les hommes.

Elle venait des contrées persanes pour résister de toute sa force aux chrétiens. Ce n'était pas la première fois qu'ils éprouvaient son courage : souvent elle avait dispersé leurs membres sur la poussière et rougi les eaux de leur sang. L'appareil de mort qu'elle aperçoit en arrivant la frappe : elle pousse son cheval, et veut savoir quel crime attire un tel châtiment.

La foule s'écarte ; et Clorinde, en considérant de près les deux victimes attachées ensemble, remarque le silence de l'une et les gémissements de l'autre. Le sexe le plus faible montre en cette occasion plus de fermeté ; et, tandis qu'Olinde pleure de pitié plutôt que de crainte, Sophronie se tait, et, les yeux fixés vers le ciel, semble avoir déjà quitté le séjour terrestre.

Clorinde, encore plus touchée du tranquille silence de l'une que des douloureuses plaintes de l'autre, s'attendrit sur leur sort jusqu'aux larmes ; puis, se tournant vers un vieillard qu'elle aperçut auprès d'elle : « Dites-moi, je vous prie, lui demanda-t-elle, qui sont ces jeunes gens, et pour quel crime ou par quel malheur ils souffrent un pareil supplice. »

Le vieillard en peu de mots ayant pleinement satisfait à sa demande, elle fut frappée d'étonnement ; et, jugeant bien que tous deux étaient innocents, elle résolut, autant que le pourraient sa prière ou ses armes, de les garantir de la mort. Elle s'approche, en faisant retirer la flamme prête à les atteindre ; elle parle ainsi à ceux qui l'attisaient :

« Qu'aucun de vous n'ait l'audace de poursuivre cette cruelle œuvre jusqu'à ce que j'aie parlé au roi : je vous promets qu'il ne vous saura pas mauvais gré de ce retard. » Frappés de son air grand et noble, les sergents obéirent : alors elle s'achemina vers le roi, et le rencontra qui venait au devant d'elle.

« Seigneur, lui dit-elle, je suis Clorinde ; vous m'avez peut-être ouï nommer quelquefois. Je viens m'offrir pour défendre avec vous la foi commune et votre trône : ordonnez ; soit en pleine campagne ou dans l'enceinte des murs, quelque emploi qu'il vous plaise m'assigner, je l'accepte, sans craindre les plus périlleux ni dédaigner les plus humbles.

— Quel pays, lui répond le roi, est si loin de l'Asie et de la route du soleil, où l'illustre nom de Clorinde ne vole pas sur les ailes de la gloire ? Non, vaillante guerrière, avec vous je n'ai plus ni doute ni crainte; et j'aurais moins de confiance en une armée entière venue à mon secours, qu'en votre seule assistance.

« Oh! que Godefroi n'arrive-t-il à l'instant même! Il vient trop lentement à mon gré. Vous me demandez un emploi? Les entreprises difficiles et grandes sont les seules dignes de vous : commandez à nos guerriers; je vous nomme leur général. » La modeste Clorinde lui rend grâce, et reprend ensuite :

« C'est une chose bien nouvelle sans doute que le salaire précède les services; mais ma confiance en vos bontés me fait demander, pour prix de ceux que j'aspire à vous rendre, la grâce de ces deux condamnés. Je les demande en pur don, sans examiner si le crime est bien avéré, si le châtiment n'est point trop sévère, et sans m'arrêter aux signes sur lesquels je préjuge leur innocence.

« Je dirai seulement que, quoiqu'on accuse ici les chrétiens d'avoir enlevé l'image, j'ai quelque raison de penser autrement : cette œuvre du magicien fut une profanation de notre loi, qui n'admet point d'idoles dans nos temples, et moins encore celles des dieux étrangers.

« C'est donc à Mahomet que j'aime à rapporter le miracle; et sans doute il l'a fait pour nous apprendre à ne pas souiller ses temples par d'autres cultes. Qu'Ismène fasse à son gré ses enchantements, lui dont les exploits sont des maléfices : pour nous guerriers, manions le glaive; c'est là notre défense, et nous ne devons espérer qu'en lui. »

Elle se tait; et, quoique l'âme colère du roi ne s'apaise pas sans peine, il voulut néanmoins lui complaire, plutôt fléchi par sa prière et par la raison d'état que par la pitié. « Qu'ils aient, dit-il, la vie et la liberté : un tel intercesseur peut-il éprouver des refus? Soit pardon, soit justice, innocents je les absous, coupables je leur fais grâce. »

Ils furent ainsi délivrés, et là fut couronné le sort vraiment aventureux de l'amant de Sophronie. Eh! comment refuserait-elle de vivre avec celui qui voulut mourir pour elle? Du bûcher ils vont à la noce; d'amant dédaigné, de patient même, il devient heureux époux, et montra ainsi dans un mémorable exemple que les preuves d'un amour véritable ne laissent point insensible un cœur généreux.

TRADUCTION

DE L'ODE DE JEAN PUTHOD

Sur le mariage de Charles-Emmanuel, roi de Sardaigne et duc de Savoie, avec la princesse Elisabeth de Lorraine.

Muse, vous exigez de moi que je consacre au roi de nouveaux chants; inspirez-moi donc des vers dignes d'un si grand monarque.

Le terrible dieu des combats avait semé la discorde entre les peuples de l'Europe : toute l'Italie retentissait du bruit des armes, pendant que la triste Paix entendait du fond d'un antre obscur les tumultes furieux excités par les humains, et voyait les campagnes inondées de nouveaux flots de sang. Elle distingue de loin un héros enflammé par sa valeur : c'est Charles qu'elle reconnaît, chargé de glorieuses dépouilles. La déesse l'aborde en soupirant, et tâche de le fléchir par ses larmes.

« Prince, lui dit-elle, quels charmes trouvez-vous dans l'horreur du carnage ? Epargnez des ennemis vaincus; épargnez-vous vous-même, et n'exposez plus votre tête sacrée à de si grands périls; le cruel Mars vous a trop longtemps occupé. Vous êtes chargé d'une ample moisson de palmes; il est temps désormais que la paix ait part à vos soins, et que vous livriez votre cœur à des sentiments plus doux. Pour le prix de cette paix, les dieux vous ont destiné une jeune et divine princesse du sang des rois, illustre par tant de héros que l'auguste maison de Lorraine a produits, et qu'elle compte parmi ses ancêtres. Un si digne présent est la récompense de vos vertus royales, de votre amour pour l'équité, de la sainteté de vos mœurs, et de cette douce humanité si naturelle à votre âme pure. »

Le monarque acquiesce aux exhortations des dieux. Hâtez-vous, généreuse princesse; ne vous laissez point retarder par les larmes d'une sœur et d'une mère affligées. Que ces monts couverts de neige, dont le sommet se perd dans les cieux, ne vous effraient point : leurs cimes élevées s'abaisseront pour favoriser votre passage.

Voyez avec quel cortége brillant marche cette charmante épouse; les grâces environnent son char, et son visage modeste est fait pour plaire.

Cependant le roi écoute avec empressement tous les éloges que répand la renommée. Il part, accompagné d'une cour pompeuse. Il vole, emporté par l'impatience de son amour. Tel que l'éclatant Phœbus efface dans le ciel, par la vivacité de ses rayons, la lumière des autres astres, ainsi brille cet auguste prince au milieu de tous ses courtisans.

Charles, généreux sang des héros, quels accords assez sublimes, quels vers assez majestueux pourrai-je employer pour chanter dignement les vertus de ta grande âme et l'intrépidité de ta valeur ? Ce sera, grand prince, en méditant sur les hauts faits de tes magnanimes aïeux que leur vertu a consacrés : car tu cours à la gloire par le même chemin qu'ils ont pris pour y parvenir.

Soit que tu remportes de la guerre les plus glorieux trophées, ou qu'en paix tu cultives les beaux-arts, mille monuments illustres témoignent la grandeur de ton règne.

Mais redoublez vos chants d'allégresse; je vois arriver cette reine divine que le ciel accorde à nos vœux. Elle vient; c'est elle qui a ramené de doux loisirs parmi les peuples. A son abord l'hiver fuit; toutes les routes se parent d'une herbe tendre; les champs brillent de verdure et se couvrent de fleurs. Aussitôt les maîtres et les serviteurs quittent leur labourage, et accourent pleins de joie. Royale épouse, les cœurs volent de toutes parts au devant de vous.

Voyez comment, au milieu des torrents d'une flamme bruyante, le feu prend toutes sortes de figures; voyez fuir la nuit; voyez cette pluie d'astres qui semblent se détacher du ciel.

Le bruit se fait entendre dans les montagnes, et passe bien loin au-dessus de leurs cimes massives; les sapins d'alentour, étonnés, en frémissent, et les échos des Alpes en redoublent le retentissement.

Vivez, bon roi; parcourez la plus longue carrière. Vivez de même, digne épouse. Que votre postérité vive éternellement, et donne ses lois à la Savoie.

TRADUCTION
DE L'APOCOLOKINTOSIS [1] DE SÉNÈQUE

SUR LA MORT DE L'EMPEREUR CLAUDE [2]

Je veux raconter aux hommes ce qui s'est passé dans les cieux le treize octobre, sous le consulat d'Acilius Marcellus et d'Acilius Aviola, dans la nouvelle année qui commence cet heureux siècle (3). Je ne ferai ni tort ni grâce. Mais si l'on demande comment je suis si bien instruit, premièrement je ne répondrai rien, s'il me plaît; car qui m'y pourra contraindre? ne sais-je pas que me voilà devenu libre par la mort de ce galant homme qui avait très bien vérifié le proverbe, qu'il faut naître ou monarque ou sot.

Que si je veux répondre, je dirai comme un autre tout ce qui me viendra dans la tête. Demanda-t-on jamais caution à un historien juré? Cependant si j'en voulais une, je n'ai qu'à citer celui qui a vu Drusille monter au ciel; il vous dira qu'il a vu Claude y monter aussi tout clochant. Ne faut-il pas que cet homme vole, bon gré mal gré, tout ce qui se fait là-haut? n'est-il pas inspecteur de la voie appienne par laquelle on sait qu'Auguste et Tibère sont allés se faire dieux? Mais ne l'interrogez que tête à tête : il ne dira rien en public; car, après avoir juré dans le sénat qu'il avait vu l'ascension de Drusille, indigné qu'au mépris d'une si bonne nouvelle personne ne voulût croire à ce qu'il avait vu, il protesta en bonne forme qu'il verrait tuer un homme en pleine rue qu'il n'en dirait rien. Pour moi, je peux jurer, par le bien que je lui souhaite, qu'il m'a dit ce que je veux publier. Déjà

> Par un plus court chemin l'astre qui nous éclaire
> Dirigeait à nos yeux sa course journalière;

---

(1) *Apocolokintosis* ou *apokolokyntôsis* est un mot grec forgé, une sorte de parodie d'*apothéose* : il signifie « métamorphose en citrouille, » en latin *incucurbitatio*.

(2) Cette traduction paraît avoir été faite en 1754, époque où, « pour apprendre à écrire, » ainsi qu'il le dit lui-même, Rousseau essayait de traduire.

(3) Quoique les jeux séculaires eussent été célébrés par Auguste, Claude, prétendant qu'il avait mal calculé, les fit célébrer aussi; ce qui donnait à rire au peuple, quand le crieur public annonça, dans la forme ordinaire, des jeux que nul homme vivant n'avait vus ni ne reverrait. Car, non-seulement plusieurs personnes encore vivantes avaient vu ceux d'Auguste, mais même il y eut des histrions qui jouèrent aux uns et aux autres; et Vitellius n'avait pas honte de dire à Claude, malgré la proclamation : *Sæpe facias*.

> Le dieu fantasque et brun qui préside au repos
> A de plus longues nuits prodiguait ses pavots :
> La blafarde Cynthie, aux dépens de son frère,
> De sa triste lueur éclairait l'hémisphère,
> Et le difforme hiver obtenait les honneurs
> De la saison des fruits et du dieu des buveurs :
> Le vendangeur tardif, d'une main engourdie,
> Ôtait encor du cep quelque grappe flétrie (1).

Mais peut-être parlerai-je aussi clairement en disant que c'était le treizième d'octobre. A l'égard de l'heure, je ne puis vous la dire exactement; mais il est à croire que là-dessus les philosophes s'accorderont mieux que les horloges (2). Quoi qu'il en soit, supposons qu'il était entre six et sept ; et puisque, non contents de décrire le commencement et la fin du jour, les poètes, plus actifs que des manœuvres, n'en peuvent laisser en paix le milieu, voici comment dans leur langue j'exprimerais cette heure fortunée :

> Déjà du haut des cieux le dieu de la lumière
> Avait en deux moitiés partagé l'hémisphère,
> Et pressant de la main ses coursiers déjà las,
> Vers l'hespérique bord accélérait leurs pas ;

quand Mercure, que la folie de Claude avait toujours amusé, voyant son âme obstruée de toutes parts chercher vainement une issue, prit à part une des trois Parques, et lui dit : « Comment une femme a-t-elle assez de cruauté pour voir un misérable dans des tourments si longs et si peu mérités ? Voilà bientôt soixante-quatre ans qu'il est en querelle avec son âme. Qu'attends-tu donc encore ? souffre que les astrologues, qui depuis son avénement annoncent tous les ans et tous les mois son trépas, disent vrai du moins une fois. Ce n'est pas merveille, j'en conviens, s'ils se trompent en cette occasion : car qui trouvera jamais son heure ? et qui sait comment il peut rendre l'esprit ? Mais n'importe; fais toujours ta charge : qu'il meure, et cède l'empire au plus digne.

— Vraiment, répondit Clotho, je voulais lui laisser quelques jours pour faire citoyens romains ce peu de gens qui sont encore à l'être, puisque c'était son plaisir de voir Grecs, Gaulois, Espagnols, Bretons, et tout le monde en toge. Cependant, comme il est bon de laisser quelques étrangers pour graine, soit fait selon votre volonté. » Alors elle ouvre une boîte et en tire trois fuseaux ; l'un pour Augurinus, l'autre pour Babe et le troisième pour Claude : « Ce sont, dit-elle, trois personnages que j'expédierai dans l'espace d'un an à peu d'intervalle entre eux, afin que celui-ci n'aille pas tout seul. Sortant de se voir environné de tant de milliers d'hommes, que deviendrait-il abandonné tout d'un coup à lui-même ? Mais ces deux camarades lui suffiront. »

> Elle dit : et d'un tour fait sur un vil fuseau,
> Du stupide mortel abrégeant l'agonie,
> Elle tranche le cours de sa royale vie.
> A l'instant Lachésis, une de ses deux sœurs,
> Dans un habit paré de festons et de fleurs,
> Et le front couronné des lauriers du Permesse,
> D'une toison d'argent prend une blanche tresse
> Dont son adroite main forme un fil délicat.
> Le fil sur le fuseau prend un nouvel éclat,
> De sa rare beauté les sœurs sont étonnées ;
> Et toutes à l'envi, de guirlandes ornées,
> Voyant briller leur laine et s'enrichir encor,

---

(1) Bien que l'on parle rarement de Jean-Jacques comme poète, les vers de cette traduction sont assez remarquables pour que M. Du Rozoir n'ait pas dédaigné de les reproduire dans la collection des classiques latins de Panckoucke.

(2) La mort de Claude fut longtemps cachée au peuple, jusqu'à ce qu'Agrippine eût pris ses mesures pour ôter l'empire à Britannicus et l'assurer à Néron ; ce qui fit que le public n'en savait exactement ni le jour ni l'heure.

Avec un fil doré filent le siècle d'or.
De la blanche toison la laine détachée,
Et de leurs doigts légers rapidement touchée,
Coule à l'instant sans peine, et file et s'embellit ;
De mille et mille tours le fuseau se remplit.
Qu'il passe les longs jours et la trame fertile
Du rival de Céphale et du vieux roi de Pyle !
Phœbus, d'un chant de joie annonçant l'avenir,
De fuseaux toujours neufs s'empresse à les servir,
Et, cherchant sur sa lyre un ton qui les séduise,
Les trompe heureusement sur le temps qui s'épuise.
« Puisse un si doux travail, dit-il, être éternel !
Les jours que vous filez ne sont pas d'un mortel :
Il me sera semblable et d'air et de visage,
De la voix et des chants il aura l'avantage.
Des siècles plus heureux renaîtront à sa voix ;
Sa voix fera cesser le silence des lois.
Comme on voit du matin l'étoile radieuse
Annoncer le départ de la nuit ténébreuse,
Ou tel que le soleil, dissipant les vapeurs,
Rend la lumière au monde et l'allégresse aux cœurs,
Tel César va paraître ; et la terre éblouie
A ses premiers rayons est déjà réjouie. »

Ainsi dit Apollon ; et la Parque, honorant la grande âme de Néron, ajoute encore de son chef plusieurs années à celles qu'elle lui file à pleines mains. Pour Claude, tous ayant opiné que sa trame pourrie fût coupée, aussitôt il cracha son âme et cessa de paraître en vie. Au moment qu'il expira, il écoutait des comédiens ; par où l'on voit que si je les crains ce n'est pas sans cause. Après un son fort bruyant de l'organe dont il parlait le plus aisément, son dernier mot fut : « Foin ! je me suis embrené. » Je ne sais au vrai ce qu'il fit de lui, mais ainsi faisait-il toutes choses.

Il serait superflu de dire ce qui s'est passé depuis sur la terre. Vous le savez tous, et il n'est pas à craindre que le public en perde la mémoire. Oublia-t-on jamais son bonheur ? Quant à ce qui s'est passé au ciel, je vais vous le rapporter ; et vous devez, s'il vous plaît, m'en croire. D'abord on annonça à Jupiter un quidam d'assez bonne taille, blanc comme une chèvre, branlant la tête et traînant le pied droit d'un air fort extravagant. Interrogé d'où il était, il avait murmuré entre ses dents je ne sais quoi qu'on ne put entendre et qui n'était ni grec ni latin, ni dans aucune langue connue.

Alors Jupiter, s'adressant à Hercule, qui ayant couru toute la terre en devait connaître tous les peuples, le chargea d'aller examiner de quel pays était cet homme. Hercule, aguerri contre tant de monstres, ne laissa pas de se troubler en abordant celui-ci : frappé de cette étrange face, de ce marcher inusité, de ce beuglement rauque et sourd, moins semblable à la voix d'un animal terrestre qu'au mugissement d'un monstre marin : « Ah ! dit-il, voici mon treizième travail. » Cependant, en regardant mieux, il crut démêler quelques traits d'un homme. Il l'arrête et lui dit aisément en grec bien tourné :

« D'où viens-tu ? quel es-tu ? de quel pays es-tu ? »

A ce mot, Claude, voyant qu'il y avait là des beaux esprits, espéra que l'un d'eux écrirait son histoire ; et s'annonçant pour César par un vers d'Homère, il dit :

« Les vents m'ont amené des rivages troyens. »

Mais le vers suivant eût été plus vrai :

Dont j'ai détruit les murs, tué les citoyens.

Cependant il en aurait imposé à Hercule, qui est un assez bon homme de dieu, sans la Fièvre, qui, laissant toutes les autres divinités à Rome, seule avait quitté son temple pour le suivre. « Apprenez, dit-elle, qu'il ne fait que mentir ; je puis le savoir, moi qui ai demeuré tant d'années avec lui : c'est un bourgeois de Lyon ; il est né dans les Gaules, à dix-sept milles de Vienne ; il n'est pas Romain, vous dis-je, c'est un franc Gaulois, et il a traité Rome à la gauloise. C'est un fait qu'il est de Lyon, où Licinius a commandé si longtemps. Vous qui avez couru plus de pays qu'un vieux muletier, devez savoir ce que c'est que Lyon, et qu'il y a loin du Rhône au Xanthe. »

Ici Claude, enflammé de colère, se mit à grogner le plus haut qu'il put. Voyant qu'on ne l'entendait point, il fit signe qu'on arrêtât la Fièvre ; et du geste dont il faisait décoller les gens (seul mouvement que ses deux mains sussent faire), il ordonna qu'on lui coupât la tête. Mais il n'était non plus écouté que s'il eût parlé encore à ses affranchis (1).

« Oh ! oh ! l'ami, lui dit Hercule, ne va pas faire ici le sot. Te voici dans un séjour où les rats rongent le fer : déclare promptement la vérité avant que je te l'arrache. » Puis prenant un ton tragique pour lui en mieux imposer, il continua ainsi :

« Nomme à l'instant les lieux où tu reçus le jour,
Ou ta race avec toi va périr sans retour.
De grands rois ont senti cette lourde massue,
Et ma main dans ses coups ne s'est jamais déçue ;
Tremble de l'éprouver encore à tes dépens.
Quel murmure confus entends-je entre tes dents ?
Parle, et ne me tiens pas plus longtemps en attente :
Quels climats ont produit cette tête branlante ?
Jadis, dans l'Hespérie, au triple Géryon,
J'allai porter la guerre, et, par occasion,
De ses nobles troupeaux, ravis dans son étable,
Ramenai dans Argos le trophée honorable.
En route, au pied d'un mont doré par l'orient,
Je vis se réunir dans un séjour riant
Le rapide courant de l'impétueux Rhône
Et le cours incertain de la paisible Saône :
Est-ce là le pays où tu reçus le jour ? »

Hercule, en parlant de la sorte, affectait plus d'intrépidité qu'il n'en avait dans l'âme, et ne laissait pas de craindre la main d'un fou. Mais Claude, lui voyant l'air d'un homme résolu qui n'entendait pas raillerie, jugea qu'il n'était pas là comme à Rome, où nul n'osait s'égaler à lui, et que partout le coq est maître sur son fumier. Il se remit donc à grogner ; et autant qu'on put l'entendre, il sembla parler ainsi :

« J'espérais, ô le plus fort de tous les dieux ! que vous me protégeriez auprès des autres, et que, si j'avais eu à me renommer de quelqu'un, c'eût été de vous qui me connaissiez si bien : car, souvenez-vous-en, s'il vous plaît, quel autre que moi tenait audience devant votre temple durant les mois de juillet et d'août ? Vous savez ce que j'ai souffert là de misères, jour et nuit à la merci des avocats. Soyez sûr, tout robuste que vous êtes, qu'il vous a mieux valu purger les étables d'Augias que d'essuyer leurs criailleries ; vous avez avalé moins d'ordures (2).

— Or dites-nous quel dieu nous ferons de cet homme-ci. En ferons-nous

---

(1) On sait combien cet imbécille avait peu de considération dans sa maison : à peine le maître du monde avait-il un valet qui lui daignât obéir. Il est étonnant que Sénèque ait osé dire tout cela, lui qui était si courtisan ; mais Agrippine avait besoin de lui, et il le savait bien.

(2) Il y a ici très évidemment une lacune, que je ne vois pourtant marquée dans aucune édition.
— Rousseau est ici dans l'erreur ; ce passage a souvent exercé les commentateurs, Beatus Rhenanus, Nic. Faber Senator, et beaucoup d'autres. M. Du Rozoir le déclare inintelligible. La restitution la plus probable nous paraît celle-ci : Hercule interrompt Claude pour lui dire : *Bono animo sis, quoniam volo tibi patronus esse!* « Prends courage ; car je veux te servir de patron. » Les demi-dieux se récrient contre la brusquerie de l'entrée du fils d'Alcmène : *Non mirum, quod impetum in curiam fecisti : nil tibi clusi est.* « On pouvait s'y attendre, vous entrez ici avec votre impétuosité habituelle : rien de fermé pour vous. » Puis l'un d'eux continue : *Modo dic nobis qualem deum istum fieri velis*, etc.

un dieu d'Épicure, parce qu'il ne soucie de personne, ni personne de lui? un dieu stoïcien, qui, dit Varron, ne pense ni n'engendre? N'ayant ni cœur ni tête, il semble assez propre à le devenir. Eh! messieurs, s'il eût demandé cet honneur à Saturne même, dont, présidant à ses jeux, il fit durer le mois toute l'année, il ne l'eût pas obtenu. L'obtiendra-t-il de Jupiter, qu'il a condamné pour cause d'inceste, autant qu'il était en lui, en faisant mourir Silanus, son gendre? et cela, pourquoi? parce que ayant une sœur d'une humeur charmante, et que tout le monde appelait Vénus, il aima mieux l'appeler Junon. Quel si grand crime est-ce donc, direz-vous, de fêter discrètement sa sœur? La loi ne le permet-elle pas à demi dans Athènes, et dans l'Égypte en plein (1)?... A Rome... oh! à Rome! ignorez-vous que les rats mangent le fer? Notre sage bouleverse tout. Quant à lui, j'ignore ce qu'il faisait dans sa chambre; mais le voilà maintenant furetant le ciel pour se faire dieu, non content d'avoir en Angleterre un temple où les barbares le servent comme tel. »

A la fin, Jupiter s'avisa qu'il fallait arrêter les longues disputes, et faire opiner chacun à son rang. « Pères conscrits, dit-il à ses collègues, au lieu des interrogations que je vous avais permises, vous ne faites que battre la campagne; j'entends que la cour reprenne ses formes ordinaires : que penserait de nous ce postulant, tel qu'il soit? »

L'ayant donc fait sortir, il alla aux voix, en commençant par le père Janus. Celui-ci, consul d'un après-dîner, désigné le premier juillet, ne laissait pas d'être homme à deux envers, regardant à la fois devant et derrière. En vrai pilier de barreau, il se mit à débiter fort disertement beaucoup de belles choses que le scribe ne put suivre, et que je ne répéterai pas de peur de prendre un mot pour l'autre. Il s'étendit sur la grandeur des dieux; soutint qu'ils ne devaient pas s'associer des faquins. « Autrefois, dit-il, c'était une grande affaire que d'être fait dieu; aujourd'hui ce n'est plus rien (2). Vous n'avez déjà rendu cet homme-ci que trop célèbre. Mais, de peur qu'on ne m'accuse d'opiner sur la personne et non sur la chose, mon avis est que désormais on ne déifie plus aucun de ceux qui broutent l'herbe des champs ou qui vivent des fruits de la terre; que si, malgré ce sénatus-consulte, quelqu'un d'eux s'ingère à l'avenir de trancher du dieu, soit de fait, soit en peinture, je le dévoue aux Larves; et j'opine qu'à la première foire sa déité reçoive les étrivières et soit mise en vente avec les nouveaux esclaves. »

Après cela vint le tour du divin fils de Vica-Pota, désigné consul grippe-sou, et qui gagnait sa vie à grimeliner et vendre les petites villes. Hercule, passant donc à celui-ci, lui toucha galamment l'oreille; et il opina en ces termes : « Attendu que le divin Claude est du sang du divin Auguste et du sang de la divine Livie son aïeule, à laquelle il a même confirmé son brevet de déesse; qu'il est d'ailleurs un prodige de science, et que le bien public exige un adjoint à l'écot de Romulus, j'opine qu'il soit dès ce jour créé et proclamé dieu en aussi bonne forme qu'il s'en soit jamais fait, et que cet événement soit ajouté aux *Métamorphoses* d'Ovide. »

Quoiqu'il y eût divers avis, il paraissait que Claude l'emporterait; et Hercule, qui sait battre le fer tandis qu'il est chaud, courait de côté et d'autre, criant : « Messieurs, un peu de faveur; cette affaire-ci m'intéresse : dans une

---

(1) On sait qu'il était permis en Égypte d'épouser sa sœur de père et de mère ; et cela était aussi permis à Athènes, mais pour la sœur de mère seulement. Le mariage d'Elpinice et de Cimon en fournit un exemple.

(2) Je ne saurais me persuader qu'il n'y ait pas encore une lacune entre ces mots, *Olim, inquit, magna res erat deum fieri*, et ceux-ci, *Jam fama nimium fecisti*. Je n'y vois ni liaison, ni transition, ni aucune espèce de sens, à les lire ainsi de suite.

— Rousseau s'attache ici à une mauvaise leçon. Au lieu de *Jam fama nimium fecisti*, qu'il traduit : « Vous n'avez déjà rendu cet homme-ci que trop célèbre; » il faut lire, comme Faber : *Jam fama minimum fecistis*, et traduire, avec M. Du Rozoir : « Aujourd'hui, vous avez ravalé cet honneur dans l'opinion. »

autre occasion vous disposerez aussi de ma voix; il faut bien qu'une main lave l'autre. »

Alors le divin Auguste, s'étant levé, pérora fort pompeusement, et dit : « Pères conscrits, je vous prends à témoin que depuis que je suis dieu je n'ai pas dit un seul mot, car je ne me mêle que de mes affaires. Mais comment me taire en cette occasion ? comment dissimuler ma douleur, que le dépit aigrit encore ? C'est donc pour la gloire de ce misérable que j'ai rétabli la paix sur mer et sur terre, que j'ai étouffé les guerres civiles, que Rome est affermie par mes lois et ornée par mes ouvrages ? O pères conscrits, je ne puis m'exprimer; ma vive indignation ne trouve point de termes, je ne puis que redire après l'éloquent Messala : L'état est perdu ! cet imbécile, qui paraît ne pas savoir troubler l'eau, tuait les hommes comme des mouches. Mais que dire de tant d'illustres victimes ? Les désastres de ma famille me laissent-ils des larmes pour les malheurs publics ? Je n'ai que trop à parler des miens (1). Ce galant homme que vous voyez, protégé par mon nom durant tant d'années, me marqua sa reconnaissance en faisant mourir Lucius Silanus, un de mes arrière-petits-neveux, et deux Julies, mes arrière-petites-nièces, l'une par le fer, l'autre par la faim. Grand Jupiter, si vous l'admettez parmi nous, à tort ou non, ce sera sûrement à votre blâme. Car, dis-moi, je te prie, ô divin Claude ! pourquoi tu fis tant tuer de gens sans les entendre, sans même t'informer de leurs crimes. — C'était ma coutume. — Ta coutume ? on ne la connaît pas ici. Jupiter, qui règne depuis tant d'années, a-t-il jamais rien fait de semblable ! Quand il estropia son fils, le tua-t-il ? Quand il pendit sa femme, l'étrangla-t-il ? Mais toi, n'as-tu pas mis à mort Messaline, dont j'étais le grand-oncle ainsi que le tien (2) ? Je l'ignore, dis-tu ? Misérable ! ne sais-tu pas qu'il t'est plus honteux de l'ignorer que de l'avoir fait ?

« Enfin Caïus Caligula s'est ressuscité dans son successeur. L'un fait tuer son beau-père (3), et l'autre son gendre (4). L'un défend qu'on donne au fils de Crassus le surnom de grand; l'autre le lui rend et lui fait couper la tête. Sans respect pour un sang illustre, il fait périr dans une même maison Scribonie, Tristonie, Assarion, et même Crassus le grand, ce pauvre Crassus si complètement sot qu'il eût mérité de régner. Songez, pères conscrits, quel monstre ose aspirer à siéger parmi nous. Voyez, comment déifier une telle figure, vil ouvrage des dieux irrités ? A quel culte, à quelle foi pourra-t-il prétendre ? qu'il réponde, et je me rends. Messieurs, messieurs, si vous donnez la divinité à de telles gens, qui diable reconnaîtra la vôtre ? En un mot, pères conscrits, je vous demande, pour prix de ma complaisance et de ma discrétion, de venger mes injures. Voilà mes raisons et voici mon avis :

« Comme ainsi soit que le divin Claude a tué son beau-père Appius Silanus, ses deux gendres, Pompeius Magnus et Lucianus Silanus, Crassus beau-père de sa fille, cet homme si sobre (5) et en tout si semblable à lui, Scribonie belle-mère de sa fille, Messaline sa propre femme, et mille autres dont les

---

(1) Je n'ai point traduit ces mots, *etiamsi Phormea græce nescit ego scio*. ΕΝΤΙΚΟΝΤΟΝΥΚΕΝΔΙΕΣ *senescit* ou *se nescit*, parce que je n'y entends rien du tout. Peut-être aurais-je trouvé quelque éclaircissement dans les adages d'Erasme, mais je ne suis pas à portée de les consulter.

— Le passage cité est en effet fort difficile à expliquer, et les traducteurs ont jugé prudent de le supprimer. Que viendrait faire en effet ici : « Phormea ne sait pas le grec; mais je le sais. Il vieillit. » Plus un barbarisme qu'on ne retrouve nulle part ailleurs, mais dans lequel on pourrait lire : ΕΝΤΙΛΟΝΤΟΣ, *incacante noctu diuque*. Rhenanus propose une conjecture ingénieuse : *Nam tes onces ægre senescit ut nosos*. ΠΥΚΟΡΟΣΙΝΙΚΕΣ *iste quem videtis*, etc. « Car la colère est une maladie qui vieillit lentement. Quant à ce fanfaron que vous voyez ici, etc. »

(2) Par l'adoption de Drusus, Auguste était l'aïeul de Claude, mais il était aussi son grand-oncle par la jeune Antonia, mère de Claude et nièce d'Auguste.

(3) M. Silanus. — (4) Pompeius Magnus.

(5) Je n'ai guère besoin, je crois, d'avertir que ce mot est pris ironiquement. Suétone, après avoir dit qu'en tout temps, en tout lieu, Claude était toujours prêt à manger et boire, ajoute qu'un jour, ayant senti de son tribunal l'odeur du dîner des saliens, il planta là toute l'audience, et courut se mettre à table avec eux.

noms ne finiraient point, j'opine qu'il soit sévèrement puni, qu'on ne lui permette plus de siéger en justice, qu'enfin banni sans retard il ait à vider l'Olympe en trois jours, et le ciel en un mois. »

Cet avis fut suivi tout d'une voix. A l'instant le Cyllénien (1), lui tordant le cou, le tire au séjour

D'où nul, dit on, ne retourna jamais.

En descendant par la voie sacrée, ils trouvent un grand concours dont Mercure demande la cause. « Parions, dit-il, que c'est sa pompe funèbre. » Et en effet, la beauté du convoi, où l'argent n'avait pas été épargné, annonçait bien l'enterrement d'un dieu. Le bruit des trompettes, des cors, des instruments de toute espèce, et surtout de la foule, était si grand que Claude lui-même pouvait l'entendre. Tout le monde était dans l'allégresse; le peuple romain marchait légèrement comme ayant secoué ses fers. Agathon et quelques chicaneurs pleuraient tout bas dans le fond du cœur. Les jurisconsultes, maigres, exténués (2), commençaient à respirer et semblaient sortir du tombeau. Un d'entre eux, voyant les avocats la tête basse déplorer leur perte, leur dit en s'approchant : « Ne vous le disais-je pas, que les saturnales ne dureraient pas toujours ? »

Claude, en voyant ses funérailles, comprit enfin qu'il était mort. On lui beuglait à pleine tête ce chant funèbre en jolis vers heptasyllabes :

« O cris! ô perte! ô douleurs!
De nos funèbres clameurs
Faisons retentir la place :
Que chacun se contrefasse ;
Crions d'un commun accord :
Ciel! ce grand homme est donc mort!
Il est donc mort ce grand homme!
Hélas! vous savez tous comme,
Sous la force de son bras,
Il mit tout le monde à bas.
Fallait-il vaincre à la course ;
Fallait-il jusque sous l'Ourse,
Des Bretons presque ignorés,
Du Cauce aux cheveux dorés,
Mettre l'orgueil à la chaîne,
Et sous la hache romaine
Faire trembler l'Océan ;
Fallait-il, en moins d'un an,
Dompter le Parthe rebelle ;
Fallait-il, d'un bras fidèle,
Bander l'arc, lancer des traits
Sur des ennemis défaits,
Et d'une audace guerrière
Blesser le Mède au derrière ;
Notre homme était prêt à tout,
De tout il venait à bout.
Pleurons ce nouvel oracle,
Ce grand prononceur d'arrêts,
Ce Minos que par miracle
Le ciel forma tout exprès.
Ce phénix des beaux génies
N'épuisait point les parties
En plaidoyers superflus ;
Pour juger sans se méprendr
Il lui suffisait d'entendre
Une des deux tout au plus.
Quel autre toute l'année
Voudra siéger désormais,

(1) Mercure.
(2) Un juge qui n'avait d'autre loi que sa volonté donnait peu d'ouvrage à ces messieurs-là.

> Et n'avoir, dans la journée,
> De plaisir que les procès?
> Minos, cédez-lui la place;
> Déjà son ombre vous chasse
> Et va juger aux enfers.
> Pleurez, avocats à vendre;
> Vos cabinets sont déserts.
> Rimeurs qu'il daignait entendre,
> A qui lirez-vous vos vers?
> Et vous, qui comptiez d'avance
> Des cornets et de la chance
> Tirer un ample trésor,
> Pleurez, brelandier célèbre,
> Bientôt un bûcher funèbre
> Va consumer tout votre or. »

Claude se délectait à entendre ses louanges, et aurait bien voulu s'arrêter plus longtemps; mais le héraut des dieux, lui mettant la main au collet et lui enveloppant la tête de peur qu'il ne fût reconnu, l'entraîna par le champ de Mars, et le fit descendre aux enfers entre le Tibre et la voie couverte.

Narcisse, ayant coupé par un plus court chemin, vint frais, sortant du bain, au devant de son maître et lui dit : « Comment! les dieux chez les hommes! — Allons, allons, dit Mercure, qu'on se dépêche de nous annoncer. » L'autre voulant s'amuser à cajoler son maître, il le hâta d'aller à coups de caducée, et Narcisse partit sur-le-champ. La pente est si glissante, et l'on descend si facilement, que, tout goutteux qu'il était, il arrive en un moment à la porte des enfers. A sa vue, le monstre aux cent têtes dont parle Horace s'agite, hérisse ses horribles crins; et Narcisse, accoutumé aux caresses de sa jolie levrette blanche, éprouva quelque surprise à l'aspect d'un grand vilain chien noir à long poil, peu agréable à rencontrer dans l'obscurité. Il ne laissa pas pourtant de s'écrier à haute voix : « Voici Claude César! » Aussitôt une foule s'avance en poussant des cris de joie et chantant :

> « Il vient, réjouissons-nous. »

Parmi eux étaient Caïus Silius, consul désigné, Junius Prætorius, Sextius Trallus, Helvius Trogus, Cotta Tectus, Valens, Fabius, chevaliers romains que Narcisse avait tous expédiés. Au milieu de la troupe chantante était le pantomime Mnester, à qui sa beauté avait coûté la vie. Bientôt le bruit que Claude arrivait parvint jusqu'à Messaline; et l'on vit accourir les premiers au devant de lui ses affranchis Polybe, Myron, Harpocrate, Amphæus et Phéronacte, qu'il avait envoyés devant pour préparer sa maison. Suivaient les deux préfets Justus Catonius, et Rufus fils de Pompée; puis ses amis Saturnius Lucius, et Pedo Pompeius, et Lupus, et Celer Asinius consulaires; enfin la fille de son frère, la fille de sa sœur, son gendre, son beau-père, sa belle-mère, et presque tous ses parents. Toute cette troupe accourt au devant de Claude, qui, les voyant, s'écria : « Bon! je trouve partout des amis! Par quel hasard êtes-vous ici?

— Comment, scélérat! dit Pedo Pompeius, par quel hasard? et qui nous y envoya que toi-même, bourreau de tous tes amis? Viens, viens devant le juge; ici je t'en montrerai le chemin. » Il le mène au tribunal d'Éaque, lequel précisément se faisait rendre compte de la loi Cornelia sur les meurtriers. Pedo fait inscrire son homme, et présente une liste de trente sénateurs, trois cent quinze chevaliers romains, deux cent vingt-un citoyens et d'autres en nombre infini, tous tués par ses ordres.

Claude effrayé tournait les yeux de tous côtés pour chercher un défenseur; mais aucun ne se présentait. Enfin, P. Petronius, son ancien convive et beau parleur comme lui, requit vainement d'être admis à le défendre. Pedo l'accuse à grands cris, Pétrone tâche de répondre; mais le juste Éaque le fait taire, et, après avoir entendu seulement l'une des parties, condamne l'accusé en disant:

« Il est traité comme il traita les autres. »

A ces mots il se fit un grand silence. Tout le monde, étonné de cette étrange forme, la soutenait sans exemple; mais Claude la trouva plus inique que nouvelle. On disputa longtemps sur la peine qui lui serait imposée. Quelques-uns disaient qu'il fallait faire un échange; que Tantale mourrait de soif s'il n'était secouru; qu'Ixion avait besoin d'enrayer, et Sisyphe de reprendre haleine; mais comme relâcher un vétéran, c'eût été laisser à Claude l'espoir d'obtenir un jour la même grâce, on aima mieux imaginer quelque nouveau supplice qui, l'assujettissant à un vain travail, irritât incessamment sa cupidité par une espérance illusoire. Eaque ordonna donc qu'il jouât aux dés avec un cornet percé, et d'abord on le vit se tourmenter inutilement à courir après ses dés :

> Car à peine agitant le mobile cornet
> Aux dés prêts à partir il demande sonnet,
> Que, malgré tous ses soins, entre ses doigts avides,
> Du cornet défoncé, panier des Danaïdes,
> Il sent couler les dés; ils tombent et souvent
> Sur la terre, entraîné par ses gestes rapides,
> Son bras avec effort jette un cornet de vent.
> Ainsi pour terrasser son adroit adversaire (1),
> Sur l'arène un athlète, enflammé de colère,
> Du ceste qu'il élève espère le frapper ;
> L'autre gauchit, esquive, a le temps d'échapper;
> Et le coup, frappant l'air avec toute sa force,
> Au bras qui l'a porté donne une rude entorse.

Là-dessus, Caligula, paraissant tout-à-coup, se mit à le réclamer comme son esclave. Il produisait des témoins qui l'avaient vu le charger de soufflets et d'étrivières. Aussitôt il lui fut adjugé par Eaque; et Caligula le donna à Ménandre son affranchi, pour en faire un de ses gens.

(1) J'ai pris la liberté de substituer cette comparaison à celle de Sisyphe, employée par Sénéque, et trop rebattue depuis cet auteur.

TRADUCTION

DU PREMIER LIVRE

DE L'HISTOIRE DE TACITE

AVERTISSEMENT.

Quand j'eus le malheur de vouloir parler au public, je sentis le besoin d'apprendre à écrire, et j'osai m'essayer sur Tacite. Dans cette vue, entendant médiocrement le latin, et souvent n'entendant point mon auteur, j'ai dû faire bien des contre-sens particuliers sur ses pensées : mais si je n'en ai point fait un général sur son esprit, j'ai rempli mon but; car je ne cherchais pas à rendre les phrases de Tacite, mais son style; ni de dire ce qu'il a dit en latin, mais ce qu'il eût dit en français.

Ce n'est donc ici qu'un travail d'écolier; j'en conviens, et je ne le donne que pour tel. Ce n'est de plus qu'un simple fragment, un essai; j'en conviens encore : un si rude jouteur m'a bientôt lassé. Mais ici les essais peuvent être admis en attendant mieux; et, avant que d'avoir une bonne traduction complète, il faut supporter encore bien des thèmes. C'est une grande entreprise qu'une pareille traduction : quiconque en sent assez la difficulté pour pouvoir la vaincre persévérera difficilement. Tout homme en état de suivre Tacite est bientôt tenté d'aller seul.

Je commencerai cet ouvrage par le second consulat de Galba et l'unique de Vinius. Les 720 premières années de Rome ont été décrites par divers auteurs avec l'éloquence et la liberté dont elles étaient dignes. Mais après la bataille d'Actium, qu'il fallut se donner un maître pour avoir la paix, ces grands génies disparurent. L'ignorance des affaires d'une république devenue étrangère à ses citoyens, le goût effréné de la flatterie, la haine contre les chefs, altérèrent la vérité de mille manières; tout fut loué ou blâmé par passion, sans égard pour la postérité : mais, en démêlant les vues de ces écrivains, elle se prêtera plus volontiers aux traits de l'envie et de la satire, qui flatte la malignité par un faux air d'indépendance, qu'à la basse adulation, qui marque la servitude et rebute par sa lâcheté. Quant à moi, Galba, Vitellius, Othon, ne m'ont fait ni bien ni mal; Vespasien commença ma fortune, Tite l'augmenta, Domitien l'acheva, j'en conviens; mais un historien qui se consacre à la vérité doit parler sans amour et sans haine. Que s'il me reste assez de vie, je réserve pour ma vieillesse la riche et paisible matière des règnes de Nerva et de Trajan; rares et heureux temps où l'on peut penser librement et dire ce que l'on pense.

J'entreprends une histoire pleine de catastrophes, de combats, de séditions, terrible même durant la paix : quatre empereurs égorgés, trois guerres civiles, plusieurs étrangères, et la plupart mixtes : des succès en orient, des revers en occident, des troubles en Illyrie; la Gaule ébranlée, l'Angleterre conquise et d'abord abandonnée; les Sarmates et les Suèves commençant à se montrer; les Daces illustrés par de mutuelles défaites; les Parthes, joués par un faux Néron, tout prêts à prendre les armes : l'Italie, après les malheurs de tant de siècles, en proie à de nouveaux désastres dans celui-ci ; des villes écrasées ou consumées dans les fertiles régions de la Campanie; Rome dévastée par le feu, les plus anciens temples brûlés, le Capitole même livré aux flammes par les mains des citoyens; le culte profané, des adultères publics, les mers couvertes d'exilés, les îles pleines de meurtres; des cruautés plus atroces dans la capitale, où les biens, le rang, la vie privée ou publique, tout était également imputé à crime, et où le plus irrémissible était la vertu : les délateurs non moins odieux par leurs fortunes que par leurs forfaits; les uns faisant trophée du sacerdoce et du consulat, dépouilles de leurs victimes; d'autres, tout puissants tant au dedans qu'au dehors, portant partout le trouble, la haine et l'effroi : les maîtres trahis par leurs esclaves, les patrons par leurs affranchis; et, pour comble enfin, ceux qui manquaient d'ennemis, opprimés par leurs amis mêmes.

Ce siècle, si fertile en crimes, ne fut pourtant pas sans vertus : on vit des mères accompagner leurs enfants dans leur fuite, des femmes suivre leurs maris en exil, des parents intrépides, des gendres inébranlables, des esclaves même à l'épreuve des tourments. On vit de grands hommes, fermes dans toutes les adversités, porter et quitter la vie avec une constance digne de nos pères. A ces multitudes d'événements humains se joignirent les prodiges du ciel et de la terre, les signes tirés de la foudre, les présages de toute espèce, obscurs ou manifestes, sinistres ou favorables : jamais les plus tristes calamités du peuple romain, jamais les plus justes jugements du ciel ne montrèrent avec tant d'évidence que si les dieux songent à nous, c'est moins pour nous conserver que pour nous punir.

Mais, avant que d'entrer en matière, pour développer les causes des événements qui semblent souvent l'effet du hasard, il convient d'exposer l'état de Rome, le génie des armées, les mœurs des provinces, et ce qu'il y avait de sain et de corrompu dans toutes les régions du monde.

Après les premiers transports excités par la mort de Néron, il s'était élevé des mouvements divers non-seulement au sénat, parmi le peuple et les bandes prétoriennes, mais entre tous les chefs et dans toutes les légions : le secret de l'empire était enfin dévoilé, et l'on voyait que le prince pouvait s'élire ailleurs que dans la capitale. Mais le sénat, ivre de joie, se pressait, sous un nouveau prince encore éloigné, d'abuser de la liberté qu'il venait d'usurper : les principaux de l'ordre équestre n'étaient guère moins contents; la plus saine partie du peuple qui tenait aux grandes maisons, les clients, les affranchis des proscrits et des exilés, se livraient à l'espérance. La vile populace, qui ne bougeait du cirque et des théâtres, les esclaves perfides, ou ceux qui, à la honte de Néron, vivaient des dépouilles des gens de bien, s'affligeaient et ne cherchaient que des troubles.

La milice de Rome, de tout temps attachée aux Césars, et qui s'était laissé porter à déposer Néron plus à force d'art et de sollicitations que de son bon gré, ne recevant point le donatif promis au nom de Galba, jugeant de plus que les services et les récompenses militaires auraient moins lieu durant la paix, et se voyant prévenue dans la faveur du prince par les légions qui l'avaient élu, se livrait à son penchant pour les nouveautés, excitée par la trahison de son préfet Nymphidius, qui aspirait à l'empire. Nymphidius périt dans cette entreprise; mais, après avoir perdu le chef de la sédition, ses complices ne l'avaient pas oubliée, et glosaient sur la vieillesse et l'avarice de

Galba. Le bruit de sa sévérité militaire, autrefois si louée, alarmait ceux qui ne pouvaient souffrir l'ancienne discipline; et quatorze ans de relâchement sous Néron leur faisaient autant aimer les vices de leurs princes, que jadis ils respectaient leurs vertus. On répandait aussi ce mot de Galba, qui eût fait honneur à un prince plus libéral, mais qu'on interprétait par son humeur : « Je sais choisir mes soldats, et non les acheter. »

Vinius et Lacon, l'un le plus vil, et l'autre le plus méchant des hommes, le décriaient par leur conduite; et la haine de leurs forfaits retombait sur son indolence. Cependant Galba venait lentement, et ensanglantait sa route : il fit mourir Varron, consul désigné, comme complice de Nymphidius, et Turpilien, consulaire, comme général de Néron. Tous deux, exécutés sans avoir été entendus et sans forme de procès, passèrent pour innocents. A son arrivée il fit égorger par milliers les soldats désarmés, présage funeste pour son règne, et de mauvais augure même aux meurtriers. La légion qu'il amenait d'Espagne, jointe à celle que Néron avait levée, remplirent la ville de nouvelles troupes qu'augmentaient encore les nombreux détachements d'Allemagne, d'Angleterre et d'Illyrie, choisis et envoyés par Néron aux Portes Caspiennes, où il préparait la guerre d'Albanie, et qu'il avait rappelés pour réprimer les mouvements de Vindex; tous gens à beaucoup entreprendre, sans chef encore, mais prêts à servir le premier audacieux.

Par hasard on apprit dans ce même temps les meurtres de Macer et de Capiton. Galba fit mettre à mort le premier par l'intendant Garucianus, sur l'avis certain de ses mouvements en Afrique; et l'autre, commençant aussi à remuer en Allemagne, fut traité de même avant l'ordre du prince par Aquinus et Valens, lieutenants-généraux. Plusieurs crurent que Capiton, quoique décrié pour son avarice et pour sa débauche, était innocent des trames qu'on lui imputait, mais que ses lieutenants, s'étant vainement efforcés de l'exciter à la guerre, avaient ainsi couvert leur crime; et que Galba, soit par légèreté, soit de peur d'en trop apprendre, prit le parti d'approuver une conduite qu'il ne pouvait plus réparer. Quoi qu'il en soit, ces assassinats firent un mauvais effet; car, sous un prince une fois odieux, tout ce qu'il fait, bien ou mal, lui attire le même blâme. Les affranchis, tout puissants à la cour, y vendaient tout : les esclaves, ardents à profiter d'une occasion passagère, se hâtaient sous un vieillard d'assouvir leur avidité. On éprouvait toutes les calamités du règne précédent, sans les excuser de même : il n'y avait pas jusqu'à l'âge de Galba qui n'excitât la risée et le mépris du peuple, accoutumé à la jeunesse de Néron, et à ne juger des princes que sur la figure.

Telle était à Rome la disposition d'esprit la plus générale chez une si grande multitude. Dans les provinces, Rufus, beau parleur et bon chef en temps de paix, mais sans expérience militaire, commandait en Espagne. Les Gaules conservaient le souvenir de Vindex et des faveurs de Galba, qui venait de leur accorder le droit de bourgeoisie romaine, et, de plus, la suppression des impôts. On excepta pourtant de cet honneur les villes voisines des armées d'Allemagne, et l'on en priva même plusieurs de leur territoire; ce qui leur fit supporter avec un double dépit leurs propres pertes et les grâces faites à autrui. Mais où le danger était grand à proportion des forces, c'était dans les armées d'Allemagne, fières de leur récente victoire, et craignant le blâme d'avoir favorisé d'autres partis; car elles n'avaient abandonné Néron qu'avec peine. Verginius ne s'était pas d'abord déclaré pour Galba; et s'il était douteux qu'il eût aspiré à l'empire, il était sûr que l'armée le lui avait offert : ceux même qui ne prenaient aucun intérêt à Capiton ne laissaient pas de murmurer de sa mort. Enfin Verginius ayant été rappelé sous un faux semblant d'amitié, les troupes, privées de leur chef, le voyant retenu et accusé, s'en offensaient comme d'une accusation tacite contre elles-mêmes.

Dans la Haute-Allemagne, Flaccus, vieillard infirme qui pouvait à peine se soutenir et qui n'avait ni autorité ni fermeté, était méprisé de l'armée qu'il ommandait; et ses soldats, qu'il ne pouvait contenir même en plein repos, animés par sa faiblesse, ne connaissaient plus de frein. Les légions de la Basse-Allemagne restèrent longtemps sans chef consulaire. Enfin Galba leur donna Vitellius, dont le père avait été censeur et trois fois consul; ce qui parut suffisant. Le calme régnait dans l'armée d'Angleterre; et, parmi tous ces mouvements de guerres civiles, les légions qui la composaient furent celles qui se comportèrent le mieux, soit à cause de leur éloignement et de la mer qui les enfermait, soit que leurs fréquentes expéditions leur apprissent à ne haïr que l'ennemi. L'Illyrie n'était pas moins paisible, quoique ses légions, appelées par Néron, eussent, durant leur séjour en Italie, envoyé des députés à Verginius : mais ces armées, trop séparées pour unir leurs forces et mêler leurs vices, furent par ce salutaire moyen maintenues dans leur devoir.

Rien ne remuait encore en Orient. Mucianus, homme également célèbre dans les succès et dans les revers, tenait la Syrie avec quatre légions. Ambitieux dès sa jeunesse, il s'était lié aux grands; mais bientôt, voyant sa fortune dissipée, sa personne en danger, et suspectant la colère du prince, il s'alla cacher en Asie, aussi près de l'exil qu'il fut ensuite du rang suprême. Unissant la mollesse à l'activité, la douceur et l'arrogance, les talents bons et mauvais; outrant la débauche dans l'oisiveté, mais ferme et courageux dans l'occasion; estimable en public, blâmé dans sa vie privée; enfin si séduisant, que ses inférieurs, ses proches ni ses égaux ne pouvaient lui résister : il lui était plus aisé de donner l'empire que de l'usurper. Vespasien, choisi par Néron, faisait la guerre en Judée avec trois légions, et se montra si peu contraire à Galba, qu'il lui envoya Tite son fils pour lui rendre hommage et cultiver ses bonnes grâces, comme nous dirons ci-après. Mais leur destin se cachait encore, et ce n'est qu'après l'événement qu'on a remarqué les signes et les oracles qui promettaient l'empire à Vespasien et à ses enfants.

En Égypte, c'était aux chevaliers romains au lieu des rois qu'Auguste avait confié le commandement de la province et des troupes : précaution qui parut nécessaire dans un pays abondant en blé, d'un abord difficile, et dont le peuple changeant et superstitieux ne respecte ni magistrats ni lois. Alexandre, Égyptien, gouvernait alors ce royaume. L'Afrique et ses légions, après la mort de Macer, ayant souffert la domination particulière, étaient prêtes à se donner au premier venu : les deux Mauritanies, la Rhétie, la Norique, la Thrace et toutes les nations qui n'obéissaient qu'à des intendants, se tournaient pour ou contre, selon le voisinage des armées et l'impulsion des plus puissants : les provinces sans défense, et surtout l'Italie, n'avaient pas même le choix de leurs fers, et n'étaient que le prix des vainqueurs. Tel était l'état de l'empire romain quand Galba, consul pour la deuxième fois, et Vinius son collègue, commencèrent leur dernière année et presque celle de la république.

Au commencement de janvier, on reçut avis de Propinquus, intendant de la Belgique, que les légions de la Germanie supérieure, sans respect pour leur serment, demandaient un autre empereur, et que, pour rendre leur révolte moins odieuse, elles consentaient qu'il fût élu par le sénat et le peuple romain. Ces nouvelles accélérèrent l'adoption dont Galba délibérait auparavant en lui-même et avec ses amis, et dont le bruit était grand depuis quelque temps dans toute la ville, tant par la licence des nouvellistes qu'à cause de l'âge avancé de Galba. La raison, l'amour de la patrie, dictaient les vœux du petit nombre; mais la multitude passionnée, nommant tantôt l'un, tantôt l'autre, chacun son protecteur ou son ami, consultait uniquement ses désirs secrets ou sa haine pour Vinius, qui, devenant de jour en jour plus puissant, devenait plus odieux en même mesure; car, comme sous un maître infirme et crédule les fraudes sont plus profitables et moins dangereuses, la facilité de Galba augmentait l'avidité des parvenus, qui mesuraient leur ambition sur leur fortune.

Le pouvoir du prince était partagé entre le consul Vinius et Lacon, préfet du prétoire: mais Icelus, affranchi de Galba, et qui, ayant reçu l'anneau, portait dans l'ordre équestre le nom de Marcian, ne leur cédait point en crédit. Ces favoris, toujours en discorde, et jusque dans les moindres choses ne consultant chacun que son intérêt, formaient deux factions pour le choix du successeur à l'empire; Vinius était pour Othon; Icelus et Lacon s'unissaient pour le rejeter, sans en préférer un autre. Le public, qui ne sait rien taire, ne laissait pas ignorer à Galba l'amitié d'Othon et de Vinius, ni l'alliance qu'ils projetaient entre eux par le mariage de la fille de Vinius et d'Othon, l'une veuve et l'autre garçon; mais je crois qu'occupé du bien de l'état, Galba jugeait qu'autant eût valu laisser à Néron l'empire que de le donner à Othon. En effet, Othon, négligé dans son enfance, emporté dans sa jeunesse, se rendit si agréable à Néron par l'imitation de son luxe, que ce fut à lui, comme associé à ses débauches, qu'il confia Poppée, la principale de ses courtisanes, jusqu'à ce qu'il se fût défait de sa femme Octavie; mais, le soupçonnant d'abuser de son dépôt, il le relégua en Lusitanie sous le nom de gouverneur. Othon, ayant administré sa province avec douceur, passa des premiers dans le parti contraire, y montra de l'activité; et, tant que la guerre dura, s'étant distingué par sa magnificence, il conçut tout d'un coup l'espoir de se faire adopter, espoir qui devenait chaque jour plus ardent, tant par la faveur des gens de guerre que par celle de la cour de Néron, qui comptait le retrouver en lui.

Mais, sur les premières nouvelles de la sédition d'Allemagne et avant que d'avoir rien d'assuré du côté de Vitellius, l'incertitude de Galba sur les lieux où tomberait l'effort des armées, et la défiance des troupes mêmes qui étaient à Rome, le déterminèrent à se donner un collègue à l'empire, comme à l'unique parti qu'il crût lui rester à prendre. Ayant donc assemblé, avec Vinius et Lacon, Celsus, consul désigné, et Géminus, préfet de Rome, après quelques discours sur sa vieillesse, il fit appeler Pison, soit de son propre mouvement, soit, selon quelques-uns, à l'instigation de Lacon, qui, par le moyen de Plautus, avait lié amitié avec Pison, et le portant adroitement sans paraître y prendre intérêt, était secondé par la bonne opinion publique. Pison, fils de Crassus et de Scribonia, tous deux d'illustres maisons, suivait les mœurs antiques, homme austère, à le juger équitablement, triste et dur selon ceux qui tournent tout en mal, et dont l'adoption plaisait à Galba par le côté même qui choquait les autres.

Prenant donc Pison par la main, Galba lui parla, dit-on, de cette manière: « Si, comme particulier, je vous adoptais, selon l'usage, par-devant les pontifes, il nous serait honorable, à moi, d'admettre dans ma famille un descendant de Pompée et de Crassus; à vous, d'ajouter à votre noblesse celle des maisons Lutatienne et Sulpicienne. Maintenant, appelé à l'empire du consentement des dieux et des hommes, l'amour de la patrie et votre heureux naturel me portent à vous offrir, au sein de la paix, ce pouvoir suprême que la guerre m'a donné et que nos ancêtres se sont disputé par les armes. C'est ainsi que le grand Auguste mit au premier rang après lui, d'abord son neveu Marcellus, ensuite Agrippa son gendre, puis ses petits-fils, et enfin Tibère, fils de sa femme : mais Auguste choisit son successeur dans sa maison; je choisis le mien dans la république, non que je manque de proches ou de compagnons d'armes : mais je n'ai point moi-même brigué l'empire, et vous préférer à mes parents et aux vôtres, c'est montrer assez mes vrais sentiments. Vous avez un frère illustre ainsi que vous, votre aîné et digne du rang où vous montez, si vous ne l'étiez encore plus. Vous avez passé sans reproche l'âge de la jeunesse et des passions : mais vous n'avez soutenu jusqu'ici que la mauvaise fortune; il vous reste une épreuve plus dangereuse à faire en résistant à la bonne; car l'adversité déchire l'âme, mais le bonheur la corrompt. Vous aurez beau cultiver toujours avec la même constance l'amitié, la foi, la liberté, qui sont les premiers biens de l'homme, un vain respect les écartera malgré vous; les flatteurs vous accableront de leurs fausses caresses, poison de la vraie amitié, et chacun ne songera qu'à son intérêt. Vous et moi, nous parlons aujourd'hui l'un à l'autre avec simplicité; mais tous s'adresseront à notre fortune plutôt qu'à nous; car on risque beaucoup à montrer leur devoir aux princes, et rien à leur persuader qu'ils le font.

« Si la masse immense de cet empire eût pu garder d'elle-même son équilibre, j'étais digne de rétablir la république; mais depuis longtemps les choses en sont à tel point, que tout ce qui reste à faire en faveur du peuple romain, c'est, pour moi, d'employer mes derniers jours à lui choisir un bon maître, et, pour vous, d'être tel durant tout le cours des vôtres. Sous les empereurs précédents, l'état n'était l'héritage que d'une seule famille : par nous, le choix de ses chefs lui tiendra lieu de liberté; après l'extinction des Jules et des Claudes, l'adoption reste ouverte au plus digne. Le droit du sang et de la naissance ne mérite aucune estime et fait un prince au hasard; mais l'adoption permet le choix, et la voix publique l'indique. Ayez toujours sous les yeux le sort de Néron, fier d'une longue suite de Césars; ce n'est ni le pays désarmé de Vindex, ni l'unique légion de Galba, mais son luxe et ses cruautés qui nous ont délivrés de son joug, quoiqu'un empereur proscrit fût alors un événement sans exemple. Pour nous, que la guerre et l'estime publique ont élevés, sans mériter d'ennemis, n'espérons pas n'en point avoir; mais, après ces grands mouvements de tout l'univers, deux légions émues doivent peu vous effrayer. Ma propre élévation ne fut pas tranquille; et ma vieillesse, la seule chose qu'on me reproche, disparaîtra devant celui qu'on a choisi pour la soutenir. Je sais que Néron sera toujours regretté des méchants; c'est à vous et à moi d'empêcher qu'il ne le soit aussi des gens de bien. Il n'est pas temps d'en dire ici davantage, et cela serait superflu si j'ai fait en vous un bon choix. La plus simple et la meilleure règle à suivre dans votre conduite, c'est de chercher ce que vous auriez approuvé ou blâmé sous un autre prince. Songez qu'il n'en est pas ici comme des monarchies, où une seule famille commande, et tout le reste obéit, et que vous allez gouverner un peuple qui ne peut supporter ni une servitude extrême ni une entière liberté. » Ainsi parlait Galba en homme qui fait un souverain, tandis que tous les autres prenaient d'avance le ton qu'on prend avec un souverain déjà fait.

On dit que de toute l'assemblée qui tourna les yeux sur Pison, même de ceux qui l'observaient à dessein, nul ne put remarquer en lui la moindre émotion de plaisir ou de trouble. Sa réponse fut respectueuse envers son empereur et son père, modeste à l'égard de lui-même; rien ne parut changé dans son air et dans ses manières; on y voyait plutôt le pouvoir que la volonté de commander. On délibéra ensuite si la cérémonie de l'adoption se ferait devant le peuple, au sénat, ou dans le camp. On préféra le camp, pour faire honneur aux troupes, comme ne voulant point acheter leur faveur par la flatterie ou à prix d'argent, ni dédaigner de l'acquérir par les moyens honnêtes. Cependant le peuple environnait le palais, impatient d'apprendre l'importante affaire qui s'y traitait en secret, et dont le bruit s'augmentait encore par les vains efforts qu'on faisait pour l'étouffer.

Le dix de janvier, le jour fut obscurci par de grandes pluies, accompagnées d'éclairs, de tonnerres, et de signes extraordinaires du courroux céleste. Ces présages, qui jadis eussent rompu les comices, ne détournèrent point Galba d'aller au camp; soit qu'il les méprisât comme des choses fortuites, soit que, les prenant pour des signes réels, il en jugeât l'événement inévitable. Les gens de guerre étant donc assemblés en grand nombre, il leur dit, dans un discours grave et concis, qu'il adoptait Pison, à l'exemple d'Auguste, et suivant l'usage militaire, qui laisse aux généraux le choix de leurs lieutenants. Puis, de peur que son silence au sujet de la sédition ne la fît croire plus dangereuse, il assura fort que, n'ayant été formée dans la quatrième et la dix-huitième légion que par un petit nombre de gens, elle s'était bornée à des murmures et des paroles, et que dans peu tout serait pacifié. Il ne mêla dans son discours ni flatteries ni promesses. Les tribuns, les centurions, et quelques soldats voisins applaudirent ; mais tout le reste gardait un morne silence, se voyant privés dans la guerre du donatif qu'ils avaient même exigé durant la paix. Il paraît que la moindre libéralité arrachée à l'austère parcimonie de ce vieillard eût pu lui concilier les esprits. Sa perte vint de cette antique roideur et de cet excès de sévérité qui ne convient plus à notre faiblesse.

De là s'étant rendu au sénat, il n'y parla ni moins simplement ni plus longuement qu'aux soldats. La harangue de Pison fut gracieuse et bien reçue ; plusieurs le félicitaient de bon cœur ; ceux qui l'aimaient le moins, avec plus d'affectation ; et le plus grand nombre, par intérêt pour eux-mêmes, sans aucun souci de celui de l'état. Durant les quatre jours suivants, qui furent l'intervalle entre l'adoption et la mort de Pison, il ne fit ni ne dit plus rien en public.

Cependant les fréquents avis du progrès de la défection en Allemagne, et la facilité avec laquelle les mauvaises nouvelles s'accréditaient à Rome, engagèrent le sénat à envoyer une députation aux légions révoltées : et il fut mis secrètement en délibération si Pison ne s'y joindrait point lui-même, pour lui donner plus de poids, en ajoutant la majesté impériale à l'autorité du sénat. On voulait que Lacon, préfet du prétoire, fût aussi du voyage ; mais il s'en excusa. Quant aux députés, le sénat en ayant laissé le choix à Galba, on vit, par la plus honteuse inconstance, des nominations, des refus, des substitutions, des brigues pour aller ou pour demeurer, selon l'espoir ou la crainte dont chacun était agité.

Ensuite il fallut chercher de l'argent ; et, tout bien pesé, il parut très juste que l'état eût recours à ceux qui l'avaient appauvri. Les dons versés par Néron montaient à plus de soixante millions. Il fit donc citer tous les donataires, leur redemandant les neuf dixièmes de ce qu'ils avaient reçu, et dont à peine leur restait-il l'autre dixième partie ; car également avides et dissipateurs, et non moins prodigues du bien d'autrui que du leur, ils n'avaient conservé, au lieu de terres et de revenus, que les instruments ou les vices qui avaient acquis et consumé tout cela. Trente chevaliers romains furent préposés au recouvrement ; nouvelle magistrature onéreuse par les brigues et par le nombre. On ne voyait que ventes, huissiers ; et le peuple, tourmenté par ces vexations, ne laissait pas de se réjouir de voir ceux que Néron avait enrichis aussi pauvres que ceux qu'il avait dépouillés. En ce même temps, Taurus et Nason, tribuns prétoriens ; Pacensis, tribun des milices bourgeoises ; et Fronto, tribun du guet, ayant été cassés, cet exemple servit moins à contenir les officiers qu'à les effrayer, et leur fit craindre qu'étant tous suspects, on ne voulût les chasser l'un après l'autre.

Cependant Othon, qui n'attendait rien d'un gouvernement tranquille, ne cherchait que de nouveaux troubles. Son indigence, qui eût été à charge même à des particuliers, son luxe, qui l'eût été même à des princes, son ressentiment contre Galba, sa haine pour Pison, tout l'excitait à remuer. Il se forgeait même des craintes pour irriter ses désirs. N'avait-il pas été suspect à Néron lui-même ? Fallait-il attendre encore l'honneur d'un second exil en Lusitanie ou ailleurs ? Les souverains ne voient-ils pas toujours avec défiance et de mauvais œil ceux qui peuvent leur succéder ? Si cette idée lui avait nui près d'un vieux prince, combien plus lui nuirait-elle auprès d'un jeune homme naturellement cruel, aigri par un long exil ! Que s'ils étaient tentés de se défaire de lui, pourquoi ne les préviendrait-il pas, tandis que Galba chancelait encore, et avant que Pison fût affermi ? Les temps de crise sont ceux où conviennent les grands efforts ; et c'est une erreur de temporiser, quand les délais sont plus dangereux que l'audace. Tous les hommes meurent également, c'est la loi de la nature ; mais la postérité les distingue par la gloire ou l'oubli. Que si le même sort attend l'innocent et le coupable, il est plus digne d'un homme de courage de ne pas périr sans sujet.

Othon avait le cœur moins efféminé que le corps. Ses plus familiers esclaves et affranchis, accoutumés à une vie trop licencieuse pour une maison privée, en rappelant la magnificence du palais de Néron, les adultères, les fêtes nuptiales, et toutes les débauches des princes, à un homme ardent après tout cela, le lui montraient en proie à d'autres par son indolence, et à lui s'il osait s'en emparer. Les astrologues l'animaient encore, en publiant que d'extraordinaires mouvements dans les cieux lui annonçaient une année glorieuse : genre d'hommes fait pour leurrer les grands, abuser les simples, qu'on chassera sans cesse de notre ville, et qui s'y maintiendra toujours. Poppée en avait secrètement employé plusieurs qui furent l'instrument funeste de son mariage avec l'empereur. Ptolomée, un d'entre eux, qui avait accompagné Othon, lui avait promis qu'il survivrait à Néron; et l'événement, joint à la vieillesse de Galba, à la jeunesse d'Othon, aux conjectures, et aux bruits publics, lui fit ajouter qu'il parviendrait à l'empire. Othon, suivant le penchant qu'a l'esprit humain de s'affectionner aux opinions par leur obscurité même, prenait tout cela pour de la science et pour des avis du destin : et Ptolomée ne manqua pas, selon la coutume, d'être l'instigateur du crime dont il avait été le prophète.

Soit qu'Othon eût ou non formé ce projet, il est certain qu'il cultivait depuis longtemps les gens de guerre, comme espérant succéder à l'empire ou l'usurper. En route, en bataille, au camp, nommant les vieux soldats par leur nom, et, comme ayant servi avec eux sous Néron, les appelant *camarades*, il reconnaissait les uns, s'informait des autres, et les aidait tous de sa bourse ou de son crédit. Il entremêlait tout cela de fréquentes plaintes, de discours équivoques sur Galba, et de ce qu'il y a de plus propre à émouvoir le peuple. Les fatigues des marches, la rareté des vivres, la dureté du commandement, il envenimait tout, comparant les anciennes et agréables navigations de la Campanie et des villes grecques avec les longs et rudes trajets des Pyrénées et des Alpes, où l'on pouvait à peine soutenir le poids de ses armes.

Pudens, un des confidents de Tigellinus, séduisant diversement les plus remuants, les plus obérés, les plus crédules, achevait d'allumer les esprits déjà échauffés des soldats. Il en vint au point que, chaque fois que Galba mangeait chez Othon, l'on distribuait cent sesterces par tête à la cohorte qui était de garde, comme pour sa part du festin; distribution que, sous l'air d'une largesse publique, Othon soutenait encore par d'autres dons particuliers. Il était même si ardent à les corrompre, et la stupidité du préfet qu'on trompait jusque sous ses yeux fut si grande, que, sur une dispute de Proculus, lancier de la garde, avec un voisin pour quelque borne commune, Othon acheta tout le champ voisin et le donna à Proculus.

Ensuite il choisit pour chef de l'entreprise qu'il méditait Onomastus, un de ses affranchis, qui lui ayant amené Barbius et Veturius, tous deux bas officiers des gardes, après les avoir trouvés à l'examen rusés et courageux, il les chargea de dons, de promesses, d'argent pour en gagner d'autres; et l'on vit ainsi deux manipulaires entreprendre et venir à bout de disposer de l'empire romain. Ils mirent peu de gens dans le secret; et tenant les autres en suspens, ils les excitaient par divers moyens: les chefs, comme suspects par les bienfaits de Nymphidius; les soldats, par le dépit de se voir frustrés du donatif si longtemps attendu; rappelant à quelques-uns le souvenir de Néron, ils rallumaient en eux le désir de l'ancienne licence : enfin ils les effrayaient tous par la peur d'un changement dans la milice.

Sitôt qu'on sut la défection de l'armée d'Allemagne, le venin gagna les esprits déjà émus des légions et des auxiliaires. Bientôt les malintentionnés se trouvèrent si disposés à la sédition, et les bons si tièdes à la réprimer, que, le quatorze de janvier, Othon revenant de souper eût été enlevé, si l'on n'eût craint les erreurs de la nuit, les troupes cantonnées par toute la ville, et le peu d'accord qui règne dans la chaleur du vin. Ce ne fut pas l'intérêt de l'état qui retint ceux qui méditaient à jeun de souiller leurs mains dans le sang de leur prince, mais le danger qu'un autre ne fût pris dans l'obscurité pour Othon par les soldats des armées de Hongrie et d'Allemagne qui ne le connaissaient pas. Les conjurés étouffèrent plusieurs indices de la sédition naissante; et ce qui en parvint aux oreilles de Galba fut éludé par Lacon, homme incapable de lire dans l'esprit des soldats, ennemi de tout bon conseil qu'il n'avait pas donné, et toujours résistant à l'avis des sages.

Le quinze de janvier, comme Galba sacrifiait au temple d'Apollon, l'aruspice Umbricius, sur le triste aspect des entrailles, lui dénonça d'actuelles embûches et un ennemi domestique, tandis qu'Othon, qui était présent, se réjouissait de ces mauvais augures et les interprétait favorablement pour ses desseins. Un moment après, Onomastus vint lui dire que l'architecte et les experts l'attendaient; mot convenu pour lui annoncer l'assemblée des soldats et les apprêts de la conjuration. Othon fit croire à ceux qui demandaient où il allait, que, près d'acheter une vieille maison de campagne, il voulait auparavant la faire examiner; puis, suivant l'affranchi à travers le palais de Tibère au Vélabre, et de là vers la colonne dorée sous le temple de Saturne, il fut salué empereur par vingt-trois soldats, qui le placèrent aussitôt sur une chaire curule, tout consterné de leur petit nombre, et l'environnèrent l'épée à la main. Chemin faisant, ils furent joints par un nombre à peu près égal de leurs camarades. Les uns, instruits du complot, l'accompagnaient à grands cris avec leurs armes; d'autres, frappés du spectacle, se disposaient en silence à prendre conseil de l'événement.

Le tribun Martialis, qui était de garde au camp, effrayé d'une si prompte et si grande entreprise, ou craignant que la sédition n'eût gagné ses soldats et qu'il ne fût tué en s'y opposant, fut soupçonné par plusieurs d'en être complice. Tous les autres tribuns et centurions préférèrent aussi le parti le plus sûr au plus honnête. Enfin tel fut l'état des esprits, qu'un petit nombre ayant entrepris un forfait détestable, plusieurs l'approuvèrent et tous le souffrirent.

Cependant Galba, tranquillement occupé de son sacrifice, importunait les dieux pour un empire qui n'était plus à lui, quand tout-à-coup un bruit s'éleva que les troupes enlevaient un sénateur qu'on ne nommait pas, mais qu'on sut ensuite être Othon. Aussitôt on vit accourir des gens de tous les quartiers; et à mesure qu'on les rencontrait, plusieurs augmentaient le mal et d'autres l'atténuaient, ne pouvant en cet instant même renoncer à la flatterie. On tint conseil, et il fut résolu que Pison sonderait la disposition de la cohorte qui était de garde au palais, réservant l'autorité encore entière de Galba pour de plus pressants besoins. Ayant donc assemblé les soldats devant les degrés du palais, Pison leur parla ainsi: « Compagnons, il y a six jours que je fus nommé César sans prévoir l'avenir, et sans savoir si ce choix me serait utile ou funeste; c'est à vous d'en fixer le sort pour la république et pour nous. Ce n'est pas que je craigne pour moi-même, trop instruit par mes malheurs à ne point compter sur la prospérité: mais je plains mon père, le sénat et l'empire, en nous voyant réduits à recevoir la mort ou à la donner, extrémité non moins cruelle pour des gens de bien, tandis qu'après les derniers mouvements on se félicitait que Rome eût été exempte de violence et de meurtres, et qu'on espérait avoir pourvu, par l'adoption, à prévenir toute cause de guerre après la mort de Galba.

« Je ne vous parlerai ni de mon nom ni de mes mœurs; on a peu besoin de vertus pour se comparer à Othon. Ses vices, dont il fait toute sa gloire, ont ruiné l'état quand il était ami du prince. Est-ce par son air, par sa démarche, par sa parure efféminée, qu'il se croit digne de l'empire? On se trompe beaucoup si l'on prend son luxe pour de la libéralité. Plus il saura perdre et moins il saura donner. Débauches, festins, attroupements de femmes, voilà les projets qu'il médite, et, selon lui, les droits de l'empire, dont la volupté sera pour lui seul, la honte et le déshonneur pour tous; car jamais souverain pouvoir acquis par le crime ne fut vertueusement exercé. Galba fut nommé César par le genre humain, et je l'ai été par Galba de votre consentement. Compagnons, j'ignore s'il vous est indifférent que la république, le sénat et le peuple ne soient que de vains noms; mais je sais au moins qu'il vous importe que des scélérats ne vous donnent pas un chef.

« On a vu quelquefois des légions se révolter contre leurs tribuns. Jusqu'ici votre gloire et votre fidélité n'ont reçu nulle atteinte, et Néron lui-même vous abandonna plutôt qu'il ne fut abandonné de vous. Quoi! verrons-nous une trentaine au plus de déserteurs et de transfuges, à qui l'on ne permettrait pas de se choisir seulement un officier, faire un empereur? Si vous souffrez un tel exemple, si vous partagez le crime en le laissant commettre, cette licence passera dans les provinces; nous périrons par les meurtres, et vous par les combats, sans que la solde en soit plus grande pour avoir égorgé son prince, que pour avoir fait son devoir : mais le donatif n'en vaudra pas moins, reçu de nous pour le prix de la fidélité, que d'un autre pour le prix de la trahison. »

Les lanciers de la garde ayant disparu, le reste de la cohorte, sans paraître mépriser le discours de Pison, se mit en devoir de préparer ses enseignes plutôt par hasard, et, comme il arrive en ces moments de trouble, sans trop savoir ce qu'on faisait, que par une feinte insidieuse, comme on l'a cru dans la suite. Celsus fut envoyé au détachement de l'armée d'Illyrie vers le portique de Vipsanius. On ordonna aux primipilaires Serenus et Sabinus d'amener les soldats germains du temple de la Liberté. On se défiait de la légion marine, aigrie par le meurtre de ses soldats que Galba avait fait tuer à son arrivée. Les tribuns Cerius, Subrinus et Longinus, allèrent au camp prétorien pour tâcher d'étouffer la sédition naissante avant qu'elle eût éclaté. Les soldats menacèrent les deux premiers; mais Longin fut maltraité et désarmé, parce qu'il n'avait pas passé par les grades militaires, et qu'étant dans la confiance de Galba il en était plus suspect aux rebelles. La légion de mer ne balança pas à se joindre aux prétoriens : ceux du détachement d'Illyrie, présentant à Celsus la pointe des armes, ne voulurent point l'écouter; mais les troupes d'Allemagne hésitèrent longtemps, n'ayant pas encore recouvré leurs forces, et ayant perdu toute mauvaise volonté depuis que, revenues malades de la longue navigation d'Alexandrie où Néron les avait envoyées, Galba n'épargnait ni soin ni dépense pour les rétablir. La foule du peuple et des esclaves, qui durant ce temps remplissait le palais, demandait à cris perçants la mort d'Othon et l'exil des conjurés, comme ils auraient demandé quelque scène dans les jeux publics; non que le jugement ou le zèle excitât des clameurs qui changèrent d'objet dès le même jour, mais par l'usage établi d'enivrer chaque prince d'acclamations effrénées et de vaines flatteries.

Cependant Galba flottait entre deux avis. Celui de Vinius était qu'il fallait armer les esclaves, rester dans le palais et en barricader les avenues; qu'au lieu de s'offrir à des gens échauffés, on devait laisser le temps aux révoltés de se repentir et aux fidèles de se rassurer; que si la promptitude convient aux forfaits, le temps favorise les bons desseins; qu'enfin l'on aurait toujours la même liberté d'aller s'il était nécessaire, mais qu'on n'était pas sûr d'avoir celle du retour au besoin.

Les autres jugeaient qu'en se hâtant de prévenir le progrès d'une sédition faible encore et peu nombreuse, on épouvanterait Othon même, qui, s'étant livré furtivement à des inconnus, profiterait, pour apprendre à représenter, de tout le temps qu'on perdrait dans une lâche indolence. Fallait-il attendre qu'ayant pacifié le camp il vînt s'emparer de la place, et monter au Capitole aux yeux même de Galba, tandis qu'un si grand capitaine et ses braves amis, renfermés dans les portes et le seuil du palais, l'inviteraient pour ainsi dire à les assiéger? Quel secours pouvait-on se promettre des esclaves, si on laissait refroidir la faveur de la multitude, et sa première indignation plus puissante que tout le reste? « D'ailleurs, disaient-ils, le parti le moins honnête est aussi le moins sûr ; et, dût-on succomber au péril, il vaut encore mieux l'aller chercher ; Othon en sera plus odieux, et nous en aurons plus d'honneur. » Vinius, résistant à cet avis, fut menacé par Lacon à l'instigation d'Icelus, toujours prêt à servir sa haine particulière aux dépens de l'état.

Galba, sans hésiter plus longtemps, choisit le parti le plus spécieux. On envoya Pison le premier au camp, appuyé du crédit que devaient lui donner sa naissance, le rang auquel il venait de monter, et sa colère contre Vinius, véritable ou supposée telle par ceux dont Vinius était haï et que leur haine rendait crédules. A peine Pison fut parti, qu'il s'éleva un bruit, d'abord vague et incertain, qu'Othon avait été tué dans le camp : puis, comme il arrive aux mensonges importants, il se trouva bientôt des témoins oculaires du fait, qui persuadèrent aisément tous ceux qui s'en réjouissaient ou qui s'en souciaient peu ; mais plusieurs crurent que ce bruit était répandu et fomenté par les amis d'Othon, pour attirer Galba par le leurre d'une bonne nouvelle.

Ce fut alors que, les applaudissements et l'empressement outré gagnant plus haut qu'une populace imprudente, la plupart des chevaliers et des sénateurs, rassurés et sans précaution, forcèrent les portes du palais, et, courant au devant de Galba, se plaignaient que l'honneur de le venger leur eût été ravi. Les plus lâches, et, comme l'effet le prouva, les moins capables d'affronter le danger, téméraires en paroles et braves de la langue, affirmaient tellement ce qu'ils savaient le moins, que, faute d'avis certains, et vaincu par ces clameurs, Galba prit une cuirasse, et, n'étant ni d'âge ni de force à soutenir le choc de la foule, se fit porter dans sa chaise. Il rencontra, sortant du palais, un gendarme nommé Julius Atticus, qui, montrant son glaive tout sanglant, s'écria qu'il avait tué Othon. « Camarade, lui dit Galba, qui vous l'a commandé ? » Vigueur singulière d'un homme attentif à réprimer la licence militaire, et qui ne se laissait pas plus amorcer par les flatteries qu'effrayer par les menaces !

Dans le camp les sentiments n'étaient plus douteux ni partagés, et le zèle des soldats était tel, que, non contents d'environner Othon de leurs corps et de leurs bataillons, ils le placèrent au milieu des enseignes et des drapeaux, dans l'enceinte où était peu auparavant la statue d'or de Galba. Ni tribuns ni centurions ne pouvaient approcher, et les simples soldats criaient qu'on prît garde aux officiers. On n'entendait que clameurs, tumultes, exhortations mutuelles. Ce n'étaient pas les tièdes et les discordantes acclamations d'une populace qui flatte son maître ; mais tous les soldats qu'on voyait accourir en foule étaient pris par la main, embrassés tout armés, amenés devant lui, et, après leur avoir dicté le serment, ils recommandaient l'empereur aux troupes et les troupes à l'empereur. Othon, de son côté, tendant les bras, saluant la multitude, envoyant des baisers, n'omettait rien de servile pour commander.

Enfin, après que toute la légion de mer lui eut prêté le serment, se confiant en ses forces et voulant animer en commun tous ceux qu'il avait excités en particulier, il monta sur le rempart du camp, et leur tint ce discours :

« Compagnons, j'ai peine à dire sous quel titre je me présente en ce lieu : car, élevé par vous à l'empire, je ne puis me regarder comme particulier, ni comme empereur tandis qu'un autre commande ; et l'on ne peut savoir quel nom vous convient à vous-mêmes qu'en décidant si celui que vous protégez est le chef ou l'ennemi du peuple romain. Vous entendez que nul ne demande ma punition qu'il ne demande aussi la vôtre, tant il est certain que nous ne pouvons nous sauver ou périr qu'ensemble, et vous devez juger de la facilité avec laquelle le clément Galba a peut-être déjà promis votre mort par le meurtre de tant de milliers de soldats innocents que personne ne lui demandait. Je frémis en me rappelant l'horreur de son entrée et de son unique victoire, lorsqu'aux yeux de toute la ville il fit décimer les prisonniers suppliants qu'il avait reçus en grâce. Entré dans Rome sous de tels auspices, quelle gloire a-t-il acquise dans le gouvernement, si ce n'est d'avoir fait mourir Sabinus et Marcellus en Espagne, Chilon dans les Gaules, Capiton en Allemagne, Macer en Afrique, Cingonius en route, Turpilien dans Rome, et Nymphidius au camp? Quelle armée ou quelle province si reculée sa cruauté n'a-t-elle point souillée et déshonorée, ou, selon lui, lavée et purifiée avec du sang? car, traitant les crimes de remèdes et donnant de faux noms aux choses, il appelle la barbarie sévérité, l'avarice économie, et discipline tous les maux qu'il vous fait souffrir. Il n'y a pas sept mois que Néron est mort, et Icelus a déjà plus volé que n'ont fait Ælius, Polyclète et Vatinius. Si Vinius lui-même eût été empereur, il eût gouverné avec moins d'avarice et de licence; mais il nous commande comme à ses sujets, et nous dédaigne comme ceux d'un autre. Ses richesses seules suffisent pour ce donatif qu'on vous vante sans cesse et qu'on ne vous donne jamais.

«Afin de ne pas même laisser d'espoir à son successeur, Galba a rappelé d'exil un homme qu'il jugeait avare et dur comme lui. Les dieux vous ont avertis par les signes les plus évidents, qu'ils désapprouvaient cette élection. Le sénat et le peuple romain ne lui sont pas plus favorables: mais leur confiance est toute en votre courage; car vous avez la force en main pour exécuter les choses honnêtes, et sans vous les meilleurs desseins ne peuvent avoir d'effet. Ne croyez pas qu'il soit ici question de guerres ni de périls, puisque toutes les troupes sont pour nous, que Galba n'a qu'une cohorte en toge dont il n'est pas le chef, mais le prisonnier, et dont le seul combat à votre aspect et à mon premier signe va être à qui m'aura le plus tôt reconnu. Enfin ce n'est pas le cas de temporiser dans une entreprise qu'on ne peut louer qu'après l'exécution.»

Aussitôt, ayant fait ouvrir l'arsenal, tous coururent aux armes sans ordre, sans règle, sans distinction des enseignes prétoriennes et des légionnaires, de l'écu des auxiliaires et du bouclier romain; et, sans que ni tribun ni centurion s'en mêlât, chaque soldat, devenu son propre officier, s'animait et s'excitait lui-même à mal faire par le plaisir d'affliger les gens de bien.

Déjà Pison, effrayé du frémissement de la sédition croissante et du bruit des clameurs qui retentissait jusque dans la ville, s'était mis à la suite de Galba qui s'acheminait vers la place. Déjà, sur les mauvaises nouvelles apportées par Celsus, les uns parlaient de retourner au palais, d'autres d'aller au Capitole, le plus grand nombre d'occuper les rostres. Plusieurs se contentaient de contredire l'avis des autres; et, comme il arrive dans les mauvais succès, le parti qu'il n'était plus temps de prendre semblait alors le meilleur. On dit que Lacon méditait à l'insu de Galba de faire tuer Vinius, soit qu'il espérât adoucir les soldats par ce châtiment, soit qu'il le crût complice d'Othon, soit enfin par un mouvement de haine. Mais le temps et le lieu l'ayant fait balancer par la crainte de ne pouvoir plus arrêter le sang après avoir commencé d'en répandre, l'effroi des survenants, la dispersion du cortège, et le trouble de ceux qui s'étaient d'abord montrés si pleins de zèle et d'ardeur, achevèrent de l'en détourner.

Cependant, entraîné çà et là, Galba cédait à l'impulsion des flots de la multitude, qui, remplissant de toutes parts les temples et les basiliques, n'offrait qu'un aspect lugubre. Le peuple et les citoyens, l'air morne et l'oreille attentive, ne poussaient point de cris; il ne régnait ni tranquillité ni tumulte, mais un silence qui marquait à la fois la frayeur et l'indignation. On dit pourtant à Othon que le peuple prenait les armes: sur quoi il ordonna de forcer les passages et d'occuper les postes importants. Alors, comme s'il eût été question non de massacrer dans leur prince un vieillard désarmé, mais de renverser l'acore ou Vologèse du trône des Arsacides, on vit les soldats romains écrasant le peuple, foulant aux pieds les sénateurs, pénétrer dans la place à la course de leurs chevaux et à la pointe de leurs armes, sans respecter le Capitole ni le temple des dieux, sans craindre les princes présents et à venir, vengeurs de ceux qui les ont précédés.

A peine aperçut-on les troupes d'Othon, que l'enseigne de l'escorte de Galba, appelé, dit-on, Vergilio, arracha l'image de l'empereur et la jeta par terre. A l'instant tous les soldats se déclarent, le peuple fuit, quiconque hésite voit le fer prêt à le percer. Près du lac de Curtius, Galba tomba de sa chaise par l'effroi de ceux qui le portaient, et fut d'abord enveloppé. On a rapporté diversement ses dernières paroles, selon la haine ou l'admiration qu'on avait pour lui : quelques-uns disent qu'il demanda d'un ton suppliant quel mal il avait fait, priant qu'on lui laissât quelques jours pour payer le donatif; mais plusieurs assurent que, présentant hardiment la gorge aux soldats, il leur dit de frapper s'ils croyaient sa mort utile à l'état. Les meurtriers écoutèrent peu ce qu'il pouvait dire. On n'a pas bien su qui l'avait tué : les uns nomment Terentius, d'autres Lecanius; mais le bruit commun est que Camurius, soldat de la quinzième légion, lui coupa la gorge. Les autres lui déchiquetèrent cruellement les bras et les jambes, car la cuirasse couvrait la poitrine; et leur barbare férocité chargeait encore de blessures un corps déjà mutilé.

On vint ensuite à Vinius, dont il est pareillement douteux si le subit effroi lui coupa la voix, ou s'il s'écria qu'Othon n'avait point ordonné sa mort; paroles qui pouvaient être l'effet de sa crainte, ou plutôt l'aveu de sa trahison, sa vie et sa réputation portant à le croire complice d'un crime dont il était cause.

On vit ce jour-là dans Sempronius Densus un exemple mémorable pour notre temps. C'était un centurion de la cohorte prétorienne chargé par Galba de la garde de Pison : il se jeta le poignard à la main au devant des soldats en leur reprochant leur crime; et, du geste et de la voix, attirant les coups sur lui seul, il donna le temps à Pison de s'échapper quoique blessé. Pison se sauva dans le temple de Vesta, où il reçut asile par la pitié d'un esclave qui le cacha dans sa chambre; précaution plus propre à différer sa mort que la religion ni le respect des autels. Mais Florus, soldat des cohortes britanniques, qui, depuis longtemps, avait été fait citoyen par Galba, et Statius Murcus, lancier de la garde, tous deux particulièrement altérés du sang de Pison, vinrent de la part d'Othon le tirer de son asile, et le tuèrent à la porte du temple.

Cette mort fut celle qui fit le plus de plaisir à Othon; et l'on dit que ses regards avides ne pouvaient se lasser de considérer cette tête, soit que, délivré de toute inquiétude, il commençât alors à se livrer à la joie, soit que, son ancien respect pour Galba et son amitié pour Vinius mêlant à sa cruauté quelque image de tristesse, il se crût plus permis de prendre plaisir à la mort d'un concurrent et d'un ennemi. Les têtes furent mises chacune au bout d'une pique et portées parmi les enseignes des cohortes et autour de l'aigle de la légion : c'était à qui ferait parade de ses mains sanglantes, à qui, faussement ou non, se vanterait d'avoir commis ou vu ces assassinats, comme d'exploits glorieux et mémorables. Vitellius trouva dans la suite plus de cent vingt placets de gens qui demandaient récompense pour quelque fait notable de ce jour-là : il les fit tous chercher et mettre à mort, non pour honorer Galba, mais selon la maxime des princes, de pourvoir à leur sûreté présente par la crainte des châtiments futurs.

Vous eussiez cru voir un autre sénat et un autre peuple. Tout accourait au camp : chacun s'empressait à devancer les autres, à maudire Galba, à vanter le bon choix des troupes, à baiser les mains d'Othon; moins le zèle était sincère, plus on affectait d'en montrer. Othon de son côté ne rebutait personne, mais des yeux et de la voix tâchait d'adoucir l'avide férocité des soldats. Ils ne cessaient de demander le supplice de Celsus, consul désigné, et, jusqu'à l'extrémité, fidèle ami de Galba : son innocence et ses services étaient des crimes qui les irritaient. On voyait qu'ils ne cherchaient qu'à faire périr tout homme de bien, et commencer les meurtres et le pillage; mais Othon, qui pouvait commander les assassinats, n'avait pas encore assez d'autorité pour les défendre. Il fit donc lier Celsus, affectant une grande colère, et le sauva d'une mort présente en feignant de le réserver à des tourments plus cruels.

Alors tout se fit au gré des soldats. Les prétoriens se choisirent eux-mêmes leurs préfets. A Firmus, jadis manipulaire, puis commandant du guet, et qui, du vivant même de Galba, s'était attaché à Othon, ils joignirent Licinius Proculus, que son étroite familiarité avec Othon fit soupçonner d'avoir favorisé ses desseins. En donnant à Sabinus la préfecture de Rome, ils suivirent le sentiment de Néron, sous lequel il avait eu le même emploi; mais le plus grand nombre ne voyait en lui que Vespasien son frère : ils sollicitèrent l'affranchissement des tributs annuels que, sous le nom de congés à temps, les simples soldats payaient aux centurions. Le quart des manipulaires était aux vivres ou dispersé dans le camp; et pourvu que le droit du centurion ne fût pas oublié, il n'y avait sorte de vexations dont ils s'abstinssent, ni sorte de métiers dont ils rougissent. Du profit de leurs voleries et des plus serviles emplois ils payaient l'exemption du service militaire; et, quand ils s'étaient enrichis, les officiers, les accablant de travaux et de peine, les forçaient d'acheter de nouveaux congés. Enfin, épuisés de dépense et perdus de mollesse, ils revenaient au manipule pauvres et fainéants, de laborieux qu'ils en étaient partis et de riches qu'ils y devaient retourner. Voilà comment, également corrompus tour à tour par la licence et par la misère, ils ne cherchaient que mutineries, révoltes et guerres civiles. De peur d'irriter les centurions en gratifiant les soldats à leurs dépens, Othon promit de payer du fisc les congés annuels; établissement utile, et depuis confirmé par tous les bons princes pour le maintien de la discipline. Le préfet Lacon, qu'on feignit de reléguer dans une île, fut tué par un garde envoyé pour cela par Othon : Icelus fut puni publiquement en qualité d'affranchi.

Le comble des maux dans un jour si rempli de crimes fut l'allégresse qui le termina. Le préteur de Rome convoqua le sénat; et, tandis que les autres magistrats outraient à l'envi l'adulation, les sénateurs accourent, décernent à Othon la puissance tribunitienne, le nom d'Auguste, et tous les honneurs des empereurs précédents, tâchant d'effacer ainsi les injures dont ils venaient de le charger, et auxquelles il ne parut point sensible. Que ce fût clémence ou délai de sa part, c'est ce que le peu de temps qu'il a régné n'a pas permis de savoir.

S'étant fait conduire au Capitole, puis au palais, il trouva la place ensanglantée des morts qui y étaient encore étendus, et permit qu'ils fussent brûlés et enterrés. Verania, femme de Pison, Scribonianus son frère, et Crispine, fille de Vinius, recueillirent leurs corps, et, ayant cherché les têtes, les rachetèrent des meurtriers qui les avaient gardées pour les vendre.

Pison finit ainsi la trente-unième année d'une vie passée avec moins de bonheur que d'honneur. Deux de ses frères avaient été mis à mort, Magnus par Claude, et Crassus par Néron : lui-même, après un long exil, fut six jours César, et, par une adoption précipitée, sembla n'avoir été préféré à son aîné que pour être mis à mort avant lui. Vinius vécut quarante-sept ans avec des mœurs inconstantes : son père était de famille prétorienne; son aïeul maternel fut au nombre des proscrits. Il fit avec infamie ses premières armes sous Calvisius Sabinus, lieutenant-général, dont la femme, indécemment curieuse de voir l'ordre du camp, y entra de nuit en habit d'homme, et, avec la même impudence, parcourut les gardes et tous les postes, après avoir commencé par souiller le lit conjugal; crime dont on taxa Vinius d'être complice. Il fut donc chargé de chaînes par ordre de Caligula : mais bientôt, les révolutions des temps l'ayant fait délivrer, il monta sans reproche de grade en grade. Après sa préture, il obtint avec applaudissement le commandement d'une légion; mais, se déshonorant derechef par la plus servile bassesse, il vola une coupe d'or dans un festin de Claude, qui ordonna le lendemain que de tous les convives on servît le seul Vinius en vaisselle de terre. Il ne laissa pas de gouverner ensuite la Gaule narbonnaise, en qualité de proconsul, avec la plus sévère intégrité. Enfin, devenu tout-à-coup ami de Galba, il se montra prompt, hardi, rusé, méchant, habile selon ses desseins, et toujours avec la même vigueur. On n'eut point d'égard à son testament, à cause de ses grandes richesses; mais la pauvreté de Pison fit respecter ses dernières volontés.

Le corps de Galba, négligé longtemps, et chargé de mille outrages dans la licence des ténèbres, reçut une humble sépulture dans ses jardins particuliers, par les soins d'Argius, son intendant et l'un de ses plus anciens domestiques. Sa tête, plantée au bout d'une lance, et défigurée par les valets et goujats, fut trouvée le jour suivant devant le tombeau de Patrobe, affranchi de Néron, qu'il avait fait punir, et mise avec son corps déjà brûlé. Telle fut la fin de Sergius Galba, après soixante et treize ans de vie et de prospérité sous cinq princes, et plus heureux sujet que souverain. Sa noblesse était ancienne, et sa fortune immense. Il avait un génie médiocre, point de vices, et peu de vertus. Il ne fuyait ni ne cherchait la réputation : sans convoiter les richesses d'autrui, il était ménager des siennes, avare de celles de l'état. Subjugué par ses amis et ses affranchis, et juste ou méchant par leur caractère, il laissait faire également le bien et le mal, approuvant l'un et ignorant l'autre; mais un grand nom et le malheur des temps lui faisaient imputer à vertu ce qui n'était qu'indolence. Il avait servi dans sa jeunesse en Germanie avec honneur, et s'était bien comporté dans le proconsulat d'Afrique : devenu vieux, il gouverna l'Espagne citérieure avec la même équité. En un mot, tant qu'il fut homme privé, il parut au-dessus de son état; et tout le monde l'eût jugé digne de l'empire, s'il n'y fût jamais parvenu.

A la consternation que jeta dans Rome l'atrocité de ces récentes exécutions, et à la crainte qu'y causaient les anciennes mœurs d'Othon, se joignit un nouvel effroi par la défection de Vitellius, qu'on avait cachée du vivant de Galba, en laissant croire qu'il n'y avait de révolte que dans l'armée de la Haute-Allemagne. C'est alors qu'avec le sénat et l'ordre équestre, qui prenaient quelque part aux affaires publiques, le peuple même déplorait ouvertement la fatalité du sort, qui semblait avoir suscité pour la perte de l'empire deux hommes, les plus corrompus des mortels par la mollesse, la débauche, l'impudicité. On ne voyait pas seulement renaître les cruautés commises durant la paix, mais l'horreur des guerres civiles où Rome avait été si souvent prise par ses propres troupes, l'Italie dévastée, les provinces ruinées. Pharsale, Philippes, Pérouse et Modène, ces noms célèbres par la désolation publique, revenaient sans cesse à la bouche. Le monde avait été presque bouleversé quand des hommes dignes du souverain pouvoir se le disputèrent. Jules et Auguste, vainqueurs, avaient soutenu l'empire; Pompée et Brutus eussent relevé la république. Mais était-ce pour Vitellius ou pour Othon qu'il fallait invoquer les dieux? et, quelque parti qu'on prît entre de tels compétiteurs, comment éviter de faire des vœux impies et des prières sacrilèges, quand l'événement de la guerre ne pouvait, dans le vainqueur, montrer que le plus méchant? Il y en avait qui songeaient à Vespasien et à l'armée d'Orient; mais, quoiqu'ils préférassent Vespasien aux deux autres, ils ne laissaient pas de craindre cette nouvelle guerre comme une source de nouveaux malheurs : outre que la réputation de Vespasien était encore équivoque; car il est le seul parmi tant de princes que le rang suprême ait changé en mieux.

Il faut maintenant exposer l'origine et les causes des mouvements de Vitellius. Après la défaite et la mort de Vindex, l'armée, qu'une victoire sans danger et sans peine venait d'enrichir, fière de sa gloire et de son butin, et préférant le pillage à la paye, ne cherchait que guerres et que combats. Longtemps le service avait été infructueux et dur, soit par la rigueur du climat et des saisons, soit par la sévérité de la discipline, toujours inflexible durant la paix, mais que les flatteries des séducteurs et l'impunité des traîtres énervent dans les guerres civiles. Hommes, armes, chevaux, tout s'offrait à qui saurait s'en servir et s'en illustrer ; et, au lieu qu'avant la guerre, les armées étant éparses sur les frontières, chacun ne connaissait que sa compagnie et son bataillon, alors les légions rassemblées contre Vindex, ayant comparé leur force à celle des Gaules, n'attendaient qu'un nouveau prétexte pour chercher querelle à des peuples qu'elles ne traitaient plus d'amis et de compagnons, mais de rebelles et de vaincus. Elles comptaient sur la partie des Gaules qui confine au Rhin, et dont les habitants, ayant pris le même parti, les excitaient alors puissamment contre les galbiens, nom que par mépris pour Vindex ils avaient donné à ses partisans. Le soldat, animé contre les Eduens et les Séquanais, et mesurant sa colère sur leur opulence, dévorait déjà dans son cœur le pillage des villes et des champs, et les dépouilles des citoyens. Son arrogance et son avidité, vices communs à qui se sent le plus fort, s'irritaient encore par les bravades des Gaulois, qui, pour faire dépit aux troupes, se vantaient de la remise du quart des tributs, et du droit qu'ils avaient reçu de Galba.

A tout cela se joignait un bruit adroitement répandu et inconsidérément adopté, que les légions seraient décimées et les plus braves centurions cassés. De toutes parts venaient des nouvelles fâcheuses : rien de Rome que de sinistre ; la mauvaise volonté de la colonie lyonnaise et son opiniâtre attachement pour Néron était la source de mille faux bruits. Mais la haine et la crainte particulière, jointes à la sécurité générale qu'inspiraient tant de forces réunies, fournissaient dans le camp une assez ample matière au mensonge et à la crédulité.

Au commencement de décembre, Vitellius, arrivé dans la Germanie inférieure, visita soigneusement les quartiers où, quelquefois avec prudence et plus souvent par ambition, il effaçait l'ignominie, adoucissait les châtiments, et rétablissait chacun dans son rang ou dans son honneur. Il répara surtout avec beaucoup d'équité les injustices que l'avarice et la corruption avaient fait commettre à Capiton en avançant ou déplaçant les gens de guerre. On lui obéissait plutôt comme à un souverain que comme à un proconsul, mais il était souple avec les hommes fermes. Libéral de son bien, prodigue de celui d'autrui, il était d'une profusion sans mesure, que ses amis, changeant, par l'ardeur de commander, ses vertus en vices, appelaient douceur et bonté. Plusieurs dans le camp cachaient sous un air modeste et tranquille beaucoup de vigueur à mal faire ; mais Valens et Cécina, lieutenants-généraux, se distinguaient par une avidité sans bornes qui n'en laissait point à leur audace. Valens surtout, après avoir étouffé les projets de Capiton et prévenu l'incertitude de Verginius, outré de l'ingratitude de Galba, ne cessait d'exciter Vitellius en lui vantant le zèle des troupes. Il lui disait que sur sa réputation Hordeonius ne balancerait pas un moment ; que l'Angleterre serait pour lui ; qu'il aurait des secours de l'Allemagne ; que toutes les provinces flottaient sous le gouvernement précaire et passager d'un vieillard ; qu'il n'avait qu'à tendre les bras à la fortune et courir au devant d'elle ; que les doutes convenaient à Verginius, simple chevalier romain, fils d'un père inconnu, et qui, trop au-dessous du rang suprême, pouvait le refuser sans risque ; mais quant à lui, dont le père avait eu trois consulats, la censure, et César pour collègue, que plus il avait de titres pour aspirer à l'empire, plus il lui était dangereux de vivre en homme privé. Ces discours, agitant Vitellius, portaient dans son esprit indolent plus de désirs que d'espoir.

Cependant Cécina, grand, jeune, d'une belle figure, d'une démarche imposante, ambitieux, parlant bien, flattait et gagnait les soldats de l'Allemagne supérieure. Questeur en Bétique, il avait pris des premiers le parti de Galba, qui lui donna le commandement d'une légion : mais ayant reconnu qu'il détournait les deniers publics, il le fit accuser de péculat; ce que Cécina supportant impatiemment, il s'efforça de tout brouiller et d'ensevelir ses fautes sous les ruines de la république. Il y avait déjà dans l'armée assez de penchant à la révolte; car elle avait de concert pris parti contre Vindex, et ce ne fut qu'après la mort de Néron qu'elle se déclara pour Galba, en quoi même elle se laissa prévenir par les cohortes de la Germanie inférieure. De plus, les peuples de Trèves, de Langres, et de toutes les villes dont Galba avait diminué le territoire et qu'il avait maltraitées par ses rigoureux édits, mêlés dans les quartiers des légions, les excitaient par des discours séditieux; et les soldats, corrompus par les habitants, n'attendaient qu'un homme qui voulût profiter de l'offre qu'ils avaient faite à Verginius. La cité de Langres avait, selon l'ancien usage, envoyé aux légions le présent des mains enlacées, en signe d'hospitalité. Les députés, affectant une contenance affligée, commencèrent à raconter de chambrée en chambrée les injures qu'ils recevaient et les grâces qu'on faisait aux cités voisines; puis, se voyant écoutés, ils échauffaient les esprits par l'énumération des mécontentements donnés à l'armée et de ceux qu'elle avait encore à craindre.

Enfin tout se préparant à la sédition, Hordeonius renvoya les députés et les fit sortir de nuit pour cacher leur départ. Mais cette précaution réussit mal, plusieurs assurant qu'ils avaient été massacrés, et que si l'on ne prenait garde à soi, les plus braves soldats qui avaient osé murmurer de ce qui se passait seraient ainsi tués de nuit à l'insu des autres. Là-dessus les légions s'étant liguées par un engagement secret, on fit venir les auxiliaires, qui d'abord donnèrent de l'inquiétude aux cohortes et à la cavalerie qu'ils environnaient et qui craignirent d'en être attaquées. Mais bientôt tous avec la même ardeur prirent le même parti: mutins plus d'accord dans la révolte qu'ils ne furent dans leur devoir.

Cependant le premier janvier les légions de la Germanie inférieure prêtèrent solennellement le serment de fidélité à Galba, mais à contre-cœur et seulement par la voix de quelques-uns dans les premiers rangs; tous les autres gardaient le silence, chacun n'attendant que l'exemple de son voisin, selon la disposition naturelle aux hommes de seconder avec courage les entreprises qu'ils n'osent commencer. Mais l'émotion n'était pas la même dans toutes les légions. Il régnait un si grand trouble dans la première et dans la cinquième, que quelques-uns jetèrent des pierres aux images de Galba. La quinzième et la seizième, sans aller au-delà du murmure et des menaces, cherchaient le moment de commencer la révolte. Dans l'armée supérieure, la quatrième et la vingt-deuxième légion, allant occuper les mêmes quartiers, brisèrent les images de Galba ce même premier janvier, la quatrième sans balancer: la vingt-deuxième, ayant d'abord hésité, se détermina de même: mais pour ne pas paraître avilir la majesté de l'empire, elles jurèrent au nom du sénat et du peuple romain, mots surannés depuis longtemps. On ne vit ni généraux ni officiers faire le moindre mouvement en faveur de Galba; plusieurs même dans le tumulte cherchaient à l'augmenter, quoique jamais de dessus le tribunal ni par de publiques harangues: de sorte que jusque-là on n'aurait su à qui s'en prendre.

Le proconsul Hordeonius, simple spectateur de la révolte, n'osa faire le moindre effort pour réprimer les séditieux, contenir ceux qui flottaient, ou ranimer les fidèles: négligent et craintif, il fut clément par lâcheté. Nonius Receptus, Donatius Valens, Romilius Marcellus, Calpurnius Repentinus, tous quatre centurions de la vingt-deuxième légion, ayant voulu défendre les images de Galba, les soldats se jetèrent sur eux et les lièrent. Après cela il ne fut plus question de la foi promise ni du serment prêté; et, comme il arrive dans les séditions, tout fut bientôt du côté du plus grand nombre. La même nuit, Vitellius étant à table à Cologne, l'enseigne de la quatrième légion le vint avertir que les deux légions, après avoir renversé les images de Galba, avaient juré fidélité au sénat et au peuple romain : serment qui fut trouvé ridicule. Vitellius, voyant l'occasion favorable, et résolu de s'offrir pour chef, envoya des députés annoncer aux légions que l'armée supérieure s'était révoltée contre Galba, qu'il fallait se préparer à faire la guerre aux rebelles, ou, si l'on aimait mieux la paix, à reconnaître un autre empereur, et qu'ils couraient moins de risque à l'élire qu'à l'attendre.

Les quartiers de la première légion étaient les plus voisins. Fabius Valens, lieutenant-général, fut le plus diligent, et vint le lendemain, à la tête de la cavalerie de la légion et des auxiliaires, saluer Vitellius empereur. Aussitôt ce fut parmi les légions de la province à qui préviendrait les autres; et l'armée supérieure, laissant ces mots spécieux de sénat et de peuple romain, reconnut aussi Vitellius, le trois de janvier, après s'être jouée durant deux jours du nom de la république. Ceux de Trèves, de Langres et de Cologne, non moins ardents que les gens de guerre, offraient à l'envi, selon leurs moyens, troupes, chevaux, armes, argent. Ce zèle ne se bornait pas aux chefs des colonies et des quartiers, animés par le concours présent et par les avantages que leur promettait la victoire; mais les manipules, et même les simples soldats, transportés par instinct, et prodigues par avarice, venaient, faute d'autres biens, offrir leur paye, leur équipage, et jusqu'aux ornements d'argent dont leurs armes étaient garnies.

Vitellius, ayant remercié les troupes de leur zèle, commit aux chevaliers romains le service auprès du prince, que les affranchis faisaient auparavant. Il acquitta du fisc les droits dus aux centurions par les manipulaires. Il abandonna beaucoup de gens à la fureur des soldats, et en sauva quelques-uns en feignant de les envoyer en prison. Propinquus, intendant de la Belgique, fut tué sur-le-champ; mais Vitellius sut adroitement soustraire aux troupes irritées Julius Burdo, commandant de l'armée navale, taxé d'avoir intenté des accusations et ensuite tendu des pièges à Fontéius Capiton. Capiton était regretté; et parmi ces furieux on pouvait tuer impunément, mais non pas épargner sans ruse. Burdo fut donc mis en prison, et relâché bientôt après la victoire, quand les soldats furent apaisés. Quant au centurion Crispinus, qui s'était souillé du sang de Capiton, et dont le crime n'était pas équivoque à leurs yeux, ni la personne regrettable à ceux de Vitellius, il fut livré pour victime à leur vengeance. Julius Civilis, puissant chez les Bataves, échappa au péril par la crainte qu'on eut que son supplice n'aliénât un peuple si féroce; d'autant plus qu'il y avait dans Langres huit cohortes bataves auxiliaires de la quatorzième légion, lesquelles s'en étaient séparées par l'esprit de discorde qui régnait en ce temps-là, et qui pouvaient produire un grand effet en se déclarant pour ou contre. Les centurions Nonius, Donatius, Romilius, Calpurnius, dont nous avons parlé, furent tués par l'ordre de Vitellius, comme coupables de fidélité, crime irrémissible chez les rebelles. Valérius Asiaticus, commandant de la Belgique, et dont peu après Vitellius épousa la fille, se joignit à lui. Julius Blæsus, gouverneur du Lyonnais, en fit de même avec les troupes qui venaient à Lyon, savoir : la légion d'Italie et l'escadron de Turin; celles de la Rhétique ne tardèrent point à suivre cet exemple.

Il n'y eut pas plus d'incertitude en Angleterre. Trebellius Maximus qui y commandait s'était fait haïr et mépriser de l'armée par ses vices et son avarice; haine que fomentait Roscius Cælius, commandant de la vingtième légion, brouillé depuis longtemps avec lui, mais à l'occasion des guerres civiles devenu son ennemi déclaré. Trebellius traitait Cælius de séditieux, de perturbateur de la discipline; Cælius l'accusait à son tour de piller et ruiner les légions. Tandis que les généraux se déshonoraient par ces opprobres mutuels, les troupes perdant tout respect en vinrent à tel excès de licence, que les cohortes et la cavalerie se joignirent à Cælius, et que Trebellius, abandonné de tous et chargé d'injures, fut contraint de se réfugier auprès de Vitellius. Cependant, sans chef consulaire, la province ne laissa pas de rester tranquille, gouvernée par les commandants des légions que le droit rendait tous égaux, mais que l'audace de Cælius tenait en respect.

Après l'accession de l'armée britannique, Vitellius, bien pourvu d'armes et d'argent, résolut de faire marcher ses troupes par deux chemins et sous deux généraux. Il chargea Fabius Valens d'attirer à son parti les Gaules, ou, sur leur refus, de les ravager, et de déboucher en Italie par les Alpes Cottiennes; il ordonna à Cécina de gagner la crête des Pennines par le plus court chemin. Valens eut l'élite de l'armée inférieure avec l'aigle de la cinquième légion, et assez de cohortes et de cavalerie pour lui faire une armée de quarante mille hommes. Cécina en conduisit trente mille de l'armée supérieure, dont la vingt-unième légion faisait la principale force. On joignit à l'une et à l'autre armée des Germains auxiliaires, dont Vitellius recruta aussi la sienne, avec laquelle il se préparait à suivre le sort de la guerre.

Il y avait entre l'armée et l'empereur une opposition bien étrange. Les soldats, pleins d'ardeur, sans se soucier de l'hiver ni d'une paix prolongée par indolence, ne demandaient qu'à combattre; et, persuadés que la diligence est surtout essentielle dans les guerres civiles, où il est plus question d'agir que de consulter, ils voulaient profiter de l'effroi des Gaules et des lenteurs de l'Espagne, pour envahir l'Italie et marcher à Rome. Vitellius, engourdi, et dès le milieu du jour surchargé d'indigestion et de vin, consumait d'avance les revenus de l'empire dans un vain luxe et des festins immenses; tandis que le zèle et l'activité des troupes suppléaient au devoir du chef, comme si, présent lui-même, il eût encouragé les braves et menacé les lâches.

Tout étant prêt pour le départ, elles en demandèrent l'ordre, et sur-le-champ donnèrent à Vitellius le surnom de Germanique; mais, même après la victoire, il défendit qu'on le nommât César. Valens et son armée eurent un favorable augure pour la guerre qu'ils allaient faire; car, le jour même du départ, un aigle, planant doucement à la tête des bataillons, sembla leur servir de guide; et durant un long espace les soldats poussèrent tant de cris de joie et l'aigle s'en effraya si peu, qu'on ne douta pas sur ces présages d'un grand et heureux succès.

L'armée vint à Trèves en toute sécurité, comme chez des alliés. Mais, quoiqu'elle reçût toutes sortes de bons traitements à Divodure, ville de la province de Metz, une terreur panique fit prendre sans sujet les armes aux soldats pour la détruire. Ce n'était point l'ardeur du pillage qui les animait, mais une fureur, une rage, d'autant plus difficile à calmer qu'on en ignorait la cause. Enfin, après bien des prières et le meurtre de quatre mille hommes, le général sauva le reste de la ville. Cela répandit une telle terreur dans les Gaules, que de toutes les provinces où passait l'armée on voyait accourir le peuple et les magistrats suppliants, les chemins se couvrir de femmes, d'enfants, de tous les objets les plus propres à fléchir un ennemi même, et qui, sans avoir de guerre, imploraient la paix.

A Toul, Valens apprit la mort de Galba et l'élection d'Othon. Cette nouvelle, sans effrayer ni réjouir les troupes, ne changea rien à leurs desseins; mais elle détermina les Gaulois qui, haïssant également Othon et Vitellius, craignaient de plus celui-ci. On vint ensuite à Langres, province voisine, et du parti de l'armée; elle y fut bien reçue, et s'y comporta honnêtement. Mais cette tranquillité fut troublée par les excès des cohortes détachées de la quatorzième légion, dont j'ai parlé ci-devant, et que Valens avait jointes à son armée. Une querelle, qui devint émeute, s'éleva entre les Bataves et les légionnaires; et les uns et les autres ayant ameuté leurs camarades, on était sur le point d'en venir aux mains, si, par le châtiment de quelques Bataves, Valens n'eût rappelé les autres à leur devoir. On s'en prit mal à propos aux Eduens du sujet de la querelle. Il leur fut ordonné de fournir de l'argent, des armes et des vivres, gratuitement. Ce que les Eduens firent par force, les Lyonnais le firent volontiers : aussi furent-ils délivrés de la légion italique et e l'escadron de Turin qu'on emmenait, et on ne laissa que la dix-huitième horte à Lyon, son quartier ordinaire. Quoique Manlius Valens, commandant de la légion italique, eût bien mérité de Vitellius, il n'en reçut aucun honneur. Fabius l'avait desservi secrètement; et, pour mieux le tromper, il affectait de le louer en public.

Il régnait entre Vienne et Lyon d'anciennes discordes que la dernière guerre avait ranimées : il y avait eu beaucoup de sang versé de part et d'autre, et des combats plus fréquents et plus opiniâtres que s'il n'eût été question que des intérêts de Galba ou de Néron. Les revenus publics de la province de Lyon avaient été confisqués par Galba sous le nom d'amende. Il fit, au contraire, toutes sortes d'honneurs aux Viennois, ajoutant ainsi l'envie à la haine de ces deux peuples, séparés seulement par un fleuve, qui n'arrêtait pas leur animosité. Les Lyonnais, animant donc le soldat, l'excitaient à détruire Vienne, qu'ils accusaient de tenir leur colonie assiégée, de s'être déclarée pour Vindex, et d'avoir ci-devant fourni des troupes pour le service de Galba. En leur montrant ensuite la grandeur du butin, ils animaient la colère par la convoitise; et, non contents de les exciter en secret : « Soyez, leur disaient-ils hautement, nos vengeurs et les vôtres, en détruisant la source de toutes les guerres des Gaules : là, tout vous est étranger ou ennemi; ici vous voyez une colonie romaine et une portion de l'armée toujours fidèle à partager avec vous les bons et les mauvais succès : la fortune peut nous être contraire, ne nous abandonnez pas à des ennemis irrités. » Par de semblables discours, ils échauffèrent tellement l'esprit des soldats, que les officiers et les généraux désespéraient de les contenir. Les Viennois, qui n'ignoraient pas le péril, vinrent au devant de l'armée avec des voiles et des bandelettes, et, se prosternant devant les soldats, baisant leurs pas, embrassant leurs genoux et leurs armes, ils calmèrent leur fureur. Alors Valens leur ayant fait distribuer trois cents sesterces par tête, on eut égard à l'ancienneté et à la dignité de la colonie; et ce qu'il dit pour le salut et la conservation des habitants fut écouté favorablement. On désarma pourtant la province, et les particuliers furent obligés de fournir à discrétion des vivres au soldat; mais on ne douta point qu'ils n'eussent à grand prix acheté le général. Enrichi tout-à-coup, après avoir longtemps sordidement vécu, il cachait mal le changement de sa fortune; et, se livrant sans mesure à tous ses désirs irrités par une longue abstinence, il devint un vieillard prodigue, d'un jeune homme indigent qu'il avait été.

En poursuivant lentement sa route, il conduisit l'armée sur les confins des Allobroges et des Voconces; et, par le plus infâme commerce, il réglait les séjours et les marches sur l'argent qu'on lui payait pour s'en délivrer. Il imposait les propriétaires des terres et les magistrats des villes avec une telle dureté, qu'il fut prêt à mettre le feu au Luc, ville des Voconces, qui l'adoucirent avec de l'argent. Ceux qui n'en avaient point l'apaisaient en lui livrant leurs femmes et leurs filles. C'est ainsi qu'il marcha jusqu'aux Alpes.

Cécina fut plus sanguinaire et plus âpre au butin. Les Suisses, nation gauloise, illustre autrefois par ses armes et par ses soldats, et maintenant par ses ancêtres, ne sachant rien de la mort de Galba et refusant d'obéir à Vitellius, irritèrent l'esprit brouillon de son général. La vingt-unième légion, ayant enlevé la paye destinée à la garnison d'un fort où les Suisses entretenaient depuis longtemps des milices du pays, fut cause, par sa pétulance et son avarice, du commencement de la guerre. Les Suisses irrités interceptèrent des lettres que l'armée d'Allemagne écrivait à celle de Hongrie, et retinrent prisonniers un centurion et quelques soldats. Cécina, qui ne cherchait que la guerre, et prévenait toujours la réparation par la vengeance, lève aussitôt son camp et dévaste le pays. Il détruisit un lieu que ses eaux minérales faisaient fréquenter, et qui, durant une longue paix, s'était embelli comme une ville. Il envoya ordre aux auxiliaires de la Rhétique de charger en queue les

Suisses qui faisaient face à la légion. Ceux-ci, féroces loin du péril et lâches devant l'ennemi, élurent bien au premier tumulte Claude Sévère pour leur général ; mais, ne sachant ni s'accorder dans leurs délibérations, ni garder leurs rangs, ni se servir de leurs armes, ils se laissaient défaire, tuer par nos vieux soldats, et forcer dans leurs places, dont tous les murs tombaient en ruines. Cécina d'un côté avec une bonne armée, de l'autre les escadrons et les cohortes rhétiques composés d'une jeunesse exercée aux armes et bien disciplinée, mettaient tout à feu et à sang. Les Suisses, dispersés entre deux, jetant leurs armes, et la plupart épars ou blessés, se réfugièrent sur les montagnes, d'où chassés par une cohorte thrace qu'on détacha après eux, et poursuivis par l'armée des Rhétiens, on les massacrait dans les forêts et jusque dans leurs cavernes. On en tua par milliers, et l'on en vendit un grand nombre. Quand on eut fait le dégât, on marcha en bataille à Avanche, capitale du pays. Ils envoyèrent des députés pour se rendre, et furent reçus à discrétion. Cécina fit punir Julius Alpinus, un de leurs chefs, comme auteur de la guerre, laissant au jugement de Vitellius la grâce ou le châtiment des autres.

On aurait peine à dire qui, du soldat ou de l'empereur, se montra le plus implacable aux députés helvétiens. Tous, les menaçant des armes et de la main, criaient qu'il fallait détruire leur ville ; et Vitellius même ne pouvait modérer sa fureur. Cependant Claudius Cossus, un des députés, connu par son éloquence, sut l'employer avec tant de force et la cacher avec tant d'adresse sous un air d'effroi, qu'il adoucit l'esprit des soldats, et, selon l'inconstance ordinaire au peuple, les rendit aussi portés à la clémence qu'ils l'étaient d'abord à la cruauté ; de sorte qu'après beaucoup de pleurs, ayant imploré grâce d'un ton plus rassis, ils obtinrent le salut et l'impunité de leur ville.

Cécina, s'étant arrêté quelques jours en Suisse pour attendre les ordres de Vitellius et se préparer au passage des Alpes, y reçut l'agréable nouvelle que la cavalerie syllanienne, qui bordait le Pô, s'était soumise à Vitellius. Elle avait servi sous lui dans son proconsulat d'Afrique ; puis Néron, l'ayant rappelée pour l'envoyer en Égypte, la retint pour la guerre de Vindex. Elle était ainsi demeurée en Italie, où ses décurions, à qui Othon était inconnu et qui se trouvaient liés à Vitellius, vantant la force des légions qui s'approchaient et ne parlant que des armées d'Allemagne, l'attirèrent dans son parti. Pour ne point s'offrir les mains vides, ces troupes déclarèrent à Cécina qu'elles joignaient aux possessions de leur nouveau prince les forteresses d'au-delà du Pô, savoir : Milan, Novarre, Ivrée et Verceil ; et comme une seule brigade de cavalerie ne suffisait pas pour garder une si grande partie de l'Italie, il y envoya les cohortes des Gaules, de Lusitanie et de Bretagne, auxquelles il joignit les enseignes allemandes et l'escadron de Sicile. Quant à lui, il hésita quelque temps s'il ne traverserait point les monts Rhétiens pour marcher dans la Norique contre l'intendant Petronius, qui, ayant rassemblé les auxiliaires et fait couper les ponts, semblait vouloir être fidèle à Othon. Mais, craignant de perdre les troupes qu'il avait envoyées devant lui, trouvant aussi plus de gloire à conserver l'Italie, et jugeant qu'en quelque lieu que l'on combattît, la Norique ne pouvait échapper au vainqueur, il fit passer les troupes des alliés, et même les pesants bataillons légionnaires par les Alpes Pennines, quoiqu'elles fussent encore couvertes de neige.

Cependant, au lieu de s'abandonner aux plaisirs et à la mollesse, Othon, renvoyant à d'autres temps le luxe et la volupté, surprit tout le monde en s'appliquant à rétablir la gloire de l'empire. Mais ces fausses vertus ne faisaient prévoir qu'avec plus d'effroi le moment où ses vices reprendraient le dessus. Il fit conduire au Capitole Marius Celsus, consul désigné, qu'il avait feint de mettre aux fers pour le sauver de la fureur des soldats, et voulut se donner une réputation de clémence en dérobant à la haine des siens une tête illustre. Celsus, par l'exemple de sa fidélité pour Galba, dont il faisait gloire, montrait à son successeur ce qu'il en pouvait attendre à son tour. Othon, ne jugeant pas qu'il eût besoin de pardon, et voulant ôter toute défiance à un ennemi réconcilié, l'admit au nombre de ses plus intimes amis, et dans la guerre qui suivit bientôt en fit l'un de ses généraux. Celsus, de son côté, s'attacha sincèrement à Othon, comme si c'eût été son sort d'être toujours fidèle au parti malheureux. Sa conservation fut agréable aux grands, louée du peuple, et ne déplut pas même aux soldats, forcés d'admirer une vertu qu'ils haïssaient.

Le châtiment de Tigellinus ne fut pas moins applaudi, par une cause toute différente. Sophonius Tigellinus, né de parents obscurs, souillé dès son enfance, et débauché dans sa vieillesse, avait, à force de vices, obtenu les préfectures de la police, du prétoire, et d'autres emplois dus à la vertu, dans lesquels il montra d'abord sa cruauté, puis son avarice et tous les crimes d'un méchant homme. Non content de corrompre Néron et de l'exciter à mille forfaits, il osait même en commettre à son insu, et finit par l'abandonner et le trahir. Aussi nulle punition ne fut-elle plus ardemment poursuivie, mais par divers motifs, de ceux qui détestaient Néron et de ceux qui le regrettaient. Il avait été protégé près de Galba par Vinius, dont il avait sauvé la fille, moins par pitié, lui qui commit tant d'autres meurtres, que pour s'étayer du père au besoin. Car les scélérats, toujours en crainte des révolutions, se ménagent de loin des amis particuliers qui puissent les garantir de la haine publique, et, sans s'abstenir du crime, s'assurent ainsi de l'impunité. Mais cette ressource ne rendit Tigellinus que plus odieux, en ajoutant à l'ancienne aversion qu'on avait pour lui celle que Vinius venait de s'attirer. On accourait de tous les quartiers dans la place et dans le palais : le cirque surtout et les théâtres, lieux où la licence du peuple est plus grande, retentissaient de clameurs séditieuses. Enfin Tigellinus, ayant reçu aux eaux de Sinuesse l'ordre de mourir, après de honteux délais cherchés dans les bras des femmes, se coupa la gorge avec un rasoir, terminant ainsi une vie infâme par une mort tardive et déshonnête.

Dans ce même temps on sollicitait la punition de Galvia Crispinilla ; mais elle se tira d'affaire à force de défaites, et par une connivence qui ne fit pas honneur au prince. Elle avait eu Néron pour élève de débauche : ensuite, ayant passé en Afrique pour exciter Macer à prendre les armes, elle tâcha tout ouvertement d'affamer Rome. Rentrée en grâce à la faveur d'un mariage consulaire, et échappée aux règnes de Galba, d'Othon et de Vitellius, elle resta fort riche et sans enfants ; deux grands moyens de crédit dans tous les temps, bons et mauvais.

Cependant Othon écrivait à Vitellius lettres sur lettres, qu'il souillait de cajoleries de femmes, lui offrant argent, grâces, et tel asile qu'il voudrait choisir pour y vivre dans les plaisirs ; Vitellius lui répondait sur le même ton. Mais ces offres mutuelles, d'abord sobrement ménagées et couvertes des deux côtés d'une sotte dissimulation, dégénérèrent bientôt en querelles, chacun reprochant à l'autre avec la même vérité ses vices et sa débauche. Othon rappela les députés de Galba, et en envoya d'autres, au nom du sénat, aux deux armées d'Allemagne, aux troupes qui étaient à Lyon, et à la légion d'Italie. Les députés restèrent auprès de Vitellius, mais trop aisément pour qu'on crût que c'était par force. Quant aux prétoriens qu'Othon avait joints comme par honneur à ces députés, on se hâta de les renvoyer avant qu'ils se mêlassent parmi les légions. Fabius Valens leur remit des lettres au nom des armées d'Allemagne pour les cohortes de la ville et du prétoire, par lesquelles, parlant pompeusement du parti de Vitellius, on les pressait de s'y réunir. On leur reprochait vivement d'avoir transféré à Othon l'empire décerné longtemps auparavant à Vitellius. Enfin, usant pour les gagner de promesses et de menaces, on leur parlait comme à des gens à qui la paix n'ôtait rien, et qui ne pouvaient soutenir la guerre : mais tout cela n'ébranla point la fidélité des prétoriens.

Alors Othon et Vitellius prirent le parti d'envoyer des assassins, l'un en Allemagne et l'autre à Rome, tous deux inutilement. Ceux de Vitellius, mêlés dans une si grande multitude d'hommes inconnus l'un à l'autre, ne furent pas découverts; mais ceux d'Othon furent bientôt trahis par la nouveauté de leurs visages parmi des gens qui se connaissaient tous. Vitellius écrivit à Titien, frère d'Othon, que sa vie et celle de ses fils lui répondraient de sa mère et de ses enfants. L'une et l'autre famille fut conservée. On douta du motif de la clémence d'Othon; mais Vitellius, vainqueur, eut tout l'honneur de la sienne.

La première nouvelle qui donna de la confiance à Othon lui vint d'Illyrie, d'où il apprit que les légions de Dalmatie, de Pannonie et de la Moesie, avaient prêté serment en son nom. Il reçut d'Espagne un semblable avis, et donna par édit des louanges à Cluvius Rufus; mais on sut, bientôt après, que l'Espagne s'était retournée du côté de Vitellius. L'Aquitaine, que Julius Cordus avait aussi fait déclarer pour Othon, ne lui resta pas plus fidèle. Comme il n'était pas question de foi ni d'attachement, chacun se laissait entraîner çà et là selon sa crainte ou ses espérances. L'effroi fit déclarer de même la province narbonnaise en faveur de Vitellius, qui, le plus proche et le plus puissant, parut aisément le plus légitime. Les provinces les plus éloignées et celles que la mer séparait des troupes restèrent à Othon, moins pour l'amour de lui, qu'à cause du grand poids que donnaient à son parti le nom de Rome et l'autorité du sénat, outre qu'on penchait naturellement pour le premier reconnu (1). L'armée de Judée, par les soins de Vespasien, et les légions de Syrie, par ceux de Mucianus, prêtèrent serment à Othon. L'Égypte et toutes les provinces d'orient reconnaissaient son autorité. L'Afrique lui rendait la même obéissance, à l'exemple de Carthage, où, sans attendre les ordres du proconsul Vipsanius Apronianus, Crescens, affranchi de Néron, se mêlant, comme ses pareils, des affaires de la république dans les temps de calamités, avait, en réjouissance de la nouvelle élection, donné des fêtes au peuple, qui se livrait étourdiment à tout. Les autres villes imitèrent Carthage. Ainsi les armées et les provinces se trouvaient tellement partagées, que Vitellius avait besoin des succès de la guerre pour se mettre en possession de l'empire.

Pour Othon, il faisait comme en pleine paix les fonctions d'empereur, quelquefois soutenant la dignité de la république, mais plus souvent l'avilissant en se hâtant de régner. Il désigna son frère Titianus consul avec lui, jusqu'au premier de mars; et cherchant à se concilier l'armée d'Allemagne, il destina les deux mois suivants à Verginius, auquel il donna Poppæus Vopiscus pour collègue, sous prétexte d'une ancienne amitié, mais plutôt, selon plusieurs, pour faire honneur aux Viennois. Il n'y eut rien de changé pour les autres consulats aux nominations de Néron et de Galba. Deux Sabinus, Cælius et Flave, restèrent désignés pour mai et juin; Arius Antonius et Marius Celsus, pour juillet et août; honneur dont Vitellius même ne les priva pas après sa victoire. Othon mit le comble aux dignités des plus illustres vieillards, en y ajoutant celles d'augures et de pontifes, et consola la jeune noblesse récemment rappelée d'exil, en lui rendant le sacerdoce dont avaient joui ses ancêtres. Il rétablit dans le sénat Cadius Rufus, Pedius Blæsus, et Sevinus Promptinus, qui en avaient été chassés sous Claude pour crime de concussion. L'on s'avisa, pour leur pardonner, de changer le mot de *rapine* en celui de *lèse-majesté*; mot odieux en ces temps-là et dont l'abus faisait tort aux meilleures lois.

Il étendit aussi ses grâces sur les villes et les provinces. Il ajouta de nouvelles familles aux colonies d'Hispalis et d'Emerita : il donna le droit de bourgeoisie romaine à toute la province de Langres; à celle de la Bétique, les

---

(1) L'élection de Vitellius avait précédé celle d'Othon; mais, au-delà des mers, le bruit de celle-ci avait prévenu le bruit de l'autre : ainsi Othon était, dans ces régions, le premier reconnu.

villes de la **Mauritanie** ; à celles d'Afrique et de Cappadoce, de nouveaux droits trop brillants pour être durables. Tous ces soins et les besoins pressants qui les exigeaient ne lui firent point oublier ses amours; et il fit rétablir, par décret du sénat, les statues de Poppée. Quelques-uns relevèrent aussi celles de Néron ; l'on dit même qu'il délibéra s'il ne lui ferait point une oraison funèbre pour plaire à la populace. Enfin le peuple et les soldats, croyant bien lui faire honneur, crièrent durant quelques jours : *Vive Néron Othon !* acclamations qu'il feignit d'ignorer, n'osant les défendre, et rougissant de les permettre.

Cependant, uniquement occupés de leurs guerres civiles, les Romains abandonnaient les affaires du dehors. Cette négligence inspira tant d'audace aux Roxolans, peuple sarmate, que, dès l'hiver précédent, après avoir défait deux cohortes, ils firent avec beaucoup de confiance une irruption dans la Mœsie au nombre de neuf mille chevaux. Le succès, joint à leur avidité, leur faisant plutôt songer à piller qu'à combattre, la troisième légion jointe aux auxiliaires les surprit épars et sans discipline. Attaqués par les Romains en bataille, les Sarmates, dispersés au pillage ou déjà chargés de butin, et ne pouvant, dans des chemins glissants, s'aider de la vitesse de leurs chevaux, se laissaient tuer sans résistance. Tel est le caractère de ces étranges peuples, que leur valeur semble n'être pas en eux. S'ils donnent en escadrons, à peine une armée peut-elle soutenir leur choc; s'ils combattent à pied, c'est la lâcheté même. Le dégel et l'humidité, qui faisaient alors glisser et tomber leurs chevaux, leur ôtaient l'usage de leurs piques et de leurs longues épées à deux mains. Le poids des cataphractes, sorte d'armure faite de lames de fer ou d'un cuir très dur qui rend les chefs et les officiers impénétrables aux coups, les empêchait de se relever quand le choc des ennemis les avait renversés; et ils étaient étouffés dans la neige, qui était molle et haute. Les soldats romains, couverts d'une cuirasse légère, les renversaient à coups de traits ou de lances, selon l'occasion, et les perçaient d'autant plus aisément de leurs courtes épées, qu'ils n'ont point la défense du bouclier. Un petit nombre échappèrent et se sauvèrent dans les marais, où la rigueur de l'hiver et leurs blessures les firent périr. Sur ces nouvelles, on donna à Rome une statue triomphale à Marcus Apronianus, qui commandait en Mœsie, et les ornements consulaires à Fulvius Aurellius, Julianus Titius, et Numisius Lupus, colonels des légions. Othon fut charmé d'un succès dont il s'attribuait l'honneur, comme d'une guerre conduite sous ses auspices et par ses officiers, au profit de l'état.

Tout-à-coup il s'éleva sur le plus léger sujet, et du côté dont on se défiait le moins, une sédition qui mit Rome à deux doigts de sa ruine. Othon, ayant ordonné qu'on fît venir dans la ville la dix-septième cohorte qui était à Ostie, avait chargé Varius Crispinus, tribun prétorien, du soin de la faire armer. Crispinus, pour prévenir l'embarras, choisit le temps où le camp était tranquille et le soldat retiré, et, ayant fait ouvrir l'arsenal, commença dès l'entrée de la nuit à faire charger les fourgons de la cohorte. L'heure rendit le motif suspect; et ce qu'on avait fait pour empêcher le désordre en produisit un très grand. La vue des armes donna à des gens pris de vin la tentation de s'en servir. Les soldats s'emportent, et, traitant de traîtres leurs officiers et tribuns, les accusent de vouloir armer le sénat contre Othon. Les uns, déjà ivres, ne savaient ce qu'ils faisaient; les plus méchants ne cherchaient que l'occasion de piller : la foule se laissait entraîner par son goût ordinaire pour les nouveautés, et la nuit empêchait qu'on ne pût tirer parti de l'obéissance des sages. Le tribun, voulant réprimer la sédition, fut tué, de même que les plus sévères centurions; après quoi, s'étant saisis des armes, ces emportés montèrent à cheval, et, l'épée à la main, prirent le chemin de la ville et du palais.

Othon donnait un festin ce jour-là à ce qu'il y avait de plus grand à Rome dans les deux sexes. Les convives, redoutant également la fureur des soldats et la trahison de l'empereur, ne savaient ce qu'ils devaient craindre le plus, d'être pris s'ils demeuraient, ou d'être poursuivis dans leur fuite; tantôt affectant de la fermeté, tantôt décelant leur effroi, tous observaient le visage d'Othon, et comme on était porté à la défiance, la crainte qu'il témoignait augmentait celle qu'on avait de lui. Non moins effrayé du péril du sénat que du sien propre, Othon chargea d'abord les préfets du prétoire d'aller apaiser les soldats, et se hâta de renvoyer tout le monde. Les magistrats fuyaient çà et là, jetant les marques de leurs dignités; les vieillards et les femmes, dispersés par les rues dans les ténèbres, se dérobaient aux gens de leur suite. Peu rentrèrent dans leurs maisons; presque tous cherchèrent chez leurs amis et les plus pauvres de leurs clients des retraites mal assurées.

Les soldats arrivèrent avec une telle impétuosité, qu'ayant forcé l'entrée du palais, ils blessèrent le tribun Julius Martialis et Vitellius Saturninus qui tâchaient de les retenir, et pénétrèrent jusque dans la salle du festin, demandant à voir Othon. Partout ils menaçaient des armes et de la voix, tantôt leurs tribuns et centurions, tantôt le corps entier du sénat : furieux et troublés d'une aveugle terreur, faute de savoir à qui s'en prendre, ils en voulaient à tout le monde. Il fallut qu'Othon, sans égard pour la majesté de son rang, montât sur un sopha, d'où, à force de larmes et de prières, les ayant contenus avec peine, il les renvoya au camp, coupables et mal apaisés. Le lendemain, les maisons étaient fermées, les rues désertes, le peuple consterné, comme dans une ville prise, et les soldats baissaient les yeux moins de repentir que de honte. Les deux préfets, Proculus et Firmus, parlant avec douceur ou dureté, chacun selon son génie, firent à chaque manipule des exhortations qu'ils conclurent par annoncer une distribution de cinq mille sesterces par tête. Alors Othon, ayant hasardé d'entrer dans le camp, fut environné des tribuns et des centurions, qui, jetant leurs ornements militaires, lui demandaient congé et sûreté. Les soldats sentirent le reproche, et, rentrant dans leur devoir, criaient qu'on menât au supplice les auteurs de la révolte.

Au milieu de tous ces troubles et de ces mouvements divers, Othon voyait bien que tout homme sage désirait un frein à tant de licence; il n'ignorait pas non plus que les attroupements et les rapines mènent aisément à la guerre civile une multitude avide des séditions qui forcent le gouvernement à la flatter. Alarmé du danger où il voyait Rome et le sénat, mais jugeant impossible d'exercer tout d'un coup avec la dignité convenable un pouvoir acquis par le crime, il tint enfin le discours suivant :

« Compagnons, je ne viens ici ni ranimer votre zèle en ma faveur, ni réchauffer votre courage; je sais que l'un et l'autre ont toujours la même vigueur : je viens vous exhorter au contraire à les contenir dans de justes bornes. Ce n'est ni l'avarice ou la haine, causes de tant de troubles dans les armées, ni la calomnie ou quelque vaine terreur, c'est l'excès seul de votre affection pour moi qui a produit avec plus de chaleur que de raison le tumulte de la nuit dernière; mais, avec les motifs les plus honnêtes, une conduite inconsidérée peut avoir les plus funestes effets. Dans la guerre que nous allons commencer, est-ce le temps de communiquer à tous chaque avis qu'on reçoit, et faut-il délibérer de chaque chose devant tout le monde? L'ordre des affaires ni la rapidité de l'occasion ne le permettraient pas; et comme il y a des choses que le soldat doit savoir, il y en a d'autres qu'il doit ignorer. L'autorité des chefs et la rigueur de la discipline demandent qu'en plusieurs occasions les centurions et les tribuns eux-mêmes ne sachent qu'obéir. Si chacun veut qu'on lui rende raison des ordres qu'il reçoit, c'en est fait de l'obéissance, et par conséquent de l'empire. Que sera-ce lorsqu'on osera courir aux armes dans le temps de la retraite et de la nuit; lorsqu'un ou deux hommes perdus et pris de vin, car je ne puis croire qu'une telle frénésie en ait saisi davantage, tremperont leurs mains dans le sang de leurs officiers; lorsqu'ils oseront forcer l'appartement de leur empereur?

« Vous agissiez pour moi, j'en conviens; mais combien l'affluence dans les ténèbres et la confusion de toutes choses fournissaient-elles une occasion facile de s'en prévaloir contre moi-même! S'il était au pouvoir de Vitellius et de ses satellites de diriger nos inclinations et nos esprits, que voudraient-ils de plus que de nous inspirer la discorde et la sédition, qu'exciter à la révolte le soldat contre le centurion, le centurion contre le tribun, et, gens de cheval et de pied, nous entraîner ainsi tous pêle-mêle à notre perte? Compagnons, c'est en exécutant les ordres des chefs et non en les contrôlant qu'on fait heureusement la guerre; et les troupes les plus terribles dans la mêlée sont les plus tranquilles hors du combat. Les armes et la valeur sont votre partage; laissez-moi le soin de les diriger. Que deux coupables seulement expient le crime d'un petit nombre : que les autres s'efforcent d'ensevelir dans un éternel oubli la honte de cette nuit, et que de pareils discours contre le sénat ne s'entendent jamais dans aucune armée. Non, les Germains mêmes, que Vitellius s'efforce d'exciter contre nous, n'oseraient menacer ce corps respectable, le chef et l'ornement de l'empire. Quels seraient donc les vrais enfants de Rome ou de l'Italie qui voudraient le sang et la mort des membres de cet ordre, dont la splendeur et la gloire montrent et redoublent l'opprobre et l'obscurité du parti de Vitellius? S'il occupe quelques provinces, s'il traîne après lui quelque simulacre d'armée, le sénat est avec nous; c'est par lui que nous sommes la république, et que nos ennemis le sont aussi de l'état. Pensez-vous que la majesté de cette ville consiste dans des amas de pierres et de maisons, monuments sans âme et sans voix, qu'on peut détruire ou rétablir à son gré? L'éternité de l'empire, la paix des nations, mon salut et le vôtre, tout dépend de la conservation du sénat. Institué solennellement par le premier père et le fondateur de cette ville pour être immortel comme elle, et continué sans interruption depuis les rois jusqu'aux empereurs, l'intérêt commun veut que nous le transmettions à nos descendants tel que nous l'avons reçu de nos aïeux : car c'est du sénat que naissent les successeurs à l'empire, comme de vous les sénateurs. »

Ayant ainsi tâché d'adoucir et contenir la fougue des soldats, Othon se contenta d'en faire punir deux : sévérité tempérée, qui n'ôta rien au bon effet du discours. C'est ainsi qu'il apaisa, pour le moment, ceux qu'il ne pouvait réprimer.

Mais le calme n'était pas pour cela rétabli dans la ville. Le bruit des armes y retentissait encore, et l'on y voyait l'image de la guerre. Les soldats n'étaient pas attroupés en tumulte; mais, déguisés et dispersés par les maisons, ils épiaient, avec une attention maligne, tous ceux que leur rang, leur richesse ou leur gloire exposaient aux discours publics. On crut même qu'il s'était glissé dans Rome des soldats de Vitellius pour sonder les dispositions des esprits. Ainsi la défiance était universelle, et l'on se croyait à peine en sûreté renfermé chez soi. Mais c'était encore pis en public, où chacun, craignant de paraître incertain dans les nouvelles douteuses ou peu joyeux dans les favorables, courait avec une avidité marquée au devant de tous les bruits. Le sénat assemblé ne savait que faire, et trouvait partout des difficultés : se taire était d'un rebelle, parler était d'un flatteur; et le manége de l'adulation n'était pas ignoré d'Othon, qui s'en était servi si longtemps. Ainsi, flottant d'avis en avis, sans s'arrêter à aucun, l'on ne s'accordait qu'à traiter Vitellius de parricide et d'ennemi de l'état : les plus prévoyants se contentaient de l'accabler d'injures sans conséquence, tandis que d'autres n'épargnaient pas ses vérités, mais à grands cris, et dans une telle confusion de voix, que chacun profitait du bruit pour l'augmenter sans être entendu.

Des prodiges attestés par divers témoins augmentaient encore l'épouvante. Dans le vestibule du Capitole, les rênes du char de la Victoire disparurent. Un spectre de grandeur gigantesque fut vu dans la chapelle de Junon. La statue de Jules César dans l'île du Tibre se tourna, par un temps calme et serein, d'occident en orient. Un bœuf parla dans l'Etrurie. Plusieurs bêtes firent des monstres. Enfin l'on remarqua mille autres pareils phénomènes qu'on observait en pleine paix dans les siècles grossiers, et qu'on ne voit plus aujourd'hui que quand on a peur. Mais ce qui joignit la désolation présente à l'effroi pour l'avenir, fut une subite inondation du Tibre, qui crût à tel point, qu'ayant rompu le pont Sublicius, les débris dont son lit fut rempli le firent refluer par toute la ville, même dans les lieux que leur hauteur semblait garantir d'un pareil danger. Plusieurs furent surpris dans les rues, d'autres dans les boutiques et dans les chambres. A ce désastre se joignit la famine chez le peuple par la disette des vivres et le défaut d'argent. Enfin, le Tibre, reprenant son cours, emporta des îles dont le séjour des eaux avait ruiné les fondements. Mais à peine le péril passé laissa-t-il songer à d'autres choses, qu'on remarqua que la voie flaminienne et le champ de Mars, par où devait passer Othon, étaient comblés. Aussitôt, sans songer si la cause en était fortuite ou naturelle, ce fut un nouveau prodige qui présageait tous les malheurs dont on était menacé.

Ayant purifié la ville, Othon se livra aux soins de la guerre; et, voyant que les Alpes Pennines, les Cottiennes, et toutes les autres avenues des Gaules étaient bouchées par les troupes de Vitellius, il résolut d'attaquer la Gaule narbonnaise avec une bonne flotte dont il était sûr : car il avait rétabli en légion ceux qui avaient échappé au massacre du pont Milvius, et que Galba avait fait emprisonner; et il promit aux autres légionnaires de les avancer dans la suite. Il joignit à la même flotte avec les cohortes urbaines plusieurs prétoriens, l'élite des troupes, lesquels servaient en même temps de conseil et de garde aux chefs. Il donna le commandement de cette expédition aux primipilaires Antonius Novellus et Suedius Clemens, auxquels il joignit Emilius Pacensis, en lui rendant le tribunat que Galba lui avait ôté. La flotte fut laissée aux soins d'Oseus, affranchi, qu'Othon chargea d'avoir l'œil sur la fidélité des généraux. A l'égard des troupes de terre, il mit à leur tête Suetonius Paulinus, Marius Celsus, et Annius Gallus; mais il donna sa plus grande confiance à Licinius Proculus, préfet du prétoire. Cet homme, officier vigilant dans Rome, mais sans expérience à la guerre, blâmant l'autorité de Paulin, la vigueur de Celsus, la maturité de Gallus, tournait en mal tous les caractères, et, ce qui n'est pas fort surprenant, l'emportait ainsi par son adroite méchanceté sur des gens meilleurs et plus modestes que lui.

Environ ce temps-là, Cornelius Dolabella fut relégué dans la ville d'Aquin, et gardé moins rigoureusement que sûrement, sans qu'on eût autre chose à lui reprocher qu'une illustre naissance et l'amitié de Galba. Plusieurs magistrats et la plupart des consulaires suivirent Othon par son ordre, plutôt sous le prétexte de l'accompagner que pour partager les soins de la guerre. De ce nombre était Lucius Vitellius, qui ne fut distingué ni comme ennemi ni comme frère d'un empereur. C'est alors que, les soucis changeant d'objet, nul ordre ne fut exempt de péril ou de crainte. Les premiers du sénat, chargés d'années et amollis par une longue paix, une noblesse énervée et qui avait oublié l'usage des armes, des chevaliers mal exercés, ne faisaient tous que mieux déceler leur frayeur par leurs efforts pour la cacher. Plusieurs cependant, guerriers à prix d'argent et braves de leurs richesses, étalaient par une imbécile vanité des armes brillantes, de superbes chevaux, de pompeux équipages, et tous les apprêts du luxe et de la volupté pour ceux de la guerre. Tandis que les sages veillaient au repos de la république, mille étourdis, sans prévoyance, s'enorgueillissaient d'un vain espoir; plusieurs, qui s'étaient mal conduits durant la paix, se réjouissaient de tout ce désordre, et tiraient du danger présent leur sûreté personnelle.

Cependant le peuple, dont tant de soins passaient la portée, voyant augmenter le prix des denrées, et tout l'argent servir à l'entretien des troupes, commença de sentir les maux qu'il n'avait fait que craindre après la révolte de Vindex, temps où la guerre allumée entre les Gaules et les légions, laissant Rome et l'Italie en paix, pouvait passer pour externe. Car depuis qu'Auguste eut assuré l'empire aux Césars, le peuple romain avait toujours porté ses armes au loin, et seulement pour la gloire et l'intérêt d'un seul. Les règnes de Tibère et de Caligula n'avaient été que menacés de guerres civiles. Sous Claude, les premiers mouvements de Scribonianus furent aussitôt réprimés que connus; et Néron même fut expulsé par des rumeurs et des bruits plutôt que par la force des armes. Mais ici l'on avait sous les yeux des légions, des flottes, et, ce qui était plus rare encore, les milices de Rome et les prétoriens en armes. L'orient et l'occident, avec toutes les forces qu'on laissait derrière soi, eussent fourni l'aliment d'une longue guerre à de meilleurs généraux. Plusieurs, s'amusant aux présages, voulaient qu'Othon différât son départ jusqu'à ce que les boucliers sacrés fussent prêts. Mais, excité par la diligence de Cécina, qui avait déjà passé les Alpes, il méprisa de vains délais dont Néron s'était mal trouvé.

Le quatorze de mars il chargea le sénat du soin de la république, et rendit aux proscrits rappelés tout ce qui n'avait point encore été dénaturé de leurs biens confisqués par Néron; don très juste et très magnifique en apparence, mais qui se réduisait presque à rien par la promptitude qu'on avait mise à tout vendre. Ensuite dans une harangue publique, il fit valoir en sa faveur la majesté de Rome, le consentement du peuple et du sénat, et parla modestement du parti contraire, accusant plutôt les légions d'erreur que d'audace, sans faire aucune mention de Vitellius, soit ménagement de sa part, soit précaution de la part de l'auteur du discours : car, comme Othon consultait Suétone Paulin et Marius Celsus sur la guerre, on crut qu'il se servait de Galerius Trachalus dans les affaires civiles. Quelques-uns démêlèrent même le genre de cet orateur, connu par ses fréquents plaidoyers et par son style ampoulé, propre à remplir les oreilles du peuple. La harangue fut reçue avec ces cris, ces applaudissements faux et outrés, qui sont l'adulation de la multitude. Tous s'efforçaient à l'envi d'étaler un zèle et des vœux dignes de la dictature de César ou de l'empire d'Auguste : ils ne suivaient même en cela ni l'amour ni la crainte, mais un penchant bas et servile; et comme il n'était plus question d'honnêteté publique, les citoyens n'étaient que de vils esclaves flattant leur maître par intérêt. Othon, en partant, remit à Salvius Titianus, son frère, le gouvernement de Rome et le soin de l'empire.

RÉPONSE AU MÉMOIRE ANONYME

INTITULÉ

SI LE MONDE QUE NOUS HABITONS EST UNE SPHÈRE, ETC.

Inséré dans le *Mercure* de juillet, page 151.

Monsieur,

Attiré par le titre de votre mémoire, je l'ai lu avec toute l'avidité d'un homme qui, depuis plusieurs années, attendait impatiemment avec toute l'Europe le résultat de ces fameux voyages entrepris par plusieurs membres de l'Académie royale des Sciences, sous les auspices du plus magnifique de tous les rois. J'avouerai franchement, monsieur, que j'ai eu quelque regret de voir que ce que j'avais pris pour le précis des observations de ces grands hommes n'était effectivement qu'une conjecture hasardée, peut-être un peu hors de propos. Je ne prétends pas pour cela avilir ce que votre mémoire contient d'ingénieux; mais vous permettrez, monsieur, que je me prévale du même privilège que vous vous êtes accordé, et dont, selon vous, tout homme doit être en possession, qui est de dire librement sa pensée sur le sujet dont il s'agit.

D'abord il me paraît que vous avez choisi le temps le moins convenable pour faire part au public de votre sentiment. Vous nous assurez, monsieur, que vous n'avez point en vue de ternir la gloire de messieurs les académiciens observateurs, ni de diminuer le prix de la générosité du roi. Je suis assurément très porté à justifier votre cœur sur cet article; et il paraît aussi, par la lecture de votre mémoire, qu'en effet des sentiments si bas sont très éloignés de votre pensée. Cependant vous conviendrez, monsieur, que si vous aviez en effet tranché la difficulté, et que vous eussiez fait voir que la figure de la terre n'est point cause de la variation qu'on a trouvée dans la mesure de différents degrés de latitude, tout le prix des soins et des fatigues de ces messieurs, les frais qu'il en a coûté et la gloire qui en doit être le fruit, seraient bien près d'être anéantis dans l'opinion publique. Je ne prétends pas pour cela, monsieur, que vous ayez dû déguiser ou cacher aux hommes la vérité, quand vous avez cru la trouver, par des considérations particulières; je parlerais contre mes principes les plus chers. La vérité est si précieuse à mon cœur, que je ne fais entrer nul autre avantage en comparaison avec elle. Mais, monsieur, il n'était ici question que de retarder votre mémoire de quelques mois, ou plutôt de l'avancer de quelques années. Alors vous auriez pu avec bienséance user de la liberté qu'ont tous les hommes de dire ce qu'ils pensent sur certaines matières; et il eût sans doute été bien doux pour vous, si vous eussiez rencontré juste, d'avoir évité au roi la dépense de deux si longs voyages, et à ces messieurs les peines qu'ils ont souffertes et les dangers qu'ils ont essuyés. Mais aujourd'hui que les voici de retour, avant que d'être au fait des observations qu'ils ont faites, des conséquences qu'ils en ont tirées; en un mot, avant que d'avoir vu leurs relations et leurs découvertes, il paraît, monsieur, que vous deviez moins vous hâter de proposer vos objections, qui, plus elles auraient de force, plus aussi seraient propres à ralentir l'empressement et la reconnaissance du public, et à priver ces messieurs de la gloire légitimement due à leurs travaux.

Il est question de savoir si la terre est sphérique ou non. Fondé sur quelques arguments, vous vous décidez pour l'affirmative. Autant que je suis capable de porter mon jugement sur ces matières, vos raisonnements ont de la solidité; la conséquence cependant ne m'en paraît pas invinciblement nécessaire.

En premier lieu, l'autorité dont vous fortifiez votre cause, en vous associant avec les anciens, est bien faible à mon avis. Je crois que la prééminence qu'ils ont très justement conservée sur les modernes en fait de poésie et d'éloquence ne s'étend pas jusqu'à la physique et l'astronomie; et je doute qu'on osât mettre Aristote et Ptolémée en comparaison avec le chevalier Newton et M. Cassini : ainsi, monsieur, ne vous flattez pas de tirer un grand avantage de leur appui. On peut croire, sans offenser la mémoire de ces grands hommes, qu'il a échappé quelque chose à leurs lumières. Destitués, comme ils ont été, des expériences et des instruments nécessaires, ils n'ont pas dû prétendre à la gloire d'avoir tout connu; et si l'on met leur disette en comparaison avec les secours dont nous jouissons aujourd'hui, on verra que leur opinion ne doit pas être d'un grand poids contre le sentiment des modernes: je dis des modernes en général, parce qu'en effet vous les rassemblez tous contre vous, en vous déclarant contre les deux nations qui tiennent sans contredit le premier rang dans les sciences dont il s'agit; car vous avez en tête les Français d'une part et les Anglais de l'autre, lesquels à la vérité ne s'accordent pas entre eux sur la figure de la terre, mais qui se réunissent en ce point, de nier sa sphéricité. En vérité, monsieur, si la gloire de vaincre augmente à proportion du nombre et de la valeur des adversaires, votre victoire, si vous la remportez, sera accompagnée d'un triomphe bien flatteur.

Votre première preuve, tirée de la tendance égale des eaux vers leur centre de gravité, me paraît avoir beaucoup de force, et j'avoue de bonne foi que je n'y sais pas de réponse satisfaisante. En effet, s'il est vrai que la superficie de la mer soit sphérique, il faudra nécessairement ou que le globe entier suive la même figure, ou bien que les terres des rivages soient horriblement escarpées dans les lieux des allongements. D'ailleurs, et je m'étonne que ceci vous ait échappé, on ne saurait concevoir que le cours des rivières pût tendre de l'équateur vers les pôles, suivant l'hypothèse de M. Cassini. Celle de M. Newton serait aussi sujette aux mêmes inconvénients, mais dans un sens contraire; c'est-à-dire des lieux bas vers les parties plus élevées, principalement aux environs des cercles polaires, et dans les régions froides où l'élévation deviendrait plus sensible : cependant l'expérience nous apprend qu'il y a quantité de rivières qui suivent cette direction.

Que pourrait-on répondre à de si fortes instances? Je n'en sais rien du tout. Remarquez cependant, monsieur, que votre démonstration, ou celle du P. Tacquet, est fondée sur ce principe, que toutes les parties de la masse terraquée tendent par leur pesanteur vers un centre commun qui n'est qu'un point et n'a par conséquent aucune longueur; et sans doute il n'était pas probable qu'un axiome si évident, et qui fait le fondement de deux parties considérables des mathématiques, pût devenir sujet à être contesté. Mais quand il s'agira de concilier des démonstrations contradictoires avec des faits assurés, que ne pourra-t-on point contester? J'ai vu dans la préface des *Eléments d'astronomie* de M. Fizes, professeur en mathématiques de Montpellier, un raisonnement qui tend à montrer que dans l'hypothèse de Copernic, et suivant les principes de la pesanteur établis par Descartes, il s'ensuivrait que le centre de gravité de chaque partie de la terre devrait être, non pas le centre commun du globe, mais la portion de l'axe qui répondrait perpendiculairement à cette partie, et que par conséquent la figure de la terre se trouverait cylindrique. Je n'ai garde assurément de vouloir soutenir un si étonnant paradoxe, lequel pris à la rigueur est évidemment faux ; mais qui nous répondra que la terre une fois démontrée oblongue par de constantes observations, quelque physicien plus subtil et plus hardi que moi n'adopterait pas quelque hypothèse approchante ? Car enfin, dirait-il, c'est une nécessité en physique que ce qui doit être se trouve d'accord avec ce qui est.

Mais ne chicanons point; je veux accorder votre premier argument. Vous avez démontré que la superficie de la mer, et par conséquent celle de la terre, doit être sphérique; si, par l'expérience, je démontrais qu'elle ne l'est point, tout votre raisonnement pourrait-il détruire la force de ma conséquence? Supposons pour un moment que cent épreuves exactes et réitérées vinssent à nous convaincre qu'un degré de latitude a constamment plus de longueur à mesure qu'on approche de l'équateur, serais-je moins en droit d'en conclure à mon tour : Donc la terre est effectivement plus courbée vers les pôles que vers l'équateur : donc elle s'allonge en ce sens-là ; donc c'est un sphéroïde ? Ma démonstration, fondée sur les opérations les plus fidèles de la géométrie, serait-elle moins évidente que la vôtre établie sur un principe universellement accordé ? Où les faits parlent, n'est-ce pas au raisonnement à se taire ? Or, c'est pour constater le fait en question que plusieurs membres de l'Académie ont entrepris les voyages du nord et du Pérou : c'est donc à l'Académie à en décider, et votre argument n'aura point de force contre sa décision.

Pour éluder d'avance une conclusion dont vous sentez la nécessité, vous tâchez de jeter de l'incertitude sur les opérations faites en divers lieux et à plusieurs reprises par MM. Picart, de La Hire et Cassini, pour tracer la fameuse méridienne qui traverse la France, lesquelles donnèrent lieu à M. Cassini de soupçonner le premier de l'irrégularité dans la rondeur du globe, quand il se fut assuré que les degrés mesurés vers le septentrion avaient quelque longueur de moins que ceux qui s'avançaient vers le midi.

Vous distinguez deux manières de considérer la surface de la terre. Vue de loin, comme par exemple depuis la lune, vous l'établissez sphérique; mais, regardée de près, elle ne vous paraît plus telle, à cause de ses inégalités; car, dites-vous, les rayons tirés du centre au sommet des plus hautes montagnes ne seront pas égaux à ceux qui seront bornés à la superficie de la mer. Ainsi les arcs de cercle, quoique proportionnels entre eux, étant inégaux suivant l'inégalité des rayons, il se peut très bien que les différences qu'on a trouvées entre les degrés mesurés, quoique avec toute l'exactitude et la précision dont l'attention humaine est capable, viennent des différentes élévations sur lesquelles ils ont été pris, lesquels ont dû donner des arcs inégaux en grandeur, quoique égales portions de leurs cercles respectifs.

J'ai deux choses à répondre à cela. En premier lieu, monsieur, je ne crois point que la seule inégalité des hauteurs sur lesquelles on a fait les observations ait suffi pour donner des différences bien sensibles dans la mesure des degrés. Pour s'en convaincre, il faut considérer que, suivant le sentiment commun des géographes, les plus hautes montagnes ne sont non plus capables d'altérer la figure de la terre, sphérique ou autre, que quelques grains de sable ou de gravier sur une boule de deux ou trois pieds de diamètre. En effet, on convient généralement aujourd'hui qu'il n'y a point de montagne qui ait une lieue perpendiculaire sur la surface de la terre; une lieue cependant ne serait pas grand'chose en comparaison d'un circuit de huit ou neuf mille. Quant à la hauteur de la surface de la terre même par-dessus celle de la mer, et derechef de la mer par-dessus certaines terres, comme, par exemple, du Zuyderzée au-dessus de la Nord-Hollande, on sait qu'elles sont peu considérables. Le cours modéré de la plupart des fleuves et des rivières ne peut être que l'effet d'une pente extrêmement douce. J'avouerai cependant que ces différences prises à la rigueur seraient bien capables d'en apporter dans les mesures; mais, de bonne foi, serait-il raisonnable de tirer avantage de toute la différence qui se peut trouver entre la cime de la plus haute montagne et les terres inférieures à la mer? les observations qui ont donné lieu aux nouvelles conjectures sur la figure de la terre ont-elles été prises à des distances si énormes? Vous n'ignorez pas sans doute, monsieur, qu'on eut soin, dans la construction de la grande méridienne, d'établir des stations sur les hauteurs les plus égales qu'il fut possible : ce fut même une occasion qui contribua beaucoup à la perfection des niveaux.

Ainsi, monsieur, en supposant, avec vous, que la terre est sphérique, il me reste maintenant à faire voir que cette supposition, de la manière que vous la prenez, est une pure pétition de principe. Un moment d'attention, et je m'explique.

Tout votre raisonnement roule sur ce théorème démontré en géométrie, « que deux cercles étant concentriques, si l'on mène des rayons jusqu'à la circonférence du grand, les arcs coupés par ces rayons seront inégaux et plus grands à proportion qu'ils seront portions de plus grands cercles. » Jusqu'ici tout est bien; votre principe est incontestable; mais vous me paraissez moins heureux dans l'application que vous en faites aux degrés de latitude. Qu'on divise un méridien terrestre en trois cent soixante parties égales par des rayons menés du centre, ces parties égales, selon vous, seront des degrés par lesquels on mesurera l'élévation du pôle. J'ose, monsieur, m'inscrire en faux contre un pareil sentiment, et je soutiens que ce n'est point là l'idée qu'on doit se faire des degrés de latitude. Pour vous en convaincre d'une manière invincible, voyons ce qui résulterait de là, en supposant pour un moment que la terre fût un sphéroïde oblong. Pour faire la division des degrés, j'inscris un cercle dans une ellipse représentant la figure de la terre. Le petit axe sera l'équateur et le grand sera l'axe même de la terre : je divise le cercle en trois cent soixante degrés, de sorte que les deux axes passent par quatre de ces divisions; par toutes les autres divisions je mène des rayons que je prolonge jusqu'à la circonférence de l'ellipse. Les arcs de cette courbe, compris entre les extrémités des rayons, donneront l'étendue des degrés, lesquels seront évidemment inégaux (une figure rendrait tout ceci plus intelligible : je l'omets pour ne pas effrayer les yeux des dames qui lisent ce journal), mais dans un sens contraire à ce qui doit être; car les degrés seront plus longs vers les pôles et plus courts vers l'équateur, comme il est manifeste à quiconque a quelque teinture de géométrie. Cependant il est démontré que, si la terre est oblongue, les degrés doivent avoir plus de longueur vers l'équateur que vers les pôles. C'est à vous, monsieur, à sauver la contradiction.

Quelle est donc l'idée qu'on se doit former des degrés de latitude? le terme même de l'élévation du pôle vous l'apprend. Des différents degrés de cette élévation tirez de part et d'autre des tangentes à la superficie de la terre; les intervalles compris entre les points d'attouchement donneront les degrés de latitude : or il est bien vrai que, si la terre était sphérique, tous ces points correspondraient aux divisions qui marqueraient les degrés de la circonférence de la terre, considérée comme circulaire; mais si elle ne l'est point, ce ne sera plus la même chose. Tout au contraire de votre système, les pôles étant plus élevés, les degrés y devraient être plus grands; ici la terre étant plus courbée vers les pôles, les degrés sont plus petits. C'est le plus ou moins de courbure, et non l'éloignement du centre, qui influe sur la longueur des degrés d'élévation du pôle. Puis donc que votre raisonnement n'a de justesse qu'autant que vous supposez que la terre est sphérique, j'ai été en droit de dire que vous vous fondez sur une pétition de principe; et, puisque ce n'est pas du plus grand ou moindre éloignement du centre que résulte la longueur des degrés de latitude, je conclurai derechef que votre argument n'a de solidité en aucune de ses parties.

Il se peut que le terme de *degré*, équivoque dans le cas dont il s'agit, vous ait induit en erreur : autre chose est un degré de la terre considéré comme la trois-cent-soixantième partie d'une circonférence circulaire, et autre chose un degré de latitude considéré comme la mesure de l'élévation du pôle par-dessus l'horizon; et, quoiqu'on puisse prendre l'un pour l'autre dans le cas que la terre soit sphérique, il s'en faut beaucoup qu'on en puisse faire de même, si sa figure est irrégulière.

Prenez garde, monsieur, que quand j'ai dit que la terre n'a pas de pente considérable, je l'ai entendu, non par rapport à sa figure sphérique, mais par rapport à sa figure naturelle, oblongue ou autre; figure que je regarde comme déterminée dès le commencement par les lois de la pesanteur et du mouvement, et à laquelle l'équilibre ou le niveau des fluides peut très bien être assujetti : mais sur ces matières on ne peut hasarder aucun raisonnement, que le fait même ne nous soit mieux connu.

Pour ce qui est de l'inspection de la lune, il est bien vrai qu'elle nous paraît sphérique, et elle l'est probablement; mais il ne s'ensuit point du tout que la terre le soit aussi. Par quelle règle sa figure serait-elle assujettie à celle de la lune, plutôt par exemple qu'à celle de Jupiter, planète d'une tout autre importance, et qui pourtant n'est pas sphérique? La raison que vous tirez de l'ombre de la terre n'est guère plus forte : si le cercle se montrait tout entier, elle serait sans réplique; mais vous savez, monsieur, qu'il est difficile de distinguer une petite portion de courbe d'avec l'arc d'un cercle plus ou moins grand. D'ailleurs on ne croit point que la terre s'éloigne si fort de la figure sphérique, que cela doive occasionner sur la surface de la lune une ombre sensiblement irrégulière, d'autant plus que la terre étant considérablement plus grande que la lune, il ne paraît jamais sur celle-ci qu'une bien petite partie de son circuit.

Je suis, etc.

ROUSSEAU.

Chambéry, 20 septembre 1735.

MÉMOIRE

A S. E. MONSEIGNEUR LE GOUVERNEUR DE SAVOIE

J'ai l'honneur d'exposer très respectueusement à son excellence le triste détail de la situation où je me trouve, la suppliant de daigner écouter la générosité de ses pieux sentiments pour y pourvoir de la manière qu'elle jugera convenable.

Je suis sorti très jeune de Genève, ma patrie, ayant abandonné mes droits pour entrer dans le sein de l'église, sans avoir cependant jamais fait aucune démarche, jusque aujourd'hui, pour implorer des secours, dont j'aurais toujours tâché de me passer s'il n'avait plu à la Providence de m'affliger par des maux qui m'en ont ôté le pouvoir. J'ai toujours eu du mépris et même de l'indignation pour ceux qui ne rougissent point de faire un trafic honteux de leur foi, et d'abuser des bienfaits qu'on leur accorde. J'ose dire qu'il a paru par ma conduite que je suis bien éloigné de pareils sentiments. Tombé, encore enfant, entre les mains de feu monseigneur l'évêque de Genève (1), je tâchai de répondre, par l'ardeur et l'assiduité de mes études, aux vues flatteuses que ce respectable prélat avait sur moi. Mme la baronne de Warens voulut bien condescendre à la prière qu'il lui fit de prendre soin de mon éducation, et il ne dépendit pas de moi de témoigner à cette dame par mes progrès le désir passionné que j'avais de la rendre satisfaite de l'effet de ses bontés et de ses soins.

Ce grand évêque ne borna pas là ses bontés; il me recommanda encore à M. le marquis de Bonac, ambassadeur de France auprès du Corps helvétique. Voilà les trois seuls protecteurs à qui j'ai eu obligation du moindre secours; il est vrai qu'ils m'ont tenu lieu de tout autre, par la manière dont ils ont daigné me faire éprouver leur générosité. Ils ont envisagé en moi un jeune homme assez bien né, rempli d'émulation, qu'ils entrevoyaient pourvu de quelques talents, et qu'ils se proposaient de pousser. Il me serait glorieux de détailler à son excellence ce que ces deux seigneurs avaient eu la bonté de concerter pour mon établissement; mais la mort de monseigneur l'évêque de Genève, et la maladie mortelle de M. l'ambassadeur, ont été la fatale époque du commencement de tous mes désastres.

Je commençai aussi moi-même d'être attaqué de la langueur qui me met aujourd'hui au tombeau. Je retombai par conséquent à la charge de Mme de Warens, qu'il faudrait ne pas connaître pour croire qu'elle eût pu démentir ses premiers bienfaits, en m'abandonnant dans une si triste situation.

Malgré tout, je tâchai, tant qu'il me resta quelques forces, de tirer parti de mes faibles talents : mais de quoi servent les talents dans ce pays? Je le dis

---

(1) M. de Bernex, évêque de Genève, mourut à Annecy le 23 avril 1734; ce mémoire doit avoir été écrit dans la même année. Le gouverneur de Savoie était alors le comte Louis Picon. Voyez les *Confessions*, tome I, page 131. C'est à la suite des *Confessions* que ce mémoire et le suivant eussent trouvé leur place naturelle, si la disposition du volume l'eût permis.

dans l'amertume de mon cœur, il vaudrait mille fois mieux n'en avoir aucun. Eh! n'éprouvé-je pas encore aujourd'hui le retour plein d'ingratitude et de dureté des gens pour lesquels j'ai achevé de m'épuiser en leur enseignant, avec beaucoup d'assiduité et d'application, ce qui m'avait coûté bien des soins et des travaux à apprendre? Enfin, pour comble de disgrâces, me voilà tombé dans une maladie affreuse qui me défigure. Je suis désormais renfermé sans pouvoir presque sortir du lit et de la chambre, jusqu'à ce qu'il plaise à Dieu de disposer de ma courte, mais misérable vie.

Ma douleur est de voir que Mme de Warens a déjà trop fait pour moi; je la trouve, pour le reste de mes jours, accablée du fardeau de mes infirmités, dont son extrême bonté ne lui laisse pas sentir le poids, mais qui n'incommode pas moins ses affaires, déjà trop resserrées par ses abondantes charités, et par l'abus que des misérables n'ont que trop souvent fait de sa confiance.

J'ose donc, sur le détail de tous ces faits, recourir à son excellence comme au père des affligés. Je ne dissimulerai point qu'il est dur à un homme de sentiments, et qui pense comme je fais, d'être obligé, faute d'autre moyen, d'implorer des assistances et des secours : mais tel est le décret de la Providence. Il me suffit, en mon particulier, d'être bien assuré que je n'ai donné, par ma faute, aucun lieu ni à la misère, ni aux maux dont je suis accablé. J'ai toujours abhorré le libertinage et l'oisiveté; et, tel que je suis, j'ose être assuré que personne, de qui j'ai l'honneur d'être connu, n'aura, sur ma conduite, mes sentiments et mes mœurs, que de favorables témoignages à rendre.

Dans un état donc aussi déplorable que le mien, et sur lequel je n'ai nul reproche à me faire, je crois qu'il n'est pas honteux à moi d'implorer de son excellence la grâce d'être admis à participer aux bienfaits établis par la piété des princes pour de pareils usages. Ils sont destinés pour des cas semblables aux miens, ou ne le sont pour personne.

En conséquence de cet exposé, je supplie très humblement son excellence de vouloir me procurer une pension, telle qu'elle jugera raisonnable, sur la fondation que la piété du roi Victor a établie à Annecy, ou de tel autre endroit qu'il lui semblera bon, pour pouvoir subvenir aux nécessités du reste de ma triste carrière.

De plus, l'impossibilité où je me trouve de faire des voyages, et de traiter aucune affaire civile, m'engage à supplier encore son excellence qu'il lui plaise de faire régler la chose de manière que ladite pension puisse être payée ici en droiture, et remise entre mes mains, ou celles de Mme la baronne de Warens, qui voudra bien, à ma très humble sollicitation, se charger de l'employer à mes besoins. Ainsi jouissant, pour le peu de jours qu'il me reste, des secours nécessaires pour le temporel, je recueillerai mon esprit et mes forces pour mettre mon âme et ma conscience en paix avec Dieu; pour me préparer à commencer, avec courage et résignation, le voyage de l'éternité, et pour prier Dieu sincèrement et sans distraction pour la parfaite prospérité et la très précieuse conservation de son excellence.

J.-J. ROUSSEAU.

MÉMOIRE

REMIS, LE 19 AVRIL 1742, A M. BOUDET ANTONIN,

Qui travaille à l'histoire de feu M. de Bernex, évêque de Genève (1).

Dans l'intention où l'on est de n'omettre dans l'histoire de M. de Bernex aucun des faits considérables qui peuvent servir à mettre ses vertus chrétiennes dans tout leur jour, on ne saurait oublier la conversion de Mme la baronne de Warens de La Tour, qui fut l'ouvrage de ce prélat.

Au mois de juillet de l'année 1726, le roi de Sardaigne étant à Évian, plusieurs personnes de distinction du pays de Vaud s'y rendirent pour voir la cour, Mme de Warens fut du nombre; et cette dame, qu'un pur motif de curiosité avait amenée, fut retenue par des motifs d'un genre supérieur, et qui n'en furent pas moins efficaces pour avoir été moins prévus. Ayant assisté par hasard à un des discours que ce prélat prononçait avec ce zèle et cette onction qui portaient dans les cœurs le feu de sa charité, Mme de Warens en fut émue au point qu'on peut regarder cet instant comme l'époque de sa conversion. La chose cependant devait paraître d'autant plus difficile, que cette dame, étant très éclairée, se tenait en garde contre les séductions de l'éloquence, et n'était pas disposée à céder sans être pleinement convaincue. Mais quand on a l'esprit juste et le cœur droit, que peut-il manquer pour goûter la vérité, que le secours de la grâce? et M. de Bernex n'était-il pas accoutumé à la porter dans les cœurs les plus endurcis? Mme de Warens vit le prélat; ses préjugés furent détruits; ses doutes furent dissipés; et pénétrée des grandes vérités qui lui étaient annoncées, elle se détermina à rendre à la foi, par un sacrifice éclatant, le prix des lumières dont elle venait de l'éclairer.

Le bruit du dessein de Mme de Warens ne tarda pas à se répandre dans le pays de Vaud. Ce fut un deuil et des alarmes universelles. Cette dame y était adorée, et l'amour qu'on avait pour elle se changea en fureur contre ce qu'on appelait ses séducteurs et ses ravisseurs. Les habitants de Vevay ne parlaient pas moins que de mettre le feu à Évian, et de l'enlever à main armée au

---

(1) M. Boudet publia la vie de cet évêque en 1750, in-12, à Paris. — En renvoyant, pour les faits rapportés ici dans cet écrit, au livre III des *Confessions* (I, 71), nous devons ajouter ici la même observation que nous avons faite sur la pièce précédente.

milieu même de la cour. Ce projet insensé, fruit ordinaire d'un zèle fanatique, parvint aux oreilles de sa majesté; et ce fut à cette occasion qu'elle fit à M. de Bernex cette espèce de reproche si glorieux, qu'il faisait des conversions bien bruyantes. Le roi fit partir sur-le-champ Mme de Warens pour Annecy, escortée de quarante de ses gardes. Ce fut là où, quelque temps après, sa majesté l'assura de sa protection dans les termes les plus flatteurs, et lui assigna une pension qui doit passer pour une preuve éclatante de la piété et de la générosité de ce prince, mais qui n'ôte point à Mme de Warens le mérite d'avoir abandonné de grands biens et un rang brillant dans sa patrie, pour suivre la voix du Seigneur, et se livrer sans réserve à sa providence. Il eut même la bonté de lui offrir d'augmenter cette pension de sorte qu'elle pût figurer avec tout l'éclat qu'elle souhaiterait, et de lui procurer la situation la plus gracieuse, si elle voulait se rendre à Turin, auprès de la reine. Mais Mme de Warens n'abusa point des bontés du monarque : elle allait acquérir les plus grands biens en participant à ceux que l'église répand sur les fidèles; et l'éclat des autres n'avait désormais plus rien qui pût la toucher. C'est ainsi qu'elle s'en explique à M. de Bernex; et c'est sur ces maximes de détachement et de modération qu'on l'a vue se conduire constamment depuis lors.

Enfin le jour arriva où M. de Bernex allait assurer à l'église la conquête qu'il lui avait acquise. Il reçut publiquement l'abjuration de Mme de Warens, et lui administra le sacrement de confirmation le 8 septembre 1726, jour de la Nativité de Notre-Dame, dans l'église de la Visitation, devant la relique de saint François de Sales. Cette dame eut l'honneur d'avoir pour marraine, dans cette cérémonie, Mme la princesse de Hesse, sœur de la princesse de Piémont, depuis reine de Sardaigne. Ce fut un spectacle touchant de voir une jeune dame d'une naissance illustre, favorisée des grâces de la nature et enrichie des biens de la fortune, et qui, peu de temps auparavant, faisait les délices de sa patrie, s'arracher du sein de l'abondance et des plaisirs, pour venir déposer au pied de la croix du Christ l'éclat et les voluptés du monde, et y renoncer pour jamais. M. de Bernex fit à ce sujet un discours très touchant et très pathétique : l'ardeur de son zèle lui prêta ce jour-là de nouvelles forces; toute cette nombreuse assemblée fondit en larmes ; et les dames, baignées de pleurs, vinrent embrasser Mme de Warens, la féliciter, et rendre grâces à Dieu avec elle de la victoire qu'il lui faisait remporter. Au reste, on a cherché inutilement, parmi tous les papiers de feu M. de Bernex, le discours qu'il prononça en cette occasion, et qui, au témoignage de tous ceux qui l'entendirent, est un chef-d'œuvre d'éloquence; et il y a lieu de croire que, quelque beau qu'il soit, il a été composé sur-le-champ et sans préparation.

Depuis ce jour-là, M. de Bernex n'appela plus Mme de Warens que sa fille, et elle l'appelait son père. Il a en effet toujours conservé pour elle les bontés d'un père ; et il ne faut pas s'étonner qu'il regardât avec une sorte de complaisance l'ouvrage de ses soins apostoliques, puisque cette dame s'est toujours efforcée de suivre, d'aussi près qu'il lui a été possible, les saints exemples de ce prélat, soit dans son détachement des choses mondaines, soit dans son extrême charité envers les pauvres; deux vertus qui définissent parfaitement le caractère de Mme de Warens.

Le fait suivant peut entrer aussi parmi les preuves qui constatent les actions miraculeuses de M. de Bernex.

Au mois de septembre 1729, Mme de Warens, demeurant dans la maison de M. de Boige, le feu prit au four des cordeliers, qui donnait dans la cour de cette maison, avec une telle violence, que ce four, qui contenait un bâtiment assez grand, entièrement plein de fascines et de bois sec, fut bientôt embrasé. Le feu, porté par un vent impétueux, s'attacha au toit de la maison, et pénétra même par les fenêtres dans les appartements. Mme de Warens donna aussitôt des ordres pour arrêter les progrès du feu, et pour faire transporter ses meubles dans son jardin. Elle était occupée à ces soins, quand elle apprit que

M. l'évêque était accouru au bruit du danger qui la menaçait, et qu'il allait paraître à l'instant; elle fut au devant de lui. Ils entrèrent ensemble dans le jardin; il se mit à genoux, ainsi que tous ceux qui étaient présents, du nombre desquels j'étais, et commença à prononcer des oraisons avec cette ferveur qui était inséparable de ses prières. L'effet en fut sensible : le vent qui portait les flammes par-dessus la maison jusque près du jardin, changea tout-à-coup, et les éloigna si bien, que le four, quoique contigu, fut entièrement consumé, sans que la maison eût d'autre mal que le dommage qu'elle avait reçu auparavant. C'est un fait connu de tout Annecy, et que moi, écrivain du présent mémoire, ai vu de mes propres yeux.

M. de Bernex a continué constamment à prendre le même intérêt dans tout ce qui regardait Mme de Warens. Il fit faire le portrait de cette dame, disant qu'il souhaitait qu'il restât dans sa famille, comme un monument honorable d'un de ses plus heureux travaux. Enfin, quoiqu'elle fût éloignée de lui, il lui a donné, peu de temps avant que de mourir, des marques de son souvenir, et en a même laissé dans son testament. Après la mort de ce prélat, Mme de Warens s'est entièrement consacrée à la solitude et à la retraite, disant qu'après avoir perdu son père rien ne l'attachait plus au monde.

NOTES

EN RÉFUTATION DE L'OUVRAGE D'HELVÉTIUS INTITULÉ
DE L'ESPRIT.

AVERTISSEMENT.

Rousseau, prêt à quitter l'Angleterre, et voulant se défaire de ses livres, avait prié son hôte, M. Davenport, de lui trouver un acheteur. « Parmi ces livres, lui écrivait-il en février 1767, il y a le livre *de l'Esprit*, in-4°, première édition, qui est rare, et où j'ai fait quelques notes aux marges; je voudrais bien que ce livre ne tombât qu'entre des mains amies. » A cet égard son désir a été pleinement satisfait. Il traita directement de ses livres avec un Français nommé Dutens, établi depuis longtemps à Londres, connu en France par quelques écrits, et avec lequel Rousseau a été quelque temps en correspondance. Dutens nous apprend lui-même, dans une brochure dont il sera ci-après parlé, qu'il acheta tous ces livres, au nombre d'environ mille volumes, moyennant une rente de dix livres sterling, et que ce fut cet exemplaire de l'ouvrage d'Helvétius qui le détermina principalement à cette acquisition; mais Rousseau, dit-il, « ne consentit à me les vendre qu'à condition que, *pendant sa vie*, je ne publierais point les notes que je pourrais trouver sur les livres qu'il me vendait, et que, lui vivant, l'exemplaire du livre *de l'Esprit* ne sortirait point de mes mains. »

« Il paraît, dit encore Dutens, qu'il avait entrepris de réfuter cet ouvrage de M. Helvétius, mais qu'il avait abandonné cette idée dès qu'il l'avait vu persécuté (1). M. Helvétius, ayant appris que j'étais en possession de cet exemplaire, me fit proposer de le lui envoyer. J'étais lié par ma promesse : je le représentai à M. Helvétius; il approuva ma délicatesse, et se réduisit à me prier de lui extraire quelques-unes des remarques qui portaient le plus coup contre ses principes, et de les lui communiquer; ce que je fis. Il fut tellement alarmé du danger que courait un édifice qu'il avait pris tant de plaisir à élever, qu'il me répondit sur-le-champ, afin d'effacer les impressions qu'il ne doutait pas que ces notes n'eussent faites sur mon esprit. Il m'annonçait une autre lettre par le courrier suivant, mais la mort l'enleva huit ou dix jours après. »

(1) Cette conjecture de Dutens est confirmée par Rousseau lui-même. Voyez les *Lettres de la Montagne*.

Après la mort de Rousseau, Dutens, dégagé de sa promesse envers lui, songea à faire jouir le public des notes dont il était possesseur; il en a fait l'objet d'une brochure publiée à Paris sous le titre de *Lettre à M. D. B.* (De Bure, alors libraire à Paris), 1779, in-12. Il y rapporte les passages du livre *de l'Esprit* auxquels les notes de Rousseau s'appliquent, puis transcrit immédiatement celles-ci, en y joignant au besoin quelques éclaircissements. A la fin de la même brochure se trouvent les deux lettres d'Helvétius à Dutens dont il vient d'être parlé (1).

C'est cette brochure de Dutens que nous allons reproduire ici presque tout entière, ce qui lui appartient en propre dans ce petit ouvrage ne pouvant guère être séparé des notes de Rousseau dont il facilite l'intelligence. Quant à l'exemplaire qui contient celles-ci en original, il est maintenant en la possession de M. de Bure.

Le grand but de M. Helvétius dans son ouvrage est de réduire toutes les facultés de l'homme à une existence purement matérielle. Il débute par avancer, Disc. 1, ch. 1, « que nous avons en nous deux facultés, ou, s'il l'ose dire, *deux puissances passives*: la sensibilité physique et la mémoire; et il définit la mémoire une sensation continuée, mais affaiblie. » A quoi Rousseau répond : « Il me semble qu'il faudrait distinguer les impressions purement organiques et locales des impressions qui affectent tout l'individu : les premières ne sont que de simples sensations; les autres sont des sentiments. » Et un peu plus bas il ajoute : « Non pas, la mémoire est la faculté de se rappeler la sensation, mais la sensation, même affaiblie, ne dure pas continuellement.

— *La mémoire*, continue Helvétius, Disc. 1, chap. 1, page 6, ne peut être qu'un des organes de la sensibilité physique : le principe qui sent en nous doit être nécessairement le principe qui se ressouvient, puisque *se ressouvenir*, comme je vais le prouver, n'est proprement que *sentir*. — Je ne sais pas encore, dit Rousseau, comme il va prouver cela; mais je sais bien que sentir l'objet présent, et sentir l'objet absent, sont deux opérations dont la différence mérite bien d'être examinée.

— Lorsque, par une suite de mes idées, ajoute l'auteur, Disc. 1, chap. 1, page 7, ou par l'ébranlement que certains sons causent dans l'organe de mon oreille, je me rappelle l'image d'un chêne, alors mes organes intérieurs doivent nécessairement se trouver à peu près dans la même situation où ils étaient à la vue de ce chêne; or, cette situation des organes doit incontestablement produire une sensation; il est donc évident que se ressouvenir c'est sentir.

— Oui, dit Rousseau, vos organes intérieurs se trouvent à la vérité dans la même situation où ils étaient à la vue du chêne, mais par l'effet d'une opération très différente. Et quant à ce que vous dites que cette situation doit produire une sensation, qu'appelez-vous sensation? Si une sensation est l'impression transmise par l'organe extérieur à l'organe intérieur, la situation de l'organe intérieur a beau être supposée la même, celle de l'organe extérieur manquant, ce défaut seul suffit pour distinguer le souvenir de la sensation. D'ailleurs, il n'est pas vrai que la situation de l'organe intérieur soit la même dans la mémoire et dans la sensation; autrement il serait impossible de distinguer le souvenir de la sensation d'avec la sensation. Aussi l'auteur se sauve-t-il par un *à peu près*; mais une situation d'organes, qui n'est qu'à peu près la même, ne doit pas produire exactement le même effet.

---

(1) La *Lettre à M. D. B.*, et les deux lettres d'Helvétius qui y font suite, se trouvent dans l'édition de Genève, *Supplément*, t. III.

— Il est donc évident, dit Helvétius, Disc. 1, chap. 1, que se ressouvenir c'est sentir. — Il y a cette différence, répond Rousseau, que la mémoire produit une sensation semblable, et non pas le sentiment; et cette autre différence encore, que la cause n'est pas la même. »

L'auteur, Disc. 1, chap. 1, ayant posé son principe, se croit en droit de conclure ainsi : « Je dis encore que c'est dans la capacité que nous avons d'apercevoir les ressemblances ou les différences, les convenances ou les disconvenances qu'ont entre eux les objets divers, que consistent toutes les opérations de l'esprit. Or cette capacité n'est que la sensibilité physique même: tout se réduit donc à sentir. — Voici qui est plaisant! s'écrie son adversaire, après avoir légèrement affirmé qu'apercevoir et comparer sont la même chose, l'auteur conclut en grand appareil que juger c'est sentir. La conclusion me paraît claire ; mais c'est de l'antécédent qu'il s'agit. »

L'auteur répète sa conclusion d'une autre manière, Disc. 1, chap. 1, et dit: « La conclusion de ce que je viens de dire, c'est que si tous les mots des diverses langues ne désignent jamais que des objets, ou les rapports de ces objets avec nous et entre eux, tout l'esprit par conséquent consiste à comparer et nos sensations et nos idées, c'est-à-dire à voir les ressemblances et les différences, les convenances et les disconvenances qu'elles ont entre elles. Or, comme le jugement n'est que cette apercevance elle-même, ou du moins que le prononcé de cette apercevance, il s'ensuit que toutes les opérations de l'esprit se réduisent à juger. » Rousseau oppose à cette conclusion une distinction lumineuse : « Apercevoir les objets, dit-il, c'est sentir; apercevoir les rapports, c'est juger. »

« La question renfermée dans ses bornes, continue l'auteur de l'*Esprit*, Disc. 1, chap. 1, j'examinerai maintenant si juger n'est pas sentir. Quand je juge de la grandeur ou de la couleur des objets qu'on me présente, il est évident que le jugement porté sur les différentes impressions que ces objets ont faites sur mes sens n'est proprement qu'une sensation; que je puis dire également : Je juge ou je sens que, de deux objets, l'un, que j'appelle *toise*, fait sur moi une impression différente de celui que j'appelle *pied*; que la couleur que je nomme *rouge* agit sur mes yeux différemment de celle que je nomme *jaune*; et j'en conclus qu'en pareil cas *juger* n'est jamais que sentir. — Il y a ici un sophisme très subtil et très important à bien remarquer, reprend Rousseau : autre chose est sentir une différence entre une toise et un pied, et autre chose mesurer cette différence. Dans la première opération l'esprit est purement passif, mais dans l'autre il est actif. Celui qui a plus de justesse dans l'esprit pour transporter par la pensée le pied sur la toise, et voir combien de fois il y est contenu, est celui qui en ce point a l'esprit le plus juste et juge le mieux. » Et quant à la conclusion, « qu'en pareil cas juger n'est jamais que sentir, » Rousseau soutient que « c'est autre chose, parce que la comparaison du jaune et du rouge n'est pas la sensation du jaune ni celle du rouge. »

L'auteur se fait ensuite cette objection, Disc. 1, chap. 1, page 9 : « Mais, dira-t-on, supposons qu'on veuille savoir si la force est préférable à la grandeur du corps, peut-on assurer qu'alors juger soit sentir? Oui, répondrai-je; car, pour porter un jugement sur ce sujet, ma mémoire doit me tracer successivement les tableaux des situations différentes où je puis me trouver le plus communément dans le cours de ma vie. — Comment ! réplique à cela Rousseau, la comparaison successive de mille idées est aussi un sentiment ! Il ne faut pas disputer des mots, mais l'auteur se fait là un étrange dictionnaire. »

Enfin Helvétius finit ainsi, Disc. 1, chap. 1 : « Mais, dira-t-on, comment jusqu'à ce jour a-t-on supposé en nous une faculté de juger distincte de la faculté de sentir? L'on ne doit cette supposition, répondrai-je, qu'à l'impossibilité où l'on s'est cru jusqu'à présent d'expliquer d'aucune autre manière certaines erreurs de l'esprit. — Point du tout, reprend Rousseau. C'est qu'il est très simple de supposer que deux opérations d'espèces différentes se font par deux différentes facultés. »

A la fin du premier Discours, chapitre 4, page 40, M. Helvétius, revenant à son grand principe, dit : « Rien ne m'empêche maintenant d'avancer que *juger*, comme je l'ai déjà prouvé, n'est proprement que *sentir*. — Vous n'avez rien prouvé sur ce point, répond Rousseau, sinon que vous ajoutez au sens du mot SENTIR le sens que nous donnons au mot JUGER : vous réunissez sous un mot commun deux facultés essentiellement différentes. » Et sur ce que Helvétius dit encore, Disc. 1, chap. 4, que « l'esprit peut être considéré comme la faculté productrice de nos pensées, et n'est, en ce sens, que sensibilité et mémoire, » Rousseau met en note : « SENSIBILITÉ, MÉMOIRE, JUGEMENT (1). »

Dans son second Discours, M. Helvétius avance, chapitre 4, pages 62, 63, « que nous ne concevons que des idées analogues aux nôtres, que nous n'avons d'*estime sentie* que pour cette espèce d'idées; et de là cette haute opinion que chacun est, pour ainsi dire, forcé d'avoir de soi-même, et qu'il appelle la nécessité où nous sommes de nous estimer préférablement aux autres. Mais, ajoute-t-il, Disc. 2, chap. 4, page 64, on me dira que l'on voit quelques gens reconnaître dans les autres plus d'esprit qu'en eux. Oui, répondrai je, on voit des hommes en faire l'aveu; et cet aveu est d'une belle âme. Cependant ils n'ont, pour celui qu'ils avouent leur supérieur, qu'une *estime sur parole* : ils ne font que donner à l'opinion publique la préférence sur la leur, et convenir que ces personnes sont plus estimées, sans être intérieurement convaincus qu'elles soient plus estimables. — Cela n'est pas vrai, reprend brusquement Rousseau. J'ai longtemps médité sur un sujet, et j'en ai tiré quelques vues avec toute l'attention que j'étais capable d'y mettre. Je communique ce même sujet à un autre homme; et, durant notre entretien, je vois sortir du cerveau de cet homme des foules d'idées neuves et de grandes vues sur ce même sujet qui m'en avait fourni si peu. Je ne suis pas assez stupide pour ne pas sentir l'avantage de ses vues et de ses idées sur les miennes: je suis donc forcé de sentir intérieurement que cet homme a plus d'esprit que moi, et de lui accorder dans mon cœur une estime sentie, supérieure à celle que j'ai pour moi. Tel fut le jugement que Philippe second porta de l'esprit d'Alonzo Perez, et qui fit que celui-ci s'estima perdu. »

Helvétius veut appuyer son sentiment d'un exemple, et dit, Disc. 2, ch. 4, page 64, note : « En poésie, Fontenelle serait sans peine convenu de la supériorité du génie de Corneille sur le sien, mais il ne l'aurait pas sentie. Je suppose, pour s'en convaincre, qu'on eût prié ce même Fontenelle de donner, en fait de poésie, l'idée qu'il s'était formée de la perfection; il est certain qu'il n'aurait en ce genre proposé d'autres règles fines que celles qu'il avait lui-même aussi bien observées que Corneille. » Mais Rousseau objecte à cela : « Il ne s'agit pas de règles; il s'agit du génie qui trouve les grandes images et les grands sentiments. Fontenelle aurait pu se croire meilleur juge de tout cela que Corneille, mais non pas aussi bon inventeur : il était fait pour sentir le génie de Corneille, et non pour l'égaler. Si l'auteur ne croit pas qu'un homme puisse sentir la supériorité d'un autre dans son propre genre, assurément il se trompe beaucoup : moi-même je sens la sienne, quoique je ne sois pas de son sentiment. Je sens qu'il se trompe en homme qui a plus d'esprit que moi : il a plus de vues et plus lumineuses, mais les miennes sont plus saines. Fénelon l'emportait sur moi à tous égards : cela est certain. » A ce sujet, Helvétius ayant laissé échapper l'expression « du poids importun de l'estime, » Rousseau le relève en s'écriant : « Le poids importun de l'estime! Eh Dieu! rien n'est si doux que l'estime, même pour ceux qu'on croit supérieurs à soi. »

« Ce n'est peut-être qu'en vivant loin des sociétés, dit Helvétius, Disc. 2, ch. 6, page 73, qu'on peut se défendre des illusions qui les séduisent. Il est du moins certain que, dans ces mêmes sociétés, on ne peut conserver une vertu toujours forte et pure, sans avoir habituellement présent à l'esprit le principe de l'utilité publique; sans avoir une connaissance profonde des véritables intérêts de ce public, et, par conséquent, de la morale et de la politique. — A ce compte, répond Rousseau, il n'y a de véritable probité que chez les philosophes. Ma foi, ils font bien de s'en faire compliment les uns aux autres. »

Conséquemment au principe que venait d'avancer l'auteur, il dit, Disc. 2, ch. 6, page 73, note : « que Fontenelle définissait le mensonge, *taire une vérité qu'on doit*. Un homme sort du lit d'une femme, il en rencontre le mari : *D'où venez-vous?* lui dit celui-ci. Que lui répondre? Lui doit-on alors la vérité? *Non*, dit Fontenelle, *parce qu'alors la vérité n'est utile à personne*. — Plaisant exemple ! s'écrie Rousseau : comme si celui qui ne se fait pas un scrupule de coucher avec la femme d'autrui s'en faisait un de dire un mensonge ! Il se peut qu'un adultère soit obligé de mentir, mais l'homme de bien ne veut être ni menteur ni adultère (1). »

Lorsqu'il dit, Disc. 2, ch. 12, page 112 : « Qu'un poète dramatique fasse une bonne tragédie sur un plan déjà connu, c'est, dit-on, un plagiaire méprisable; mais qu'un général se serve dans une campagne de l'ordre de bataille et des stratagèmes d'un autre général, il n'en paraît souvent que plus estimable, » l'autre le relève en disant : « Vraiment, je le crois bien ! le premier se donne pour l'auteur d'une pièce nouvelle, le second ne se donne pour rien; son objet est de battre l'ennemi. S'il faisait un livre sur les batailles, on ne lui pardonnerait pas plus le plagiat qu'à l'auteur dramatique. » Rousseau n'est pas plus indulgent envers M. Helvétius lorsque celui-ci altère les faits pour autoriser ses principes. Par exemple, lorsque voulant prouver que, « dans tous les siècles et dans tous les pays, la probité n'est que l'habitude des actions utiles à sa nation, » il allègue, Disc. 2, chapitre 13, l'exemple des Lacédémoniens qui permettaient le vol, et conclut ensuite, « que le vol, nuisible à tout peuple riche, mais utile à Sparte, y devait être honoré; » Rousseau remarque « que le vol n'était permis qu'aux enfants, et qu'il n'est dit nulle part que les hommes volassent, » ce qui est vrai. Et sur le même sujet l'auteur, dans une note, ayant dit « qu'un jeune Lacédémonien, plutôt que d'*avouer* son larcin, se laissa, sans crier, dévorer le ventre par un jeune renard qu'il avait volé et caché sous sa robe; » son critique le reprend ainsi avec raison : « Il n'est dit nulle part que l'enfant fût questionné : il ne s'agissait que de ne pas déceler son vol, et non de le nier. Mais l'auteur est bien aise de mettre adroitement le mensonge au nombre des vertus lacédémoniennes. »

M. Helvétius, Disc. 2, ch. 15, faisant l'apologie du luxe, porte l'esprit du paradoxe jusqu'à dire que les femmes galantes, dans un sens politique, sont plus utiles à l'état que les femmes sages. Mais Rousseau répond : « L'une soulage des gens qui souffrent; l'autre favorise des gens qui veulent s'enrichir : en excitant l'industrie des artisans du luxe, elle en augmente le nombre; en faisant la fortune de deux ou trois, elle en excite vingt à prendre un état où ils resteront misérables; elle multiplie les sujets dans les professions inutiles, et les fait manquer dans les professions nécessaires. »

Dans une autre occasion, Disc. 2, ch. 25, note, M. Helvétius, remarquant que « l'envie permet à chacun d'être le panégyriste de sa probité, et non de son esprit, » Rousseau, loin d'être de son avis, dit : « Ce n'est point cela; mais c'est qu'en premier lieu la probité est indispensable, et non l'esprit, et qu'en second lieu il dépend de nous d'être honnêtes gens, et non pas gens d'esprit. »

Enfin, dans le premier chapitre du troisième Discours, l'auteur entre dans

---

(1) Helvétius a dit : « Tout devient légitime, et même vertueux, pour le salut public. » Rousseau a mis en note, à côté : « Le salut public n'est rien, si tous les particuliers ne sont en sûreté. »

la question de l'éducation et de l'égalité naturelle des esprits. Voici le sentiment de Rousseau, exprimé dans une de ses notes : « Le principe duquel l'auteur déduit, dans les chapitres suivants, l'égalité naturelle des esprits, et qu'il a tâché d'établir au commencement de cet ouvrage, est que les jugements humains sont purement passifs. Ce principe a été établi et discuté avec beaucoup de philosophie et de profondeur dans l'*Encyclopédie,* article *Evidence.* J'ignore quel est l'auteur de cet article; mais c'est certainement un très grand métaphysicien; je soupçonne l'abbé de Condillac ou M. de Buffon. Quoi qu'il en soit, j'ai tâché de combattre ce principe et d'établir l'activité de nos jugements dans les notes que j'ai écrites au commencement de ce livre, et surtout dans la première partie de la Profession de foi du vicaire savoyard. Si j'ai raison, et que le principe de M. Helvétius et de l'auteur susdit soit faux, les raisonnements des chapitres suivants, qui n'en sont que des conséquences, tombent, et il n'est pas vrai que l'inégalité des esprits soit l'effet de la seule éducation, quoiqu'elle y puisse influer beaucoup. »

PROJET POUR L'EDUCATION

DE M. DE SAINTE-MARIE [1]

Vous m'avez fait l'honneur, monsieur, de me confier l'instruction de messieurs vos enfants : c'est à moi d'y répondre par tous mes soins et par toute l'étendue des lumières que je puis avoir; et j'ai cru que, pour cela, mon premier objet devait être de bien connaître les sujets auxquels j'aurai affaire. C'est à quoi j'ai principalement employé le temps qu'il y a que j'ai l'honneur d'être dans votre maison; et je crois d'être suffisamment au fait à cet égard pour pouvoir régler là-dessus le plan de leur éducation. Il n'est pas nécessaire que je vous fasse compliment, monsieur, sur ce que j'y ai remarqué d'avantageux; l'affection que j'ai conçue pour eux se déclarera par des marques plus solides que des louanges, et ce n'est pas un père aussi tendre et aussi éclairé que vous l'êtes qu'il faut instruire des belles qualités de ses enfants.

Il me reste à présent, monsieur, d'être éclairci par vous-même des vues particulières que vous pouvez avoir sur chacun d'eux, du degré d'autorité que vous êtes dans le dessein de m'accorder à leur égard, et des bornes que vous donnerez à mes droits pour les récompenses et les châtiments.

Il est probable, monsieur, que, m'ayant fait la faveur de m'agréer dans votre maison avec un appointement honorable et des distinctions flatteuses, vous avez attendu de moi des effets qui répondissent à des conditions si avantageuses; et l'on voit bien qu'il ne fallait pas tant de frais ni de façons pour donner à messieurs vos enfants un précepteur ordinaire qui leur apprît leur rudiment, l'orthographe et le catéchisme : je me promets bien aussi de justifier de tout mon pouvoir les espérances favorables que vous avez pu concevoir sur mon compte; et, tout plein d'ailleurs de fautes et de faiblesses, vous ne me trouverez jamais à me démentir un instant sur le zèle et l'attachement que je dois à mes élèves.

Mais, monsieur, quelques soins et quelques peines que je puisse prendre, le succès est bien éloigné de dépendre de moi seul. C'est l'harmonie parfaite qui doit régner entre nous, la confiance que vous daignerez m'accorder, et l'autorité que vous me donnerez sur mes élèves qui décidera de l'effet de mon travail. Je crois, monsieur, qu'il vous est tout manifeste qu'un homme qui n'a sur des enfants des droits de nulle espèce, soit pour rendre ses instructions aimables, soit pour leur donner du poids, ne prendra jamais d'ascendant sur des esprits qui, dans le fond, quelque précoces qu'on les veuille supposer, règlent toujours, à certain âge, les trois quarts de leurs opérations sur les impressions des sens. Vous sentez aussi qu'un maître obligé de porter ses plaintes sur toutes les fautes d'un enfant se gardera bien, quand il le pourrait avec bienséance, de se rendre insupportable en renouvelant sans cesse de vaines la-

---

[1] Ce petit écrit est de la fin de 1740. Il est adressé à M. Bonnot de Mably, grand-prévôt de Lyon, et frère des célèbres abbés de Mably et de Condillac. Nous le plaçons vers la fin de ce volume, parce qu'il forme transition avec l'*Emile*, qui commence au volume suivant.

mentations; et, d'ailleurs, mille petites occasions décisives de faire une correction, ou de flatter à propos, s'échappent dans l'absence d'un père et d'une mère, ou dans des moments où il serait messéant de les interrompre aussi désagréablement; et l'on n'est plus à temps d'y revenir dans un autre instant, où le changement des idées d'un enfant lui rendrait pernicieux ce qui aurait été salutaire; enfin un enfant qui ne tarde pas à s'apercevoir de l'impuissance d'un maître à son égard en prend occasion de faire peu de cas de ses défenses et de ses préceptes, et de détruire sans retour l'ascendant que l'autre s'efforçait de prendre. Vous ne devez pas croire, monsieur, qu'en parlant sur ce ton-là je souhaite de me procurer le droit de maltraiter messieurs vos enfants par des coups; je me suis toujours déclaré contre cette méthode : rien ne me paraîtrait plus triste pour M. de Sainte-Marie que s'il ne restait que cette voie de le réduire; et j'ose me promettre d'obtenir désormais de lui tout ce qu'on aura lieu d'en exiger, par des voies moins dures et plus convenables, si vous goûtez le plan que j'ai l'honneur de vous proposer. D'ailleurs, à parler franchement, si vous pensez, monsieur, qu'il y eût de l'ignominie à monsieur votre fils d'être frappé par des mains étrangères, je trouve aussi de mon côté qu'un honnête homme ne saurait guère mettre les siennes à un usage plus honteux que de les employer à maltraiter un enfant : mais, à l'égard de M. de Sainte-Marie, il ne manque pas de voies de le châtier, dans le besoin, par des mortifications qui lui feraient encore plus d'impression, et qui produiraient de meilleurs effets; car, dans un esprit aussi vif que le sien, l'idée des coups s'effacera aussitôt que la douleur, tandis que celle d'un mépris marqué, ou d'une privation sensible, y restera beaucoup plus longtemps.

Un maître doit être craint; il faut pour cela que l'élève soit bien convaincu qu'il est en droit de le punir : mais il doit surtout être aimé; et quel moyen a un gouverneur de se faire aimer d'un enfant à qui il n'a jamais à proposer que des occupations contraires à son goût, si d'ailleurs il n'a le pouvoir de lui accorder certaines petites douceurs de détail qui ne coûtent presque ni dépenses, ni perte de temps, et qui ne laissent pas, étant ménagées à propos, d'être extrêmement sensibles à un enfant, et de l'attacher beaucoup à son maître? J'appuierai peu sur cet article, parce qu'un père peut, sans inconvénient, se conserver le droit exclusif d'accorder des grâces à son fils, pourvu qu'il y apporte les précautions suivantes, nécessaires surtout à M. de Sainte-Marie, dont la vivacité et le penchant à la dissipation demandent plus de dépendance : 1° Avant que de lui faire quelque cadeau, savoir secrètement du gouverneur s'il a lieu d'être satisfait de la conduite de l'enfant; 2° Déclarer au jeune homme que quand il a quelque grâce à demander, il doit le faire par la bouche de son gouverneur, et que, s'il lui arrive de la demander de son chef, cela seul suffira pour l'en exclure; 3° Prendre de là occasion de reprocher quelquefois au gouverneur qu'il est trop bon, que son trop de facilité nuira au progrès de son élève, et que c'est à sa prudence à lui de corriger ce qui manque à la modération d'un enfant; 4° Que si le maître croit avoir quelque raison de s'opposer à quelque cadeau qu'on voudrait faire à son élève, refuser absolument de le lui accorder jusqu'à ce qu'il ait trouvé le moyen de fléchir son précepteur. Au reste, il ne sera point du tout nécessaire d'expliquer au jeune enfant, dans l'occasion, qu'on lui accorde quelque faveur, précisément parce qu'il a bien fait son devoir; mais il vaut mieux qu'il conçoive que les plaisirs et les douceurs sont les suites naturelles de la sagesse et de la bonne conduite, que s'il les regardait comme des récompenses arbitraires qui peuvent dépendre du caprice, et qui, dans le fond, ne doivent jamais être proposées pour l'objet et le prix de l'étude et de la vertu.

Voilà tout au moins, monsieur, les droits que vous devez m'accorder sur monsieur votre fils, si vous souhaitez de lui donner une heureuse éducation, et qui réponde aux belles qualités qu'il montre à bien des égards, mais qui actuellement sont offusquées par beaucoup de mauvais plis qui demandent d'être corrigés à bonne heure, et avant que le temps ait rendu la chose impossible. Cela est si vrai, qu'il s'en faudra beaucoup, par exemple, que tant de précautions ne soient nécessaires envers M. de Condillac; il a autant besoin d'être poussé que l'autre d'être retenu, et je saurai bien prendre de moi-même tout l'ascendant dont j'aurai besoin sur lui : mais pour M. de Sainte-Marie, c'est un coup de partie pour son éducation, que de lui donner une bride qu'il sente, et qui soit capable de le retenir; et, dans l'état où sont les choses, les sentiments que vous souhaitez, monsieur, qu'il ait sur mon compte, dépendent beaucoup plus de vous que de moi-même.

Je suppose toujours, monsieur, que vous n'auriez garde de confier l'éducation de messieurs vos enfants à un homme que vous ne croiriez pas digne de votre estime; et ne pensez point, je vous prie, que, par le parti que j'ai pris de m'attacher sans réserve à votre maison dans une occasion délicate, j'aie prétendu vous engager vous-même en aucune manière. Il y a bien de la différence entre nous : en faisant mon devoir autant que vous m'en laisserez la liberté, je ne suis responsable de rien ; et, dans le fond, comme vous êtes, monsieur, le maître et le supérieur naturel de vos enfants, je ne suis pas en droit de vouloir, à l'égard de leur éducation, forcer votre goût de se rapporter au mien : ainsi, après vous avoir fait les représentations qui m'ont paru nécessaires, s'il arrivait que vous n'en jugeassiez pas de même, ma conscience serait quitte à cet égard, et il ne me resterait qu'à me conformer à votre volonté. Mais pour vous, monsieur, nulle considération humaine ne peut balancer ce que vous devez aux mœurs et à l'éducation de messieurs vos enfants; et je ne trouverais nullement mauvais qu'après m'avoir découvert des défauts que vous n'auriez peut-être pas d'abord aperçus, et qui seraient d'une certaine conséquence pour mes élèves, vous vous pourvussiez ailleurs d'un meilleur sujet.

J'ai donc lieu de penser que tant que vous me souffrez dans votre maison vous n'avez pas trouvé en moi de quoi effacer l'estime dont vous m'aviez honoré. Il est vrai, monsieur, que je pourrais me plaindre que, dans les occasions où j'ai pu commettre quelque faute, vous ne m'ayez pas fait l'honneur de m'en avertir tout uniment : c'est une grâce que je vous ai demandée en entrant chez vous, et qui marquait du moins ma bonne volonté; et si ce n'est en ma propre considération, ce serait du moins pour celle de messieurs vos enfants, de qui l'intérêt serait que je devinsse un homme parfait, s'il était possible.

Dans ces suppositions, je crois, monsieur, que vous ne devez pas faire difficulté de communiquer à M. votre fils les bons sentiments que vous pouvez avoir sur mon compte, et que, comme il est impossible que mes fautes et mes faiblesses échappent à des yeux aussi clairvoyants que les vôtres, vous ne sauriez trop éviter de vous en entretenir en sa présence; car ce sont des impressions qui portent coup, et, comme dit M. de La Bruyère, le premier soin des enfants est de chercher les endroits faibles de leurs maîtres, pour acquérir le droit de les mépriser : or, je demande quelle impression pourraient faire les leçons d'un homme pour qui son écolier aurait du mépris.

Pour me flatter d'un heureux succès dans l'éducation de M. votre fils, je ne puis donc pas moins exiger que d'en être aimé, craint et estimé. Que si l'on me répondait que tout cela devait être mon ouvrage, et que c'est ma faute si je n'y ai pas réussi, j'aurais à me plaindre d'un jugement si injuste. Vous n'avez jamais eu d'explication avec moi sur l'autorité que vous me permettiez de prendre à son égard : ce qui était d'autant plus nécessaire, que je commence un métier que je n'ai jamais fait; que, lui ayant trouvé d'abord une résistance parfaite à mes instructions et une négligence excessive pour moi, je n'ai su comment le réduire; et qu'au moindre mécontentement il courait chercher un asile inviolable auprès de son papa, auquel peut-être il ne manquait pas ensuite de conter les choses comme il lui plaisait.

Heureusement le mal n'est pas grand à l'âge où il est ; nous avons eu le loisir de nous tâtonner, pour ainsi dire, réciproquement, sans que ce retard ait pu porter encore un grand préjudice à ses progrès, que d'ailleurs la délicatesse de sa santé n'aurait pas permis de pousser beaucoup (1) ; mais comme les mauvaises habitudes, dangereuses à tout âge, le sont infiniment plus à celui-là, il est temps d'y mettre ordre sérieusement, non pour le charger d'études et de devoirs, mais pour lui donner à bonne heure un pli d'obéissance et de docilité qui se trouve tout acquis quand il en sera temps.

Nous approchons de la fin de l'année : vous ne sauriez, monsieur, prendre une occasion plus naturelle que le commencement de l'autre pour faire un petit discours à M. votre fils, à la portée de son âge, qui, lui mettant devant les yeux les avantages d'une bonne éducation, et les inconvénients d'une enfance négligée, le dispose à se prêter de bonne grâce à ce que la connaissance de son intérêt bien entendu nous fera dans la suite exiger de lui ; après quoi vous auriez la bonté de me déclarer en sa présence que vous me rendez le dépositaire de votre autorité sur lui, et que vous m'accordez sans réserve le droit de l'obliger à remplir son devoir par tous les moyens qui me paraîtront convenables ; lui ordonnant, en conséquence, de m'obéir comme à vous-même, sous peine de votre indignation. Cette déclaration, qui ne sera que pour faire sur lui une vive impression, n'aura d'ailleurs d'effet que conformément à ce que vous aurez pris la peine de me prescrire en particulier.

Voilà, monsieur, les préliminaires qui me paraissent indispensables pour s'assurer que les soins que je donnerai à M. votre fils ne seront pas des soins perdus. Je vais maintenant tracer l'esquisse de son éducation, telle que j'en avais conçu le plan sur ce que j'ai connu jusqu'ici de son caractère et de vos vues. Je ne le propose point comme une règle à laquelle il faille s'attacher, mais comme un projet qui, ayant besoin d'être refondu et corrigé par vos lumières et par celles de M. l'abbé de....., servira seulement à lui donner quelque idée du génie de l'enfant à qui nous avons affaire. Et je m'estimerai trop heureux que M. votre frère veuille bien me guider dans les routes que je dois tenir : il peut être assuré que je me ferai un principe inviolable de suivre entièrement, et selon toute la petite portée de mes lumières et de mes talents, les routes qu'il aura pris la peine de me prescrire avec votre agrément.

Le but que l'on doit se proposer dans l'éducation d'un jeune homme, c'est de lui former le cœur, le jugement et l'esprit ; et cela dans l'ordre que je les nomme. La plupart des maîtres, les pédants surtout, regardent l'acquisition et l'entassement des sciences comme l'unique objet d'une belle éducation, sans penser que souvent, comme dit Molière,

Un sot savant est sot plus qu'un sot ignorant.

D'un autre côté, bien des pères, méprisant assez tout ce qu'on appelle études, ne se soucient guère que de former leurs enfants aux exercices du corps et à la connaissance du monde. Entre ces extrémités nous prendrons un juste milieu pour conduire M. votre fils. Les sciences ne doivent pas être négligées, j'en parlerai tout à l'heure. Mais aussi elles ne doivent pas précéder les mœurs, surtout dans un esprit pétillant et plein de feu, peu capable d'attention jusqu'à un certain âge et dont le caractère se trouvera décidé très à bonne heure. A quoi sert à un homme le savoir de Varron, si d'ailleurs il ne sait pas penser juste ? Que s'il a eu le malheur de laisser corrompre son cœur, les sciences sont dans sa tête comme autant d'armes entre les mains d'un furieux. De deux personnes également engagées dans le vice, le moins habile fera toujours le moins de mal ; et les sciences, même les plus spéculatives et les plus éloignées en apparence de la société, ne laissent pas d'exercer l'esprit et de lui

(1) Il était fort languissant quand je suis entré dans la maison ; aujourd'hui sa santé s'affermit visiblement.

donner, en l'exerçant, une force dont il est facile d'abuser dans le commerce de la vie, quand on a le cœur mauvais.

Il y a plus à l'égard de M. de Sainte-Marie. Il a conçu un dégoût si fort contre tout ce qui porte le nom d'étude et d'application, qu'il faudra beaucoup d'art et de temps pour le détruire : et il serait fâcheux que ce temps-là fût perdu pour lui ; car il y aurait trop d'inconvénients à le contraindre ; et il vaudrait encore mieux qu'il ignorât entièrement ce que c'est qu'études et que sciences, que de ne les connaître que pour les détester.

A l'égard de la religion et de la morale, ce n'est point par la multiplicité des préceptes qu'on pourra parvenir à lui en inspirer des principes solides qui servent de règle à sa conduite pour le reste de sa vie. Excepté les éléments à la portée de son âge, on doit moins songer à fatiguer sa mémoire d'un détail de lois et de devoirs, qu'à disposer son esprit et son cœur à les connaître et à les goûter, à mesure que l'occasion se présentera de les lui développer ; et c'est par là même que ces préparatifs sont tout-à-fait à la portée de son âge et de son esprit, parce qu'ils ne renferment que des sujets curieux et intéressants sur le commerce civil, sur les arts et les métiers, et sur la manière variée dont la Providence a rendu tous les hommes utiles et nécessaires les uns aux autres. Ces sujets, qui sont plutôt des matières de conversations et de promenades que d'études réglées, auront encore divers avantages dont l'effet me paraît infaillible.

Premièrement, n'affectant point désagréablement son esprit par des idées de contrainte et d'étude réglée, et n'exigeant pas de lui une attention pénible et continue, ils n'auront rien de nuisible à sa santé. En second lieu, ils accoutumeront à bonne heure son esprit à la réflexion et à considérer les choses par leurs suites et par leurs effets. Troisièmement, ils le rendront curieux et lui inspireront du goût pour les sciences naturelles.

Je devrais ici aller au devant d'une impression qu'on pourrait recevoir de mon projet, en s'imaginant que je ne cherche qu'à m'égayer moi-même et à me débarrasser de ce que les leçons ont de sec et d'ennuyeux, pour me procurer une occupation plus agréable. Je ne crois pas, monsieur, qu'il puisse vous tomber dans l'esprit de penser ainsi sur mon compte. Peut-être jamais homme ne se fit une affaire plus importante que celle que je me fais de l'éducation de messieurs vos enfants, pour peu que vous veuilliez seconder mon zèle. Vous n'avez pas eu lieu de vous apercevoir jusqu'à présent que je cherche à fuir le travail ; mais je ne crois point que, pour se donner un air de zèle et d'occupation, un maître doive affecter de surcharger ses élèves d'un travail rebutant et sérieux, de leur montrer toujours une contenance sévère et fâchée, et de se faire ainsi à leurs dépens la réputation d'homme exact et laborieux. Pour moi, monsieur, je le déclare une fois pour toutes, jaloux jusqu'au scrupule de l'accomplissement de mon devoir, je suis incapable de m'en relâcher jamais ; mon goût ni mes principes ne me portent ni à la paresse ni au relâchement ; mais de deux voies pour m'assurer le même succès, je préférerai toujours celle qui coûtera le moins de peine et de désagrément à mes élèves ; et j'ose assurer, sans vouloir passer pour un homme très occupé, que moins ils travailleront en apparence, et plus en effet je travaillerai pour eux.

S'il y a quelques occasions où la sévérité soit nécessaire à l'égard des enfants, c'est dans les cas où les mœurs sont attaquées, ou quand il s'agit de corriger de mauvaises habitudes. Souvent, plus un enfant a d'esprit, et plus la connaissance de ses propres avantages le rend indocile sur ceux qui lui restent à acquérir. De là le mépris des inférieurs, la désobéissance aux supérieurs et l'impolitesse avec les égaux : quand on se croit parfait, dans quels travers ne donne-t-on pas ! M. de Sainte-Marie a trop d'intelligence pour ne pas sentir ses belles qualités ; mais, si l'on n'y prend garde, il y comptera trop, et négligera d'en tirer tout le parti qu'il faudrait. Ces semences de vanité ont déjà produit en lui bien des petits penchants nécessaires à corriger. C'est à cet égard, monsieur, que nous ne saurions agir avec trop de correspondance; et il est très important que, dans les occasions où l'on aura lieu d'être mécontent de lui, il ne trouve de toutes parts qu'une apparence de mépris et d'indifférence, qui le mortifiera d'autant plus que ces marques de froideur ne lui seront point ordinaires. C'est punir l'orgueil par ses propres armes et l'attaquer dans sa source même; et l'on peut s'assurer que M. de Sainte-Marie est trop bien né pour n'être pas infiniment sensible à l'estime des personnes qui lui sont chères.

La droiture du cœur, quand elle est affermie par le raisonnement, est la source de la justesse de l'esprit : un honnête homme pense presque toujours juste; et quand on est accoutumé dès l'enfance à ne pas s'étourdir sur la réflexion, et à ne se livrer au plaisir présent qu'après en avoir pesé les suites et balancé les avantages avec les inconvénients, on a presque, avec un peu d'expérience, tout l'acquis nécessaire pour former le jugement. Il semble, en effet, que le bon sens dépend encore plus des sentiments du cœur que des lumières de l'esprit, et l'on éprouve que les gens les plus savants et les plus éclairés ne sont pas toujours ceux qui se conduisent le mieux dans les affaires de la vie : ainsi, après avoir rempli M. de Sainte-Marie de bons principes de morale, on pourrait le regarder en un sens comme assez avancé dans la science du raisonnement. Mais s'il est quelque point important dans son éducation, c'est sans contredit celui-là; et l'on ne saurait trop bien lui apprendre à connaître les hommes, à savoir les prendre par leurs vertus et même par leurs faibles, pour les amener à son but, et à choisir toujours le meilleur parti dans les occasions difficiles. Cela dépend en partie de la manière dont on l'exercera à considérer les objets et à les retourner de toutes leurs faces, et en partie de l'usage du monde. Quant au premier point, vous y pouvez contribuer beaucoup, monsieur, et avec un très grand succès, en feignant quelquefois de le consulter sur la manière dont vous devez vous conduire dans des incidents d'invention; cela flattera sa vanité, et il ne regardera point comme un travail le temps qu'on mettra à délibérer sur une affaire où sa voix sera comptée pour quelque chose. C'est dans de telles conversations qu'on peut lui donner le plus de lumières sur la science du monde, et il apprendra plus dans deux heures de temps par ce moyen qu'il ne ferait en un an par des instructions en règle; mais il faut observer de ne lui présenter que des matières proportionnées à son âge, et surtout l'exercer longtemps sur des sujets où le meilleur parti se présente aisément, tant afin de l'amener facilement à le trouver comme de lui-même, que pour éviter de lui faire envisager les affaires de la vie comme une suite de problèmes où, les divers partis paraissant également probables, il serait presque indifférent de se déterminer plutôt pour l'un que pour l'autre; ce qui le mènerait à l'indolence dans le raisonnement, et à l'indifférence dans la conduite.

L'usage du monde est aussi d'une nécessité absolue, et d'autant plus pour M. de Sainte-Marie, que, né timide, il a besoin de voir souvent compagnie pour apprendre à s'y trouver en liberté, et à s'y conduire avec ces grâces et cette aisance qui caractérisent l'homme du monde et l'homme aimable. Pour cela, monsieur, vous auriez la bonté de m'indiquer deux ou trois maisons où je pourrais le mener quelquefois par forme de délassement et de récompense. Il est vrai qu'ayant à corriger en moi-même les défauts que je cherche à prévenir en lui, je pourrais paraître peu propre à cet usage. C'est à vous, monsieur, et à madame sa mère, à voir ce qui convient, et à vous donner la peine de le conduire quelquefois avec vous si vous jugez que cela lui soit plus avantageux. Il sera bon aussi que quand on aura du monde on le retienne dans la chambre, et qu'en l'interrogeant quelquefois et à propos sur les matières de la conversation, on lui donne lieu de s'y mêler insensiblement. Mais il y a un point sur lequel je crains de ne me pas trouver tout-à-fait de votre sentiment. Quand M. de Sainte-Marie se trouve en compagnie sous vos yeux, il badine et s'égaie autour de vous, et n'a des yeux que pour son papa, tendresse bien flatteuse et bien aimable; mais s'il est contraint d'aborder une autre personne ou de lui parler, aussitôt il est décontenancé, il ne peut marcher ni dire un seul mot, ou bien il prend l'extrême, et lâche quelque indiscrétion. Voilà qui est pardonnable à son âge; mais enfin on grandit, et ce qui convenait hier ne convient plus aujourd'hui; et j'ose dire qu'il n'apprendra jamais à se présenter tant qu'il gardera ce défaut. La raison en est qu'il n'est point en compagnie quoiqu'il y ait du monde autour de lui; de peur d'être contraint de se gêner, il affecte de ne voir personne, et le papa lui sert d'objet pour se distraire de tous les autres. Cette hardiesse forcée, bien loin de détruire sa timidité, ne fera sûrement que l'enraciner davantage tant qu'il n'osera point envisager une assemblée ni répondre à ceux qui lui adressent la parole. Pour prévenir cet inconvénient, je crois, monsieur, qu'il serait bien de le tenir quelquefois éloigné de vous, soit à table, soit ailleurs, et de le livrer aux étrangers pour l'accoutumer de se familiariser avec eux.

On conclurait très mal si, de tout ce que je viens de dire, on concluait que, me voulant débarrasser de la peine d'enseigner, ou peut-être par mauvais goût méprisant les sciences, je n'ai nul dessein d'y former M. votre fils, et qu'après lui avoir enseigné les éléments indispensables je m'en tiendrai là, sans me mettre en peine de le pousser dans les études convenables. Ce n'est pas ceux qui me connaîtront qui raisonneraient ainsi; on sait mon goût déclaré pour les sciences, et je les ai assez cultivées pour avoir dû y faire des progrès pour peu que j'eusse eu de disposition.

On a beau parler au désavantage des études, et tâcher d'en anéantir la nécessité et d'en grossir les mauvais effets, il sera toujours beau et utile de savoir; et quant au pédantisme, ce n'est pas l'étude même qui le donne, mais la mauvaise disposition du sujet. Les vrais savants sont polis; et ils sont modestes, parce que la connaissance de ce qui leur manque les empêche de tirer vanité de ce qu'ils ont; et il n'y a que les petits génies et les demi-savants qui, croyant de savoir tout, méprisent orgueilleusement ce qu'ils ne connaissent point. D'ailleurs, le goût des lettres est d'une grande ressource dans la vie, même pour un homme d'épée. Il est bien gracieux de n'avoir pas toujours besoin du concours des autres hommes pour se procurer des plaisirs; et il se commet tant d'injustices dans le monde, l'on y est sujet à tant de revers, qu'on a souvent occasion de s'estimer heureux de trouver des amis et des consolateurs dans son cabinet, au défaut de ceux que le monde nous ôte ou nous refuse.

Mais il s'agit d'en faire naître le goût à M. votre fils, qui témoigne actuellement une aversion horrible pour tout ce qui sent l'application. Déjà la violence n'y doit concourir en rien, j'en ai dit la raison ci-devant; mais, pour que cela revienne naturellement, il faut remonter jusqu'à la source de cette antipathie. Cette source est un goût excessif de dissipation qu'il a pris en badinant avec ses frères et sa sœur, qui fait qu'il ne peut souffrir qu'on l'en distraie un instant, et qu'il prend en aversion tout ce qui produit cet effet; car d'ailleurs je me suis convaincu qu'il n'a nulle haine pour l'étude en elle-même, et qu'il y a même des dispositions dont on peut se promettre beaucoup. Pour remédier à cet inconvénient, il faudrait lui procurer d'autres amusements qui le détachassent des niaiseries auxquelles il s'occupe, et pour cela le tenir un peu séparé de ses frères et de sa sœur : c'est ce qui ne se peut guère faire dans un appartement comme le mien, trop petit pour les mouvements d'un enfant aussi vif, et où même il serait dangereux d'altérer sa santé, si l'on voulait le contraindre d'y rester trop renfermé. Il serait plus important, monsieur, que vous ne pensez, d'avoir une chambre raisonnable pour y faire son étude et son séjour ordinaire; je tâcherais de la lui rendre aimable par ce que je pourrais lui présenter de plus riant, et ce serait déjà beaucoup de gagné que d'obtenir qu'il se plût dans l'endroit où il doit étudier. Alors, pour le détacher insensiblement de ces badinages puérils, je me mettrais de moitié de tous ses amusements, et je lui en procurerais de plus propres à lui plaire et à exciter sa curiosité : de petits jeux, des découpures, un peu de dessin, la musique, les instruments, un prisme, un microscope, un verre ardent, et mille autres petites curiosités, me fourniraient des sujets de le divertir et de l'attacher peu à peu à son appartement, au point de s'y plaire plus que partout ailleurs. D'un autre côté, on aurait soin de me l'envoyer dès qu'il serait levé, sans qu'aucun prétexte pût l'en dispenser; l'on ne permettrait point qu'il allât dandinant par la maison, ni qu'il se réfugiât près de vous aux heures de son travail; et afin de lui faire regarder l'étude comme d'une importance que rien ne pourrait balancer, on éviterait de prendre ce temps pour le peigner, le friser, ou lui donner quelque autre soin nécessaire. Voici, par rapport à moi, comment je m'y prendrais pour l'amener insensiblement à l'étude, de son propre mouvement. Aux heures où je voudrais l'occuper, je lui retrancherais toute espèce d'amusement, et je lui proposerais le travail de cette heure-là; s'il ne s'y livrait pas de bonne grâce, je ne ferais pas même semblant de m'en apercevoir, et je le laisserais seul et sans amusement se morfondre, jusqu'à ce que l'ennui d'être absolument sans rien faire l'eût ramené de lui-même à ce que j'exigeais de lui; alors j'affecterais de répandre un enjouement et une gaîté sur son travail, qui lui fît sentir la différence qu'il y a, même pour le plaisir, de la fainéantise à une occupation honnête. Quand ce moyen ne réussirait pas, je ne le maltraiterais point; mais je lui retrancherais toute récréation pour ce jour-là, en lui disant froidement que je ne prétends point le faire étudier par force, mais que le divertissement n'étant légitime que quand il est le délassement du travail, ceux qui ne font rien n'en ont aucun besoin. De plus vous auriez la bonté de convenir avec moi d'un signe, par lequel, sans apparence d'intelligence, je pourrais vous témoigner, de même qu'à madame sa mère, quand je serais mécontent de lui. Alors la froideur et l'indifférence qu'il trouverait de toutes parts, sans cependant lui faire le moindre reproche, le surprendrait d'autant plus, qu'il ne s'apercevrait point que je me fusse plaint de lui; et il se porterait à croire que comme la récompense naturelle du devoir est l'amitié et les caresses de ses supérieurs, de même la fainéantise et l'oisiveté portent avec elles un certain caractère méprisable qui se fait d'abord sentir, et qui refroidit tout le monde à son égard.

J'ai connu un père tendre qui ne s'en fiait pas tellement à un mercenaire sur l'instruction de ses enfants, qu'il ne voulût lui-même y avoir l'œil : le bon père, pour ne rien négliger de tout ce qui pouvait donner de l'émulation à ses enfants, avait adopté les mêmes moyens que j'expose ici. Quand il revoyait ses enfants, il jetait, avant que de les aborder, un coup d'œil sur leur gouverneur : lorsque celui-ci touchait de la main droite le premier bouton de son habit, c'était une marque qu'il était content, et le père caressait son fils à son ordinaire : si le gouverneur touchait le second, alors c'était marque d'une parfaite satisfaction, et le père ne donnait point de bornes à la tendresse de ses caresses, et y ajoutait ordinairement quelque cadeau, mais sans affectation : quand le gouverneur ne faisait aucun signe, cela voulait dire qu'il était mal satisfait, et la froideur du père répondait au mécontentement du maître; mais quand de la main gauche celui-ci touchait sa première boutonnière, le père faisait sortir son fils de sa présence, et alors le gouverneur lui expliquait les fautes de l'enfant. J'ai vu ce jeune seigneur acquérir en si peu de temps de si grandes perfections, que je crois qu'on ne peut trop bien augurer d'une méthode qui a produit de si bons effets : ce n'est aussi qu'une harmonie et une correspondance parfaite entre un père et un précepteur qui peut assurer le succès d'une bonne éducation; et comme le meilleur père se donnerait vainement des mouvements pour bien élever son fils, si d'ailleurs il le laissait entre les mains d'un précepteur inattentif, de même le plus intelligent et le plus zélé de tous les maîtres prendrait des peines inutiles, si le père, au lieu de le seconder, détruisait son ouvrage par des démarches à contretemps.

Pour que M. votre fils prenne ses études à cœur, je crois, monsieur, que vous devez témoigner y prendre vous-même beaucoup de part : pour cela vous auriez la bonté de l'interroger quelquefois sur ses progrès, mais dans les temps seulement et sur les matières où il aura le mieux fait, afin de n'avoir que du contentement et de la satisfaction à lui marquer, non pas cependant par de trop grands éloges, propres à lui inspirer de l'orgueil et à le faire trop compter sur lui-même. Quelquefois aussi, mais plus rarement, votre examen roulerait sur les matières où il se sera négligé : alors vous vous informeriez de sa santé et des causes de son relâchement avec des marques d'inquiétude qui lui en communiqueraient à lui-même.

Quand vous, monsieur, ou madame sa mère, aurez quelque cadeau à lui faire, vous aurez la bonté de choisir les temps où il y aura le plus lieu d'être content de lui, ou du moins de m'en avertir d'avance, afin que j'évite dans ce temps-là de l'exposer à me donner sujet de m'en plaindre ; car à cet âge-là les moindres irrégularités portent coup.

Quant à l'ordre même de ses études, il sera très simple pendant les deux ou trois premières années. Les éléments du latin, de l'histoire et de la géographie, partageront son temps. A l'égard du latin, je n'ai point dessein de l'exercer par une étude trop méthodique, et moins encore par la composition des thèmes. Les thèmes, suivant M. Rollin, sont la croix des enfants ; et, dans l'intention où je suis de lui rendre ses études aimables, je me garderai bien de le faire passer par cette croix, ni de lui mettre dans la tête les mauvais gallicismes de mon latin au lieu de celui de Tite-Live, de César et de Cicéron ; d'ailleurs un jeune homme, surtout s'il est destiné à l'épée, étudie le latin pour l'entendre et non pour l'écrire, chose dont il ne lui arrivera pas d'avoir besoin une fois dans sa vie. Qu'il traduise donc les anciens auteurs, et qu'il prenne dans leur lecture le goût de la bonne latinité et de la belle littérature : c'est tout ce que j'exigerai de lui à cet égard.

Pour l'histoire et la géographie, il faudra seulement lui en donner d'abord une teinture aisée, d'où je bannirai tout ce qui sent trop la sécheresse et l'étude, réservant pour un âge plus avancé les difficultés les plus nécessaires de la chronologie et de la sphère. Au reste, m'écartant un peu du plan ordinaire des études, je m'attacherai beaucoup plus à l'histoire moderne qu'à l'ancienne, parce que je la crois beaucoup plus convenable à un officier, et que d'ailleurs je suis convaincu sur l'histoire moderne en général de ce que dit M. l'abbé de... de celle de France en particulier, qu'elle n'abonde pas moins en grands traits que l'histoire ancienne, et qu'il n'a manqué que de meilleurs historiens pour les mettre dans un aussi beau jour.

Je suis d'avis de supprimer à M. de Sainte-Marie toutes ces espèces d'études où, sans aucun usage solide, on fait languir la jeunesse pendant nombre d'années : la rhétorique, la logique et la philosophie scolastique sont, à mon sens, toutes choses très superflues pour lui, et que d'ailleurs je serais peu propre à lui enseigner. Seulement, quand il en sera temps, je lui ferai lire la *Logique* de Port-Royal, et, tout au plus, l'*Art de parler* du P. Lami, mais sans l'amuser d'un côté au détail des tropes et des figures, ni de l'autre aux vaines subtilités de la dialectique : j'ai dessein seulement de l'exercer à la précision et à la pureté dans le style, à l'ordre et à la méthode dans ses raisonnements, et à se faire un esprit de justesse qui lui serve à démêler le faux orné de la vérité simple, toutes les fois que l'occasion s'en présentera.

L'histoire naturelle peut passer aujourd'hui, par la manière dont elle est traitée, pour la plus intéressante de toutes les sciences que les hommes cultivent, et celle qui nous ramène le plus naturellement de l'admiration des ouvrages à l'amour de l'ouvrier : je ne négligerai pas de le rendre curieux sur les matières qui y ont rapport, et je me propose de l'y introduire dans deux ou trois ans par la lecture du *Spectacle de la nature*, que je ferai suivre de celle de Nieuwentit.

On ne va pas loin en physique sans le secours des mathématiques; et je lui en ferai faire une année, ce qui servira encore à lui apprendre à raisonner conséquemment et à s'appliquer avec un peu d'attention, exercice dont il aura grand besoin : cela le mettra aussi à portée de se faire mieux considérer parmi les officiers, dont une teinture de mathématiques et de fortifications fait une partie du métier.

Enfin, s'il arrive que mon élève reste assez longtemps entre mes mains, je hasarderai de lui donner quelque connaissance de la morale et du droit naturel par la lecture de Puffendorff et de Grotius, parce qu'il est digne d'un honnête homme et d'un homme raisonnable de connaître les principes du bien et du mal, et les fondements sur lesquels la société dont il fait partie est établie.

En faisant succéder ainsi les sciences les unes aux autres, je ne perdrai point l'histoire de vue, comme le principal objet de toutes ses études et celui dont les branches s'étendent le plus loin sur toutes les autres sciences : je le ramènerai, au bout de quelques années, à ses premiers principes avec plus de méthode et de détail; et je tâcherai de lui en faire tirer alors tout le profit qu'on peut espérer de cette étude.

Je me propose aussi de lui faire une récréation amusante de ce qu'on appelle proprement belles-lettres, comme la connaissance des livres et des auteurs, la critique, la poésie, le style, l'éloquence, le théâtre, et, en un mot, tout ce qui peut contribuer à lui former le goût et à lui présenter l'étude sous une face riante.

Je ne m'arrêterai pas davantage sur cet article, parce que, après avoir donné une légère idée de la route que je m'étais à peu près proposé de suivre dans les études de mon élève, j'espère que M. votre frère voudra bien vous tenir la promesse qu'il vous a faite de nous dresser un projet qui puisse me servir de guide dans un chemin aussi nouveau pour moi. Je le supplie d'avance d'être assuré que je m'y tiendrai attaché avec une exactitude et un soin qui le convaincra du profond respect que j'ai pour ce qui vient de sa part; et j'ose vous répondre qu'il ne tiendra pas à mon zèle et à mon attachement que messieurs ses neveux ne deviennent des hommes parfaits.

POÉSIES

AVERTISSEMENT.

J'ai eu le malheur autrefois de refuser des vers à des personnes que j'honorais et que je respectais infiniment, parce que je m'étais désormais interdit d'en faire. J'ose espérer cependant que ceux que je publie aujourd'hui ne les offenseront point; et je crois pouvoir dire, sans trop de raffinement, qu'ils sont l'ouvrage de mon cœur, et non de mon esprit. Il est même aisé de s'apercevoir que c'est un enthousiasme impromptu, si je puis parler ainsi, dans lequel je n'ai guère songé à briller. De fréquentes répétitions dans les pensées et même dans les tours, et beaucoup de négligence dans la diction, n'annoncent pas un homme fort empressé de la gloire d'être un bon poète. Je déclare de plus que, si l'on me trouve jamais à faire des vers galants, ou de ces sortes de belles choses qu'on appelle des jeux d'esprit, je m'abandonne volontiers à toute l'indignation que j'aurai méritée.

Il faudrait m'excuser auprès de certaines gens d'avoir loué ma bienfaitrice! et, auprès des personnes de mérite, de n'en avoir pas assez dit de bien. Le silence que je garde à l'égard des premiers n'est pas sans fondement; quant aux autres, j'ai l'honneur de les assurer que je serai toujours infiniment satisfait de m'entendre faire le même reproche.

Il est vrai qu'en félicitant Mme de Warens sur son penchant à faire du bien, je pouvais m'étendre sur beaucoup d'autres vérités non moins honorables pour elle. Je n'ai point prétendu être ici un panégyriste, mais simplement un homme sensible et reconnaissant qui s'amuse à décrire ses plaisirs.

On ne manquera pas de s'écrier : Un malade fait des vers! un homme à deux doigts du tombeau! C'est précisément pour cela que j'ai fait des vers. Si je me portais moins mal, je me croirais comptable de mes occupations au bien de la société; l'état où je suis ne me permet de travailler qu'à ma propre satisfaction. Combien de gens qui regorgent de biens et de santé ne passent pas autrement leur vie entière! Il faudrait aussi savoir si ceux qui me feront ce reproche sont disposés à m'employer à quelque chose de mieux.

LE VERGER DES CHARMETTES (1).

Rara domus tenuem non aspernatur amicum,
Raraque non humilem calcat fastosa clientem (2).

Verger cher à mon cœur, séjour de l'innocence,
Honneur des plus beaux jours que le ciel me dispense,
Solitude charmante, asile de la paix,
Puissé-je, heureux verger, ne vous quitter jamais!

O jours délicieux, coulés sous vos ombrages!
De Philomèle en pleurs les languissants ramages,
D'un ruisseau fugitif le murmure flatteur,
Excitent dans mon âme un charme séducteur.
J'apprends sur votre émail à jouir de la vie :
J'apprends à méditer sans regret, sans envie,
Sur les frivoles goûts des mortels insensés;
Leurs jours tumultueux, l'un par l'autre poussés,
N'enflamment point mon cœur du désir de les suivre.
A de plus grands plaisirs je mets le prix de vivre.
Plaisirs toujours charmants, toujours doux, toujours purs,
A mon cœur enchanté vous êtes toujours sûrs,
Soit qu'au premier aspect d'un beau jour près d'éclore
J'aille voir ces coteaux qu'un soleil levant dore,
Soit que vers le midi, chassé par son ardeur,
Sous un arbre touffu je cherche la fraîcheur;
Là, portant avec moi Montaigne ou La Bruyère,
Je ris tranquillement de l'humaine misère;
Ou bien, avec Socrate et le divin Platon,
Je m'exerce à marcher sur les pas de Caton :
Soit qu'une nuit brillante, en étendant ses voiles,
Découvre à mes regards la lune et les étoiles;
Alors, suivant de loin La Hire et Cassini,
Je calcule, j'observe, et, près de l'infini,
Sur ces mondes divers que l'éther nous recèle,
Je pousse, en raisonnant, Huyghens et Fontenelle.
Soit enfin que, surpris d'un orage imprévu,
Je rassure, en courant, le berger éperdu,
Qu'épouvantent les vents qui sifflent sur sa tête,
Les tourbillons, l'éclair, la foudre, la tempête;
Toujours également heureux et satisfait,
Je ne désire point un bonheur plus parfait.

O vous, sage Warens, élève de Minerve,
Pardonnez ces transports d'une indiscrète verve;
Quoique j'eusse promis de ne rimer jamais,
J'ose chanter ici les fruits de vos bienfaits.
Oui, si mon cœur jouit du sort le plus tranquille,
Si je suis la vertu dans un chemin facile,
Si je goûte en ces lieux un repos innocent,
Je ne dois qu'à vous seule un si rare présent.
Vainement des cœurs bas, des âmes mercenaires,

---

(1) Sur cette pièce de vers, voyez les *Confessions*, tome I, livre VI. Rousseau, âgé de vingt-quatre ans, se croyait alors atteint d'une maladie mortelle. L'avertissement qui précède ne paraît s'appliquer qu'à ce seul morceau.

(2) « Rare est la maison qui ne dédaigne pas un humble ami, rare encore la porte fastueuse qui ne repousse pas un client dans l'infortune. » Cette épigraphe est tirée d'un poëme de Saleius-Bassus, adressé à Calpurnius Pison, et jadis attribué à Lucain (v. 106 et 107).

Par des avis cruels plutôt que salutaires,
Cent fois ont essayé de m'ôter vos bontés :
Ils ne connaissent pas le bien que vous goûtez
En faisant des heureux, en essuyant des larmes :
Ces plaisirs délicats pour eux n'ont point de charmes.
De Tite et de Trajan les libérales mains
N'excitent dans leur cœur que des ris inhumains.
Pourquoi faire du bien dans le siècle où nous sommes ?
Se trouve-t-il quelqu'un, dans la race des hommes,
Digne d'être tiré du rang des indigents ?
Peut-il dans la misère être d'honnêtes gens !
Et ne vaut-il pas mieux employer ses richesses
A jouir des plaisirs qu'à faire des largesses ?
Qu'ils suivent à leur gré ces sentiments affreux,
Je me garderai bien de rien exiger d'eux.
Je n'irai pas ramper, ni chercher à leur plaire ;
Mon cœur sait, s'il le faut, affronter la misère,
Et, plus délicat qu'eux, plus sensible à l'honneur,
Regarde de plus près au choix d'un bienfaiteur.
Oui, j'en donne aujourd'hui l'assurance publique,
Cet écrit en sera le témoin authentique,
Que, si jamais le sort m'arrache à vos bienfaits,
Mes besoins jusqu'aux leurs ne recourront jamais.

Laissez des envieux la troupe méprisable
Attaquer des vertus dont l'éclat les accable.
Dédaignez leurs complots, leur haine, leur fureur ;
La paix n'en est pas moins au fond de votre cœur,
Tandis que, vils jouets de leurs propres furies,
Aliments des serpents dont elles sont nourries,
Le crime et les remords portent au fond des leurs
Le triste châtiment de leurs noires horreurs.
Semblables en leur rage à la guêpe maligne,
De travail incapable, et de secours indigne,
Qui ne vit que de vols, et dont enfin le sort
Est de faire du mal en se donnant la mort,
Qu'ils exhalent en vain leur colère impuissante :
Leurs menaces pour vous n'ont rien qui m'épouvante ;
Ils voudraient d'un grand roi vous ôter les bienfaits ;
Mais de plus nobles soins illustrent ses projets :
Leur basse jalousie et leur fureur injuste
N'arriveront jamais jusqu'à son trône auguste :
Et le monstre qui règne en leurs cœurs abattus
N'est pas fait pour braver l'éclat de ses vertus.
C'est ainsi qu'un bon roi rend son empire aimable ;
Il soutient la vertu que l'infortune accable :
Quand il doit menacer, la foudre est dans ses mains.
Tout roi, sans s'élever au-dessus des humains,
Contre les criminels peut lancer le tonnerre ;
Mais, s'il fait des heureux, c'est un dieu sur la terre.
Charles, on reconnaît ton empire à ces traits ;
Ta main porte en tous lieux la joie et les bienfaits ;
Tes sujets égarés éprouvent ta justice ;
On ne réclame plus, par un honteux caprice,
Un principe odieux, proscrit par l'équité,
Qui, blessant tous les droits de la société,

Brise les nœuds sacrés dont elle était unie,
Refuse à ses besoins la meilleure partie,
Et prétend affranchir de ses plus justes lois
Ceux qu'elle fait jouir de ses plus riches droits.
Ah! s'il t'avait suffi de te rendre terrible,
Quel autre, plus que toi, pouvait être invincible,
Quand l'Europe t'a vu, guidant tes étendards,
Seul entre tous ses rois briller aux champs de Mars?
Mais ce n'est pas assez d'épouvanter la terre;
Il est d'autres devoirs que les soins de la guerre;
Et c'est par eux, grand roi, que ton peuple aujourd'hui
Trouve en toi son vengeur, son père et son appui.
Et vous, sage Warens, que ce héros protège,
En vain la calomnie en secret vous assiége,
Craignez peu ses effets, bravez son vain courroux;
La vertu vous défend, et c'est assez pour vous :
Ce grand roi vous estime, il connaît votre zèle,
Toujours à sa parole il sait être fidèle;
Et, pour tout dire enfin, garant de ses bontés,
Votre cœur vous répond que vous les méritez.

On me connaît assez, et ma muse sévère
Ne sait point dispenser un encens mercenaire;
Jamais d'un vil flatteur le langage affecté
N'a souillé dans mes vers l'auguste vérité.
Vous méprisez vous-même un éloge insipide,
Vos sincères vertus n'ont point l'orgueil pour guide.
Avec vos ennemis convenons, s'il le faut,
Que la sagesse en vous n'exclut point tout défaut.
Sur cette terre, hélas! telle est notre misère,
Que la perfection n'est qu'erreur et chimère.
Connaître mes travers est mon premier souhait,
Et je fais peu de cas de tout homme parfait.
La haine quelquefois donne un avis utile :
Blâmez cette bonté trop douce et trop facile
Qui souvent à leurs yeux a causé vos malheurs.
Reconnaissez en vous les faibles des bons cœurs :
Mais sachez qu'en secret l'éternelle sagesse
Hait leurs fausses vertus plus que votre faiblesse,
Et qu'il vaut mieux cent fois se montrer à ses yeux
Imparfait comme vous, que vertueux comme eux.

Vous donc dès mon enfance attachée à m'instruire,
A travers ma misère, hélas! qui crûtes lire
Que de quelques talents le ciel m'avait pourvu,
Qui daignâtes former mon cœur à la vertu;
Vous que j'ose appeler du tendre nom de mère,
Acceptez aujourd'hui cet hommage sincère,
Le tribut légitime et trop bien mérité,
Que ma reconnaissance offre à la vérité.
Oui, si quelques douceurs assaisonnent ma vie;
Si j'ai pu jusqu'ici me soustraire à l'envie;
Si, le cœur plus sensible, et l'esprit moins grossier,
Au-dessus du vulgaire on m'a vu m'élever;
Enfin, si chaque jour je jouis de moi-même,
Tantôt en m'élançant jusqu'à l'être suprême,
Tantôt en méditant, dans un profond repos,

Les erreurs des humains, et leurs biens, et leurs maux;
Tantôt philosophant sur les lois naturelles,
J'entre dans le secret des causes éternelles,
Je cherche à pénétrer tous les ressorts divers,
Les principes cachés qui meuvent l'univers;
Si, dis-je, en mon pouvoir j'ai tous ces avantages,
Je le répète encor, ce sont là vos ouvrages,
Vertueuse Warens : c'est de vous que je tiens
Le vrai bonheur de l'homme et les solides biens.

Sans craintes, sans désirs, dans cette solitude,
Je laisse aller mes jours exempts d'inquiétude :
O que mon cœur touché ne peut-il à son gré
Peindre sur ce papier, dans un juste degré,
Des plaisirs qu'il ressent la volupté parfaite!
Présent dont je jouis, passé que je regrette,
Temps précieux, hélas! je ne vous perdrai plus
En bizarres projets, en soucis superflus.
Dans ce verger charmant j'en partage l'espace.
Sous un ombrage frais tantôt je me délasse;
Tantôt avec Leibnitz, Malebranche et Newton,
Je monte ma raison sur un sublime ton,
J'examine les lois des corps et des pensées;
Avec Locke je fais l'histoire des idées;
Avec Képler, Wallis, Barrow, Raynaud, Pascal,
Je devance Archimède, et je suis L'Hospital (1).
Tantôt, à la physique appliquant mes problèmes,
Je me laisse entraîner à l'esprit des systèmes :
Je tâtonne Descarte et ses égarements,
Sublimes, il est vrai, mais frivoles romans.
J'abandonne bientôt l'hypothèse infidèle,
Content d'étudier l'histoire naturelle.
Là, Pline et Nieuwentit, m'aidant de leur savoir,
M'apprennent à penser, ouvrir les yeux, et voir.
Quelquefois, descendant de ces vastes lumières,
Des différents mortels je suis les caractères.
Quelquefois, m'amusant jusqu'à la fiction,
Télémaque et Séthos me donnent leur leçon;
Ou bien dans Cléveland j'observe la nature,
Qui se montre à mes yeux touchante et toujours pure.
Tantôt aussi, de Spon parcourant les cahiers,
De ma patrie en pleurs je relis les dangers.
Genève, jadis sage, ô ma chère patrie!
Quel démon dans ton sein produit la frénésie?
Souviens-toi qu'autrefois tu donnas des héros,
Dont le sang t'acheta les douceurs du repos.
Transportés aujourd'hui d'une soudaine rage,
Aveugles citoyens, cherchez-vous l'esclavage?
Trop tôt peut-être, hélas! pourrez-vous le trouver :
Mais, s'il est encor temps, c'est à vous d'y songer.
Jouissez des bienfaits que Louis vous accorde.
Rappelez dans vos murs cette antique concorde.
Heureux si, reprenant la foi de vos aïeux,
Vous n'oubliez jamais d'être libres comme eux!

(1) Le marquis de L'Hospital, auteur de l'*Analyse des infiniment petits*, et de plusieurs autres ouvrages de mathématiques.

O vous, tendre Racine ! ô vous, aimable Horace !
Dans mes loisirs aussi vous trouvez votre place ;
Claville, Saint-Aubin, Plutarque, Mézerai,
Despréaux, Cicéron, Pope, Rollin, Barclai,
Et vous, trop doux La Mothe, et toi, touchant Voltaire,
Ta lecture à mon cœur restera toujours chère.
Mais mon goût se refuse à tout frivole écrit
Dont l'auteur n'a pour but que d'amuser l'esprit :
Il a beau prodiguer la brillante antithèse,
Semer partout des fleurs, chercher un tour qui plaise :
Le cœur, plus que l'esprit, a chez moi des besoins,
Et, s'il n'est attendri, rebute tous ces soins.

C'est ainsi que mes jours s'écoulent sans alarmes.
Mes yeux sur mes malheurs ne versent point de larmes.
Si des pleurs quelquefois altèrent mon repos,
C'est pour d'autres sujets que pour mes propres maux.
Vainement la douleur, les craintes, la misère,
Veulent décourager la fin de ma carrière ;
D'Épictète asservi la stoïque fierté
M'apprend à supporter les maux, la pauvreté ;
Je vois, sans m'affliger, la langueur qui m'accable ;
L'approche du trépas ne m'est point effroyable ;
Et le mal dont mon corps se sent presque abattu
N'est pour moi qu'un sujet d'affermir ma vertu.

ÉPITRE A M. BORDES.

Toi qu'aux jeux du Parnasse Apollon même guide,
Tu daignes exciter une muse timide ;
De mes faibles essais juge trop indulgent,
Ton goût à ta bonté cède en m'encourageant.
Mais, hélas ! je n'ai point, pour tenter la carrière,
D'un athlète animé l'assurance guerrière ;
Et, dès les premiers pas, inquiet et surpris,
L'haleine m'abandonne, et je renonce au prix.
Bordes, daigne juger de toutes mes alarmes ;
Vois quels sont les combats, et quelles sont les armes.
Ces lauriers sont bien doux, sans doute, à remporter ;
Mais quelle audace à moi d'oser les disputer !
Quoi ! j'irais, sur le ton de ma lyre rustique,
Faire jurer en vers une muse helvétique ;
Et, prêchant durement de tristes vérités,
Révolter contre moi les lecteurs irrités !
Plus heureux, si tu veux, encor que téméraire,
Quand mes faibles talents trouveraient l'art de plaire ;
Quand, des sifflets publics par bonheur préservés,
Mes vers des gens de goût pourraient être approuvés,
Dis-moi, sur quel sujet s'exercera ma muse ?
Tout poète est menteur, et le métier l'excuse ;
Il sait en mots pompeux faire, d'un riche fat,
Un nouveau Mécénas, un pilier de l'état.
Mais moi, qui connais peu les usages de France,
Moi, fier républicain que blesse l'arrogance,
Du riche impertinent je dédaigne l'appui,
S'il le faut mendier en rampant devant lui ;

Et ne sais applaudir qu'à toi, qu'au vrai mérite.
La sotte vanité me révolte et m'irrite;
Le riche me méprise, et, malgré son orgueil,
Nous nous voyons souvent à peu près du même œil.
Mais, quelque haine en moi que le travers inspire;
Mon cœur sincère et franc abhorre la satire :
Trop découvert peut-être et jamais criminel,
Je dis la vérité sans l'abreuver de fiel.

Ainsi toujours ma plume, implacable ennemie
Et de la flatterie et de la calomnie,
Ne sait point en ses vers trahir la vérité;
Et, toujours accordant un tribut mérité,
Toujours prête à donner des louanges acquises,
Jamais d'un vil Crésus n'encensa les sottises.

O vous qui, dans le sein d'une humble obscurité,
Nourrissez les vertus avec la pauvreté,
Dont les désirs bornés dans la sage indigence
Méprisent sans orgueil une vaine abondance,
Restes trop précieux de ces antiques temps
Où des moindres apprêts nos ancêtres contents,
Recherchés dans leurs mœurs, simples dans leur parure,
Ne sentaient de besoins que ceux de la nature;
Illustres malheureux, quels lieux habitez-vous?
Dites, quels sont vos noms? Il me sera trop doux
D'exercer mes talents à chanter votre gloire,
A vous éterniser au temple de Mémoire;
Et quand mes faibles vers n'y pourraient arriver,
Ces noms si respectés sauront les conserver.

Mais pourquoi m'occuper d'une vaine chimère?
Il n'est plus de sagesse où règne la misère;
Sous le poids de la faim le mérite abattu
Laisse en un triste cœur abattre la vertu.
Tant de pompeux discours sur l'heureuse indigence
M'ont bien l'air d'être nés du sein de l'abondance :
Philosophe commode, on a toujours grand soin
De prêcher des vertus dont on n'a pas besoin.

Bordes, cherchons ailleurs des sujets pour ma muse;
De la pitié qu'il fait souvent le pauvre abuse;
Et, décorant du nom de sainte charité
Les biens dont on nourrit sa vile oisiveté,
Sous l'aspect des vertus que l'infortune opprime
Cache l'amour du vice et le penchant au crime.
J'honore le mérite aux rangs les plus abjects,
Mais je trouve à louer peu de pareils sujets.

Non, célébrons plutôt l'innocente industrie
Qui sait multiplier les douceurs de la vie,
Et, salutaire à tous, dans ses utiles soins,
Par la route du luxe apaise les besoins.
C'est par cet art charmant que sans cesse enrichie
On voit briller au loin ton heureuse patrie (1).

Ouvrage précieux, superbes ornements,
On dirait que Minerve, en ses amusements,

---

(1) La ville de Lyon.

Avec l'or et la soie a d'une main savante
Formé de vos dessins la tissure élégante.
Turin, Londres, en vain, pour vous le disputer,
Par de jaloux efforts veulent vous imiter :
Vos mélanges charmants, assortis par les Grâces,
Les laissent de bien loin s'épuiser sur vos traces.
Le bon goût les dédaigne et triomphe chez vous;
Et tandis qu'entraînés par leur dépit jaloux,
Dans leurs ouvrages froids ils forcent la nature,
Votre vivacité, toujours brillante et pure,
Donne à ce qu'elle pare un œil plus délicat,
Et même à la beauté prête encor de l'éclat.

Ville heureuse, qui fais l'ornement de la France,
Trésor de l'univers, source de l'abondance,
Lyon, séjour charmant des enfants de Plutus,
Dans tes tranquilles murs tous les arts sont reçus.
D'un sage protecteur le goût les y rassemble;
Apollon et Plutus, étonnés d'être ensemble,
De leurs longs différends ont peine à revenir,
Et demandent quel dieu les a pu réunir.

On reconnaît tes soins, Pallu (1) : tu nous ramènes
Les siècles renommés et de Tyr et d'Athènes :
De mille éclats divers Lyon brille à la fois,
Et son peuple opulent semble un peuple de rois.

Toi, digne citoyen de cette ville illustre,
Tu peux contribuer à lui donner du lustre :
Par tes heureux talents tu peux la décorer,
Et c'est lui faire un vol que de plus différer.

Comment oses-tu bien me proposer d'écrire,
Toi, que Minerve même avait pris soin d'instruire;
Toi, de ses dons divins possesseur négligent,
Qui viens parler pour elle encore en l'outrageant?
Ah! si du feu divin qui brille en ton ouvrage
Une étincelle au moins eût été mon partage,
Ma muse, quelque jour, attendrissant les cœurs,
Peut-être sur la scène eût fait couler des pleurs.
Mais je te parle en vain : insensible à mes plaintes,
Par de cruels refus tu confirmes mes craintes,
Et je vois qu'impuissante à fléchir tes rigueurs,
Blanche (2) n'a pas encor épuisé ses malheurs.

EPITRE A M. PARISOT

Achevée le 10 juillet 1742.

Ami, daigne souffrir qu'à tes yeux aujourd'hui
Je dévoile ce cœur plein de trouble et d'ennui :
Toi qui connus jadis mon âme tout entière,
Seul en qui je trouvais un ami tendre, un père,
Rappelle encor pour moi tes premières bontés;
Rends tes soins à mon cœur, il les a mérités.

---

(1) Intendant de Lyon.
(2) *Blanche de Bourbon*, tragédie de M. Bordes, qu'au grand regret de ses amis il se refuse constamment de mettre au théâtre.

Ne crois pas qu'alarmé par de frivoles craintes
De ton silence ici je te fasse des plaintes ;
Que par de faux soupçons, indignes de tous deux,
Je puisse t'accuser d'un mépris odieux.
Non, tu voudrais en vain t'obstiner à te taire :
Je sais trop expliquer ce langage sévère
Sur ce triste projet que je t'ai dévoilé ;
Sans m'avoir répondu, ton silence a parlé.
Je ne m'excuse point dès qu'un ami me blâme ;
Le vil orgueil n'est pas le vice de mon âme :
J'ai reçu quelquefois de solides avis,
Avec bonté donnés, avec zèle suivis ;
J'ignore ces détours dont les vaines adresses
En autant de vertus transforment nos faiblesses,
Et jamais mon esprit, sous de fausses couleurs,
Ne sut à tes regards déguiser ses erreurs.
Mais qu'il me soit permis, par un soin légitime,
De conserver du moins des droits à ton estime :
Pèse mes sentiments, mes raisons et mon choix,
Et décide mon sort pour la dernière fois.

Né dans l'obscurité, j'ai fait dès mon enfance
Des caprices du sort la triste expérience ;
Et s'il est quelque bien qu'il ne m'ait point ôté,
Même par ses faveurs il m'a persécuté.
Il m'a fait naître libre, hélas! pour quel usage?
Qu'il m'a vendu bien cher un si vain avantage!
Je suis libre, en effet ; mais de ce bien cruel
J'ai reçu plus d'ennuis que d'un malheur réel.
Ah! s'il fallait un jour, absent de ma patrie,
Traîner chez l'étranger ma languissante vie,
S'il fallait bassement ramper auprès des grands,
Que n'en ai-je appris l'art dès mes plus jeunes ans!
Mais sur d'autres leçons on forma ma jeunesse.
On me dit de remplir mes devoirs sans bassesse,
De respecter les grands, les magistrats, les rois,
De chérir les humains et d'obéir aux lois :
Mais on m'apprit aussi qu'ayant par ma naissance
Le droit de partager la suprême puissance,
Tout petit que j'étais, faible, obscur citoyen,
Je faisais cependant membre du souverain ;
Qu'il fallait soutenir un si noble avantage
Par le cœur d'un héros, par les vertus d'un sage ;
Qu'enfin la liberté, ce cher présent des cieux,
N'est qu'un fléau fatal pour les cœurs vicieux.
Avec le lait, chez nous, on suce ces maximes,
Moins pour s'enorgueillir de nos droits légitimes
Que pour savoir un jour se donner à la fois
Les meilleurs magistrats et les plus sages lois.

« Vois-tu, me disait-on, ces nations puissantes
Fournir rapidement leurs carrières brillantes?
Tout ce vain appareil qui remplit l'univers
N'est qu'un frivole éclat qui leur cache leurs fers.
Par leur propre valeur ils forgent leurs entraves :
Ils font les conquérants et sont de vils esclaves ;
Et leur vaste pouvoir, que l'art avait produit,

A M. PARISOT.

Par le luxe bientôt se retrouve détruit.
Un soin bien différent ici nous intéresse,
Notre plus grande force est dans notre faiblesse :
Nous vivons sans regret dans l'humble obscurité;
Mais du moins dans nos murs on est en liberté.
Nous n'y connaissons point la superbe arrogance,
Nuls titres fastueux, nulle injuste puissance.
De sages magistrats, établis par nos voix,
Jugent nos différends, font observer nos lois.
L'art n'est point le soutien de notre république :
Etre juste est chez nous l'unique politique.
Tous les ordres divers, sans inégalité,
Gardent chacun le rang qui leur est affecté.
Nos chefs, nos magistrats, simples dans leur parure,
Sans étaler ici le luxe et la dorure,
Parmi nous cependant ne sont point confondus :
Ils en sont distingués, mais c'est par leurs vertus.

Puisse durer toujours cette union charmante!
Hélas! on voit si peu de probité constante!
Il n'est rien que le temps ne corrompe à la fin;
Tout, jusqu'à la sagesse est sujet au déclin.

Par ces réflexions ma raison exercée
M'apprit à mépriser cette pompe insensée
Par qui l'orgueil des grands brille de toutes parts,
Et du peuple imbécille attire les regards.
Mais qu'il m'en coûta cher, quand, pour toute ma vie,
La foi m'eut éloigné du sein de ma patrie;
Quand je me vis enfin, sans appui, sans secours,
A ces mêmes grandeurs contraint d'avoir recours!

Non, je ne puis penser, sans répandre des larmes,
A ces moments affreux, pleins de trouble et d'alarmes,
Où j'éprouvai qu'enfin tous ces beaux sentiments,
Loin d'adoucir mon sort, irritaient mes tourments.
Sans doute à tous les yeux la misère est horrible,
Mais pour qui sait penser elle est bien plus sensible.
A force de ramper un lâche en peut sortir :
L'honnête homme à ce prix n'y saurait consentir.
Encor, si de vrais grands recevaient mon hommage,
Ou qu'ils eussent du moins le mérite en partage,
Mon cœur, par les respects noblement accordés,
Reconnaîtrait des dons qu'il n'a pas possédés :
Mais faudra-t-il qu'ici mon humble obéissance
De ces fiers campagnards nourrisse l'arrogance?
Quoi! de vils parchemins, par faveur obtenus,
Leur donneront le droit de vivre sans vertus!
Et malgré mes efforts, sans mes respects serviles,
Mon zèle et mes talents resteront inutiles!
Ah! de mes tristes jours voyons plutôt la fin
Que de jamais subir un si lâche destin.

Ces discours insensés troublaient ainsi mon âme;
Je les tenais alors, aujourd'hui je les blâme :
De plus sages leçons ont formé mon esprit;
Mais de bien des malheurs ma raison est le fruit.

Tu sais, cher Parisot, quelle main généreuse

Vint tarir de mes maux la source malheureuse;
Tu le sais, et tes yeux ont été les témoins
Si mon cœur sait sentir ce qu'il doit à ses soins.
Mais mon zèle enflammé peut-il jamais prétendre
De payer les bienfaits de cette mère tendre?
Si par les sentiments on peut y aspirer,
Ah! du moins par les miens j'ai droit de l'espérer.

Je puis compter pour peu ses bontés secourables :
Je lui dois d'autres biens, des biens plus estimables,
Les biens de la raison, les sentiments du cœur,
Même par les talents quelques droits à l'honneur.
Avant que sa bonté, du sein de la misère,
Aux plus tristes besoins eût daigné me soustraire,
J'étais un vil enfant, du sort abandonné,
Peut-être dans la fange à périr destiné,
Orgueilleux avorton, dont la fierté burlesque
Mêlait comiquement l'enfance au romanesque,
Aux bons faisait pitié, faisait rire les fous,
Et des sots quelquefois excitait le courroux.
Mais les hommes ne sont que ce qu'on les fait être :
A peine à ses regards j'avais osé paraître,
Que, de ma bienfaitrice apprenant mes erreurs,
Je sentis le besoin de corriger mes mœurs :
J'abjurai pour toujours ces maximes féroces,
Du préjugé natal fruits amers et précoces,
Qui, dès les jeunes ans, par leurs âcres levains,
Nourrissent la fierté des cœurs républicains;
J'appris à respecter une noblesse illustre,
Qui même à la vertu sait ajouter du lustre.
Il ne serait pas bon dans la société
Qu'il fût entre les rangs moins d'inégalité.
Irai-je faire ici, dans ma vaine marotte,
Le grand déclamateur, le nouveau don Quichotte?
Le destin sur la terre a réglé les états,
Et pour moi sûrement ne les changera pas.
Ainsi de ma raison si longtemps languissante
Je me formai dès lors une raison naissante.
Par les soins d'une mère incessamment conduit,
Bientôt de ses bontés je recueillis le fruit;
Je connus que surtout cette roideur sauvage
Dans le monde aujourd'hui serait d'un triste usage;
La modestie alors devint chère à mon cœur;
J'aimai l'humanité, je chéris la douceur;
Et, respectant des grands le rang et la naissance,
Je souffris leurs hauteurs, avec cette espérance
Que, malgré tout l'éclat dont ils sont revêtus,
Je les pourrai du moins égaler en vertus.
Enfin, pendant deux ans au sein de ta patrie,
J'appris à cultiver les douceurs de la vie.
Du Portique autrefois la triste austérité
A mon goût peu formé mêlait sa dureté :
Epictète et Zénon dans leur fierté stoïque
Me faisaient admirer ce courage héroïque
Qui, faisant des faux biens un mépris généreux,
Par la seule vertu prétend nous rendre heureux.

Longtemps de cette erreur la brillante chimère
Séduisit mon esprit, roidit mon caractère ;
Mais, malgré tant d'efforts, ces vaines fictions
Ont-elles de mon cœur banni les passions ?
Il n'est permis qu'à Dieu, qu'à l'essence suprême,
D'être toujours heureuse, et seule par soi-même :
Pour l'homme, tel qu'il est pour l'esprit et le cœur,
Otez les passions, il n'est plus de bonheur.
C'est toi, cher Parisot, c'est ton commerce aimable,
De grossier que j'étais, qui me rendit traitable :
Je reconnus alors combien il est charmant
De joindre à la sagesse un peu d'amusement.
Des amis plus polis, un climat moins sauvage,
Des plaisirs innocents m'enseignèrent l'usage :
Je vis avec transport ce spectacle enchanteur
Par la route des sens qui sait aller au cœur.
Le mien, qui jusqu'alors avait été paisible,
Pour la première fois enfin devint sensible :
L'amour, malgré mes soins, heureux à m'égarer,
Auprès de deux beaux yeux m'apprit à soupirer.
Bons mots, vers élégants, conversations vives,
Un repas égayé par d'aimables convives,
Petits jeux de commerce et d'où le chagrin fuit,
Où, sans risquer la bourse, on délasse l'esprit :
En un mot, les attraits d'une vie opulente,
Qu'aux vœux de l'étranger la richesse présente,
Tous les plaisirs du goût, le charme des beaux-arts,
A mes yeux enchantés brillaient de toutes parts.
Ce n'est pas cependant que mon âme égarée
Donnât dans le travers d'une mollesse outrée :
L'innocence est le bien le plus cher à mon cœur ;
La débauche et l'excès sont des objets d'horreur :
Les coupables plaisirs sont les tourments de l'âme ;
Ils sont trop achetés s'ils sont dignes de blâme.
Sans doute le plaisir, pour être un bien réel,
Doit rendre l'homme heureux et non pas criminel.
Mais il n'est pas moins vrai que de notre carrière
Le ciel ne défend pas d'adoucir la misère ;
Et, pour finir ce point trop longtemps débattu,
Rien ne doit être outré, pas même la vertu.

Voilà de mes erreurs un abrégé fidèle :
C'est à toi de juger, ami, sur ce modèle,
Si je puis, près des grands implorant de l'appui,
A la fortune encor recourir aujourd'hui.
De la gloire est-il temps de rechercher le lustre ?
Me voici presque au bout de mon sixième lustre :
La moitié de mes jours dans l'oubli sont passés,
Et déjà du travail mes esprits sont lassés.
Avide de science, avide de sagesse,
Je n'ai point aux plaisirs prodigué ma jeunesse :
J'osai d'un temps si cher faire un meilleur emploi ;
L'étude et la vertu furent la seule loi
Que je me proposai pour régler ma conduite.
Mais ce n'est point par art qu'on acquiert du mérite :
Que sert un vain travail par le ciel dédaigné,

Si de son but toujours on se voit éloigné?
Comptant par mes talents d'assurer ma fortune,
Je négligeai ces soins, cette brigue importune,
Ce manége subtil, par qui cent ignorants
Ravissent la faveur et les bienfaits des grands.

Le succès cependant trompe ma confiance :
De mes faibles progrès je sens peu d'espérance;
Et je vois qu'à juger par des effets si lents,
Pour briller dans le monde il faut d'autres talents.
Eh! qu'y ferais-je, moi, de qui l'abord timide
Ne sait point affecter cette audace intrépide,
Cet air content de soi, ce ton fier et joli
Qui du rang des badauds sauve l'homme poli?
Faut-il donc aujourd'hui m'en aller dans le monde
Vanter impudemment ma science profonde,
Et, toujours en secret démenti par mon cœur,
Me prodiguer l'encens et les degrés d'honneur?
Faudra-t-il, d'un dévot affectant la grimace,
Faire servir le ciel à gagner une place,
Et, par l'hypocrisie assurant mes projets,
Grossir l'heureux essaim de ces hommes parfaits,
De ces humbles dévots, de qui la modestie
Compte par leurs vertus tous les jours de leur vie?
Pour glorifier Dieu leur bouche a tour à tour
Quelque nouvelle grâce à rendre chaque jour.
Mais l'orgueilleux en vain, d'une adresse chrétienne,
Sous la gloire de Dieu veut étaler la sienne :
L'homme vraiment sensé fait le mépris qu'il doit
Des mensonges du fat et du sot qui les croit.

Non, je ne puis forcer mon esprit, né sincère,
A déguiser ainsi mon propre caractère;
Il en coûterait trop de contrainte à mon cœur :
A cet indigne prix je renonce au bonheur.
D'ailleurs il faudrait donc, fils lâche et mercenaire,
Trahir indignement les bontés d'une mère,
Et, payant en ingrat tant de bienfaits reçus,
Laisser à d'autres mains les soins qui lui sont dus.
Ah! ces soins sont trop chers à ma reconnaissance.
Si le ciel n'a rien mis de plus en ma puissance,
Du moins d'un zèle pur les vœux trop mérités
Par mon cœur chaque jour lui seront présentés.
Je sais trop, il est vrai, que ce zèle inutile
Ne peut lui procurer un destin plus tranquille :
En vain dans sa langueur je veux la soulager;
Ce n'est pas les guérir que de les partager.
Hélas! de ses tourments le spectacle funeste
Bientôt de mon courage étouffera le reste :
C'est trop lui voir porter, par d'éternels efforts,
Et les peines de l'âme et les douleurs du corps.
Que lui sert de chercher dans cette solitude
A fuir l'éclat du monde et son inquiétude,
Si jusqu'en ce désert, à la paix destiné,
Le sort lui donne encore, à lui nuire acharné,
D'un affreux procureur le voisinage horrible,
Nourri d'encre et de fiel, dont la griffe terrible

De ses tristes voisins est plus crainte cent fois,
Que le hussard cruel du pauvre Bavarois?

Mais c'est trop t'accabler du récit de nos peines :
Daigne me pardonner, ami, ces plaintes vaines;
C'est le dernier des biens permis aux malheureux,
De voir plaindre leurs maux par les cœurs généreux.
Telle est de mes malheurs la peinture naïve.
Juge de l'avenir sur cette perspective;
Vois si je dois encor, par des soins impuissants,
Offrir à la fortune un inutile encens.
Non, la gloire n'est point l'idole de mon âme;
Je n'y sens point brûler cette divine flamme
Qui, d'un génie heureux animant les ressorts,
Le force à s'élever par de nobles efforts.
Que m'importe après tout ce que pensent les hommes?
Leurs honneurs, leurs mépris, font-ils ce que nous sommes?
Et qui ne sait pas l'art de s'en faire admirer
A la félicité ne peut-il aspirer?
L'ardente ambition a l'éclat en partage,
Mais les plaisirs du cœur font le bonheur du sage.
Que ces plaisirs sont doux à qui sait les goûter!
Heureux qui les connaît et sait s'en contenter!
Jouir de leurs douceurs dans un état paisible,
C'est le plus cher désir auquel je suis sensible.
Un bon livre, un ami, la liberté, la paix :
Faut-il pour vivre heureux former d'autres souhaits?
Les grandes passions sont des sources de peine :
J'évite les dangers où leur penchant entraîne;
Dans leurs pièges adroits si l'on me voit tomber,
Du moins je ne fais pas gloire d'y succomber.
De mes égarements mon cœur n'est point complice :
Sans être vertueux je déteste le vice;
Et le bonheur en vain s'obstine à se cacher,
Puisque enfin je connais où je dois le chercher.

EPITRE A M. DE L'ETANG

VICAIRE DE MARCOUSSIS.

(1751)

En dépit du destin jaloux,
Cher abbé, nous irons chez vous.
Dans votre franche politesse,
Dans votre gaîté sans rudesse,
Parmi vos bois et vos coteaux
Nous irons chercher le repos :
Nous irons chercher le remède
Au triste ennui qui nous possède,
A ces affreux charivaris,
A tout ce fracas de Paris.
O ville où règne l'arrogance,
Où les plus grands fripons de France
Régentent les honnêtes gens,
Où les vertueux indigents
Sont des objets de raillerie;
Ville où la charlatanerie,

Le ton haut, les airs insolents,
Ecrasent les humbles talents
Et tyrannisent la fortune;
Ville où l'auteur de *Rodogune*
A rampé devant Chapelain;
Où d'un petit magot vilain
L'amour fit le héros des belles;
Où tous les roquets des ruelles
Deviennent des hommes d'état;
Où le jeune et beau magistrat
Etale, avec les airs d'un fat,
Sa perruque pour tout mérite;
Où le savant, bas parasite,
Chez Aspasie ou chez Phryné,
Vend de l'esprit pour un dîné :
Paris, malheureux qui t'habite!
Mais plus malheureux mille fois
Qui t'habite de son pur choix,
Et dans un climat plus tranquille
Ne sait point se faire un asile
Inabordable aux noirs soucis,
Tel qu'à mes yeux est Marcoussis!
Marcoussis qui sait tant nous plaire,
Marcoussis dont pourtant j'espère
Vous voir partir un beau matin
Sans vous en pendre de chagrin!
Accordez donc, mon cher vicaire,
Votre demeure hospitalière
A gens dont le soin le plus doux
Est d'aller passer près de vous
Les moments dont ils sont les maîtres.
Nous connaissons déjà les êtres
Du pays et de la maison;
Nous en chérissons le patron,
Et désirons, s'il est possible,
Qu'à tous autres inaccessible,
Il destine en notre faveur
Son loisir et sa bonne humeur.
De plus, prières des plus vives
D'éloigner tous fâcheux convives,
Taciturnes, mauvais plaisants,
Ou beaux parleurs, ou médisants.
Point de ces gens que Dieu confonde,
De ces sots dont Paris abonde,
Et qu'on y nomme beaux esprits,
Vendeurs de fumée à tout prix
Au riche faquin qui les gâte,
Vils flatteurs de qui les empâte,
Plus vils détracteurs du bon sens
De qui méprise leur encens.
Point de ces fades petits-maîtres,
Point de ces hobereaux champêtres
Tout fiers de quelques vains aïeux
Presque aussi méprisables qu'eux.
Point de grondeuses pigrièches,
Voix aigre, teint noir, et mains sèches;

A M. DE L'ETANG.

Toujours syndiquant les appas
Et les plaisirs qu'elles n'ont pas,
Dénigrant le prochain par zèle,
Se donnant à tous pour modèle,
Médisantes par charité,
Et sages par nécessité.
Point de Crésus, point de canaille;
Point surtout de cette racaille
Que l'on appelle grands seigneurs,
Fripons sans probité, sans mœurs,
Se raillant du pauvre vulgaire
Dont la vertu fait la chimère;
Mangeant fièrement notre bien;
Exigeant tout, n'accordant rien,
Et dont la fausse politesse,
Rusant, patelinant sans cesse,
N'est qu'un piége adroit pour duper
Le sot qui s'y laisse attraper.
Point de ces fendants militaires
A l'air rogue, aux mines altières,
Fiers de commander des goujats,
Traitant chacun du haut en bas,
Donnant la loi, tranchant du maître,
Bretailleurs, fanfarons peut-être,
Toujours prêts à battre ou tuer,
Toujours parlant de leur métier,
Et cent fois plus pédants, me semble,
Que tous les ergoteurs ensemble.
Loin de nous tous ces ennuyeux !
Mais si, par un sort plus heureux,
Il se rencontre un honnête homme
Qui d'aucun grand ne se renomme,
Qui soit aimable comme vous,
Qui sache rire avec les fous,
Et raisonner avec le sage,
Qui n'affecte point de langage,
Qui ne dise point de bon mot,
Qui ne soit pas non plus un sot,
Qui soit gai sans chercher à l'être,
Qui soit instruit sans le paraître,
Qui ne *rie* (1) que par gaîté,
Et jamais par malignité,
De mœurs droites sans être austères,
Qui soit simple dans ses manières,
Qui veuille vivre pour autrui,
Afin qu'on vive aussi pour lui;
Qui sache assaisonner la table
D'appétit, d'humeur agréable;
Ne voulant point être admiré,
Ne voulant point être ignoré,
Tenant son coin comme les autres,

---

(1) *Rie* de deux syllabes, devant une consonne, ne peut plus trouver place dans un vers français ; mais il n'en était pas ainsi avant Racine et Boileau, et Jean-Jacques a cru pouvoir imiter nos vieux poètes. Des éditeurs modernes ont imaginé, au lieu de *Qui ne* RIE *qu'avec gaîté*, de mettre *Qui ne* RIT *qu'avec gaîté*; c'est une grosse faute de français, au lieu d'un simple archaïsme en versification. — La même remarque s'applique au premier vers de la page suivante.

Mêlant ses *folies* aux nôtres,
Raillant sans jamais insulter,
Raillé sans jamais s'emporter,
Aimant le plaisir sans crapule,
Ennemi du petit scrupule,
Buvant sans risquer sa raison,
Point philosophe hors de saison ;
En un mot d'un tel caractère
Qu'avec lui nous puissions nous plaire,
Qu'avec nous il se plaise aussi :
S'il est un homme fait ainsi,
Donnez-le-nous, je vous supplie,
Mettez-le en notre compagnie ;
Je brûle déjà de le voir,
Et de l'aimer, c'est mon devoir :
Mais c'est le vôtre, il faut le dire,
Avant que de nous le produire,
De le connaître. C'est assez :
Montrez-le-nous si vous osez.

FRAGMENT D'UNE ÉPITRE A M. BORDES.

Après un carême ennuyeux,
Grâce à Dieu, voici la semaine
Des divertissements pieux.
On va de neuvaine en neuvaine,
Dans chaque église on se promène ;
Chaque autel y charme les yeux ;
Le luxe et la pompe mondaine
Y brillent à l'honneur des cieux.
Là maint agile énergumène
Sert d'arlequin dans ces saints lieux ;
Le moine ignorant s'y démène,
Récitant, à perte d'haleine,
Ses orémus mystérieux,
Et criant d'un ton furieux :
« Fora, fora, par saint Eugène ! »
Rarement la semonce est vaine ;
Diable et frà s'entendent bien mieux,
L'un à l'autre obéit sans peine.

Sur des objets plus gracieux
La diversité me ramène.
Dans ce temple délicieux
Où ma dévotion m'entraîne,
Quelle agitation soudaine
Me rend tous mes sens précieux ?

Illumination brillante,
Peinture d'une main savante,
Parfums destinés pour les dieux,
Mais dont la volupté divine
Délecte l'humaine narine
Avant de se porter aux cieux !
Et toi, musique ravissante,
Du Carcani chef-d'œuvre harmonieux,
Que tu plais quand Catine chante !

Elle charme à la fois notre oreille et nos yeux.
> Beaux sons, que votre effet est tendre!
> Heureux l'amant qui peut s'attendre
> D'occuper en d'autres moments
> La bouche qui vous fait entendre,
> A des soins encor plus charmants!
Mais ce qui plus ici m'enchante,
C'est mainte dévote piquante,
> Au teint frais, à l'œil tendre et doux,
Qui, pour éloigner tout scrupule,
> Vient à la Vierge, à deux genoux,
Offrir, dans l'ardeur qui la brûle,
Tous les vœux qu'elle attend de nous.
Tels sont les familiers colloques,
Tels sont les ardents soliloques
Des gens dévots en ce saint lieu.
Ma foi, je ne m'étonne guères,
Quand on fait ainsi ses prières,
Qu'on ait du goût à prier Dieu.

L'ALLÉE DE SYLVIE (1).

Qu'à m'égarer dans ces bocages
Mon cœur goûte de voluptés !
Que je me plais sous ces ombrages !
Que j'aime ces flots argentés !
Douce et charmante rêverie,
Solitude aimable et chérie,
Puissiez-vous toujours me charmer !
De ma triste et lente carrière
Rien n'adoucirait la misère,
Si je cessais de vous aimer.
Fuyez de cet heureux asile,
Fuyez de mon âme tranquille,
Vains et tumultueux projets :
Vous pouvez promettre sans cesse
Et le bonheur et la sagesse,
Mais vous ne les donnez jamais.
Quoi! l'homme ne pourra-t-il vivre,
A moins que son cœur ne se livre
Aux soins d'un douteux avenir ?
Et si le temps coule si vite,
Au lieu de retarder sa fuite,
Faut-il encor la prévenir ?
Oh ! qu'avec moins de prévoyance
La vertu, la simple innocence,
Font des heureux à peu de frais !
Si peu de bien suffit au sage,
Qu'avec le plus léger partage
Tous ses désirs sont satisfaits.
Tant de soins, tant de prévoyance,
Sont moins des fruits de la prudence
Que des fruits de l'ambition.
L'homme content du nécessaire

---

(1) Cette pièce fut composée par Jean-Jacques pendant son séjour à Chenonceaux, chez madame Dupin. Voyez les *Confessions*, t. I, page 204.

Craint peu la fortune contraire,
Quand son cœur est sans passion.
Passions, source de délices,
Passions, source de supplices ;
Cruels tyrans, doux séducteurs,
Sans vos fureurs impétueuses,
Sans vos amorces dangereuses,
La paix serait dans tous les cœurs.
Malheur au mortel méprisable
Qui, dans son âme insatiable,
Nourrit l'ardente soif de l'or !
Que du vil penchant qui l'entraîne
Chaque instant il trouve la peine
Au fond même de son trésor !
Malheur à l'âme ambitieuse
De qui l'insolence odieuse
Veut asservir tous les humains !
Qu'à ses rivaux toujours en butte,
L'abîme apprêté pour sa chute
Soit creusé de ses propres mains !
Malheur à tout homme farouche,
A tout mortel que rien ne touche
Que sa propre félicité !
Qu'il éprouve dans sa misère,
De la part de son propre frère,
La même insensibilité !
Sans doute un cœur né pour le crime
Est fait pour être la victime
De ces affreuses passions ;
Mais jamais du ciel condamnée
On ne vit une âme bien née
Céder à leurs séductions.
Il en est de plus dangereuses,
De qui les amorces flatteuses
Déguisent bien mieux le poison,
Et qui toujours, dans un cœur tendre,
Commencent à se faire entendre
En faisant taire la raison :
Mais du moins leurs leçons charmantes
N'imposent que d'aimables lois ;
La haine et ses fureurs sanglantes
S'endorment à leur douce voix.
Des sentiments si légitimes
Seront-ils toujours combattus ?
Nous les mettons au rang des crimes,
Ils devraient être des vertus.
Pourquoi de ces penchants aimables
Le ciel nous fait-il un tourment ?
Il en est tant de plus coupables
Qu'il traite moins sévèrement !
O discours trop remplis de charmes !
Est-ce à moi de vous écouter ?
Je fais avec mes propres armes
Les maux que je veux éviter.
Une langueur enchanteresse
Me poursuit jusqu'en ce séjour ;

J'y veux moraliser sans cesse,
Et toujours j'y songe à l'amour.
Je sens qu'une âme plus tranquille,
Plus exempte de tendres soins,
Plus libre en ce charmant asile,
Philosopherait beaucoup moins.
Ainsi du feu qui me dévore
Tout sert à fomenter l'ardeur :
Hélas ! n'est-il pas temps encore
Que la paix règne dans mon cœur?
Déjà de mon septième lustre
Je vois le terme s'avancer;
Déjà la jeunesse et son lustre
Chez moi commence à s'effacer.
La triste et sévère sagesse
Fera bientôt fuir les amours,
Bientôt la pesante vieillesse
Va succéder à mes beaux jours.
Alors les ennuis de la vie
Chassant l'aimable volupté,
On verra la philosophie
Naître de la nécessité;
On me verra, par jalousie,
Prêcher mes caduques vertus,
Et souvent blâmer par envie
Les plaisirs que je n'aurai plus.
Mais, malgré les glaces de l'âge,
Raison, malgré ton vain effort,
Le sage a souvent fait naufrage
Quand il croyait toucher au port.

O sagesse, aimable chimère,
Douce illusion de nos cœurs,
C'est sous ton divin caractère
Que nous encensons nos erreurs.
Chaque homme t'habille à sa mode;
Sous le masque le plus commode
A leur propre félicité
Ils déguisent tous leur faiblesse,
Et donnent le nom de sagesse
Au penchant qu'ils ont adopté.

Tel, chez la jeunesse étourdie,
Le vice instruit par la folie,
Et d'un faux titre revêtu,
Sous le nom de philosophie,
Tend des piéges à la vertu.
Tel, dans une route contraire,
On voit le fanatique austère
En guerre avec tous ses désirs,
Peignant Dieu toujours en colère,
Et ne s'attachant, pour lui plaire,
Qu'à fuir la joie et les plaisirs.
Ah ! s'il existait un vrai sage,
Que, différent en son langage,
Et plus différent en ses mœurs,
Ennemi des vils séducteurs,

D'une sagesse plus aimable,
D'une vertu plus sociable,
Il joindrait le juste milieu
A cet hommage pur et tendre
Que tous les cœurs auraient dû rendre
Aux grandeurs, aux bienfaits de Dieu !

ÉNIGME.

Enfant de l'art, enfant de la nature,
Sans prolonger les jours j'empêche de mourir :
Plus je suis vrai, plus je fais d'imposture,
Et je deviens trop jeune à force de vieillir (1).

VIRELAI A MADAME LA BARONNE DE WARENS.

Madame, apprenez la nouvelle
De la prise de quatre rats.
Quatre rats n'est pas bagatelle,
Aussi n'en badiné-je pas ;
Et je vous mande avec grand zèle
Ces vers qui vous diront tout bas :
Madame apprenez la nouvelle
De la prise de quatre rats.

A l'odeur d'un friand appas,
Rats sont sortis de leur caselle;
Mais ma trappe, arrêtant leurs pas,
Les a, par une mort cruelle,
Fait passer de vie à trépas.
Madame, apprenez la nouvelle
De la prise de quatre rats.

Mieux que moi savez qu'ici-bas
N'a pas qui veut fortune telle;
C'est triomphe qu'un pareil cas :
Le fait n'est pas d'une alumelle.
Ainsi donc avec grand soulas,
Madame, apprenez la nouvelle
De la prise de quatre rats.

VERS POUR MADAME DE FLEURIEU,

Qui, m'ayant vu dans une assemblée, sans que j'eusse l'honneur d'être connu d'elle, dit à M. l'intendant de Lyon que je paraissais avoir de l'esprit, et qu'elle le gagerait sur ma seule physionomie.

Déplacé par le sort, trahi par la tendresse,
Mes maux sont comptés par mes jours :
Imprudent quelquefois, persécuté toujours,
Souvent le châtiment surpasse la faiblesse.
O fortune ! à ton gré comble-moi de rigueurs;
Mon cœur regrette peu tes frivoles grandeurs,
De tes biens inconstants sans peine il te tient quitte.
Un seul dont je jouis ne dépend point de toi :
La divine FLEURIEU m'a jugé du mérite;
Ma gloire est assurée, et c'est assez pour moi.

---

(1) Le mot de cette énigme est *le portrait*.

VERS A MADEMOISELLE THÉODORE,

QUI NE PARLAIT JAMAIS A L'AUTEUR QUE DE MUSIQUE.

Sapho, j'entends ta voix brillante
Pousser des sons jusques aux cieux ;
Le maure ne chante pas mieux.
Mais quoi ! toujours des chants ! crois-tu que l'harmonie
Seule ait droit de borner tes soins et tes plaisirs?
Ta voix, en déployant sa douceur infinie,
Veut en vain sur ta bouche arrêter nos désirs ;
   Tes yeux charmants en inspirent mille autres,
Qui méritaient bien mieux d'occuper tes loisirs.
Mais tu n'es point, dis-tu, sensible à nos soupirs,
   Et tes goûts ne sont point les nôtres.
Quel goût trouves-tu donc à de frivoles sons?
Ah ! sans tes fiers mépris, sans tes rebuts sauvages,
Cette bouche charmante aurait d'autres usages
Bien plus délicieux que de vaines chansons.
Trop sensible au plaisir, quoi que tu puisses dire,
Parmi de froids accords tu sens peu de douceur ;
Mais, entre tous les biens que ton âme désire,
En est-il de plus doux que les plaisirs du cœur?
Le mien est délicat, tendre, empressé, fidèle,
   Fait pour aimer jusqu'au tombeau.
Si du parfait bonheur tu cherches le modèle,
Aime-moi seulement, et laisse là Rameau.

ÉPITAPHE.

DE DEUX AMANTS QUI SE SONT TUÉS A SAINT-ÉTIENNE EN FOREZ
AU MOIS DE JUIN 1770 (1).

Ci gisent deux amants : l'un pour l'autre ils vécurent,
L'un pour l'autre ils sont morts, et les lois en murmurent.
La simple piété n'y trouve qu'un forfait ;
Le sentiment admire, et la raison se tait.

STROPHES

AJOUTÉES A CELLES DONT SE COMPOSE LE SIÈCLE PASTORAL, IDYLLE DE GRESSET (2).

Mais qui nous eût transmis l'histoire
De ces temps de simplicité?
Etait-ce au temple de Mémoire
Qu'ils gravaient leur félicité?
La vanité de l'art d'écrire
L'eût bientôt fait évanouir ;
Et, sans songer à le décrire,
Ils se contentaient d'en jouir.

Des traditions étrangères
En parlent sans obscurité ;
Mais dans ces sources mensongères
Ne cherchons point la vérité :
Cherchons-la dans le cœur des hommes,
Dans ces regrets trop superflus

---

(1) Le jeune homme s'appelait Faldoni, la jeune personne Thérèse Monier.
(2) Rousseau a mis cette idylle en musique ; elle fait partie du recueil de ses romances gravées.

Qui disent dans ce que nous sommes
Tout ce que nous ne sommes plus.

Qu'un savant des fastes des âges
Fasse la règle de sa foi;
Je sens de plus sûrs témoignages
De la mienne au-dedans de moi.
Ah! qu'avec moi le ciel rassemble,
Apaisant enfin son courroux,
Un autre cœur qui me ressemble,
L'âge d'or renaîtra pour nous.

VERS SUR LA FEMME.

Objet séduisant et funeste,
Que j'adore et que je déteste,
Toi que la nature embellit
Des agréments du corps et des dons de l'esprit,
Qui de l'homme fais un esclave,
Qui t'en moques quand il se plaint,
Qui l'accables quand il te craint,
Qui le punis quand il te brave;
Toi, dont le front doux et serein
Porte le plaisir dans nos fêtes;
Toi, qui soulèves les tempêtes
Qui tourmentent le genre humain;
Être ou chimère inconcevable,
Abîme de maux et de biens,
Seras-tu donc toujours la source inépuisable
De nos mépris et de nos entretiens?

QUATRAIN A MADAME DUPIN.

Raison, ne sois point éperdue,
Près d'elle on te trouve toujours;
Le sage te perd à sa vue,
Et te retrouve en ses discours.

QUATRAIN

MIS PAR LUI-MÊME AU-DESSOUS D'UN DE CES NOMBREUX PORTRAITS QUI PORTAIENT SON NOM, ET DONT IL ÉTAIT SI MÉCONTENT (1).

Hommes savants dans l'art de feindre,
Qui me prêtez des traits si doux,
Vous aurez beau vouloir me peindre,
Vous ne peindrez jamais que vous.

(1) Voyez le second des Dialogues intitulés *Rousseau juge de Jean-Jacques*.

FIN DU QUATRIÈME VOLUME.

TABLE DU QUATRIÈME VOLUME.

SUITE DE LA NOUVELLE HÉLOÏSE.

QUATRIÈME PARTIE (*suite*).

Lettre XII. — De madame de Wolmar à madame d'Orbe.	1
XIII. — Réponse de madame d'Orbe à madame de Wolmar.	8
XIV. — De M. de Wolmar à madame d'Orbe.	12
XV. — De Saint-Preux à mylord Edouard.	13
XVI. — De madame de Wolmar à son mari.	16
XVII. — De Saint-Preux à madame de Wolmar.	16

CINQUIÈME PARTIE.

Lettre I. — De mylord Edouard à Saint-Preux.	23
II. — De Saint-Preux à mylord Edouard.	25
III. — De Saint-Preux à mylord Edouard.	43
IV. — De mylord Edouard à Saint-Preux.	61
V. — De Saint-Preux à mylord Edouard.	62
VI. — De Saint-Preux à mylord Edouard.	68
VII. — De Saint-Preux à mylord Edouard.	71
VIII. — De Saint-Preux à M. de Wolmar.	76
IX. De Saint-Preux à madame d'Orbe.	78
X. — De madame d'Orbe à Saint-Preux.	82
XI. — De M. de Wolmar à Saint-Preux.	83
XII. — De Saint-Preux à M. de Wolmar.	84
XIII. — De madame de Wolmar à madame d'Orbe.	85
XIV. — D'Henriette à sa mère.	91
XV. — De madame d'Orbe à sa fille.	92

SIXIÈME PARTIE.

Lettre I. — De madame d'Orbe à madame de Wolmar.	93
II. — De madame d'Orbe à madame de Wolmar.	95
III. — De mylord Edouard à M. de Wolmar.	101
IV. — De M. de Wolmar à mylord Edouard.	105
V. — De madame d'Orbe à madame de Wolmar.	106
VI. — De madame de Wolmar à Saint-Preux.	110
VII. — De Saint-Preux à madame de Wolmar.	116
VIII. — De madame de Wolmar à Saint-Preux.	124
IX. — De Fanchon Anet à Saint-Preux.	133
X. — A Saint-Preux. — Mort de Julie.	134
XI. — De M. de Wolmar à Saint-Preux.	134
XII. — De Julie à Saint-Preux.	136
XIII. — De madame d'Orbe à Saint-Preux.	136

TABLE DES MATIÈRES.

Les amours de mylord Edouard.	100
Observations de J.-J. Rousseau.	168
Sujets d'Estampes.	171

MORCEAUX DIVERS.

Lettres à Sara.	177
Le Lévite d'Ephraïm.	182
Le Persifleur.	192
La reine Fantasque, conte.	196
Olinde et Sophronie, épisode tiré du second chant de la Jérusalem délivrée, du Tasse.	205
Traduction de l'ode de Jean Puthod, sur le mariage de Charles-Emmanuel, roi de Sardaigne, duc de Savoie, avec la princesse Elisabeth de Lorraine.	211
Traduction de l'Apocolokintosis de Sénèque, sur la mort de l'empereur Claude.	213
Traduction du premier livre de l'Histoire de Tacite.	222
Réponse au mémoire anonyme intitulé : Si le monde que nous habitons est une sphère, etc.	250
Mémoire à S. E. Monseigneur le gouverneur de Savoie.	255
Mémoire remis, le 19 avril 1742, à M. Boudet Antonin.	257
Notes en réfutation de l'ouvrage d'Helvétius intitulé *De l'Esprit*.	260
Projet pour l'éducation de M. de Sainte-Marie.	266
Poésies.	276

FIN DE LA TABLE.

Typ. Gaittet et Cie, rue Gît-le-Cœur, 7, à Paris.

Paris. — Typographie de Gaittot et Cie, rue Gît-le-Cœur, 7

www.ingramcontent.com/pod-product-compliance
Lightning Source LLC
Chambersburg PA
CBHW070527160426
43199CB00014B/2215